凝煉知識品味閱讀

凝煉知識品味閱讀

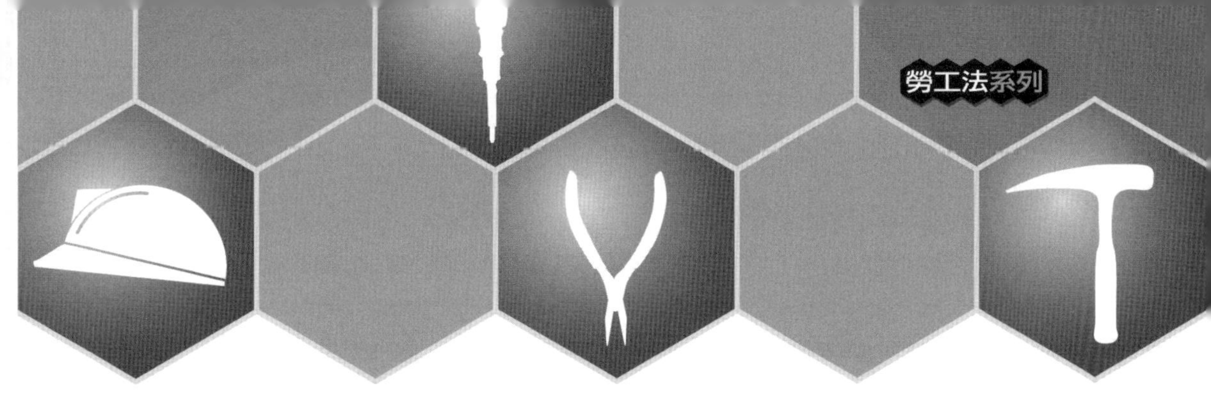

勞工法系列

例解勞動基準法

2024最新版

主編 張清滄　協編 張祐誠、張皓雲

五南圖書出版公司 印行

六版序 | PREFACE

作者張清滄於公營事業機構，從事人力資源管理工作近四十年，在經營管理方面著有《人力資源管理》、《薪酬管理實用》、《經營管理突破術》外，與勞動基準法有關之著作有《例解勞動基準法》、《勞動基準法實用》、《兩岸勞動法解析與比較》、《勞動基準法摘錄212則》、《勞動基準法裁判選集》、《從勞動基準法裁判學法律》等書。摘錄出書之各級法院勞動基準法相關裁判逾一千則。退休後並於市政府勞工局參與勞工法令諮詢、申訴、爭議協調、調解逾十年。對經營管理及勞動基準法相關問題之涉獵頗具心得。本書融合勞動基準法條文旨意、勞動部解釋、各級法院相關裁判及實務上爭議問題。本書依據勞動基準法之各章節，每章節分為條文、解說、裁判例。精選四百多則實用的裁判例，擇錄其重點，每則裁判例以不超出七、八百字為原則，易讀易懂，實用價值高。

勞動事件法已實施，就勞工因勞資爭議提起訴訟，能有效減少訴訟障礙，更加落實勞工權益保障。本增訂六版已將【勞動事件法】、【最低工資法】及修訂之【職業災害勞工保險及保護法】、【性別平等工作法】暨增修訂之勞動法令、實用之判決及常見實務問題列入本書。

本書是探討勞動法令、法院判決及勞資問題實務之良伴，亦可作為政府釐定政策之參考，也期盼勞資雙方更瞭解權利義務後，同心協力，共同創造事業經營佳績。

本書原係張清滄編著，修正六版由張祐誠、張皓雲協編，張祐誠、張皓雲均為國立臺灣大學法律系與哲學系雙學位學士，律師高等考試及格，現為執業律師。三人合作編著，使本書更充實完善。

張清滄、張祐誠、張皓雲 謹識

2024年5月1日

目錄 | CONTENTS

勞動基準法沿革

1. 中華民國七十三年七月三十日總統（73）華總（一）義字第14069號令制定公布全文86條。
2. 中華民國八十五年十二月二十七日總統（85）華總（一）義字第8500298370號令修正公布第3條條文；並增訂第30-1、84-1、84-2條條文。
3. 中華民國八十七年五月十三日總統（87）華總（一）義字第8700098000號令修正公布第30-1條條文。
4. 中華民國八十九年六月二十八日總統（89）華總一義字第8900158760號令修正公布第30條條文。
5. 中華民國八十九年七月十九日總統（89）華總一義字第8900177630號令修正公布第4、72條條文。
6. 中華民國九十一年六月十二日總統華總一義字第09100120620號令修正公布第3、21、30-1、56條條文。
7. 中華民國九十一年十二月二十五日總統華總一義字第09100248770號令修正公布第30、30-1、32、49、77、79、86條條文；本法自公布日施行，但中華民國八十九年六月二十八日修正公布之第30條第1項及第2項規定自中華民國九十年一月一日施行。
8. 中華民國九十七年五月十四日總統華總一義字第09700055071號令修正公布第54條條文。
9. 中華民國九十八年四月二十二日總統華總一義字第09800094001號令修正公布第53條條文。
10. 中華民國一百年六月二十九日總統華總一義字第10000136181號令修正公布第75～79、80條條文；增訂第79-1條條文。
11. 中華民國一百零二年十二月十一日總統華總一義字第10200225221號令

修正公布第45、47、77、79-1條條文。

12. 中華民國一百零四年二月四日總統華總一義字第10400012401號令修正公布第17、28、55、56、78、79、86條條文。
13. 中華民國一百零四年六月三日總統華總一義字第10400064421號令修正公布第4、30、79、86條條文；並自一百零五年一月一日施行。
14. 中華民國一百零四年七月一日總統華總一義字第10400077211號令修正公布第58條條文。
15. 中華民國一百零四年十二月十六日總統華總一義字第10400146731號令修正第44、46條條文；增訂第9-1、10-1、15-1條條文。
16. 中華民國一百零五年十一月十六日總統華總一義字第10500140131號令修正公布第14條條文。
17. 中華民國一百零五年十二月二十一日總統華總一義字第10500157731號令修正公布第23、24、30-1、34、36～39、74、79條條文；並自公布日施行；但第34條第2項規定，施行日期由行政院定之；第37條第1項規定及第38條條文，自一百零六年一月一日施行。
18. 中華民國一百零六年十二月二十七日總統華總一義字第10600155871號令修正公布第61條條文。
19. 中華民國一百零七年一月三十一日總統華總一義字第10700009781號令修正公布第24、32、34、36～38、86條條文；增訂第32-1條條文；並自一百零七年三月一日施行。
20. 中華民國一百零七年十一月二十一日總統華總一義字第10700125351號令修正公布第54、55、59條條文。
21. 中華民國一百零八年五月十五日總統華總一義字第10800049091號令修正公布第2、9條條文；增訂第22-1條條文。
22. 中華民國一百零八年六月十九日總統華總一義字第10800060011號令修正公布第63、78條條文；增訂第17-1、63-1條條文。
23. 中華民國一百零九年六月十日總統華總一義字第10900063561號令修正公布第80-1條條文。

第一章 ｜ 總　則

本章提示勞動基準法適用時應遵守的基本原則，有關條文共同性、一般性的規定，包括了勞動基準、用辭定義、適用範圍、主管機關、禁止強制勞動、禁止不當介入、勞工名卡。雇主應預防職業災害發生，建立適當環境與福利設施。安全衛生及福利事項依有關法律規定等。

第一節　本章條文

第一條

Ⅰ爲規定勞動條件最低標準，保障勞工權益，加強勞雇關係，促進社會與經濟發展，特制定本法；本法未規定者，適用其他法律之規定。

Ⅱ雇主與勞工所訂勞動條件，不得低於本法所定之最低標準。

第二條

本法用辭，定義如下：

一　勞工：指受雇主僱用從事工作獲致工資者。

二　雇主：指僱用勞工之事業主、事業經營之負責人或代表事業主處理有關勞工事務之人。

三　工資：指勞工因工作而獲得之報酬；包括工資、薪金及按計時、計日、計月、計件以現金或實物等方式給付之獎金、津貼及其他任何名義之經常性給與均屬之。

四　平均工資：指計算事由發生之當日前六個月內所得工資總額除以該期間之總日數所得之金額。工作未滿六個月者，謂工作期間所得工資總額除以工作期間之總日數所得之金額。工資按工作日數、時數或論件計算者，其依上述方式計算之平均工資，如少於該期內工資總額除以實際工作日數所得金額百分之六十者，以百分之六十計。

五　事業單位：指適用本法各業僱用勞工從事工作之機構。
六　勞動契約：指約定勞雇關係而具有從屬性之契約。
七　派遣事業單位：指從事勞動派遣業務之事業單位。
八　要派單位：指依據要派契約，實際指揮監督管理派遣勞工從事工作者。
九　派遣勞工：指受派遣事業單位僱用，並向要派單位提供勞務者。
十　要派契約：指要派單位與派遣事業單位就勞動派遣事項所訂立之契約。

第三條

Ⅰ本法於下列各業適用之：
一　農、林、漁、牧業。
二　礦業及土石採取業。
三　製造業。
四　營造業。
五　水電、煤氣業。
六　運輸、倉儲及通信業。
七　大眾傳播業。
八　其他經中央主管機關指定之事業。

Ⅱ依前項第八款指定時，得就事業之部分工作場所或工作者指定適用。

Ⅲ本法適用於一切勞雇關係。但因經營型態、管理制度及工作特性等因素適用確有窒礙難行者，並經中央主管機關指定公告之行業或工作者，不適用之。

Ⅳ前項因窒礙難行而不適用本法者，不得逾第一項第一款至第七款以外勞工總數五分之一。

第四條

本法所稱主管機關：在中央為勞動部；在直轄市為直轄市政府；在縣（市）為縣（市）政府。

第五條

雇主不得以強暴、脅迫、拘禁或其他非法之方法，強制勞工從事勞動。

第六條

任何人不得介入他人之勞動契約，抽取不法利益。

第七條

Ⅰ雇主應置備勞工名卡，登記勞工姓名、性別、出生年月日、本籍、教育程度、身分證統一號碼、到職年月日、工資、勞工保險投保日期、獎懲、傷病及其他必要事項。

Ⅱ前項勞工名卡，應保管至勞工離職後五年。

第八條

雇主對於僱用之勞工，應預防職業上災害，建立適當之工作環境及福利設施。其有關安全衛生及福利事項，依有關法律之規定。

第二節　解　說

一、立法的宗旨原則

我國憲法第153條規定：「國家為改良勞工及農民之生活，增進其生產技能，應制定保護勞工及農民之法律，實施保護勞工及農民之政策。婦女兒童從事勞動者，應按其年齡及身體狀態，予以特別之保護。」第154條：「勞資雙方應本協調合作原則，發展生產事業。勞資糾紛之調解與仲裁，以法律定之。」第156條：「國家為奠定民族生存發展之基礎，應保護母性，並實施婦女兒童福利政策。」勞動基準法即依據憲法的政策制訂。

有關保障勞工的有關問題，無法一一規定於本法，因此本法第1條規定，本法未規定者適用其他法律，例如本法雖有職業災害一章，但並未就職業災害下定義，因此適用「職業安全衛生法」的職業災害定義。

為了保障勞工權益，本法所定的勞動條件是最低標準，亦即勞資雙方所定的勞動條件，只能高於本法所定的最低標準，如低於本法所定的最低標準，則依民法71條規定，法律行為違反強制或禁止規定者無效。例如勞工加班雇主應給加班費，加班不給加班費或者給的加班費計算方法低於本法所規定，則雇主的此項行為均屬違反規定。

二、用辭定義

本法第2條用辭定義說明如下：

（一）勞　工

「受雇主僱用」、「從事工作」、「獲致工資」，具備此三項條件，即是本法所稱的勞工，因此不管所擔任的工作是何種性質，不管是勞心或勞力，均為勞工。

勞工具有下列特徵：

1. 人格上從屬性，即受僱人在僱用人企業組織內，服從僱用人權威，並有接受懲戒或制裁義務。
2. 親自履行，不得使用代理人。
3. 經濟上從屬性，即受僱人並不是為自己之營業勞動而是從屬於他人，為該他人之目的而勞動。
4. 組織上從屬性，即納入僱用人方生產組織體系，並於同僚間居於分工合作狀態等特徵。

（二）雇　主

僱用勞工之事業主、事業經營之負責人或代表事業主處理有關勞工事務之人為本法所稱雇主。因此雇主並不限於公司行號的負責人，包括了事業經營的負責人，如經理人；又代表事業主處理有關勞工事務之人也是雇主，例如代表雇主處理人事任免、薪資、教育訓練、勞資爭議者，不管是否為主管，有時也是雇主。如係處理行銷、廣告、設計等工作則屬勞工事務，非本法所稱雇主。

經理人是雇主還是勞工？民法第553條規定，稱經理人者，謂有為商號管理事務，及為其簽名之權利人；具此條件，經理人與公司屬委任關係，則屬本法所稱的雇主，而非勞工。經理人重在委任其處理一定之事務，僱傭關係則重在提供勞務。

公司負責人對經理人就事務之處理，若具有使用從屬與指揮命令之性質，且經理人實際參與生產業務，即屬勞動契約之範圍，自有勞動基準法之適用。

經理人如未依規定向主管機關申請登記，乃公司有無違反公司法應受行政罰之問題，尚難據為雙方間之關係為僱傭關係之依據。

公司經理人之委任，其所為之登記，僅屬對抗要件，此項委任經理之有效存在，並不以登記爲其要件，公司如欲解任經理人，須有全體股東過半數之同意。

是勞工還是經理人，不能以職稱爲唯一依據，因此職稱爲經理，如未具委任關係，則仍屬勞工，適用勞動基準法。

負責人不一定是事業主（參臺灣高等法院92年度上易字第1126號判決）。例如公司登記負責人爲甲○○，實際負責者爲乙○○廠長。

（三）工資與非工資

勞工因工作而獲得的報酬，此項報酬，包括工資、薪金，也不管是按時、按日、按月計算，或按件計酬，凡以現金或實物等方式給付之獎金、津貼及其他任何名義之經常性給與均屬之。本法施行細則第10條規定，所稱之其他任何名義之經常性給與係指下列各款以外之給與。亦即下列的項目非本法所稱的工資：

1. 紅利。
2. 獎金：指年終獎金、競賽獎金、研究發明獎金、特殊功績獎金、久任獎金、節約燃料物料獎金及其他非經常性獎金。
3. 春節、端午節、中秋節給與之節金。
4. 醫療補助費、勞工及其子女教育補助費。
5. 勞工直接受自顧客之服務費。
6. 婚喪喜慶由雇主致送之賀禮、慰問金或奠儀等。
7. 職業災害補償費。
8. 勞工保險及雇主以勞工爲被保險人加入商業保險支付之保險費。
9. 差旅費、差旅津貼、交際費。
10. 工作服、作業用品及其代金。
11. 其他經中央主管機關會同中央目的事業主管機關指定者。

是否爲本法所稱之工資，屢有爭論。是否爲工資，下列因素常作爲判斷之標準：

1. 是否爲工作之對價：是勞工勞力之所得，是其勞動之對價則爲工資。
2. 是否爲勉勵性、恩惠性給與：雇主所給與的報酬，如屬勉勵性、恩惠性，則非本法所稱的工資。
3. 是否爲本法施行細則第10條所列舉者：本法施行細則第10條所列舉的各項給與，均非本法所稱的工資，亦即該項給與不列入計算退休金、資遣費、職業災害補償等。

是否爲工資，不能僅以名稱認定之，而必須以其實際內涵爲依據，例如雇主把勞工應領的工資，其中部分改稱爲「競賽獎金」，並無競賽情形，則其仍爲「工資」，而非「競賽獎金」。

工資，本法第2條第3款、第4款、第24條、第55條第2項規定自明，所謂「因工作而獲得之報酬」，係指符合「勞務對價性」，所謂「經常性之給與」，係指在一般情形下「經常可以領得之給付」。判斷某項給付是否具有「勞務對價性」及「給與經常性」，應依一般之社會通常之觀念爲之，其給付名稱爲何，尚非所問（參最高法院110年度台上字第82號判決、最高法院110年度台上字第2035號判決）。

（四）平均工資

平均工資作爲計算退休金、資遣費、職業災害補償等之依據，計算平均工資的「期間總日數」是指依曆計算之六個月總日數，例如3月16日至9月15日，合計總日數爲183日。「一個月平均工資」是以「日平均工資」乘以計算期間每月之平均日數爲計算標準，等於以勞工退休前六個月工資總額直接除以六。本法施行細則第2條規定：「依本法第二條第四款計算平均工資時，下列各款期間之工資日數均不列入計算。

一　發生計算事由之當日。

二　因職業災害尚在醫療中者。

三　依本法第五十條第二項減半發給工資者。

四　雇主因天災、事變或其他不可抗力而不能繼續其事業，致勞工未能工作者。

五　依勞工請假規則請普通傷病假者。

六　依性別平等工作法請生理假、產假、家庭照顧假或安胎休養，致減少工資者。

七　留職停薪者。」

勞動部105年11日14日勞動條2字第1050130070號函略以：本法第2條第4款後段規定：「工資按工作日數、時數或論件計算者，其依上述方式計算之平均工資，如少於該期內工資總額除以實際工作日數所得金額百分之六十者，以百分之六十計。」核其立法意旨，係爲規範按日、按時或按件計酬之全時工作勞工，於平均工資計算期間遇有不可歸責於勞工之原因，致有原約定工作日不能工作時，平均工資之計算方式。至於按時計酬之部分工時工作者，其平均工資仍應依前開函釋辦理。

有關「工資」、「平均工資」、「基本工資」、「最低工資」請再參閱本書第三章。

（五）事業單位

「事業單位」、「場所單位」、「內部單位」互有不同，事業單位如某一公司行號，場所單位如該公司的某廠，內部單位則係事業單位或場所單位內的課、組、班屬之。

事業單位適用勞動基準法之認定，應以其所從事之主要經濟活動是否爲該法第3條所列之行業爲準。即事業單位從事多種性質不同之經濟活動時，按其產值（或營業額）最多者認定其行業，若產值（或營業額）相同者，按其員工人數或資產設備較多者認定之【1】。

78年2月22日司法院第14期司法業務研究會決議，事業單位係指整體公司、企業、行號，並非指公司、企業或行號內部之部門，以免適用勞動基準法之時，同一事業主體之員工被割裂成兩部分。

（六）勞動契約

勞動契約在約定勞雇雙方勞動條件、權利義務的契約，本法施行細則第7條：「勞動契約應依本法有關規定約定下列事項：

一　工作場所及應從事之工作有關事項。

二　工作開始及終止之時間、休息時間、休假、例假、休息日、請假及輪班制之換班有關事項。

三　工資之議定、調整、計算、結算及給付之日期與方法有關事項。

四　有關勞動契約之訂定、終止及退休有關事項。

五　資遣費、退休金及其他津貼及獎金有關事項。

六　勞工應負擔之膳宿費、工作用具費有關事項。

七　安全衛生有關事項。

八　勞工教育、訓練有關事項。

九　福利有關事項。

十　災害補償及一般傷病補助有關事項。

十一　應遵守之紀律有關事項。

十二　獎懲有關事項。

十三　其他勞資權利義務有關事項。」

有關勞動契約，請再參閱本書第二章。

（七）派遣事業單位

僱用眾多的勞工，提供給有需要派遣勞工的廠商（要派單位）。

（八）要派單位

實際使用勞工從事勞動的單位，對派遣勞工實際監督管理。

（九）派遣勞工

由派遣事業單位僱用供給要派單位使用。

（十）要派契約

派遣事業單位與要派單位就勞動派遣相關事項所訂定的契約。

三、適用範圍

本法第3條就適用範圍採取列舉主義與概括主義並行，除列舉適用行業外，並授權主管機關指定必要之行業適用本法。本法第3條第1項第1至7款係列舉適用本法之行業，適用中華民國行業標準分類之規定。第8款規定中央機關得指定事業適用本法；指定時，得就事業之部分工作場所或工作者指定適用。

除適用勞動基準法確有窒礙難行者，並經中央主管機關指定公告之行業或工作者外，因窒礙難行而不適用本法者，不得超過未納入勞動基準法規範的勞工總數五分之一。

勞動基準法於73年8月1日實施後，行政院勞工委員會自77年4月5日起陸續指定適用勞動基準法之行業或工作者。

雇主是否得適用勞動基準法請求退休金等給付，應以實質關係為判斷，不因其職稱、薪稱而受影響（參臺灣高等法院93年度上字第10號判決、最高法院90年度台上字第1795號判決）。例如是否為委任關係或勞動關係，應以實質關係為判斷，不因其職稱而受影響。

四、主管機關

本法第4條規定，主管機關在中央為行政院勞動部，在直轄市為直轄市政府，在縣（市）為縣（市）政府，並由直轄市政府的勞工（動）局及各縣（市）政府的勞工局（處）所承辦。人口較少的縣市政府，因未成立勞工局

（處），其勞工業務則由社會局（處）或民政局辦理。

因各直轄市、縣市政府的承辦勞工業務之單位有不同稱謂，以下本書通稱爲勞工局。

五、禁止強迫勞動

本法第5條規定，以不正當的方法、手段，違反勞工的自由意願，迫使勞工工作，此時勞工的身體或精神受到拘束、壓迫或產生畏懼，剝奪了勞工的自由。爲了保障勞動人權，雇主強迫勞動，依本法第75條規定，處五年以下有期徒刑、拘役或科或併科75萬元以下罰金，爲本法規定處罰中之最重者。

六、禁止不法介入

爲保護勞工的權益，避免中間剝削，或其他不法行爲，本法第6條規定，禁止任何人介入他人之勞動契約而從中抽取不法利益。此項不法介入之要件必須是：

（一）介入他人勞動契約，即勞工與雇主簽訂契約時或其前後，第三者不當的介入、操縱、阻擋、指使等不當手段。

（二）須抽取不法利益，即介入之外，必須有以強制或非法方法取得不法或不當利益。例如職業介紹所介紹工作，要求如勞工領得年終獎金，應以其中一半交付介紹所，此項要求即爲違法，如介紹所收取合法的介紹費用，則並不違法。

就業服務法第5條規定，雇主招募或僱用員工，不得扣留求職人或員工財物或收取保證金。

七、建立勞工名卡

爲事業單位人事管理之必要，如陞遷、調動、進修之參考，或日後發給證明，或發生爭議時之需要，本法第7條規定，事業單位必須建立勞工的名卡。勞工名卡應每人一卡，以利查閱名卡並應保管至勞工離職後五年。

依勞工職業災害勞工保險及保護法施行細則第25條規定：「本法第十五條第三項所定勞工名冊，應分別記載下列事項：

一　姓名、出生年月日、住址及國民身分證統一編號。

二　到職、入會或到訓之年月日。

三　工作類別。

四　工作時間及薪資、津貼或報酬。

五　留職停薪事由及期間。

前項第四款及第五款規定，於職業工會、漁會、船長公會、海員總工會，不適用之。

本法第十五條第三項所定出勤工作紀錄及薪資帳冊，於下列投保單位，依各款規定辦理：

一　職業工會、漁會、船長公會、海員總工會：以入會、退會及投保薪資調整申請書件代之。

二　經中央主管機關依就業服務法規，核發聘僱外國人從事家庭看護工作或家庭幫傭工作聘僱許可之雇主：以聘僱許可函、勞動契約書及薪資明細表代之。」

八、勞工安全及福利事項

雇主有保護勞工、照顧勞工的義務，本法第8條規定雇主應保障勞工職業上的安全，採取安全措施，防止職業災害的發生，建立良好的工作環境；為提高勞工生活品質，應採行適當之福利措施；有關安全衛生方面，有「職業安全衛生法」、「勞工職業災害保險及保護法」、「性別平等工作法」等可供遵循；福利方面有「職工福利金條例」等。雇主建立適當的工作環境並有良好的安全與福利措施，必能激勵員工士氣，提高生產效率。

九、最低標準

勞動基準法所規定的勞動條件是最低標準，低於最低標準，縱經勞工同意亦屬無效（參臺灣高等法院90年度勞上字第66號判決），例如婚假工資照給，勞工同意給半薪仍屬無效。

十、相關問題

（一）勞動條件低於勞動基準法之最低標準無效

勞動基準法第1條開宗明義，雇主與勞工所訂勞動條件，不得低於勞動基準法所定最低標準，縱經勞工同意亦屬無效。例如勞工到職後，同意放棄特別休假或同意少休，此項約定無效。

（二）有參加勞工保險不一定是勞動基準法之勞工

如果係實際負責公司之經營業務，與公司並無勞雇間之從屬關係，縱然有參加勞工保險，亦非勞動基準法所稱之勞工。

（三）所謂「聘用」人員

勞動基準法第84條所稱「公務人員兼具勞工身分者」，適用公務員法令規定。依勞動基準法施行細則第50條規定，所稱「公務人員兼具勞工身分者」係指依各項公務員人事法令任用、派用、聘用、遴用從事工作獲致薪資之人員。政府機構或公營事業人員適用政府頒訂的「聘用人員聘用條例」、「○○約聘要點」等者不適用勞動基準法。民間企業所稱「聘用」人員，並無「公務人員兼具勞工身分」，自應適用勞動基準法。

公營事業聘用人員不適用勞動基準法（參最高法院93年度台上字第230號判決）。

（四）船員適用船員法

依勞動部104年1月9日勞動條3字第1030034867號書函及交通部航港局103年9月23日航員字第1030059571號函略以：服務於商船與港勤工作船上之人員皆屬船員範疇，基於海上與陸地工作環境與條件迥異，相關勞動條件與福利，船員法第26條至第57條已有明定，且旨揭船員之工作時間，係經勞資雙方協商而簽定僱傭契約，基於特別法優先於普通法之原則，有關船員之工作時間，因船員法已有規定，爰應優先適用該法規定（參臺灣高等法院高雄分院111年度勞上易字第275號判決）。

第三節　裁判例

一、勞動基準法為勞資關係之基本法

【勞動基準、適用範圍、終止契約】

閩○輪船公司輪機長吳○○被解僱，吳員訴請補發獎金、薪資、資遣費等，公司則以吳君爲伊僱用之海員，關於海員僱傭契約之終止，海商法基於特別法之地位，自應優先於勞動基準法之適用，勞動基準法僅在海商法未規定，而與海員性質能相容之部分始有其適用。雙方不服基隆地方法院88年度勞訴字

第5號判決，上訴後，臺灣高等法院89年度勞上易字第1號民事判決雙方互有勝敗，判決理由略以：勞動基準法係爲保障勞工最低限度勞動條件所爲規定之法律，依勞動基準法第1條第1項規定，於勞動基準法未規定者，始適用其他法律規定，同法條第2項規定雇主與勞工所訂勞動條件，不得低於本法所訂最低標準。同法第3條第1項第6款及同法施行細則第3條暨中華民國行業標準分類之規定，凡從事遠洋、近海、內河船舶客貨運輸行業均屬水上運輸業，適用勞動基準法。本件閩○輪船公司經營之輪船貨運業自屬勞動基準法之適用範圍。雖海商法就海員之僱傭亦有規定，惟勞動基準法爲海商法就海員僱傭契約約定之後法，且係一切勞資關係之基本法，海運業勞工之基本工作條件，除少數例如工時等基於海運業之特殊性質或足認需有陸上勞工爲不同之處理外，其餘海上勞工與陸上勞工並無本質差異（按：民國88年6月23日總統公布「船員法」，船員法第54條：依本法給與之資遣費、加班費、殘廢補償、死亡補償、傷病治療期間支給之薪津、喪葬費低於勞動基準法所定資遣費、延長工作時間之工資、職業災害補償之給付金額時，依勞動基準法所定標準支給）。

二、違反勞動基準法之強制規定應屬無效

【勞動基準、工資、退休金】

統○公司駕駛張○○訴請發給退休金案，公司不服板橋地方法院89年訴字第1389號民事判決，上訴後，就加班費部分，臺灣高等法院90年度勞上字第2號判決指出：統○公司答辯以，公司五年來每月所領加班費均以「本俸」爲計算基準，張君何以始終並無異議，何以按月領受加班費長達五年之久，足證張君同意公司發放加班費之計算方式，業經雙方同意而履約實施多年，對此加班費之債權債務業經和解結清履行完畢，自不生積欠加班費云云。查勞動基準法第1條第2項規定，雇主與勞工所定勞動條件，不得低於本法所定之最低標準。換言之，勞動契約或工作規則，如違反勞動基準法之強制或禁止規定，即低於勞動基準法之規定，即屬無效。則審核加班費基數，自應以勞動基準法規定之「平日每小時工資」爲標準，不能拘泥於雇主所支付之各項給與名目。公司以「本俸」爲計算基準，顯低於勞動基準法所定之最低標準，違反勞動基準法之強制規定，應屬無效。則無論張君曾否異議，是否明示或默示同意，均無礙張君依勞動基準法所定之最低標準主張權利，公司執此抗辯，並非可採。

三、勞務需酬有自行衡量之權利，非強制勞動罪

【勞動基準、勞工安全衛生、罰則】

快○公司聯結車司機林○○向法院提起自訴，指稱公司負責人王○○只爲公司利益，罔顧勞工身心體力之負荷，指定司機超時工作，如有不從，輕者挨罵警告，重者嚇令辭退、刁難不發工資等。臺灣高等法院83年度上易字第6626號刑事判決林君敗訴，林君上訴後，最高法院86年度台上字第4137號刑事判決上訴駁回，判決理由略以：林君認公司負責人等違反勞動基準法第5條之規定，應依同法第75條論處，然違反該法第5條規定，而犯同法第75條之罪者，須雇主以強暴、脅迫、拘禁或其他非法方法強制勞工從事勞動者始足當之，林君受公司僱用、按車次計酬，一日之送貨，有四趟、有二趟、有一趟，並無上下限之約定，載運車次之多寡，受僱人亦有就其需酬之程度自行衡量之權利，尙非完全取決於雇主，林君謂其受僱後，日夜駕車送貨，毫無休息時間，尙非可採。另林君指稱公司違反勞工安全衛生法第5條第1項第1款、第4款、第6條、第10條、勞動基準法第42條規定部分：按刑事訴訟法第376條[2]所列各罪之案件，經第二審判決者，不得上訴於第三審法院。第二審維持第一審無罪之判決，上述案件均屬刑事訴訟法第376條第1款所列案件，原判決既已說明此部分係林君上訴第二審後所追加，原審不得就未經起訴之犯罪審判，自亦不得再上訴於第三審法院，林君竟復提起上訴，顯爲法所不許。

四、委任經理之有效存在並不以登記為其要件

【經理人、委任關係、職業災害】

聖○公司司機林○○，因公司怠於修理車輛分泵煞車系統漏氣，並指示其繼續超載使用該車，致發生車禍，因而截肢殘廢。王○○爲公司之經理，林君訴請應與聖○公司共負連帶賠償之責。有關請求王君共負連帶賠償部分，板橋地方法院88年度訴字第1673號民事判決林君敗訴，判決理由略以：按勞動基準法第59條固明定勞工因遭遇職業災害而致死亡、殘廢、傷害或疾病時，雇主應依規定予以補償，惟同法第60條復明定雇主之補償金額，得抵充就同一事故所生之損害賠償金額，此乃因雇主對於勞工所發生之職業災害須無過失補償責任，故依法應負法定補償責任之雇主，對於有法人人格之事業單位而言，其雇主之定義，並未包括法定代理人或負責人。次查勞工安全衛生法第2條第1項規

定所稱之勞工，與勞動基準法第2條勞工之定義並無不同，從而受雇主僱用從事工作獲致工資者皆屬系爭二法所稱之勞工，此與勞動基準法第2條第2款後段所稱代表事業主處理有關勞工事務之人不同，後者與事業主之間係屬委任關係，即指受雇主之委任而處理有關勞工事務而獲致報酬之人，且具有代表事業主之權，核其質性，為事業主之經理級人員。王君為聖○公司之股東，惟此與王君為系爭事業主之經理人或為其他有代表事業主之權之人，顯屬二事。其既非屬雇主，即無負連帶賠償之責。本件上訴後，最高法院89年度台上字第2577號民事判決發回臺灣高等法院，判決理由略以：按「公司負責人對於公司業務之執行，如有違反法令，致他人受有損害時，對他人應與公司負連帶賠償之責」，「公司之經理人……在執行職務範圍內，亦為公司負責人」，公司法第23條，第8條第2項分別定有明文。又公司經理人之委任，其所為之登記，僅屬對抗要件，此項委任經理之有效存在，並不以登記為其要件，此細譯公司法第12條即可明瞭（參見最高法院67年度台上字第760號判例意旨）。本件林君主張王君為公司之股東，並實際負責經理業務之執行，應依公司法第23條負連帶賠償等語，對此攸關林君是否得為本件請求之攻擊方法，原審未說明其取捨意見，自屬可議。

五、終止委任契約仍應給年終績效獎金

【經理人、委任關係、解任、獎金】

永○公司於86年6月聘任魏○○為總經理，聘任契約約定月薪20萬元，年終績效獎金應按稅後純益率超過10%部分提撥10%，經計算86年度應給年終績效獎金為267萬元，嗣因董事長秘書侵吞公款，公司以魏君未盡善良管理人之責，致使公司遭受重大損失，87年8月14日遭董事會解任。魏君以秘書侵占公款均與其無涉，其並無疏失之處，乃訴請應發給86年度年終績效獎金267萬元、87年1月至87年6月年終績效獎金88萬元及退休金或資遣費。魏君不服臺北地方法院87年度勞訴字第97號民事判決，上訴後，臺灣高等法院88年度勞上字第58號民事判決略以：魏君在遭解任前，董事長本已同意核發86年績效獎金267萬元，事後停止發放。既與魏君約定核發之計算標準，並明文記載於聘任契約之內，顯然公司有此項制度，公司雖辯稱該獎金未提報董事會通過，不生效力云云，然聘任契約係以公司董事長身分與魏君所簽訂，即屬合法有效。委任關係因非可歸責於受任人之事由，於事務處理未完畢前已終止者，受任人得

就其已處理之部分，請求報酬，民法第548條第2項[3]定有明文。秘書侵占公款均與魏君無涉，難認魏君有疏失之處。公司未能舉證證明魏君未盡善良管理人之注意義務，亦未能舉證證明係因可歸責於受任人之事由而終止其委任關係，魏君請求給付86年應給年終績效獎金267萬元，已經董事長簽認同意，此部分請求應予准許。至聘任契約約定，公司如有合併、營業讓與等事件，致魏君權益受損，退任時按勞動基準法之退休辦法請領退休給付，惟本件係終止委任關係，而非聘任契約所定之條件成就，故不得請求依勞動基準法給付退休金。又兩造間成立委任契約關係，與勞動基準法係規範勞工與雇主間之勞動（僱傭）契約關係不同，自無該法之適用，魏君主張依據勞動基準法給付退休金或資遣費，均無足取。

六、經理人之解任須有全體股東過半數之同意

【經理人、委任關係、解任】

胡○○投資湘○公司並擔任公司副總經理，因胡君揭發公司前法定代理人侵占公款內幕，公司以胡君行爲不檢，違反管理規章予以解僱，胡君訴請發給84年10月至85年9月薪資及年終獎金，臺北地方法院86年度勞上字第56號民事判決公司應給付薪資51萬元，胡君提起上訴，臺灣高等法院87年度勞上字15號民事判決公司應再給付胡君年終獎金3萬4,000元，有關僱傭關係是否存在之判決略以：公司於84年12月1日起，以胡君違反公司管理章程並曠職且委由他人代爲打卡爲由，解僱胡君。按當事人主張有利於己之事實者，就其事實有舉證之責任，民事訴訟法第277條[4]定有明文，惟查公司自始即對胡君究竟違反公司何種管理規則何條款而解僱胡君，並未舉證說明，另公司以胡君曠職且委請他人代爲打卡一節，爲胡君所否認，公司亦未能舉證證明之。況查有限公司對經理人之解任，須有全體股東過半數之同意，公司法第29條第2項第2款定有明文，胡君爲公司法上之經理人，公司股東有胡君等五人，而公司所提出開除胡君之會議紀錄上到場者有六人，其中僅一人爲公司股東，則其解僱胡君之程序與前開公司法之規定不合，亦不生解任之效力。

七、委任不同於僱傭關係

【經理人、委任關係、特別休假、損害賠償】

大○公司員工華○○訴以：其原任公司產品經理，嗣調升爲業務經理，

掌管全國各地業務部門，因公司更換總經理，新任總經理將其免職，損及其權利，爲此訴請公司給付離職金、年終獎金、差旅費、交際費等共計67萬多元，臺北地方法院87年度勞訴字第2號民事判決，除預告期間工資、年假未休工資外，華君勝訴。華君就預告期間工資、年假未休工資共32萬元提起上訴，臺灣高等法院89年度勞上易字第7號民事判決華君敗訴。判決理由略以：按所謂委任，係指委任人委託受任人處理事務之契約而言。委任之目的，在一定事務之處理。故受任人給付勞務僅爲手段，除當事人另有約定外，得在委任人所授權限範圍內，自行裁量決定處理一定事務之方法，以完成委任之目的。而所謂僱傭，則指受僱人爲僱用人服勞務之契約而言。僱傭之目的，僅在受僱人單純提供勞務，有如機械，對於服勞務之方法毫無自由裁量之餘地。兩者之內容及當事人間之權利義務均不相同（最高法院83年度1018號判決意旨參照）。華君在授權範圍內，得裁量決定處理一定事務之方法，係屬委任關係。華君請求公司給付預告期間工資一節；公司員工手冊並無此規定，且兩造爲委任關係，又無勞動基準法之適用，華君請求公司終止委任契約應比照勞動基準法第16條規定給付預告薪資，即屬無據。華君請求給付未休年假一節；依員工手冊第9點規定，期滿未休完者，自動放棄，不得核發工資。又華君依民法第549條第2項【5】規定，主張公司係於不利之時期終止契約，應負賠償云云，經查兩造間之委任契約得隨時終止之，縱有未及休完之年假，亦不得認公司之終止契約係在不利於華君之時期爲之，此外，華君並未舉證證明公司係於如何不利於華君之時期終止契約，其請求公司賠償損害，即非有據。

八、勞動基法之退休金與勞保之老年給付兼採並不違憲

【憲法、勞動基準法、勞工保險】

有〇公司違反勞工退休金條例事件，不服勞動部訴願決定提起行政訴訟，臺北高等行政法院111年度訴字第208號判決略以：勞動基準法第55條及第56條分別規定雇主負擔給付勞工退休金，及按月提撥勞工退休準備金之義務，作爲照顧勞工生活方式之一種，有助於保障勞工權益，加強勞雇關係，促進整體社會安全與經濟發展，並未逾越立法機關自由形成之範圍。其因此限制雇主自主決定契約內容及自由使用、處分其財產之權利，係國家爲貫徹保護勞工之目的，並衡酌政府財政能力、強化受領勞工勞力給付之雇主對勞工之照顧義務，應屬適當；該法又規定雇主違反前開強制規定者，分別科處罰金或罰鍰，

係為監督雇主履行其給付勞工退休金之義務，以達成保障勞工退休後生存安養之目的，衡諸立法之時空條件、勞資關係及其干涉法益之性質與影響程度等因素，國家採取財產刑罰作為強制手段，尚有其必要，符合憲法第23條規定之比例原則，與憲法保障契約自由之意旨及第15條關於人民財產權保障之規定並無牴觸。勞動基準法課雇主負擔勞工退休金之給付義務，除性質上確有窒礙難行者外，係一體適用於所有勞雇關係，與憲法第7條平等權之保障，亦無牴觸；又立法者對勞工設有退休金制度，係衡酌客觀之社會經濟情勢、國家資源之有效分配，而為不同優先順序之選擇與設計，亦無違憲法第7條關於平等權之保障。復次，憲法並未限制國家僅能以社會保險之方式，達成保護勞工之目的，故立法者就此整體勞工保護之制度設計，本享有一定之形成自由。勞工保險條例中之老年給付與勞動基準法中之勞工退休金，均有助於達成憲法保障勞工生活之意旨，二者性質不同，尚難謂兼採兩種制度即屬違憲。

九、勞動契約之勞工具有的特徵

【委任關係、勞動契約】

國○航空公司勞工陳○○請求確認勞動關係存在事件，臺灣高等法院85年度勞上更第3號民事判決陳君敗訴，陳君上訴後，最高法院88年度台上字第1864號判決上訴駁回，有關勞動契約之要件判決略以：按所謂勞動契約，就形式上言，參照勞動基準法第2條第6款規定，自係約定勞雇關係之契約，而其契約之內容，依勞動基準法施行細則第7條規定，應就工作場所及從事之工作有關事項、工作開始及終止之時間、休息時間及休假、請假有關事項、工資之議定、調整、給付之日期與方法、退休金、勞工福利及安全衛生等項為約定；就其內涵言，勞工與雇主間應有從屬性，即一般學理上亦認勞動契約當事人之勞工，具有下列特徵：人格從屬性，即受僱人在雇主企業組織內，服從雇主權威，並有接受懲戒或制裁之義務。親自履行，不得使用代理人。經濟上從屬性，即受僱人並不是為自己之營業勞動而是從屬於他人，為該他人之目的而勞動。納入僱方生產組織體系，並與同僚間居於分工合作狀態。勞動契約之特徵，即在此從屬性（最高法院83年度台上字第347號判決參照）；換言之勞動基準法所規定之勞動契約，係指當事人之一方，在從屬於他方之關係下，提供職業上之勞動力，而由他方給付報酬之契約，與委任契約之受任人，以處理一定目的之事務，具有獨立之裁量權者有別（最高法院83年度台上字第72號判決參照）。陳君在72年底轉任公司名義上之專員，雙方之法律關係變更爲委任關係，自不受勞動基準法有關勞動契約之拘束。

十、委任經理人未依公司法聘用乃行政罰問題

【經理人、委任關係、行政罰】

山○公司副總經理嚴○○因病住院診療後，留職停薪三個月在家療養，痊癒後公司拒絕其復職，臺灣高等法院臺中分院85年度勞上字第1號民事判決公司敗訴，判決理由略以：嚴君由基層做起而升爲經理人，自係受公司僱用從事工作獲致工資者，而非依公司法第29條委任之經理人，且公司未就嚴君升任爲經理人一職，依公司法第29條及同法第402條規定辦理，益徵兩造間之關係屬勞動關係，嚴君之勞動條件自應適用勞動基準法。就此一部分，最高法院87年度台上字第376號有不同之民事判決，判決理由略以：按公司與經理人之關係爲委任關係，而民法第553條[6]規定，稱經理人者，謂有爲商號管理事務，及爲其簽名之權利人。嚴君在公司之職位爲副總經理，倘嚴君之職務係憑其知識、經驗爲公司管理事務，及有權爲公司簽名，其於職務範圍內之事項有相對之自主性，則縱前此曾受僱爲公司之員工，其職位係由員工升任而來，仍不得謂其非公司之經理人，其與公司間之關係非委任關係而係僱傭關係，有勞動基準法規定之適用。原審未審究雙方契約之內容及嚴君工作之種類、性質，資爲判定雙方之關係究係委任關係，抑係僱傭關係，竟以嚴君之職位係由基層作起而升任爲由，認其係受公司之僱用而獲取工資，非公司之經理人，而有勞動基準法之適用，據爲公司敗訴之判決，尙嫌速斷。至公司任用嚴君爲副總經理，未依公司法第29條第3項規定之程序辦理，及公司於嚴君到職後，未依公司法第402條第1項規定向主管機關申請登記，乃公司有無違反公司法應受行政罰之問題，尙難據爲雙方間之關係爲僱傭關係之依據。

十一、關係企業屬於不同獨立法人

【適用範圍、勞動契約、僱傭關係、資遣】

蔡○○自76年9月16日受僱於○僑公司擔任協理，78年9月1日將其調派至關係企業○慶公司副總經理，79年1月間○慶公司因業務緊縮，欲將蔡君調回○僑公司，○僑公司拒絕，○慶公司乃資遣蔡君，蔡君訴請與○僑公司僱傭關係存在。臺灣高等法院87年度勞上更字第13號判決蔡君敗訴，蔡君上訴後，最

高法院88年度台上字第1742號民事判決上訴駁回。判決理由略以：蔡君於78年8月31日離開◯僑公司後，未曾向◯僑公司申請留職停薪、復職或表示提供勞務之事實。◯僑公司78年8月31日之前屬商業，並非適用勞動基準法之範圍，兩造間之勞動關係應依民法之僱傭關係定之（參民法第488條【7】）。姑不論◯僑公司與◯慶公司間是否有控制、從屬關係之關係企業，然畢竟屬於二獨立之法人，是二者間人事之互相異動，雖名為調派，惟兩造間是否有僱傭關係存在，仍應視蔡君實際是否任職、離職及兩造間之約定而定，蔡君既同意自78年9月1日起轉至◯慶公司服務，且◯僑公司79年2月1日拒絕其重返時，即未再至◯僑公司上班，亦未以僱傭關係存在為由要求復職，而逕行轉至電腦公司任職，始終並未主張或爭執其於78年9月1日至79年1月31日止，赴◯慶公司任職期間，仍應屬服務於◯僑公司之在職期間，而應由◯僑公司一併負擔資遣費。足證◯僑公司已於78年8月31日與蔡君合意終止僱傭契約。蔡君自78年9月1日起至◯慶公司服務，改聘為副總經理，並另行核薪，其薪資及年終獎金亦均改由◯慶公司發放，顯見蔡君已另與◯慶公司成立一新僱傭契約。

十二、傷假期間陸續調高保費，證明僱傭關係存在

【適用範圍、勞工保險、請假】

太◯公司勞工張◯◯於81年12月5日於下班返家途中發生車禍身受重傷，住院開刀，出院後回公司上班，82年7月發現骨骼癒合不良，需再開刀，82年8月1日向公司申請公傷病假，詎公司拒未給付自83年4月1日起至84年8月31日止之薪資，張君訴請扣除勞工保險之職業災害補償金外，公司尚應給付64萬多元。本案地方法院判決張君敗訴，上訴後，臺灣高等法院87年度勞上更字第23號民事判決駁回上訴，張君上訴後，最高法院89年度台上字第677號民事判決：原判決廢棄，發回臺灣高等法院。判決理由略以：公司係經營電化商品之銷售、進出口業務，張君於發生本件車禍事件時，並非勞動基準法第3條所規定適用勞動基準法之行業，張君自不得依勞工請假規則規定請求公傷病假及給付公傷病假期間之薪資。惟查張君於原審曾主張本件訴訟期間，公司仍陸續對張君之投保薪資次第調整至最高點（3萬3,300元），可見訴訟期間雙方之僱傭契約仍在存續中云云，並提出勞保局被保險人異動資料為證，乃屬重要之主張及證據。如果公司仍繼續為張君加保勞工保險，其僱傭關係似不曾中斷，能否謂張君未獲公司核准公傷病假，即非無疑。

十三、適用勞動基準法前之年資無勞動基準法之適用

【適用範圍、資遣費、年資併計】

仁○建設公司勞工邱君等六人訴請依勞動基準法給付資遣費事件，高雄地方法院89年度勞訴字第20號判決邱君等六人勝訴，公司上訴後，有關公司適用勞動基準法之前，邱君等人是否可主張依照勞動基準法規定給與資遣費部分，臺灣高等法院高雄分院89年度勞上字第15號民事判決公司勝訴，判決理由略以：按勞工工作年資自受僱之日起算，適用本法前之工作年資，其資遣費及退休金，依各該事業單位自訂之規定或勞雇雙方之協商計算之。適用本法後之工作年資，其資遣費及退休金給與標準，依第17條及第55條規定計算，勞動基準法第84條之2定有明文。另建設業係自87年3月1日起適用勞動基準法，是公司於87年3月1日前，關於資遣費之計算並無勞動基準法之適用，應視有無其他法令規定，及公司自訂之規定或公司勞雇雙方之協商而定。公司基於營運狀況之人事精簡案，雖曾針對劉○○等十四人核發資遣費，由函文及公文內容可知公司給付劉君等十四人資遣費，應係針對特定人及特定事件之特定措施，而非對公司全體員工爲之。自難認此一員工資遣情形，遽謂公司已自行訂定依照勞動基準法爲相同給與資遣費之規定。公司給付劉君等十四人資遣費，並非全部依勞動基準法爲之，而係劉君等十四人與公司間之個別約定，益見公司並未對於適用勞動基準法以前之資遣費自訂可適用於全體員工之規定。邱君等六人要求依勞動基準法規定給與資遣費之主張委無足取。

十四、非勞動基準法適用對象不適用勞動基準法退休規定

【適用範圍、退休金、權利拋棄】

○○銀行商業同業公會臨時約聘秘書劉○○，自75年7月1日任職該公會，87年6月30日申請退休，公會則以該會非適用勞動基準法之範圍，且雙方所簽訂之聘僱合約書，明定劉君不得享有退休金等福利，故拒發退休金。劉君則以公會要求劉君事先拋棄退休金請求之約定應屬無效，公會自應負給付退休金之義務。高雄地方法院88年勞訴字第18號判決劉君敗訴，上訴後，高等法院高雄分院88年度勞上字第13號判決上訴駁回，判決理由略以：查該公會係屬人民團體，並無勞動基準法適用，故勞動基準法有關退休金規定，對劉君而言，並無適用餘地。又劉君係臨時約聘人員，一年一聘，聘期屆滿，如未另予續聘，即

無法繼續工作。故雙方於訂立聘僱合約時，就退休金、退職金等權利事項，公會本得視其財力狀況而加以限制。劉君於簽訂是項合約時，亦係基於自由之選擇。縱合約中約定不得要求退休金，屬權利之預先拋棄，然此種勞雇關係並無剝奪劉君在憲法上受保障之工作權，且非公會利用經濟上之強勢地位所爲之故意脫法行爲，基於契約自由原則，尙非不得任意爲之。抑且，民法有關僱傭之規定，亦無禁止之明文，何況退休金之拋棄亦與公序良俗無涉，是雙方之聘僱合約中約定不得要求退休金及年資不予合併等情，並無違背法律之強制或禁止規定或公序良俗，自難指爲無效。劉君認爲公會要求事先拋棄退休金請求之約定應屬無效云云，並不足採。從而劉君依兩造所訂立之聘僱合約，並無向公會請求給付退休金之權利甚明。

十五、代表公司處理有關勞工人事、會計、行政等事務為雇主

【總則、罰則】

中○巴士公司副總經理甲君違反勞動基準法案件，甲君不服98年11月27日臺灣士林地方法院98年度易更（一）字第1號判決（起訴案號：臺灣士林地方法院檢察署95年度偵續一字第42號）提起上訴，臺灣高等法院99年度上易字第132號刑事判決：上訴駁回。甲○○緩刑二年。判決理由略以：甲君在中○巴士公司擔任之職務、權責及負責之業務項目，業據甲君於偵查中供承：我是中○巴士公司副總經理，負責人事、行政、總務。有關駕駛任免案，是我決行的。乙○○之留職停薪、復職及解僱都是由我決行的。乙○○之離職會辦單及車損報告單是我決行。留職停薪函、解僱函是我決行的等語，甲君復於原審審理時自承：「（你於91年7月31日本件肇事當時，於中○巴士公司負責何業務？業務範圍爲何？）我是負責集團裡面人事、會計、行政、總務業務。」等語明確，足見甲君擔任中○公司之副總經理，代表該公司處理有關勞工人事、會計、行政、總務等事務，爲勞動基準法第2條第2款所稱之雇主。

十六、勞動基準法實施前的退休

【適用範圍、退休金、職業災害、勞動契約】

綜合商品零售業自87年3月1日實施勞動基準法，惠○百貨公司於87年2月1日自訂退休辦法，勞工史○○已六十八歲，公司於87年2月28日強制史○○退休，史○○則認爲他因職業災害住院中，同意於87年3月9日退休，並請求依勞

動基準法給付職業災害工資補償及退休金，臺灣高等法院88年度勞上易字第3號民事判決勞工敗訴，判決理由略以：按僱傭未定期限者，各當事人得隨時終止僱傭契約，史○○既未能舉證證明有何利於己之習慣存在，且當時亦無勞動基準法之適用，則公司依其自訂之退休辦法，命令已屆強制退休年齡之史○○自87年2月28日起退休生效，依民法第488條第2項法理，自無不合。又民法第488條之終止權係法定權利，並不待對造同意始生效力，同理，所謂強制退休或命令退休，亦無待受僱人同意，只須符合強制退休之條件，擇時行使權利，縱於臨適用勞動基準法之際，亦非法之所禁。

另史○○以公司於其醫療期間終止契約，違反勞動基準法第13條規定而無效一節，惟按民法第488條對於不定期限之僱傭契約，並無醫療期間不得終止之限制，否則即與法條明文「得隨時終止」文義有背。史○○於86年12月21日車禍住院，縱令係職業災害，然公司係87年3月1日始適用勞動基準法，在此之前原無勞動基準法之適用，又除有特別規定外，法不溯及既往爲實體法適用之大原則，殊難因嗣後適用勞動基準法溯及86年12月21日起認爲均屬職災之醫療期間，是史○○於87年2月23日被通知將於87年2月28日終止勞動契約時，自不受勞動基準法第13條規定限制，否則不僅割裂勞動基準法之適用，且與民法第488條法理有違。

十七、勞動基準法實施前不適用勞動基準法

【適用範圍、勞動契約、資遣費】

中○科學研究院非軍職人員工作者，自87年7月1日起適用勞動基準法，聘用人員梁○○等人於87年6月30日聘用期滿未再續約，訴請發給資遣費，桃園地方法院87年度重勞訴字第4號民事判決梁君等勝訴，該院上訴後，臺灣高等法院88年度重勞上字第6號民事判決該院勝訴，判決理由略以：該院所屬非軍職人員之工作者，係自87年7月1日起始適用勞動基準法，梁君等人均係87年7月1日前即已服務於該處多年，每年簽一次契約迄87年6月間該院提出臨時契約，梁君等認該臨時契約勞動條件較原契約低劣遂未再續約，是以本件僱傭契約並無勞動基準法之適用，至該院85年蓮茂字第01613號院令所謂應視爲「不定期契約」係雙方內部就年資計算並得據以爲核發資遣費之基礎之約定而已，非得據以認爲有勞動基準法之適用。至其一年簽一次約之本質，乃因軍事需要參酌受僱人之志願，本於契約自由原則所爲約定，則約滿效力終止，自應拘束

雙方。梁君等於86年6月間所簽最後一次聘書均記載「本聘書有效期間自86年7月1日至87年6月30日，約期屆滿效力終止」，是87年7月1日前兩造如未訂立新約，依兩造明示之意，契約效力原應終止，至爲明確。梁君等既係自行拒絕續約或自行辭職，自與該院所訂資遣條件之「服務單位因故不予續聘」有別，而不符規定。又該院所訂資遣條件之「現職工作不適任」應係就工作績效而言，受僱人因身體能力、才識達不到標準而言，梁君等人未提出「不適任」證明方法，與梁君等人自行辭職或期滿未續約之事實有異，殊難憑以請求資遣費。

十八、勞動基準法之適用不溯既往

【總則、工資、退休】

台○銀行員工乙○○請求給付退休金事件，上訴人不服台東地方法院96年度訴字第66號判決提起上訴，臺灣高等法院花蓮分院96年度勞上易字第3號判決上訴駁回，判決理由略以：上訴人適用勞動基準法前，當時並無法令可資適用於兩造之勞雇關係，則適用勞動基準法前退休金之計算，應依各該事業單位之規定辦理。工資於計算退休金時，是否將工資全部納入計算標準內，抑或僅以工資之一部分項目納入計算標準，乃屬事業單位訂定退休規則之權責內事項，事業單位基於自身內部管理，將員工之待遇分爲薪津、加給、各項津貼、各項補助、獎金等，且於每月薪資明細中，分列「薪津」、「職務加給」、「生活津貼」等項目，並明定退休金計算基準僅包括「薪津」、「職務加給」，而不包括「生活津貼」，並不違反法律強制規定。且勞動基準法之適用不得溯及既往，自不得執此認事業單位在適用勞動基準法之前，在員工薪資中設「生活津貼」，而規定計算員工退休金時，不包括「生活津貼」之規定，有何違法之處。事業單位計算適用勞動基準法前之退休金標準，而符合勞動基準法第84條之2規定，應無退休金差額可請求。

註釋

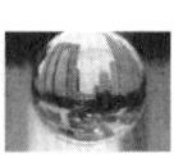

【1】行政院勞工委員會80年2月2日台勞（一）字第02431號函。

【2】第376條：「下列各罪之案件，經第二審判決者，不得上訴於第三審法院。一、最重本刑為三年以下有期徒刑、拘役或專科罰金之罪。二、刑法第三百二十條、第三百二十一條之竊盜罪。三、刑法第三百三十五

條、第三百三十六條第二項之侵占罪。四、刑法第三百三十九條、第三百四十一條之詐欺罪。五、刑法第三百四十二條之背信罪。六、刑法第三百四十六條之恐嚇罪。七、刑法第三百四十九條第二項之贓物罪。」（條文已修正）

【3】第548條：「受任人應受報酬者，除契約另有訂定外，非於委任關係終止及為明確報告顛末後，不得請求給付（第1項）。委任關係，因非可歸責於受任人之事由，於事務處理未完畢前已終止者，受任人得就其已處理之部分，請求報酬（第2項）。」

【4】第277條：「當事人主張有利於己之事實者，就其事實有舉證之責任。但法律別有規定，或依其情形顯失公平者，不在此限。」

【5】第549條：「當事人之任何一方，得隨時終止委任契約（第1項）。當事人之一方，於不利於他方之時期終止契約者，應負損害賠償責任。但因非可歸責於該當事人之事由，致不得不終止契約者，不在此限（第2項）。」

【6】第553條：「稱經理人者，謂由商號之授權，為其管理事務及簽名之人（第1項）。前項經理權之授與，得以明示或默示為之（第2項）。經理權得限於管理商號事務之一部或商號之一分號或數分號（第3項）。」

【7】第488條：「僱傭定有期限者，其僱傭關係於期限屆滿時消滅（第1項）。僱傭未定期限，亦不能依勞務之性質或目的定期限者，各當事人得隨時終止契約。但有利於受僱人之習慣者，從其習慣（第2項）。」

第二章　勞動契約

本章規定勞動契約的種類、終止契約的條件、預告制度、資遣費之計算標準、競業禁止、調動勞工工作五原則、最低服務年限約定、證明書之發給、事業單位改組或轉讓勞工之處理、勞動派遣等。

第一節　本章條文

第九條

Ⅰ勞動契約，分為定期契約及不定期契約。臨時性、短期性、季節性及特定性工作得為定期契約；有繼續性工作應為不定期契約。派遣事業單位與派遣勞工訂定之勞動契約，應為不定期契約。

Ⅱ定期契約屆滿後，有下列情形之一者，視為不定期契約：

一　勞工繼續工作而雇主不即表示反對意思者。

二　雖經另訂新約，惟其前後勞動契約之工作期間超過九十日，前後契約間斷期間未超過三十日者。

Ⅲ前項規定於特定性或季節性之定期工作不適用之。

第九條之一

Ⅰ未符合下列規定者，雇主不得與勞工為離職後競業禁止之約定：

一　雇主有應受保護之正當營業利益。

二　勞工擔任之職位或職務，能接觸或使用雇主之營業秘密。

三　競業禁止之期間、區域、職業活動之範圍及就業對象，未逾合理範疇。

四　雇主對勞工因不從事競業行為所受損失有合理補償。

Ⅱ前項第四款所定合理補償，不包括勞工於工作期間所受領之給付。

Ⅲ違反第一項各款規定之一者，其約定無效。

Ⅳ離職後競業禁止之期間，最長不得逾二年。逾二年者，縮短為二年。

第十條

定期契約屆滿後或不定期契約因故停止履行後，未滿三個月而訂定新約或繼續履行原約時，勞工前後工作年資，應合併計算。

第十條之一

雇主調動勞工工作，不得違反勞動契約之約定，並應符合下列原則：

一　基於企業經營上所必須，且不得有不當動機及目的。但法律另有規定者，從其規定。

二　對勞工之工資及其他勞動條件，未作不利之變更。

三　調動後工作為勞工體能及技術可勝任。

四　調動工作地點過遠，雇主應予以必要之協助。

五　考量勞工及其家庭之生活利益。

第十一條

非有下列情形之一者，雇主不得預告勞工終止勞動契約：

一　歇業或轉讓時。

二　虧損或業務緊縮時。

三　不可抗力暫停工作在一個月以上時。

四　業務性質變更，有減少勞工之必要，又無適當工作可供安置時。

五　勞工對於所擔任之工作確不能勝任時。

第十二條

Ⅰ勞工有下列情形之一者，雇主得不經預告終止契約：

一　於訂立勞動契約時為虛偽意思表示，使雇主誤信而有受損害之虞者。

二　對於雇主、雇主家屬、雇主代理人或其他共同工作之勞工，實施暴行或有重大侮辱之行為者。

三　受有期徒刑以上刑之宣告確定，而未諭知緩刑或未准易科罰金者。

四　違反勞動契約或工作規則，情節重大者。

五　故意損耗機器、工具、原料、產品，或其他雇主所有物品，或故意洩漏雇主技術上、營業上之秘密，致雇主受有損害者。

六　無正當理由繼續曠工三日，或一個月內曠工達六日者。

Ⅱ雇主依前項第一款、第二款及第四款至第六款規定終止契約者，應自知悉其情形之日起，三十日內爲之。

第十三條

勞工在第五十條規定之停止工作期間或第五十九條規定之醫療期間，雇主不得終止契約。但雇主因天災、事變或其他不可抗力致事業不能繼續，經報主管機關核定者，不在此限。

第十四條

Ⅰ有下列情形之一者，勞工得不經預告終止契約：

一　雇主於訂立勞動契約時爲虛僞之意思表示，使勞工誤信而有受損害之虞者。

二　雇主、雇主家屬、雇主代理人對於勞工，實施暴行或有重大侮辱之行爲者。

三　契約所訂之工作，對於勞工健康有危害之虞，經通知雇主改善而無效果者。

四　雇主、雇主代理人或其他勞工患有惡性傳染病，有傳染之虞者。

五　雇主不依勞動契約給付工作報酬，或對於按件計酬之勞工不供給充分之工作者。

六　雇主違反勞動契約或勞工法令，致有損害勞工權益之虞者。

Ⅱ勞工依前項第一款、第六款規定終止契約者，應自知悉其情形之日起，三十日內爲之。但雇主有前項第六款所定情形者，勞工得於知悉損害結果之日起，三十日內爲之。

Ⅲ有第一項第二款或第四款情形，雇主已將該代理人解僱或已將患有惡性傳染病者送醫或解僱，勞工不得終止契約。

Ⅳ第十七條規定於本條終止契約準用之。

第十五條

Ⅰ特定性定期契約期限逾三年者，於屆滿三年後，勞工得終止契約。但應於三十日前預告雇主。

Ⅱ不定期契約，勞工終止契約時，應準用第十六條第一項規定期間預告雇主。

第十五條之一

Ⅰ未符合下列規定之一，雇主不得與勞工爲最低服務年限之約定：

一　雇主爲勞工進行專業技術培訓，並提供該項培訓費用者。

二　雇主爲使勞工遵守最低服務年限之約定，提供其合理補償者。

Ⅱ前項最低服務年限之約定，應就下列事項綜合考量，不得逾合理範圍：

一　雇主爲勞工進行專業技術培訓之期間及成本。

二　從事相同或類似職務之勞工，其人力替補可能性。

三　雇主提供勞工補償之額度及範圍。

四　其他影響最低服務年限合理性之事項。

Ⅲ違反前二項規定者，其約定無效。

Ⅳ勞動契約因不可歸責於勞工之事由而於最低服務年限屆滿前終止者，勞工不負違反最低服務年限約定或返還訓練費用之責任。

第十六條

Ⅰ雇主依第十一條或第十三條但書規定終止勞動契約者，其預告期間依下列各款之規定：

一　繼續工作三個月以上一年未滿者，於十日前預告之。

二　繼續工作一年以上三年未滿者，於二十日前預告之。

三　繼續工作三年以上者，於三十日前預告之。

Ⅱ勞工於接到前項預告後，爲另謀工作得於工作時間請假外出。其請假時數，每星期不得超過二日之工作時間，請假期間之工資照給。

Ⅲ雇主未依第一項規定期間預告而終止契約者，應給付預告期間之工資。

第十七條

Ⅰ雇主依前條終止勞動契約者，應依下列規定發給勞工資遣費：

一　在同一雇主之事業單位繼續工作，每滿一年發給相當於一個月平均工資之資遣費。

二　依前款計算之剩餘月數，或工作未滿一年者，以比例計給之。未滿一個月者以一個月計。

Ⅱ前項所定資遣費，雇主應於終止勞動契約三十日發給。

第十七條之一

Ⅰ要派單位不得於派遣事業單位與派遣勞工簽訂勞動契約前，有面試該派遣勞工或其他指定特定派遣勞工之行爲。

Ⅱ要派單位違反前項規定，且已受領派遣勞工勞務者，派遣勞工得於要派單位提供勞務之日起九十日內，以書面向要派單位提出訂定勞動契約之意思表示。

Ⅲ要派單位應自前項派遣勞工意思表示到達之日起十日內，與其協商訂定勞動契約。逾期未協商或協商不成立者，視爲雙方自期滿翌日成立勞動契約，並以派遣勞工於要派單位工作期間之勞動條件爲勞動契約內容。

Ⅳ派遣事業單位及要派單位不得因派遣勞工提出第二項意思表示，而予以解僱、降調、減薪、損害其依法令、契約或習慣上所應享有之權益，或其他不利之處分。

Ⅴ派遣事業單位及要派單位爲前項行爲之一者，無效。

Ⅵ派遣勞工因第二項及第三項規定與要派單位成立勞動契約者，其與派遣事業單位之勞動契約視爲終止，且不負違反最低服務年限約定或返還訓練費用之責任。

Ⅶ前項派遣事業單位應依本法或勞工退休金條例規定之給付標準及期限，發給派遣勞工退休金或資遣費。

第十八條

有左列情形之一者，勞工不得向雇主請求加發預告期間工資及資遣費：

一　依第十二條或第十五條規定終止勞動契約者。

二　定期勞動契約期滿離職者。

第十九條

勞動契約終止時，勞工如請求發給服務證明書，雇主或其代理人不得拒絕。

第二十條

事業單位改組或轉讓時，除新舊雇主商定留用之勞工外，其餘勞工應依第十六條規定期間預告終止契約，並應依第十七條規定發給勞工資遣費。其留用勞工之工作年資，應由新雇主繼續予以承認。

第二節　解　說

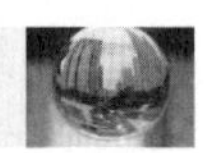

一、勞動契約之意義

本法第2條第6款就勞動契約定義爲：謂約定勞雇關係之契約。勞動契約是私法上的契約，民法第153條第1項規定：「當事人互相表示意思一致者，無論其爲明示或默示，契約即爲成立。」契約當事人之一方爲勞工，另一方爲雇主，雙方意思表示一致，契約即成立，勞動契約可以口頭約定、默示或事實行爲而認可，不以書面爲要件，例如勞工同意工作，雇主同意給付工資，契約即算成立。

二、勞動契約之類別

本法第9條規定，勞動契約分爲定期契約與不定期契約：

（一）定期契約

勞雇雙方訂有一定期限之勞動契約爲定期契約，亦即勞動契約存續之時間有明確規定。臨時性、短期性、季節性及特定性工作得爲定期契約。本法施行細則第6條就臨時性、短期性、特定性規定認定如下：

1. 臨時性工作：係指無法預期之非繼續性工作，其工作期間在六個月以內者。
2. 短期性工作：係指可預期於六個月內完成之非繼續性工作。
3. 季節性工作：係指受季節性原料、材料來源或市場銷售影響之非繼續性工作，其工作期間在九個月以內者。
4. 特定性工作：係指可在特定期間完成之非繼續性工作。其工作時間超過一年者，應報請主管機關核備。

（二）不定期契約

有繼續性工作為不定期契約，亦即勞動契約沒有一定的期限，勞動契約的存續期間沒有約定。

定期契約屆滿後如有下列情形，視為不定期契約：

1. 勞工繼續工作而雇主不即表示反對意思者。
2. 雖經另訂新約，惟其前後勞動契約之工作期間超過九十日，前後契約間斷期間未超過三十日者。

前項規定於特定性或季節性之定期工作不適用之。

派遣事業單位與派遣勞工所訂定之勞動契約為不定期契約。

雖為定期契約，但契約期間長達數年或十多年，如重大工程，是否即為不定期契約，勞工主管單位之見解與法院之判決屢有不同，例如某工程施工期間長達十年，雇主與勞工簽訂定期契約，但勞工主管單位認定其為不定期契約，法院則判決為定期契約。

如係繼續性工作，而簽訂定期契約，法院則判決為不定期契約。

三、勞動契約與其他契約

（一）僱傭契約

民法第482條：「稱僱傭者，謂當事人約定，一方於一定或不定之期限內為他方服務，他方給付報酬之契約。」勞動契約的特點是受僱人對於僱用人之從屬性及僱用人之指揮命令關係，僱傭契約之雙方則無從屬關係；勞動契約的簽訂，必須符合本法的規定，僱傭契約的簽訂，則不必符合本法的規定，未適用本法的行業，雇主與勞工所簽訂的契約為僱傭契約。

（二）承攬契約

民法第490條：「稱承攬者，謂當事人約定一方為他方完成一定之工作，他方俟工作完成給付報酬之契約。」勞動契約係以勞務給付為目的，勞工受雇主之直接監督，承攬契約則以勞動結果為目的，承攬人獨立性大；勞動契約勞工對雇主提供的勞務沒有代替性，承攬契約承攬人可同時有數個勞務對象；勞動契約之勞工對於雇主有從屬性，承攬契約則無從屬性。如果自行提供工作器具，自己決定工作時間，未由僱主負擔勞健保、6%退休金，依約定之報酬，重工作之完成，通常為承攬契約。

（三）委任契約

民法第528條：「稱委任者，謂當事人約定，一方委託他方處理事務，他方允為處理之契約。」委任契約之受任人與委任人間無從屬關係，委任契約之受任人不一定有報酬，而勞動契約之受僱人必定有報酬。委任契約之受委任人，以處理一定之事務，具有獨立之裁量權。

（四）基於私法自治原則勞務契約有多種類型

勞動部105年11月28日勞動關2字第1050128739號函釋，保險業務員勞務契約樣態適用疑義。提及司法院釋字第740號解釋，釋字第740號解釋理由書略以：勞務給付之性質，按個案事實客觀探求各該勞務契約之類型特徵，諸如與人的從屬性有關勞務給付時間、地點或專業之指揮監督關係，及是否負擔業務風險以判斷是否為勞動契約；又基於私法自治原則，其類型可能為僱傭、委任、承攬或居間，其選擇之契約類型是否為勞動契約，應就個案事實及整體契約內容，按勞務契約之類型特徵，依勞務債務人與勞務債權人間之從屬性程度之高低判斷之。

四、年資併計、實體同一性

本法第10條之「不定期契約因故停止履行後」其中「因故」係指中止契約之事由，可因法律規定或本契約自由之合意而成立，二者共同點為無可歸責於當事人一方之事由存在。辭職係單獨行為，解僱係存在一方可歸責事由所致，均不合所稱「因故」之要件。年資併計的相關問題尚有：

（一）事業單位因故停工，勞動契約如未終止，年資應繼續計算至勞動契約終止之日。

（二）借調人員，編制如仍在原公司，則借調後年資仍應併計。

（三）勞工調至某關係企業，嗣後又調回原事業單位，則其關係企業年資是否併計，依原事業單位之規定辦理。

（四）留職停薪期間，是否併計年資，本法無規定。

（五）如有試用期間，年資應併計。

（六）勞工離職後，未滿三個月又回公司繼續工作，法院有判決除資遣、退休者外年資應併計。

（七）部分工時勞工年資自到職日起算。

最高法院111年度台上字第2066號民事裁定略以：多家公司之董事長、董事、監察人、負責人成員高度重疊、誼屬至親，所營事業項目相同，主營業所復在相同地址或相距不遠，其營運、人事管理等事項均由相同經營者掌控，具有實體上同一性，是計算年資，合併計算。另有「年資」相關規定請參考本書第十二章。

勞工之工作年資以服務同一事業主為限，但受同一雇主調動之工作年資，及依勞動基準法第20條規定應由新雇主繼續予以承認之年資應予併計（參臺灣高等法院臺中分院90年勞上易字第1號判決）。

五、試用期間

本法原施行細則第6條規定試用期間不得超過四十日，86年6月12日修正刪除該試用規定。雇主依工作特性，自可約定合理之試用期間，試用期內或屆期時，雇主如欲終止勞動契約，仍應依本法第11、12、16、17條相關規定辦理。臺灣高等法院臺中分院99年度上易字第993號判決略以：勞工依工作特性在不違背契約誠信原則下，自由約定合理之試用期間，尚非法所不容，惟試用期內或屆期時，雇主如欲終止勞動契約，仍應依本法第11、12、16、17條相關規定辦理。

一般試用期間約定為三個月，有法院認為試用期內或屆期時，雇主如不滿意，欲終止勞動契約，原則上可隨時終止；不須法定事由；不適用最後手段性原則；不適用本法第11、12條，但仍適用本法第16、17條。亦即沒有約定試期間欲終止勞動契約，必須依本法第11、12、16、17條相關規定辦理。

六、終止契約

本法的目的在保障勞工權益，如勞工的工作無保障，則生活將受影響，因此須要法律明定終止契約的條件，以保障勞工權益。

本法第13條規定，勞工在第50條規定女工分娩前後或流產之停止工作期間或第59條規定職業災害之醫療期間，雇主不得終止契約。但雇主因天災、事變或其他不可抗力致事業不能繼續，經報主管機關核定者，不在此限。

終止契約的情形如下：

（一）雇主解僱（資遣）勞工

1. 契約期滿

勞雇雙方訂立之臨時性、短期性、季節性及特定性工作等定期性契約期滿，此項契約期滿之解僱，不須發給資遣費。如果是經常性工作而簽定期性契約，終止契約仍應給資遣費。

2. 須預告之解僱

依本法第11條規定，有該條各款所定之情形之一時，雇主得經預告後，解僱勞工，例如工廠將歇業停止生產，應先預告勞工後終止契約並發給資遣費，如勞工有舊制年資已符退休條件，應給舊制（勞動基準法）退休金。

3. 無須預告之解僱

因可歸責於勞工之原個因，而有本法第12條所列各款情形之一者，雇主無須預告，可終止勞動契約，且不必發給資遣費。

（二）勞工主動辭退

勞工因個人之原因，或因可歸責於雇主之事由，可終止勞動契約。

1. 須預告之辭退

本法第15條規定，特定性工作之定期契約期限逾三年，於屆滿三年後，勞工得終止契約，但應於三十日前預告雇主。如係不定期契約，則勞工終止契約時，應依規定期間預告雇主。此項勞工之辭退，無須發給資遣費。

不定期契約，勞工終止契約時，準用本法第16條規定期間預告雇主。

2. 無須預告之辭退

因可歸責於雇主之原因，而有本法第14條所列各款情形之一時，勞工得不須預告雇主而終止勞動契約。例如雇主不按勞動契約所訂之給付工資期限給付勞工工資，勞工即可終止勞動契約，雇主並應給付勞工資遣費。

七、預告期間、預告工資

依本法第15條規定，勞工欲終止勞動契約應先行預告。依本法第16條規定，雇主依本法第11條或第13條但書規定終止勞動契約時，雇主應先行預告，預告期間依勞工任期，分別爲十日前、二十日前、三十日前。雇主未經預告而終止勞動契約，雇主應按日數給預告工資。

勞工未預告而辭職，公司給予免職，不給業務獎金，法院判決雇主敗訴，判決理由略以：員工辭職，未先預告，並非當然無效，只是辭職尚未生效，須上班到一個月的預告期屆滿才開始生效而已，因此雇主不可因員工辭職未先預告，即片面予以解約。

八、資遣費發給

雇主依本法第11條、第13條終止勞動契約及勞工依本法第14條終止勞動契約，應依本法第17條規定，發給資遣費，在同一雇主之事業單位繼續工作，每滿一年發給相當於一個月平均工資之資遣費，如有剩餘月數或工作未滿一年者，以比例計給之，未滿一個月以一個月計。雇主應於終止勞動契約三十日內發給與資遣費。依本法第84條之2規定，資遣費之計算，適用本法前之工作年資，其給與標準，依當時適用之法令，當時無法令可資適用者，依該事業單位自訂之規定或勞雇雙方之協商計算之；適用本法後之工作年資，其資遣費給與標準，依本法第17條規定計算。

94年7月1日實施新制「勞工退休金條例」，原有員工選擇「勞工退休金條例」者，或94年7月1日以後新進之員工，其新制之年資應依新制計算資遣費，即新制之年資每滿一年發給二分之一個月平均工資，未滿一年者，以比例計給，最高發給六個月爲限。如員工有新制（勞工退休金條例）年資，也有舊制（勞動基準法）年資，則新、舊制年資分開計算。新制資遣費之計算請參「勞工退休金條例」第12條；舊制資遣費之計算請參「勞動基準法」第17條。

九、改組或轉讓時

本法第20條規定事業單位改組或轉讓時，新、舊雇主商定留用之勞工，其留用勞工之工作年資，新雇主應繼續承認，因此新雇主是否留用勞工，應審愼考量；不予留用之勞工則預告後發給資遣費，經發給資遣費後，新雇主自可重新僱用原有勞工，年資則重新起算。

十、競業禁止之約定

競業禁止條款，乃對於他人之工作權所作之限制行爲。本於契約自由原則及保護公司營業秘密，雇主與勞工約定競業禁止並無不可，但應合理、公平。

勞動基準法第9條之1，對於勞工爲離職後競業禁止之約定，有明確規定，其約定必須符合下列條件：

一　雇主有應受保護之正當營業利益。

二　勞工擔任之職位或職務，能接觸或使用雇主之營業秘密。

三　競業禁止之期間、區域、職業活動之範圍及就業對象，未逾合理範疇。

四　雇主對勞工因不從事競業行爲所受損失有合理補償。

前項第四款所定合理補償，不包括勞工於工作期間所受領之給付。

違反第一項各款規定之一者，其約定無效。

離職後競業禁止之期間，最長不得逾二年。逾二年者，縮短爲二年。

本法施行細則第7條之1規定，離職後競業禁止之約定，應以書面爲之，且應詳細記載本法第9條之1第1項第3款「競業禁止之期間、區域、職業活動之範圍及就業對象，未逾合理範疇及第4款「雇主對勞工因不從事競業行爲所受損失有合理補償」規定之內容，並由雇主與勞工簽章，各執一份。

本法施行細則第7條之2規定：「本法第九條之一第一項第三款所爲之約定未逾合理範疇，應符合下列規定：

一　競業禁止之期間，不得逾越雇主欲保護之營業秘密或技術資訊之生命週期，且最長不得逾二年。

二　競業禁止之區域，應以原雇主實際營業活動之範圍爲限。

三　競業禁止之職業活動範圍，應具體明確，且與勞工原職業活動範圍相同或類似。

四　競業禁止之就業對象，應具體明確，並以與原雇主之營業活動相同或類似，且有競爭關係者爲限。」

本法施行細則第7條之3規定：「本法第九條之一第一項第四款所定之合理補償，應就下列事項綜合考量：

一　每月補償金額不低於勞工離職時一個月平均工資百分之五十。

二　補償金額足以維持勞工離職後競業禁止期間之生活所需。

三　補償金額與勞工遵守競業禁止之期間、區域、職業活動範圍及就業對象之範疇所受損失相當。

四　其他與判斷補償基準合理性有關之事項。前項合理補償，應約定離職後一次預爲給付或按月給付。」

十一、調動五原則

勞動基準法第10條之1規定：「雇主調動勞工工作，並應符合下列原則：

一　基於企業經營上所必須，且不得有不當動機及目的。但法律另有規定者，從其規定。

二　對勞工之工資及其他勞動條件，未作不利之變更。

三　調動後工作爲勞工體能及技術可勝任。

四　調動工作地點過遠，雇主應予以必要之協助。

五　考量勞工及其家庭之生活利益。」

最高法院111年度台上字第2號民事判決略以：按雇主調動勞工工作，不得違反勞動契約之約定，並應符合勞基法第10條之1規定之5款原則。揆其立法意旨係雇主調動勞工應受權利濫用禁止原則之規範，其判斷之標準，應視調職在業務上有無必要性、合理性。又勞工違反勞動契約（或工作規則），其行爲縱該當於應受懲戒處分情節，雇主如不行使其依勞動契約（或工作規則）之懲戒權，改以調整勞工職務，以利企業團隊運作，增進經營效率，尙難認不符企業經營必要性及調職合理性。

十二、最低服務年限之約定

勞動基準法第15條之規定：「未符合下列規定之一，雇主不得與勞工爲最低服務年限之約定：

一　雇主爲勞工進行專業技術培訓，並提供該項培訓費用者。

二　雇主爲使勞工遵守最低服務年限之約定，提供其合理補償者。

前項最低服務年限之約定，應就下列事項綜合考量，不得逾合理範圍：

一　雇主爲勞工進行專業技術培訓之期間及成本。

二　從事相同或類似職務之勞工，其人力替補可能性。

三　雇主提供勞工補償之額度及範圍。

四　其他影響最低服務年限合理性之事項。

違反前二項規定者，其約定無效。

勞動契約因不可歸責於勞工之事由而於最低服務年限屆滿前終止者，勞工不負違反最低服務年限約定或返還訓練費用之責任。」

依勞動基準法第15條之1規定，雇主有爲勞工進行「專業培訓」或「合理補償」，才可約定最低服務年限。所稱「專業培訓」，必須雇主有提供培訓費用。例如雇主爲某勞工報名參加某項訓練進修，雇主繳了10萬元訓練進修費用，訓練進修期間工資照給。如果勞工是在工作中接受資深員工或領班的教導，不視爲有提供培訓費用。

所稱「合理補償」，必須勞工參加訓練進修後，雇主按月給付工資之外，另給合理的補償金。不管雇主與勞工有無簽訂勞動契約，均應適用本條規定。

十三、勞動派遣

為有效運用人力或節省人事成本，人力派遣應運而生。人力派遣即派遣公司（派遣事業單位、人力仲介或顧問公司）僱用勞工，派遣其勞工至要派公司（實際用人的公司行號），勞工則在要派公司的指揮監督下提供勞務，被派遣勞工的人事管理事務性工作則由派遣公司辦理，如勞工保險、工資給付、資遣費、退休金、職業災害補償等是由派遣公司負責。亦即派遣公司與要派公司成立商務契約關係，要派公司與派遣勞工是指揮監督關係。派遣事業單位與派遣勞工應訂定不定期契約。

1997年國際勞工組織通過的私立就業機構公約中規定：

一　派遣機構不可有任何歧視或不公平對待被派遣勞工。

二　不可剝奪被派遣勞工的結社自由權或團體協商權。

三　各會員國應採取必要措施，保障派遣勞工的結社自由、團體協商，及其他勞動條件權益。

108年5月、6月本法第2條、第9條增列勞動派遣並增訂第17條之1、第22條之1、第63條之1，規範派遣勞工之保護、權益等。

第17條之1規定詳本章，第22條之1規定詳本書第三章，第63條之1規定詳本書第七章。

十四、相關事項

（一）虧損之認定

雇主不得以虧損為藉口，不當解僱勞工，是否虧損應請事業單位提出近年來經營狀況，說明虧損情形及因應計畫，再針對其經營能力及事實狀況，個別認定之。

（二）改組或轉讓

所稱「事業單位改組或轉讓」，係指事業單位依公司法規定變更其組織型態，或其所有權（所有資產、設備）因移轉而消滅其原有之法人人格，或獨資或合夥事業單位之負責人變更而言。例如台灣雷○○股份有限公司股份雖曾多次轉讓，但尚屬該公司內部股份之轉讓。又公司名稱變更為台灣愛○○股份有限公司，係屬公司章程規定事項之變更並非屬勞動基準法所稱之「事業單位改組或轉讓」【1】。

（三）侮辱之涵義

所謂「侮辱」係以使人難堪爲目的，以言語、文字、圖畫或動作，表示不屑輕蔑之意思，足以對於個人在社會上所保持之人格及地位，達貶損其評價之程度始可。

（四）暴行之範圍

員工對於公司負責人、各級業務主管或其他員工及其家屬，爲恐嚇、強暴脅迫或重大侮辱者，公司得不經預告逕行解僱。所指雇主家屬，係指雇主之配偶、父母、子女、祖父母及其他與雇主同財共居之人而言；又在同一事業共同工作之勞工，則係指同一工廠工作之勞工而言，只要係在同一工廠之勞工，不論其是否在同一部門，亦不問是否在同一生產線，均係該款所稱共同工作之勞工。

（五）爭議期間之限制

勞資爭議處理法第8條規定：「勞資爭議在調解或仲裁期間，資方不得因該勞資爭議事件而歇業、停工、終止勞動契約或爲其他不利勞工之行爲。」乃在限制資方不得單獨行使契約終止權，以免勞資爭議加劇。但並不禁止勞資雙方以合意之方式解決雙方之爭端。

（六）不能勝任工作之涵義

勞工對於所擔任之工作確不能勝任，包括客觀上不能勝任及主觀上不能勝任之情形。勞工因個人能力不足或體力不足，如專業能力不足，或年齡老邁，固屬此不能勝任工作之情形，即勞工雖具備能力，但工作態度消極、怠惰、敷衍以致客觀上呈現出無法完成工作者自亦屬之。

勞工對於所擔任之工作確不能勝任，不僅指勞工在客觀上之學識、品行、能力、身心狀況不能勝任，尚包括勞工主觀上能爲而不爲，可以做而無意做，違反勞工應忠誠履行勞務給付之義務者均屬之（參臺灣高等法院93年度勞再字第3號判決、最高法院92年度台上字第353號判決）。

（七）虧損或業務緊縮

雇主因業務緊縮，得預告勞工終止勞動契約，係指其企業之經營，客觀上確有緊縮業務之必要而言。而其業務緊縮與否，與事業之營運是否好轉及盈餘多少，並無必然關係。所謂業務緊縮，業務性質變更，宜就事實認定，非僅指所屬部分工廠轉讓與他人，而同性質之部門，依然正常運作，仍需用勞工時，本諸勞動基準法第1條規定保障勞工權益，加強勞雇關係之立法意旨，尚難認為已有業務緊縮。

虧損或業務緊縮得為各別終止勞動契約之原因，亦即虧損非必業務緊縮，業務緊縮非必虧損，兩者間非必有關聯性。虧損即收入不敷支出，業務緊縮即縮小業務範圍、產品減少。是否虧損以事業的資產負債或財務報告為憑，業務緊縮應視業務實際狀況，如減少生產線、減少場、廠。雇主不可濫用虧損或業務緊縮而解僱勞工，虧損或業務緊縮應以非短期內所能恢復、改善，始宜終止勞動契約。

（八）除斥期間

本法第12條、第14條均有三十日除斥期間之規定，勞工有勞動基準法第12條情形，雇主得不經預告終止契約，有勞動基準法第14條所列之情形，勞工得不經預告終止契約，不管是雇主終止契約或勞工終止契約，均應自知悉其情形之日起，三十日內為其之除斥期間規定。

但是若雇主繼續有違反勞工法令或勞動契約，致有損害勞工權益之虞時，則終止契約權繼續發生，於雇主停止其違反勞工法令或勞動契約之行為前，勞工均有終止契約之形成權（參最高法院92年台上字第1779號判決）。

（九）在外兼職之限制

勞動基準法並無規定勞工在外不得兼職，且勞工有係部分工時工作者，自不宜嚴限不得兼職。勞工如欲兼職，自以不影響雇主之利益、本身工作或有礙身體健康，勞工如工作時間過長，會影響到工作與健康。如兼職工作對原雇主營業上、技術上有所影響者，自不得兼職。

（十）勞動條件不利益之變更

公司遭受不景氣、營運不佳或為進行變革，可否作勞動條件不利之變更？

雇主以工作規則單方對於勞動條件作不利益之變更，可否拘束不同意之勞工，或於何種情況下得拘束不同意之勞工，於學說上有爭論。亦即，以工作規則變動勞動條件如係剝奪勞工之既得權，課予勞工不利益之勞動條件，原則上是不受允許，惟如不利益變更有其合理性及必要性時，亦能拘束反對變更之勞工。

（十一）民營後另成立勞動契約

移轉民營後之公司與其隨同移轉之從業人員間勞動關係顯已發生變化，即隨同移轉之從業人員於結清年資時就民營後之前公司而言，已無年資存在。既無年資，應認另成立新勞動契約，民營後之公司當然可以參照人力市場行情及員工工作能力重新調整薪資結構。

（十二）違約金過高應酌減

違約金除當事人另有訂定外，視為因不履行而生損害之賠償總額，約定之違約金過高者，法院得減至相當之數額，惟違約金是否過高，應斟酌一般客觀事實、社會經濟狀況及當事人所受損害之情形，以為酌定之標準。

（十三）罷工之涵義

所謂罷工，係指多數勞工為繼續維持或變更其勞動條件，或為獲取一定之經濟利益，依法律所定程序，經工會宣告，所為之協同的停止勞務提供之勞資爭議行為，其行為僅得停止勞務之提供，不得藉機妨礙公共秩序，或加害他人生命、身體、自由、財產。

（十四）試用期間雇主負連帶責任

勞動基準法無試用期間規定，如有試用之必要，可定試用期間，惟不宜太長，試用期間勞動條件仍應遵守勞動基準法之規定，試用期間執行職務之違法行為（如警衛傷人）雇主仍應負連帶賠償責任。

（十五）情節重大之涵義

所謂「情節重大」，不得僅就雇主所訂工作規則之名目條列是否列為重大事項作為決定之標準，須勞工違反工作規則之具體事項，客觀上已難期待雇主採用解僱以外之懲處手段而繼續其僱傭關係，且雇主所為之解僱與勞工之違規行為在程度上須屬相當，方屬勞基法之「情節重大」，舉凡勞工行為之態樣、初次或累次、故意或過失、對雇主及所營事業所生之危險或損失、勞雇間關係之緊密程度、勞工到職時間之久暫等，衡量是否達到懲戒性解僱之程度。

（十六）解僱勞工之限制

下列情形雇主欲與勞工終止契約，應注意有關法令之限制：

1. 女工分娩前後。
2. 職業災害醫療中。
3. 勞資爭議期間。

4. 有僱用外國勞工時。
5. 大量解僱勞工時。

（十七）終止契約未滿三個月而復職

勞動基準法第10條：定期契約屆滿後或不定期契約因故停止履行後，未滿三個月而訂定新約或繼續履行原約時，勞工前後工作年資，應合併計算。

所謂「因故」，行政院勞工委員會79年12月3日勞資二字第27641號函釋：勞工辭職或被解僱未滿三個月而訂定新約或繼續履行原約時，勞工前後工作年資不能併計。但臺灣高等法院92年度勞上易字第80號判決：除退休外，被資遣或其他離職事由，於未滿三個月而訂定新約或繼續履行原約時，勞工前後工作年資應合併計算。

（十八）資遣費與預告工資請求權時效

資遣費之請求權時效一般認為十五年，但臺灣高等法院103年勞上字第14號判決略以：資遣費與預告工資兩者皆具有工資補償性質，且與勞動基準法第58條規定之退休金及民法第126條所例示之退職金性質相類似，則其請求權時效自應依民法第126條規定以五年計算為適當。

（十九）公營事業併計軍中服役年資

行政院勞工委員會87年9月29日勞動一字第041396號函釋略以：依「軍人及其家屬優待條例」、司法院大法官會議釋字第455號解釋、行政院87年7月14日人政給字第210759號函，自87年6月5日以後，公營事業從業人員及司機、技工、工友退休者，軍中服役年資均予採計，休假年資亦同。

（二十）是否承攬契約應依事實認定

李君是駕駛，與雇主切結是承攬契約，車輛由公司提供，按件計酬，由公司指定貨物運送路徑，受公司指揮管理，有事不上班須請假，雖無須打卡，但公司可透過行車紀錄紙、GPS紀錄、網路回報等方式，監督管理李君出勤狀況，雙方是勞動契約（參最高法院111年度台上字第2460號判決）。

（二十一）預告期間計算預告工資

勞動部109年10月29日勞動關2字第1090128292A號令：「一、預告期間之計算方式，以雇主通知勞工之次日（預告通知當日不計）起算，依曆計算至勞工依約應提供勞務之最後一日止。二、預告期間工資之給付標準，為『雇主應預告期間之日數乘以勞工一日工資』；該一日工資，為勞工契約終止前一日之正常工作時間所得之工資。其爲計月者，爲契約終止前最近一個月正常工作時間所得之工資除以三十所得之金額。但該金額低於平均工資者，以平均工資計給。」

（二十二）資遣員工應遵守事項

1. 須符合勞動基準法第11條、第13條、第20條；職業災害保險及保護法第67條、第89條；就業服務法第5條相關規定。
2. 依就業服務法第33條，資遣員工應於員工離職前十日通報勞工局（員工任職未滿十日，則於員工離職之日起三日內通報）。
3. 須預告員工，預告期依勞動基準法第16條規定分別爲十日、二十日、三十日（包含各種假日）。未給預告期間或預告期間不足應依日數給預告工資，例如甲員工任職滿三年，9月1日雇主要資遣甲員工，則應於8月1日預告甲員工，但雇主於8月15日才預告甲員工，不足十五日，則應給十五日預告工資。
4. 預告期間員工爲另謀工作每星期至多可請二日謀職假，工資照給。每星期之計算，例如8月1日預告甲員工，則8月2日至8月8日爲第一星期。
5. 特別休假未休完日數均應發給未休工資。
6. 依勞動基準法第19條規定，雇主應開立離職證明書。
7. 發給資遣費，適用新制退休金員工，一年年資給半個月平均工資資遣費，最多六個月。有舊制年資之員工（94年7月1日之前已在職或選擇適用新制退休金之前之年資）一年年資給一個月平均工資資遣費，無最多之限制。新制年資與舊制年資之資遣費分別計算。例如甲員工舊制年資有三年（有三個月資遣費），新制年資有五年（有2.5個月資遣費），合計資遣費5.5個月。

常見資遣員工爭議有：

1. 員工於8月15日告訴雇主，其將於9月1日離職他就，雇主告訴員工明天就離職，如此會產生是雇主資遣員工之爭議。此時雇主宜告訴員工，明天起不必來上班，至8月31日工資照給。
2. 員工長期在同一單位做同樣工作，但雇主或勞保保險人多次換人，此爲「實體同一性」，員工年資應併計給資遣費。
3. 新進員工如有約定試用期間，試用期間雇主不滿意員工表現，可資遣員工，但不管員工任職年資之長短，均應發給資遣費。

4. 本是不定期契約之勞工，雖然一年一聘（僱），年資應合併計算給資遣費。

（二十三）不定期契約勞工終止契約係形成權

最高法院102年度台上字第120號判決略以：「不定期契約勞工以單方意思表示對雇主表示終止契約，係形成權之行使，無待對方之同意或核准即生效力，此項勞工之權力，不得以勞僱雙方約定勞工自請離職須待雇主核准始生效力而限制之，縱有此特約，亦違反法令而無效。」

（二十四）可約定定期契約者

雇主可以定期契約僱用下列人員：

1. 留職停薪之職務代理人。
2. 依「中高齡及高齡者就業促進法」僱用之六十五歲以上勞工。
3. 依「就業服務法」第46條及有關規定進用之外國人。

（二十五）雇主違法，勞工得終止契約，雇主應發給資遣費

依勞動基準法第14條規定，雇主如有該條之情形，勞工得不經預告終止契約，雇主應發給資遣費。有不少勞工因雇主不依勞動契約給付工作報酬，或違反勞動契約或勞工法令，勞工憤而辭職，不知可引用勞動基準法第14條規定，主張雇主違反勞動基準法第14條，並請求雇主應發給資遣費。

（二十六）定型化契約之效力

爲避免雇主利用優勢經濟地位，與勞工以定型化契約之方式，訂立對勞工不利而顯失公平之契約，勞動事件法第33條第2項規定，勞工與雇主間以定型化契約之方式，訂立證據契約，依其情形顯失公平者，勞工不受拘束。

第三節　裁判例

一、勞動條件為不利益變更時，須具備高度合理性、必要性

【勞動契約、工作規則】

復○航空公司勞工武○○與國○企管顧問公司簽訂訓練及服務合約書，約定於取得證照且完成航路訓練後，必須於復○航空公司服務至少十五年，如提

前離職，服務未滿五年者須賠償400萬元。嗣武君以該契約書不當拘束勞工之自由意志，限制勞工離職自由權，違反勞動基準法第15條保障勞工終止勞動契約權之規定，及公司片面減薪等由離職。復○公司訴請武君賠償400萬元，保證人郭○○等三人並應負連帶賠償責任，臺北地方法院87年度勞訴字第88號判決復○公司敗訴，上訴後，臺灣高等法院88度勞上字第63號判決上訴駁回，有關薪資結構之調整是否合法部分，判決理由略以：公司爲企業革新，進行本次薪資結構之調整，調整範圍包含其他機隊，目的係爲使薪資合理單純化，人力管理制度化及公平性等語。但查雇主以工作規則單方對於勞動條件作不利益之變更，可否拘束不同意之勞工，或於何種情況下得拘束不同意之勞工，於學說上有爭論。亦即，以工作規則變動勞動條件如係剝奪勞工之既得權，課予勞工不利益之勞動條件，原則上是不受允許，惟如不利益變更有其合理性及必要性時，亦能拘束反對變更之勞工。特別是對工資、退休金等重要的權利、勞動條件爲不利益變更時，更須具備高度之必要性、變更後對勞工經濟上不利益之程度、相關其他待遇之改善以及是否與勞工團體進行協議等一切情狀。本件縱認公司公告人事管理辦法，調整薪資結構，係以工作規則對勞動條件作不利益之變更，惟其就所主張係爲使薪資合理單純化，人力管理制度化及公平性等前開理由之存在，並未提出證據證明之，亦未證明有調整薪資結構或調降武君薪資之高度必要性存在，公司之主張爲不可採。

二、勞動契約不以有僱傭契約為限

【勞動契約、僱傭契約、工作規則】

○○電子公司工務部副理游○○派至泰國工作，公司以游君營私舞弊違反工作規則得予開除之規定及勞動基準法第12條第1項第4款之規定爲由將其解僱。游君則依勞基第14條第1項第5、6款規定以存證信函向公司爲終止契約之意思表示，並訴請依勞動基準法第17條規定請求給付資遣費106萬元。公司答辯以游君有營私舞弊，證據確鑿，且嚴重違背忠實及報告之義務，游君違反公司工作規則及勞動基準法第12條第1項第4款之規定，終止勞動契約並無不合，且游君爲副理，是否適用勞動基準法之規定，亦有可議。

臺灣高等法院高雄分院87年勞上字第15號民事判決公司敗訴，上訴後，最高法院89年度台上字第2371號判決上訴駁回，判決理由略以：公司既不能證明游君有營私舞弊、證據確鑿之情形，且游君未違反對公司忠誠及報告之義務，則其依勞動基準法第12條第1項第4款及公司工作規則之規定予以解僱游君，終止勞動契約即不合法。游君受僱於公司，從事工務部門之工作，而獲致工資者，雖其職稱爲副理，乃受公司調度指揮監督，且從公司主張其派遣游君出國支援關係企業公司等情觀之，可得印證。是游君爲勞動基準法所稱勞工，堪予認定，公司嗣後否認游君爲勞工，亦不足採。又按勞動基準法所稱勞工，依同法第2條第1款規定固係指受雇主僱用從事工作獲致工資者而言，然非若僱傭契約之受僱人明定以供給勞務本身爲目的（民法第487條[2]參照），故祇要受僱於雇主從事工作獲致工資者，即足當之，不以有僱傭契約爲必要。又勞動基準法第2條第6款規定，約定勞雇間之契約爲勞動契約，並未以有僱傭契約爲限。準此，凡是具有指揮命令及從屬關係者，均屬之。

三、工作效率差被降職，不違誠信原則

【勞動契約、工作規則、損害賠償】

中○航空公司會計員李○○訴以：其原擔任七職等會計員，連續二年考績無端被考列乙等，86年間被列爲5%不適任人員之一，並由主管告知將予以資遣或選擇自願降等減薪。其不接受，公司竟脅迫寫報告書，之後將其降爲五職等資料處理員，當年年終獎金亦予剝奪。公司違反誠信原則及濫用權利，任意變更勞動條件，違反勞動基準法，侵害其權利並使其名譽受損害，爰依侵權行爲法則請求公司恢復其爲七職等會計員，補足薪資22萬元及賠償精神上損害100萬元。臺北地方法院88年度勞訴字第84號民事判決李君敗訴，上訴後，臺灣高等法院89年度勞上字第30號民事判決上訴駁回，判決理由略以：中○航空公司工作規則第88條規定：「本公司員工之考績，每年定期辦理一次爲原則，以作爲升遷、調整職務之參考。」公司考績辦法第4條規定：「乙等，七十分以上不滿七十五分，屬績效低於一般水準者。」李君之84、85年度考績分別爲72分、74.4分，主管之評語爲：「懶散、工作不積極，須加強輔導改進。」另據李君之會計經理證稱：「……李君曾遺失機票，未按規定製作報表，且上班有玩股票情形。」又李君之報告書記載：「職李○○過去因年輕經驗不足，部分行爲未達公司要求，心中甚爲後悔，……因家中妻無職業，子尚年幼，負擔生計甚重，懇請長官給予自新機會。……」公司主管人員分別在報告書上批註：「李君年來確知悔改並工作努力，請給予自新機會。」「建議按降等方式處理……」可見李君確有工作不力情事。李君連續二年考績被評定乙等，並經

調職，並非無故。李君既自願降職減薪，即不得謂公司任意變更工作條件，侵害李君之權利。李君既有工作效率不如其他勞工而被降職情形，又未舉證證明其已達升遷之標準，公司給予較低之待遇，且未准予升遷，難認有何違反誠信原則、勞動基準法或其他侵害李君權利情事。

四、貪圖工作輕鬆與徇私舞弊不符

【勞動契約、工作規則、工資、公法關係】

台○市停車管理處，以約僱人員李○○「徇私舞弊、侵吞公款」爲由解僱，並於81年11月1日移送偵辦，86年12月9日經臺灣高等法院86年度重上更（五）字第136號判決無罪確定。李君向該處申請復職未果，乃訴請給付自83年1月至89年7月止之工資及年終獎金。管理處則以兩造間屬公法關係，李君提起本件訴訟，程序上即有不合。況李君係因己之重大過失違反工作規則，經合法終止僱傭契約，且因刑事偵審程序，而不能提供勞務，非可歸責該處，自無給付工資及年終獎金之義務。臺北地方法院88年度勞訴字第2號民事判決該處敗訴，上訴後，臺灣高等法院88年度勞上易字第12號民事判決止訴駁回，判決理由略以：李君並非依公務人員任用法所稱之公務人員身分，其與該處僅爲單純之私法僱傭關係，李君以民事訴訟程序解決兩造之紛爭，即無不合。公司並無確切證據證明李君有侵占公款之行爲，且業經刑事確定判決無罪，該處主張李君侵占公款，即嫌無據；又該處以李君爲求個人工作逸樂，未執行核證收費，即屬徇私舞弊，李君縱有工作怠惰，亦與徇私舞弊不符，該處以李君侵吞公款、徇私舞弊爲由逕行解僱李君，即爲無據。李君之行爲縱有不當，尙不合於工作規則逕行解僱之事由，該處非法予以解僱，未究明眞象而移送偵查，於李君受無罪判決確定前，該處受領李君勞務之提供有其困難，李君顯然無從提供勞務，咎在該處，應認該處受領勞務遲延，李君之未能領取工資與該處之解僱行爲自有因果關係，該處抗辯李君未能服勞務，可歸責於其自己，不得請求工資云云，自無可採。

五、「我不幹了」並非眞意

【勞動契約、經驗法則】

漢○公司財務副理蕭○○因母親生病，請特別休假七天，87年9月5日銷假回公司上班，公司副董事長郭○○以特別休假是由公司排定，因此假單上的特別休假，全部以曠職論，並要蕭君選擇記大過一次、減薪或自行離職，蕭君不予接受，公司乃要求蕭君寫辭職書辭職，蕭君不同意並與其爭吵，離開後，打電話給副董事長說「我不幹了」，並委請同事辦理勞、健保之退保手續。當日下午，公司張貼公告，將蕭君解僱，並拒絕受領蕭君勞務。蕭君訴請確認雙方僱傭關係存在，及依僱傭契約請求應自87年9月1日至復職日止，按月給付4萬8,210元，高雄地方法院87年勞訴字第38號判決公司敗訴，上訴後，高等法院高雄分院88年度勞上字第16號判決上訴駁回，判決理由略以：按勞動契約係勞工及雇主所訂之私法契約，依契約自由之原則，如勞雇雙方同意終止勞動契約，固無不許之理，惟蕭君以電話向副董事長說「我不幹了」，是否係欲終止與公司間僱傭契約？自應探究其原因而綜情判斷之。蕭君因與副董事長爭吵，怒氣未消，故一時情緒失控致脫口說出：「我不幹了」，要可理解，蕭君在公司服務已有十三年，距其服務滿十五年即可申請退休，僅相差二年，依經驗法則，蕭君因與副董事長爭吵，即斷然萌生離職之念頭，致喪失屆滿十五年辦理退休之權益，蕭君稱「我不幹了」，當僅是一句氣話而已，其眞意顯非欲終止與公司間之僱傭關係，要可認定。又蕭君打電話委請同事辦理勞、健保之退保手續，核其所為，充其量亦僅是延續其當日上午之不滿情緒而已，殊非其欲自行離職之本意。從而蕭君訴請確認雙方僱傭關係存在，及依僱傭契約請求公司應自87年9月1日至復職日止，按月給付4萬8,210元，尙屬有據，應予准許。

六、雇主違反勞動法令勞工得終止契約

【勞動契約、資遣費】

上○公司勞工楊○○，特別休假二天後，上班時考勤卡被公司抽取，致無法打卡上班，楊君遂以便條紙代替考勤卡打卡，楊君願按僱傭契約提供勞務，為公司拒絕，且認為楊君曠職並要求楊君自行離職，公司並將楊君之全民健保退保。楊君訴請發給資遣費，臺北地方法院89年度勞訴字第29號判決楊君勝訴，公司上訴後，臺灣高等法院89年度勞上易字第37號判決上訴駁回，判決理由略以：按雇主違反勞動契約或勞工法令，致有損害勞工權益之虞者，勞工得不經預告終止契約，並準用勞動基準法第17條規定，勞工得請求雇主發給資遣費，勞動基準法第14條第1項第6款、第3項定有明文。本件公司違法解僱楊君，並拒絕楊君提供勞務，依法不生解僱之效力，且依民法第487條前段規定，楊君無補服勞務之義務，仍得繼續請求公司給付薪資。惟公司之違法解僱

及將楊君自健保退保之行為，乃係違反勞動契約及勞工法令，致有損害楊君權益之虞，楊君自得依勞動基準法第14條第1項第6款規定，不經預告終止僱傭契約。查楊君以存證信函表明伊被無故解僱，公司顯然違反勞工法令及勞動契約，伊依勞動基準法相關規定終止勞動契約意旨，公司自認收到該信函，堪認系爭僱傭契約關係於該終止之意思表示到達公司時消滅。則楊君依勞動基準法第17條規定，請求公司給付資遣費，應予准許。

七、工作態度消極、怠惰、敷衍亦屬不能勝任工作

【勞動契約、工作規則】

六○公司維修部經理周○○，因公司調整組織，87年10月1日改調為消防課長，88年10月7日記大過四次，終止勞動契約而予資遣，周君訴請確認僱傭關係存在，新竹地方法院89年度勞訴字第6號判決周君敗訴，上訴後，臺灣高等法院89年度勞上易字第44號判決上訴駁回，判決理由略以：按勞工對於所擔任之工作確不能勝任時，雇主得預告勞工終止勞動契約，勞動基準法第11條第5款定有明文。又勞工違反勞動契約或工作規則，情節重大者，雇主得不經預告終止契約，勞動基準法第12條第1項第4款亦有明文。又按勞動基準法第11條第5款所稱勞工對於所擔任之工作確不能勝任，包括客觀上不能勝任及主觀上不能勝任之情形。勞工因個人能力不足或體力不足，如專業能力不足，或年齡老邁，固屬此不能勝任工作之情形，即勞工雖具備能力，但工作態度消極、怠惰、敷衍以致客觀上呈現出之無法完成工作自亦屬之，此有最高法院84年度台上字第673號判決、86年度台上字第82號判決可參。本件公司主張依勞動基準法第11條第5款、第12條第1項第4款之規定，終止雙方之勞動契約，係以周君於任職期間，一再違抗命令拒絕辦理防火管理人登記、未善盡監督檢查危險物品、私購不明油料置於消防用品倉庫內，復未盡保管監督消防安全設備之責，致甚多滅火器遺失，工作日誌常未按時填寫，主管交辦事項諸多未遵辦而屢遭主管責難，而仍無改進，經公司記四大過，並認周君有違反工作規則情節重大及不能勝任所擔任工作之情事，而予以終止勞動契約，原審為周君敗訴之判決，並無不合。

八、終止勞動契約違反約定為違法

【勞動契約、離職同意書】

嘉○公司勞工初○○訴請確認僱傭關係存在，士林地方法88院年度勞訴字第12號判決初君敗訴，上訴後，臺灣高等法院89年度勞上字第33號判決雙方僱傭關係存在，判決理由略以：系爭離職同意書上原「resignation」（自願辭職）之用語既因初君之要求而改爲「laying-off」，表示系爭勞動契約係基於公司單方決意而終止。因此，初君雖於系爭離職同意書上簽名，亦僅屬初君收受公司解僱通知之性質，尚難依此逕推論雙方爲合意終止系爭勞動契約。公司係先決意解僱初君，始指派人事部經理與初君洽談有關資遣事項。公司事前並未與初君協商終止系爭勞動契約之程序、終止後雙方權利義務問題，反而逕自指定人事部經理通知初君離職，並提出公司單方事先擬好之系爭離職同意書，要求初君當場簽名，完全未給初君考慮之時間及表示意見之機會，益見公司所辯系爭勞動契約業經雙方合意而終止等語，與事實不符，不足採信。公司勞動契約第3條約定：勞雇雙方之任何一方得在給予對方三十天之書面通知或以三十天之薪水代替之情形下，終止勞動契約，公司卻於88年2月2日逕自通知初君應於88年2月15日離職，既未先予書面通知初君，亦未給予三十天之預告期間，核其所爲，顯已違反勞動契約第3條約定。本件公司終止系爭勞動契約之程序已違反系爭勞動契約之約定，且初君亦無勞動基準法第11條及第12條所列雇主得單方終止勞動契約之事由，是其解僱初君之行爲爲違法，不生終止勞動契約之效力。從而，雙方之僱傭關係自仍合法存在。

九、醫院之鑑定報告是否採認

【勞動契約、工作規則】

中○公司勞工閻○○因登錄不實紀錄詐領加班費，公司乃依工作規則規定予以解僱除名，閻君則以其於67年間頭部外傷，及82年12月25日發生車禍頭部受傷住院治療後有精神上症狀，反應較差所致，訴請確認雙方僱傭關係存在。地方法院判決閻君敗訴，上訴後，高等法院高雄分院86年度勞上更字第3號仍判決閻君敗訴，判決理由略以：閻君經高雄醫學院附設中和紀念醫院鑑定其精神狀態應屬「精神耗弱」之程度，於操作電腦資料時，能力及正確性自較常人爲減低等語，雖高雄市立凱旋醫院精神鑑定結果結論相同，但其引以爲鑑定之資料，乃醫院78年、83年、84年、86年心理衡鑑及神經心理檢查爲佐證，從鑑定報告中足見閻君於82年12月25日發生車禍以前雖因頭部受傷而導致工作能力下降，但未有明顯違規情事。而閻君溢領加班費係發生於82年3、6至9月間，均在82年12月25日發生車禍之前，尚難認閻君於無工作能力下所爲。閻君認係受其他同事所害云云，又未能舉證以實其說，自不能以上開鑑定爲其免責依據。公司依勞動基準法第12條第1項第4款之規定，不經預告而終止雙方僱傭契約並無不合。閻君上訴後，最高法院89年度台上字第2094號判決：原判決廢棄，發回臺灣高等法院高雄分院。判決理由略以：原審既採信證人中和醫院醫師陳○○所爲閻君之精神狀態不可能發生將其他同事應加班之點數，集中在其個人之點數上這樣的錯誤，如果閻君想犯這樣的錯誤，也沒有這個能力；依閻君精神耗弱之情形，所犯的錯誤是全面的、廣泛性、而非精確性、一致性錯誤之證言，乃竟又認公司以閻君操作電腦鍵打其他同事加班之點數，集中在閻君個人之點數上爲解僱之主要理由可採，因而爲不利閻君之判決，其理由前後亦有矛盾。

十、毆擊辱罵長官記大過二次免職

【勞動契約、工作規則】

中○公司管理師姜○○因拒絕調動職務，80年7月1日毆擊辱罵營業處丁處長，80年7月23日遭公司記大過二次免職，姜君否認有毆擊辱罵營業處長情事，訴請確認雙方僱傭關係存在，公司應給付姜君工資及年終獎金474萬多元，並應自87年1月起至回復上班之日止，每月給薪資7萬6,820元，臺灣高等法院87年度重勞上字第2號維持地方法院判決，判決姜君敗訴，姜君上訴後，最高法院89年度台上字第1012號判決上訴駁回，判決理由略以：姜君於丁處長屬下江○○等人之前毆打侮辱丁處長，公司依工作規則第21條第2款「工作人員對於本公司負責人、各級業務主管或其他工作人員等及其家屬，爲恐嚇、強暴脅迫或重大侮辱者，本公司得不經預告，逕予解僱除名或一次記大過二次免職，不發給資遣費。」之規定，將姜君一次記大過二次免職，自屬有據。並於法定三十日內即80年7月27日通知姜君，即無不合。雙方間之僱傭契約經已合法終止而不存在，自不生雙方之僱傭關係尚屬存在，公司應給付姜君薪資及年終獎金等問題。

十一、依法終止契約毋須對方承諾

【勞動契約、加班費、特別休假】

喬○公司勞工謝○○因不能勝任工作，遭公司解僱，謝君以其並無違反公司規定，只因曾向台灣省政府勞工處南區勞工檢查所申訴公司拒發加班費，公司因而經處分罰鍰，乃挾怨以所擔任之工作確不能勝任為由，終止契約。謝君訴請確認僱傭關係存在，臺南地方法院新市簡易庭87年度新簡字第515號判決謝君敗訴，上訴後，臺南地方法院88年度簡上字第116號民事判決上訴駁回，判決理由略以：按勞動基準法第11條第5款規定：勞工對於所擔任之工作確不能勝任時，雇主得預告勞工終止勞動契約，又所謂「確不能勝任工作」，非但指能力不能完成工作，即怠忽所擔任之工作，致不能完成，或違反勞工應忠誠履行勞務給付之義務亦屬之（最高法院86年度台上字第688號判決參照）。依據出勤卡記載，謝君87年2月遲到十一次、早退一次、曠工九次，87年3月遲到二次、早退三次、曠工四次，87年4月曠工六次。雖謝君主張，其雖未遵守公司規定之上班時間，但公司自其任職起，每月均獲全勤及不休假獎金，對公司工作服勤時間有脫節脫序行為，已經為合法之認可，公司實不應追究云云。經查公司對全勤及不休假獎金之發給，係以勞工向公司請假、休假時才扣除，謝君未請假，所以未扣除全勤及不休假獎金，公司辯稱全勤及不休假獎金之發給是勞工休假、請假時才扣除，與有無遲到、早退無涉一節可採。又87年4月22日謝君在工作時間內，未於全廠人員離廠，開啓保全系統設定，即行下班，謝君有不能勝任之情。綜上所述，公司依勞動基準法第11條第5款之規定，終止雙方僱傭關係，洵屬有據。公司即有權終止契約，該終止之意思表示乃單方意思表示，毋須謝君同意。

十二、部分業務的緊縮，未必可資遣勞工

【勞動契約、資遣費、勞動基準】

必○公司因新竹廠轉讓，公司以業務緊縮為由，86年12月31日資遣勞工李○○，並以優於勞動基準法之條件給付資遣費。李君以公司未具勞動基準法第11條、第12條所列法定終止事由，其片面資遣不生效力，訴請確認雙方僱傭關係存在，並請求公司給付自87年1月1日起至92年3月23日止（退休之日）之薪資及年終獎金。臺灣高等法院88年度勞上字第32號民事判決李君敗訴，李君

上訴後，最高法院90年度台上字第1149號民事判決：原判決廢棄，發回臺灣高等法院。判決理由略以：按勞動基準法第11條第2款規定，雇主因業務緊縮，得預告勞工終止勞動契約，係指其企業之經營，客觀上確有緊縮業務之必要而言。而其業務緊縮與否，與事業之營運是否好轉及盈餘多少，並無必然關係。所謂業務緊縮，業務性質變更，宜就事實認定，非僅指所屬部分工廠轉讓與他人，而同性質之部門，依然正常運作，仍需用勞工時，本諸勞動基準法第1條規定保障勞工權益，加強勞雇關係之立法意旨，尚難認爲已有業務緊縮，得預告終止勞動契約之事由。

十三、下班時間對同事暴行，解僱有效

【勞動契約、工作規則】

國○公司司機林○○（工會常務理事）於工會辦公室以電話筒擊傷同事，雙方事後已和解，公司則以林君違反勞動基準法第12條第1項第2款之規定予以解僱，且未發給資遣費。林君以毆打同事係在下班時間之後，認爲公司解僱違法，訴請確認僱傭關係存在。臺北地方法院81年度勞訴字第49號民事判決林君敗訴，林君上訴後，臺灣高等法院82年度勞上字第5號民事判決上訴駁回，判決理由略以：勞工有對於雇主、雇主家屬、雇主代理人，或其他共同工作之勞工，實施暴行，或重大侮辱之行爲者，雇主得不經預告終止契約，勞動基準法第12條第1項第2款定有明文。又公司工作規則第21條規定，員工對於公司負責人，各級業務主管或其他員工及其家屬，爲恐嚇、強暴脅迫或重大侮辱者，公司得不經預告逕行解僱，不發給資遣費。上開法條所指雇主家屬，係指雇主之配偶、父母、子女、祖父母及其他與雇主同財共居之人而言，又在同一事業共同工作之勞工，則係指同一工廠工作之勞工而言，只要係在同一工廠之勞工，不論其是否在同一部門，亦不問是否在同一生產線，均係該款所稱共同工作之勞工。又上述規定，將勞工對於雇主、雇主家屬、雇主之代理人與其他共同工作之勞工並列，且未限定在工作場所或在工作時間內，而雇主之家屬或其代理人，並非全然於上班時間內，從事與勞工相同之工作，揆其立法意旨，顯係注重其一定之身分，而非限於在工作之場所或在勞工工作之時間內對其他勞工實施暴行或重大侮辱之行爲爲限，否則如謂限上班時間，或在工作場所，雇主始得解僱者，則勞工大可利用下班時間，於廠外門口或上述各有關人員之住宅，或廠外任何時地，對其實施暴行或重大侮辱之行爲，則該法條之規定豈

非形同具文。足見上開法律規定，不問係在上班時間及下班時間，其地點亦不論是否在廠內、廠外，均有其適用。

十四、利用上班做私人外包工作，解僱有效

【勞動契約、資遣費】

勞工楊○○自77年7月起受僱於正○公司，公司以楊君於受僱期間內，利用上班及假日帶班施工私人外包工作，並故意使用公司機具、物料，並連續曠工八天，楊君已違反勞動基準法第12條第1項第4、5、6款規定，不經預告，予以終止契約。楊君則以其已服務十七年多，公司係爲逃避將來給付退休金，乃訴請依勞動基準法第17條給付資遣費，高雄地方法院88年度勞訴字第31號民事判決楊君敗訴，上訴後高等法院高雄分院89年度勞上字第3號民事判決上訴駁回，判決理由略以：楊君於受僱期間內，對正○公司相關工程業務在外自行承接，並於上班時間及假日使用公司所有之廠地、機具、物料及人員爲其工作，經證人結證屬實，是公司依勞動基準法第12條第1項第4款之規定終止勞動契約，並無不當之處。楊君主張其於88年1月向高雄市政府勞工局申請調解，請求給付資遣費，足見楊君已對公司表示終止契約，亦足生終止契約之效力一節，經查勞工局開會通知單，所載開會事由：「協商正○公司與楊君有關變更勞動契約爭議事宜」，係依楊君88年1月7日之陳情辦理，足見楊君對公司表示終止契約云云，尚乏依據。縱認公司有違反勞動契約，楊君於88年1月8日已知悉其得不經預告終止契約，而其遲至89年3月29日始對公司表示終止契約，顯已逾勞動基準法第14條第2項「三十日內爲之」之規定，楊君終止契約自不成立，其據此請求給付資遣費，亦屬無理由。

十五、終止契約除斥期間之起算

【勞動契約、工作規則】

杜○公司儀電主任劉○○於85年6月25日因要求二名技術員違規加班且作不實之工時紀錄，違反工作規則「僞造文書或擅自變更工作時間紀錄」之規定，經公司人評會決議記大過一次。86年1月8日劉君當選工會常務理事，87年1月13日因延誤工作，經其主管發現後予以詢問，劉君態度惡劣不服糾正，並當場朝其主管身旁扔擲其所領取之零件。87年2月24日公司召開人評會，鑑於劉君屢有怠忽職責、無故曠職，決議再記大過一次，並依工作規則終止與劉君

之聘僱關係，87年3月2日一併通知劉君。劉君則以其並無上述違規事由，懲戒權之行使均屬不當、人評會之決議未讓其申訴及答辯機會、以懲戒手段打壓工會、並已逾勞動基準法第12條所規定之三十日除斥期間等由，訴請確認僱傭關係存在並發給劉君每月8萬7,000元薪資。桃園地方法院88年度勞訴字第13號民事判決劉君敗訴，上訴後，臺灣高等法院89年度勞上字第9號民事判決上訴駁回。判決理由略以：劉君屢次違反工作規則情節重大，業符合公司工作規則及人事作業手冊關於記滿兩大過得予解僱之規定，且其於任職期間內屢有怠忽職守、無故曠職、違反公司規章及工作規則之情事，公司爲維工作紀律，乃依法解僱，劉君辯稱其因擔任工會常務理事而被非法解僱，不足採信。

勞動基準法第12條第2項所謂「知悉其情形」係指客觀上勞工已確定違反勞動契約或工作規則情節重大者之情形而言。本件劉君於87年1月涉嫌前揭違反工作規則之情事時，公司人評會於87年2月24日作成記大過一次之決議，公司於作成該決議前，對於劉君之行爲是否違反勞動契約或工作規則情節重大應記大過處分，尚無法確信，應認公司於87年2月24日人評會作成記過之決議後，始知悉劉君因違反工作規則被記滿兩大過情節重大之行爲，其於同年3月2日通知解僱劉君，並未逾越勞動基準法第12條第2項所定三十日之期間，劉君主張已逾三十日之期間，要無足採（最高法院84年台上字第1143號判決參照）。

本案劉君上訴，最高法院發回更審，臺灣高等法院91年度勞上更字第3號判決略以：劉君87年1月13日違規當日即向人事部門告知此事，按關於勞工有無違反勞動契約或工作規則，乃屬人事部門之權責。故終止契約之三十日法定期間應自87年1月13日起算。公司辯稱87年2月27日始開人評會，應認定87年2月24日自始爲知悉，要不足採，公司從87年3月2日始爲解僱通知自不合法。

十六、調解期間終止契約無效

【勞動契約、勞資爭議、資遣費】

勞工陳○○、官○○爲正○公司大貨車司機，工作地點在桃園縣八德市，公司通知資遣陳君及官君自88年1月起改爲無底薪（按件計酬），陳、官君於88年3月30日向勞工局申訴，88年4月1日公司未經該二人同意，公告將二人調至桃園縣蘆竹鄉，陳、官君認爲工作地點之變更屬勞動契約內容之變更，該項調動非經營上所必須，公司濫用權利，違反勞動契約，即發函請公司於五日內撤回該變更契約之公告，逾期不爲撤回，即以該函終止勞動契約。桃園縣政府於88年4月14日通知兩造於88年4月26日召開勞資爭議調解會議。詎公司竟於兩造勞資爭議調解期間，以無故曠職爲由而於88年4月15日發函解僱陳、官君。陳、官君認爲公司顯有違勞資爭議處理法第7條「勞資爭議於調解或仲裁期間，資方不得因該爭議事件而終止勞動契約」之規定，爰依勞動基準法第14條第1項第6款終止勞動契約，並依同法第14條第4項、第17條之規定請求公司給付資遣費。臺灣高等法院89年度勞上易字第4號民事判決公司敗訴，判決理由略以：陳、官君自88年4月1日起未至公司上班是否構成無故曠工，應視公司之調動是否合法而定，如公司之調動依法不生效力，則其拒絕陳、官君至八德廠工作應認係其拒絕受領陳、官君所提供之勞務，陳、官君並非無故曠工。公司以陳、官君無故曠工爲由將其解僱，仍應認爲係屬調動之勞資爭議而終止勞動契約，依法不得於勞資爭議期間爲之。公司之終止勞動契約因違反該規定，其解僱行爲當屬無效。公司之終止勞動契約係違反勞資爭議處理法且有損陳、官君之權益已如上述，則陳、官君援引上開規定終止勞動契約並以訴狀繕本送達爲終止勞動契約之意思表示，應認爲合法。兩造間之勞動契約既已由陳、官君合法終止，其依勞動基準法第14條第4項準用第17條之規定請求資遣費，即屬有據。

十七、雇主調降薪資，勞工終止契約有效

【勞動契約、減薪、爭議行爲】

林○○與國○企管公司簽訂訓練及服務合約書，約定完成訓練後必須受僱於復○航空公司至少十五年，如提前離職，服務在五年以下者，賠償400萬元，副駕駛林○○服務未滿一年，因航空公司調整薪資結構而降薪，乃依勞動基準法第14條第5款第6款規定，終止勞動契約。復○航空公司以林君離職造成公司損失，訴請賠償400萬元。臺北地方法院87年度勞訴字第87號民事判決復○航空公司敗訴，上訴後，臺灣高等法院88年度勞上字第56號民事判決上訴駁回，判決理由略以：按工資由勞雇雙方議定之，勞動基準法第21條第1項定有明文，而工資屬勞動契約之要素，亦爲雇主關於勞動契約之主要給付義務，是工資於勞雇雙方議定後，在契約履行之階段，雇主不得未經勞工同意而單方減少工資之給付。公司未經林君同意片面公告調整林君薪資給付內容，金額並有減少，顯已違反原勞動契約關於薪資之約定及勞動基準法關於工資應由勞雇雙

方議定，則林君依勞動基準法第14條第5款第6款規定，終止與公司間之勞動契約，自屬合法。按現行勞動法令並無對「爭議行爲」加以定之，一般係指勞資之一方爲貫徹其主張，以集體之意思對於他方所採取之阻礙業務正常營運之行爲及對抗之行爲，傳統上勞方之爭議行爲包括罷工、怠工、杯葛、糾察、占據及生產管理等，惟均屬勞動契約關係仍未中斷之前提下，而集體的暫時拒絕勞務之提供。本件林君以終局地結束與公司間之勞動關係爲目的而行使勞動基準法第14條之契約終止權，並於終止契約生效後，拒絕提供勞務，是其終止勞動契約與爭議行爲尚屬有間。林君終止勞動契約既非屬爭議行爲，林君因公司片面減薪及拒絕按原勞動契約約定之薪資爲給付，損害其權益，始依法終止系爭勞動契約，此乃其權利之合法行使，並非以損害公司爲主要目的，自難認林君係權利濫用。縱公司受有營業損失，實係因其於處理調薪事宜時，事前未與機師充分協商，即片面公告調降所致。

十八、公司解散日退休人員應分給福利金

【勞動契約、福利金、資遣】

東○公司於85年12月31日關廠歇業，並於86年1月1日遣散所有員工，勞工許○○等人合於退休條件，同時辦理退休，公司以福利委員會決議，退休人員不分配發給福利金。許君等人主張應比照其他遣散人員按年資發給福利金，每人40多萬元，臺灣高等法院高雄分院86年度上字第7號判決公司敗訴，公司上訴後，最高法院88年度台上字第2516號判決上訴駁回，判決理由略以：按職工福利金條例施行細則第10條第2款規定，工廠礦場或其他企業組織，宣告破產或解散後，其業務消滅者所存之福利金，應由職工雙方推派代表會同福利委員會妥擬辦法，分別發給原有職工，此所謂原有職工，係以停工當日在職員工爲準，不論退休或資遣者均屬之，並含停工後陸續裁減之員工。而工廠礦場或其他企業組織停工後無法復工，員工均已資遣者，其所存之職工福利，解釋上應比照前開規定處理。本件東○公司於85年12月31日停止一切生產活動，並自86年1月1日起終止勞動契約，資遣全體員工，股東會又決議86年6月1日起解散公司並開始清算，足徵公司已無意復工，公司所存福利金，即應由職工雙方推派代表會同公司妥擬辦法，分別發給85年12月31日東○公司宣布停工當日在職員工。許君等人雖自請退休並經核准，但與其他被資遣人同於86年1月1日離職，宣布停工當日仍在職，自與其他被資遣員工同享有分配福利金之權利，公司辯

稱許君等人係因退休而自動離職，領有退休金，不應受福利金之分配云云，亦不足採。

十九、無曠工之事實，終止契約無效

【勞動契約、曠工、工資、工作規則】

○合公司與○春公司為關係企業，適用相同之管理規定、人事調動及薪資並由○春公司統一作業，勞工吳○○原擔任○合公司連續壁吊車司機，85年5月14日將其調往○春公司擔任工地支撐及拆裝工作，吳君拒絕。翌日吳君回○合公司上班，公司將原簽到上班方式改為點名方式，不記載其上班之事實，嗣由○春公司以吳君自85年5月15日起連續曠工三日為由，予以解僱。吳君訴請補發國定假日、例假日應休未休工資31萬多元，及自85年5月15日起至第一審言詞辯論終結日87年4月28日止每月之薪資5萬7,261元，共計122萬多元，及加班費應休未休特別休假工資，總計167萬多元。臺北地方法院85年度勞訴字第88號民事判決公司敗訴，公司上訴後，臺灣高等法院89年度勞上字第3號民訴判決除其中7萬多元外，其餘上訴駁回。判決理由略以：公司固有調用勞工至關係企業工作之權限，惟公司管理規則第27條但書規定，該調動以不降低原有勞動條件及確為員工能力所能勝任為原則，吳君主張公司調其從事支撐、安裝、拆除工作，與其原任需具備及格證照之吊車司機一職之性質迥異，且具高度危險性等。雖公司抗辯仍係令吳君駕車從事支撐、安裝工作云云，惟與人事命令之公告所載內容不符。從而，公司未舉證證明該調職並未降低原有勞動條件及確為吳君所能勝任，僅以吳君年資較淺，身體無缺陷即遽予調任，顯然違反上開但書規定，吳君拒絕接受該項調職自無不合。故公司以吳君連續曠工三日為由，終止僱傭契約，顯屬無據，不生終止之效力。

二十、僱用人受領勞務遲延，勞工可請求報酬

【勞動契約、遷廠、資遣費】

台北的友○公司與彰化的和○公司合併改為世○公司並由世○公司統一控管，承受僱傭關係，88年7月14日公司決定將友○廠遷至彰化和○廠，勞工賴○○等人因家庭因素無法接受此勞動條件之變更，請求發給資遣費，公司則以遷廠未違反法令為由，不同意台北縣政府所提出給付資遣費並終止勞動契約之調解方案，賴君等人認為雙方僱傭關係仍存續，訴請發給自88年10月1日起至

89年2月29日之薪資。臺灣板橋地方法院89年度勞訴字第14號判決公司敗訴，上訴後，臺灣高等法院89年度勞上易字第35號判決上訴駁回，判決理由略以：雙方並未合意終止勞動契約，而雙方均主張勞動契約仍存續，是雙方之僱傭關係仍依然存在，應可認定。次按民法第487條前段規定：「僱用人受領勞務遲延者，受僱人無補服勞務之義務，仍得請求報酬。」又按「雇主不法解僱勞工應認雇主已預示拒絕受領勞工提供之勞務，故勞工縱未實際提供勞務而為雇主拒絕受領，仍應認雇主受領勞務遲延，受僱勞工即無補服勞務之義務，仍得請求報酬。」（最高法院85年度台上字第3084號判決參照）。公司雖未解僱賴君等人，惟賴君等人並無至彰化廠工作之義務，賴君等人主觀上既無任意去職之意，且客觀上已無從在其原台北之工作場所工作，而公司復不願依法預告終止雙方之勞動契約，及依法給付預告期間工資與資遣費予賴君等人，反催告賴君等人應至彰化廠工作，應可認公司已預示拒絕受領賴君等人於原工作地點提供勞務之意，參諸上開法文規定及最高法院判決意旨，應認公司受領勞務遲延，賴君等人即無補服勞務之義務，仍得請求薪資。故賴君等人請求給付88年10月1日至89年2月29日止之薪資，即屬有據。

二十一、勞資爭議期間自願受資遣自屬合法

【勞動契約、勞資爭議、資遣費】

台○公司勞工張○○等人主張以：其因引發勞資爭議，公司挾怨報復打壓工會，乃以業務虧損，將高雄工廠部分機台停工，生產人員需做合理調整為由，強令將伊調往頭份廠。伊請求高雄縣政府調處爭議，詎公司於爭議期間，片面發布命令終止僱傭關係，已違反勞資爭議處理法第7條，求為確認雙方僱傭關係存在。臺灣高等法院86年度勞上字第30號判決張君等人敗訴，上訴後，最高法院88年度台上字第1773號判決上訴駁回，判決理由略以：公司將張君等人調往頭份廠，張君等人拒不赴頭份廠報到，公司乃函知張君等人願以資遣之方式處理本事件，並將資遣費支票隨函寄交張君等人。張君等人已將支票提示兌現。公司致張君等人之信函既已記載，係因張君等人被調至頭份廠而未依規定時間報到，本應依勞動基準法終止契約，惟基於情、理之考慮，公司乃願以資遣方式給予優於勞動基準法之標準，每年以1.5個月計給資遣費，另發過年慰問金3萬元，並隨函寄給同額之支票。則公司於該信函所表達之意思，應係公司願在解僱之外給與較優惠之資遣方式以解決雙方之爭端，而向張君等人為

資遣之要約。張君等人於收受該信函後，並未反對之意思表示，且將支票提示兌現，實行其因契約所得權利之行爲，可認爲張君等人之意思實現已有承諾之事實，雙方之僱傭關係即因合意而終止。至勞資爭議處理法第7條規定，勞資爭議在調解或仲裁期間，資方不得因該勞資爭議事件而歇業、停工、終止勞動契約等之行爲，乃在限制資方不得單獨行使契約終止權，以免勞資爭議加劇。但並不禁止勞資雙方以合意之方式解決雙方之爭端。是雙方以資遣方式終止雙方之僱傭關係，自不受上開規定之限制。

二十二、工作內容之約定不同於工作場所約定

【勞動契約、工作規則、調職】

台○報社公司，地方新聞記者陳○○等人，係公司現地採用，分別任職於基隆、新竹、花蓮……等地，因拒絕公司之調動，而被解僱，陳君等人乃各自通知公司終止勞動契約，並請求給付資遣費。高雄地方法院88年度勞訴字第39號判決陳君等人勝訴，公司上訴後，臺灣高等法院高雄分院89年度勞上字第14號民事判決，仍判決陳君等人勝訴，判決理由略以：本件公司調動陳君等人，事前均未與陳君等人進行溝通，是公司本次發布之調動命令顯已違反勞動基準法施行細則第7條第1款「工作場所應於勞動契約約定」之規定。雙方所簽訂之受僱合約書規定爲「工作內容：乙方（即陳君等人）於受僱期間之工作，由甲方（即公司）分派」，核係就陳君等人之「工作內容」所約定，尚非就「工作場所」而爲，至爲顯然。公司員工工作規則第52條第1項所定：「本公司經營新聞事業，工作範圍遍及各地，有高度機動性及時效性，爲業務之需要，得依員工之體力能力及技術，調動員工之職務種類及工作地點。」僅宣示公司在上開情形，可以調動員工，而在同條第2項前段亦規定「前項調動，如無違反勞動契約或本工作規則，員工不得拒絕」，其反面解釋即爲「若前項調動，公司違反勞動契約或工作規則，員工仍得拒絕。」本件公司違反勞動基準法施行細則第7條第1款之規定，已如前述，公司違反勞動契約或工作規則，員工即得拒絕調動，則違反較上位之法令規定，員工當然得拒絕調動。

二十三、經理仍受指揮命令屬勞動契約

【勞動契約、委任關係、曠工】

萬○○公司高雄分公司經理王○○，以公司未續給付交通費、住宿費

等，違反勞動契約，依勞動基準法第14條第1項第6款雇主違反勞動契約爲由，終止兩造間之勞動契約，並請求公司給付資遣費等，公司則以王君係依公司法第29條所委任之經理人，並經依法登記在案，爲高雄分公司最高負責人，兩造間係委任關係而非僱傭關係，應無勞動基準法之適用。另王君因繼續曠工三日，被公司終止勞動契約。臺灣高等法院89年度勞上字第1號民事判決略以：按勞動基準法所稱之勞工，固係指受雇主僱用從事工作獲致工資而言，然非若僱傭契約之受僱人依法明定以供給勞務本身爲目的，故只要受僱於雇主從事工作獲致工資者，即足當之，又勞動基準法第2條第6款規定，約定勞雇間之契約爲勞動契約，則舉凡具有指揮命令及從屬關係者均屬之，自亦未以僱傭契約爲限。公司負責人對經理，就事務之處理，若具有使用從屬與指揮命令之性質，且經理實際參與生產業務，即屬勞動契約之範疇，自有勞動基準法之適用。公司所有人事之選用及考訓，除總經理外，均由人事處長負責；店經理是在公司經營管理處處長之下，負責分店之營運管理，店經理只是經營管理處處長之下之一級主管，王君雖受公司之委任擔任高雄分公司之經理，負責高雄分公司之營運，但其仍係受公司之指揮命令，與公司間具有從屬關係，兩造所訂立之契約仍屬勞動契約，自有勞動基準法之適用。

勞工無正當理由繼續曠職三日以上者，雇主得不經預告終止契約，勞動基準法第12條第1項第6款定有明文，王君未上班，亦未爲任何請假手續，公司通知王君上班，王君仍未上班，公司以王君繼續曠職三日以上爲由，終止雙方之勞動契約，於法並無不合。

二十四、企業經營所必要調動人員難認違反勞動契約

【勞動契約、調職、資遣費】

新○○公司勞工蔡○○，於美工部擔任海報及至各部門布置工作十六年，公司擬將蔡君調至販賣部，並經其同意，之後，蔡君拒絕接受新職，公司以蔡君無故曠職三日免職，蔡君以公司違反勞動契約及勞工法令，依勞動基準法第14條第1項第6款、第17條規定請求公司給付資遣費61萬多元，臺北地方法院88年度勞訴字第55號判決蔡君敗訴，上訴後，臺灣高等法院89年度勞上易字第45號民事判決上訴駁回，判決理由略以：經查，公司將蔡君調動至同一層樓上班，薪資與其他勞動條件不變，依蔡君學歷專長及十多年美工經驗，調至販賣部，非無必要性，蔡君對公司之營業內容及銷售情形，應知之甚稔，美工單

位是支援業務單位經營，如公司因應環境變遷裁撤美工部門將蔡君調職，並非社會通念所難以接受，則本件公司基於蔡君過去經歷調整其新職，且於事前徵詢其意願，難認公司之調職蔡君具有不當目的。從而蔡君本於勞動基準法第14條第1項第6款、第17條規定請求公司給付資遣費61萬多元，即無理由，應予駁回。

二十五、請求給付資遣費必須依法有據

【勞動契約、資遣費、職業災害、損害賠償】

信○公司勞工李○○因破壞工廠保全系統致無法錄影遭解僱，李君以公司勞工保險及所得稅以多報少、以攝影機監視員工、強迫在廁所旁工作、用餐致生肝病等由訴請發給資遣費及傷害賠償75萬元，板橋地方法院88年度勞訴字第5號民事判決李君敗訴，上訴後，臺灣高等法院88年度勞上易字第14號判決上訴駁回，判決理由略以：按當事人主張有利於己之事實者，就其事實有舉證之責任，民事訴訟法第277條[3]定有明文，又勞工得不經預告終止契約，勞動基準法第14條第1項、第2項亦有明文規定。李君主張83年4月起公司強迫其在廁所旁工作，83、84年之年終獎金少給、所得稅以多報少，有違勞動基準法第14條規定，86年4月10日向台北縣政府勞工局申訴，則李君於86年4月即知悉該情形，竟遲至86年8月15日始以存證信函通知公司終止契約，顯已逾勞動基準法第14條第2項三十日之期間。公司於工作場所加裝保全系統，亦無損害勞工權益之虞。又李君主張公司脅迫其在廁所旁工作、用餐，為精神虐待。經查公司自83年間起即補貼午餐費，由員工自行用餐，每天中午有一小時自由活動，廁所並無異味且通風良好，廠外有一大片苗圃，自難認公司有強迫在廁所旁工作、吃飯虐待之情事，李君之主張，未提出證據以實其說，則請求資遣費，即屬無據。

李君主張因在廁所旁工作、用餐致罹患C型肝炎，侵害其權利，依勞動基準法第59條第1項職業災害補償及侵權行為之規定，請求公司賠償醫療費，固據提出就醫紀錄及診斷證明書。惟工作環境並無不良，已如上述，無法證明李君罹患C型肝炎與在廁所旁工作、用餐有因果關係而為職業災害。

二十六、調動勞工是否給付資遣費

【勞動契約、資遣費】

寶○公司結束南投廠之生產，先後通知李○○至台北公司工作，李○○要求給付資遣費，公司置之不理，臺灣高等法院86年度勞上更字第23號判決公司敗訴，判決理由略以：按工作場所及應從事之工作有關事項，乃勞動契約應依勞動基準法有關規定約定之事項，勞動基準法施行細則第7條第1款有明文。又內政部74年9月5日台內勞字第328433號函：「勞動基準法施行細則第7條第1款規定，工作場所及應從事之工作有關事項應於勞動契約中由勞資雙方自行約定，故其變更亦應由雙方自行商議決定，如雇主確有調動勞工工作必要，應依下列原則辦理：基於企業經營上所必須；不得違反勞動契約；對勞工薪資及其他勞動條件未作不利變更；調動工作地點過遠，雇主應予必要之協助。」顯然公司對李○○勞動條件已作不利之變更，李○○請求資遣費即有終止契約之意思表示。李○○不承認調動，向縣政府請求勞資爭議協調發給資遣費，而公司曾向縣政府表示未終止本件勞動契約，足見公司已受李○○給付資遣費之意思表示之通知，自行認爲雙方之僱傭關係已因李○○之終止意思表示而終止。復按雇主違反勞動契約或勞動法令致有損害勞工之虞者，勞工自得依勞動基準法第14條第1項第6款規定終止勞動契約，雇主即有義務依同條第4項規定發給資遣費，勞動基準法第14條第1項第6款、第2項定有明文。公司違反勞動契約，致張○○終止勞動契約，因此請求給付資遣費自屬有據。本件公司上訴，最高法院87年度台上字第2211號民事判決發回更審，判決理由略以：原判決竟認定李○○向縣政府請求調解給付資遣費時，有終止契約之意思表示，兩造僱傭關係於此時終止，不無認作主張之違誤。李○○並不否認他曾要求調台北後月薪8萬元，公司同意，但他要求先給付資遣費後再談聘僱，公司則無法同意。由上情節，公司似未終止勞動契約，要其至台北工作之條件似對之並無不利之變更，僅因張○○要求先給資遣費再談聘僱，爲公司所無法同意而已，上開情形能否認爲係公司違反勞動契約？李○○能否據而終止兩造間勞動契約，而請求公司給付資遣費，非無推求餘地。

二十七、所謂重大侮辱須貶損人格達相當重大程度

【勞動契約、僱傭關係存在】

台○公司勞工黃○○因不滿被調動，寄給董事長之存證信函內容有「動輒調動員工」、「違法違約」、「置員工生活於不顧」等言詞，而被公司認為黃君之行為顯然對董事長有重大侮辱等情，合於公司工作規則及勞動基準法第12條第1項第2款規定之「重大侮辱之行為」，經公司人事評議委員會討論通過，而將黃君解僱併予資遣。黃君訴請確認僱傭關係存在，高雄地方法院88年勞訴字第20號判決公司敗訴，公司上訴後，臺灣高等法院高雄分院88年度勞上字第15號判決上訴駁回，判決理由略以：按所謂「侮辱」係以使人難堪為目的，以言語、文字、圖畫或動作，表示不屑輕蔑之意思，足以對於個人在社會上所保持之人格及地位，達貶損其評價之程度始可。公司因業務需要，將黃君從高雄市區之工作地點調至高雄縣美濃鎮，黃君始料未及，將造成家庭生活重大變動，其內心深感震驚、疑惑及不安，實屬人之常情；其以存證信函向公司表意見及請求，所用之言詞或稍有誇張不實及語氣略嫌粗暴，惟黃君僅係一名基層員工，所受教育非高，殊難苛求其在遭逢工作遽變下，尚能以理性態度而循正常之途徑尋求救濟。縱稱黃君之行為不足取，然其行為亦不足以貶損公司董事長之社會地位或評價，殊難以此遽認黃君對公司之董事長有重大侮辱之行為。是黃君請求確認雙方之僱傭關係尚屬存在，要為有理由，應予准許。

二十八、資遣費之計算方法

【勞動契約、平均工資、資遣費】

永○○公司勞工洪○○派駐越南服務，86年11月1日調回台北服務，86年11月10日被依勞動基準法第11條第4款規定，終止勞動契約，洪君訴請其在海外服務之駐外津貼應併入工資計算資遣費，臺灣高等法院88年度勞上字第19號民事判決及最高法院90年度台上字第687號民事判決洪君勝訴，就資遣費之計算方法判決略以：勞工工作年資自受僱日起算，適用本法前之工作年資，其資遣費之給與標準，依其當時應適用之法令規定，適用本法後之工作年資，依勞動基準法第17條規定計算，為勞動基準法第84條之2所明定。核洪君於終止勞動契約前三十天，即86年10月11日至86年11月10日，平均日給工資為3,655元。而勞動基準法於73年8月1日始生效，生效前，洪君自69年12月至73年7月

31日止之年資爲三年八月，其資遣費之給與，應適用當時之廠礦工人受僱解僱辦法計之。該辦法第4條第3款規定，在同一事業主工作滿三年者，發給相當於三個月工資之資遣費，應給付32萬8,950元。洪君資遣前六個月，即86年5月11日至86年11月10日薪資連同駐外津貼，資遣前六個月之平均工資爲110萬8,181元。其於勞動基準法生效後，自73年8月1日起至86年11月10日止之年資爲十三年三月又十天，依勞動基準法第17條規定應發給十三又三分之一個月之平均工資，應給付157萬5,747元。共計應給洪君之資遣費爲190萬4,697元。又洪君任職已逾三年，公司未依勞動基準法第16條第1項第3款規定於三十日前預告之，依同法第16條第3項規定，應給付三十日之工資，依平均工資計應給11萬8,181元。

二十九、勞工不同意按月支領資遣費

【勞動契約、資遣費】

利○公司資遣員工何○○等人，公司欲分期按月給付資遣費，何君不同意，臺北地方法院89年度勞訴字第134號民事判決何君勝訴，公司上訴並陳述以：本件資遣費之給付方式，公司已與包括何君在內之資遣員工達成按月依勞動基準法規，給付資遣費之協議，且除何君外，其餘員工均按月兌領公司依約簽訂之票據。依民法第737條[4]規定，已不得就資遣費之給付方式爭執，其要求公司一次付清，即屬無據。臺灣高等法院90年度勞上易字第8號民事判決上訴駁回。判決理由略以：資遣費之發給，勞動基準法第17條定有明文，公司以業務緊縮爲由，依同法第11條第2款規定終止勞動契約，自應發給資遣費。公司核定應給何君資遣費55萬3,000元，公司雖稱已與資遣員工達成以分期方式支付資遣費之協議，何君不得請求一次全額支領云云；惟何君否認，公司提出之資遣明細總表並不足以證明何君有同意公司分期支付資遣費之事實，此外復無其他證據可資證明，公司要求何君比照其餘資遣員工分期給付，自屬無據。

三十、勞工可否在外兼職

【勞動契約、退休金】

福○公司自66年5月僱用李○○負責交通車駕駛工作，85年11月30日已滿六十九歲，申請退休，工作年資十九年六月，公司則以李君在外兼職，其工作年數及退休金之計算，應扣除其兼職之年數，經高雄市政府勞工局三次協調未成。臺灣高等法院高雄分院87年度勞上字第1號民事判決公司敗訴，判決理由略以：勞動基準法並無勞工不可在外兼職之規定，而公司亦無禁止員工在外兼職之規定，為雙方所是認，公司又不能舉證證明李君兼任○○幼稚園董事長損及雙方勞動契約之履行，自難以李君在外兼職，即謂應扣除其兼職期間之年資，則李君之工作年資為十九年六月，其退休金之計算亦應以此工作年資為基準。

三十一、在外兼職，解僱有效

【勞動契約、工作規則、除斥期間】

永○公司副理李○○因在外擔任與公司相同業務之股東，公司以李君在外經營與公司相同業務，並洩漏公司技術及營業上秘密，依公司工作規則及團體協約，終止兩造僱傭契約，李君則以其並未在外經營與公司相同業務，亦不知公司工作規則之內容，且公司終止契約違反勞動基準法第12條第2項規定之三十日除斥期間，解僱不合法，爰依勞動基準法第14條第1項第6款、第17條之規定，請求公司給付資遣費105萬元。桃園地方法院86年度勞訴字第27號判決李君敗訴，上訴後，臺灣高等法院88年度勞上字第15號民事判決上訴駁回，判決理由略以：本案應審酌者，厥為李君有無在外經營與公司相同或類同事業之行為，及違反勞動基準法第12條第1項第5款所定「故意洩漏雇主技術上、營業上秘密，致雇主受有損害」之情形？公司之終止契約是否合法？李君雖主張其僅擔任泓○公司掛名股東，亦未參與經營云云。經查泓○公司於設立登記時，李君即擔任股東兼發起人，泓○公司提供之股東名冊與省府建設廳提供之股東名冊不同，苟李君僅係掛名股東且未參與經營，實無多方隱瞞、掩飾之必要。泓○公司生產之避震器，泓○公司不能證明其技術來源，其所以能製造相同規格之避震器，係李君提供永○公司之設計圖據以製造，自堪認定。公司雖曾風聞而懷疑李君在外擔任泓○公司之股東，然均未查得確實情形，至86年1月21日查證李君確有在外經營屬實後，於86年2月6日終止兩造僱傭契約，並未逾越三十日之除斥期間。

三十二、試用勞工殺人，雇主連帶賠償

【勞動契約、試用、損害賠償】

漢○大樓管理公司員工江○○，擔任瑞○大樓警衛，執行職務時與住戶張○○爭執，以水果刀刺傷張君，送醫切除右側腎臟，張君訴請公司及江君應負連帶賠償，公司辯稱江君到職才八天，尚在試用期間，並未正式僱用。高雄地方法院89年度重訴字第35號民事判決公司與江君應連帶給付五百多萬元，判決理由略以：按因故意或過失不法侵害他人之權利者，負損害賠償責任；受僱人因執行職務，不法侵害他人之權利者，由僱用人與行爲人連帶損害賠償責任，民法第184條第1項[5]、第188條第1項[6]分別定有明文。而民法第188條所稱之受僱人，應從寬解釋，不以事實上有僱傭契約者爲限，凡客觀上被他人使用爲之服務勞務而受其監督者，均係受僱人；而此所謂之監督，係指對勞務之實施方式、時間及地點加以指示或安排之一般的監督而言（最高法院87年台上字第2230號、81年台上字第2686號判決意旨參照）。公司雖以江君尚在試用期間，惟江君確因受漢○公司僱用擔任瑞○大樓警衛工作時，持刀傷害張君，江○○係瑞○公司受僱人甚明，是否試用期間僅係公司與江君間之約定，公司自不得據以主張不負連帶賠償責任。

三十三、已逾除斥期間，勞工不得請求資遣費

【勞動契約、資遣費、除斥期間】

坤○公司勞工陳○○等三人以公司於84年8月5日片面資遣其等三人，已違反勞動契約及勞工法令，損害其權益，依勞動基準法第14條第1項第6款及第4項規定，其等得不經預告，終止勞動契約。其等與公司合意依法定資遣條件終止勞動契約，公司應依勞動基準法第16條第3項及第17條規定，給付預告期間工資及資遣費。臺北地方法院86年度勞訴字第42號民事判決陳君等三人敗訴，上訴後，臺灣高等法院89年度勞上字第7號民事判決上訴駁回，判決理由略以：公司縱有於84年8月5日片面資遣陳君等，然陳君等當時已知悉該事由，則遲至86年4月11日提起本件訴訟時，始以公司有勞動基準法第14條第1項第6款所規定之事由，顯已逾該條第2項所規定三十日之除斥期間，陳君等三人以此爲由，終止兩造間勞動契約，於法不合，自不得依勞動基準法第14條第4項準用同法第17條規定，請求公司給付資遣費。次按勞工無正當理由繼續曠工三

日或一個月內曠工達六日之情形，雇主得不經預告終止契約，勞動基準法第12條第1項第6款固亦定有明文，惟雇主依上開規定終止契約者，應自知悉其情形之日起，三十日之內爲之，同條第2項亦定有明文，公司雖抗辯稱，陳君等於84年7月間各有繼續曠工三日及一個月內曠工達六日之情形，惟公司並未以此事由終止契約，而以片面公告方式，未附任何理由資遣陳君等，直至本件訴訟後，始抗辯陳君等三人有勞動基準法第12條第1項第6款所規定之上開事由，其得不經預告終止勞動契約，顯已逾該條第2項所規定之除斥期間，公司不得以此爲由終止勞動契約。陳君等一再表示公司之資遣係違反勞動契約及勞工法令，則公司與陳君等自無從達成依法定資遣條件終止勞動契約之合致之意思表示。況公司資遣陳君等時亦始終未表示同意給預告期間工資及資遣費，陳君等三人之請求自屬無據。

三十四、脅迫要求給付資遣費違法

【勞動契約、資遣費、科刑】

年○公司因遷廠，勞工魏○○等人不願至新廠工作，乃要求公司給付資遣費，致發生勞資糾紛，經台北市政府多次協調無結果，乃會同某國大代表至各百貨公司之年○公司女鞋專櫃，持抗爭海報站立專櫃前，並散發傳單，使客人紛紛走避，並向客人指稱年○公司之皮鞋不好，勿購買，且揚言不撤櫃不離開，以此脅迫方式，妨害年○公司派駐各百貨公司女鞋專櫃之營業權利，終至不得不撤離專櫃。

本案經台北地檢署提起公訴後，臺北地方法院82年度易字第4126號刑事判決魏君等人共同連續違犯刑法第304條第1項【7】強制罪，各判處有期徒刑四、五、六個月不等。魏君等上訴後，臺灣高等法院82年度上易字第5090號刑事判決，仍認定魏君等人共同連續違犯刑法第304條強制罪，惟認爲民意代表因受人民之託而參與勞資糾紛之抗爭；魏君等爲謀本身權益而與雇主發生爭議，嗣爲解決爭議而抗爭，手段雖有可議，犯罪動機則無可厚非，犯罪後態度尚屬溫和，所生危害亦非巨大，而分別改處以較輕之刑罰。

三十五、管理費抵資遣費屬民事問題

【勞動契約、資遣費、工資】

黃○○擔任中○大樓管理員，84年1月5日新任主委呂○○上任，要黃君交出保管的管理費40多萬元及清冊，並請其離職，翌日黃君至銀行領取該管理費，作爲抵銷黃君之薪水、年終獎金、資遣費等費用，呂○○以黃君侵占該款訴請偵辦，檢察官不服臺北地方法院85年度易字第539號判決提起上訴。臺灣高等法院85年度上易字第4893號判決上訴駁回。判決理由略以：79年12月28日中○大樓管理委員會會議決議大樓管理員之資遣費比照勞動基準法之計算方式，縱令黃君所計算之資遣費及金額，有不合法令之情事，仍難認爲黃君主觀上具有不法所有之侵占意圖，黃君自行於所保管之管理費中扣除應有之薪資、年終獎金等金額藉以抵銷，並無侵占之故意。至於黃君所抵銷84年1月5日離職後之一個月薪資，黃君辯稱係依上述委員會會議決議，比照勞動基準法第16條規定，雇主未依規定期間預告而終止契約者，應給付預告期間之工資即三十天薪資。是黃君之辯解尚非全然無據。

刑法第336條第2項[8]之業務侵占罪，須意圖爲自己不法之所有，而侵占其業務上持有之物，始足以構成犯罪，本案黃君主觀上並無侵占之不法所有意圖，則與業務侵占罪之構成要件不符，至黃君所應領取之年終獎金、資遣費、薪水等費用，於法縱或有所出入，乃屬民事債務糾葛，自應循民事途徑解決，而與刑責無涉（按：當時大樓管理員不適用勞動基準法，但保全公司派駐的大樓管理員則適用）。

三十六、解僱勞工應符合相當性原則

【勞動契約、解僱、農會人事管理】

五○鄉農會86年10月4日召開之評議小組會議議決依農會人事管理辦法第35、46、47條規定，將職員王○○記兩大過解聘，理由爲王君分別於（一）75年擔任櫃員與客戶發生存款5,000元爭議；（二）78年擔任出納，經查點零用金與會計帳不符；（三）85年公然與直屬主管互毆；（四）86年6月塗改經主管核定之出差單。王君認爲該決議所依據之農會人事管理辦法，違反其母法農會法之規定，並違反相當性原則、解僱的最後手段性等原則，該決議應係無效。又依勞動基準法第12條之法理，農會因久未行使懲戒權而業已喪失懲戒權，乃訴請確認僱傭關係存在。板橋地方法院87年度訴字第108號判決農會敗訴，上訴至最高法院第一次發回更審，臺灣高等法院89年度上更字第298號民事判決上訴駁回。判決理由略以：按內政部所頒農會人事管理辦法第47條：「……平時獎懲並爲年度考核之主要依據」、「同一年度記大過二次者，應予解聘」，由此可知農會之獎懲僅爲該年度考核之主要依據，不得供作他年度或累積各年度而爲獎懲之依據，人事評議小組86年10月4日召開之會議決議所列王君懲戒之事由，除第4項屬王君當（86）年之行爲外，其餘非該年度之行爲，併列爲懲戒評議資料，決議將王君記大過二次予以解聘，於法尚有未合。再按農會人事管理辦法第47條規定，其中以解僱之懲戒最爲嚴重，然參同法第46條之規定，最嚴重之行爲應爲利用職權營私舞弊或挪用公款，農會在懲戒解僱處分時，須符合上開條文規定之相當性原則，否則即屬權利濫用而無效。

三十七、有指揮監督及從屬關係為勞動契約

【勞動契約、退休金】

台○報業公司勞工趙○○等二人，請求給付退休金，公司認爲趙君等二人係承攬關係，而非勞動契約，臺灣高等法院87年度勞上字第16號判決公司敗訴，公司上訴後，最高法院89年度台上字第385號裁定上訴駁回，理由略以：趙君等二人分別自59年9月1日及51年5月1日起與公司訂有勞動契約，負責招攬廣告及撰寫工商新聞工作，趙○○等二人爲公司所提供之勞務實質上與公司間仍存在有「指揮監督」「使用從屬」關係，而非單純之承攬關係。趙君等二人既已於85年6月25日向公司自請退休，則其依據勞動契約及公司工作規則規定，訴請公司給付退休金，各爲75萬多元及13萬多元，即屬正當。公司指摘原判決不當，並就原審已論斷者，泛言謂爲違法，而非具體說明該論斷究有何不適用法規或適用法規不當，並揭示該法規之條項或其內容，及合於民事訴訟法第469條[9]所列各款之事實，難認對該判決之如何違背法令已有具體之指摘，依首揭說明，應認其上訴爲不合法。

三十八、有繼續性及從屬性為勞動契約

【勞動契約、承攬契約】

中○公司辭退勞工周○○等人，周君等訴請給付預告工資及資遣費，臺灣高等法院高雄分院87年度勞上字第11號民事判決公司敗訴，公司以其與周君等係承攬關係而非僱傭關係，因而提起上訴，最高法院89年度台上字第1620號判決：原判決廢棄，發回臺灣高等法院高雄分院。判決理由略以：按勞動基準法所規定之勞動契約，係指當事人之一方，在從屬於他方之關係下，提供職業上之勞動力，而由他方給付報酬之契約。而承攬，謂當事人約定，一方爲他方

完成一定之工作，他方俟工作完成，給付報酬之契約。前者，當事人之意思以勞務之給付爲目的；其受僱人於一定期間內，應依照雇主之指示，從事一定種類之工作，即受僱人有一定雇主；且受僱人對其雇主提供勞務，有繼續性及從屬性關係。後者，當事人以勞務所完成之結果爲目的；其承攬人只須於約定之時間完成一個或數個特定之工作，既無特定之雇主，與定作人間尤無從屬性關係，其可同時與數位定作人成立數個不同之承攬契約。故兩者並不相同。原審遽謂本件兩造之關係爲承攬，其性質即爲勞動契約，進而爲不利周君等之判決，已有未合，且周君等所從事者，既爲「按件計酬」之工作，何以在中○公司即成立勞動契約？而在另外一家周君等所服務之豪○公司純屬承攬性質？原審未詳加勾稽，所爲公司敗訴之判決，亦屬難昭折服。本件上訴爲有理由。

三十九、違反競業禁止違約金應符公平原則

【勞動契約、禁止、違約金】

福○公司業務專員許○○承諾同意任職期間應以公司最大利益之考量，及不擁有同行公司之股份。公司安排其至德國受訓觀摩，許君出具保證書同意於回國後繼續留任服務至少一年，否則願無條件以現金照價賠償出國訓練觀摩費用。85年9月10日回國，86年2月12日暗中設立公司，86年3月離職，並立即從事與福○公司同產品之買賣業務，又利用在職期間所獲得之客戶名單。福○公司乃委請律師與許君協談，86年7月19日許君立下協議書保證不再有前揭破壞行爲外，另保證於離職日起一年內不爲競業行爲，若有違反，願賠償營業金額一百倍之罰金。86年10月起，許君又故態復萌，並被查獲與福○公司原客戶之訂貨單上交易1萬5,700元，乃訴請賠償福○公司157萬元，及出國訓練費用9萬元，臺北地方法院87年度勞訴字第3號民事判決許君應賠出國訓練費用6萬2,836元。福○公司提起上訴，臺灣高等法院87年度勞上字第18號民事判決許君應賠15萬7,000元，判決理由略以：所謂「競業禁止條款」，乃對於他人之工作權所作之限制行爲，是「競業禁止條款」之適用範圍應參酌：1. 原雇主營業秘密保護之必要性；2. 離職員工任職期間之職務與地位；3. 限制離職員工再就業之對象、期間、區域等是否合理；4. 於競業禁止期間有無對離職員工塡補其損失；5. 離職員工之競業行爲是否有悖誠信等要件。許君自應遵守協議書所載承諾，一年內不爲屬於公司直接競爭營業範圍之行爲，若有違約，自應依法賠償。許君一再主張工作權與生存權，然依憲法第23條[10]，如有維持社會

上企業競爭秩序之正當性所必要，亦非不可限制，此可知該等權利並非屬不得限制之絕對權利。當事人得約定債務人不履行債務時，應支付違約金，此觀民法第250條第1項【11】自明，然約定之違約金過高者，法院固得依民法第252條【12】以職權減至相當數額，惟是否相當仍須依一般客觀事實、社會經濟狀況及當事人所受損害情形，以爲酌定標準（最高法院49年度台上字第807號判例意旨參照）。本件經審酌許君違反競業禁止當時社會經濟狀況、一般客觀事實及福○公司因本次事件所受營業額下降等損害，認兩造約定以營業金額一百倍之違約金，顯然過高，應以十倍較稱允當，並符公平之原則，依此計算本件違約金爲15萬7,000元。

四十、違反競業禁止，賠償一年所得

【勞動契約、競業禁止、違約金、獎金】

天○公司業務經理周○○於85年2月9日到職，雙方並簽訂切結書，約定勞方不得於離職日起一年內從事與公司業務性質相同的工作，若勞方有違反時，應賠償一年內所得，並包括各項津貼及獎金。周君於87年7月31日離職，至華○公司從事與天○公司業務範圍相同之工作，公司訴請周君應賠償一年所得，並包括各項津貼及獎金75萬6,000元，臺北地方法院87年度訴字第4007號民事判決周君敗訴，周君上訴後臺灣高等法院88年度上字第6號民事判決上訴駁回，判決理由略以：兩造約定勞方離職後一年內不得從事相同行業，或任職於同一行業之公司，本於契約自由原則及保護公司營業秘密之考量，該約定並無不合理或不公平之處，公司依據切結書之約定爲請求，乃正當權利之行使，並無權利濫用或違反誠信原則。又解釋契約，固須探求當事人立約時之眞意，不能拘泥於契約之文字，但契約文字業已表示當事人眞意，無須別事探求者，即不得反捨契約文字而更爲曲解（參照最高法院17年上字第1118號判例）。

公司依系爭切結書之約定，請求周君給付其自86年8月1日起至87年7月31日所領取之薪資、年終獎金、中秋、端午節獎金共計75萬6,000元，自屬有據（另公司於原審請求周君返還其爲周君支付之勞保、健保費4萬5,000元，此部分既屬雇主爲受僱人本應支付之費用，核其性質，非屬周君之所得、津貼或獎金，公司無從請求周君返還之，原審駁回公司此部分之請求，公司並未提起上訴，此部分業已確定）。

四十一、民營化後可以調整薪資結構

【勞動契約、民營化、工資】

中○石油公司以出售官股方式開放民營，員工李○○隨同移轉繼續任職，月薪由8萬173元降為2萬3,400元，並即以業務緊縮為由，預告資遣。李君訴請確認僱傭關係存在，臺灣高等法院86年度更字第17號判決李君敗訴，上訴後，最高法院88年度台上字第2170號李君判決上訴駁回，有關薪資部分，判決理由略以：在公司公營轉民營前，李君具有公務員兼具勞工身分，依經濟部所屬國營事業之薪資制度支給待遇。公司轉為民營後，員工已無公務員兼具勞工身分，且員工公營年資業已結清給付，公司自可不再延用公務體系之薪資制度，李君原基於公務員法令所得之權益自不得於新公司要求延續。申言之，民營後，公司公營轉民營時，其從業人員之年資，本應由民營之新公司繼受，惟該項年資須遲至員工退休時始得予以結清，但行政院為保護該等從業人員，於立法時即規定不論從業人員是否已達退休條件均從優按照勞動基準法退休金給付標準，一律予以結清辦理給付。李君已具領而結算年資，因之，移轉民營後之公司與其隨同移轉之從業人員間勞動關係顯已發生變化，即隨同移轉之從業人員於結清年資時就民營後之前公司而言，已無年資存在。既無年資，應認另成立新勞動契約，民營後之公司當然可以參照人力市場行情及員工工作能力重新調整薪資結構。至於民營前，依年資而給之薪俸，當無拘束民營後公司之效力，方符法之衡平與誠信原則。再從移轉民營條例第8條第3項【13】之規定意旨觀之，既然分成「移轉民營當時」及「資遣時」之薪給標準，並有擇優核給資遣給與之規定，可見民營後薪資可以改變且容許調降，方有此項保障民營後資遣給與之規定。益可證李君既已具領年資結算金，結清年資，應認係另成立新勞動契約。

四十二、罷工行為僅得停止勞務之提供

【勞動契約、罷工、勞資爭議、損害賠償】

基○客運公司於81年間發生的工會罷工案，歷經多年訴訟，有關罷工是否合法，最高法院89年度台上字第1795號仍判決該次罷工行為不合法，判決理由略以：劉○○等人因獎金、薪資調整事項，經由法定程序宣告罷工，固無不合。惟所謂罷工，係指多數勞工為繼續維持或變更其勞動條

件，或爲獲取一定之經濟利益，依法律所定程序，經工會宣告，所爲之協同的停止勞務提供之勞資爭議行爲，其行爲僅得停止勞務之提供，不得藉機妨礙公共秩序，或加害他人生命、身體、自由、財產。於罷工期間，罷工之工人不得占據雇主之廠房、生產設備或營運設備，使雇主無法營運，否則即屬違法。劉君等於81年6月4日起至81年8月10日之罷工期間內，未經公司同意，占據公司之站區、看管公司所有營業大客車，妨害公司之營運，其行爲顯已逾越消極不提供勞務之罷工範圍，非法之所許。公司依民法共同侵權行爲之規定，請求許君等連帶賠償其因無法營運所受之損害，難謂無據（按：本件參與罷工者有147人，公司僅控訴其中之十五人，罷工期間公司共損失1,018萬多元，其中二分之一因已罹於時效，其餘509萬多元，扣除已判決應給付公司之6萬多元，尚有502萬多元，依民法276條規定，劉君等十五人應分擔一百四十七分之十五，即51萬多元）。

四十三、違約金應斟酌一般客觀事實等酌定

【勞動契約、損害賠償、違約金】

長○航空公司技師郁○○因違約退訓，公司依雙方簽訂之訓練合約訴請郁君應賠償422萬5,947元，臺北地方法院89年度訴字第7號判決後，雙方均提起上訴，有關違約金部分，臺灣高等法院89年度勞上字第38號判決郁君敗訴，判決理由略以：按違約金除當事人另有訂定外，視爲因不履行而生損害之賠償總額，民法第250條第2項前段定有明文。按約定之違約金過高者，法院得減至相當之數額，民法第250條定有明文。惟違約金是否過高，應斟酌一般客觀事實、社會經濟狀況，及當事人所受損害之情形，以爲酌定之標準（最高法院49年台上字第807號判例參照）。查訓練津貼、餐費、簽證費、住宿費、日支費、檢定費……均屬郁君個人爲達成受訓目的，直接自長○公司獲取之利益，長○公司要求其賠償同額之違約金，應無不合。又講師、教材、教室使用、寢室使用等費用，固屬長○公司之固定成本，不因郁君退訓而有增減，然審酌雙方係以各該費用作爲違約金之計算標準，非謂公司之實際損害僅限於訓練成本，自不能以該費用是否有轉嫁之可能，認定公司是否可請求該部分違約金，而公司提供該部分訓練成本，使郁君因而增長相關知識及取得設備之使用利益，難謂無受益，且衡之常情，郁君如無提前退訓情事，公司可期待於相當期間內提供飛航勞務，其因而可獲取之營業收益，當遠多於上開固定成本核算之

金額，是公司主張以422萬5,947元為約定違約金，尚無過高情事。

四十四、損害賠償須與損害之發生有相當因果關係

【勞動契約、損害賠償、資遣費】

森○公司於85年9月15日歇業，勞工劉○○訴請發給資遣費及繼續工作六年之工資損失暨精神慰撫金，有關繼續工作六年之工資損失暨精神慰撫金部分，臺灣高等法院臺中分院87年度訴字第48號判決劉君敗訴。上訴後，最高法院89年度台上字第647號判決劉君敗訴，判決理由略以：劉君主張因公司片面終止與劉君之勞動契約，致其受有六年無法領取工資之損失云云，固據提出保險單影本為證，為其所提出之保險單僅足證明公司為劉君投保，尚不足以證明劉君與公司訂有至91年7月25日之勞動契約。損害賠償之債，以有損害之發生及有責任原因之事實，二者之間有相當因果關係為成立要件。故劉君主張損害賠償之債，如不合於此項成立要件者，即難謂有損害賠償請求權存在。查被上訴人吳○○係公司之法定代理人，為勞動基準法第2條第2款所規定之雇主，因未經預告即片面宣布停業，違反勞動基準法第16條規定，固為事實。惟劉君所主張之六年工資損失暨精神慰撫金，與公司前開不當行為，並無因果關係，不得對被上訴人請求。原審就此一部分為劉君敗訴之判決，於法核無違誤。

四十五、權利並無濫用自不負賠償責任

【勞動契約、損害賠償】

復○航空公司勞工武○○與國○企管公司簽訂訓練及服務合約書，約定於取得證照且完成航路訓練後，必須於復○航空公司服務至少十五年，服務未滿五年者須賠償400萬元，嗣武君以公司片面減薪等由離職，復○公司訴請武君賠償400萬元，保證人郭○○等三人並應負連帶賠償責任，臺北地方法院87年度勞訴字第88號判決復○公司敗訴，上訴後，臺灣高等法院88度勞上字第63號判決上訴駁回，有關是否權利濫用部分，判決理由略以：按現行勞動法令並無對爭議行為加以定義，一般係指勞資之一方為貫徹其主張，以集體之意思對於他方所採取之阻礙業務正當營運之行為及對抗行為，傳統上勞方之爭議行為包括罷工、怠工、杯葛、占據及生產管理等，惟均屬勞動契約關係仍未中斷之前提下，而集體的暫時拒絕勞務之提供，本件武君以終局地結束與公司間之勞動契約關係為目的，而行使勞動基準法第14條之契約終止權，並於終止契約

生效後拒絕提供勞務，是其終止本件勞動契約與爭議行爲不同。民法第148條第1項【14】規定，權利之行使，不得違反公共利益或損害他人爲目的。又權利之行使是否損害他人爲目的，應就權利人因權利行使所能取得之利益，與他人及國家社會利益因其權利之行使所受損失，比較衡量以定之。本件武君終止勞動契約既非爭議行爲，雖公司提出因武君終止契約之行爲所造成之損失，而認其終止勞動契約之行爲屬權利濫用，然武君係因公司片面減薪後，始行使自己之合法權利，非以損害公司爲主要目的，自難謂武君行使權利係權利濫用。武君係因公司片面減少薪資，而依勞動基準法第14條第1項第5、6款規定，不經預告而合法終止系爭勞動契約，自無於終止勞動契約後再提供勞務之必要，武君既無違約及債務不履行情事，連帶保證人自無連帶賠償責任可言。

四十六、訂約前之研商無拘束力

【勞動契約、和解】

台○公司合金鋼廠因民營化，讓售與隆○○公司，勞工王○○以兩公司在讓售研商會議決議員工願隨同移轉至隆○○公司者應隨同移轉，不願隨同移轉者，應回台○公司，不得強制資遣。台○公司拒絕王君回公司上班，王君訴請確認兩造僱傭關係存在，臺灣高等法院高雄分院87年度勞上字第12號民事判決王君敗訴，王君上訴後，最高法院89年度台上字第646號民事判決上訴駁回，判決理由略以：讓售研商會議之決議及國營會研商會議結論中，雖有合金鋼廠員工，不願隨同移轉者，應回歸台○公司，不得強制資遣等語，惟該決議與結論爲台○公司與隆○○公司於正式簽訂之買賣及移轉契約時，所不採。上開二次會議均係在研究討論合金鋼廠之讓售、移轉事宜，爲正式訂約前之研商，自無拘束契約當事人之效力。且關於員工不願隨同移轉者，應回歸台○公司，不得強制資遣之決議或結論，亦違反公營事業移轉民營條例第8條之強制規定而無效。行政院經建會亦函示：無論一次或分次標（讓）售資產之民營化方式，員工於該資產被讓售移轉民營時，若決定不隨同移轉，應依規定辦理離職，而非可留至最後一廠移轉民營時始辦理離職。另王君所提出之調解筆錄，既未經台○公司同意簽名，該調解自不成立。

四十七、民事責任之「準用」不適用於刑事責任

【勞動契約、資遣費】

御○公司負責人陳○○未經預告，辭退勞工林○○等人，且未給資遣費，林君等向台北縣政府勞工局提出申訴。檢察官認爲陳○○違反勞動基準法第78條罪嫌而提起公訴。檢察官不服臺灣士林地方法院86年度易字第938號刑事判決而提起上訴，臺灣高等法院86年度上易字第5323號刑事判決上訴駁回。判決理由略以：按勞動基準法第78條關於刑事責任之規定，係以雇主有違反同法第13、17、26、50、51條或第55條第1項之規定爲成立要件，其中第17條係規範雇主依同法第11條或依第13條但書之規定終止勞動契約者，拒不發給資遣費，即得因違反該法之規定，而依同法第17條論處。本件公訴人以陳○○係雇主，有無故辭退勞工拒不發給資遣費情事，認其違反勞動基準法第17條之規定，應依同法第78條處罰，惟雇主無故辭退勞工，係雇主片面違反勞動契約或勞工法令，僅生勞工得依同法第14條第1項第6款之規定，不經預告終止勞動契約之法律效果，其與第17條所定雇主依法得終止勞動契約，於終止後拒不給付資遣費之情形，尚屬有間，自難以該罪相繩。雇主違反勞動契約或勞工法令，勞工得不經預告終止勞動契約，依同法第14條第4項之規定，準用第17條之結果，雇主仍須依第17條之標準給付資遣費，惟此究屬民事責任之準用，於罪刑法定原則，尚難認於刑事責任部分亦有併同準用之效果。本件勞工於受陳○○無故辭退後，即不再上班，並未爲終止勞動契約之意思表示，則陳○○之給付資遣費義務，顯尚未發生，亦難以該法第條78條之罪責相繩。

四十八、解釋意思表示應探求當事人之真意

【勞動契約、法律適用、調解、資遣費、加班費】

民法第98條：解釋意思表示，應探求當事人之眞意，不得拘泥於所用之辭句。

芳○公司因積欠資遣費，勞工王○○等十人向新店市公所調解委員會聲請調解，調解成立，調解書載有：「兩造就本事件其餘之請求權拋棄」及「聲請人除前項請求外並不追究其他民、刑責任」。王君等十人資遣之後，訴請發給星期日、國定假日加班之加倍工資及中午加班一小時之延時工資。公司則抗辯以：公司與王君等十人間已就雙方僱傭契約及終止僱傭契約後，所生之一切勞

資糾紛在新店市公所調解委員會調解成立，其等不得再行起訴。臺灣高等法院87年度勞上字第22號民事判決公司敗訴。判決理由略以：該調解書所載，僅係王君等十人拋棄調解成立金額以外之其他資遣費請求權，或不再追究上訴人有關資遣費之其他民、刑事責任而已，並不及於其他勞資爭議事項，且經核證人證言亦均不能證明公司與王君等十人間已就系爭加班費調解成立，是公司所爲此部分之抗辯，殊無足取。

四十九、確認法律關係之訴，以確認現在的法律關係為限

【勞動契約、法律適用、僱傭關係】

台北市○○試驗國小校警李○○，80年考績丁等，81年2月被學校解僱，82年1月改任銀行職員，訴請確認至82年1月31日僱傭關係存在，臺灣高等法院86年度勞上更字第8號民事判決李君敗訴，李君上訴後，最高法院87年度台上字第1077號民事判決上訴駁回。判決理由略以：按確認法律關係成立或不成立之訴，以確認現在之法律關係爲限，如已過去或將來應發生之法律關係，則不得爲確認之訴之標的。而爲訴訟標的之法律關係是否存在，係以事實審言詞辯論終結時爲準。所謂過去之法律關係，指過去曾經成立或不成立之法律關係，因情事變更，該過去之法律關係現已不復存在之情形而言。本件言詞辯論係於86年10月27日終結。而李君以其自75年3月30日擔任警衛工作，迄82年2月1日改任銀行職員，請求判決確認兩造間自75年3月10日起至82年1月31日止僱傭關係存在，顯以過去之法律關係，作爲確認之訴之標的，自非法之所許。原審爲李君敗訴判決，理由雖不同，但結果並無二致，仍應維持。

五十、行政命令並未具有法律之效力

【勞動契約、適用範圍、資遣費、行政命令】

群○汽車公司平鎮廠勞工羅○○以：該廠自87年3月1日轉讓予和○汽車公司，其被迫於87年2月28日離職，因該廠屬個別之場所單位，營業項目係從事汽車修理保養業務，自有勞動基準法之適用，其服務年資十二年六月，公司應給付資遣費73萬7,000元，板橋地方法院87年度勞訴字第10號及臺灣高等法院88年度勞上易字第6號民事判決羅君均敗訴，羅君以內政部曾釋示「場所單位」應依事實認定之，且該廠曾向稅捐處辦理營業登記，該廠自有勞動基準法之適用，原第一、二審之判決，顯然適用法規有錯誤。提起再審後，臺灣高等

法院89年度勞再易字第2號民事判決再審之訴駁回，判決理由略以：按法官依據法律獨立審判，憲法第80條【15】載有明文。各機關依其職掌就有關法規爲釋示之行政命令，法官於審判案件時，固可以引用，但仍得依據法律，表示適當之不同見解，並不受其拘束，本院釋字第137號【16】解釋即係本此意旨（司法院大法官會議釋字第216號【17】解釋要旨參照）；又民事訴訟法第496條第1項第1款所謂適用法規顯有錯誤，係指確定判決所適用之法規顯然不合於法律者而言（參見最高法院60年台再170號判例意旨所示）。準此，民事訴訟法第496條第1項第1款所謂適用法規顯有錯誤，並不包括未予適用行政機關函令釋示之情形。內政部依其職掌就有關勞工法規爲釋示之行政命令，並不具有法律效力，法院審判時不受其拘束，如判決未予適用，並不生適用法規顯有錯誤之情事，羅君據此提出再審之訴爲無理由。查「營利事業登記規則」，係依所得稅法及營業稅法授權發布之命令，該規則第1條定有明文，爲具有法律效力之之授權命令，應作爲法院裁判之依據。惟關於該規則之適用，亦以確定判決消極的不適用法規，顯然影響裁判者，始得據爲再審理由（參見最高法院77年度台再字第31號判決意旨所示）。公司以汽車銷售爲主要經濟活動，「汽車零售業」自87年3月1日起始有適用勞動基準法，公司於87年3月1日以前並非適用勞動基準法之行業，羅君於87年2月28日離職，自不適用勞動基準法。

五十一、刑事責任與行政責任無必然關係

【勞動契約、科刑】

台○農產運銷公司課長高○○，未依公司規定，私自出貨，經人檢舉後，遭公司解僱，高君以本案經板橋地方法院檢察署爲不起訴處分，又公司人事評議委員會之決議係記過處分，總經理裁決解僱應屬無效。高君訴請確認僱傭關係存在，臺北地方法院89年度勞訴字第2號民事判決高君敗訴，上訴後，臺灣高等法院90年度勞上字第8號民事判決上訴駁回，判決理由略以：台○農產運銷公司屬民營公司，人事之任免屬公司所有，依公司人事管理規則第4條規定，課長由總經理任免之，公司人事管理規則第42條規定：「本公司爲求人事業務達到公正、公平、公開目的，設人事評議委員會，凡屬重要人事案件，均應先送該委員會評議，並擬具體意見，報准總經理裁決後辦理。」由此可知人評會之職權，僅限於「擬具具體意見」，報請總經理裁決後才能辦理。因而有關人事評議事項，最終裁決權爲總經理而非人評會。高君主張其行爲業經檢

察官不起訴處分，公司又依勞動基準法第12條第1項第4款「違反工作規則或勞動契約，情節重大」之規定終止勞動契約，乃係規避該法同條項第3款「受有期徒刑以上刑之宣告確定，而未諭知緩刑或未准易科罰金」規定之脫法行爲云云。然查勞動基準法第12條第1項將第3款及第4款加以並列，顯然立法當時，即賦予雇主可依個案情節而分別適用第3款或第4款之衡量權利，且觀以勞動基準法第12條所訂雇主無須預告，即得終止勞動契約之情形計有六款，及公司之獎懲辦法第5條，得解聘之情形亦有九目，均係依「行爲之樣態」而編列，本無輕重之分，則高君主張，渠經不起訴處分，公司即不得再以第4款作爲解僱之理由，顯乏依據，況刑事責任之成立與否，與高君是否構成行政上責任，本無必然關係。

五十二、協調會無拘束力

【勞動契約、退休、資遣、調解、協調】

美商○○銀行與行員段○○終止僱傭契約（適用勞動基準法之前），銀行同意給資遣費227萬元，並與段君向銀行之房屋貸款抵銷。段君向勞工局申請調解，請求以退休方式發給資遣費，應再補發差額68萬元。勞工局兩次調解未成，嗣勞工局再召開協調會，協調結論記載：「鑑於段君在職期間貢獻辛勞，改以退休名義終止勞動契約，請公司按勞動基準法第55條規定核算退休金，扣除已領金額，給付差額。請銀行於○月○日答覆勞方並副知本局。」銀行並未答應以退休金方式補發差額，段君提起訴訟，臺北地方法院87年度勞訴字第40號民事判決段君敗訴，段君上訴後，臺灣高等法院88年度勞上易字第9號民事判決上訴駁回，判決理由略以：本件之爭點爲兩造有無於勞工局召開之協調會達成按勞動基準法計付退休金之協議。按解釋意思表示，應探求當事人之眞意，不得拘泥於所用辭句，民法第98條【18】定有明文，至其眞意何在，應以過去事實及其他一切證據資料爲斷定之標準，最高法院19年上字第453號著有判例可資參照。經查勞工局爲勞資爭議二次調解未能達成調解方案而調解不成立，嗣勞工局依段君之聲請再以協處方式召開協調會，協調會並非現行法定程序，並無拘束力，勞工局之協議結論建議改以退休名義終止而已，尚難認爲兩造已達成以給付退休金爲終止僱傭契約之條件。

五十三、雖經不起訴處分，仍得解僱

【勞動契約、科刑】

指○客運公司駕駛員連○○等人因被公司查獲其等所領用票箱上之鉚釘均經擅自改爲螺絲釘，違反公司頒行「行車人員安全服務獎懲實施要點」及勞動基準法第12條第4款規定予以解僱，並以涉犯竊盜罪嫌向法院提出告訴。士林地檢署以86年偵字第10677號不起訴處分確定。連君等人訴請確認雙方僱傭關係存在，士林地方法院86年度勞訴字第13號民事判決連君等敗訴，連君等上訴後，臺灣高等法院88年度勞上字第29號民事判決除連君等被解僱前（86年9月1日至86年9月17日）該期間之工資應予給付外，其餘上訴駁回，判決理由略以：不起訴處分書僅認尚無證據足以證明連君等有竊取或侵占票箱內錢幣行爲，並未明確指陳票箱改造非連君等人所爲。況縱不符上揭獎懲要點第6項13點之「涉嫌舞弊經查屬實之規定」，但仍符同項2點之「收銀箱上推捍護罩上有不正當之刮痕或鬆動脫者」之要件，是其尚不足遽爲有利於連君等人之認定。連君等人既有將收銀箱上鉚釘變造螺絲釘之行爲，公司據此予以解僱，終止雙方勞動契約，尚非無據。

五十四、檢察官不起訴處分書無拘束民事訴訟效力

【勞動契約、科刑】

漢○公司勞工李○○，自86年5月2日起至87年12月31日連續與公司訂立三次定期性僱用契約，公司以業務緊縮爲由遣退李君。李君以該項契約爲不定期契約，應發給資遣費並依公司專案裁減人員要點發給裁減加給及績效獎金合計27萬多元。公司則以李君所訂契約爲「定期約聘人員（特定性）僱用契約」，依本公司定期約聘僱人員管理要點及定期約聘僱人員工作規則，不得提出上開主張。臺中地方法院89年度勞訴字第3號民事判決公司敗訴，上訴後，高等法院臺中分院90年度上易字第3號（90年5月8日）民事判決上訴駁回，判決理由略以：按勞動契約分爲定期契約及不定期契約，勞動基準法第9條定有明文，又按特定性工作，係指可在特定期間完成之非繼續性工作，勞動基準法施行細則第6條訂有明文。李君之工作應非可在特定期間內完成，屬於非特定性工作，且公司並無於雙方訂立之定期約聘人員（特定性）僱用契約載明工作內容係特定性工作，公司於簽約時亦未告訴李君工作內容係針對○○○飛機，故無

法僅從雙方訂立之「定期約聘人員（特定性）僱用契約」之名稱上有特定性三字，逕認雙方就工作內容爲特定性一事已達成合意。因此李君工作並非特定性工作，自有勞動基準法第9條第2項之適用。雖雙方訂立三次定期契約，惟前後勞動契約之工作期間均超過九十日，且前後契約三次均無間斷，依勞動基準法第9條第2項之規定，視爲不定期契約。另公司以高等法院臺中分院檢察署88年度議法字第464號處分書中認定雙方之契約係屬定期契約爲據。然按檢察官不起訴處分，無拘束民事訴訟之效力，又刑事判決所爲事實之認定，於獨立民事訴訟之裁判時，本不受其拘束，臺中地方法院斟酌全辯論意旨及調查證據之結果，依自由心證，與刑事判決相異之認定，不得謂爲違法（最高法院41年度台上字第1307號判例參照）。

五十五、訴願決定書與民事裁判

【勞動契約、性別歧視】

香○公司係國際貿易業，自87年3月1日適用勞動基準法，85年5月29日勞工王○○於產假期間被解僱，王君向台北市政府申訴，市政府就業歧視評議委員會評議結果認爲，公司因未能舉出具體事證以證明必須解僱王君的理由，公司有性別歧視，違反就業服務法第5條而裁處罰鍰。公司雖提出訴願，亦經行政院勞工委員會駁回。王君訴請補發薪資及不休假獎金，臺北地方法院86年度勞訴字第31號民事判決，依雙方約定，公司應給付王君終止契約前一個月預告工資及85年1至6月不休假獎金，合計8萬7,665元。王君提出上訴，請求公司應再給付51萬多元。臺灣高等法院87年度勞上易字第1號民事判決上訴及擴張之訴均駁回。判決理由略以：公司於76年8月21日致王君之僱用函中有「任何一方當事人均得於一個月前以書面通知對方，終止僱傭關係」，另註明「樂見台端在副本上簽名回覆，表示同意上述契約條件」。堪信雙方已成立未定期限之僱傭契約屬實。依契約所成立及終止之日期，均尚未適用勞動基準法，則雙方是項終止僱傭契約之約定，即難認有違反勞動基準法。就業服務法第5條固規定：「爲保護國民就業機會平等，雇主對求職人或所僱用員工，不得以種族、性別爲由，予以歧視……」公司辯稱有關雙方間是項終止僱傭契約之約定，公司其他職員間之契約亦均有此相同之約定，絕非爲女性職員所特設，並無性別上之限制，自難認該項約定有違反就業服務法第5條之禁止規定。本案公司未能舉證證明其解僱王君之原因，故勞委會認定公司有就業性別歧視行爲。惟基於雙方所成立之僱傭契約之約定，公司得隨時終止系爭僱傭契約，並無須具備任何理由，故尚難僅憑公司未能舉證證明其解僱王君之理由，即認定有就業性別歧視行爲。況在本件民事訴訟程序中，依舉證責任分配原則，係應由王君就其所主張公司有「性別歧視」行爲之事實負舉證責任。從而王君所提出之台北市政府勞工局之行政處分及行政院勞委會之訴願決定書，尚難據爲有利於王君之認定。

五十六、投保勞工保險不一定即為僱傭關係

【勞動契約、承攬關係、職業災害】

勞工江○○受僱於林○○，工作時受傷，林君訴請原○營造公司發給工資補償，江君主張其係受僱於原○公司，林○○爲原○公司工頭，原○公司否認並抗辯以：林○○爲承攬其工程之次承攬人，提出有證書、協議書、合約書，工程承攬單等件爲證。臺北地方法院89年度勞訴字第34號判決江君敗訴，上訴後，臺灣高等法院90年度勞上易字第16號判決上訴駁回，判決理由略以：查林君既非受僱於原○公司，而爲承攬原○公司工程之次承攬人，則林君爲完成所承攬之工程而招募之工人，與原○公司間自無僱傭關係存在甚明，不因江君借用原○公司名義爲投保單位加入勞工保險，即遽爾推論雙方間有僱傭關係存在，雙方間既無僱傭關係存在，從而，江君依勞動基準法第59條第2項規定，請求原○公司給付醫療中不能工作之工資補償57萬6,360元，即無理由，應予駁回。原審判決江君敗訴，核無不合。上訴論旨，指摘原判決不當，聲明廢棄改判，爲無理由，應予駁回上訴。本件上訴爲無理由，依民事訴訟法第449條第1項[19]、第78條[20]，判決如主文。

五十七、承攬著重勞務完成及工作具獨立性

【勞動契約、承攬關係、退休金】

朝○公司勞工李○○擔任縫紉按件計酬工作，訴請給付退休金事件，公司答辯以其與李君係承攬關係，士林地方法院88年度勞訴字第3號判決李君勝訴，公司上訴後臺灣高等法院90年度勞上易字第23號判決上訴駁回，判決理由略以：李君每日上、下班均打卡記錄，請假猶須向主管報備核示，領有全勤獎金、伙食費，亦曾領取旅遊津貼，足證李君勞務之提供係受公司之指揮監督，李君顯非爲自己之營業而勞動，而是從屬於雇主即朝○公司，爲雇主之目的而

勞動。核與承攬關係著重者爲勞務之完成、工作具有獨立性質不同。公司雖抗辯李君係借用公司之場地完成承攬工作，論件計酬云云，倘公司只需在意李君完成多少成品，公司顯無要求李君上、下班打卡，考核其勤惰，發給全勤獎金之必要，甚至亦無須給付伙食費、旅遊津貼等。公司亦曾要求李君加班，否則以曠職論，益證雙方有從屬地位之僱傭關係至爲明確。

公司另以李君之勞保、健保均非在朝○公司投保，據以否認雙方間之僱傭關係。然是否有僱傭關係，應以李君是否受公司僱用從事工作，且獲致工資而定，縱公司未爲李君投保，僅屬公司違反行政法令及基於公司間僱傭關係所生之附隨義務，不得以其未爲李君投保而否定雙方之僱傭關係。

五十八、犯罪事實應依證據認定

【勞動契約、罰則】

全○公司負責人曾○○因未發給勞工鄧○○資遣費，鄧君提出告訴，起訴後，板橋地方法院90年易字第916號判決無罪，檢察官不服，提起上訴，臺灣高等法院90年易字第2766號判決上訴駁回，判決理由略以：按犯罪事實應依證據認定之，無證據不得推斷其犯罪事實，又不能證明被告犯罪或其行爲不罰者，應諭知無罪之判決，刑事訴訟法第154條、第301條第1項分別定有明文。次按認定不利於被告之事實，須依積極證據，苟積極之證據本身有瑕疵而不足爲不利於被告事實之認定，即應爲有利於被告事實之認定，更不必有何有利之證據，而此用於證明犯罪事實之證據，猶須於通常一般人均不至於有所懷疑，堪予確信其已臻眞實者，始得據以爲有罪之認定，倘其證明尚未達到此一程度，而有合理性之懷疑存在，致使無從有罪之確信時，即應爲無罪之判決，此有最高法院82年度台上字第163號判決、76年度台上字第4986號、30年度上字第816號等判例意旨可參照。末按告訴人之告訴，係以使被告受刑事訴追爲目的，是其陳述是否與事實相符，仍應調查其他證據以資審認，亦據最高法院52年度台上字第1300號判例闡釋甚明。鄧君因自動離職而與公司終止勞動契約，公司並未片面終止與鄧君勞動契約，而鄧君復未依勞動基準法第14條第1項終止勞動契約，核與勞動基準法第17條應給付資遣費之規定即屬有間，自不生應發給資遣費情事，公司未給付鄧君資遣費，未違反勞動基準法第17條規定，自難論以同法第78條、第81條第1項前段之罪。

五十九、調職必須衡量勞資雙方利益

【勞動契約、調動】

高雄太○百貨公司以銷售員薛○○業績未達目標將其調往麻豆鎮擔任公司製造部包裝員，薛君不接受，隨即請假並請高雄市政府勞工局調解，公司予以解僱，薛君訴請確認僱傭關係存在，臺南地方法院89年度勞訴字第41號民事判決公司敗訴，判決理由略以：內政部74年9月5日台內勞字第328433號函釋的「調動五原則」以：如雇主確有調動勞工工作必要，應依下列原則辦理：1. 基於企業經營上所必須；2. 不得違反勞動契約；3. 對勞工薪資及其他勞動條件未作不利之變更；4. 調動後工作與原有工作性質爲其體能及技術所可勝任；5. 調動地點過遠，雇主應予必要之協助。實則，五原則可歸納爲兩原則，即1. 基於企業經營上所必須原則；2. 不得違反勞動契約原則。判斷調職是否合法、正當時，應比較衡量調職所牽動之資方利益（經營必要性）及勞方利益（薪資及其他勞動條件未作不利變更）；至於其餘三原則應解讀爲係第二原則之例示性、補充性說明。且調職五原則並不排除視個案情形而增添判斷要素，靈活彈性地調整或增加判斷要素，以符合個案現實。公司將薛君由住居之高雄市調往麻豆鎮，從事與原銷售職務迥異之包裝員職務，縱公司承諾補償因通勤之交通費用，然公司所辯薛君業績不佳致公司營運呈現虧損狀態一節，並未提出事證以實其說，自難遽信爲實，是以前開調職原則揭示之衡量公司之經營必要性以及薛君所遭受之不利益綜合研判，本件薛君因該調職所生之不利益已達到社會一般通念上難以忍受之程度，公司所爲調職，尙難謂爲正當。

六十、雇主行使解僱權應依社會通念

【終止契約、重大侮辱】

香○公司勞工黃○○，因請款時認爲會計副理崔○○故意刁難，因而出言「你以爲你是老闆娘嗎？他媽的」，公司以黃君對公司主管有重大侮辱等由，予以解僱。黃君訴請確認僱傭關係存在，臺北地方法院90年度勞訴字第3號判決黃君勝訴，公司上訴後，臺灣高等法院90年度勞上易字第35號判決上訴駁回。判決理由略以：按勞動契約係私法契約之一種，然由於勞工恆處於經濟弱勢之地位，在法律制度上乃基於社會性考量，使勞動契約之終止，在民法債編規定適用外，另受公法即勞動基準法之監督。亦即勞動基準法乃爲保護勞工權益，加強勞僱關係，促進社會與經濟發展所制定，此爲勞動法規之基本原則，解釋與適用勞動法規，自不得背離上開基本原則。而勞動基準法第12條係有關雇主懲戒解僱權之規定，即勞工有法條所列舉之事由時，雇主得不經預告，單方終止勞動契約，然爲保障勞動契約之合理性，保障勞工之權益，僱用人行使該條解僱權，應依社會通念行之，不得恣意擴張其解僱權限。黃君以「你以爲你是老闆娘嗎？他媽的」辱罵崔君，固使崔君當場難堪，然觀之本件衝突起因及相關情狀，黃君之辱罵語句，係攻擊指控崔君不服從總經理指示之意，雖有不當，應予以非難，然依社會通念，尙難認有公司所稱係暗示崔君與總經理有曖昧關係之意，是黃君此辱罵行爲，僅係單純偶發，客觀上尙難認有達重大之程度，從而公司逕行對黃君爲解僱行爲，應屬無效。

六十一、提出不同意見難謂不能勝任工作

【終止契約、勝任工作】

唯○公司以勞工楊○○不能勝任工作予以資遣，楊君受訖資遣費後，訴請勞僱關係存在，新竹地方法院90年度勞訴字第1號判決公司敗訴，上訴後，臺灣高等法院90年度勞上字第37號判決上訴駁回，判決理由略以：按非有勞工對於所擔任之工作確不能勝任時，雇主不得預告勞工終止勞動契約，勞動基準法第11條第5款定有明文，所謂「不能勝任工作」，係指勞工在客觀之上學識、品行、能力、身心狀況不能工作者，及勞工主觀上「能爲而不爲」「可以做而無意願做」，違反勞工應忠誠履行勞動給付之義務者，此由勞基法之本旨在於「保障勞工權益、加強勞僱關係，促進社會與經濟發展」觀之，爲當然之解釋（最高法院86年度台上字第82號判決同此見解），即本款所規範之事由應在於勞工本身客觀上之學識、品行、能力、身心狀況能否勝任工作，或主觀上有無違反忠誠履行勞動給付爲判斷。勞動業務之推行與運作，實有賴勞於雙方良性溝通與協調，勞工雖有忠誠履行勞動契約之義務，然對於工作之內容，並非不得提出與雇主不同的意見或見解，雇主亦不得僅因勞工提出之意見與其不同，即認勞工不能勝任工作，並據此終止勞動契約。本件楊君對於部分業務，與公司之見解不同，惟尙與勞工對於所擔任之工作確不能勝任之要件有關，從而公司依據勞動基準法第11條第5款事由終止勞動契約，即屬無據。公司預告終止勞動契約，即不合法。至楊君受領資遣費是否不當，乃另一法律問題，終止契約行爲不因此有效。

六十二、不能勝任工作解僱有效

【終止契約、外國人】

○○公司市場部副理王○，因不服總經理之指示、未經公司許可擅自向客戶報價、工作時間睡覺、不守紀律，屢經勸導未改善，公司予以解僱，王君訴請確認僱傭關係存在，新竹地方法院89年度勞訴字第7號民事判決王君敗訴，上訴後，臺灣高等法院89年度勞上字第31號判決上訴駁回，判決理由略以：按法律行爲發生債之關係者，其成立要件及效力，依當事人意思定其應適用之法律。涉外民事法律適用法第6條第1項定有明文。本件王君雖爲外國人，惟雙方均同意適用中華民國法律爲本件準據法，此觀王君提出之聘僱契約書至明，本件自應適用中華民國法律，合先敘明。王君抗辯稱其工作績效良好，端午節尚有端午節獎金2萬5,000元。然縱如有上揭獎金，亦不得推翻前開不服指揮監督、無工作紀律之情事。王君前揭行爲，雖均爲事小，惟王君擔任市場部副理，擔任規劃企業產品行銷、公關等，工作成果固然重要，對於工作之認眞、積極、主動、團隊精神之工作態度，亦屬重要。依王君之學識、能力、身心狀況，均屬可以輕易完成工作目標，詎王君就主觀上能爲之事，竟未能配合公司之作業，猶不服公司主管之指揮監督，王君之特異獨行，不僅違反勞工忠誠履行勞務給付義務，甚且影響公司形象，公司主張王君不能勝任工作，應可採信。王君抗辯稱其縱有公司所指陳情事，亦罪不及解僱云云，不足爲採。

六十三、解僱之最後手段性

【終止契約、工作規則】

台○公司勞工余○○，因公司辦理按月舉行之業務測驗時，委託已離職之同事代考，公司認爲余君罹法蹈典，其品德自不適合續任公司可得接觸五百餘萬客戶私密資料之職務，余君違背誠信、詐欺及洩漏業務秘密之虞等情狀，應屬違反勞動契約、工作規則情節重大，予以解僱。余君訴請公司發給年終獎金16萬元、預告工資2萬1,333元、資遣費6萬4,000元、精神慰藉金50萬元。臺北地方法院90年度勞訴字第44號民事判決余君敗訴。判決理由略以：解僱應爲雇主終極、無法避免，不得已之手段，即「解僱之最後手段性」；再按勞工有違反勞動契約或工作規則，情節重大者，雇主得不經預告終止契約，雇主依此終止契約者，應自知悉其情形之日起，三十日內爲之，勞基法第12條第1項第4

款、第2項分別定有明文。其之所謂「情節重大」，固爲不確定之法律概念，惟參照勞動基準法相關規定，應指因該事由導致勞動關係進行受到干擾，而有賦予雇主爲維持其企業秩序，立即終結勞動關係權利之必要，並且亦無法期待雇主於解僱後給付資遣費爲限。余君之行爲，顯使雙方勞動關係之進行受到干擾，並已破壞雙方間之信賴關係，公司自有維持其企業秩序終止雙方間契約之必要。勞工違反勞動契約，情節重大者，雇主得不經預告終止契約，公司依工作規則及勞動基準法第12條第1項第4款規定，終止余君之勞動契約，自係合法。

六十四、人力派遣制度未違公序良俗

【勞動契約、勞動派遣】

台○公司員工游○○等人訴請確認僱傭關係存在事件，有關人力派遣之適法性，臺中地方法院93年度重勞訴字第3號判決指出：世界各國爲降低人事成本，以增加企業競爭力，均逐漸認同勞動派遣制度，雖採行派遣制度將損及勞工權益，然如未能在契約自由原則及保障勞工權益間取得一個平衡點，適度同意企業主依勞動派遣契約之方式，解決部分人事成本，無異殺雞取卵，畢竟勞資雙方乃共存共榮之關係，如不允許資方採行勞動派遣之方式降低人事成本，亦將減少資方在國際市場上之競爭力，資方一旦不存在，則空有勞動法規卻未能實際提供勞工朋友工作機會，亦無法落實保障勞工之目的。勞動派遣制度，在「勞動派遣期間」及「派遣業務範圍」等二大要件限制下，對於季節性、臨時性、短暫性之工作所需人力，得委由派遣機構提供派遣勞工支援部分人力之需求，既無契約自由原則之濫用，亦無背於公序良俗或與憲法保護勞工之精神相牴觸（按：108年5、6月勞動基準法已增訂勞動派遣條文）。

六十五、特定性工作不以是否為主要經濟活動為據

【勞動契約】

台○公司勞工林○○等人特定性工作報請高雄市政府核備案，台○公司不服行政院勞工委員會91年5月28日勞訴字第08651號訴願決定提起行政訴訟，高雄高等行政法院91年度訴字第616號判決以：訴願決定及原處分均撤銷，高雄市政府對台○公司報請核備之該公司與林○○等人簽訂爲期3年之定期僱傭契約，作成准予核備之處分。判決理由略以：依勞動基準法施行細則第6條第4款

之規定，特定性工作係指可在特定期間完成之非繼續性工作，可知判斷是否爲特定性工作，應由勞工所從事之工作內容來認定，而非雇主是否以之爲主要經濟活動爲據（參最高法院87年台上字第2578號判決）。

中○公司員工高○○訴請確認僱傭關係存在事件，臺灣高等法院93年度勞上易字第58號判決高○○敗訴，判決理由略以：按判斷是否爲特定性工作，應由勞工所從事之工作內容來認定，而非雇主是否以之爲主要經濟活動爲據，如認勞工所從事者爲所營事業之主要經濟活動時，即具有繼續性者，將使勞動基準法所稱特定性工作之規定，形同具文。公司之停車場承攬期限屆至，高○○所從事之停車場管理員職務即已無工作標的，對公司而言，即屬不需要之勞工，高○○所從事之停車場管理員工作應爲特定性工作，即堪認定，而得爲勞動基準法第9條第1項之定期契約。

六十六、飛行駕駛屬繼續性工作

【勞動契約】

復○航空公司員工甲○○請求損害賠償等事件，甲○○不服95年10月11日臺灣高等法院95年度勞上字第41號提起上訴，有關飛行駕駛是否屬繼續性工作部分，最高法院96年度台上字第1396號民事判決上訴駁回，判決理由略以：所謂特定性工作，依勞動基準法施行細則第6條第4款規定係指可在特定期間完成之非繼續性工作。查甲○○之工作爲飛行駕駛，屬繼續性工作，尙不能僅因系爭勞動契約訂有最低服務年限，而變更其性質爲特定性定期契約。則甲○○抗辯其依勞動基準法第15條規定得於3年期限屆滿後自由終止契約，不生違約金問題，尙乏依據。

六十七、委任契約非勞動基準法所稱勞工

【勞動契約、工作規則】

國○慈善基金會員工甲○○請求確認僱傭關係存在暨損害賠償事件，甲○○不服臺灣高等法院94年度重勞上字第20號判決提起上訴，最高法院96年度台上字第1352號判決上訴駁回，判決理由略以：查國○慈善基金會董事長聘甲○○擔任三軍托兒所所長，係以委任關係爲其處理事務爲目的，屬委任契約非僱傭契約。甲○○即非勞動基準法所稱勞工，其與國○慈善基金會之權利義務，自應依雙方之委任關係決定之，雙方間既係委任關係，國○慈善基金會本

得隨時終止雙方間之委任契約。惟因雙方有系爭工作規則之約定，而國○慈善基金會之終止契約並未逾工作規則約定，係屬合法。從而雙方間之委任契約既已終止，甲○○請求確認僱傭關係存在及請求報酬爲無理由。

六十八、逾時未報到不同於曠職

【勞動契約、工時】

台○公司員工甲○○請求確認僱傭關係存在事件，雙方不服臺灣高等法院高雄分院94年度勞上字第9號判決各提起上訴，最高法院96年度台上字第1343號判決發回臺灣高等法院高雄分院，有關是否爲曠職部分，判決理由略以：查「逾時未報到」與「曠職」有別，亦即逾時未往新職報到者，非當然爲曠職，甲○○被公司調職後，仍在原服務單位提供勞務，而相關業務主管均無異議接受其勞務，能否謂公司未受領其勞務給付？原審徒以甲○○拒絕辦理交接，公司又無法強制其移交，即謂公司未同意受領甲○○之勞務給付，甲○○未至新職報到，即屬連續曠工，而不利甲○○之判決，殊嫌速斷。

六十九、勞工係在從屬關係下提供勞務

【勞動契約】

安○人壽保險公司員工甲○○訴請給付薪資事件，甲○○不服臺北地方法院92年度勞訴字第155號判決提起上訴，臺灣高等法院94年度重勞上字第9號判決上訴駁回，有關是否勞動契約部分，判決理由略以：按勞動基準法第2條第1款所稱之「勞工」，係指受雇主僱用從事工作獲致工資者。又25年12月25日公布但未施行之勞動契約法第1條：「稱勞動契約者，謂當事人之一方，對於他方在從屬關係提供其職業上之勞動力，而他方給付報酬之契約」，故勞工在從屬關係下爲雇主提供勞務，此一從屬性乃勞動契約之特徵，依勞動法界歷來之見解，所謂從屬性可分爲人格上之從屬及經濟上之從屬，前者指勞工提供勞務之義務履行係受雇主之指示，雇主決定勞工勞務義務之給付地點、時間及給付量、勞動過程等，勞工對於自己之作息時間不能自行支配。且在勞工有礙企業秩序及運作時得施以懲罰，即勞工須服從工作規則。後者係指勞工完全納入雇主之經濟組織與生產結構中，其勞動力須依賴雇主之生產資料始能進行勞動，對雇主有經濟上之依賴性。至判斷之依據應以勞務實際給付情形爲斷，而非以其契約名稱著眼。

七十、僱傭關係有無之判定標準

【勞動契約】

元○公司員工甲○○請求職業災害補償事件，甲○○不服臺灣高等法院臺中分院95年度勞上字第8號判決提起上訴，最高法院96年度台上字第428號判決發回臺灣高等法院臺中分院。有關僱傭關係部分，判決理由略以：按僱傭關係有無之判定標準，應以「人格之從屬」、「勞務之從屬」、「勞務之對價」及其他法令之規定以決定之，有行政院勞工委員會函可參考。霧○高爾夫球場桿弟管理規則所定：公司對於桿弟有任免權，且以「服勤守則」規範桿弟服裝、儀容、配備及等班、當班、工作事項，暨桿弟應接受上級主管之指揮監督、不得向球員索取小費；而其「考核內容」則包括升級、降級、開除、扣點，並及於福利、教育訓練、離職之核可、競業禁止等。若僱傭關係僅存在桿弟與擊球者之間，何以元○公司對於桿弟有任免權、考核權、指揮監督權？而擊球者卻無上開權限？又不能直接給付桿弟報酬？原審徒以桿弟上下班無須打卡、脫班無扣款（按不行使與不能行使指揮監督權、考核任免權，其法律效果應屬不同）、契約自由等由，遽認雙方間無僱傭關係存在，而為不利甲○○之判決。上訴意旨，指摘原判決不當，求予廢棄，非無理由。

七十一、得自由裁量者為委任關係

【勞動契約】

財團法人○○中心員工甲○○訴請給付退休金事件，○○中心不服臺北地方法院95年度勞訴字第159號判決提起上訴，臺灣高等法院96年度勞上字第11號判決以原判決廢棄，判決理由略以：查依○○中心制定之人事管理作業要點貳，甲○○擔任執行長之職務，乃經董事會同意後聘用，且其職務係承董事長之命，綜理○○中心之業務，並指揮所屬員工，對於○○中心員工之聘用、解僱，除組長、主任應報請董事長核定外，其餘一般人員均由甲○○核定。足見甲○○基於授權，對於○○中心員工之任用，皆得於其授權範圍內自行定奪，毋須其他人員之指示或同意。雙方間之勞務供給，著重甲○○在○○中心所授權限範圍內，自行裁量決定處理一定事務之方法，以完成委任之目的，與所謂僱傭，指受僱人為僱用人服勞務之契約而言，目的在於受僱人單純提供勞務，對於服勞務之方法通常無何自由裁量餘地者迥異，應屬委任關係。

七十二、所謂因被脅迫而為意思表示

【勞動契約】

博○公司員工甲○○請求資遣費事件，甲○○不服臺灣高等法院94年度勞上字第9號決提起上訴，最高法院95年度台上字第2948號判決甲○○敗訴。有關駁回資遣費部分判決略以：按民法第92條第1項前段規定，因被詐欺或被脅迫而爲意思表示者，表意人得撤銷其意思表示。所謂因被脅迫而爲意思表示，係指因相對人或第三人以不法違害之言語或舉動加諸表意人，使其心生恐怖，致爲意思表示而言，當事人主張其意思表示係因被詐欺或被脅迫而爲之者，應就被詐欺或被脅迫之事實，負舉證之責任（本院21年上字第2012號判例參照）。查甲○○主張意思表示不自由之原因，係來自博○公司威權管理體制云云，惟所謂「威權管理體制」，客觀上顯難與「因相對人或第三人以不法違害之言語或舉動加諸表意人，使其心生恐怖」之情狀同視。甲○○既謂其受有威權管理體制脅迫，惟並未舉證以實其脅迫情狀，自屬無據。

七十三、未依限復職解僱有效

【勞動契約】

太○公司員工甲君於95年8月29日於會議中怒摔雷射筆，掀翻、損壞投影機之不當行爲，於同日依工作規則規定解僱甲君，該解僱行爲因太○公司未依工作規則規定，踐行必要之獎懲程序，經法院判決確定不生解僱效力。太○公司嗣於98年11月17日，就甲君前開行爲變更處分二大過、二小過並解除其課長職務以代原解僱處分，並自原處分作成日即95年9月1日生效。太○公司於98年11月18日將該變更後處分函知甲君並通知其於同年12月7日辦理復職報到，甲君迄同年月9日下班時仍未前往辦理復職，太○公司乃於同年月10日以上訴人連續曠工三日，依勞基法第12條第1項第6款規定終止兩造間之勞動契約，並通知甲君。甲君不服臺灣高等法院98年度勞上更（一）字第9號更審民事判決提起上訴，最高法院99年度台上字第1480號民事判決上訴駁回。

七十四、單方終止權之發動不同於協商合意終止

【勞動契約】

勤○事務所員工甲君請求確認僱傭關係存在等事件，甲君不服臺灣高等

法院96年度重勞上字第18號判決提起上訴，最高法院98年度台上字第1088號民事判決：原判決廢棄，發回臺灣高等法院。判決理由略以：原審廢棄第一審所爲甲君勝訴之判決，改判駁回其訴，無非以：系爭終止函已明確表示：「……本事務所爰依勞動基準法第11條第5款及本事務所工作規則第6-13條『勞工對於所擔任之工作確不能勝任』之規定對台端爲資遣之意思表示，雙方之聘用契約，並自95年1月1日起終止，本事務所依勞動基準法第16、17條及勞工退休金條例第12條之規定發給預告期間之薪資及資遣費。二、並函告台端之資遣生效日期爲95年1月1日，最後工作日爲94年12月30日止，請台端於94年12月30日前向本事務所人才資本組辦妥離職相關事宜。」足見勤○事務所係依勞基法第11條第5款規定爲單方終止權之發動，片面終止系爭勞動契約資遣甲君，而非與甲君協議終止，不因甲君於收受該函後，請求更改最後工作日及資遣費並提供相關文件，而有不同，難據此認甲君係與勤○事務所協商合意終止系爭勞動契約。

七十五、有部分從屬性從寬視為勞雇關係

【勞動契約】

旭○公司員工甲○○訴請給付資遣費等事件，公司不服臺灣高等法院94年度重勞上字第24號判決提起上訴，最高法院96年度台上字第160號判決上訴駁回，有關僱傭關係部分，臺灣高等法院判決略以：甲○○於公司擔任技術副總經理並兼任董事。按公司之員工與公司間屬僱傭關係或委任關係，應以契約之實質關係爲判斷。勞動契約之特徵在於從屬性，當事人間成立以供給勞務爲內容之契約，縱兼有委任之性質，惟既有部分從屬性存在，基於保護勞工之立場，仍應從寬認定係屬勞動基準法所規範之勞僱關係。公司章程第23條雖規定：「本公司得設總經理一人，經理若干人，總經理之委任及解任須有董事過半數同意行之。經理之委任及解任，由總經理提請後，經董事過半數同意辦理。」惟其內容係著重在委任之程序，雙方間之實質法律關係，仍應依其契約以爲判斷，尚難以前開章程之規定概認係屬委任關係。至甲○○於公司擔任技術副總經理期間並兼任董事，尚不足以作爲認定雙方間屬委任關係而非僱傭關係。

七十六、懲戒及解僱應符相當性原則

【勞動契約】

台○公司駕駛甲○○請求確認僱傭關係存在等事件，台○公司不服臺灣高等法院95年度勞上字第19號判決提起上訴，最高法院96年度台上字第442號裁定上訴駁回，理由略以：本件甲○○駕駛大客車固有到站時間較短、車輛行車紀錄器數值行車公里不足等事實，台○公司本應請其解釋原因，然未予甲○○申辯之機會，且縱然調查結果仍認甲○○確有私自更改行車路線，核其情節，因屬同一次發現之事實，前未曾因類此事由經公司為懲戒，亦應予以記大過之處分，並令其知所警惕，蓋其情節對雙方勞動關係尚非受嚴重干擾，難期繼續而有立即終結之必要程度。乃公司竟於該日調閱行車紀錄器，以上開事由連發三函，對甲○○各記大過一次，合計記大過三次處分，並於翌日解僱，所為懲戒及解僱之行為不符懲戒處分相當性原則，自有違背勞動基準法第12條之規定，不生終止契約之效力。

七十七、調動涉及勞動契約內容更動不得強令勞工配合

【勞動契約】

亞○公司員工甲○○訴請給付資遣費事件，亞○公司不服臺北地方法院95年度勞訴字第34號判決提起上訴，有關調動部分，臺灣高等法院96年度勞上易字第21號判決略以：查亞○公司雖以甲○○拒絕北上支援，並散布亞○公司即將倒閉等不實謠言為由，辯稱公司終止勞動契約符合勞動基準法第12條規定云云。惟查：亞○公司為業務需要，固得請求甲○○調動服務地點，然因調動涉及勞動契約內容之更動，仍應由勞僱雙方協商決定，若勞工基於其他因素不願調動，並已適當表明，則在該因素經兩方協商解決前，即便公司提供豐富之調動補助，亦不得僅以公司提供補助為由強令勞方有配合調動之義務。又甲○○曾說公司要倒閉等語，然公司之台中辦事處已結束營業，甲○○容有誇大情事，亦不得逕謂甲○○散布不實謠言，況公司同仁對公司之經營情況，應有相當之認識，當不致因甲○○之上述說法而受影響。是公司以甲○○散布公司即將倒閉謠言，違反人事規則情節重大云云，亦非有據。

七十八、雇主違反勞動契約勞工得不經預告終止勞動契約

【勞動契約、無薪假工資】

貴○公司員工甲君等人請求給付資遣費事件，貴○公司不服臺灣高等法院99年度勞上字第3號民事判決提起上訴，最高法院99年度台上字第1836號裁定上訴駁回，裁定理由略以：貴○公司就97年薪資既未按兩造勞動契約約定時間發給，且未經甲君等人同意，實施無薪假，自行扣減無薪假薪資，甲君等人被上訴人未於無薪假當日出勤，係貴○公司拒絕受領，自無補服勞務之義務，貴○公司仍應依約補足片面扣減工資，上訴人既未予補足，其有未依勞動契約給付被上訴人工作報酬自明，被上訴人先後於98年1月23日及2月18日不經預告向上訴人終止兩造勞動契約，為屬合法，上訴人嗣後再向被上訴人終止契約，不生其效力。從而，被上訴人依兩造勞動契約關係、勞動基準法第14條第4項、第17條及勞工退休金條例第12條第1項等規定，依序請求上訴人給付積欠工資、無薪假薪資及資遣費即屬正當。

七十九、不能勝任工作解僱合法

【勞動契約、工作規則】

台○銀行員工甲○○請求確認僱傭關係存在事件，甲○○不服臺灣高等法院臺中分院95年度重勞上字第6號判決提起上訴，最高法院95年度台上字第2876號裁定上訴駁回，理由略以：甲○○私下與客戶間有金錢往來，非但違反工作規則，且甲○○自93年間起，屢次因考績問題無法控制個人情緒，而接連在工作場所叫囂、喧鬧、辱罵主管及向親友客戶抱怨等不當舉止，顯然違背公司以客戶為導向之經營理念，影響或貶損同事暨客戶之工作及交易環境，而怠忽其職責。經公司獎懲委員會考核結果，認其已不能勝任工作，公司本得不經預告終止僱傭契約，因體恤甲○○已服務十多年，乃改按預告終止契約，並給資遣費，於法自無不合。

八十、所謂業務緊縮係指相當一段期間營運不佳

【勞動契約】

東○公司員工甲○○請求確認僱傭關係存在事件，公司不服臺灣高等法院93年度勞上字第30號判決提起上訴，最高法院96年度台上字第1921號判決發回

臺灣高等法院，有關業務緊縮部分判決略以：按雇主有虧損或業務緊縮時，得預告勞工終止勞動契約，此觀勞動基準法第11條第2款規定自明。所謂「業務緊縮」，係指雇主在相當一段期間營運不佳，生產量及銷售量均明顯減少，其整體業務應予縮小範圍而言。查公司因訂單減少而關閉一條生產線，公司關閉此一生產線是否不會造成業務因而緊縮，尚非無疑。乃原審未見及此，遽認公司單因訂單數量減少而關閉生產線，不足以證明模具之維修有業務緊縮等情，而為不利公司之論斷，亦嫌速斷。

八十一、有適當工作可供安置不得資遣員工

【勞動契約、實體同一性】

中○工程司員工王君請求確認僱傭關係存在等事件，中○工程司不服臺灣高等法院98年度重勞上更（一）字第1號更審判決提起上訴，最高法院100年度台上字第246號民事判決上訴駁回。判決理由略以：世○公司人事任用及財務薪資作業，全由中○工程司支配控制，絕無獨立自主權限。是世○公司在股東結構、人事及財務上，均由中○工程司全權掌控調配，實質上其法人之人格已形骸化而無自主權，中○工程司與世○公司間顯具有實體同一性。又中○工程司於96年5月1日將所屬員工轉移至世○公司時，文書組人員六人中僅有一人留任中○工程司處，其餘五人及另一人均全數轉移至世○公司，該公司復於同年5月另行聘僱勞工張君至文書組，中○工程司並不爭執，足認中○工程司非無適當工作可供安置王君。何況中○工程司轉投資設立世○公司前，已承諾保障所有員工任職中○工程司之薪資、年資及福利，中○工程司亦曾對所屬員工召開說明會，另依員工、中○工程司及世○公司三方勞資協議書草案，亦明文承諾保障員工移轉至世○公司之工作年資。而中○工程司員工轉至世○公司之人數為1,757人，比例高達95.8%，該公司乃處於完全接收中○工程司所屬員工選擇移轉之被動狀態，非屬主動挑選中○工程司所屬員工何人移轉至其公司工作。中○工程司於96年3月23日所為資遣既非合法，又未徵詢王君是否同意轉任世○公司，即於同年11月14日解僱王君，已侵犯勞工權益，中○工程司迄仍未能舉證證明世○公司無適當工作可供安置王君。中○工程司基於勞基法第11條第4款規定，終止系爭勞動契約，為不合法，兩造間僱傭關係自仍存在。

八十二、不得以虧損為由解僱盈餘部門之員工

【勞動契約】

二○醫院員工甲○○請求確認僱傭關係存在等事件，醫院不服臺灣高等法院高雄分院94年度勞上易字第14號判決提起上訴，最高法院96年度台上字第1935號判決上訴駁回，判決理由略以：按勞動基準法第11條第2款規定，虧損時雇主得僅片面終止勞動契約，係基於企業營運上之需求與勞工權益間所做之調和，企業是否虧損，雇主得否以此原因片面終止僱傭契約，當以企業整體之營運、經營能力爲準，而非以個別部門或是區分個別營業項目之經營狀態爲斷。受僱人所服務之個別部門若有盈餘，且受僱人並非該部門之多餘人力，企業全體之虧損即與該部門無涉，雇主自不得以企業虧損爲由解僱該盈餘部門之員工。甲○○服務之放射部門業務並未緊縮，且醫院解僱甲○○後，醫院以外包方式新增放射士二人，足見放射部門並無多餘人力，縱令醫院經營有虧損，亦與甲○○所屬之放射部門無涉。醫院以企業虧損爲由解僱甲○○與上開條款之規定不符，不生終止之效力，甲○○主張僱傭關係存，爲屬有據。

八十三、非勞動契約不受勞基法終止契約事由之限制

【勞動契約】

台○公司員工甲○○請求確認僱傭關係存在事件，甲○○不服臺灣高等法院94年度重勞上字第17號判決提起上訴，最高法院95年度台上字第1587號判決上訴駁回，判決理由略以：原審以雙方間勞務契約性質爲民法上委任契約，並非僱傭契約，亦非勞動基準法所稱勞務契約，不受勞動基準法第11條、第12條終止契約事由之限制。因甲○○未能按時出席開會，且招攬契約數額未達標準，復有多次違紀紀錄，公司自得依約終止委任契約，甲○○請求確認僱傭關係存在爲無理由等情，原審並無違法。

八十四、有使用從屬與指揮命令性質為勞動契約

【勞動契約】

台○公司副總經理甲○○請求確認僱傭關係存在等事件，公司不服臺灣高等法院93年度勞上字第18號判決提起上訴，最高法院95年度台上字第1492號判

決發回臺灣高等法院，判決理由略以：勞動基準法第2條第6款規定，約定勞雇間之契約為勞動契約。據此而言，凡是具有指揮命令及從屬關係者均屬之，是亦未以僱傭契約為限，故公司負責人對經理，就事務之處理，若具有使用從屬與指揮命令之性質，且經理實際參與生產業務，即屬於勞動契約之範疇，該經理與公司間即有勞動基準法之適用，反之則否。本件甲○○雖為公司之副總經理，然其與公司是否具有使用從屬與指揮命令之性質，且實際參與生產業務，而屬於勞動契約之範疇，原審未詳加調查，僅因甲○○上有總經理，且甲○○對其下屬無任免權，即謂公司與甲○○間有勞動契約，尚嫌速斷。

八十五、離職證明書應核實發給

【勞動契約】

博○公司員工甲○○等人請求給付資遣費事件，甲○○等人不服臺灣高等法院94年度勞上字第9號判決提起上訴，最高法院95年度台上字第2948號判決發回臺灣高等法院，有關離職證明書部分判決略以：甲○○於92年11月1日自公司離職生效後，公司開具離職證明書予甲○○，該證明書明載甲○○離職原因為：「業務性質變更，無適當工作可供安置」，其內容即符勞動基準法第11條第4款規定，本件係公司終止雙方間之勞動契約，即應依勞動基準法第17條規定給付資遣費。證人公司之經理陳○○、總經理張○○、財務經理孫○○，雖一致證明甲○○係自行離職等情，惟其等均為公司所僱用，與公司有利害關係，所為證言自易偏頗公司，殊難遽採。且離職證明書為公司所核發，倘甲○○係自行離職，公司自可依實際離職原因記載，殊無隱藏實際離職原因之必要。縱然公司係為配合甲○○領取失業給付而為不實記載等情屬實，惟此係以不實之表示，使甲○○方便領取失業給付，無異侵蝕失業給付而出具不實離職證明，即係主張自己行為之不法，難認有值得保護之必要性，應承擔不實記載之不利益，則公司抗辯甲○○自行離職云云，殊不足取。

八十六、所謂業務緊縮或虧損

【勞動契約】

中○公司員工甲○○請求確認僱傭關係存在等事件，公司不服臺灣高等法院93年度勞上字第51號判決提起上訴，最高法院95年度台上字第2716號判決上訴駁回，判決理由略以：按雇主有虧損或業務緊縮時，得預告勞工終止勞動契約，勞動基準法第11條第2款定有明文，所謂「業務緊縮」係指雇主有相當期間營運不佳，生產量及銷售量均明顯減少，其整體業務應予縮小範圍而言。至雇主所營事業，因生產方式之改變或營業方向調整，其局部單位工作減少、人力裁減，非屬「業務緊縮」，公司係以「公司財務會計電腦化完成，人力過剩」，業務自然減縮爲由終止勞動契約，並非因有相當期間營運不佳，生產量及銷售量均明顯減少，致其整體業務縮小範圍，核與上揭規定「業務緊縮」尙屬有間。

八十七、委任契約與勞動契約

【勞動契約、委任契約】

塑○公司董事兼業務經理甲○○請求損害賠償事件，甲○○不服臺灣高等法院93年度上字第639號判決提起上訴，最高法院96年度台上字第60號判決發回臺灣高等法院，判決理由略以：按勞動契約與委任契約固均約定以勞動力之提供作爲契約當事人給付之標的。惟勞動契約當事人之一方，對於他方在從屬關係下提供其職業上之勞動力，而他方給付報酬之契約，與委任契約之受任人處理委任事務時，並非基於從屬關係且可能無償者不同。兼任公司董事之經理人與公司間關係究爲委任關係或勞動關係或係委任與勞動之混合契約關係，非可一概而論，仍應視其是否基於人格上、經濟上及組織上從屬性而提供勞務及其受領報酬與勞務提供間之關聯綜合判斷。且兼任公司董事之經理人有無受公司指揮監督與有無代表公司權限爲不同之概念，前者係以公司之內部之上下服從關係爲其內涵，後者則以有無對外代表公司權限爲斷，兩者尙非必然相互排斥而無法併存。甲○○與日商公司簽立僱用契約書，約定與日商公司僱傭關係存續至塑○公司成立之日止，但契約效力原則上存續至日商在台法人即塑○公司成立以後，爲原審確定事實，而該僱用契約書約定甲○○須遵守日商公司所定各項規章，服從業務上指示命令以努力保持職場上之秩序；甲○○須從事日商公司指示之業務；薪資爲每月7萬元；甲○○如有違反本契約與上班規章之行爲時，日商公司得終止契約等語，甲○○辯稱伊與日商公司間僱傭關係終止後，雙方繼續原來僱傭關係內容，應屬勞動契約云云，似非全無可信。

八十八、預告期間超出規定標準超出部分無效

【勞動契約、強制性規定】

御○公司員工甲○○請求損害賠償事件，公司不服臺中地方法院94年度勞訴字第120號判決提起上訴，臺灣高等法院臺中分院96年度勞上易字第18號判決上訴駁回，判決理由略以：按不定期契約，勞工終止契約時預告期間，勞動基準法第15條第2項、第16條第1項定有明文。次按勞動基準法立法目的乃在規定勞動條件最低標準，保障勞工權益而制訂，勞動基準法第1條亦有明文，上開關於勞工終止不定期契約預告期間之規定，為有關保障勞動條件之最低標準，應屬法律強制性規定，基此，勞資雙方約定，勞工離職須有較勞動基準法為長預告期間，係較勞動基準法為低之勞動條件，該部分約定違反上開強制規定，解釋上應認為無效。無效部分仍依勞動基準法規定之。本件二個月預告期間之規定，顯有超出勞動基準法第16條規定，其超出不利勞工部分，解釋上應認為無效。甲○○任職公司二年三月，依勞動基準法第16條規定，僅需於二十天前提出預告即可。

八十九、僱用與使用分離是派遣勞工特色之一

【勞動契約】

台○公司與派遣勞工甲○○等人確認僱傭關係存在事件，公司不服臺中地方法院93年度重勞訴字第3號判決提起上訴，有關派遣勞工部分，臺灣高等法院臺中分院95年度重勞上字第3號判決廢棄，判決理由略以：派遣勞工係受僱於派遣公司，但卻在要派公司的指揮、監督下服勞務，換言之，「僱用」與「使用」分離，係勞工派遣特色之一，縱有主張勞工與派遣公司和要派公司間存有「雙重之僱用關係」，認係「多數雇主」之觀念可適用於此種派遣制度，惟此學說將使勞動契約當事人權利義務內容變得更不明確，且勞工之薪資請求權何以向派遣公司為之，亦難以解釋；另使要派公司負擔勞動基準法上之雇主全部義務，亦非甚妥。另行政院勞工委員會制定之派遣勞工權益參考手冊載述「……派遣機構應適用勞動基準法，僱用派遣勞工派遣機構當然應遵行所有勞動法令規定之雇主義務，派遣機構負擔工資給付之義務，……派遣機構既為勞工之雇主。」是應認派遣公司與派遣勞工成立僱傭關係，派遣勞工與要派公司則無僱傭關係，不能因台○公司對甲○○有指揮、監督、考核、調派等權利，

而謂雙方成立僱傭關係。

九十、裁減本國勞工並非先裁減外國勞工至全無

【勞動契約、外籍勞工】

厚○公司甲○○等三人請求確認僱傭關係存在等事件，甲○○等三人不服臺灣高等法院95年度勞上更（一）字第3號判決提起上訴，最高法院96年度台上字第1579號判決上訴駁回，判決理由略以：查勞動基準法第11條第2款係規定虧損或業務緊縮時，雇主得不經預告終止勞動契約。故事業單位有虧損或業務緊縮之情事時，雇主即得預告勞工終止勞動契約。至就業服務法第42條（修正前第414條）所定「爲保障國民工作權，聘僱外國人工作，不得妨礙本國人之就業機會、勞動條件、國民經濟發展及社會安定。」乃宣示保障本國勞工作權之意旨，非謂事業單位於有虧損或業務緊縮之情事時，需將外籍勞工裁至全無時，始可裁減本國勞工。原審本此見解爲甲○○等人敗訴之判決，經核並無違背法令情形。

九十一、是否自願離職之判斷

【勞動契約、調動五原則】

聯○公司因就業服務法事件，不服行政院95年8月14日院壹訴字第○○號訴願決定提起行政訴訟，臺灣高等行政法院95年度訴字第3541號判決原告之訴駁回，判決理由略以：聯○公司稱其調動勞工符合勞工調動五原則，員工因不願接受調動而主動離職，聯○公司爲渠等辦理資遣，實係出於照顧員工之善意行爲，行政院勞工委員會應就此例外情形，行使裁量權云云。聯○公司之員工倘係自願離職，依行爲時就業服務法第33條規定，並毋須向桃園縣政府爲資遣員工通報，聯○公司提出之資遣員工離職單之離職原因亦塡載爲資遣，尙難認其資遣員工實際係自願離職；且員工是否爲自願離職，應以有無合法調職爲判斷前提，參酌聯○公司所提員工聲明書，記載渠等不願接受雇主職務調動，雇主有違反勞工權益情節重大等語，聯○公司調動員工職務之行爲，難謂符合74年9月5日內政部台內勞字第328433號函釋勞工調動五原則之「不得違反勞動契約」，自難認聯○公司資遣員工屬自願離職。

九十二、勞工工作時間外之行為屬勞工私生活

【勞動契約、工時】

聯○公司員工甲君請求確認僱傭關係存在事件，96年9月26日臺灣高等法院高雄分院96年度勞上易字第13號判決甲君敗訴。甲君上訴後，最高法院97年度上字第423號判決：原判決廢棄，發回臺灣高等法院高雄分院。判決理由略以：按勞資關係係以勞動力爲中心，受空間、時間限制之結合關係，並非勞工與雇主之全人格之結合關係，因此在工作時間外之勞工業務外行爲，屬於勞工之私生活範圍，非雇主所得任意支配，惟有勞工之行爲與事業活動有直接關聯，且損害事業之社會評價，爲維持事業秩序之必要，方足爲懲戒之對象。甲君主張本件發生之時間係上班時間外之晚上8時，且係在高雄市大○飯店喜宴上，自屬於在工作時間場合外之勞工業務外之行爲，屬於勞工私人生活領域範圍，非雇主所得支配之範圍，並未損害事業之社會評價，及嚴重影響勞動契約之繼續存在云云，尚非無據。原審未詳爲深究，徒以甲君之侮辱行爲業已達嚴重影響勞動契約之繼續存在之程度，殊嫌速斷。

九十三、勞動契約與委任契約

【勞動契約、委任契約】

興○公司員工甲君、乙君、丙君退休等事件，興○公司不服97年3月25日臺灣高等法院95年度重勞上字第28號判決，提起上訴，有關勞動契約部分，最高法院97年度台上字第1542號判決發回臺灣高等法院，判決理由略以：按勞動契約與委任契約均約定以勞動力提供作爲契約當事人給付之標的。惟勞動契約當事人之一方，對於他方在從屬關係下提供其職業上之勞動力，而他方給付報酬之契約，與委任契約之受任人處理委任事務時，並非基於從屬關係不同。公司經理人與公司間之關係究爲勞動關係或委任關係，應視其是否基於人格上、經濟上及組織上從屬性而提供勞務等情加以判斷。凡在人格上、經濟上及組織上完全從屬於雇主，對雇主之指示具有規範性質之服從，爲勞動契約。反之，如受託處理一定之事務，得在委任人所授權範圍內，自行裁量決定處理一定事務之方法，以完成委任之目的，則屬於委任契約。本件甲君與興○公司訂有委任契約，其在興○公司授權範圍內，似可全權自行裁量決定處理事務之方法，而非受僱給付勞務而獲致工資。此種情形，是否屬於勞動契約，尚非無疑。

九十四、上訴第三審所提出之新攻擊防禦方法最高法院不予斟酌

【勞動契約、工資】

阿○客運公司員工洪君請求確認僱傭關係存在事件，阿○客運公司不服臺灣高等法院98年度勞上字第63號判決提起上訴，最高法院100年度台上字第261號民事裁定上訴駁回。裁定理由略以：阿○客運公司於上訴理由中復謂：「公司對員工本有清潔獎金、安全獎金、服務獎金，上揭獎金係公司視員工表現是否達到標準，而彈性調整是否發放上揭獎金，而洪君擅自調班行爲，又如何能達到上揭獎金標準，公司才以上揭獎金扣款，此與原審所認勞動契約及公司管理規則無關。」及「公司縱如原審所認於民國96年1月16日及同年2月6日對洪君所記大過並不合法，惟公司依勞動基準法第11條第2款虧損或業務緊縮之規定，自得預告終止與洪君之勞動契約。」云云，係上訴第三審所提出之新攻擊防禦方法，依民事訴訟法第476條第1項之規定，本院不予斟酌，附予敘明。

九十五、特定性工作不以雇主是否為主要經濟活動為判斷

【勞動契約、主要經濟活動】

中○公司因資遣費被台北市政府處分事件，不服行政院勞工委員會中華民國99年11月11日勞訴字第0990022936號訴願決定，提起行政訴訟，臺北高等行政法院99年度簡字第893號判決：訴願決定及原處分均撤銷。有關勞動契約部分判決理由略以：勞動契約可分定期契約與不定期契約。針對臨時性、短期性、季節性及特定性且非繼續性之工作，始得簽訂定期契約，除此之外，均應簽訂不定期契約。而是否屬勞動基準法施行細則第6條第4款所定可在特定期間完成之非繼續性工作，而得簽訂不定期契約，則應由勞工所從事之實質工作內容性質，是否具有繼續性爲準，而非雇主是否以之爲主要經濟活動爲據。蓋公司僱用勞工，不論定期與否，必然係從事公司之主要經濟活動，以增進公司經濟效益。況勞委會89年3月11日函釋意旨，並未指明應以公司之主要經濟活動作爲判斷是否定期契約之參考，而被告認勞工從事者爲公司之主要經濟活動時，即具有繼續性者，將使勞動基準法所稱特定性工作之規定，形同具文，故爲本院所不採。

九十六、業務性質變更終止勞動契約須無適當工作可供安置

【勞動契約、原雇主】

克○公司因勞工資遣費事件受花蓮縣政府處分，克○公司不服行政院勞工委員會99年7月8日勞訴字第0990007185號訴願決定，提起行政訴訟，臺北高等行政法院99年度簡字第646號判決：訴願決定及原處分均撤銷。有關終止勞動契約部分判決理由略以：業務性質變更，有減少勞工之必要時，雇主雖可依勞動基準法第11條第4款規定終止勞動契約；惟依該款規定，雇主除須業務性質變更，有減少勞工之必要外，尚須無其他適當工作可供安置時，始得終止勞動契約。所謂「無適當工作可供安置時」，為保障勞工之基本勞動權，加強勞雇關係，促進社會與經濟發展，應包括「原雇主」為因應業務性質變更而投資成立，在人事晉用及管理上為「原雇主」所操控之他公司，亦無適當工作可供安置之情形在內（參照最高法院99年台上字第1203號裁判意旨亦採相同見解）。從而雇主有其他工作機會時，自不能逕援用上開規定，逕以預告方式終止勞動契約。且上開勞動基準法第11條第4款之規定，顯係雇主可以預告終止勞動契約，顯屬雇主終止勞動契約之規定。

九十七、勞動基準法之勞動契約與民法之僱傭契約有所區別

【勞動契約、僱傭契約】

南○公司勞工退休金條例事件，南○公司不服行政院勞工委員會中華民國99年10月19日勞訴字第0990019208號訴願決定，提起行政訴訟，臺北高等行政法院99年度簡字第759號判決：原處分及訴願決定均撤銷。有關勞動契約部分判決理由略以：勞動基準法既特別定義勞動契約，則其與民法第482條以下之僱傭契約關係，有所區別，亦即民法之僱傭契約屬於勞務契約一種，為規範僱傭人與受僱人間之一般性勞務契約，關於受僱人從事僱傭勞務之細節性及雇主照料義務等，民法僅作原則概括性之規定；而勞動契約亦屬勞務契約，但其限定在依勞動基準法所定義下之雇主及勞工，舉凡勞動契約種類、終止、工資、工作時間、請假、休假、退休、工作規則、職業災害等，自勞動契約開始至終止，甚至終止後雇主相關義務，均設有詳細規定。又關於勞動基準法之勞雇關係定義，學界及實務係以：「按勞動基準法所規定之勞動契約，係指當事人之一方，在從屬於他方之關係下，提供職業上之勞動力，而由他方給付報酬之契

約，就其內涵言，勞工與雇主間之從屬性，通常具有：(1)人格上從屬性，即受僱人在雇主企業組織內，服從雇主權威，並有接受懲戒或制裁之義務。(2)親自履行，不得使用代理人。(3)經濟上從屬性，即受僱人並不是為自己之營業勞動而是從屬於他人，為該他人之目的而勞動。(4)組織上從屬性，即納入雇方生產組織體系，並與同僚間居於分工合作狀態等項特徵，初與委任契約之受委任人，以處理一定目的之事務，具有獨立之裁量權者迥然不同。」（最高法院96年台上字第2630號判決參照）。

九十八、留職停薪需基於勞資雙方之合意始得為之

【勞動契約、工資】

眞○公司違反大量解僱勞工保護法限制出境事件，任○○不服98年4月22日臺北高等行政法院97年度訴更一字第12號判決提起上訴，最高行政法院100年度判字第50號判決任○○敗訴，判決理由略以：上訴人任○○係代表眞○公司第6屆董事會，片面公告自92年7月7日起因該公司嚴重虧損與業務緊縮，部分員工留職停薪，並須辦理相關手續，但未明言留職停薪期限為何，則留職停薪如無期限，實際上與解僱之效果無異，若允許雇主得單方要求勞工留職停薪，無異架空勞動基準法規定之解僱保護機制等情事，業據原判決敘明甚詳；蓋解僱係指雇主單方終止勞動契約之情形，留職停薪則指勞雇雙方約定兩造之權利義務關係暫時中止一段期間，申言之，留職停薪需基於勞資雙方之合意，始得為之，解僱則由雇主單方為意思表示即可，經核原審上開認定，無違經驗法則及論理法則。任○○主張原審法院認留職停薪形同資遣，亦有判決理由矛盾之違法等語，亦不足採。

九十九、法律未經修正前法院僅能依據現有條文之規範意旨適用法律

【勞動契約、罰則】

新○公司、林○○違反勞動基準法案件，○檢察署檢察官不服99年7月15日臺灣桃園地方法院99年度易字第284號判決提起上訴，臺灣高等法院99年度上易字第1892號刑事判決上訴駁回。判決理由略以：依勞動基準法第11條及第14條第1項之規範內容觀察，雖同法第11條之終止契約事由不以可歸責於雇主為限（學理上多以「經濟性解僱」稱之），相對於同法第14條第1項各款事由皆屬可歸責於雇主之事項，就雇主本身之違法情節及主觀可責性而言，應以

勞動基準法第11條之情形較屬輕微，卻需責令雇主負擔刑事責任；然在雇主違反誠實信用或保護勞工義務而合於勞動基準法第14條第1項各款之情形，竟毋庸因其違反給付資遣費義務而受刑事處罰，容有輕重失衡之疑慮。惟此究係立法機關日後修正勞動基準法相關條文時所應綜合考量之事項，在該法未經修正前，法院僅能依據現有條文之規範意旨適用法律。

一〇〇、原住民族工作權保障法在保障原住民工作權

【勞動契約、罰則】

蘋〇公司違反原住民族工作權保障法事件，蘋〇公司不服98年6月18日臺北高等行政法院97年度訴字第2839號判決提起上訴，最高行政法院100年度判字第427號判決蘋〇公司敗訴，判決理由略以：蘋〇公司主張原住民族工作權保障法第12條及政府採購法第98條之立法目的既在促進原住民就業機會，保障其工作權，則廠商如未僱用足額原住民員工時，應命於一定期限內僱用足額之最小侵害手段，然系爭法條以侵害手段較大之繳納代金方式爲之，已違反憲法第23條比例原則等語。容有忽略上揭法條已賦予蘋〇公司可就僱用原住民員工或不僱用而繳納代金義務之選擇權，及憲法比例原則係在要求「方法」與「目的」之均衡，而上揭法條之制定係遵循憲法增修條文保障原住民族工作權之政策，採行鼓勵具一定規模之得標廠商僱用原住民員工，如未予僱用者，即以繳納就業代金義務之方法替代，以取其衡平，自無方法與目的失衡情形。蘋〇公司上開主張難謂公允，無法憑採，難認原判決有不適用法規之違法情形。

一〇一、資遣費不得在事前拋棄

【勞動契約】

訊〇公司違反勞動基準法案件，經檢察官提起公訴（96年度偵字第14829號、97年度偵字第5083號），臺灣士林地方法院98年度易字第72號刑事判決有罪，判決理由略以：勞動基準法有關資遣費之規定，係爲保護經濟上相對弱勢之勞工所設，本質上屬於強制規定，不得在事前拋棄，準此，即令是事後勞資雙方達成和解，亦應從嚴審核該和解契約之效力，尤其是勞方簽署契約時之任意性，始符合前述勞動基準法保障勞工之立法意旨。被告訊〇公司在歇業前，即已明示公司員工無法給付足額之資遣費，並在此一基礎上，以同意領取32%資遣費之員工，方能領取資遣費爲由，使其員工簽立確認單，進而在歇業後同

意簽立補充協議書，換取實際領取32%資遣費，等若將資遣費之發放與資遣費之應領數額掛勾，此一作法雖難謂已達脅迫程度，然對經濟上相對弱勢之訊○公司員工而言，仍足以壓抑渠等之意思決定自由，不能與一般和解同視。

一○二、派遣勞工為人力派遣公司所僱用之勞工

【勞動契約、派遣】

鑫○公司違反勞動基準法事件，鑫○公司不服行政院勞工委員會98年10月5日勞訴字第0980014508號訴願決定提起行政訴訟，高雄高等行政法院98年度簡字第250號簡易判決鑫○公司敗訴，判決理由略以：按勞基法之立法目的係爲規定勞動條件最低標準，保障勞工權益，加強勞雇關係，促進社會與經濟發展。依前揭行政院勞委會98年4月14日勞資二字第0980125424號函釋意旨，派遣勞工爲人力派遣公司所僱用之勞工，其權益應符合勞基法之規定。鑫○公司從事人力派遣業，凱○醫院將勞務性工作委外公開招標，將相關業務發包給鑫○公司，並與鑫○公司簽訂勞務性工作委外契約書，核該契約書事由已明白揭示：「甲方（凱○醫院）將勞務性工作委由乙方（鑫○公司）僱用人員至甲方工作場所工作……。」第4條第2款及第3款約定：「……依實際上班時數，且依原價並當月薪資由乙方直接撥付乙方所派人員之個人帳戶全數給付。」同條第5款約定：「惟爲使乙方僱用人員安於工作，其每人月薪實領至少壹萬玖仟元整（不含公司應付之勞保、健保費、勞工退休準備金及管理費、各項獎金）……。」第7條第5款約定：「乙方對其所僱用勞工之勞動條件應符合勞基法及有關法令之規定。並爲其投保有關保……。」及同條第10款約定：「乙方所派人員之請假規定，依勞動基準法及勞工請假規則辦理。」是鑫○公司自不得主張其並非雇主而不受勞基法之制約。

一○三、終止契約之單獨行為倘附以條件將使相對人處於極不利之狀態

【勞動契約、形成權】

台○合作社員工甲君請求確認兩造勞動契約存在事件，甲君不服98年8月25日臺灣高等法院臺南分院98年度勞上字第3號判決，提起上訴。最高法院98年度台上字第2381號民事判決以原判決廢棄，發回臺灣高等法院臺南分院。判決理由略以：終止契約之意思表示既係爲形成權之行使，無待乎對方之同意即

生效力，無從撤回，則該終止之單獨行爲，倘附以條件，是否使相對人即甲君陷於不得任意脫退之不確定狀態，而處於極不利之狀態，原審未遑推闡明晰，逕認附停止條件之終止契約行爲對甲君並無不利益，且與勞動基準法第12條第2項規定之適用並無有所扞格，兩造之勞動契約溯及於停職時發生終止之效力，進而爲甲君不利之判決，亦不免速斷。上訴論旨，指摘原判決不當，求予廢棄，非無理由。

一〇四、受領勞務遲延之要件

【勞動契約、曠職】

明〇高級中學職員徐君請求確認聘僱關係存在事件，明〇高級中學不服臺灣高等法院臺中分院99年度勞上字第2號判決提起上訴，最高法院99年度台上字第2384號民事判決部分廢棄，發回臺灣高等法院臺中分院。判決理由略以：兩造間如存有僱傭契約，其是否有受領遲延，須依民法第487條規定之3要件，即：被上訴人必須有勞務給付之提出、被上訴人必須有勞務給付能力與給付意願、其有未受領勞務之事實而定。而被上訴人自97年4月2日至同年5月9日密集以「事假」、「身體不適」等理由請假，又於97年5月13日再度以身體不適爲由連續請假五十七日，復接續曠職達十七日，顯未合乎上開勞務給付之提出、勞務給付意願之要件，而員工若無法履行所約定之勞務給付，則不問係基於法律上原因，或係基於員工個人事由，雇主均不致於陷於受領遲延，且縱有受領遲延，亦應扣除年終獎金、子女教育補助費等非屬勞務報酬之經常性給予。此攸關徐君得否依民法第487條之規定，請求自97年8月1日起每月之薪資，及得否請求考績獎金、年終獎金、子女減免學費等，自屬重要之防禦方法，原審就此未遑調查明晰，並敘明其得心證之理由，即爲有利於徐君之判斷，於法自屬不合。

一〇五、上級機關已就資遣事由作實質審查核定

【勞動契約】

榮〇公司員工甲君請求給付薪資事件，榮〇公司不服臺灣高等法院97年度勞上字第81號判決提起上訴，最高法院99年度台上字第1535號民事判決以：原判決廢棄，發回臺灣高等法院。判決理由略以：查甲君係公務員兼具勞工身分，其資遣案，應由榮〇公司請其主管機關退輔會核准，由退輔會予以資遣，

爲原判決確認之事實。果爾，倘退輔會依上訴人之陳報，核定被上訴人之資遣案，該核定表示是否不屬對於被上訴人之資遣命令（處分），而不生資遣被上訴人之效力？並非無疑。依榮○公司93年8月19日榮工人字第0930015110號函辦理，核定被上訴人資遣案適用法條、最後服務機關及職稱、資遣等級、生效日期、年資等項，則榮○公司主張退輔會因其陳報核定系爭資遣函，經其轉地鐵施工處通知甲君，已生合法資遣效力等語，是否全然無據？乃原審未調查並說明其得心證之理由，即認退輔會核定系爭資遣函未就甲君資遣事由作「實質」審查核定，並據爲榮○公司不利之論斷，不無疏率，有理由不備之違誤。

一〇六、適用勞動基準法前後年資之採計

【勞動契約、總則】

博○公司員工甲○○請求給付資遣費事件，甲○○等人不服臺灣高等法院94年度勞上字第9號判決提起上訴，最高法院95年度台上字第2948號判決發回臺灣高等法院，有關年資部分判決略以：公司係經營汽車及零件買賣、汽車保養修理業務，依行政院勞工委員會函釋，事業單位從事多種不同之經營活動時，按其產值（或營業額）最多者認定其行業，公司自84年迄92年止，汽車銷售收入遠較保養修理爲多，足認其營業產值主要爲汽車銷售業，依行政院勞工委員會公告，雙方勞動契約關係自87年3月1日起適用勞動基準法，87年2月28日前，汽車零售並無可適用勞動法令以計算資遣費。甲○○復未舉證公司訂有勞工退休金之工作規則或雙方曾有協商之依據，則甲○○自80年9月3日至87年2月28日前之工作年資，依勞動基準法第84條之2條規定，自不能依勞動基準法計算。

一〇七、行政訴訟法第273條所稱司法院大法官解釋

【勞動契約】

南○人壽保險公司違反勞動基準法事件，對於中華民國100年12月22日最高行政法院100年度判字第2226號判決提起再審，最高行政法院本於行政訴訟法第273條第1項第1款及第2項事由，提起再審之訴部分，最高行政法院106年度裁字第465號裁定再審之訴駁回，裁定理由略以：行政訴訟法第273條第2項所稱「司法院大法官解釋」係指司法院大法官審理案件法第5條第1項第2款所定就確定終局裁判所適用之法律或命令認係牴觸憲法之違憲解釋而言，至同

法第7條第1項第2款所定之統一解釋，則不屬之。茍人民以其權利遭受不法侵害，認確定終局裁判適用法律或命令所表示之見解，與其他審判機關之確定終局裁判，適用同一法律或命令時所表示之見解有異而聲請解釋，經司法院大法官依司法院大法官審理案件法第7條第1項第2款作成解釋者，即不能依上開規定對確定終局判決提起再審之訴。司法院釋字第740號解釋表示「保險業務員與其所屬保險公司所簽訂之保險招攬勞務契約，是否爲勞動基準法第2條第6款所稱勞動契約，應視勞務債務人（保險業務員）得否自由決定勞務給付之方式（包含工作時間），並自行負擔業務風險（例如按所招攬之保險收受之保險費爲基礎計算其報酬）以爲斷，不得逕以保險業務員管理規則爲認定依據。」

一〇八、上訴最高行政法院須如何違背法令應有具體之指摘

【勞動契約】

強〇公司違反勞工保險條例事件，強〇公司對於中華民國105年12月13日臺北高等行政法院105年度訴字第209號判決，提起上訴，最高行政法院106年度裁字第198號裁定上訴駁回。裁定理由略以：上訴人主張：洪〇〇等三人爲上訴人之副總經理，王〇〇則爲財務長，與上訴人之間並非有如機械之單純提供勞務，實際上在上訴人所授權限範圍內，得自行裁量決定處理一定事務之方法。本件被保險人之薪資，顯然高過一般勞工甚多，上訴人給付上開四人之報酬，並非全然基於僱傭之法律關係，而係委任關係，自不能單以其等年度綜合所得，全數視爲提供勞務之對價，而適用勞動基準法及勞工保險條例。上訴人於原審審理時對前開事實已盡舉證之責，原審不採，亦未予原判決載明不採信之理由，有判決不備理由之違法等語，雖以原判決違背法令爲由，惟核其上訴理由，係就原審取捨證據、認定事實之職權行使，指摘其爲不當，並就原審已論斷者，泛言未論斷，或就原審所爲論斷，泛言其論斷矛盾，而非具體表明合於不適用法規、適用法規不當、或行政訴訟法第243條第2項所列各款之情形，難認對該判決之如何違背法令已有具體之指摘。

一〇九、團體協約屆滿未另訂新約繼續為團體協約關係人之勞動契約內容

【勞動契約、團體協約】

圓〇大飯店違反勞動基準法事件，圓〇大飯店對於中華民國105年8月3日

臺北高等行政法院103年度訴字第1738號判決，提起上訴，最高行政法院106年度判字第300號判決：原判決廢棄，發回臺北高等行政法院。判決理由略以：「團體協約已屆期滿，新團體協約尚未訂立時，於勞動契約另爲約定前，原團體協約關於勞動條件之規定，仍繼續爲該團體協約關係人之勞動契約之內容。」行爲時團體協約法第17條（嗣於97年1月9日修正時移列條次爲第21條，條文內容不變）定有明文。可知，團體協約屆滿後，未另訂新團體協約，原團體協約有關之勞動條件，繼續爲團體協約關係人之勞動契約內容；若團體協約屆滿後，雖未另訂新團體協約，但有勞動契約就相關勞動條件另爲約定，則應依勞動契約之內容。

一一〇、確認勞動關係存在之訴訟標的價額，推定存續期間若逾五年者，以五年計算

【勞動事件法、僱傭關係、退休工資】

福○公司員工陳○○請求確認兩造間勞動關係存在，臺灣臺南地方法院民事裁定112年度勞補字第1號裁定略以：勞工年滿六十五歲者，雇主得強制其退休，爲勞動基準法第54條第1項第1款所明定，是關於確認勞動關係存在之訴訟標的價額，若權利存續期間不確定者，應推定其存續期間至勞工滿六十五歲退休時爲止，該推定存續期間若逾五年者，應依勞動事件法第11條之規定，以五年計算。原告起訴時爲五十九歲近六十歲，距強制退休之六十五歲逾五年，揆諸前揭說明，應以五年計算勞動關係存在之利益，是以原告主張每月薪資爲32,951元，核定聲明第1項之訴訟標的價額爲1,977,060元（計算式：32,951元×12月×5年），併與聲明第3項請求薪資及加班費56,424元合併計算，本件訴訟標的價額應核定爲2,033,484元（計算式：1,977,060元＋56,424元），原應徵第一審裁判費21,196元，惟原告係提起確認勞動關係、給付工資之訴，依勞動事件法第12條第1項規定，應暫免徵收依民事訴訟法所定裁判費之三分之二，故原告應繳納第一審裁判費7,065元。茲依民事訴訟法第249條第1項但書之規定，限原告於收受本裁定送達五日內補繳裁判費7,065元，逾期不繳，即駁回原告之訴，特此裁定。

一一一、提起上訴應合法表明上訴理由

【僱傭關係、上訴三審】

盛○公司員工李○請求確認僱傭關係存在等事件，盛○公司不服臺灣高等法院108年度重勞上字第63號判決，提起上訴，最高法院110年度台上字第78號民事裁定上訴駁回。裁定理由略以：按上訴第三審法院，非以原判決違背法令爲理由，不得爲之。又提起上訴，上訴狀內應記載上訴理由，其以民事訴訟法第469條所定事由提起第三審上訴者，應於上訴狀內表明原判決所違背之法令及其具體內容、暨依訴訟資料合於該違背法令之具體事實。其依同法第469條之1規定提起上訴者，並應具體敘述爲從事法之續造、確保裁判之一致性或其他所涉及之法律見解具有原則上重要性之理由。同法第467條、第470條第2項分別定有明文。而依同法第468條規定，判決不適用法規或適用不當者，爲違背法令；依同法第469條規定，判決有該條所列各款情形之一者，爲當然違背法令。是當事人提起第三審上訴，如合併以同法第469條及第469條之1之事由爲上訴理由時，其上訴狀或理由書應表明該判決所違背之法令條項，有關之司法院解釋、憲法法庭裁判，或成文法以外之習慣或法理等及其具體內容，暨係依何訴訟資料合於該違背法令之具體事實，並具體敘述爲從事法之續造、確保裁判之一致性或其他所涉及之法律見解具有原則上重要性之理由。如未依上述方法表明，或其所表明者與上開法條規定不合時，即難認爲已合法表明上訴理由，其上訴自非合法。

一一二、終止契約應符合解僱最後手段性原則

【終止契約、補服勞務、最後手段性原則】

盛○公司員工李○請求確認僱傭關係存在等件，盛○公司不服臺灣高等法院108年度重勞上字第63號判決，提起上訴，最高法院110年度台上字第78號民事裁定上訴駁回。有關確認僱傭關係部分，裁定理由略以：盛○公司於106年7月13日係依其主管會議決議告知李○予以資遣之意，非向被上訴人爲合意終止兩造間僱傭契約（下稱系爭契約）之要約，李○於翌日僅表達無意自行離職，並未同意或選擇由盛○公司以資遣方式終止系爭契約；又李○於同年8月1日簽署終止聘僱契約通知書及離職申請書，並辦理離職手續、領取資遣費，僅係出於盛○公司之要求而配合辦理離職手續，難認兩造已合意終止契約。李○固曾

於任職產品一部時發生工作疏失，惟盛○公司不能證明李○於調至產品六部後，有何蓄意怠惰之情事，且盛○公司未對李○施以輔導、教育訓練，亦未以懲戒之方式督促被上訴人改進工作疏失，其逕於106年8月4日以李○不能勝任工作爲由，依勞動基準法第11條第5款規定終止系爭契約，難認符合解僱最後手段性原則，自非合法。盛○公司於終止系爭契約時，已預示拒絕受領李○所提供之勞務，李○無補服勞務之義務，且其於離職後未至其他公司任職，李○設立之上○有限公司自105年7月26日起即無營利事業收入，其亦未自上○有限公司取得利益。是李○請求確認兩造間僱傭關係存在，及請求盛○公司自106年8月5日起按月給付薪資新臺幣7萬8,000元本息、提繳勞工退休金4,812元，即屬有據。

一一三、終止委任契約不得請求依勞動基準法給付資遣費、退休金

【勞動契約、退休金、資遣費】

正○公司爲家族企業，84年間以100%出資在大陸地區設立子公司即中○公司。正○公司委派王○任董事，全權簽署、處理有關子公司中○公司之一切文件及相關事宜，嗣並擔任中○公司副董事長，兩造因而成立委任契約關係，不因正○公司曾以己爲投保單位自79年2月7日起至104年11月16日止爲上訴人辦理勞保，即認雙方成立勞動契約。又依證人證述及所提社群軟體微信之對話紀錄，王○於108年12月16日向時正○公司董事長劉○○表達請辭之意，且自斯時起未再至中○公司執行職務，堪認兩造於108年12月16日已終止委任關係。是兩造間既爲委任關係，且王○於108年12月16日自行終止委任契約，則王○請求依勞動基準法第17條第1項、第55條第1項第1款、勞工退休金條例第12條第1項規定請求正○公司給付資遣費、退休金合計新臺幣510萬元本息，爲無理由。

一一四、請求確認僱傭關係存在事件應先有表示學習、考照或提出可接受職務安排之意願

【僱傭關係、留職停薪】

聯○公司駕駛員唐○○請求確認僱傭關係存在事件，唐○○對於110年10月29日臺灣高等法院高雄分院109年度勞上字第56號判決，提起上訴，最高法

院111年度台上字第13號民事裁定上訴駁回。裁定理由略以：唐○○自105年1月22日起留職停薪，嗣於106年2月間以其健康已康復爲由申請復職時所檢附義大醫院所開立之診斷證明書記載「目前已康復」，而國立成功大學醫學院附設醫院病情鑑定報告書亦表示唐○○手術後症狀改善，雖仍遺存腰痛症狀，但神經傳導檢查已無明顯異常，約於術後三個月，可從事日常一般工作等情，故唐○○所受系爭傷害，並無致其殘廢失能之情形，且已非在醫療期間。

唐○○留職停薪至107年7月1日止，聯○公司乃於同年5月22日發函通知唐○○應於同年7月1日復職，並於同年7月2日召開復職會議，以瞭解唐○○之身體狀況，與之商討安排適宜之工作，聯○公司提供廠區內其他工作項目詢問唐○○，然唐○○僅消極回以無法爬上爬下、不會電腦、無工安證照等語，並未表示有任何學習、考取證照或從事接觸其他職缺之意願，亦未具體提出其可接受之職務安排，其除在客觀上有不能勝任原駕駛工作之事實外，並無接受其他工作之意願，主觀上亦不能勝任工作。從而，聯○公司於107年7月3日依勞動基準法（下稱勞基法）第11條第5款規定，預告於同年月13日終止兩造間之勞動契約，並未違反解僱最後手段性之原則，應屬合法。

至本院98年度台上字第652號判決，係解釋勞基法第11條第4款「無適當工作可供安置」，應將與「原雇主」法人有「實體同一性」之他法人予以考慮在內。

一一五、不因公司預擬之切結書記載兩造為業務承攬而為承攬關係

【僱傭關係、承攬】

新○公司員工李○○請求給付資遣費等事件，新○公司提起上訴，最高法院111年度台上字第2460號民事判決上訴駁回。有關雙方是否爲承攬關係部分，判決理由略以：李○○自103年6月29日起至109年9月29日止（共計六年三月又一日），以按件計酬方式爲上訴人服勞務；上開任職期間，新○公司未曾爲李○○提繳勞工退休金，並自103年7月29日起未爲李○○投保勞、健保，李○○自行向屏東駕駛工會投保，爲兩造所不爭。兩造間是否存有僱傭關係，應依兩造間有無人格從屬性、經濟上從屬性及組織從屬性等特徵爲審認，不因新○公司單方預擬之系爭切結書記載：兩造爲業務承攬等語而有差異。李○○所駕車輛由新○公司提供，不承擔其維修成本、營運風險，並由新○公司指定其運送路徑，李○○依附新○公司事業經營，以運送勞務按件計酬，具有經濟上

從屬性。又觀諸新○公司制訂之司機規章第2、3、4、7、11條，詳細規範司機之工作態度、工作方式、請假等與新○公司指揮管理有關事項，且依證人林○○之證述及李○○所提請假單，李○○雖無須打卡，惟新○公司實際得透過行車紀錄紙、客戶簽單、GPS紀錄及網路回報等方式監督管理李○○出勤狀況，且李○○須按既定行程提供勞務，若未能出車，亦需事先請假、表明原因，足認李○○確受新○公司之監督管理及調度指派，與上訴人所屬人員協力合作完成工作，具有人格、組織上之從屬性，是堪認兩造間爲僱傭性質之勞動契約關係。

一一六、雇主違法，勞工依勞基法第14條第1項第6款規定終止勞動契約

【承攬契約、勞動契約】

新○公司員工李○○請求給付資遣費等事件，新○公司提起上訴，最高法院111年度台上字第2460號民事判決上訴駁回。判決理由略以：勞動契約係依勞工對雇主具有經濟上、人格上及組織上之從屬性定之，不因當事人所簽書面文件之文字而影響（按：李○○任職新○公司，李○○切結爲業務承攬，李○○任職六年後，李○○認爲是勞動契約，訢提起訴訟，法院判決李○○勝訴。新○公司應給李○○特別休假未休工資、返還無故剋扣之薪資、賠償勞、健保差額損失、提繳6%退休金至勞退專戶、給付資遣費）。李○○任職自103年6月29日起至109年9月29日止；當事人就工資（報酬）得約定按時、日、月、件計算，此觀勞基法第2條第3款即明。又關於勞工特別休假因年度終結或終止契約而未休日數，依106年1月1日修正施行之勞基法增訂第38條第4項規定，雇主應發給工資，針對前開增訂條文施行前之勞工特別休假未休日數，揆諸74年2月27日發布施行之勞基法施行細則第24條第3款有如上開增訂條款相同規定，是於106年1月1日前勞工特別休假未休之日數，雇主應發給工資。原審本其採證、認事及契約解釋之職權行使，綜據相關事證，合法認定李○○對新○公司有經濟上、人格上及組織上之從屬性，兩造係成立勞動契約。新○公司應返還無故剋扣之薪資1萬800元，及就李○○自104年起至109年間共七十二日之特別休假未休工資16萬8,146元。又新○公司違反勞保條例第72條第1項、健保法第15條及勞退條例第6條第1項規定，未爲李○○投保勞、健保及提繳勞工退休金，經李○○於109年9月30日依勞基法第14條第1項第6款規定終止系爭勞動契約，其亦應依勞基法第17條第1項、民法第184條第2項、勞退條例第31條

第1項及就保法第38條第1項規定，給付李○○資遣費21萬115元及賠償勞、健保差額損失5萬9,819元，並為李○○提繳33萬3,666元至勞退專戶，暨交付非自願離職證明書，經核於法並無違背。

一一七、第三審程序上訴之聲明不得變更或擴張之亦不得為訴之追加

【僱傭關係、訴之追加】

梁○○等人之員工賀○○請求解除僱傭關係等事件，賀○○不服中華民國111年6月29日臺灣高等法院臺中分院第二審判決（110年度勞上字第23號），提起上訴，並為訴之擴張、追加，最高法院111年度台上字第2302號民事裁定上訴及擴張、追加之訴均駁回。裁定理由略以：按當事人提起追加之訴前已死亡者，無當事人能力，法院應依民事訴訟法第249條第1項第3款裁定駁回原告追加之訴。依同法第481條、第463條規定，此於第三審訴訟程序準用之。在第三審程序，上訴之聲明，不得變更或擴張之，此觀民事訴訟法第473條第1項之規定自明。又第三審法院，應以第二審判決確定之事實為判決基礎，同法第476條第1項亦定有明文，故在第三審亦不得為訴之追加。

一一八、自願離職不得請求發給非自願離職證明書

【勞動契約、離職證明書】

岳○公司員工楊○○請求發給非自願離職證明書事件，楊○○提起上訴，最高法院111年度台上字第1829號民事裁定上訴駁回。裁定理由略以：楊○○上訴人自民國108年10月31日起受僱於被上訴人，擔任行政人員。綜合證人洪○○（楊○○主管）證述，及楊○○於同年11月27日簽署之員工離職申請單，相互以觀，堪認洪○○當日約談楊○○告知其不適任工作，惟未提及要資遣楊○○、工作至月底之內容，係楊○○自行表示任職至當日為止，旋即簽署離職申請單，辦理離職手續，係楊○○向岳○公司為終止兩造間勞動契約之意思表示。楊○○與洪○○間LINE對話內容，及岳○公司於新北市政府勞資爭議調解時之陳述，均無從認洪○○有代理岳○公司依勞動基準法第11條第5款規定行使法定終止權之情。楊○○係自願離職，非屬就業保險法第11條第3項所列情形，則其依就業保險法第11條第3項、勞基法第19條規定，請求岳○公司發給離職原因為勞基法第11條第5款事由之非自願離職證明書，為無理由。

一一九、證人為不可代替之證據方法，證述非虛偽者自可採信

【證據、離職證明書】

岳○公司員工楊○○請求發給非自願離職證明書事件，楊○○提起上訴，最高法院111年度台上字第1829號民事裁定上訴駁回。有關證人舉證部分裁定理由略以：楊○○請求岳○公司發給非自願離職證明書，應就其主張依勞基法第11條第5款規定行使法定終止權乙節，負舉證之責，原審並無楊○○所指違背舉證責任分配原則情形。又證人爲不可代替之證據方法，如果確係在場聞見待證事實，而其證述並非虛僞者，縱令證人爲當事人之受僱人，其證言尚非不可採信。證人洪○○係與楊○○約談在場聞見之人，雖爲岳○公司之受僱人，並非不得爲證人，原審以洪○○之證述與離職申請單記載相符，堪予採信，於法並無不合。

一二〇、未完成請假程序，無正當理由曠職達三日終止勞動契約

【僱傭關係、請假、曠職】

臺○醫院護理師陳○○請求確認僱傭關係存在等事件，陳○○提起上訴，最高法院111年度台上字第1051號民事裁定：上訴駁回。裁定理由略以：陳○○自民國105年2月1日起受僱於臺○醫院擔任護理師，於同年5月5日上班途中發生車禍致受有傷害，惟經治療休養後，經勞動部勞工保險局核定其傷勢休養至106年7月28日已穩定可工作，陳○○合理不能工作期間至同年9月23日止，其後已回復工作能力，而能勝任靜態負重之職務。臺○醫院於107年9月22日曾以存證信函通知陳○○於同年10月1日起返院上班，並至該院關懷門診了解病情以便協助調整工作，或至該院或醫學中心等級醫院之職業醫學科診斷審定後完成請假程序，否則依勞動基準法第12條第1項第6款規定終止僱傭關係，然陳○○僅重申臺○醫院應續給予公傷病假，且不得任意變更勞動條件，並未提出相關診斷審定後完成請假程序，迄至同年月3日均未返院上班，而無正當理由曠職達3日，則臺○醫院於同年月4日依上開規定通知陳○○終止勞動契約，未違反勞基法第13條之規定，該通知已於同年月9日送達陳○○而生合法終止之效力。從而陳○○請求確認兩造自107年10月9日起迄今之僱傭關係存在，及請求臺○醫院給付自同年月6日起至108年5月31日止之原領工資補償、自108年8月1日起至復職日止按月給付薪資，並提繳107年10月9日起至108年1月31日止之勞工退休金差額至勞退專戶，均爲無理由。

一二一、勞基法規定「情節重大」之決定之標準

【僱傭關係、工作規則】

台○公司員工林○○請求確認僱傭關係存在等事件，台○公司提起上訴，最高法院110年度台上字第2046號民事判決略以：原判決關於確認林○○間僱傭關係存在部分廢棄，發回臺灣高等法院臺中分院。判決理由略以：按勞基法第12條第1項第4款規定，勞工有違反勞動契約或工作規則，情節重大者，雇主得不經預告終止契約。所謂「情節重大」，不得僅就雇主所訂工作規則之名目條列是否列爲重大事項作爲決定之標準，須勞工違反工作規則之具體事項，客觀上已難期待雇主採用解僱以外之懲處手段而繼續其僱傭關係，且雇主所爲之解僱與勞工之違規行爲在程度上須屬相當，方屬上開勞基法規定之「情節重大」，舉凡勞工違規行爲之態樣、初次或累次、故意或過失、對雇主及所營事業所生之危險或損失、勞雇間關係之緊密程度、勞工到職時間之久暫等，衡量是否達到懲戒性解僱之程度。倘勞工違反工作規則之具體事項，係嚴重影響雇主內部秩序紀律之維護，足以對雇主及所營事業造成相當之危險，客觀上已難期待雇主採用解僱以外之懲處手段而繼續其僱傭關係者，即難認不符上開勞基法規定之「情節重大」之要件，以兼顧企業管理紀律之維護。又雇主得否依上開勞基法之規定解僱勞工，應視其解僱是否符合上開要件，不得僅以懲處之結果爲依據，且與勞工行爲違反工作規則雇主施以之懲處是否適當，亦屬二事。

一二二、勞工有無未處於「締約完全自由」之情境

【僱傭關係、締約自由】

飛○公司員工鄧○○請求確認僱傭關係等事件，臺灣高等法院110年度勞上字第44號判決鄧○○勝訴，判決理由略以：鄧○○未月親自拜訪客戶，卻仍於工作日報表虛僞記載「例行拜訪」。飛○公司於同年7月10日提出於會議。鄧○○事先均不知情，於約談當日始審視同意書，並被告知將遭移送法辦並解僱。同意書內容涉及勞動契約之終止、及鄧○○不得再對飛○公司爲其他請求，攸關鄧○○工作權與經濟利益。惟依系爭會議內容所示，鄧○○從原先表達希望留在公司時起，至同意離職並簽署系爭同意書止，前後歷時不及15分鐘，以鄧○○受僱於飛○公司達十七年餘，突遭飛○公司通知出席會議，會議

時間僅約14分鐘餘供鄧○○閱讀系爭同意書，顯然欠缺相當時間供鄧○○充分思考，完全剝奪鄧○○對外尋求法律諮商之機會，已影響決定及選擇之可能，造成重大不利益，顯失公平。飛○公司藉其組織上與經濟上之優勢地位，使鄧○○未處於「締約完全自由」之情境而簽署系爭同意書，以規避勞基法第12條規定，不因兩造談判磋商過程和平而異，系爭同意書應屬無效。鄧○○請求確認兩造間僱傭關係存在，爲有理由。

飛○公司提起上訴後，最高法院民事判決111年度台上字第1256號民事判決：原判決除假執行部分外廢棄，發回臺灣高等法院（按：本件雇主有無運用組織與經濟上優勢地位，使勞工未處於「締約完全自由」之情境，臺灣高等法院與最高法院有不同見解）。

一二三、雇主調動勞工工作，不得違反勞動契約之約定，並應符合5款原則

【勞動契約、調動工作、工作規則】

北○公司員工韓○○請求確認僱傭關係存在等事件，北○公司提起上訴，最高法院111年度台上字第2號民事判決：原判決關於確認兩造間僱傭關係存在部分廢棄，發回臺灣高等法院。判決理由略以：按雇主調動勞工工作，不得違反勞動契約之約定，並應符合勞基法第10條之1規定之5款原則。揆其立法意旨係雇主調動勞工應受權利濫用禁止原則之規範，其判斷之標準，應視調職在業務上有無必要性、合理性。又勞工違反勞動契約（或工作規則），其行爲縱該當於應受懲戒處分情節，雇主如不行使其依勞動契約（或工作規則）之懲戒權，改以調整勞工職務，以利企業團隊運作，增進經營效率，尙難認不符企業經營之必要性及調職合理性。原審徒以系爭調職北○公司未依約取得韓○○同意，難生合法調職效力而爲不利於北○公司之認定，自有可議。

一二四、第三審不得為訴之追加

【資遣費、訴之追加】

康○○與莊○○間請求給付資遣費等，康○○上訴後爲訴之追加事件，最高法院109年度台上字第1747號民事裁定：追加之訴駁回。裁定理由略以：按在第三審程序，上訴之聲明，不得變更或擴張之，此觀民事訴訟法第473條第1

項規定自明。又第三審法院，應以第二審判決確定之事實爲判決基礎，同法第476條第1項亦有明文，故在第三審不得爲訴之追加。查上訴人於原審依勞動基準法第59條第1款、職業災害勞工保護法第7條、民法第28條、第184條、第185條第1項、第188條第1項、第224條、第227條第2項、第227條之1、第193條第1項、第195條第1項前段及公司法第23條第2項之規定，請求被上訴人及第一審共同被告六○司南京分公司連帶給付原判決共新臺幣406萬5,212元，另依勞動契約請求六○公司給付附延長工時工資及特別休假工資共24萬8,157元，部分經原審爲其敗訴之判決後，提起第三審上訴，求爲命被上訴人、六○公司給付431萬3,369元之判決。其請求被上訴人就請求與六○公司共同給付部分，核屬訴之追加，依前揭說明，其追加之訴爲不合法。

一二五、工作確不能勝任，終止勞動契約未違反最後手段性原則

【確認僱傭關係存在、最後手段性原則】

三○公司員工徐○○請求確認僱傭關係存在等事件，徐○○提起上訴，最高法院民事裁定110年度台上字第2299號民事裁定上訴駁回。裁定理由略以：徐○○自民國102年9月間起任職於三○公司，擔任鍋爐操作人員，負責操作、清洗鍋爐機具，並依公司規定定期清洗鍋爐重油濾網。徐○○自103年12月19日起至105年1月22日止，多次未依規定清理鍋爐重油濾網而由其他同事協助清洗，以避免造成濾網阻塞，使鍋爐熄火而停止產線致三○公司受有營業損失，經其主管多次告誡，並扣減績效獎金作爲警告，仍未改善。另徐○○長期與同事相處不睦，於103年4月間與同事鄒○○發生爭吵，致鄒○○離職，再於104年11月9日恐嚇同事蔡○○，經其主管一再勸誡，仍未見改善，已影響三○公司其他員工之工作情緒，且其他單位均不接受徐○○調職，堪認徐○○對於所擔任之工作確不能勝任，則三○公司於105年3月4日依勞動基準法第11條第5款規定終止兩造間之勞動契約，未違反最後手段性原則，自屬合法。

一二六、重大違規事由，終止契約自屬合法

【僱傭關係、終止契約】

新○醫院醫師江○○請求確認僱傭關係存在事件，江○○提起上訴，最高法院民事裁定110年度台上字第558號民事裁定：上訴駁回。裁定理由略以：新○醫院創院之初，江○○即擔任新○醫院之專任主治醫師，兩造雖僅於民國90

年5月4日簽訂系爭合約，惟並未約定終期，系爭合約內容於兩造間仍然有效，依其約定內容，兩造間屬僱傭關係，因專任主治醫師職務非屬改制前行政院勞工委員會公告適用勞動基準法之行業，故兩造間僱傭關係不適用勞動基準法。江○○之助理江○玲分別於102年8月7日、14日、28日持原判決附表所示44位病患之健保卡集體掛號，然該病患多數人未實際就診，江○○竟於未親自診察病患之情形下，分別爲該病患製作就診之病歷、開立檢查醫囑等，嚴重違反醫師法第11條第1項前段規定，且江○○不僅因此可溢領相關費用，亦將導致健保資源無端浪費，並可能使新○醫院遭停約或受罰鍰處分，江○○之行爲符合系爭合約第4條及民法第489條第1項所定之重大違規事由，且使兩造間僱傭之信賴關係動搖。新○醫院發現上情後，乃依醫師醫療品質審議小組會議決議，於102年10月3日請江○○於接獲通知三日內自動請辭，如逾期未請辭，自即日起終止與江○○間之專任主治醫師聘約關係，改聘江○○爲兼任主治醫師至102年12月31日止，符合平等、比例原則，亦無違反誠信，其終止契約自屬合法。

一二七、勞動派遣主要的特徵是「僱用」與「使用」的分離

【派遣單位、要派單位、派遣勞工】

有○有限公司違反勞工退休金條例事件，不服勞動部訴願決定提起行政訴訟，有關派遣勞工之特徵，臺北高等行政法院111年度訴字第208號判決略以：所謂勞動派遣係指派遣事業單位與要派單位簽訂要派契約，派遣事業單位將其所僱用的派遣勞工，派至要派單位接受要派單位的指揮監督，並爲要派單位提供勞務的勞動型態。勞動派遣最主要的特徵是「僱用」與「使用」的分離，派遣事業單位僱用派遣勞工並訂定勞動契約，但並不使用派遣勞工之勞務，而是依要派契約之約定，將派遣勞工派至要派單位提供勞務。簡言之，派遣事業單位僱用派遣勞工，但派遣勞工提供之勞務由要派單位使用。

也正因爲在勞動派遣的三方關係中，派遣勞工法律上的雇主是派遣事業單位，但事實上提供勞務的對象是要派單位，因此當有雇主責任歸屬問題發生時，派遣事業單位與要派單位有時會相互推諉，所以勞基法108年修正時，才會在第9條第1項增訂派遣事業單位與派遣勞工訂定之勞動契約，應爲不定期契約（按：即派遣事業單位不得因要派單位的短期人力需求，而與派遣勞工訂定定期勞動契約）；第17條之1規範指定派遣的禁止；第22條之1規範派遣事業單

位積欠派遣勞工工資，要派單位的清償責任；第63條之1規定要派單位與派遣事業單位連帶負職業災害補償責任。

第四節　有效運用中高齡勞工

遇到身心健康的中高齡未就業而有就業意願者，問其何以不找工作，他們常答說：「年紀大了，誰要。」雇主不歡迎中高齡者，但屢有資深員工，埋怨年輕人敬業精神不足。

不少工作場所一進門看到的都是年輕人，甚至數十位員工中沒有一人是男性或女性中高齡者，可見確有雇主不歡迎中高齡者，而眾多的年輕人是大學畢業，但所做的工作與其所學、專長無關，是人力的浪費。

112年10月，有求職網調查指出，目前缺工情形嚴重，而缺工嚴重的前三名是：客服或門市人員、業務或銷售人員、藍領技術型人員，可見缺工的行業並不全是工作較辛苦的技術型勞工，有就業意願的中高齡者，還是可依其意願選擇適當的工作。技術型工作雖然較辛苦，但報酬較高。

勞動部及主計總處的資料指出：我國二十五歲到四十九歲的勞動參與率在85%以上，而五十五歲到五十九歲的勞動參與率則降至59.6%，六十歲到六十四歲爲39.6%，六十五歲以上勞動參與率只有9.6%。美國、日本、韓國的中高齡勞動參與率則高出我國許多，以六十五歲以上爲例，韓國高達37.3%，日本32.1%，新加坡25.6%、美國19.2%，與我國相比，差距很大。顯然雇主僱用六十五歲以上者參與勞動，尙待加強。

政府爲了鼓勵五十五歲以上勞工重返職場，祭出「就業獎勵金」，但效果有限。有學者認爲政府應著力在那些有工作意願，卻因年齡歧視、家庭照顧因素而被迫退出職場者（參112年12月12日聯合報A6、112年10月21日聯合報A7）。

每個中高齡未工作者經濟情況、家庭環境不同、有者領到的退休金少，不少是希望身心健康之前繼續工作，也有認爲繼續工作，有益健康、減緩老化，當然也有閒慣了或家財多，不想再工作；有希望全時工作，有希望部分工時工作。

可能是筆者退休後，常運動、寫作，因此感覺在體力方面，七十五歲以後才逐漸減退，但腦力方面並未退步。筆者在中學時，每次賽跑都是班上最後一名。七十二歲時報名高雄市舉辦的「國際馬拉松」，參加的是高齡組超半程馬拉松（23公里），原誤以為是一般的跑步，中途一位八十三歲跑者向筆者說他們都是馬拉松選手。雖然筆者落後他們很遠，但還是跑完了23公里。筆者的感想是，一般身心健康的高齡者在七十五歲以後體力才逐步衰退，但腦力、能力則不一定衰退。

腦力方面，國外有專家研究指出，高齡者短期記憶可能退步，但經驗豐富、沉著穩定、愼重其事、富思考邏輯能力及注意力。自身的體驗，短期記憶有稍退步，例如鑰匙隨便放，會忘了放哪；其餘「經驗豐富、沉著穩定、愼重其事、富思考邏輯能力及注意力」，從親友的口中可以得知，筆者並不比年輕人差。以筆者八十二歲時出版的《眞相228　228眞相》為例，全書有五十多萬字，書中有四十多項與眾不同的創見、判斷，這些創見、判斷是許多專家學者所未料到。證明「高齡者富思考邏輯能力」的研究結論是正確的。

112年10月，媒體報導因駕駛缺工，學校校車徵不到駕駛，教育部擬將交通車駕駛年齡放寬至六十八歲。駕駛限齡多少才正確？筆者曾親見一位公營事業的廠長，其駕駛已八十多歲，是退役軍人，因他是「民國前12年」出生，身分證登記是「民國12年」出生。而工廠內持有駕駛執照的年輕技工超過百人，廠長不用年輕人當駕駛，卻用高齡者當駕駛一直到廠長退休。身心健康的高齡者，七十五歲之前應能勝任駕駛工作。職業駕駛之年輕人、壯年、高齡者何者肇事率高，也可作一統計分析。

112年11月27日，某報報導有人力銀行業者表示：「企業不愛聘僱中高齡是對他們有刻板印象，包括反應變慢、數位能力不足、倚老賣老、工作中受傷職災。」但也有企業人才招募經理表示：「中高齡員工優勢不少，中高齡員工有耐心、同理心、穩定性高、有經驗。」另有企業人力資源協理表示：「中高齡員工生活不只為工作，讓他們工作、家庭、娛樂兼顧，需要職務再設計。」（112年12月16日聯合報）。

所謂中高齡「反應變慢、數位能力不足、倚老賣老、受傷職災」，以筆者連續50多年來與勞工、雇主相處、諮詢、探討的經驗，除其中中高齡者數位能力比年輕人差之外，中高齡者「反應變慢、倚老賣老、受傷職災」均與事實不符，不能一竹竿打翻一船人。如果年輕人不從事室外危險、骯髒、困難的工作，則其受傷職災的機會當然比較少。

整體而言，除非確已高齡（七十歲以上）且健康欠佳者，否則中高齡者並無反應變慢、容易受傷。而是中高齡者較有敬業精神、服從性高。高齡者的體力會逐漸衰退是事實，但並不是所有工作都需要重體力。

以受傷職災爲例，職災的發生，有90%以上是人爲疏忽所致，並不因中高齡而較易發生。筆者住家廚房鐵皮屋頂翻修，施工的鐵匠已七十多歲，他一看到筆者在旁觀看，立即停工並大聲喝斥筆者離開，筆者多次被斥走，但筆者並不生氣，反而是誇讚鐵匠遵守安全規定。

某市勞工局廳舍修繕，早上未開工前，五、六位年輕工人在廳舍旁席地而坐，旁邊放有一箱罐裝名牌啤酒（可能昨晚有人賭博贏錢），大家盡情的暢飲啤酒，太歲頭上動土；有年輕人騎機車在道路轉彎時，左手拿手機，邊看邊滑；也有年輕人下雨時過道路斑馬線，一手拿手機，一手拿傘，邊看邊滑，如此的技巧，高齡者當然自嘆不如。

2023年9月21日，美國九十二歲的媒體大亨梅鐸宣布卸下福斯公司和新聞集團總裁職務，由他的兒子接棒；2023年10月，諾貝爾化學獎得主有三位，教授布魯斯八十歲、工程師艾吉莫夫七十八歲、教授巴汶帝六十二歲；諾貝爾經濟學獎得主教授戈丁七十七歲（女性）；曾獲得諾貝爾和平獎，也曾爲12任美國總統提供諮詢的前國務卿季辛吉，2023年11月一百歲逝世，他在九十九歲時還活躍於政壇；112年12月4日報載，台東高齡九十三歲黃嬌老太太，是國寶級藺草編織藝術大師，至今手藝精湛，創作不斷，編織生活器具很受歡迎，有日本客人專程來買，近將開班授藝。

112年全國志工表揚，服務超過8,000小時金牌得主中，最高齡的是九十三歲許連生老先生，他在校門口維護學童安全。可見有些超高齡者還是可用之材，則中高齡者可用之材更多。

六十五歲至七十五歲之高齡者，除了少數體弱多病者外，大多數應能就其專長勝任工作，雇主不該有先入爲主中高齡者不能勝任工作的偏見。

2022年日本將「高齡者僱用安定法」修正爲「企業有義務努力確保就業機會到七十歲」。日本大企業YKK、三菱化學等大企業，響應僱用中高齡勞工，有企業甚至無年齡限制。

採行下列方案，當有效提高中高齡者之就業機會與意願：

一、雇主觀念的改變

多數已退休的中高齡者如再就業，不會要求未退休前之高薪；多數中高齡者除體力可能比年輕人稍差外（並不是所有工作都必須具備高度體力），其能力、智力、經驗、服從性、敬業精神並不差，多數工作須要熱忱、經驗，而不是靠學歷或年輕；保險費、退休金的提繳等，是依薪資的高低而不是依年齡，僱用中高齡者不會增加人事成本。綜合來說，雇主沒有理由不進用身心健康的中高齡勞工。

屢聽到有不少高齡勞工一人願意做份外的工作而無怨言，忠誠度高；而年輕人只願意做份內的工作。

112年10月16日有電視台播出，一位七十二歲的祖母與孫女在飛機上的合照，她們是美國同一家航空公司的空服員，祖母已在該公司服務二十多年，七十多歲了也可當空服員。

不要有「老而無用」的舊觀念，「薑是老的辣」、「老當益壯」。

二、有效運用彈性工時與部分工時

彈性工作時間（FIexibie Time），顧名思義上下班時間有彈性，有些婦女爲照顧小孩、家庭，適合彈性工作時間。有些中高齡者不希望像未退休前天天早出晚歸，或因家庭經濟尚可，期盼有工時較短的工作，亦即適合擔任部分工時工作。例如某項工作，原本一日十二小時，可改變由三人（每人每日四小時）或四人（每人每日三小時）承擔。部分工時有多種型態，如每天只工作四小時、每月只工作十天；也可以同一份工作，由二人或三人負責，工作時間由該二人或三人自行決定。以保全業爲例，缺工嚴重，不妨採行部分工時。

要採行彈性（部分）工時制，雇主於徵才時，應明確列出該項工作的時間、報酬，俾應徵者明瞭。彈性（部分）工時制也須符合勞動基準法的規定。

三、計值給薪

勞工的工資應符合勞動基準法的規定，但因工作性質、繁簡難易、責任輕重、環境優劣之不同，且每個人的能力、貢獻也不相同，因此不該給再就業每一中高齡勞工相同的報酬，計值給薪，俾吸引優秀的中高齡者。

四、延長強制退休年齡

勞動基準法現行規定強制退休年齡係六十五歲，可修正爲：「身心建康者強制退休年齡延長至七十歲，六十六歲後勞工之工資、工時，勞資雙方重新協商議定。」亦即延長退休年齡者，可以協商減少工資、工時。

五、有效的宣導

高齡者優點多於缺點，已如上所述。以筆者從事人力資源管理三十多年，及退休後十多年來在勞工局接受勞資問題的諮詢、處理所見所聞，高齡者確有其優點。而彈性（部分）工時制也有諸多優點；又六十五歲以上退休者，可以定期契約僱用。政府應加強宣導中高齡者及彈性（部分）工時制、定期契約僱用的優點，而不是只花錢獎勵、補助。

註釋

【1】 行政院勞工委員會77年6月23日台勞資二字第12992號。

【2】 第487條：「僱用人受領勞務遲延者，受僱人無補服勞務之義務，仍得請求報酬。但受僱人因不服勞務所減省之費用，或轉向他處服勞務所取得或故意怠於取得之利益，僱用人得由報酬額內扣除之。」

【3】 第277條：「當事人主張有利於己之事實者，就其事實有舉證之責任。但法律別有規定，或依其情形顯失公平者，不在此限。」

【4】 第737條：「和解有使當事人所拋棄之權利消滅及使當事人取得和解契約所訂明權利之效力。」

【5】 第184條：「因故意或過失，不法侵害他人之權利者，負損害賠償責任。故意以背於善良風俗之方法，加損害於他人者亦同（第1項）。違反保護他人之法律，致生損害於他人者，負賠償責任，但能證明其行為無過失者，不在此限（第2項）。」

【6】 第188條：「受僱人因執行職務，不法侵害他人之權利者，由僱用人與行為人連帶負損害賠償責任。但選任受僱人及監督其職務之執行已盡相當之注意或縱加以相當之注意而仍不免發生損害者，僱用人不負賠償責任（第1項）。如被害人依前項但書之規定，不能受損害賠償時，法院因其聲請，得斟酌僱用人與被害人之經濟狀況，令僱用人為全部或一部之損害賠償（第2項）。僱用人賠償損害時，對於為侵權行為之受僱人，有求償權（第3項）。」

【7】 第304條：「以強暴、脅迫使人行無義務之事或妨害人行使權利者，處三年以下有期徒刑、拘役或三百元以下罰金（第1項）。前項之未遂犯罰之（第2項）。」（條文已修正）

【8】 第336條：「對於公務上或因公益所持有之物，犯前條第一項之罪者，處一年以上七年以下有期徒刑，得併科五千元以下罰金（第1項）。對於業務上所持有之物，犯前條第一項之罪者，處六月以上五年以下有期徒刑，得併科三千元以下罰金（第2項）。前二項之未遂犯罰之（第3項）。」（條文已修正）

第335條：「意圖為自己或第三人不法之所有，而侵占自己持有他人之物者，處五年以下有期徒刑、拘役或科或併科一千元以下罰金（第1項）。前項之未遂犯罰之（第2項）。」

【9】 第469條：「有下列各款情形之一者，其判決當然為違背法令：一、判決法院之組織不合法者。二、依法律或裁判應迴避之推事參與裁判者。三、法院於權限之有無辨別不當，或違背專屬管轄之規定者。四、當事人於訴訟未經合法代理者。五、違背言詞辯論公開之規定者。六、判決不備理由或理由矛盾者。」（條文已修正）

【10】 第23條：「以上各條列舉之自由權利，除為防止妨礙他人自由、避免緊急危難、維持社會秩序，或增進公共利益所必要者外，不得以法律限制之。」

【11】 第250條：「當事人得約定債務人於債務不履行時，應支付違約金（第1項）。違約金，除當事人另有訂定外，視為因不履行而生損害之賠償總額。其約定如債務人不於適當時期或不依適當方法履行債務時，即須支付違約金者，債權人除得請求履行債務外，違約金視為因不於適當時期或不依適當方法履行債務所生損害之賠償總額（第2項）。」

【12】 第252條：「約定之違約金額過高者，法院得減至相當之數額。」

【13】 第8條：「公營事業轉為民營型態之日，從業人員願隨同移轉者，應隨同移轉。但其事業改組或轉讓時，新舊雇主另有約定者，從其約定（第1項）。公營事業轉為民營型態之日，從業人員不願隨同移轉者或因前項但書約定未隨同移轉者，應辦理離職。其離職給與，應依勞動基準法退休金標準給付，不受年齡與工作年資限制，並加發移轉時薪給標準六個月薪給及一個月預告工資；其不適用勞動基準法者，得比照適用之（第2項）。移轉為民營後繼續留用人員，得於移轉當日由原事業主就其原有年資辦理結算，其結算標準依前項規定辦理，但不發給六個月薪給及一個月預告工資。其於移轉之日起五年內資遣者按從業人員移轉民營當時或資遣時之薪給標準，擇優核給資遣給與，並按移轉民營當時薪給標準

加發六個月薪給及一個月預告工資（第3項）。」

【14】第148條：「權利之行使，不得違反公共利益，或以損害他人為主要目的（第1項）。行使權利，履行義務，應依誠實及信用方法（第2項）。」

【15】第80條：「法官須超出黨派以外，依據法律獨立審判，不受任何干涉。」

【16】釋字第137號：「法官於審判案件時，對於各機關就其職掌所作有關法規釋示之行政命令，固未可逕行排斥而不用，但仍得依據法律表示其合法適當之見解。」

【17】釋字第216號：「法官依據法律獨立審判，憲法第80條載有明文。各機關依其職掌就有關法規為釋示之行政命令，法官於審判案件時，固可予以引用，但仍得依據法律，表示適當之不同見解，並不受其拘束，本院釋字第137號解釋即係本此意旨；司法行政機關所發司法行政上之命令，如涉及審判上之法律見解，僅供法官參考，法官於審判案件時，亦不受其拘束。惟如經法官於裁判上引用者，當事人即得依司法院大法官會議法第4條第1項第2款之規定聲請解釋。」

【18】第98條：「解釋意思表示，應探求當事人之真意，不得拘泥於所用之辭句。」

【19】第449條：「第二審法院認上訴為無理由者，應為駁回之判決（第1項）。原判決依其理由由雖屬不當，而依其他理由認為正當者，應以上訴為無理由（第2項）。」

【20】第78條：「訴訟費用，由敗訴之當事人負擔。」

第三章 工 資

本章規定工資之議定、基本工資、工資給付、工資清冊、工資明細、加班（延長工作時間、假日工作）工資、同等給付、不得預扣、工資清償、獎金或紅利、工資墊償基金、派遣勞工得請求要派單位給付工資等。

行之已久的「基本工資審議辦法」是法規命令，政府爲使制度更爲周延、健全，調整最低工資機制之穩定、明確，乃爲保障勞工權益，必須立法規範最低工資。112年12月27日總統公布「最低工資法」，並於113年1月1日施行。今後每年第三季必須召開會議，審議最低工資，報請行政院核定後實施。勞資雙方議定之工資不得低於最低工資。「最低工資法」要點，請參本章第四節。

第一節 本章條文

第二十一條

Ⅰ工資由勞雇雙方議定之。但不得低於基本工資。

Ⅱ前項基本工資，由中央主管機關設基本工資審議委員會擬定後，報請行政院核定之。

Ⅲ前項基本工資審議委員會之組織及其審議程序等事項，由中央主管機關另以辦法定之。

第二十二條

Ⅰ工資之給付，應以法定通用貨幣爲之。但基於習慣或業務性質，得於勞動契約內訂明一部以實物給付之。工資之一部以實物給付時，其實物之作價應公平合理，並適合勞工及其家屬之需要。

Ⅱ工資應全額直接給付勞工。但法令另有規定或勞雇雙方另有約定者，不在此限。

第二十二條之一

派遣事業單位積欠派遣勞工工資，經主管機關處罰或依第二十七條規定限期令其給付而屆期未給付者，派遣勞工得請求要派單位給付。要派單位應自派遣勞工請求之日起三十日內給付之。

第二十三條

Ⅰ工資之給付，除當事人有特別約定或按月預付者外，每月至少定期發給二次，並應提供工資各項目計算方式明細；按件計酬者亦同。

Ⅱ雇主應置備勞工工資清冊，將發放工資、工資各項目計算方式明細、工資總額等事項記入。工資清冊應保存五年。

第二十四條

Ⅰ雇主延長勞工工作時間者，其延長工作時間之工資，依下列標準加給之：

一　延長工作時間在二小時以內者，按平日每小時工資額加給三分之一以上。

二　再延長工作時間在二小時以內者，按平日每小時工資額加給三分之二以上。

三　依第三十二條第四項規定，延長工作時間者，按平日每小時工資額加倍發給之。

Ⅱ雇主使勞工於第三十六條所定休息日工作，工作時間在二小時以內者，其工資按平日每小時工資額另再加給一又三分之一以上；工作二小時後再繼續工作者，按平日每小時工資額另再加給一又三分之二以上。

第二十五條

雇主對勞工不得因性別而有差別之待遇。工作相同、效率相同者，給付同等之工資。

第二十六條

雇主不得預扣勞工工資作爲違約金或賠償費用。

第二十七條

雇主不按期給付工資者，主管機關得限期令其給付。

第二十八條

Ⅰ雇主有歇業、清算或宣告破產之情事時，勞工之下列債權受償順序與第一順位抵押權、質權或留置權所擔保之債權相同，按其債權比例受清償；未獲清償部分，有最優先受清償之權：

一　本於勞動契約所積欠之工資未滿六個月部分。

二　雇主未依本法給付之退休金。

三　雇主未依本法或勞工退休金條例給付之資遣費。

Ⅱ雇主應按其當月僱用勞工投保薪資總額及規定之費率，繳納一定數額之積欠工資墊償基金，作爲墊償下列各款之用：

一　前項第一款積欠之工資數額。

二　前項第二款與第三款積欠之退休金及資遣費，其合計數額以六個月平均工資爲限。

Ⅲ積欠工資墊償基金，累積至一定金額後，應降低費率或暫停收繳。

Ⅳ第二項費率，由中央主管機關於萬分之十五範圍內擬訂，報請行政院核定之。

Ⅴ雇主積欠之工資、退休金及資遣費，經勞工請求未獲清償者，由積欠工資墊償基金依第二項規定墊償之；雇主應於規定期限內將墊款償還積欠工資墊償基金。

Ⅵ積欠工資墊償基金，由中央主管機關設管理委員會管理之。基金之收繳有關業務，得由中央主管機關，委託勞工保險機構辦理之。基金墊償程序、收繳與管理辦法、第三項之一定金額及管理委員會組織規程，由中央主管機關定之。

第二十九條

事業單位於營業年度終了結算，如有盈餘，除繳納稅捐、彌補虧損及提列股息、公積金外，對於全年工作並無過失之勞工，應給予獎金或分配紅利。

第二節 解 說

一、工資議定與基本工資、最低工資

工資之定義及平均工資參閱本書第一章解說，最低工資參閱本章第四節。

獲取工資是勞工從事工作的主要目的，工資可以解決員工的基本生活、滿足員工的需要外，它也象徵一個人的身分、地位、能力、貢獻、權力、資歷，獲得更高的工資，是每一位勞工的意願，但雇主給付工資必須考量工資市場、同業競爭、成本、效益、利潤、風險、股東報酬、擴廠需要等，因此工資取決於市場供需及契約自由原則，由勞雇雙方議定。議定的工資，不得低於基本工資，基本工資由行政院核定。「基本工資審議辦法」規定，基本工資審議委員會爲審議基本工資，應蒐集下列資料並研究之：

一、國家經濟發展狀況。

二、躉售物價指數。

三、消費者物價指數。

四、國民所得與平均每人所得。

五、各業勞動生產力及就業狀況。

六、各業勞工工資。

七、家庭收支調查統計。

基本工資，不限於本薪或底薪，經常性給與的工資、津貼、獎金應包括在內，但加班費不列入基本工資，例如勞工每月固定領有津貼2,000元，該2,000元，應併計基本工資。

本法施行細則就基本工資作以下的規定：

第11條：「本法第21條所稱基本工資，係指勞工在正常工作時間內所得之報酬。不包括延長工作時間之工資與休息日、休假日及例假工作加給之工資。」

第12條：「採計件工資之勞工所得基本工資，以每日工作八小時之生產額或工作量換算之。」

第13條：「勞工工作時間每日少於八小時者，除工作規則、勞動契約另有約定或另有法令規定者外，其基本工資得按工作時間比例計算之。」

歷年基本工資調整情形如下表3-1：

表3-1　歷年基本工資表

調整時間	金額（元）		
	月薪	日薪	時薪
45年	300		
53年	450		
57年	600	20	
67.12.1	2,400	80	
69.5.1	3,300	110	
72.5.1	5,700	190	
73.7.1	6,150	205	
75.11.1	6,900	230	
77.7.1	8,130	271	
78.7.1	8,820	294	
79.8.1	9,750	325	
80.8.1	11,040	368	
81.8.1	12,365	412	
82.8.16	13,350	445	
83.8.20	14,010	467	
84.8.1	14,880	496	
85.9.1	15,360	512	
86.10.16	15,840	528	
96.7.1	17,280	576	95
100.1.1	17,880	596	98
101.1.1	18,780	626	103
102.4.1	19,047	634.9	109
103.1.1	（未調整）	（同上）	115
103.7.1	19,273	642.43	（未調整）
104.7.1	20,008	666.93	120

表3-1　歷年基本工資表（續上頁）

調整時間	金額（元）		
	月薪	日薪	時薪
105.10.1	（未調整）	（同上）	126
106.1.1	21,009	700.3	133
107.1.1	22,000	733.33	140
108.1.1	23,100	770	150
109.1.1	23,800	800	158
110.1.1	24,000	800	160
110.10.15	25,250	840	168
112.1.1	26,400	880	176
113.1.1	27,470	915.66	183

基本工資是依據「基本工資審議辦法」產生，「基本工資審議辦法」是法規命令，「最低工資法」將最低工資的調整提升至法律位階，最低工資審議及檢視的機制更爲周延、健全、穩定、明確。

二、工資給付

爲免損及勞工權益，本法第22條、第23條、第27條規定有關工資給付事項如下：

（一）應以法定通用貨幣為之

工資之給付應以法定通用貨幣爲原則，如基於習慣或業務性質，亦可與勞工約定部分以實物給付。工資部分以實物給付時，其實物作價應公平合理，不可以高估，並且要適合勞工及其家屬之需要。

（二）全額並直接給付

工資應全額並直接給付勞工，但法令另有規定或勞雇雙方另有約定者，不在此限，所謂「法令另有規定」，例如扣抵所得稅、法院執行扣薪；又勞工同意每月薪津交其配偶領取自無不可，如以劃撥至勞工帳戶方式，亦不違背全額並直接給付之精神。以支票支付工資並無不可，但支票如不能兌現，則爲違法。

（三）每月按期至少給付二次

工資之給付，每月至少應給付二次，但如勞工願意一個月領一次，或者按月預先支付均無不可，所以做此規定，在避免雇主拖延給付工資。雇主不按期給付工資者，主管機關得限期令其給付。

三、置備勞工工資清冊

本法第23條第2項規定雇主應將工資發放、工資計算項目、工資總額等事項記入工資清冊。工資清冊是雇主給付工資、勞工領取工資的憑證，此項清冊應保存五年，以備主管機關檢查，或日後有爭議時之參考。

四、提供工資明細

105年12月21日修正之本法第23條第1項增訂「並應提供工資各項目計算方式明細」。第2項增訂「各項目計算方式明細」。

106年6月16日修正之本法施行細則第14條之1規定：「本法第二十三條所定工資各項目計算方式明細，應包括下列事項：

一　勞雇雙方議定之工資總額。

二　工資各項目之給付金額。

三　依法令規定或勞雇雙方約定，得扣除項目之金額。

四　實際發給之金額。

雇主提供之前項明細，得以紙本、電子資料傳輸方式或其他勞工可隨時取得及得列印之資料爲之。」

五、同工同酬

爲免雇主對勞工性別歧視，本法第23條規定不得因性別而有差別的待遇，工作相同、效率相同者，給付同等之工資。此項規定強調必須是工作相同、效率相同，才給付同等之工資，所謂「同等」，應解爲「相同幅度」，因爲報酬尚須考量勞工的貢獻度、技能、服從性、敬業精神、團隊精神、年資等。

六、不得預扣

本法第26條規定雇主不得預扣勞工工資作爲違約金或賠償費用，此項條件必須是「預扣」，始違反本法規定，亦即違約或賠償事實尚未發生或責任歸屬未明、金額大小未確定前，不得預扣，如工作規則規定，司機違規闖紅燈，罰2,000元，或規定勞工故意損壞機器應賠償若干費用，事情已確定，雇主可以向勞工抵扣，如雇主爲防司機違規闖紅燈，司機並未違規闖紅燈，先預扣2,000元，自爲法所不許。

所謂「預扣」，固指賠償事實未發生前，雇主不得扣留一定數額之工資，即於賠償事實發生後，於責任歸屬，範圍大小，金額多寡等未確定前，如雇主逕自扣留一定數額之工資，亦屬於預扣行爲，須就資方所得預扣金額爲勞工所不爭執（參最高行政法院91年度判字第608號判決）。如因勞工之責任，雇主欲扣留工資，此時雇主須與勞工協商經勞工同意，或由雇主向縣、市政府勞工局申請調解或提出民事訴訟解決。常見之扣薪爭議是勞工要離職，雇主藉口遺失物品、機具損壞、契約期限未至、交接不清等等理由，逕自扣留勞工工資，或雇主有意逼勞工離職，藉口扣留勞工工資。雇主未將工資全額直接付給勞工是違法的。

七、加班工資

本法並無加班工資一詞，所稱加班工資，本法第24條稱「延長工作時間工資」、第24條第2項「休息日工作的工資」及24條第1項第3款、第39條、第40條的「加倍工資」都是通稱的加班費。

加班費的計算方法如下：

1. 月薪員工：平日每小時工資額＝月全薪÷240
2. 時薪員工：即約定之每小時工資額

延長工作時間在二小時以內者，按平日每小時工資額加給三分之一以上即〔平日每小時工資額乘四除三〕，例如每小時工資是300元，則加班一小時，應給加班費400元。

如果加班第三小時以上，則此部分係以加給三分之二計算，即〔平日每小時工資額乘五除三〕，例如每小時工資是300元，則加班一小時，應給加班費500元。假日的加班，所謂加倍發給係指原有工資之外加一倍，例如原有工資係每小時300元，則加班一小時應給300元加倍工資，而非給600元加倍工資。假日加班八小時，給加倍工資，如假日加班超過八小時，則超過八小時部分，按前述加三分之一或三分之二計算。

多數法院判決加班費應列入計算平均工資，但也有法院認爲加班費非經常性給與，不列入計算平均工資（參臺灣高等法院91年度勞上更字第1號判決）。

八、休息日加班

勞動基準法第24條第2項：「雇主使勞工於第三十六條所定休息日工作，工作時間在二小時以內者，其工資按平日每小時工資額另再加給一又三分之一以上；工作二小時後再繼續工作者，按平日每小時工資額另再加給一又三分之二以上。」

亦即本法規定休息日工作二小時後再繼續工作者，按平日每小時工資額另加給一又三分之二，並未規定休息日如工作逾八小時之加班費如何計算，但勞動部105年12月28日勞動條2字第1050095121號函略以：「休息日加班，按月計酬者，逾八小時部分，因雇主並未給付工資，雇主須給付平日每小時工資額後，嗣依法令標準另再給一又三分之二（即二又三分之二）。」

筆者認爲按月計薪者，如果日薪1,000元，應是指一日之工資1,000元，但工作八小時。故休息日加班逾八小時者，即應依本法規定：按平日每小時工資額加給一又三分之一、一又三分之二以上。

九、積欠工資墊償

勞工從事工作獲取工資，如雇主未能給付或不給付，則將影響勞工的生活；勞工被資遣或已符領取舊制退休金條件，同樣可由積欠工資墊償基金，墊償資遣費及退休金。本法第28條規定雇主須建立積欠工資墊償基金，墊償積欠之工資、資遣費及退休金，以保障勞工權利，積欠工資墊償規定如下：

（一）與第一順位抵押權、質權或留置權之債權相同

104年2月4日修正公布之本法第28條第1項規定，將原規定「最優先受清償之權」，修正爲「第一順位抵押權質權或留置權之債權相同」，按其債權比例受清償，而未獲清償部分，有最優先受清償之權。同時也明定資遣費及、舊制退休金亦可墊償，使勞工更有保障。

雇主有歇業、清算或宣告破產之情事時，積欠勞工之工資未滿六個月部分、新舊年資資遣費及有舊制年資而符合退休條件者之退休金得申請積欠工資墊償基金予以墊償，且與第一順位抵押權、質權或留置權所擔保之債權相同，

並按其債權比例受清償。未獲清償部分，則有最優先受清償之權。

依本法第28條第2項規定，積欠工資墊償基金之墊償，積欠之六個月工資可全數墊償，但積欠之退休金及資遣費，其合計數額則以六個月平均工資爲限。

本法施行細則第15條規定，本法第28條第1項第1款所定積欠之工資，以雇主於歇業、清算或宣告破產前六個月內所積欠者爲限。

（二）積欠工資墊償基金提繳與管理

積欠工資墊償基金係運用社會連帶責任，以安定社會秩序，保障勞工權益。雇主應按其當月僱用勞工投保薪資總額及規定之費率，繳納一定數額之積欠工資墊償基金。

「積欠工資墊償基金提繳及墊償管理辦法」規定，此項基金由雇主依勞工保險投保薪資總額萬分之二點五按月提繳，申請墊償的條件必須是事業單位已結束經營並有積欠工資、退休金、資遣費之事實，且雇主已依規定繳了基金。如雇主未繳清工資墊償基金，可補提繳或由勞工代爲繳清，繳清後請求工資墊償。

勞工請求發給積欠工資未獲雇主清償，合於規定條件，勞工可檢附有關證明文件向勞工保險局請求墊償。積欠工資墊償基金由中央主管機關設積欠工資墊償基金管理委員會管理，有關收繳及墊償等業務，委任勞工保險局辦理。

事業單位已歇業未辦理歇業登記，勞工向勞工局申請調解後，可以申請積欠工資墊償。

（三）墊償範圍

依勞動基準法第28條規定，墊償範圍包括「積欠工資未滿六個月部分」、「符合舊制退休之退休金」、「未依勞動基準法（有舊制年資）或勞工退休金條例給付之資遣費」。又如六個月可歸責於雇主原因之停工期間工資，亦可請求墊償。

積欠未滿六個月部分之加班費亦可請求墊償。因爲加班費依勞動基準法第2條第3款、第24條規定，加班費是本法所稱的工資。預告工資、特休未休之加倍工資、年終獎金等則非墊償範圍。

十、結清工資

本法施行細則第16條規定勞工死亡時，雇主應即結清其工資給付其遺屬。

遺屬受領工資順位準用本法第59條第4款，即與勞工遭遇職業災害死亡之工資補償，其遺屬受領補償之順位相同。

十一、獎金與紅利

本法第29條規定事業單位於營業年度終了結算，如有盈餘，除繳納稅捐、彌補及提列股息、公積金外，對於全年無過失之勞工，應給予獎金或分配紅利，此一發給獎金或分配紅利的規定，涉及下列問題：

（一）事業單位習慣於春節前夕所發的年終獎金，年終獎金之發給，事業單位不一定有盈餘。

（二）發給獎金或分配紅利須有盈餘，如繳納稅捐、彌補虧損、提列股息、公積金之後已無盈餘，自可不發給。

（三）所稱營業年度，一般指1月1日至12月31日，惟如事業單位另定有營業年度起迄時間，則依其所定。

（四）所稱全年無過失，本法並無明確定義，過失有大有小，因過失而減發獎金或分配紅利，過失及減發之標準，應於工作規則、團體協約或勞動契約言明。

十二、派遣勞工工資之請求

為保障派遣勞工工資之給付權益，依本法第22條之1規定，如果派遣勞工依規定仍未能得到工資，派遣勞工可向要派單位請求。要派單位給付派遣勞工工資後，要派單位得向派遣事業單位求償或扣抵要派契約之應付費用。

十三、相關事項

（一）工資認定疑義

查勞動基準法第2條第3款規定：「工資：謂勞工因工作而獲得之報酬；包括工資、薪金及按計時、計日、計月、計件以現金或實物等方式給付之獎金、津貼及其他任何名義之經常性給與均屬之。」基此，工資定義重點應在該款前段所敘「勞工因工作而獲得之報酬」，至於該款後段「包括」以下文字係列舉屬於工資之各項給與，規定包括「工資、薪金」、「按計時……獎金、津貼」或「其他任何名義之經常性給與」均屬之，但非謂「工資、薪金」、「按計時……獎金、津貼」必須符合「經常性給與」要件始屬工資，而應視其是否爲勞工因工作而獲得之報酬而定。又，該款末句「其他任何名義之經常性給與」一詞，法令雖無明文解釋，但應指非臨時起意且非與工作無關之給與而言，立法原旨在於防止雇主對勞工因工作而獲得之報酬不以工資之名而改用其他名義，故特於該法明定應屬工資，以資保護【1】。勞動基準法施行細則第10條所列者，是非經常性給與。

（二）停工期間，工資之發給

1. 事業單位停工期間之工資如何發給，應視停工原因依具體個案認定之：
   (1) 停工原因如係可歸責於雇主，而非歸責於勞工時，停工期間之工資應由雇主照給。
   另停工原因如屬雇主經營之風險者，爲可歸責於雇主之事由。
   (2) 停工原因如係不可歸責於雇主，而係歸責於勞工，雇主可不發給工資。
   (3) 停工原因不可歸責於勞雇任何一方者，勞工不必補服勞務，雇主亦不必發給工資。但勞雇雙方如另有約定者，從其約定。
2. 準此，歸責於雇主之停工，工資自不得低於基本工資。歸責於勞工之停工，雇主可不發給工資，自無可否低於基本工資之問題。不可歸責於勞雇任何一方之停工，勞工不必補服勞務，雇主亦可不發給工資，但勞雇雙方另有約定者，從其約定，不受基本工資之限制【2】。

（三）計件人員應給假日工資

計件人員仍享有本法第36條每七日至少應有二日之休息，及第37條紀念日、勞動節日及其他由中央主管機關規定應放假之日均應休假之權利。休假日工資照給，如有加班應給加班費。

（四）特別休假未休工資是否併計平均工資

雇主經徵得勞工同意於已排定日期之特別休假日工作，工資應依同法第39條加倍發給，此項加給工資並應於事由發生最近之工資給付日或當月份發給，且如在退休之日前六個月內時，主管機關釋示應併入平均工資計算【3】。勞動部另以107年4月11日勞動條2字第1070130350號函釋。

惟法院屢有判決特別休假加給工資不併計平均工資，臺灣高等法院於84年11月16日召開法律座談會結論認爲不休假獎金非屬經常性給與，不應列入平均工資計算退休金，理由爲：勞動基準法有關工資之定義，是以「經常性給與」爲認定標準，特別休假日未休而得到之加倍工資，並非經常性，自不應列入平均工資。

特別休假未休工資，僅能認係補償勞工未能特別休假所給與之代償金，不具備經常性，與勞動基準法工資意識不同，自非屬工資性質（參最高法院108年度台上字第2169號民事判決、最高法院107年度台上字第587號民事判決）。

況特別休假日不出勤照給之工資，已列入平均工資計算，而特別休假又集中於退休前六個月內，將使平均工資膨脹，而有失公平（可再參照最高法院79年度台上字第242號判決要旨、司法院第14期司法業務研討會）。

（五）工廠法所稱工資

工廠法施行細則第4條規定：「本法所稱工資係指工人因工作而獲得之報酬。不論以工資、薪金、津貼、獎金或其他任何名義按計時、計日、計月、計件給與者，均屬之。」依此規定，勞動基準法施行前勞工所獲取之工資、薪金、津貼、獎金以外之其他給與限於以時間及件數計酬者，方得列入計算平均工資。如非以時間及件數計酬，而純屬偶發之獎勵、恩惠性之給與，則不得列入計算平均工資。

（六）報酬方式有多端

按勞工報酬之計付方式多端，以時間算定報酬、按件計酬固無不可，以營業盈餘、收益數量之多寡爲比例而增減，亦不失爲勞動報酬之性質。

（七）工資的請求時效

加班費爲不及一年之每月定期給付之債權，依民法第126條之規定五年間不行使，其請求權消滅，此爲多數法院的判決。但亦有判決指出：按民法第126條之短期時效，係關於利息、紅利、租金、贍養費、退職金等定期給付之特別規定，依院字第1227號解釋：民法第126條所載其他依一年或不及一年之定期給付債權，係指與利息等同一性質之債權而言，至普通債權之訂有給付期間，或以一債權而分作數期給付者，不包括在內。故薪資、獎金及加班費用，與利息之性質完全不同，自無適用民法第126條短期時效之餘地。

（八）獎金是否為工資

除了勞動基準法施行細則第10條所稱的年終獎金、競賽獎金、研究發明獎金、特殊功績獎金、久任獎金、節約燃料物料獎金及春節、端午節、中秋節獎金外，其他經常性獎金，法院常判決應併入平均工資計算。是否爲上述施行細則第10條所稱之獎金，仍應依事實認定，而非以名稱作爲判斷標準。例如不分年資長短均每月發給久任獎金，則應視爲工資而併入平均工資計算。

（九）受領勞務遲延之責任歸屬

民法第487條前段規定：「僱用人受領勞務遲延者，受僱人無補服勞務之義務，仍得請求報酬。」又按雇主不法解僱勞工認雇主已預示拒絕受領勞工提供之勞務，故勞工縱未實際提供勞務而爲雇主拒絕受領，仍應認雇主受領勞務遲延，受僱勞工即無補服勞務之義務，仍得請求報酬。

（十）工資加倍發給

勞動基準法第37條、第38條、第40條、第41條之休息日、特別休假日、停止休假日照常上班者，工資加倍發給。

司法院第14期司法業務研究會（78年2月25日）結論爲採二倍說，亦即除原應發工資之外，另加發一倍之工資。例如某勞工月薪6萬元（日薪2,000元），某假日照常工作，則應給加班費2,000元。

行政院勞工委員會87年9月14日台勞動字第039675號函釋：勞動基準法第39條規定於休假日工作，工資應加倍發給。所稱「加倍發給」，係指假日當日工資照給外，再加發一日工資。臺灣高等法院93年度勞上易字第4號所做之判決亦爲「加發一日工資」之意。

所稱「加倍」之涵義，民法第249條「應加倍返還其所受之定金」亦可供參考。

（十一）第84條之1工作者工資、加班費計算

行政院勞工委員會101年5月22日勞動二字第1010131405號函及104年11月2日勞動二字第1040132228號函，分別釋示勞動基準法第84條之1按月計酬工作者基本工資計算疑義。一般而言，第84條之1工作者其每月工作時間長（例如保全業），在工作時間內有許多時間無須付出體力或心力。其每月超出法定正常工時（即每週四十小時）部分，超出之時間因包含有加三分之一、加三分之二、加倍之三種不同加班費，致法院有不同之判決。如何計算始爲合理，本法應有明確規範。

（十二）無薪休假（減少工時）

勞動基準法並無「無薪休假」一詞。行政院勞工委員會100年12月1日勞動

二字第1000133284號函頒：「因應景氣影響勞雇雙方協商減少工時應行注意事項」略以：

一、事業單位受景氣因素影響致停工或減產，為避免資遣勞工，經勞雇雙方協商同意，始得暫時縮減工作時間及減少工資。

二、事業單位如未經與勞工協商同意，仍應依約給付工資。勞工因雇主有違反勞動契約，可依勞動基準法第14條規定終止勞動契約，並依法請求資遣費。

三、勞雇雙方協商縮減工作時間及減少工資者，按月計酬全時勞工，每月給付之工資仍不得低於基本工資。

四、勞雇雙方終止勞動契約者，實施減少工時及工資之日數，於計算平均工資時，依法應予扣除。

五、事業單位減少工時及工資之期間，以不超過3個月為原則。

六、事業單位與勞工協商減少工時及減少工資者，應確實通報所在地勞工行政主管機關。

七、事業單位或雇主未參照本注意事項辦理，致有違反勞動法令者，依法處罰。

行政院勞工委員會97年12月22日勞動二字第0970130987號函釋示：

「雇主若受景氣因素影響致停工或減產，經勞雇雙方協商同意，固可暫時縮減工作時間及依比例減少工資，唯為保障勞工基本生活，原約定按月計酬之全時勞工，每月給付之工資仍不得低於基本工資。該會90年7月16日台90勞動二字第0029826號函及96年7月24日勞動二字第0960071719號函，停止適用。」

雇主受景氣因素影響致減少工作時間之情形有多種，如每天減少工作時間、每週或每月少上班數天、每週或每月不上班天數多於上班天數、連續數天或數週或數月不上班。

依勞工委員會之函釋，即使原約定按月計酬者，雇主因景氣因素影響，致勞工全月均未上班，至少仍應給付基本工資。此時如同一公司有者全月放假，有者須上班數天，則須上班者其工資自應高於基本工資，亦即該月上班天數多者其工資應高於上班天數少者。

勞工委員會之釋示僅指「按月計酬之全時勞工」，實際上有全時勞工而雇主與勞工約定「按日計酬」或「按時計酬」，或已長期僱用之部分工時勞工，應適用「因應景氣影響勞雇雙方協商減少工時應行注意事項」之精神，以保障勞工基本生活。

另行政院勞工委員會98年2月13日勞動二字第0980130085號函略以：雇主未經勞工同意，逕自排定所謂「無薪休假」，自屬無效之變更，勞工縱未於所謂「無薪休假」當日出勤，因係雇主逕自免除勞工出勤義務，勞工無補服勞務之義務，雇主仍應依原約定給付報酬。除勞工委託工會代爲協商並決定者外，尚不得以產業工會理事、監事會議已同意「無薪休假」。

「無薪休假」致勞工工資減少，雇主已違反勞動契約，勞工可依勞動基準法第14條規定，與雇主終止勞動契約，並請求雇主給付資遣費。

暫時減少工時及減少工資，應先經勞資協商程序（參臺灣高等法院100年度勞上易字第159號判決）。

雇主如欲逼迫勞工離職，而假藉「受景氣因素影響」之名施行「無薪休假」，自爲法所不許。

（十三）據實投保、提繳6%退休金

勞資爭議案件，不少是因雇主未依規定投保勞工保險，或投保工資高薪低報，因此勞工如有請領勞工保險相關給付時，未能領取或少領，雇主應補足；6%退休金未提繳或提繳不足，也應補足。投保工資或提繳6%退休金，所指的「工資」是勞動基準法所稱的「工資」。有無依規定投保或提繳6%退休金，勞工到勞保局查詢列印就清清楚楚，證據明確。

雇主高薪低報勞工投保工資致勞工少領「養老給付」，臺灣高等法院93年度勞上易字第55號判決雇主應補足。

（十四）薪資揭示

107年11月28日修正公布之「就業服務法」第5條規定，雇主招募勞工時，經常性薪資如未達4萬元，應公開揭示。例如某雇主欲僱用業務員月薪30,000元，工程員月薪35,000元，則應明示於招募廣告，否則將處罰鍰。所謂經常性薪資，包括本薪與按月給付的固定津貼及獎金，例如主管加給、全勤獎金、績效獎金等，但不包括加班費、年終獎金、三節獎金及差旅費等。

（十五）不得扣發全勤獎金之假別、事項

1. 婚假、喪假、公傷病假、公假。
2. 生理假、產假、產檢假、陪產檢及陪產假、安胎休養假、家庭照顧假。
3. 哺（集）乳時間、撫育未滿三歲子女之工時調整。
4. 特別休假。

5. 謀職假。
6. 防疫隔離假、防疫照顧假、疫苗接種假、新冠病毒篩檢陽性之病假。感染登革熱，經指定隔離治療期間，請普通病假。
7. 天然災害停止辦公。
8. 法定假日未出勤加班。
9. 地方縣市首長依「天然災害停止辦公及上課作業辦法」通報停止辦公而未出勤；或雖未通報停止辦公，但勞工因該天災致未能出勤。
10. 勞工未於法定假日出勤加班。

（十六）部分工時者之工資

部分工時人員，每日未超過八小時，每小時工資由勞資雙方約定，但不得低於基本工資，每日超過八小時部分應給加班費。

勞動部調查指出，112年3月，部分工時人員，其身分專做部分工時35.7%，在學學生25.6%，家庭主婦（夫）23.5%，退休後再工作約10%。每週工作時數平均18.5小時。

部分工時人員平均時薪194元，時薪前三高爲：1.教師；2.護理人員；3.照顧工作者。採日計薪者，平均每日1,593元。

（十七）加班費計算之約定

雇主與勞工約定的工資是基本工資，自可以基本工資計算加班費，如雇主與勞工約定的工資不是基本工資（高於基本工資），自不能以基本工資計算加班費（參最高法院110年度台上字第1512號民事判決、最高法院111年度台上字第4號民事判決）。

第三節　裁判例

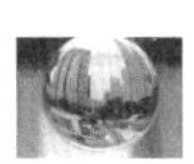

一、夜班津貼應列入平均工資計算退休金

【工資、退休金】

第○公司勞工徐○○等人訴請將「夜班津貼」等併入平均工資計算退休金，高雄地方法院88年勞訴字第11號判決公司敗訴，公司上訴後，臺灣高等法院高雄分院88年度勞上字第21號判決上訴駁回，判決理由略以：公司給付徐君

等人之夜班津貼，均是附屬於加班費而來，換言之，夜班津貼係因徐君等人於正常工作時間外，因延長工時而給付之工作報酬，並非單純係公司所給與上大夜班人員之點心費用，而認爲係具有勉勵性、恩惠性之給與，是公司辯稱夜班津貼是給與徐君等人上大夜班及中夜班人員之點心費云云，尚不足採。再參酌行政院勞工委員會76年10月16日台勞動字第3932號函[4]，及參照勞動基準法第2條暨施行細則第2條、第10條規定，關於平均工資之計算及工資中非經常性給與項目中，均未將勞工定期固定支領之伙（膳）食津貼排除於工資之外，故事業單位每月按實際到職人數，核發伙（膳）食津貼，或將伙（膳）食津貼交由伙食團辦理者，以其具有對每一在職從事工作之勞工給予工作報酬之意思，應視爲勞工提供勞務所取得之經常性給與，於計算平均工資時，自應將其列入一併計算，不因給付方式不同而受影響其性質之意旨，縱認夜班津貼如公司所言爲夜點費，但此既係因公司延長工時而給付之報酬且經常性給付，且公司既以「津貼」名義給付亦可認屬於勞動基準法第2條第3款所定工資之範圍，不因其名稱爲「夜班津貼」或「夜點費」而有異。是公司抗辯其給付者爲「夜點費」並非「夜班津貼」，不能認係經常性給與云云，自屬無據。

二、請求續發伙食津貼，勞工敗訴

【工資、勞動契約】

○○紙廠與勞工訂定之勞動契約約定，勞工工資依照事業單位核定的「工級人員工資標準表」支領，工資的數額及項目依事業單位的規定，74年12月以後停發原固定發給的伙食津貼，78年1月以後改以安全衛生津貼發給，80年9月又改回伙食津貼每人每月固定支給1,900元，並納入平均工資計算，85年11月又將伙食津貼取消。勞工認爲伙食津貼乃工資之一部分且屬經常性給與，訴請補發。臺灣高等法院86年度勞上字第34號民事判決勞工敗訴，勞工上訴後，最高法院88年度台上字第1684號民事判決上訴駁回，判決理由略以：該伙食津貼雖名爲津貼，實已納入爲工資之一部分，依兩造所簽訂勞動契約第5條約定，勞工之工資依事業單位核定之工級人員工資標準表支領，其工資之項目及數額，依事業單位之規定辦理，而事業單位依該工級人員工資標準表所發給勞工之工資無論有無包括伙食津貼一項在內，均未低於政府歷年來所公布之基本工資金額，則事業單位對於伙食津貼之發放與否，即係依上開勞動契約之約定辦理，且未違反勞動基準法及其他勞動法規之強制規定，勞工自應受該勞動契約之拘束（按：有認爲如能適用89年5月5日新修訂的民法第247條之1定型化契約條款的效力規定，則勞工也有勝訴的機會）。

三、恩給性給付非工資

【工資、退休金】

台○公司勞工游○○等人訴請將作業用品代金列入平均工資計付退休金，臺灣高等法院88年度重勞上字第7號民事判決勞工敗訴，上訴後，最高法院89年度台上字第2004號判決上訴駁回，判決理由略以：本件游君等對高等法院判決有關將作業用品代金列入平均工資計付退休金，提起上訴，雖以該部分判決違背法令爲由，惟核其上訴理由狀所載內容，徒就原審取捨證據、認定事實之職權行使所論斷：公司發給游君等之作業用品代金前爲大樓津貼，每六個月發放一次，係恩給性給付，非屬工資之一部分，於民國79年間才改爲每月併同薪資發放，亦未變更其性質，游君等泛言原判決理由矛盾，而未具體表明合於不適用法規、適用法規不當或民事訴訟法第469條各款所列之事實，難認對該部分判決之如何違背法令已有具體之指摘，上訴爲不合法。至游君等於上訴本院後，始提出公司薪資管理辦法爲證，核屬新攻擊方法，依民事訴訟法第476條第1項規定，本院不得予以斟酌。仍應認其上訴尚非已合法表明上訴之理由，顯難謂爲合法。

四、司法機關依立法目的及文義公平裁判

【工資、退休金】

統○客運公司駕駛張○○訴請給付退休金一案，公司不服板橋地方法院89年訴字第1389號民事判決，上訴後，臺灣高等法院90年度勞上字第2號判決平均工資包含本薪、假日津貼、逾時津貼、功績獎金、安全獎金、清潔獎金、載客獎金等。有關工資之認定問題，各級法院屢有不同判決，臺灣高等法院90年度勞上字第2號判決指出：按我國勞動基準法關於工資（第2條第3款）、退休金基數標準之「一個月平均工資」（第55條第2項），加班工資之「平日每小時工資」（第24條），其內涵、範圍、計算標準如何，爲爭議性極大之問題，學說、實務、行政主管機關迄無統一之標準見解，此係由於條文規定過於簡略，屬不確定法律觀念，解釋上有極大之彈性，而政策上常在照顧勞工與發展經濟之兩難中搖擺不定，有賴將來修法予以明確界定。惟司法機關就法言法，自應以現存法律依立法目的及文義爲公平合理之裁判。依勞動基準法第2條第3

款規定，工資係勞工因工作而獲得之報酬，包括獎金、津貼及其他任何經常性給與均屬之。如爲勞務性給與及經常性給與性質即屬工資。主管機關惟恐不明確，特於施行細則第10條明定十一款名義之給與排除在「經常性給與」之外。然此十一款明定之名義，仍無法涵括實務上雇主所支付之各項給與名目，只有以性質是否相近或類似，即各該給付項目之本質是否勞力對價作爲認定是否爲經常性給與之標準。最高法院即認爲：「工資實係勞工之勞力所得，爲其勞動對價而給付之。倘雇主爲改善勞工生活而給付非經常性給與；或爲其單方之目的，給付具有勉勵、恩惠性之給與，即非爲勞工之工作給付之對價，與勞動契約之經常性給與有別，不得列入工資範圍之內。」（最高法院79年度台上字第242號判決）。

五、工資？非工資？（一）

【工資、職業災害、退休金】

統〇客運公司勞工林君遺屬請求給付職業災害補償費事件，有關工資問題，最高法院89年度台上字第1920號判決如下：

（一）本薪：應列入平均工資計算。

（二）安全服務旅費：係指司機每趟駕車外出營運，於途中未發生故障、肇事或違規時，由公司所爲之給與，其金額係按行車距離以趟計算之事實。該項給付係公司一方基於行車安全目的，所發給之獎勵性給與，並非勞動之對價，非屬勞動基準法定義之工資。

（三）功績獎金：依排定班次出車里程、次數多寡計點，109.01點爲基本點數，79.01點至109.01點者，每點發10元，109.01點以上每點發50元，低於79.01點者不發，只要出車達一定比率即可受領此部分之給與，而屬其駕駛工作之對價。此項獎金高出本薪，且每週均有給付，係屬經常性給與。屬勞動基準法所稱工資。

（四）津貼：係司機行車超時之加班費，應屬工資之一部分。

士〇公司勞工訴請將工作效率獎金（之後更名爲年節獎金）併計退休金，最高法院88年度台上字第1638號民事判決勞工敗訴，判決理由略以：系爭年節獎金屬於公司盈餘而抽取部分分配予員工，自與經常性給與有殊，故不論其名稱爲效率獎金或年節獎金，亦不論其發放方式爲按節或按月先行借支，均不影響其屬於恩惠性、獎勵性之給與，與勞工之工作核無對價關係，尚不得計入工資之範圍。

士○公司勞工訴請將加班費併計退休金，最高法院87年度台簡上字第13號民事判決勞工勝訴，判決理由略以：勞動基準法第2條第3款既規定「工資：謂勞工因工作而獲得之報酬」，是凡勞工提供勞務所得之對價，即爲工資，而不論其有無經常性。

六、工資？非工資？（二）

【工資、退休金】

士○公司勞工翁○○請求給付退休金訴訟中，年節獎金等應否併計退休金，臺灣高等法院88年度勞上字第41號民事判決如下：

（一）年節獎金：年節獎金（即效率獎金）雖每月固定發給，惟其係公司將盈餘分配給員工之恩惠轉變而來，僅爲公司基於單方面目的之獎勵、恩惠性給與，並非勞工因工作而獲得之報酬，亦即不論其名稱爲年終獎金或效率獎金，亦不論其發放方式爲按節或按月先行借支，與勞工工作核無對價關係，自不能據以計算退休金（最高法院88年度台上字第1638號、87年度台上字第2823號判決參照）。

（二）中夜班點心費：公司之薪資結構表中表明三班制（即早、中、夜三班），輪班者均有中夜班點心費等情，其發放方式具有普遍性，並爲經常性每月支給，然是否爲勞動基準法第2條第3款所謂之工資，絕不可單純以形式上之名義予以判斷，系爭之「中夜班點心費」名稱固與勞動基準法施行細則第10條第9款所稱夜點費相似，惟審究同款規定之「差旅費、差旅津貼、交際費、夜點費及誤餐費」之內容觀之，均係偶然發生費用，爲不定期給與。工廠二十四小時三班制不停運轉，而輪值中、夜班者，均得定期、定額依每班每次之標準領取點心費，是其性質爲員工因工作而經常性獲得之給與，應屬工資之一部。

（三）工作競賽獎金：勞動基準法施行細則第10條第2款之所以將競賽獎金排除於經常性給與之外，乃競賽獎金係因競賽之偶然結果而獲得之獎金而言；倘非因競賽之故，僅因雇主爲規避勞動基準法關於工資之計算，而將勞工以工作對價應得之工資名爲競賽獎金，自不得將之排除於工資之外。

（四）消防津貼：擔任消防工作者，每月固定給消防津貼，屬工資之範圍（最高法院88年度台上字第8號判決參照）。

（五）堆高機獎金：係因員工擔任堆高機職務才可領取之，爲公司固定之經常性給付，其性質應屬勞工因工作而獲得之報酬。

七、報酬方式雖多端，仍不失為勞動報酬

【工資、紅利、資遣費】

永○汽艇公司屬運輸工具設備租賃業，應自80年10月7日起適用勞動基準法，85年3月停業，勞工邱○○等三人訴請發給資遣費等，公司認爲當初與邱君等三人的報酬是採扣除開銷後雙方以四、六分帳制度分紅。至81年7月因生意欠佳，乃改爲如果邱君等三人所分到的利益未達某一金額時，公司願依照某一最低標準給予紅利分配。因此雙方係「利得分配契約」，而非「僱傭契約」。基隆地方法院判決公司敗訴，上訴後，臺灣高等法院88年度上字第25號民事判決上訴駁回。判決理由略以：按勞工報酬之計付方式多端，以時間算定報酬、按件計酬、固無不可，以營業盈餘之多寡爲比例而增減，亦不失爲勞動報酬之性質。且公司所發放報酬之薪俸袋均記載「基本薪俸」等，而公司所製發所得扣繳憑單，79、80、81年度均稱「薪資所得」，亦證80年度前邱君等所得雖不固定，仍不失爲勞工報酬。邱君等三人，對公司招攬業務並無支配之權，而仍有勞動契約之忠順義務。參諸公司並負擔部分費用爲邱君等三人投保勞工保險，足見，邱君等三人均係公司受僱勞工。

八、自願放棄休假而出勤的加班，是獎勵或恩給

【工資、特別休假、資遣費】

台○公司勞工游○○等八人訴請公司發給之資遣費，特別休假未休出勤加給之工資亦應計入平均工資，臺北地方法院88年度重勞訴字第2號民事判決，以特別休假如集中於退休前六個月將產生不公平現象等由，判決游君等人敗訴。上訴後臺灣高等法院88年度重勞上字第7號判決上訴駁回，判決理由略以：勞動基準法規定特別休假之意涵在於讓勞工於工作一段時間後，能適度休息，以利健康，而爲令勞工安心休假，特別規定特別休假，工資由雇主照給，然雇主因業務需要，必須勞工於休假日工作者，依法須徵得勞工同意，勞工始有義務工作，並加倍發給工資，此等由雇主徵求勞工同意於休假日工作者，可認定其性質與加班同，是以如雇主確有徵求勞工同意於其請求休假之日工作者，其於假日之工作所得自應視同加班費，作爲工資之一部分，進而作爲計算平均工資之依據。反之，如雇主並未要求勞工不得休假，而是勞工自願放棄休假，於可休假之日仍舊赴勞動場所工作，雇主依法就其出勤日之工資加倍發

給，此加倍發給之部分，性質上應屬獎勵或恩給性質（按在一般公務員薪給之名目，多以不休假獎金名之），不能與工資等視。本件游君等人之休假與否均係自行安排決定，並非公司要求不要休假之情，游君等人既得休假而自願放棄休假，公司對於其放棄休假之日亦有給付工資，放棄休假日之加給部分，核屬獎勵或恩給性質，非屬勞動基準法第39條所定「雇主經徵得勞工同意於休假日工作」所加倍發給之工資（再參本節第六十一則）。

九、責任未定不得預扣工資

【工資、預扣工資、損害賠償】

怡○公司駕駛員嚴○○，86年9月5日運送春○公司進口銅捲掉落受損，春○公司向怡○公司索賠3萬6,093元，怡○公司賠償後，嚴君於86年10月27日離職，怡○公司扣抵嚴君的工資3萬5,000元，並認爲係依民法第188條第3項之規定向嚴君求償，再依民法第334條、第335條主張抵銷，自有其適法性又無所謂預扣薪資之情事。86年11月10日高雄市政府協調，未達成協議，嗣高雄市政府勞工局勞工檢查所以怡○公司未依勞動基準法第22條第2項，工資應全額直接給付勞工之規定，罰鍰5,000元，公司不服，提起訴願、再訴願均遭駁回，公司不服行政院87年12月29日台訴字第63782再訴願決定提起行政訴訟，行政法院89年度判字第746號判決駁回，判決理由略以：勞動基準法第26條規定：雇主不得預扣勞工工資作爲違約金或賠償費用。內政部73年12月15日台內勞字第279913號函釋[5]：所稱「預扣」係指在違約、賠償等事實發生前，或其事實已發生，但責任歸屬、範圍大小、金額多寡等在未確定前，雇主預先扣發勞工工資作爲違約金或賠償費用之意。行政院勞工委員會82年11月16日勞動二字第62018號函[6]以：勞動基準法第22條第2項規定「工資應全額給付勞工」，如勞工因違約或侵權行爲造成雇主損害，在責任歸屬、金額多寡等未確定前，其賠償非雇主單方面所能認定而有爭議時，得請求當地主管機關協調處理或循司法途徑解決，但不得逕自扣發工資。縱使本案公司與嚴君之間有損害賠償請求權，爭議存在，該爭執未確定前，公司尚不得逕自扣發工資，公司所執以嚴君薪資抵銷賠償之主張，難謂適法。另公司於再訴願時主張已與嚴君達成協議，並支付其3萬5,000元，仍難解免其違規事實所應擔負之責。

十、雇主就其依法令應備置之文書，有提出之義務

【工資勞動事件法】

○市政府清潔隊員工請求給付工資事件，員工葉○○等人對於111年6月28日臺灣高等法院110年度勞上字第132號判決，提起上訴，最高法院111年度上字第2070號民事判決：原判決廢棄，發回臺灣高等法院。就應備置文書之提出，判決理由略以：勞工請求之事件，雇主就其依法令應備置之文書，有提出之義務；文書之持有人無正當理由不從法院之命提出者，法院得認依該證物應證之事實爲眞實，勞動事件法第35條、第36條第5項規定甚明。是雇主於訴訟上受請求提出上開文書時，自有提出義務，無正當理由未提出者，法院得依自由心證認勞工關於該文書性質、內容及其成立之主張或依文書應證之事實爲眞實，對違反提出命令之當事人發揮制裁之實效。查原審既認被上訴人自103年12月25日起負責繼續僱用上訴人，則被上訴人即負有保存上訴人工資清冊及出勤紀錄五年之義務。

十一、純屬偶發之獎勵、恩惠性給與不列入平均工資

【工資、退休金】

士○公司勞工陳○○等人訴請補發退休金案，雙方不服臺灣高等法院85年度勞上字第58號判決，各自提起上訴，最高法院88年度台上字第8號民事判決以原判決廢棄，發回臺灣高等法院。有關退休金內涵部分，判決略以：按台灣省工廠工人退休規則第10條第1項第1款規定：按月支薪者，退休金基數之計算方式，以核准退休前三個月平均工資所得爲準。同條第2項規定：「前項所稱工資，依工廠法施行細則第四條之規定。」而工廠法施行細則第4條規定：「本法所稱工資係指工人因工作而獲得之報酬，不論以工資、薪金、津貼、獎金或其他任何名義按計時、計日、計月、計件給與者，均屬之。」依此規定，勞動基準法施行前勞工所獲取之工資、薪金、津貼、獎金以外之其他給與限於以時間及件數計酬者，方得列入計算平均工資。如非以時間及件數計酬，而純屬偶發之獎勵、恩惠性之給與，則不得列入計算平均工資。原審對勞動基準法施行前所領之中夜班點心費，如何計酬？是否按時間及件數計酬，遽列入計算平均工資，亦嫌速斷。又假日加班費係工作天以外之加班之工資，此乃因工作而獲得之報酬，核屬勞動基準法第2條第3款之工資，於勞動基準法施行後，自

應列入計算平均工資，原審爲相異之認定，尙有未當。又查簡○○於輪流兼任消防委員期間按月領取消防津貼，該消防津貼既係其擔任消防工作之對價，自屬因工作而獲得之報酬。且既係按月領取，自屬經常性之給與，應屬勞動基準法第2條第3款之工資，應計入計算平均工資。原審雖謂簡君之消防委員僅係附帶工作，係不定期始被分派云云。然此消防津貼乃因工作而獲得之報酬之特性不生影響，原審認消防津貼非工資，不得列入平均工資以計算退休金，是否允當，非無斟酌之餘地。

十二、工資給付為履行勞動契約之基本事項

【工資、勞動契約、資遣費、罰則】

屏東富○公司董事長翁○○，因公司營運困難，遂招募新股東，對外以原已設立登記存在之高雄○勝公司之名義繼續在原址廠房營運，翁君仍爲實際負責經營之人，上開兩公司於79年3月起至87年5月止，陸續僱用茅○○等十六位勞工，88年1月12日起，因虧損而停工並辦理停業登記，翁君代理○勝公司處理勞工相關事務，未經預告終止茅君等十六人勞動契約且未發給資遣費，縣政府協調未果，經茅君等人訴由縣政府函請屏東地方法院檢察署檢察官偵查起訴。翁君與茅君等人於地方法院審理時和解。屏東地方法院88年度易字第1583號判決：翁○○法人之代理人，因執行業務，違反雇主依法終止勞動契約時，應依規定發給資遣費之規定，科罰金1,000元，如易服勞役，以300元折算一日，緩刑二年，富○公司無罪。翁君不服被判刑，檢察官不服富○公司無罪，均提起上訴，高等法院高雄分院89年度上易字第1404號刑事判決上訴均駁回。判決理由略以：翁○上訴以；伊負責之○勝公司並未對勞工終止勞動契約，僅是暫時留職停薪。查工資之給付，爲履行勞動契約之基本事項，此觀勞動基準法第22條及其施行細則第7條規定自明，翁君負責之○勝公司，既終止給付工資，自屬已終止勞動契約，不能以留職停薪辯非終止勞動契約，是其上訴無理由。檢察官上訴以：茅君等人係自79年3月起至87年6月15日止受僱富○公司工作，85年3月富○公司無故終止與茅君等人勞動契約，故富○公司無故未發資遣費等情，查勞動基準法第22條規定，事業單位改組或轉讓時……其留用勞工之工作年資，應由新雇主繼續予以承認，茅君等人雖原爲富○公司勞工，但既已由○勝公司繼續僱用，則終止勞動契約後，負有發資遣費義務者爲○勝公司，並非富○公司，原審爲富○公司無罪之決並無不當，另檢察官對翁君之上

訴，未陳明上訴理由，徒指摘原判決不當，亦無可取，上訴無理由，應予駁回。

十三、工資須為經常性給與

【工資、特別休假、退休金】

東○公司勞工翁○○訴請將特別休假未休工資併計退休金，臺北地方法院89年度勞訴字第52號判決翁君敗訴，翁君上訴後，高等法院89年度勞上易字第41號民事判決上訴駁回。有關工資之涵義部分，判決理由略以：給付究屬工資抑係勞動基準法施行細則第10條所定之給與，仍應具體認定，不因形式上所用名稱爲何而受影響，最高法院87年度台上字第2823號判決可供參考。又按工廠法所稱之工資，係指工人因工作而獲得之報酬。不論以工資、薪金、獎金、或其他任何名義按計時、計日、計月、計件給與者均屬之，固有工廠法施行細則第4條所明定，但仍應以該項給與屬經常性，方得計入工資之範圍。最高法院75年度台上字第975號判決可資參照（工資須屬經常性給與乙節，最高法院79年度台上字第242號判決、78年度台上字第682號判決亦採相同見解）。又所謂經常性給與之給付，祇要在一般情形下經常可以領得之給付即屬之。舉凡某種給與係屬工作之報酬，在制度上有經常性者，均得列入平均工資以之計算退休金。最高法院著有87年度台上字第2754號判決。又翁君主張之年節加發，常因政策之需要而變動，或取銷、或恢復、或更易發給項目；考績獎金是否發給又視工人之工作勤惰績效而定，非一成不變，亦非每年每人均相同；不休假獎金，則端視工人是否休假，而請領全部或部分，其間頗有參差。是該三項給與非經常性給與，應不包含於退休金基數金額內，最高法院77年度台上字第1679號判決可供參考。

十四、年終獎金應依僱用契約所約定發給

【工資、年終獎金、退休金】

遠○保險公司勞工練○○退職後訴請發給退職金及不足之年終獎金，年終獎金不足部分，臺北地方法院88年度勞訴字第85號判決練君敗訴，練君上訴後，臺灣高等法院89年度勞上字第21號判決練君勝訴，判決理由略以：練君原受僱於國○人壽公司，嗣自82年6月1日起至88年4月6日受僱於遠○公司，按雙方任聘人員合約書第3條約定：遠○公司成立三年內，年終獎金每年按伊原任

職之國○人壽公司發放月數核發，最高以四個月爲限；第四年起則視本公司實際營運績效核發之。考績甲等員工，國○人壽公司於83年度年終獎金核發月數爲4.8個月薪資，84年度年終獎金核發月數爲4.8個月薪資，練君於遠○公司各該年度之考績均屬甲等，83年度爲甲下、84年度爲甲下B、85年度爲甲上B、86年度爲甲上A。其主張依系爭合約書第3條約定，遠○公司應按四個月薪資給付年終獎金，自無不合。扣除已經發給者外，應再補發83年度年終獎金5萬9,400元，84年度年終獎金7萬4,925元。

十五、標準工資非基本工資

【罷工、勞資爭議】

○○客運公司勞工劉○○等人因里程津貼、保養獎金、調薪等爭議而罷工，公司以：工會罷工的目的要求超過「標準工資」，而勞工的工資都已超過「基本工資」，工會的罷工違反了工會法第26條第3項規定，罷工爲不合法行爲。臺灣高等法院85年度勞上更（二）字第15號民事判決公司敗訴，公司上訴後，最高法院87年度台上字第2559號民事判決上訴駁回，判決理由略以：劉君等遵守工會決議，並踐行法律所規定之程序，參與罷工，顯屬行使法律所賦與之權利。工會法第26條第3項固規定：「工會不得要求超過標準工資之加薪而宣告罷工。」勞委會83年5月3日台勞資一字第30379號函稱：「工會法第26條第3項雖有工會不得要求超過標準工資之加薪而宣告罷工，惟標準工資之數額迄未訂定。」劉君等之罷工，縱係爲要求加薪，因標準工資額數既未經主管機關訂定，自無罷工所要求之加薪超過「標準工資」可言，劉君等之罷工難謂不法。又依勞委會78年10月15日台勞資三字第23099號函稱：「工會法第26條第3項所稱標準工資並非基本工資；標準工資，我國尚無訂定。」至勞動基準法所定之基本工資，爲最低標準之勞動條件，勞工於其勞動條件未達勞動基準法所定之最低標準致權利受損時，可依法提起訴訟以求救濟，無須再以罷工方式爭取，倘標準工資即基本工資，則勞工得依罷工方式爭取加薪者，僅限於所給付之工資未達基本工資之違法情形，以要求加薪達基本工資之標準，罷工制度之功能豈非幾盡無法實現，自難謂符合法律容許勞工罷工以保障勞資雙方權益之意旨。且工會法與勞動基準法立法目的不同，自不得謂工會法所定之工資數額，即爲最低數額。未符勞動基準法基本工資規定，可處以罰鍰，勞工已有法律之保障，根本無須以罷工方式爲爭取基本工資之手段。益證標準工資與基本工資不同。

十六、法院不受行政機關法律見解之拘束

【工資、特別休假、退休金】

東○公司勞工翁○○訴請將特別休假未休工資併計退休金，臺北地方法院89年度勞訴字第52號判決翁君敗訴，翁君上訴後，臺灣高等法院89年度勞上易字第41號判決上訴駁回。判決理由略以：翁君主張依據行政院勞工委員會82年2月6日勞動二字第01747號函：未休特別假工資「如在計算事由發生之當日前六個月內時，依法自應併入平均工資計算」云云。惟查前開函文內容為：「勞工因工作而獲得之報酬，不論是否屬於經常性，依勞動基準法第2條第3款之規定，均係工資。雇主依同法第39條發給勞工於特別休假日未休而工作之工資，如在計算事由發生之當日前六個月內時，依法自應併入平均工資計算。惟事業單位如採由勞工自行擇日休假之方式，則於年度終結雇主發給之應休未休日數工資，係屬勞工全年度未休假而工作之報酬，故於計算平均工資時，上開工資究有多少屬於平均工資之計算期間內，法無明定，應由勞資雙方自行協商。」與翁君之主張未必全然相符。有關工資之法律見解，本院亦不受行政機關法律見解之拘束，翁君之主張並不可採。翁君又主張：依勞動基準法第24條第3款之規定，該未休假工資係工資而非獎金，自應併入平均工資云云。惟按「勞動基準法第39條規定之加倍工資」並非勞動基準法第24條第3款所規定之「工資」，勞動基準法施行細則第24條第3款僅係規定何者為「勞動基準法第39條規定之加倍工資」，故翁君該部分之主張亦不可採。

十七、再審之訴應於三十日之不變期間提起

【工資】

中○公司勞工陳○○等人，訴請給付工資案，不服高等法院高雄分院88年度勞上易字第1號確定判決，提起再審之訴，高等法院高雄分院90年度勞再字第3號裁定再審之訴駁回，理由略以：按再審之訴，應於三十日之不變期間提起；其期間自判決確定時起算。又判決於上訴期間屆滿時確定，不得上訴之判決，於宣示時確定；不宣示者，於送達時確定，民事訴訟法第500條第1項、第2項前段，第398條第1項前段、第2項定有明文。陳君等人主張其於90年3月14日向他人借閱高雄地方法院89年度重勞訴字第2號民事判決，始知本院確定判決有再審之事由，未逾法定期間。惟該確定判決，係於90年2月21日確定，

並於90年3月7日送達陳君等人，陳君等人遲至90年4月13日，始提起本件再審之訴，顯已逾三十日之不變期間。本件陳君等人以本院確定判決有民事訴訟法第497條所規定就足以影響於判決之重要證物漏未斟酌，依民事訴訟法第497條第1項第1款所規定適用法規顯有錯誤之情形，其於收受本院確定判決時既已得知，非得藉辭查閱他人之他案判決始得知，而爲計算本件不變期間之起算日期，故陳君等人主張其90年3月14日始知悉有再審事由云云，委無可採。陳君等人提起本訴，已逾法定期間，顯有不合法。爰依民事訴訟法第502條第1項、第95條、第78條、第85條第1項前段，裁定如主文。

十八、再審理由必須於訴狀中表明

【工資、法律適用】

中○公司勞工陳○○等人訴請給付工資案，不服高等法院高雄分院88年度勞上易字第1號確定判決，提起再審之訴，高等法院高雄分院90年度勞再字第2號民事裁定再審之訴駁回，理由略以：按對於確定判決提起再審之訴，應以有民事訴訟法第496條第1項所列各款情形之一者爲限。此等事由，即爲同法第501條第1項第4款之再審理由，必須於訴狀中表明之，其必備之程式，始無欠缺，否則其訴即屬不合法；法院毋庸裁定命其補正，逕行駁回之。茲所謂表明再審理由，必須敘明確定判決有何合於法定再審事由之具體情事而言。倘僅泛言有何條款之再審事由，而無具體情形者，仍難謂已合法表明再審理由（最高法院70年度台再字第35號例參照）。本件陳君等人僅泛言：本件第二審判決於90年2月22日宣判，陳君等人至90年3月7日方接獲本件確定判決，並於檢視該判決理由後始發現有得提起再審之訴之情形，陳君等人將於接獲本件確定判決即知悉再審理由之日起三十日內補呈再審理由等語，並未表明任何法定再審理由，顯難認其再審之訴爲合法。爰依民事訴訟法第502條第1項、第95條、第78條裁定如如主文。

十九、告錯主體，判決敗訴

【工資、職業災害、損害賠償】

（一）勞工呂○○訴請雇主桂○○應補償加班費78萬元，桃園地方法院87年度勞訴字第5號判決呂君敗訴，判決理由略以：查本件呂君係受僱於桂○○所屬之台○公司，是系爭僱傭契約存在於呂君與台○公司之間，縱認呂君主張非虛，則其加班費給付之義務主體爲台○公司並非桂○○。

（二）勞工鄭其○服務於和○機械公司，因職業災害，其父鄭明○爲其訴請給付450萬元賠償金，臺中地方法院87年度勞訴字第8號民事判決鄭明○敗訴，判決理由略以：原告鄭明○之訴，依其所訴之事實，係以訴外人鄭其○於受僱和○機械公司發生職業傷害，並非原告本人有何損害之情，則其訴請和○機械公司應對原告負損害賠償責任，顯無理由。

二十、投保薪資以多報少非偽造文書

【工資、勞工保險】

明○公司爲其勞工林○○加入勞保時，投保薪資以多報少，臺灣高等法院83年度上易字第541號判決公司代表人張○○僞造文書確定，最高法院檢察署檢察總長提起非常上訴，最高法院83年度台非字第239號刑事判決張君無罪。判決理由略以：按刑法第214條所謂使公務員登載不實事項於所掌之公文書罪，須一經他人之聲明或申報，公務員即有登載之義務，並依其所爲之聲明或申報予以登載，而屬不實之事項者，始足構成，若其所爲之聲明或申報，公務員尚須爲實質之審查，以判斷其眞實與否，始得爲一定之記載者，即非本罪所稱之使公務員登載不實。依勞工保險條例第10條第3項：保險人爲查核投保單位勞工人數、工作情況及薪資，必要時得查對其員工或會員名冊、出勤紀錄、薪冊。第72條第2項、第3項：保險人依第10條第3項之規定，查對員工或會員名冊、出勤紀錄、薪冊時，投保單位拒不出示者，處以罰鍰所示，顯見勞保局承辦人員，對於投保單位申報之員工及其薪資金額，有查核之權責甚明。原判決援引勞保局83年2月28日勞承字第1002287號函，認勞工之投保薪資係採申報主義，逕行登載，僅於發現有申報不實時，始逕行更正，勞保局僅負形式審查，並無依職權查明究有無申報不實之義務云云，與上開規定不相符合。

二十一、一般性解釋沒有絕對拘束力

【工資、法律適用、退休金】

正○公司發給勞工簡○○退休金時，未將「主任安全實績獎金」列入平均工資計算，檢察官起訴後，板橋地方法院88年度易字第2166號（88年8月17日）刑事判決無罪，檢察官不服，上訴後，臺灣高等法院88年度上易字第4268號（88年12月31日）刑事判決上訴駁回，判決理由略以：主任安全實績獎金，以每四個月為一計算基準，即一至四月、五至八月、九至十二月，並分別於次年二、六、十月發放，係因每月提撥之該項獎金數額，尚需按實扣除倒帳或事故遭客戶扣款之數額並判定責任歸屬後方能定案。此種依生產績效與盈餘狀況之不確定性、變動性而發給之激勵給與（無盈餘則無獎金），與因從事工作獲致每月穩定性、經常性、且不論盈虧皆須發給之薪資不同，可歸列於「紅利」，依勞動基準法施行細則第10條第1款規定，不屬於經常性給與（參最高法院81年度台上字第2221號判決）。該項獎金是否列入平均工資計算，行政院勞委會固以87年12月29日台勞動二字第57565號函：「……如係主任（勞工）基於職責督導銷售員工作，依所定銷售員計薪總額為基礎所核發之獎金，難謂非因工作而獲得報酬之工資，應列入平均工資計算。」依該主管專門機關之解釋，在提供判斷工資之標準，仍需就具體個案以為判別，故勞委會之解釋應為一般性規定，且檢察官於上訴書中亦自陳上開函示乃為原則性之解釋。檢察官以正〇公司對於該項獎金之解釋如仍有疑義，即應提出民事確認債權不存在之訴，或先行給付，再提起不當得利之訴，而公司未據起訴，即逕不為給付，實具有違反勞動基準法第55條第1項之犯意。然檢察官所指應先行給付而後再請求依不當得利返還者，並無法律依據，公司亦無先為給付義務，且勞委會之解釋係一般性解釋，非具體對本案為解釋，況其解釋函係以「如係主任基於職責督導銷售員工作……」其用語亦設有條件，並非直接針對個案，為具有絕對性令公司給付之性質，況法亦無明文規定雙方在有爭議情況下，公司亦有先行給付義務，檢察官上開所指，尚有誤會。

二十二、對於第二審判決上訴之要件

【工資】

台〇市公車處勞工鄭〇〇請求給付工資事件，臺灣高等法院87年度勞上字第23號判決公車處敗訴，上訴後，最高法院88年度台上字第23號民事裁定上訴駁回，理由略以：按對於第二審判決上訴，非以其違背法令，不得為之。民事訴訟法第467條定有明文，依同法第468條規定，判決不適用法規或適用不當者，為違背法令。而判決有同法469條所列各款情形之一者，為當然違背法令。是當事人提起上訴，如依民事訴訟法第468條規定，以第二審判決有不適用法規或適用不當為理由時，其上訴狀或理由書應有具體之指摘，並揭示該法規之條項或其內容。若係成文法以外之法則，應揭示該法則之旨趣。倘為司法院解釋或本院之判例，則應揭示該判解之字號或其內容。如以民事訴訟法第469條所列各款情形為理由時，其上訴狀或理由書，應揭示合於該條款之事實。上訴狀或理由書如未依此項方法表明，或其所表明者顯與上開法條規定之情形不合時，即難認為已對第二審判決之違背法令有具體之指摘，其上訴自難認為合法。查本件公車處對第二審判決提起上訴，雖以該判決違背法令為由，惟核其上訴理由狀所載內容，係就原審取捨證據、認定事實之職權行使指摘其為不當，而未具體說明有何不適用法規或適用法規不當之情形，並揭示該法規之條項或其內容，及合於民事訴訟法第469條所列各款之事實，難認對該判決之如何違背法令已有具體之指摘。應認其上訴為不合法。

二十三、聲請再審應表明再審理由

【工資】

台○公司勞工湯○○請求工資給付事件，不服最高法院89年度台聲字第424號裁定，聲請再審，最高法院90年度台聲字第183號裁定聲請駁回，理由為：按聲請再審，應依民事訴訟法第507條準用同法第501條第1項第4款之規定表明再審理由，此為必須具備之程式。所謂表明再審理由，必須指明確定裁定有如何合於再審理由之具體情事，始為相當；倘僅泛言有何條款之再審事由，而無具體情事者，尚難謂已合法表明再審理由。如未表明再審理由，法院毋庸命其補正。本件湯君主張最高法院89度台聲字第424號確定裁定有民事訴訟法第496條第1項第1款所定事由，對之聲請再審，經核其聲請狀內表明之再審理由，無非說明其對於前訴訟程序確定裁判不服之理由，對於原確定裁定究有如何合於民事訴訟法第496條第1項第1款規定之具體情事，則未據敘明，依上說明，其聲請自非合法。據上論結，本件聲請應予駁回，並依民事訴訟法第95條、第78條裁定如主文。

二十四、雇主遲延給付報酬應負遲延責任

【工資、資遣費、終止契約】

寶○公司因內部糾紛而停工，致無法如期發放工資，勞工王○○等五人訴請給付資遣費，公司不服板橋地方法院89年度勞訴字第28號判決，提起上訴，上訴後，臺灣高等法院90年度勞上字第13號仍判決應給資遣費，判決理由略以：公司雖辯稱其遲延給付工作報酬係出於不可歸責之事由等語，惟查：按雇

主不依勞動契約給付工作報酬者，勞工即得不經預告終止勞動契約，勞動基準法第14條第1項第5款前段定有明文，所謂不依勞動契約給付工作報酬，包括給付不完全及給付遲延在內，俾使勞工得於此種情形下不受原勞動契約之拘束，迅速另謀適當之工作，以免生活陷於困難。蓋工作報酬乃勞工生計之唯一來源，為保障勞工基本生存權益，特設此種規定，是一旦雇主違反此一規定，勞工即依法取得契約終止權，縱雇主事後補發不完全或遲延之報酬，解釋上亦不應使勞工原已取得之終止權喪失，以貫徹保障勞工之立法目的。公司復辯稱係因前任董事長配合辦理移交，致無法向銀行領取款項如期支付員工薪資，為確保員工權益，早已公告通知員工此種情形，故不可歸責公司等語，惟勞動基準法第14條第1項第5款之規定，並不以雇主有無故意過失為要件，公司自不得以其內部之移交等行政作業不及，而以公告通知員工之事後補救措施免除其應依勞動契約給付工作報酬之義務。公司既因內部行政作業疏失而無法按時給付工資，亦無法因公告而取得員工之諒解，自仍應負遲延給付工作報酬之責。

二十五、禁止預扣工資並非限制扣罰工資

【工資、罰則】

勤○公司勞工劉○○因曠職三天，公司依工作規則予以記大過一次，並扣減工資十日，計1萬5,909元事件，臺北地方法院檢察署檢察官以勤○公司及代表人王○違反勞動基準法第26條規定，而犯同法第78條、第81條第1項之罪起訴。檢察官不服臺北地方法院89年度易字第439號刑事判決無罪提起上訴，臺灣高等法院90年度易字第2371號判決上訴駁回。判決理由略以：勞動基準法第26條規定「雇主不得預扣勞工工資作為違約金或賠償費用」，所稱「預扣」，係指在違約、賠償等事實發生前，或其事實已發生，但責任歸屬、範圍大小、金額多寡等在未確定前，雇主預先扣發勞工工資作為違約金或賠償費用之意（內政部73年12月15日台內勞字第279913號）；且勞動基準法僅禁止預扣工資，並非限制扣罰工資，如工作規則有扣罰工資訂定，既非預扣，而係有關獎懲事件之訂定，自屬有效。（司法院第14期司法業務研究會司法院第一廳研究意見參照）事後之懲處，不能強解為事前之預扣，至其事後之懲處當否，乃主管機關行政管理另一問題。

二十六、工作表現差自可減薪

【工資、工作規則】

○○公司營業員吳○○，84年月薪爲3萬1,500元，86年降爲2萬9,850元，之後年年減薪，至90年減薪降爲2萬6,200元，吳君以惡意被減薪及人格權受侵害訴請公司給付144萬8,879元，士林地方法院89年度勞訴字第6號判決吳君敗訴，上訴後，臺灣高等法院89年度勞上字第39號判決上訴駁回，判決理由略以：依吳君之辯解及書狀，處處可見吳君對已疏失均以「不小心」、「疏忽常在一剎那間發生」、「客戶無理」、「幹部都是日本鷹犬」、「同事都在打混」……等詞置辯。益見吳君對其疏失發生之原因並未有所認知及反省，反覺同事、上司、顧客盡皆無理，表現諸多情緒不滿言詞，自足造成公司管理上之困擾，勞基法第70條第6、7款規定既允許雇主在制工作規則中，訂定獎懲及解僱事項，乃基於雇主企業之領導，組織權，得對於勞動者之行爲加以考核、制裁，較輕微之處分如警告、減薪、降職等。雇主的裁量權除受勞動基準法第71條之限制外，另應遵循權利濫用禁止原則、勞工法上平等待遇原則、相當性原則爲之。依公司工作規則規定，公司及其單位主管、人事主管等人，可依據其工作能力、工作表現、考核等第、服務態度、工作勝任程度等等，對吳君進行調整職務並依調整後之職務敘薪，而吳君既有未上繳公司財務之嚴重行爲，及拒絕聽從主管人員合理指揮監督等情事，公司除予吳君記小過外，尙對吳君另爲降級減薪之處分，當未逾公司之裁量權，更無權利濫用，違反平等待遇原則可言。

二十七、調職減薪不一定違法

【工資、勞動契約】

中○航空公司因汰除AB4機隊，將飛航工程司田○○轉調爲地勤人員爭議案，臺北地方法院89年度勞訴字第64號民事判決確認僱傭關係存在，公司上訴後，臺灣高等法院90年度重上字第244號民事判決以原判決廢棄。有關調職部分，判決指出：公司將田君轉調爲地勤人員，係因公司汰除AB4機隊經營上所必須，田君之工作地點並未因調職而變更，且地勤人員之工作性質，爲田君體能及技術所勝任。茲有問題者係田君之調職是否造成薪資及其他工作條件不利之變更，查田君原任空勤職務，領有飛行加給及機種等津貼，雖公司將其調職爲地勤職務後，不再領取上揭津貼，但查飛行及機種加給津貼之停發係因職務內容變更所致，並非公司違法減薪，又田君原能領取上揭津貼，係因空勤任務較地勤有高度危險性，而田君改任地勤後，有：危險性減少、往昔因空勤職務工作活動空間狹小所生不舒適感不存在、及遇有緊急事故時其家人親友均能隨時與其聯繫等利益，此爲全世界空勤人員均較地勤人員領取較高津貼之緣故，故實質上，改調地勤後，既然職等、薪給、福利等均無調降，尚難謂對田君之薪資或勞動條件有做不利之變更，亦難認公司將田君調任地勤工作係違反調動五原則。

二十八、工資是否適用民法126條短期時效

【工資、消滅時效】

○港務局員工區○○訴請給付工資等事件，有關工資是否適用民法第126條短期時效部分，高等法院高雄分院88年度勞上字第19號判決略以：按民法第126條之短期時效，係關於利息、紅利、租金、贍養費、退職金等定期給付之特別規定，依院字第1227號解釋：「民法第126條所載其他依年或不及一年之定期給付債權，係指與利息等同一性質之債權而言，至普通債權之訂有給付期間，或以一債權而分作數期給付者，不包括在內。」區君所請求之薪資、獎金及加班費用，與利息之性質完全不同，自無適用民法第126條短期時效之餘地，是港務局就此部分之給付，主張時效抗辯，不足採取。（港務局主張：按「民法第126條所謂一年或不及一年之定期給付債權，係指基於一定法律關係，因每次一年以下期間之經過順次發生之債權而言。」）最高法院28年上字第605號著有判例。區君則主張：按司法院院字第1331號解釋：「民法第126條所載其他一年或不及一年之定期給付債權，係指與利息等同性質之債權而言，故其請求權因五年間不行使而消滅，至第229條內稱給付有確定期限之債權，乃爲普通債權定有期限者之一種，二者性質迥不相同（參照院字第1222號解釋）。」勞基法所定之延長工時工資，乃勞工因工作而獲得之報酬，並非定期給付之債權，而其性質更與利息迥異，實無適用民法第126條短期時效之餘地。

另統○公司員工陳○○訴請給付加班費事件，高等法院89年度勞上易字第25號則判決略以：經查加班費爲不及一年之每月定期給付之債權，依民法第126條之規定因五年間不行使，其請求權消滅；經查陳君於88年9月15日向原法院訴請統○公司給付自81年3月28日迄87年10月31日止所短發之加班費，惟查

由88年9月15日溯及83年9月15日以前，已逾五年間之時效，依上開法條規定，其請求權已罹於時效而消滅，統○公司抗辯陳君83年9月15日以前之加班費給付請求權已消滅，於法尚非無據。

二十九、獎金與紅利兩者可兼有

【工資、獎金、紅利】

昇○公司於88年2月6日召開之87年度年終董監會決議，發放年終獎金二個月，並將年度盈餘提撥1,328萬6,919元，做爲在職股東及員工紅利，惟先發放三分之一，保留三分之二。副總經理薛○○於88年5月31日離職，薛君於88年2月已領到年終獎金兩個月，紅利90萬元，薛君訴請補發另三分之二紅利180萬元，薛君不服桃園地方法院89年度訴字第516號判決，上訴後，臺灣高等法院90年度上字第121號判決薛君勝訴，判決理由略以：按勞動基準法第29條規定：「事業單位於營業年度終了結算，如有盈餘，除繳納稅捐、彌補虧損及提列股息、公積金，對於全年並無過失之勞工，應給與獎金或分配紅利。」之強行規定，而應發給者，究爲年終獎金「或」紅利，或爲二者同時發放，自應於事業單位年度終了時，斟酌事業單位盈餘多寡，由事業單位之董監事會議決議之。公司辯稱依司法院第14期司法業務研究會研究意見，「給與獎金或分配紅利」，二者由雇主即事業單位選擇其一即可。司法院之研究意見，僅供參考，並無拘束之效力，惟該研究意見認爲「給與獎金或分配紅利」二者並列，由雇主即事業單位選擇其一，但基於保障勞工權益，並未否定雇主即事業單位得選擇同時「給與獎金或分配紅利」。薛君主張已發放之紅利90萬元之比例，推算其仍有三分之二之紅利即爲180萬元，即非無據。公司雖辯稱依公司慣例，每年均有保留一部分，且該保留部分，與已發放之三分之一紅利部分不同，並非對於上年度在職員工應給與之紅利，公司稱保留之三分之二，係鼓勵公司員工留任之性質，故對於已離職之員工，即不再給與等情，核無可取。

三十、約定工資不低於基本工資加計加班費

【工資】

華○船務代理公司員工顏○○訴請給付五年內加班費112萬9,567元等事件，有關加班費部分，高雄地方法院95年度勞訴字第67號判決顏○○敗訴，判決理由略以：按勞動基準法第21條第1項規定：「工資由勞雇雙方議定之。但

不得低於基本工資。」故勞僱雙方約定採較高日薪含假日工資方式，勞工薪資所得又未低於基本工資加計延時工資及例、休假日之工資總額時，即未違反勞動基準法之規定，亦非法所不許。查現行之最低工資爲1萬5,840元（民國95年），每日工資528元，每小時工資66元，縱依顏○○所稱其平均每月加班大約50小時，按上開基本工資計算，顏○○主張之每年加班費約爲3萬9,600元，依此比例計算結果，顏○○每月平均工資4萬9,287元，顯然高於按上開基本工資計算加計延時工資及例、休假日之工資總額時，即未違反勞動基準法之規定；況顏○○自83年9月23日起至94年11月離職時止，均向公司支領含加班費誤餐費在內之工資，顯然顏○○已同意公司薪資給付之方式。

三十一、海外津貼應為工資之一部分

【工資】

興○公司員工甲君、乙君、丙君退休等事件，興○公司與乙君、丙君不服97年3月25日臺灣高等法院95年度重勞上字第28號判決，各自提起上訴，有關海外津貼部分，最高法院97年度台上字第1542號判決興○公司敗訴，判決理由略以：工資，謂勞工因工作而獲得之報酬，包括工資、薪金，及按計時、計日、計月、計件以現金或實物等方式給付之獎金、津貼及其他任何名義之經常性給與均屬之。此觀勞動基準法第2條第3款之規定自明。而所謂經常性給與，係指在一般情形下經常可以領得之給付，舉凡某種給付屬於工作上之報酬，在制度上有對價關係，及經常性而非因單方目的具有恩惠或勉勵性質之給與者，均得列入平均工資以計算退休金。本件乙君、丙君薪資中所含之海外津貼，爲興○公司派駐大陸地區工作之員工，按月發給之給付，與勞務之提供具有對價關係，似屬於經常性給與，而非單純恩惠或勉勵性質之給與，應爲工資之一部分，於計算平均工資時，自應將其列入。

三十二、有無盈餘均固定發給之獎金屬工資

【工資、退休】

台○公司員工甲○○等三十九人請求給付退休金差額事件，公司不服臺灣高等法院94年度勞上字第56號判決提起上訴，最高法院96年度台上字第499號裁定上訴駁回，理由略以：按勞動基準法第2條第3款規定之工資，係以是否具有「勞工因提供勞務所得之報酬即勞務之對價」及「經常性給與」之性質而

定，判斷給付是否爲「勞務之對價」及「經常性給與」，應依一般交易觀念及個案具體情形決定之，至其給付名稱如何，在非所問。查公司與其產業工會於民國89年10月20日修訂之團體協約第17條所定之2個月獎金，係不論公司有無盈餘均須發給，如有盈餘尙須發給當年度稅前利益25%。該給付對勞資雙方均有拘束力，且不以該公司有盈餘爲前提，在制度上及給付時間上具有經常性，並屬勞工提供勞務之對價，而爲上開條款所指之工資。

三十三、駐外津貼為工資

【工資、退休】

興○公司員工甲○○請求給付退休金事件，公司不服臺灣高等法院94年度勞上字第46號判決提起上訴，最高法院96年度台上字第566號裁定上訴駁回，理由略以：甲○○主張其於84年11月23日起爲興○公司調派至大陸子公司任職，所領取之駐外津貼每月新臺幣3萬7,500元應算入退休金之計算基礎，參之雇主按月發給勞工在外地工作之「外地津貼」，係勞工於外地提供勞務而獲得之報酬，應屬工資，並依公司員工薪資單所列「應稅薪資」金額，即爲系爭駐外津貼、本薪、績效年功、交通津貼、職務津貼、全勤獎金之加總，及退休金計算明細表、離職證明書、各類所得扣繳暨免扣繳憑單暨甲○○全民健保投保薪資資料所載內容，可知系爭駐外津貼係興○公司支付予甲○○之薪資。則甲○○依勞動基準法第55條規定，請求興○公司給付該駐外津貼部分之退休金151萬8,750元，即屬正當。

三十四、勞務之對價性為工資認定之主要標準

【工資、退休】

台○公司員工甲○○等人訴請給付退休金差額事件，公司不服臺灣高等法院95年度重勞上字第1號判決提起上訴，最高法院96年度台上字第616號裁定上訴駁回，理由略以：勞動基準法第第2條第3款所稱工資之定義，可認該款規定係以「勞務之對價性」爲工資認定之主要標準，並以「經常性」爲輔助認定標準，故判斷雇主某項給付是否爲工資，應以上開立法定義所提出之判斷標準檢視之，而不得以給付名稱決定之。查甲○○等人工作型態係採常態輪班制，輪班並爲固定制度，系爭夜點費、值夜費均分別按輪值中、晚班次數、值夜次數按月給付，自係勞工提供勞務之對價且爲經常性給與而爲該條款之工資，依法

應併入平均工資以計算甲○○等人所得請領之退休金。

三十五、受僱人於他處所得報酬僱用人得扣除之

【工資】

那○公司員工甲○○請求確認僱傭關係存在等事件，那○公司不服臺灣高等法院94年度勞上更（二）字第4號判決提起上訴，最高法院96年度台上字第678號判決發回臺灣高等法院，判決理由略以：按「僱用人受領勞務遲延者，受僱者人無補服勞務之義務，仍得請求報酬。但受僱人因不服勞務所減省之費用，或轉向他處服勞務所取得或故意怠於取得之利益，僱用人得由報酬額內扣除之。」民法第487條定有明文。本件雙方間系爭職棒契約未經合法終止，那○公司又預示拒絕受領甲○○提供之勞務給付而受領遲延，甲○○仍得請求報酬，為原審所認定之事實。準此而言，甲○○本於系爭職棒契約為報酬之請求，因轉向他處服勞務所取得之利益，即非不得依前揭法條但書規定應得報酬中扣除。查那○公司於原審一再抗辯，依甲○○之87、88年度各類所得資料歸戶清單及89年度扣繳憑單，至少該三年度所共計112萬3,523元係甲○○向他處服勞務所取得之利益，應予扣除等情，原審未遑詳查論及，遽為不利那○公司之論斷，自有未洽。上訴論旨，指摘原判決關於其敗訴部分為不當，求予廢棄，非無理由。

三十六、平日每小時工資額之計算

【工資】

昇○公司員工甲○○等人請求給付工資等事件，公司不服桃園地方法院93年度勞訴字第1號判決提起上訴，96年5月8日臺灣高等法院94年度勞上易字第81號判決上訴駁回，判決理由略以：按行政院勞工委員會77年7月15日勞動二字第號函載明：「勞動基準法第24條所稱平日每小時工資額係指勞工在每日正常工作時間內每小時所得之報酬。但延長工作時間之工資及休假日、例假日工作加給之工資均不計入。」又司法院第一廳就司法業務研究會第14期研討問題中「平日每小時工資」之計算方式，表示「勞動基準法第24條所稱『平日每小時工資』與同法第2條第4款之『平均工資』名詞各異，依第24條延長工作時間之工資，乃犧牲休息之所得，因此『平日每小時工資』之計算，應依當日所得之工資，除以當日正常工作之時間，即為『平日每小時工資』」再學者有謂

「所稱『平日每小時工資額』，係指勞工在每日正常工作時間內平均每小時之工資。則以昇○公司之薪資結構，其給付員工之平日每小時工資額應以「每日正常八小時內」之工作所得即底薪、全勤獎金、伙食津貼、安全獎金、工作津貼、客訴獎金及車內清潔費用等，除以八小時之所得認定之。

三十七、夜點費非工資之一部分

【工資、退休】

台○公司員工甲○○等人請求給付退休金差額事件，公司不服臺北地方法院95年度勞訴字第89號判決提起上訴，有關夜點費是否爲工資部分，臺灣高等法院96年度勞上易字第3號判決以原判決廢棄，判決理由略以：公司員工作業方式採二十四小時早、中、夜三班輪流制，各班工作性質皆相同，僅服勤時間不同，此項工作型態，在甲○○等人受僱之際，即已知悉，並爲勞動契約之內容；而上開輪班情形，每人皆須更換輪值早、中或夜班，中班給夜點費150元，夜班給夜點費300元，且不論員工本薪高低，每一員工領取之夜點費均相同，亦不因作業種類及其工作複雜性、經驗、勞力度、學歷、智力、年資、級職之不同而有差異，足徵夜點費非關勞務之對價，否則應比照薪資高低而異。縱令該夜點費係經常性給與，惟既屬額外之給與，難認係勞工工作之對價，而係公司因體恤輪班制而於夜間工作勞工之辛勞所爲之恩惠性給與。

三十八、夜點費是否屬工資應符合對價性經常性

【工資、退休】

台○公司員工甲○○等人請求給付退休金差額事件，公司不服臺北地方法院95年度勞訴字第89號判決提起上訴，有關夜點費是否爲工資部分，臺灣高等法院96年度勞上易字第3號判決以原判決廢棄，判決理由略以：勞動基準法施行細則於94年6月15日修正時，將「夜點費」及「誤餐費」刪除理由既係：「事業單位發給之夜點費，如係雇主爲體恤夜間輪班工作之勞工，給與購買點心之費用，誤餐費如係因耽誤勞工用餐所提供之餐費，則非屬該法所稱之工資。鑑於「事業單位迭有將『輪班津貼』或『夜勤津貼』等具有工資性質之給付以『夜點費』或『誤餐費』名義發放，以減輕雇主日後平均工資之給付責任，實有欠妥，爰修正勞動基準法施行細則第10條第9款之『夜點費』或『誤餐費』規定，嗣後有關夜點費及誤餐是否爲工資」，應依該法第2條第3款規定

及上開原則，個案認定。」並未明示凡給與之「夜點費」及「誤餐費」必屬工資。益明夜點費是否屬於工資，仍應視其是否符合「勞務對價性」及「給與經常性」二要件為斷，尚不能僅以前揭勞動基準法施行細則之修正，即遽認夜點費是工資。

三十九、勞工保險所稱月薪資總額，以勞動基準法所稱之工資為準

【工資】

全○幼稚園有關勞工保險條例事件，全○幼稚園不服行政院勞工委員會99年9月10日院台訴字第0990102902號訴願決定，提起行政訴訟，臺北高等行政法院99年度簡字第799號判決全○幼稚園敗訴，判決理由略以：勞工保險條例第14條第1項所稱月薪資總額，以勞動基準法第2條第3款規定之工資為準；其每月收入不固定者，以最近3個月收入之平均為準；……。」勞工保險條例第14條第1項前段、第2項規定、第72條第2項、同條例施行細則第27條第1項定有明文。次按，「……三、工資，謂勞工因工作而獲得之報酬；包括工資、薪金及按計時、計日、計月、計件以現金或實物等方式給付之獎金、津貼及其他任何名義經常性給與均屬之。」勞動基準法第2條第3款亦有明定。

四十、工資不以直接提供勞務獲得者為限

【工資】

中○公司為員工勞保投保薪資事件，公司不服臺北高等行政法院94年度訴字第3055號判決提起上訴，最高行政法院96年度判字第1008號判決上訴駁回，有關投保薪資範疇部分，判決理由略以：公司發放給員工績效獎金是否屬經常性給與，原判決已明述其得心證之理由，並說明本院87年度判字第131號、87年度判字第994號、88年度判字第544號、93年度判字第1031號等判決之見解或以：「雖工資係因工作而獲得之報酬，但不以直接提供勞務獲得者為限，諸如生活津貼、加班津貼、特殊津貼、久任獎金、伙食津貼等經常性給與，亦均包括在內。」或以「惟查勞工保險投保薪資之申報，除本薪外，其餘各項津貼、獎金、加班費、伙食費等，凡屬經常性給與者，均應悉數併入計算，且投保單位不論以任何名目發薪，如係按月給與者，均應屬經常性給與而列入投保薪資內申報」：或以「是以除勞動基準法施行細則第10條所列各款者外，不因其係以何名稱給與有所不同。」綜上判決意旨，即認為工資係因工作而獲得之報

酬，但不以直接提供勞務獲得者爲限，且不論其名目如何，如係經常性給與，均應列入工資一併計算，乃屬投保薪資範疇。

四十一、契約自由應受限制

【工資、勞動契約】

大○公司員工甲○○請求返還股票事件，臺灣高等法院臺中分院93年度上字第338號判決大○公司敗訴，判決理由略以：當事人是否確立於「平等」地位從事締約行爲？契約之內容是否與法令有違？契約自由是否不得予以限制？乃契約自由制度下應予考量之問題。倘一方不得已而屈服於他方意思之下，訂立內容違反法令、公序良俗或誠實信用原則之契約，自非法之所許。是爲維護契約內容之公平合理，契約自由應受限制。系爭記名股票，係公司依公司法第235條第2項規定發給甲○○之89、90年度之分紅配股。按股息及紅利之分派，除章程另有規定外，以各股東持有股份之比例爲準；章程應訂明員工分配紅利之成數，但經目的事業中央主管關專案核定者，不在此限。公司法第235條第1、2項定有明文。既以該年度公司經營所生盈餘分配紅利，自非以將來公司營運如何爲分配紅利之要件。故公司分配紅利不得違反公司法第235條第1、2項規定，另加該法條所無之限制。系爭同意書就甲○○依上開法律應分得之紅利配股，以甲○○需任職至一定時間之方式限制其分次領取，增加甲○○本無須負擔之義務，自與該法條規定之目的有違。縱甲○○有違反勞動基準法或工作規則或僱用契約等情事，經公司依勞動基準法相關規定終止勞動契約，亦不影響甲○○原已取得之權利。公司剝奪甲○○上開終止契約後原得享有之權利，復以顯不相當之高額懲罰性違約金約定，剝奪甲○○請求領取分紅配股股票之權利，顯已違反法令規範之目的。本件大○公司上訴後，最高法院96年度台上字第165號以不同理由判決上訴駁回。

四十二、勞動能力減損之計算

【工資】

甲○○與戊○○因爲車禍請求賠償事件，戊○○不服臺北地方法院95年度訴字第7550號判決提起上訴，有關勞動能力減損之計算，臺灣高等法院96年度上易字第1號判決略以：戊○○雖辯稱甲○○勞動能力減損之計算應以其經常性薪資爲計算基準，而其經常性薪資應僅含括本薪、職務加給、生活津貼、晉等津貼、收息獎金、特支費等六項，至其餘放款收息獎金、外務津貼、競賽獎金則不應計入。惟被害人因身體或健康受侵害而減少勞動能力所受之損害，其金額應就被害人受侵害前之身體健康狀況、教育程度、專門技能、社會經驗等方面酌定之，故所謂減少或殘存勞動能力之價值，應以其能力在通常情形下可能取得之收入爲標準。最高法院81年度台上字第1874號裁判見解亦同，可資參照。甲○○之90至95年度薪資所得明細，放款收息獎金、外務津貼、競賽獎金均列入甲○○各年度所得，且所占金額比例幾達各該年度所得之一半，顯見其比重之大，自屬其工作之主要收入，而應併入勞動能力減損之計算。戊○○此節所辯，委無可採。

四十三、留職停薪平均工資之計算

【工資、勞動契約】

金○公司員工甲○○請求資遣費事件，公司不服彰化地方法院94年度勞訴字第32號判決提起上訴，有關平均工資部分，臺灣高等法院臺中分院96年度勞上易字第15號判決略以：按所謂「平均工資」，謂計算事由發生之當日前六個月內所得工資總額除以該期間之總日數所得之金額，勞動基準法第2條第4項定有明文。本件甲○○於92年6月1日起留職停薪至94年5月31日屆滿，甲○○於留職停薪屆滿後資遣，是計算平均工資應以留職停薪前92年5月30日至91年12月1日之平均工資，甲○○每月經常性工資爲6萬4,760元，其平均工資爲6萬4,760元。

四十四、年終獎金發放標準並無強制規範

【工資、退休】

合○公司員工甲○○請求給付退休金事件，不服嘉義地方法院94年度勞訴字第17號判決提起上訴，臺灣高等法院臺南分院95年度勞上易字第13號判決雙方上訴均駁回，判決理由略以：事業單位於年度終了結算，如有盈餘，除繳納稅捐、彌補虧損及提列股息、公積金外，對於全年工作並無過失之勞工，應給予獎金或分配紅利，勞動基準法第29條定有明文。至年終獎金發放標準及方式，該法並無強制規範，宜由勞資雙方協商之。此外，事業單位發放年終獎金之爭議，究屬權利事項或調整事項，應就事實予以認定，即不論獎金之性質爲紅利、民間習俗之年終獎金或績效獎

金，如勞資雙方因年終獎金發放額度發生爭議時（非發與不發之問題），應就勞資雙方有無事先就發放額度予以約定而加以判斷。甲○○於93年6月27日至94年7月19日因普通傷病停止工作，因此甲○○並未於93年度全年工作，是甲○○不符合勞動基準法第29條所定全年工作之要件，則其請求合○公司給付年終獎金，即屬無據。

四十五、以基本工資計算加班費

【工資】

興○汽車客運公司駕駛員甲○○請求給付加班費事件，公司不服臺南地方法院94年度勞訴字第41號判決提起上訴，臺灣高等法院臺南分院96年度勞上字第1號判決：原判決除確定部分外均廢棄。有關基本工資計算加班費部分，判決理由略以：按雇主延長勞工工作時間者，其延長工作時間之工資依下列標準加給之：一、延長工作時間在二小時以內者，按平日每小時工資額加給三分之一以上。二、再延長工作時間在二小時以內者，按平日每小時工資額加給三分之二以上，勞動基準第24條第1項第1款、第2款分別定有明文。而勞工之基本工資自86年10月16日起調整爲1萬5,840元（民國94年），每小時工資爲66元，以此爲計算基準，依勞動基準法第24條第1項第1款、第2款規定計算，基本工資及以基本工資爲基準計算出之延時工資之每月薪資總合；甲○○於五年期間，實際領取之每月薪資金額，均不低於基本工資及以基本工資爲基準計算出之延時工資之每月薪資總合。是雙方約定之上開薪資結構所載之給薪內容，自不違反勞動基準法之規定，雙方均應受其拘束。

四十六、國營事業對勞基法主管機關依據法律之合理解釋及命令不能置之不理

【工資、退休金】

中○公司違反勞動基準法事件，中○公司對於中華民國106年7月6日高雄高等行政法院105年度訴字第539號判決，提起上訴，最高行政法院106年度裁字第1877號裁定上訴駁回。裁定理由略以：關於夜點費應否納入平均工資之爭議，已有多數民事確定判決表明肯定見解在案，尤以本件上訴人所屬石化事業部員工相繼提起之民事訴訟，法院之間並無不同見解，則上訴人經營事業，本應講求效率積極回應，以化解紛爭，況其既然於民事判決確定後可以將夜點費

計入平均工資之退休金給付給勞工，則亦無不能在被上訴人命其改善時，專案給付之理，上訴人反而一再以其係屬經濟部下國營事業，應服從經濟部統一作法爲由，寧讓勞工訟累於民事，而對勞基法主管機關依據法律之合理解釋及命令，置之不理，其祇願堅守經濟部內部意見，不積極向上反映，檢討策進作爲，徒以經濟部函文爲唯一依歸，也不願遵守勞基法主管機關依法律所爲之命令，上訴人之消極作爲，反而有違「經濟部所屬事業機構人員考核辦法」第5條規定，以故意曲解法令，致機構、客戶或人民權利遭受重大損害，或因故意或重大過失貽誤公務，導致不良後果之虞。上訴人所稱其祇能遵守經濟部意見，無從依被上訴人命令改善云云，洵無可採。

四十七、強制執行扣薪慣例僅扣三之一

【工資】

甲○○聲請宣告破產事件，甲○○不服嘉義地方法院95年度破字第8號裁定提起抗告，臺灣高等法院臺南分院96年度破抗字第20號裁定抗告駁回，裁定理由略以：甲○○出生於69年10月19日已年滿二十六歲，距勞動基準法之強制退休年齡六十歲，尚得工作近三十四年。爲此審酌甲○○之年紀、職業、信用、財產狀況及其所自陳每月實領薪資3萬1,000元各情，與其所負債務總額互核，雖其一時給付遲延，然其苟能知所警惕，善用手邊現有財物及日後信用能力，再加上自身日後努力，客觀而言洵難遽認其已無清償債務之能力，而有宣告破產之必要。蓋甲○○每月薪資約3萬1,000元，苟所有債權人均取得執行名義聲請強制執行，依強制執行法第52條、第122條規定，應酌留甲○○及共同生活之親屬生活所必需之食物、燃料及金錢，因之執行法院如依債權人之聲請強制執行甲○○之薪資，實務慣例僅扣薪三之一，餘款仍可供甲○○及其家屬生活之需，據此計算一年所有債權人至少可受償12萬3,000元，以33年計算爲407萬餘元，如此甲○○及家屬生活仍可維持無虞，且債權人可受較多受償，兩蒙其利。

四十八、主管機關本於職權闡明勞動基準法之原意核與相關法律規定並無違背

【工資、罰則】

保○公司違反勞動基準法事件，保○公司不服高雄高等行政法院96年度簡

字第357號判決提起上訴，最高行政法院98年度判字第1495號判決保○公司敗訴，判決理由略以：查勞動基準法第22條第2項規定「『工資應全額直接給付勞工』，如勞工因違約或侵權行為造成雇主損害，在責任歸屬、金額多寡等未確定前，其賠償非雇主單方面所能認定而有爭議時，得請求當地主管機關協調處理或循司法途徑解決，但不得逕自扣發工資。」前經行政院勞工委員會82年11月16日82台勞動二字第62018號函釋有案。又「依勞動基準法第22條規定，工資應全額直接給付勞工。同法第26條規定，雇主不得預扣勞工工資作為違約金或賠償費用。所稱『預扣勞工工資』，係指在違約、賠償等事實未發生或其事實已發生，但責任歸屬、範圍大小、金額多寡等未確定前，雇主預先扣發勞工工資作為違約金或賠償費用。故本件是否違反前開規定，需依事實妥處。」復經行政勞工委員會89年7月28日89台勞動二字第0031343號函釋在案。上開二函釋乃勞工行政中央主管機關本於職權，闡明勞動基動法之原意，核與相關法律規定並無違背，自得予以援用。保○公司以臺灣高等法院95年度重勞上字第41號民事判決及改制前行政法院86年度判字第1412號判決，據以否認勞委會82年11月16日82台勞動二字第62018號及89年7月28日89台勞動二字第0031343號函釋適用之餘地，自不足為採。

四十九、請求金錢給付者必須以該訴訟可直接行使給付請求權時為限

【工資】

甲君等三人與國防部、中山科學研究院間薪給事件，甲君等三人不服98年4月2日臺北高等行政法院97年度訴字第2292號裁定提起抗告，最高行政法院98年度裁字第3150號裁定：抗告駁回，有關請求金錢給付部分裁定理由略以：若抗告人之主張係依行政訴訟法第8條因公法上原因發生財產上之給付，惟依行政訴訟法第8條所規定因公法上原因發生財產之給付，而提起一般給付訴訟，其請求金錢給付者，必須以該訴訟可直接行使給付請求權時為限，如依實體法之規定，尚須先由行政機關核定或確定其給付請求權者，則於提起一般給付訴訟之前，應先提起課予義務訴訟，請求作成核定之行政處分。準此，得直接提起一般給付訴訟者，應限於請求金額已獲准許可或已保證確定之金錢支付或返還，經查本件甲君等三人於提起本件訴訟前，並未提起課予義務訴訟，請求作成核定或確定有公法上金錢請求權存在，從而甲君等三人並不具有所謂因「公法上原因」發生金錢給付權存在之情況，且程序上甲君等三人亦無由補正，是本件亦不備行政訴訟法第8條之訴訟要件。

五十、不能以認定屬薪資所得之理由而比照在提繳勞工退休金爭議上

【工資、退休】

南○公司勞工退休金條例事件，南○公司不服行政院勞工委員會中華民國99年10月19日勞訴字第0990019208號訴願決定，提起行政訴，臺北高等行政法院99年度簡字第759號判決：原處分及訴願決定均撤銷。有關薪資所得部分判決理由略以：勞工保險局雖引用最高行政法院95年判字第1472號全民健康保險法事件、95年判字第313號綜合所得稅事件等判決，就保險業務員與所屬保險公司間判斷爲僱傭關係，因而認定南○公司與顏君等員工間爲僱傭關係等情。惟顏君等人引用之上開判決，係關於保險業務人員自南○公司取得之報酬，與稅捐機關間因全民健康保險保險費及綜合所得稅課徵之爭議，其爭點爲保險業務員獲得之報酬是否爲工資？是否爲薪資所得以全額課徵所得稅，抑或執行業務所得以淨額課徵所得稅？之判斷。此係就全民健康保險法及所得稅法中，主管機關就保險業務人員之報酬在稅賦上之分類問題。該等業務人員與南○公司保險公司間是否成立勞動契約關係？對於南○公司是否爲勞動基準法所稱之雇主，應負擔勞工法相關法規之雇主義務（如提供照顧、安全工作環境，雇主之給付低於基本工資等）？該等業務人員對雇主應否忠實（如任職中不得競業等），於該稅務案件等並不審酌，是故尚不能以認定屬薪資所得之理由，而在本件提繳勞工退休金爭議上，亦應比照援用。

五十一、非工資不計入投保薪資

【工資】

張君勞工保險投保事件，張君不服98年7月9日臺北高等行政法院97年度訴更一字第115號判決提起上訴，最高行政法院100年度判字第270號判決張君敗訴，判決理由略以：按春節獎金、年終獎金係每年發放一次，非屬經常性給與，自非工資，是勞工保險局就此部分不計入投保薪資，於法並無不合。至其餘部分，包括張君所領取之本薪及薪資項目爲教育補助費、生產競賽獎金、久任獎金、績效獎金、研究節約功績獎金、工作服代金、無過失獎金、特殊功績獎金、競賽獎金等，均已認定係勞動之對價，屬工資之一部分而予計入投保薪資，張君復執詞主張勞工保險局核定之投保薪資偏低，即無足採。

五十二、雇主逕自扣留一定數額之工資，亦屬於預扣之行為

【工資、罰則】

中○巴士公司副總經理甲君違反勞動基準法案件，甲君不服98年11月27日臺灣士林地方法院98年度易更（一）字第1號判決（起訴案號：臺灣士林地方法院檢察署95年度偵續一字第42號）提起上訴，臺灣高等法院99年度上易字第132號刑事判決甲君敗訴。判決理由略以按勞動基準法第26條「雇主不得預扣勞工工資作爲違約金或賠償費用」之規定，乃在於確保勞工及其家屬生活必須之最低需求。該條所謂「預扣」，固指賠償事實尚未發生前，雇主不得扣留一定數額之工資，作爲日後發生損害求償之保障；即於賠償事實發生後，於責任歸屬、範圍大小、金額多寡等未確定前，雇主逕自認定而扣留一定數額之工資，亦屬於上開預扣之行爲（行政院勞工委員會89年7月28日（89）台勞動二字第0031343號函參照）；又「勞工於工作中故意或過失損壞產品或其他物品，其觸犯刑章部分，雇主可訴請司法機關辦理；關於民事賠償部分可由雇主與勞工協商決定賠償金額及清償方式，如未能達成協議，其賠償非雇主單方面所能認定者，應循司法途徑解決，不得逕自扣發工資。」（內政部75年9月2日（75）台內勞字第432567號函參照）。

五十三、經常性制度性及對價性團體績效獎金是否屬工資

【工資】

台○公司勞保投保薪資事件，台○公司不服99年8月31日臺北高等行政法院99年度簡字第335號判決提起上訴，最高行政法院99年度裁字第2859號裁定上訴駁回。裁定理由略以：台○公司之團體績效獎金係依據設定之良率標準而每半年發放一次，且需達標準始發放之，故依該項獎金發放標準之特質，實屬對特定員工優良生產功績之表揚與獎勵，故已符合勞動基準法施行細則第10條所列之排外項目中特殊功績獎金之性質，自不應計入平均工資之計算，臺灣高雄地方法院檢察署檢察官之不起訴處分書亦持相同見解，況參勞動基準法施行細則第10條第2款所列獎金之特性，亦均含有「經常性、制度性及對價性」等性質，故原判決僅憑該等特性之含糊定義即判定團體績效獎金應屬工資之性質，實與前開法令規範之內容有所牴觸及衝突，其判決當然違背法令等語，爲其論據。惟核上訴意旨所稱，業據原判決於理由中敘明甚詳，台○公司以其對

法律上見解之歧異，就原審取捨證據、認定事實之職權行使，指摘其爲不當，並無所涉及之法律見解具有原則性之情事。

五十四、全勤獎勵金與三節獎金不同

【工資、罰則】

中○公司違反勞動基準法事件，中○公司不服97年11月27日高雄高等行政法院97年度簡字第182號判決提起上訴，最高行政法院99年度裁字第2033號裁定：上訴駁回。裁定理由如下：中○公司所屬勞工只要依規定未請事假、病假者，上訴人均應給予全勤獎勵金，與恩惠性給付之競賽獎金、特殊功績獎金、三節獎金性質大相逕庭；前者爲勞工因上班時間付出勞力獲得之對價且具經常性，並非視雇主之評價而發放，重點在勞務之提供，即「勞務本身」；後者則是雇主爲加強施工、督導績效等目的下所發放之給付，係勞工完成工作後雇主於所爲之評價，並視雇主之評價結果而發放，兩者情質顯不相侔，則全勤獎勵金自無從視爲「恩惠性給付」。從而，高雄市政府以中○公司於計算勞工陳君等三人延長工作時間之工資未將其之全勤獎金列入，致應加給之延長工作時間工資低於勞基法第24條之規定，依同法第79條第1項第1款之規定，裁處中○公司罰鍰銀元6,000元（折算新臺幣1萬8,000元），於法並無不合。

五十五、夜點費具有「勞務對價」及「經常性給與」之屬性

【工資】

中央健康保險局投保金額事件，中央健康保險局不服97年9月4日臺中高等行政法院97年度訴字第161號判決提起上訴，最高行政法院99年度判字第638號判決：原判決廢棄。被上訴人在第一審之訴駁回。判決理由略以：台○公司發給夜點費，爲因環境、時間等特殊工作條件而對勞工所增加之現金給付，其本質不僅爲係該值班時段之勞務對價，且形成爲固定常態工作中可取得之給與，同時爲勞工因提供勞務所得之報酬，其具有「勞務對價」及「經常性給與」之屬性，自爲工資無疑。此非台○公司與所屬員工得以合意排除之。是無論台○公司與其員工是否有「工資範疇不及夜點費，夜點費屬於福利性質」之合意，亦無礙本件夜點費之屬性。

五十六、全勤獎金具有因工作而獲得報酬之性質

【工資、工作規則】

中○公司違反勞動基準法事件，中○公司不服97年5月2日臺中高等行政法院97年度簡字第40號判決提起上訴，最高行政法院99年度裁字第516號裁定中○公司敗訴，裁定理由略以：原判決駁回中○公司，其理由略以：1. 勞動基準法第2條第3款將「工資」定義為「為勞工因工作而獲得之報酬」，次將「工資、薪金及按計時、計日、計月、計件以現金或實物等方式給付之獎金、津貼及其他任何名義之經常性給與均屬之。」定義為工資之內涵。「工資」為勞工因工作而獲得之報酬，其係屬於勞工提供勞務而由雇主所獲致之對價甚明。是以除勞動基準法施行細則第10條所列各款外，不因其係以何名稱給與有所不同。2. 又全勤獎金經勞委會87年9月14日台（87）勞動二字第040204號函釋：「全勤獎金若係以勞工出勤狀況而發給，具有因工作而獲得之報酬之性質，則屬工資範疇。」在案；而中○公司暨所屬各機構工作規則第68條規定：「員工於年度內未請事假、病假者，應每半年辦理一次全勤獎勵，每次核發二天薪額之全勤工作獎金。」是依勞委會前揭函釋及中○公司暨所屬各機構工作規則，勞工黃君全勤獎金之給與既須視其出勤狀況而發給，具有因工作而獲得報酬之性質，且為經常性之給與，自屬工資，即應計入延長工作時間之工資。

五十七、勞工因違約或侵權行為造成損害雇主不得逕自扣發工資

【工資、罰則】

鑫○公司違反勞動基準法事件，鑫○公司不服行政院勞工委員會98年10月5日勞訴字第0980014508號訴願決定提起行政訴訟，高雄高等行政法院98年度簡字第250號簡易判決鑫○公司敗訴，有關扣發工資部分判決理由略以：行政院勞工委員會82年11月16日台82勞動二字第62018號函亦揭示，勞工因違約或侵權行為造成雇主損害，在責任歸屬、金額多寡等未確定前，其賠償非雇主單方面所能認定而有爭議時，得請求當地主管機關協調處理或循司法途徑解決，但不得逕自扣發工資。本件原告並無理由扣發勞工工資，況本件並非勞工有違規或侵權之行為，而係勞資雙方對於薪資、分擔罰鍰、健保預扣款金額等之爭議，然原告遲至97年10月16日始函知凱○醫院：「本公司近期將發放97年9月份勞務費」，惟仍未給付其派駐勞工孫君等十四人之97年9月份、10月份及11

月1日至16日工資，其違反勞基法第22條第2項工資應全額直接給付勞工規定之事實明確，高雄市政府依法裁處罰鍰，並無違誤。

五十八、違約金或因契約所生之損害賠償之債權與薪資債權性質不同

【工資、罰則】

大○公司勞動基準法事件，大○公司不服行政院勞工委員會98年10月1日勞訴字第0980020627號訴願決定，提起行政訴，高雄高等行政法院98年度簡字第251號簡易判決大○公司敗訴，判決理由略以：大○公司主張訴外人潘君於97年10月底離職時，未依公司規定繳回打卡紀錄；並因銷售貨物庫存數短少，遭查核人員發現，未辦理移交銷售商品庫存數即擅自離職，故大○公司無法依會計作業準則之規定計算，並核發薪資，非大○公司惡意積欠薪資云云。惟查工資爲勞工生活之所需，潘君違約金或因契約所生之損害賠償之債權與薪資債權性質不同，潘君於在職期間，既有提供勞務之事實，大○公司依法即負有給付工資之法定作爲義務，縱令如原告所言，其對潘君有損害賠償債權，然違約金或因契約所生之損害賠償之債權與薪資債權性質不同，大○公司自不得逕行扣抵。況勞工縱有其應負之損害賠償責任，其賠償金額多寡與雇主尚有爭議時，雇主亦應與勞工協商決定賠償金額及清償方式，如未能達成協議，其賠償非雇主單方面所能認定者，應循司法途徑解決，不得逕自扣發薪資，此觀勞委會82年11月16日台（82）勞動二字第62018號函釋意旨自明。

五十九、恩惠給與性質不得列入平均工資計算退休金

【工資、退休】

裕○汽車公司員工邱○等人請求退休金事件，邱○等人不服臺灣高等法院臺中分院98年度重勞上字第11號判決提起上訴，最高法院99年度台上字第2246號民事裁定上訴駁回。理由略以：上訴人邱君係依勞動基準法之規定，自請退休外，其餘上訴人分別依公司之優惠彈性退休職辦法，向裕○汽車公司申請離職，該辦法所給付之退休職金，較勞基法規定之退休金，更爲優厚，並經裕○汽車公司審核通過，雙方就離職金之金額達成合意終止勞動契約，確認離職請領金額無誤，且加發年獎金、特別休假獎金、及固定四個月底薪之年節獎金，屬恩惠給與性質，與經常性給與有別，不得列入平均工資計算退休金。上訴人請求裕○汽車公司給付民國94年3月29日、參加晨會、退休前六個月之加班

費，及短少加發年獎與94年度調薪之差額，均不足取。

六十、加班費之計算有三種標準

【工資】

南○公司駕駛甲君等人請求給付加班費事件，南○公司不服臺灣高等法院臺南分院98年度勞上字第9號判決，提起上訴。上訴理由略以：依勞基法第39條規定，所謂勞工於休假日工作，工資應加倍發給之標準，係指假日當日工資照給外，再加發一日工資而已，此有勞委會函釋可稽。是以，勞工平日延長工作或休假日工作之加班費即有加給三分之一、加給三分之二及加倍發給等三種標準，並視其每日加班時數核實發給之。然甲君等人卻以每月加班時數在五十二小時以內者，按平日每小時工資額加給三分之一計算，逾五十二小時部分，則按平日每小時工資額加給三分之二計算。甲君等人之計算方式明顯違反勞基法第24條第1、2款、第39條之規定，殊無可採，甲君等人應依平日延長工作二小時以內、再延長工作二小時以內及休假日工作等三種加班時數，分別計算加班費。最高法院99年度台上字第1102號民事判決以：原判決廢棄，發回臺灣高等法院臺南分院。

六十一、不休假獎金及績效獎金均非經常性給與非屬工資

【工資】

台○農會員工吳君等人請求給付薪資等事件，台○農會不服臺灣高等法院臺中分院99年度勞上字第16號判決提起一部上訴，就不休假獎金及績效獎金部分，最高法院100年度台上字第170號民事判決以：發回臺灣高等法院臺中分院。理由略為：按工資，乃勞工因工作而獲得之報酬，為其勞動對價給付之經常性給與，勞動基準法第2條第3款定有明文。雇主非法資遣勞工而無效，勞工固得依民法第487條之規定請求此期間之報酬，惟不休假獎金係雇主為改善勞工生活，或為其單方之目的，具有勉勵、恩惠性之給與；而績效獎金，乃雇主為激勵員工士氣，按績效由盈餘抽取部分而發給，屬於獎勵、恩惠性之給與。不休假獎金及績效獎金，均非經常性給與，即非屬工資。台○農會之員工應休假，而當年未休假之日數，台○農會應按薪給核發不休假獎金，且該年度之個人績效，以「經辦業務績效」、「工作態度與服務精神」、「銷售台農乳品水果月曆等產品及平時考核」等項，經台○農會人事評議小組評議後，始核給績

效獎金，以資獎勵，並非員工一律發給績效獎金。吳君雖因台○農會非法資遣，而非其自願離職，但於此期間確未參與工作（即未上班），既無當年應休假而未休假，且無經辦業務之績效，而由台○農會人事評議小組評議之情事，能否仍得以請領不休假獎金及績效獎金，尚非無疑。乃原審未詳予審究，即判命台○農會給付該部分獎金，自嫌速斷。

六十二、實施無薪休假未經勞工同意仍應發工資

【工資、勞動契約】

貴○公司員工甲君等人請求給付資遣費事件，貴○公司不服臺灣高等法院99年度勞上字第3號民事判決提起上訴，最高法院99年度台上字第1836號裁定上訴駁回，有關無薪休假部分裁定理由略以：貴○公司於民國97年10月26日公布，僅載：「主旨：爲共同渡過景氣寒冬而實施彈性休假措施。實施：一、現場人員依生產排程決定。二、一般行政人員，每月排休四天。」甲君等人確有被扣除無薪假薪資之事實，所扣除無薪假之薪資比例，係逐漸增加，以其比例觀之，顯達實質減少薪資之效果，且逾每月排休四至五天所減少之薪資，已與上開公告內容不符。再者，公告乃貴○公司單方所爲，不足證明甲君等人同意其內容。何況該內容僅係規範彈性休假制度，就此彈性休假是否扣減薪資，通觀公告全文，亦無貴○公司就此減薪之意旨，顯係貴○公司未經兩造協商所爲片面之彈性休假決定。至甲君等人請假卡僅爲其請假紀錄，更不足證明其同意貴○公司實施無薪假，並同意休假時貴○公司毋庸給付工資。貴○公司既未能證明與甲君等人協商，且經甲君等人同意實施彈性休假並減少休假時工資，甲君等人放彈性休假，係貴○公司要求所致，即係可歸責於其事由而仍應照發工資。

六十三、加班費之給付是否屬定期給付性質

【工資】

南○公司員工甲君等人請求給付加班費事件，南○公司不服臺灣高等法院臺南分院98年度勞上字第9號判決提起上訴，最高法院99年度台上字第1102號民事判決：原判決廢棄，發回臺灣高等法院臺南分院。判決理由略以：南○公司以：依民法第126條及第128條之規定，定期給付債權自請求權可行使時起算，消滅時效爲五年，據此，加班費（工資債權）應自各期得請求之時起

算五年時效。甲君等人於民國96年11月28日方提起本訴，超過五年之加班費部分，爰爲時效抗辯。按民法第126條所稱之「其他一年或不及一年之定期給付債權」者，係指基於同一債權原因所生一切規則而反覆之定期給付而言，諸如年金、薪資之類，均應包括在內。經核原審認甲君等人並非每月均有加班，縱有加班，各該月份之加班費金額亦不相同，認爲不屬本條所謂定期給付之債權，乃將本條所謂「定期給付」之適用，解爲須每月均有加班之事實，及每月加班所得之金額應爲相同者，始足當之，其解釋及適用法律，似有未洽。況有關加班費之發給方式，南○公司是否應按月隨同薪資發給，或待提出申領時始給予，或以如何方式、期限給付？原審關此事實之認定，均未於判決理由中說明，自無從據以認定本件加班費之給付是否屬定期給付性質，亦有判決不備理由之違失。

六十四、不得以勞工自願犧牲奉獻而免除加班費

【工資、退休金】

台○家扶基金會勞動基準法事件，台○家扶基金會對於中華民國106年2月23日臺北高等行政法院105年度訴字第1202號判決，提起上訴，最高行政法院106年度裁字第784號裁定上訴駁回。裁定理由略以：按雇主對於勞工在工作場所之行爲，本有指揮監督管理之權責，應確認勞工留滯工作場所之原因，如確有提供勞務之事實，自應以延長工時論列，並依法給付延長工時工資，尙不得以勞工自願犧牲奉獻而免除法定之義務。查本件上訴人確有使勞工延長工作時間，且未依法給付延長工時之工資等情；上訴人之加班補休制度，既與法令有違，被上訴人調查其違章行爲屬實，依法論處，於法並無不合。

六十五、專案獎金、遞延獎金、推廣獎金、理專獎金應計入平均工資

【工資】

國○銀行違反勞動基準法事件，國○銀行對於中華民國106年3月16日臺北高等行政法院105年度訴字第1069號判決，提起上訴，最高行政法院106年度裁字第1179號裁定上訴駁回，裁定理由略以：上訴人就其產假期間之工資給付，未將103年5月及6月之基金專案獎金、基金專案遞延獎金、國○人壽推廣獎金、理專獎金、全方位策略重點加碼獎金等納入平均工資計算，致有短少給付產假工資之情事，違反勞動基準法。

勞動基準法第2條第3款工資之定義，並未排除依工作績效給予之業績獎金，上述之獎金皆與勞工服勞務具高度相關性。再觀被上訴人與勞工約定之國○銀行員工薪酬給付辦法第1條總則，第4條第2項規定：「員工月薪係依員工所任職位職責、績效及能力、與外部薪酬標竿市場，作爲個人薪資給付參考。」第5條第2項規定：「本行每年得依個人績效評核結果，依第4條第2項原則進行員工月薪檢視。」足徵影響績效考核辦法規定之本件各項獎金評核項目，如職位職責、績效及能力等，皆與員工提供勞務之品質息息相關，且此獎金並不因勞工未達成項目目標、當季考核不合格或年度績效評核等第爲「1」而不發放，僅依比例發給之，故可認本件各項獎金與勞工提供勞務所獲得之報酬顯具直接相關聯性，爲勞工工資之重要內容，且屬固定性、制度性之給與，並非臨時起意性之給與，亦非屬偶然、不特定之恩惠性給付，本件各項獎金係屬工資，於計算平均工資時仍應計入。

六十六、協議原薪另行調職獎金金額應與同單位同職級人員相當

【工資、罰則】

富○公司違反勞動基準法事件，富○公司對於中華民國105年11月30日臺北高等行政法院105年度訴字第667號判決，提起上訴，最高行政法院106年度裁字第201號院裁定上訴駁回，裁定理由略以：

勞工賴○○以雇主非法解僱事由向被上訴人申請勞資爭議調解，調解結果不成立，賴○○遂向臺灣士林地方法院提出回復僱傭關係之訴，經士林地院調解後，於99年1月返回擔任原職。嗣上訴人與賴○○協議原薪另行調職擔任秘書人員，惟賴○○自調職後，檢視其歷年考核成績並不特別落後，惟每年所領之各項獎金金額卻明顯落後同單位同職級人員，上訴人對賴○○顯有不利之對待，違反行爲時勞基法第74條第2項規定。台北市政府依行爲時勞基法第79條第1項第1款及第3項規定，裁處書處上訴人罰鍰新臺幣2萬元，並公布上訴人名稱。臺北高等行政法院105年度訴字第667號判決（下稱原判決）以：自上訴人與賴○○間之勞資爭議發生，經士林地院調解之後，賴○○於99年1月同意改調秘書部擔任正管理師，職級與其任職於人事科時相同，比較賴玉雪於96至97年度與100年度之後獎金領取情形有相當之落差，在時間上有其緊密性，上訴人復未能提出合理說明何以對賴○○爲不利之對待，經觀察上訴人行爲之意思、時間、內容、型態及種類等作綜合判斷，應認與賴○○提出申訴間具有因

果關係，被上訴人認上訴人對勞工賴○○顯有不利之對待，違反行爲時勞基法第74條第2項規定，事證明確，已盡行政調查之義務，考量上訴人係第一次違反行爲時勞基法第74條第2項規定，乃依行爲時台北市政府處理違反勞動基準法事件統一裁罰基準第3點第54項規定，處法定罰鍰最低額2萬元，並公布上訴人名稱，督促上訴人落實法令規定，核無違誤。

六十七、夜點費屬勞工因提供勞務所獲致之報酬

【工資、退休、公務員兼具勞工身分者】

中○公司違反勞動基準法事件，中○公司對於中華民國105年11月30日臺北高等行政法院105年度訴字第621號判決，提起上訴，最高行政法院106年度裁字第254號裁定上訴駁回。裁定理由略以：所稱之「工資」，乃勞工因工作而獲得之報酬，性質上只要係勞工提供勞務而由雇主所獲致之對價，具有「勞務對價性」及「給與經常性」，不問其給與名稱爲何，均屬工資。經查，上訴人給與輪值夜間工作之人員固定數額之「夜點費」，經上訴人以該等給與係屬雇主之恩給，而未列入延長工時工資及平均工資內計算等情，已據上訴人自承在卷，並有上訴人組長黃○萍簽認之台北市勞動檢查處104年6月26日勞動條件檢查會談紀錄影本附卷可稽，自堪信實。核夜點費既係上訴人因輪班人員依公司業務需要，遵從公司排班，參與輪班工作，並因工作之環境、時間等特殊工作條件，按輪班之情形，核算發給不同金額之夜點費，則該夜點費自屬勞工因提供勞務所獲致之報酬，而有勞務對價之性質，且上訴人核發夜點費行之有年，已屬常態性給與，勞工於夜間工作逾一定時間者均得領取，有核算發給之方式及標準，則該夜點費自屬經常性之給與。上訴人自應納入計算勞工之延長工時工資及平均工資。（二）經濟部所屬事業機構新進人員職稱爲「監、師」，分類職位爲六等以上之人員，即係依經濟部所屬事業機構人事管理準則之派用人員，屬勞動基準法第84條規定之「公務員兼具勞工身分者」，其退休事項固應適用相關公務員法令，即經濟部依國營事業管理法第33條規定授權訂定之「經濟部所屬事業人員退休撫卹及資遣辦法」；而依該辦法第2條、第3條及第6條規定，已見適用該辦法退休之「經濟部所屬事業人員」，不僅其平均工資之計算係適用勞動基準法，其工作年資橫跨勞動基準法施行前、後者，其退休金之計算，就勞動基準法施行後年資部分，亦有勞動基準法之適用。此觀行政院79年9月17日（79）台人政肆字第38807號函益明。

六十八、賠償有爭議時雇主不得逕自扣發勞工工資

【工資、罰則】

嘉○保全公司違反勞動基準法事件，嘉○保全公司對於中華民國105年8月24日臺北高等行政法院105年度訴字第359號判決提起上訴，最高行政法院106年度判字第93號判決上訴駁回。有關雇主逕扣發勞工工資部分，判決理由略以：按「工資應全額直接給付勞工。但法令另有規定或勞雇雙方另有約定者，不在此限。」為勞動基準法第22條第2項所明定。其立法理由並揭示「為避免工資被任意扣減、扣押或不直接發給勞工，規定工資應全額直接給付，惟如法令另有規定或勞資雙方自行商定者，可從其規定。」故雇主依勞資雙方商定結果，得直接由勞工工資中扣取一定金額，固非法所不許，惟其事由、金額及責任歸屬等相關事項，均須明確而無爭議，如勞雇雙方對其中任一仍有爭執，即非雇主單方面所能認定，應請求當地主管機關協調處理或另循司法途徑解決，不得逕自工資中扣取，否則難謂與勞動基準法第22條第2項揭櫫之工資全額給付原則無違。又勞委會89年7月28日函釋：「勞動基準法第22條第2項規定『工資應全額直接給付勞工』，如勞工因違約或侵權行為造成雇主損害，在責任歸屬、金額多寡等未確定前，其賠償非雇主單方面所能認定而有爭議時，得請求當地主管機關協調處理或循司法途徑解決，但不得逕自扣發工資。」勞動基準法第26條規定，雇主不得預扣勞工工資作為違約金或賠償費用，所稱『預扣勞工工資』，係指在違約、賠償等事實未發生或其事實已發生，但責任歸屬、範圍大小、金額多寡等未確定前，雇主預先扣發勞工工資作為違約金或賠償費用。」係中央主管機關本於職權，闡明勞動基準法之原意，核與相關法律規定及立法意旨並無違背。

六十九、全勤獎金、過夜津貼及加班費，如係提供勞務之對價，且為經常性給付，均屬工資

【職業災害、精神慰撫金、工資】

金○公司員工王○○因長時間超時工作，於106年9月3日發生腦受損、肢體神經傳導異常之職業災害，請求按平均工資計付工資補償事件部分，公司不服原判決提起上訴，最高法院110年度台上字第1048號民事裁定上訴駁回，裁定理由略以：106年3月至8月期間，王君每月所領薪資均包含全勤獎金、過夜

津貼及加班費，均屬提供勞務之對價，且爲經常性給付，均屬工資，應於計算平均工資時列入計算。其自得依勞動基準法第59條第2款規定，請求上訴人按平均工資計付工資補償。又王君因系爭職業災害致永久減損勞動能力34%，已無法勝任原有工作，且對其日常生活影響甚鉅，另審酌兩造之身分、地位、經濟等一切情狀，被上訴人請求上訴人賠償精神慰撫金50萬元，尚屬適當。至本院106年度台上字第1215號判決、106年度台上字第2679號判決及109年度台上字第2921號裁定，係就不同之具體個案所爲認定，尚不得比附援引。

七十、固定發給為可得確定金額之年終獎金，屬經常性給與具工資之性質

【工資、退休金】

福○公司員工王○○等人訴請給付退休金事件，福○公司提起上訴，最高法院110年度台上字第1252號民事裁定上訴駁回。裁定理由略以：福○公司發放之年終獎金，分別爲「固定年終獎金」及「年終特別獎金」兩種，發放對象均爲發放時在職之員工，而依福○公司工作規則第42條、年終獎金發放辦法第1點、第3點、第5點規定，每半年發放一次之固定年終獎金，係以在職員工一個月份之薪資金額（本薪＋主管加給＋專業津貼）爲計算基礎，按其工作期間比例、工作日數、假勤及獎懲狀況，固定發給爲可得確定金額之年終獎金，屬經常性給與，係與勞工之工作時間、勞務品質或數量有關，自屬勞工因工作而獲得之對價而具工資之性質，與福○公司發放之年終特別獎金，屬恩惠、激勵性質者不同，福○公司未將固定年終獎金列入退休金給與標準之計算基礎，致有短付退休金予王○○等人之情形，王○○等人依勞動基準法第53條第1項第2款、第55條、上訴人從業人員退休辦法第5條及勞工退休金條例第14條第1項、第31條第1項等規定，請求福○公司分別給付王○○等人退休金差額及法定遲延利息，於法有據。

七十一、夜點費屬於勞基法第2條第3款規定之工資

【工資、退休金】

台○公司員工何○○等人請求給付退休金差額事件，台○公司不服臺北地方法院判決提起上訴，臺灣高等法院111年度勞上易字第170號民事判決：上訴

駁回。判決理由略以：按勞工係受雇主僱用從事工作獲致工資者；而工資謂勞工因工作而獲得之報酬，包括工資、薪金及按計時、計日、計月、計件以現金或實物等方式給與之獎金、津貼及其他任何名義之經常性給與均屬之。勞基法第2條第1款、第3款分別定有明文。是工資係勞工勞動之報酬對價且爲經常性之給與。所謂經常性之給與，只要在一般情形下經常可以領得之給付即屬之，舉凡某種給與係屬工作上之報酬，在制度上有經常性者，均得列入平均工資以之計算退休金。故勞工因工作所得之報酬，倘符合「勞務對價性」及「給與經常性」二項要件時，依法即應認定爲工資。判斷某項給付是否具「勞務對價性」及「給與經常性」，應依一般社會之通常觀念爲之，其給付名稱爲何，尙非所問。是以雇主依勞動契約、工作規則或團體協約之約定，對勞工提供之勞務反覆應爲之給與，乃雇主在訂立勞動契約或制定工作規則或簽立團體協約前已經評量之勞動成本，無論其名義爲何，如在制度上通常屬勞工提供勞務，並在時間上可經常性取得之對價（報酬），即具工資之性質而應納入平均工資之計算基礎（最高法院100年度台上字第801號民事判決意旨同此見解）。準此，倘系爭夜點費之核發，係輪値夜班者即得領取，而輪値夜班又已成爲固定之工作制度，則此種因勞工輪値夜班之特殊工作條件而對勞工所增加提出之現金給付，其本質應係該値班時段之勞務對價，而成爲勞雇雙方間因特定工作條件，形成固定常態工作中可取得之給與，爲勞工因經常性提供勞務所得之報酬。是系爭夜點費倘符合「勞務對價性」及「給與經常性」之要件時，自屬勞基法第2條第3款所謂之工資。

七十二、夜點費及誤餐費是否為工資？應個案認定

【工資、退休金】

台○公司員工何○○等人請求給付退休金差額事件件，台○公司不服臺北地方法院判決提起上訴，臺灣高等法院111年度勞上易字第170號民事判決：上訴駁回。判決理由略以：94年6月14日修正前之勞基法施行細則第10條第9款雖將「差旅費、差旅津貼、交際費、夜點費及誤餐費等」排除於「經常性給與」之外，惟該款規定之差旅費、差旅津貼及交際費，因屬不確定之事項所支出，固可認定並非「經常性給與」，然與系爭夜點費係屬固定輪班工作型態下經常性給與之勞務對價之性質不同，自不得以發給名目爲「夜點費」，即認有上開規定之適用。況該施行細則於94年6月14日修正時，已將有關夜點費及誤餐費之規定刪除，其修正理由爲：「鑒於事業單位迭有將『輪班津貼』或『夜勤津

貼』等具有工資性質之給付，以『夜點費』或『誤餐費』名義發放，以減輕雇主日後平均工資之給付責任，實有欠妥，爰修正刪除勞動基準法施行細則第10條第9款之『夜點費』或『誤餐費』規定，嗣後有關夜點費及誤餐費是否為工資，應依該法第2條第3款規定及上開原則，個案認定」等語，可見以夜點費之名目所為給付，如符合勞基法第2條第3款規定要件，仍具工資性質，自得將系爭夜點費全部併予計入平均工資之範圍（另：台○公司員工之司機加給、領班加給是否併予計入平均工資計算退休金，臺灣高等法院高雄分院111年度勞上易字第275號民事判決勞工勝訴；尚有臺灣高等法院111年度勞上易字第159號民事判決之類似判決）。

七十三、所謂經常性給與指一般情形下經常可以領得

【勞務對價性】

最高法院110年度台上字第82號判決略以：勞動基準法第24條、第55條第2項、第2條第3款、第4款規定：工資者，勞工因工作而獲得之報酬，包括工資、薪金及按計時、計日、計月、計件以現金或實物等方式給付之獎金、津貼及其他任何名義之經常性給與均屬之。所謂「因工作而獲得之報酬」，係指符合「勞務對價性」；所謂「經常性給與」，係指在一般情形下經常可以領得之給付，應依一般社會之通常觀念為之，其給付名稱為何尚非所問（最高法院110年度台上字第2035號判決同此意旨）。

七十四、特休未休工資是否列入平均工資計算

【經常性、代償金】

最高法院107年度台上字第587號判決略以：特別休假之設計，旨在提供勞工休憩、調養身心之機會，並非用以換取工資，是雇主於年度終了未休畢特別休假給與之金錢，當非勞工於年度內繼續工作之對價，僅能認係補償勞工未能享受特別休假，所給與之代償金，亦不具備經常性，與勞動基準法所規定工資意義不同，自非屬工資性質（最高法院108年度台上字第2169號判決同此意旨）（按：勞動部107年4月11日勞動條2字第1070130360號函釋：特休未休而工作之報酬，應否計入平均工資計算，應先視特別休假年度終結之時點而定，是否在平均工資計算事由發生之當日前六個月之內。原特別休假年度終結之時點，非於平均工資計算期間者，毋庸列入）。

七十五、勞工有加班雖然未經申請程序仍應給加班費

【工作規則】

勞動事件法第38條：「出勤紀錄記載之勞工出勤時間，推定勞工於該時間內經雇主同意而執行職務。」最高法院111年度台上字第2305號民事判決略以：雇主無制式加班申請單供勞工申請加班，是工作規則所規定之申請加班徒具形式，並無實際執行，自不能以勞工未依循工作規則申請加班，遽謂勞工無加班事實及必要（臺灣高等法院高雄分院109年勞上字第45號民事判決）。

七十六、約定月薪制之勞工假日應給工資

【工作天、假日】

約定月薪制之勞工於在職期間之國定假日，例假日與休息日等法定假日，均應計入，不可以只計算工作天，否則即涉及未給付假日工資而違反勞動基準法第39條規定。臺灣高等法院108年勞上字第81號民事判決略以：薪資約定以月計付者，雇主就例假日部分仍有給付薪資給勞工之義務，是雇主抗辯依勞工打卡之日數計付薪資，已嫌無據。

七十七、勞資雙方事前有約定可以扣款，事件發生後仍應徵得勞工同意

【責任歸屬】

最高行政法院106年度判字第93號判決略以：雇主經勞資雙方商定結果，得直接由勞工工資中扣取一定金額，固非法所不許，惟其事由、金額及責任歸屬等相關事項，均須明確而無爭議。如勞資雙方對其中任一有所爭執，即非雇主單方面所能認定，應請求當地主管機關協調處理或另循司法途徑解決，不得逕自從工資中扣取。

第四節　最低工資法

適用已久的「基本工資審議辦法」是法規命令，總統於112年12月27日公布「最低工資法」，並自113年1月1日實施，將最低工資的調整提升至法律位

階，立法建構最低工資制度，在法制化之下，強化最低工資審議程序，讓最低工資審議及檢視的機制更為周延、健全、穩定、明確，以保障勞工工資權益。

有工會團體認為是法律的「最低工資法」，讓最低工資將可預期朝向「合理、透明、穩定」的方向發展，扭轉以往勞工低薪的困境；但也有工會團體認為「最低工資法」應明定「最低工資調整幅度不應低於重要民生物價指數或消費者物價指數年增率之漲幅，且不得低於前一年最低工資」，這才是「最低工資法」應有的核心條文。也有認為10項得參採指標，參採或不參採有何標準。

基本工資與最低工資易混淆不清。基本工資與最低工資不同，基本工資是「量」的，著眼於「量」的多少，不以勞工生活品質為基準。而最低工資是「質」的，在維護勞工正常生活，及確保人類尊嚴為基準，亦即以勞工生活品質為準據。

最低工資審議，「應參採」消費者物價指數（CPI）年增率擬定調整幅度；並「得參採」勞動生產力指數年增率、勞工平均薪資年增率、國家經濟發展狀況、國民所得及平均每人所得、國內生產毛額及成本構成之分配比率、民生物價及生產者物價變動狀況、各產業發展情形及就業狀況、各業勞工工資、家庭收支狀況、最低生活費。

「最低工資法」要點如下：

一、工資之定義

本法所稱勞工、雇主及工資之定義，依勞動基準法第二條之規定。

二、不得低於最低工資

最低工資，分為每月最低工資及每小時最低工資。勞雇雙方議定之工資，不得低於最低工資。

勞雇雙方議定之工資低於本法所定最低工資者，以本法所定最低工資為其工資數額。

三、最低工資審議會組織

審議會置召集人一人，由勞動部部長兼任之；另置委員二十一人，其組成如下：

（一）勞動部代表一人。

（二）經濟部代表一人。

（三）國家發展委員會代表一人。

（四）勞方代表七人。

（五）資方代表七人。

（六）專家學者四人。

前項勞方代表及資方代表，由相關勞工及工商團體推薦後，由勞動部遴聘之。

第一項第六款之專家學者，由勞動部遴聘之。

四、研究小組組織

勞動部應組成研究小組，就最低工資審議事宜研究之；必要時，得將該研究事項委託適當人員、機構為之。

研究小組之組成，應包括下列人員：

（一）專家學者四人至六人。

（二）國家發展委員會、經濟部、財政部、衛生福利部、勞動部及行政院主計總處指派之人員。

研究小組應於每年四月向審議會報告最低工資實施對經濟及就業狀況之影響，並於審議會召開會議三十日前，就第十條所定之指標提出研究報告及調整建議。

五、最低工資參採因素

最低工資之審議，應參採消費者物價指數年增率擬訂調整幅度。

最低工資之擬訂，並得參採下列資料：

（一）勞動生產力指數年增率。

（二）勞工平均薪資年增率。

（三）國家經濟發展狀況。

（四）國民所得及平均每人所得。

（五）國內生產毛額及成本構成之分配比率。

（六）躉售物價及民生物價變動狀況。

（七）各業產業發展情形及就業狀況。

（八）各業勞工工資。

（九）家庭收支狀況。

（十）最低生活費。

六、審議會召開會議

審議會應於每年第三季召開會議審議最低工資。

審議會就最低工資之審議，應有委員二分之一以上親自出席。如未能就審議案達成共識，得經出席之委員二分之一以上之同意議決之。

七、原公告基本工資之效力

勞動部依本法公告實施最低工資前，原依勞動基準法公告之基本工資繼續有效。

本法施行後第一次公告之最低工資數額，不得低於本法施行前最後一次依勞動基準法公告之基本工資數額。

第五節　提升勞工薪資探討

合理的薪酬，可以羅致優秀人才，提高工作效率，和諧勞資關係，提升營運績效。

與工業先進國家相比，我國勞工的工資較低而工時較長，如何提升勞工的工資，減少工時，有待政府、社會、雇主、勞工多方面的支持、配合。

實際上目前尚有不少雇主未依規定給加班費（含國定假日）、未給特休未休工資，承攬工程或派遣僱用之勞工，未合理給薪，這些基本要求應先解決，也將有不少勞工受益。

有專家認爲，臺灣勞工薪資低是「因物價低所致」、「教改之爲禍」、「大學學生專業縮水」、「學非業者所需」、「技職體系已摧毀殆盡」、「眾多年輕人紛紛投入無需技術與專長的低薪服務業」；也有認爲低薪問題是因產業外移、學非所用、分配不均。要解決低薪問題必須從產業升級、學以致用、均衡分配著手。

112年12月31日，某報大幅登載有工會幹部表示：臺灣與中國大陸的貿易愈緊密，工作貧窮（低薪）愈嚴重、新制6%退休金致雇主「難以調薪」，6%退休金反而變成「勞工負擔」。亦即「與中國大陸貿易」、「6%退休金」影響勞工調薪、高薪。

就工會幹部之言，筆者多方請教各界的看法，大多認爲工會幹部之言與事實有出入。探討問題應多方廣泛、整體分析利弊得失，不能以偏概全、不能坐井觀天。以雇主提繳新制6%退休金爲例，近有多個勞工團體主張提繳之6%退休金應提高，理由之一是：勞工退休時，其退休金依舊制或新制6%計算，兩者差很多。

筆者偶爾問勞工：「雇主是否營運不佳獲利少？」常聽到勞工答以：「雇主土地一塊又一塊的買」、「房屋一棟又一棟的買」、「廠房繼續擴大中」等語。當然不是所有雇主都賺錢，也有雇主表示營運不佳獲利少，所以繼續撐下去是爲了照顧數十位的員工，如果員工不能共體時艱，只有關門。

主計總處112年11月30日公布111年受僱員工薪資中位數統計指出：全體受僱員工全年總薪資中位數爲51.8萬元。以薪資差距而言，最高前10%平均總薪資爲126.1萬元，最低10%平均總薪資爲30.6萬元。薪資中位數最高的行業是電力及燃氣供應業的108.8萬元，其次是金融及保險業的103.7萬元，製造業的53.9萬元，其中電子零件製造業、電腦電子產品及光學製品製造業均超出70萬元。而部分工時員工較多的藝術娛樂及休閒服務業、住宿及餐飲業、其他服務業等，薪資中位數均不到40萬元。

我國中小企業多，占97%，經營不善的固然有，但營運良好獲利佳者多，營運良好獲利佳的雇主不見得會爲員工加薪。勞工希望多加薪，雇主們則認爲營運良好獲利佳是雇主辛勞打拼的結果，如果虧損勞工要分擔嗎？也有雇主考慮到，營運好、景氣好繼續加薪，但如遇到營運差、景氣差的時候，勞工是否同意減薪。企業營運良好獲利佳同樣是勞工的貢獻，沒有勞工的貢獻，雇主哪會有所收獲？故勞資雙方共存共榮、互利互惠的觀念必須先建立。

企業經營成敗與企業負責人息息相關。一家有名氣的電器品連鎖店換了負責人，經營方式不同，營運即大幅成長；另有一家大賣場，同樣是換了負責人後，店數迅速擴展，這是領導人與企業經營成敗息息相關的證明。

大型企業大多有重視經營管理合理化，而中小型企業有許多忽略了經營管理合理化的重要性，當然影響到企業的成長與員工的權益。

在經營管理上，建立合理的薪資結構很重要，薪資結構包括有激勵功用的各項獎金辦法，例如對開車司機訂定「安全獎金」辦法，一個月不違規、不出車禍給獎金3,000元，全年不違規、不出車禍給獎金更多，如此對雇主而言，不見得增加支出。許多中小型企業只有「全勤獎金」、「年終獎金」，而忽略了其他獎金辦法的重要性。

有些雇主未能善盡照顧勞工之責，但有些勞工則敬業精神不足。常聞有雇主埋怨現代年輕人敬業精神不如年長者，對於表現差的勞工又不能資遣，因爲雇主找不到工人接替。

有能力加薪的企業，可以即時加薪以造福勞工；而未遵守最低勞動條件的雇主（如未依規定給付加班費），應早日遵守規定。

綜合以上所述，解決勞工低薪問題，除了加強投資、促使經濟成長、產業升級、提高生產力之外，尚須多方面之支持、配合。

一、高薪族與低薪族

根據財政部分析的「財稅大數據的台灣薪資樣貌」，高薪族與低薪族樣貌如下（參107年1月8日自由時報）：

（一）薪資與企業規模有關

104年上市公司月薪中位數5.1萬元，較非上市櫃公司高出1.8萬元。

（二）薪資與年齡有關

薪資與年齡同步成長，同齡間差距亦逐漸擴大。

（三）行業別差很大

電力及燃氣業月薪中位數8.9萬元，住宿餐飲業2.5萬元。

（四）低薪三族群

大多集中在非上市櫃公司、四十歲以下年齡層，且集中在人力密集與計時人員。

中央銀行總裁彭淮南於106年12月20日指稱：勞力市場失靈是常態，勞資雙方議價能力不對等，資方主導下決定出來的薪資，絕對不是市場有效價格，在此情況下，政府機關應關心介入基本薪資合理調整。

彭總裁也表示，臺灣企業沒有將成長果實分配給員工，從79年至105年，受薪階級報酬比重下滑7%，企業盈餘比重則上升逾5%；日本、韓國、新加坡等國，都鼓勵企業加薪的政策。彭總裁鏗鏘之言切中時弊，低薪問題政府不能袖手旁觀。

二、股價、盈餘、薪資

112年8月14日，自由時報報導111年多家上市櫃公司，非主管全時員工薪資。從報導中可以得知：

（一）股價高薪資不一定高

約有半數高價股，其員工薪資不一定高，甚至有股價高而員工薪資只有一般水準。

（二）盈餘多薪資不一定高

股價高員工薪資不一定高。同樣情形，盈餘多員工薪資不一定高。但盈餘少而員工薪資高的不少。

（三）半導體業薪資領先

111年員工薪資前10名，半導體業占7家。

（四）觀光餐旅業薪資差

上市櫃的觀光餐旅業員工薪資差，可能與觀光餐旅業部分工時員工多有關。

筆者認爲，員工薪資的高低與經營者的觀念有關，有些企業以往獲利不高時，員工薪資是一般水準，但當公司獲利高時，員工薪資即相對提高，甚至大幅提高；惟有些經營者則有不同看法。

三、企業調薪參考因素

根據主計總處的調查，111年企業調薪參考因素，各項所占比率如下：

（一）員工個人表現49.3%。
（二）基本工資調整39.8%。
（三）營利狀況較佳37.1%。
（四）激勵員工士氣31.1%。
（五）留住人才24.3%。
（六）參考同業薪資水準23.0%。
（七）物價變動13.5%。
（八）勞資協商訂定2.7%。
（九）其他3.8%。

四、勞工工資概況

112年6月，高雄市勞工局某就業站張貼十多家廠商徵才廣告，提示的新進人員工資分別如下：

（一）工程助理員月薪30,000元加季獎金。
（二）沖床操作員月薪29,000元。
（三）機械製造員月薪26,400元至30,000元。
（四）機械操作員月薪40,000元至45,000元。
（五）汽車維修員月薪35,000元至40,000元。

（六）技術員月薪28,000元。

（七）機台操作員月薪26,400元。

（八）生物科技工程師月薪30,000元至40,000元。

（九）天車操作員日薪1,450元。

（十）鋼鐵作業員日薪1,408元。

（十一）百貨店員時薪176元。

（十二）食品製造時薪176元。

（十三）美療師月薪27,100元。

（十四）五金製造員月薪26,400元至28,000元。

（十五）行政助理月薪26,400元。

（十六）食品處理月薪26,400元。

（十七）旅館業務員月薪27,000元至95,000元。

（十八）保全月薪26,400元，28,000元（做四休二每天十二小時）。

同一時間上網查看勞動部的「就業e點靈」，全國各地有許多行業勞工的月薪也是從基本工資26,400元起薪。

上述所列舉雖然是新進勞工工資實況，實際上不少勞工是長期領取基本工資或接近基本工資。探討如下：

（一）工程、技術人員薪資高於行政、業務、服務人員，但不少工程、技術人員仍屬低薪。

（二）不少員工工資仍屬低薪，有些員工工資稍高是包含加班費。每月合理的所得（正常薪資）不該包括加班費。

（三）有些行業常低價搶標，得標後不當對待員工。

（四）保全人員月薪約3萬元，但不少保全人員每月工時超出200小時（勞動基準法第84條之1工作者）。

（五）營收良好的企業，員工薪資不一定高。

中央銀行就物價上漲致實質薪資負成長提出探討，報告中建議合理提高基本工資，及鼓勵中小企業勞工加入產業工會，提高勞工議價能力。

主計總處調查111年廠商調薪狀況，廠商調薪的優先考慮因素（可複選），第一是員工個人表現占49.3%，第二是配合基本工資調整占39.8%，第三……。工資是由「勞資協商後訂定」的只有2.7%，可見工會力量弱（參112年7日2日臺灣時報）。

112年10月立法院財政委員會邀請政府相關部門就「提升企業加薪意願改

善所得分配」專題報告。從主計總處的資料中顯示，110年我國受僱人員的報酬占GDP 43.03%，創新低，而營業盈餘占36.53%，創新高。受僱者每月經常性薪資從105年的68.5%下降為66.3%，非經常性薪資則從17.6%上升為19.9%，此種薪資結構不利受僱者。

有學者指出，經常性薪資逐年下降是因企業調整薪資結構，美其名員工表現佳則績效獎金多，實則雇主將經營風險轉嫁給勞工。因此主張薪資透明化，上市櫃企業，定期公布公司內部高層主管與基層員工的薪資倍數。

112年10月，旅宿業喊缺工嚴重，希望引進移工，交通部贊同，但勞動部重申本國勞工優先。有工會團體表示旅宿業缺工是因薪資低所致，貿然引進移工，將影響本國勞工就業機會。

觀光署統計旅宿業缺工1,000多人，勞動部推介了5,000多人應徵，媒合人數不到500人，可能是旅宿業不歡迎中高齡及二度就業婦女。媒合率何以低？應檢討其原因。中高齡者優點多（詳本書第二章第四節：有效運用中高齡勞工），雇主應改變觀念，樂意僱用中高齡男、女勞工。

同年月，多個醫事工會抗議醫療人力不足、醫護人員過勞又低薪、三班護病比失衡。

五、提升勞工薪資之道

提升勞工工資，解決勞工低薪，除了加強投資、促使經濟發展、產業升級、提高生產力之外，並應配合下列措施：

（一）經營者觀念的改變

經營者善盡經營管理之外，也要瞭解到企業的獲利，是勞工辛苦付出的結果。有專家認為優化投資環境，引入龐大游資投入，可以帶動薪資增加。但如果經營者觀念不改變，勞工的薪資恐難提升。

（二）經營管理、薪資合理化

臺灣中小企業占企業總家數的97%，諸多中小企業缺乏經營管理合理化、經營管理企業化的認知，應時時吸收新觀念、新知識。

所謂薪資合理化是指勞工薪資的高低，應與個人的績效、貢獻度有關，亦即績效高、貢獻度高者的勞工薪資應較高；而公司營收佳或劣，應作為釐訂全體員工薪資高低的參考。

（三）適時、適當調高「基本工資」（最低工資）

上述中央銀行的報告與主計總處的調查，談論薪資均涉及「基本工資」。顯然「基本工資」的調高有利諸多勞工工資的提升。假設「基本工資」原是月薪28,000元，當「基本工資」調高爲月薪30,000元時，則新進人員月薪30,000元，原爲30,000元的在職員工也必須往上調而「水漲船高」。故政府應適時、適當調高「基本工資」（最低工資）。

（四）加強工會或勞資會議的薪資協商能力

上述中央銀行的報告與主計總處的調查，談論薪資也涉及「工會」。而企業調薪是由勞資協商後訂定的只有2.7%，可見薪資協商未受重視。

有些企業不願成立工會，有些勞工不願加入工會。沒有「工會」的廠商可多利用「勞資會議」，理性、溫和地商討公司員工的薪資、福利。政府可規定各事業單位「勞資會議」每年應檢討薪資狀況，由勞資雙方代表會議中熱烈商討，雇主也應從善如流。

（五）政府訂定鼓勵加薪政策

政府應適時訂定相關法令，法令也要切合實際及可行性，能兼顧企業的營運及勞資雙方之利益。有主張本市場自由競爭原則，政府不必管太多。其實不然，政府的介入有必要，但也必須合理化，以基本工資爲例，如果基本工資沒有規定，則不少勞工工資將低於基本工資。

政府訂定鼓勵加薪政策，例如減稅、補助；有建議採租稅獎勵方式，凡薪資達到各別行業千分之一或一定標準者，得以1.5倍認列薪資費用。

101年經濟部推出中小企業加薪抵稅的優惠措施，將於113年5月結束，因條件嚴苛，成效有限。臺灣有159萬家中小企業，其中僅約1,000家適用。該方案將繼續適用並推出新方案，放寬加薪抵稅限制，並提高優惠額度。

（六）政府的監督檢查

政府爲貫徹雇主有無遵守勞動法令而有監督檢查之執行，監督檢查應寬嚴並濟，不可放縱不管，初犯可警告，再犯依法處理，並逐次加重處罰。例如加班有無依規定計算加班費？國定假日上班、特休未休有無給加倍工資？有無依規定計算平均工資？

（七）政府的有效宣導

政府應多向雇主宣導國內外待遇、福利優厚、經營成功的中小型企業案例，也應多向勞工宣導「職業無貴賤」、「一分耕耘，一分收獲」的觀念。

一位教授說，他的國中畢業生，多人從事泥水匠，現在都從事建築業，並各擁有數棟房屋，而他是教授，唯一的一棟房屋，貸款還未繳完。

（八）勞資雙方相互尊重

勞資雙方應互相尊重，必須共存共榮、互利互惠、同舟共濟，雇主照顧勞工，勞工也要提高生產力，增加營收。雇主善意的管理措施勞工應尊重，勞工善意的建言雇主應採納。雇主營收良好時應提高勞工的報酬、福利。

（九）勞工應有敬業精神

年輕人處理電腦能力優於年長者，但有些年輕人敬業精神不如年長者，年長者服從性高、配合性高、主動性高。年輕人也要學學年長者的優點，提升敬業精神，努力工作，不斤斤計較，雇主自應給予合理的報酬、福利。

（十）政府機關率先提升薪資

政府機關的編制（正式）人員除應適時提高薪資外，所僱用之非編制人員，其薪資應接近編制人員，俾帶動民間企業提高勞工薪資。政府機關外包、派遣使用之勞工，亦應給與高薪，但應在外包、派遣合約中有效規範，以免承包商自肥。

第六節　加薪？加班？獎金？工資？平均工資？

近期有護理人員加薪及郵政人員績效獎金法院判決提繳6%退休金之爭論，影響人數眾多。另有特別休假未休工資、夜點費、壽險佣金，是否併計平均工資？勞動基準法第84條之1工作者加班費如何計算？一併在本文探討。

一、護理人員加薪問題

每次進入大醫院，可看到醫事、護理人員都很忙碌，112年10月22日有二十多個醫事工會在臺北遊行，提出「尊重專業　提升待遇」等訴求。他們抗議醫療人力不足，醫護人員過勞又低薪、三班護病比失衡。

雖然衛福部已公布三班護病比新制，並發給夜班護理人員獎勵金，但公會曾表示，早班工作量有時更繁重，早班開刀房、加護病房更辛苦，且多為資深護理師，應全面調薪才合理；也有認爲僅加碼夜班護理人員獎勵金，甚至依醫院層級區分獎勵金多寡，影響基層醫療體系及人民就醫權利。

113年年初全臺灣醫學中心、區域醫院、地區醫院護理人力缺少約7,500人。每年約有9,000多名護理系所畢業生，能完成國考者約有8,000多人，但實際投入職場約5,000多人。

調高三班護病比及夜班護理人員夜班津貼本是好事，但卻仍有諸多不認同，應探究其原因。調高待遇，應有多種因素考量，醫護人員辛勞是事實，是否提高夜班津貼也應全面調薪？

人類從事工作，除了希望獲得薪資報酬外，尚有其他的需求，亦即合理的報酬外，還有其他需要與激勵因子。

馬斯洛（A. H. Maslow）認爲人是需要的動物，隨時有需要待滿足。較低層次的需要滿足後，會上升到高層次的需要。馬斯洛將需要分爲五個層次，由低而上爲：生理需要、安全需要、愛慾及社會需要、自尊心榮譽感需要、成就需要。

激勵是引發提升工作意願及效率之管理活動。赫茲伯格（Herzberg）把員工能對工作感到滿意的因素分爲維持因子與激勵因子。維持因子，或稱「保健因子」，包括工資、工作環境、領導方式、同事相處、工作保障等；激勵因子，包括晉升、認同感、責任、成就感、賞識、發展機會等。管理者除必須瞭解薪酬之外，更應瞭解人類的需要與激勵因子之重要性。

護理人員除了薪資報酬外，也應重視他們的工作環境、自尊心榮譽感、成就、晉升、發展機會等；在護理師領域內增列職稱（如護理監、督導、視察）提高等級、薪酬，資深績優人員有晉升機會，不一定值夜班，也有合理的薪酬、職位。

二、郵政人員績效獎金提繳6%退休金

近有中華郵政郵務士王君，向法院訴請公司發給之績效獎金應提繳6%退休金，法院判決王君勝訴。因此，郵政、電信多個工會團體，於113年2月1日向行政院陳情，要求政府應遵循法院判決，將績效獎金列入工資，且全國公營事業應一律適用，郵政工會幹部亦表示，包含績效獎金、夜點費、壽險甲佣等，都已被法院認定爲是勞務對價之工資，應列爲工資計算退休金。

提繳6%退休金是依據「勞工退休金條例」，「勞工退休金條例」第3條規

定：「……工資及平均工資之定義，依勞動基準法第二條規定。」亦即法院判決績效獎金是勞動基準法第2條規定的工資，則資遣費、舊制退休金，也均應把績效獎金併入平均工資計算。

勞動基準法施行細則第10條明列非工資之項目，並未列績效獎金，但被列爲非工資項目的春節、端午、中秋節節金，也有法院判決是工資。當然，所謂「工資」不能以所定名目認定，而應依「個案事實」，例如「差旅費」不是工資，但並無出差，而每月巧立名目發給「差旅費」，該「差旅費」則是工資。

法院常以「勞務之對價」、「經常性給付」、「恩惠性給與」認定是否爲工資，而實際上員工的補助、年終獎金也是「勞務之對價」，亦即如果沒有受雇主僱用，提供勞務，雇主怎麼會給補助、年終獎金？而少數法官判決加班費不是工資，認爲加班費不是「經常性給付」。

三、特別休假未休工資是否併計平均工資？

許多公營事業特別休假未休工資，併計平均工資發給舊制退休金，但法院大多判決特別休假未休工資，不是勞動基準法所稱的「工資」，不能併計平均工資發給資遣費、舊制退休金。理由是特別休假未休工資不是「經常性給付」；也有法院判決將特別休假未休工資以十二個月之比例列入平均工資。而特別休假未休工資是否併計平均工資，主管機關前後也有不同解釋。

勞動部107年4月11日勞動條2字第1070130360號函釋：特休未休而工作之報酬，應否計入平均工資計算，應先視特別休假年度終結之時點而定，是否在平均工資計算事由發生之當日前六個月之內。原特別休假年度終結之時點，非於平均工資計算期間者，毋庸列入。筆者認爲多數法院判決特別休假未休工資不列入平均工資是較爲適法。

臺灣高等法院於84年11月16日召開法律座談會，結論認爲不休假獎金非屬經常性給與，不應列入平均工資計算退休金，理由爲：勞動基準法有關工資之定義，是以「經常性給與」爲認定標準，特別休假日未休而得到之加倍工資，並非經常性，自不應列入平均工資。

四、夜點費、壽險佣金是否併計平均工資？

公營事業員工的夜點費是否併計平均工資發給舊制退休金，法院也有不同判決，筆者認爲它是「勞務之對價」，且夜班工作交通不方便，而醫學界研究指出，值夜班人員對身體健康稍有影響，將夜點費併計平均工資似較爲適法。

壽險佣金可視爲「非經常性給付」，是「恩惠性給與」，可考慮修正提高佣金比率，但不併計平均工資。

五、第84條之1工作者超時工作之工資計算

適用勞動基準法第84條之1工作者，例如保全、空勤、醫師，其每月正常工作時間多於一般勞工，每月大都超過240小時，超過每月法定工時部分，工資如何計算？勞動部104年11月2日勞動條2字第1040132228號函釋：適用勞動基準法第84條之1工作者，勞雇雙方如約定「按月計酬」，經核備每月工作時數240小時者，每月工資不得低於：

「每月基本工資額」＋以每月基本工資額計算之「每小時工資額」×（240-174）

（每月法定工時174＝40×52＋8÷12）

但法院有判決超過法定正常工作時間部分，應依勞動基準法第24條規定計算加班費。

勞動基準法第84條之1工作者，工作性質差別很大。有工作時間均忙碌（如大醫院醫師），有工作時間中待命時間多於實際工作時間（如車機維修員），有工作時間中待命時間少於實際工作時間，宜分別規定加班費之計算。

六、加班費、獎金、特休未休、夜點費、第84條之1工作者法院相關判決案例

（一）臺灣高等法院91年度勞上字第11號判決略以：勞工加班不是經常性，勞動基準法施行細則第11條但書亦明文將其「不計入」基本工資，加班費不應列入工資。

（二）最高法院93年度台上字第913號判決發回臺灣高等法院，略以：按加班費乃雇主延長工時給付勞工之對價，性質爲勞動基準法第2條第3款所稱工資，加班費不列入工資，已屬可議。

（三）臺灣高等法院98年度勞上字第86號判決略以：管理績效獎金非屬工資，不列入平均工資。

（四）臺灣高等法院100年度重勞上字第10號判決略以：端午、中秋、春

節獎金是工資，應列入平均工資。

（五）最高行政法院106年度裁字第1179號裁定略以：本件專案獎金、專案遞延獎金、推廣獎金、理專獎金、策略重點加碼獎金，與勞工提供勞務所獲得之報酬顯具直接相關聯性，且屬固定性、制度性之給與，並非臨時起意性之給與，亦非屬偶然、不特定之恩惠性給付，本件各項獎金係屬工資，於計算平均工資時仍應計入。

（六）最高法院110年度台上字第1252號民事裁定略以：公司發放之年終獎金，分別爲「固定年終獎金」及「年終特別獎金」兩種，「固定年終獎金」每半年發放一次，係按其工作期間比例、工作日數、假勤及獎懲狀況，固定發給爲可得確定金額之年終獎金，屬經常性給與，係與勞工之工作時間、勞務品質或數量有關，自屬勞工因工作而獲得之對價而具工資之性質。公司發放之「年終特別獎金」屬恩惠、激勵性質。「固定年終獎金」應計入平均工資，「年終特別獎金」不計入平均工資。

（七）臺灣高等法院92年度重勞上字第17號判決略以：特別休假未休工資，與加班費性質不同，是勉勵之給與，不列入平均工資。

（八）最高法院107年度台上字第587號判決略以：特別休假之設計，旨在提供勞工休憩、調養身心之機會，並非用以換取工資，是雇主於年度終了未休畢特別休假給與之金錢，當非勞工於年度內繼續工作之對價，僅能認係補償勞工未能享受特別休假，所給與之代償金，亦不具備經常性，與勞動基準法所規定工資意義不同，自非屬工資性質（最高法院108年度台上字第2169號判決同此意旨）。

（九）最高法院100年度台上字第170號民事判決略以：不休假獎金係雇主爲改善勞工生活，或爲其單方之目的，具有勉勵、恩惠性之給與；而績效獎金，乃雇主爲激勵員工士氣，按績效由盈餘抽取部分而發給，屬於獎勵、恩惠性之給與。不休假獎金及績效獎金，均非經常性給與，即非屬工資。

（十）臺灣高等法院88年度勞上易字第1號判決略以：工資必須具備「勞務對價性」、「經常性給與」，中○公司員工之夜點費非勞務對價而係福利措施，不是工資，不應列入平均工資。

（十一）最高法院92年度台上字第2108號判決略以：夜點費屬「經常性給與」，是工資，應列入平均工資。

（十二）臺灣高等法院111年度勞上易字第170號民事判決略以：夜點費及誤餐費是否爲工資，應依個案事實認定，如符合勞動基準法第2條第3款規定要件，仍具工資性質，應計入平均工資。

（十三）最高法院96年度台上字第616號裁定略以：勞動基準法第2條第3款所稱工資之定義，係以「勞務之對價性」爲工資認定之主要標準，並以「經常性」爲輔助認定標準，故判斷雇主某項給付是否爲工資，應以上開立法定義所提出之判斷標準檢視之，而不得以給付名稱決定之。夜點費、值夜費均分別按輪值中、晚班次數、值夜次數按月給付，自係勞工提供勞務之對價且爲經常性給與而爲該條款之工資，依法應併入平均工資。

（十四）最高法院93年度台上字第1605號判決略以：航空公司空勤組員適用勞動基準法第84條之1，每日工作超過四小時以上，勞動基準法未明文規定工資如何計算。適用勞動基準法第24條第3款規定，就超過四小時部分按平日每小時工資額加給三分之二以上，計算延時加班工資，未違背法令。

（十五）高雄高等行政法院100年度簡字第51號判決略以：保全人員適用勞動基準法第84條之1，約定薪資不得低於「正常工時之工資」（每月正常工時之月薪）加「延長工時之工資」（每月延長工時時數×時薪×1.33）爲適法。

七、明確規範，貫徹實施

是否爲工資、併計平均工資？超時工作之加班工資如何計算？法院有不同判決，造成經營管理上有困擾，勞工的權益有影響。不確定性、不公平致有者占便宜有者吃虧。

73年8月實施勞動基準法，省營交通事業機構的鐵路局、公路局（含之後的台汽公司）、各港務局，認爲實施勞動基準法窒礙難行而向中央請示。拖延了兩年多才確定實施，在這拖延的兩年多期間，加班的時數及加班費的計算照舊，不管有無加班，加班費是固定津貼。例如，內勤人員每人每月可固定報四十小時，外勤人員每人每月可固定報六十小時，每小時加班費30元。奉核定應正式實施勞動基準法後，所有員工也都補領到拖延了兩年多按勞動基準法標準計算的加班費差額，不少員工各補領到數萬元，皆大歡喜。

但有體質欠佳的某事業機構，之後又因改制交通資位、提敘薪級員工又各補領到一筆錢，導致機構元氣大損，只好提早民營。

奉核定應正式實施勞動基準法後，加班嚴格管控，確有業務需要才能申請加班，並依勞動基準法規定辦理。正式實施初期，有即將退休人員想盡辦法申請加班，俾增加退休金。從而不得不規定即將退休人員，退休前六個月一律不能加班。

如今勞動基準法實施數十年了，並無當初所謂的「窒礙難行」，可見好的制度是可以貫徹實施，但也必須有適當的配套措施。該省的要省，該給的要給。

保全業的勞資爭議不少，經營保全業的家數卻一再增加，低價搶標，得標後無利可圖，只能嫁禍給勞工。有保全業表示低價搶標確實無利可圖，也有保全業的勞資爭議，雇主向勞工表明要錢就去法院提告。

是否爲工資，法律應明確規範。類似保全業之情形，政府不能坐視不管。臺灣高等法院於84年11月16日召開法律座談會，結論認爲不休假獎金非屬經常性給與，不應列入平均工資計算退休金。如果屢有判決不同，或屢有判決與勞動部解釋不同者。可否依上述臺灣高等法院座談會之模式，或由司法院、最高法院開會作成結論後，各級法院盡量參考。

端午、中秋、春節三節獎金、年終獎金、競賽獎金、節約等非經常性獎金，雇主是可以訂定發給標準，依個別員工的年資、服從性、團隊精神、貢獻度等因素，評定不同的分數、等級，給付不同的獎金，很明顯就不會被法院判決爲經常性的工資。

有利經營管理、保障勞工權益，減少勞資爭議，應是勞雇雙方所樂見。勞雇更和諧，社會也將更安定，是全民之福。

註釋

【1】行政院勞工委員會85年2月10日台（85）勞動二字第103252號函。

【2】行政院勞工委員會83年5月11日台（83）勞動二字第35290號函。

【3】行政院勞工委員會85年5月6日勞動二字第114672號函。

【4】行政院勞工委員會76年10月16日台（76）勞動字第3932號函：

一　勞動基準法第2條暨施行細則第2條、第10條關於平均工資之計算及工資中非經常性給與項目中，均未將勞工定期固定支領之伙（膳）食津貼排除於工資之外，故事業單位每月按實際到職人數，核發伙（膳）食津貼，或將伙（膳）食津貼交由伙食團辦理者，以其具有對每一在職從事工作之勞工給予工作報酬之意思，應視為勞工提供勞務所取得之經常性給與，於計算平均工資時，自應將其列入一併計算，不因給付方式不同而影響其性質。

二 事業單位如係免費提供勞工伙（膳）食，或由勞工自費負擔，事業單位酌予補助，且對於未用膳勞工不另發津貼或不予補助者，應視為事業單位之福利措施，不屬工資範疇。

【5】內政部73年12月15日台內勞字第279913號函：

依勞動基準法第26條規定，所稱「預扣」係指在違約、賠償等事實發生前或其事實已發生，但責任歸屬、範圍大小、金額多寡等在未確定前，雇主預先扣發勞工工資作為違約金或賠償費用之意（行政院勞工委員會89年7月28日台勞動二字第0031343號函）。

【6】行政院勞工委員會82年11月16日台（82）勞動二字第62018號函：

一 依勞動基準法第21條第1項規定，工資由勞雇雙方議定之，故事業單位發給勞工之各項獎金如屬該法第2條第3款所稱之工資，其發放要件、發放標準及數額自可由勞雇雙方協議定之，惟勞工於正常工作時間內所得之工資總額仍不得低於基本工資。

二 另查勞動基準法第22條第2項規定「工資應全額直接給付勞工」，如勞工因違約或侵權行為造成雇主損害，在責任歸屬、金額多寡等未確定前，其賠償非雇主單方面所能認定而有爭議時，得請求當地主管機關協調處理或循司法途徑解決，但不得逕自扣發工資。

第四章　工作時間、休息、休假

本章係工作時間之相關規定，包括正常工作時間、延長工作時間（加班）、變形工作時間、例假日、休息日、特別休假、停止休假、輪班、休息時間、不得強制工作、請假、加班換補休、特別休假遞延等。

第一節　本章條文

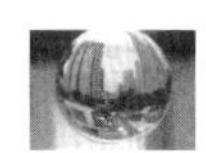

第三十條

Ⅰ勞工每日正常工作時間不得超過八小時，每週工作總時數不得超過四十小時。

Ⅱ前項正常工作時間，雇主經工會同意，如事業單位無工會者，經勞資會議同意後，得將其二週內二日之正常工作時數，分配於其他工作日。其分配於其他工作日之時數，每日不得超過二小時。但每週工作總時數不得超過四十八小時。

Ⅲ第一項正常工作時間，雇主經工會同意，如事業單位無工會者，經勞資會議同意後，得將八週內之正常工作時數加以分配。但每日正常工作時間不得超過八小時，每週工作總時數不得超過四十八小時。

Ⅳ前二項規定，僅適用於經中央主管機關指定之行業。

Ⅴ雇主應置備勞工出勤紀錄，並保存五年。

Ⅵ前項出勤紀錄，應逐日記載勞工出勤情形至分鐘爲止。勞工向雇主申請其出勤紀錄副本或影本時，雇主不得拒絕。

Ⅶ雇主不得以第一項正常工作時間之修正，作爲減少勞工工資之事由。

Ⅷ第一項至第三項及第三十條之一之正常工作時間，雇主得視勞工照顧家庭成員需要，允許勞工於不變更每日正常工作時數下，在一小時範圍內，彈性調整工作開始及終止之時間。

第三十條之一

Ⅰ中央主管機關指定之行業，雇主經工會同意，如事業單位無工會者，經勞資會議同意後，其工作時間得依下列原則變更：

一　四週內正常工作時數分配於其他工作日之時數，每日不得超過二小時，不受前條第二項至第四項規定之限制。

二　當日正常工時達十小時者，其延長之工作時間不得超過二小時。

三　女性勞工、除妊娠或哺乳期間者外，於夜間工作，不受第四十九條第一項之限制。但雇主應提供必要之安全衛生設施。

Ⅱ依民國八十五年十二月二十七日修正施行前第三條規定適用本法之行業，除第一項第一款之農、林、漁、牧業外，均不適用前項規定。

第三十一條

在坑道或隧道內工作之勞工，以入坑口時起至出坑口時止爲工作時間。

第三十二條

Ⅰ雇主有使勞工在正常工作時間以外工作之必要者，雇主經工會同意，如事業單位無工會者，經勞資會議同意後，得將工作時間延長之。

Ⅱ前項雇主延長勞工之工作時間連同正常工作時間，一日不得超過十二小時。延長之工作時間，一個月不得超過四十六小時，但雇主經工會同意，如事業單位無工會者，經勞資會議同意後，延長之工作時間，一個月不得超過五十四小時，每三個月不得超過一百三十八小時。

Ⅲ雇主僱用勞工人數在三十人以上，依前項但書規定延長勞工工作時間者，應報當地主管機關備查。

Ⅳ因天災、事變或突發事件，雇主有使勞工在正常工作時間以外工作之必要者，得將工作時間延長之。但應於延長開始後二十四小時內通知工會；無工會組織者，應報當地主管機關核備。延長之工作時間，雇主應於事後補給勞工以適當之休息。

Ⅴ在坑內工作之勞工，其工作時間不得延長。但以監視爲主之工作，或有前項所定之情形者，不在此限。

第三十二條之一

Ⅰ雇主依第三十二條第一項及第二項規定使勞工延長工作時間，或使勞工於第三十六條所定休息日工作後，依勞工意願選擇補休並經雇主同意者，應依勞工工作之時數計算補休時數。

Ⅱ前項之補休，其補休期限由勞雇雙方協商；補休期限屆期或契約終止未補休之時數，應依延長工作時間或休息日工作當日之工資計算標準發給工資；未發給工資者，依違反第二十四條規定論處。

第三十三條

第三條所列事業，除製造業及礦業外，因公眾之生活便利或其他特殊原因，有調整第三十條、第三十二條所定之正常工作時間及延長工作時間之必要者，得由當地主管機關會商目的事業主管機關及工會，就必要之限度內以命令調整之。

第三十四條

Ⅰ勞工工作採晝夜輪班制者，其工作班次，每週更換一次。但經勞工同意者不在此限。

Ⅱ依前項更換班次時，至少應有連續十一小時之休息時間。但因工作特性或特殊原因，經中央目的事業主管機關商請中央主管機關公告者，得變更休息時間不少於連續八小時。

Ⅲ雇主依前項但書規定變更休息時間者，應經工會同意，如事業單位無工會者，經勞資會議同意後，始得爲之。雇主僱用勞工人數在三十人以上者，應報當地主管機關備查。

第三十五條

勞工繼續工作四小時，至少應有三十分鐘之休息。但實行輪班制或其工作有連續性或緊急性者，雇主得在工作時間內，另行調配其休息時間。

第三十六條

Ⅰ勞工每七日中應有二日之休息，其中一日爲例假，一日爲休息日。

Ⅱ雇主有下列情形之一，不受前項規定之限制：

一　依第三十條第二項規定變更正常工作時間者，勞工每七日中至少應有一日之例假，每二週內之例假及休息日至少應有四日。

二　依第三十條第三項規定變更正常工作時間者，勞工每七日中至少應有一日之例假，每八週內之例假及休息日至少應有十六日。

三　依第三十條之一規定變更正常工作時間者，勞工每二週內至少應有二日之例假，每四週內之例假及休息日至少應有八日。

Ⅲ雇主使勞工於休息日工作之時間，計入第三十二條第二項所定延長工作時間總數。但因天災、事變或突發事件，雇主使勞工於休息日工作之必要者，其工作時數不受第三十二條第二項規定之限制。

Ⅳ經中央目的事業主管機關同意，且經中央主管機關指定之行業，雇主得將第一項、第二項第一款及第二款所定之例假，於每七日之週期內調整之。

Ⅴ前項所定例假之調整，應經工會同意，如事業單位無工會者，經勞資會議同意後，始得為之。雇主僱用勞工人數在三十人以上者，應報當地主管機關備查。

第三十七條

Ⅰ內政部所定應放假之紀念日、節日、勞動節及其他由中央主管機關指定應放假日，均應休假。

Ⅱ中華民國一百零五年十二月六日修正之前項規定，自一百零六年一月一日施行。

第三十八條

Ⅰ勞工在同一雇主或事業單位，繼續工作滿一定期間者，應依下列規定給予特別休假：

一　六個月以上一年未滿者，三日。

二　一年以上二年未滿者，七日。

三　二年以上三年未滿者，十日。

四　三年以上五年未滿者，每年十四日。

五　五年以上十年未滿者，每年十五日。

六　十年以上者，每一年加給一日，加至三十日為止。

Ⅱ前項之特別休假期日，由勞工排定之。但雇主基於企業經營上之急迫需求或勞工因個人因素，得與他方協商調整。

Ⅲ雇主應於勞工符合第一項所定之特別休假條件時，告知勞工依前二項規定排定特別休假。

Ⅳ勞工之特別休假，因年度終結或契約終止而未休之日數，雇主應發給工資。但年度終結未休之日數，經勞雇雙方協商遞延至次一年度實施者，於次一年度終結或契約終止仍未休之日數，雇主應發給工資。

Ⅴ雇主應將勞工每年特別休假之期日及未休之日數所發給之工資數額，記載於第二十三條所定之勞工工資清冊，並每年定期將其內容以書面通知勞工。

Ⅵ勞工依本條主張權利時，雇主如認為其權利不存在，應負舉證責任。

第三十九條

第三十六條所定之例假、休息日、第三十七條所定之休假及第三十八條所定之特別休假，工資應由雇主照給。雇主經徵得勞工同意於休假日工作者，工資應加倍發給。因季節性關係有趕工必要，經勞工或工會同意照常工作者，亦同。

第四十條

Ⅰ因天災、事變或突發事件，雇主認有繼續工作之必要時，得停止第三十六條至第三十八條所定勞工之假期。但停止假期之工資，應加倍發給，並應於事後補假休息。

Ⅱ前項停止勞工假期，應於事後二十四小時內，詳述理由，報請當地主管機關核備。

第四十一條

公用事業之勞工，當地主管機關認有必要時，得停止第三十八條所定之特別休假。假期內之工資應由雇主加倍發給。

第四十二條

勞工因健康或其他正當理由，不能接受正常工作時間以外之工作者，雇主不得強制其工作。

第四十三條

勞工因婚、喪、疾病或其他正當事由得請假；請假應給之假期及事假以外期間內工資給付之最低標準，由中央主管機關定之。

第二節　解　說

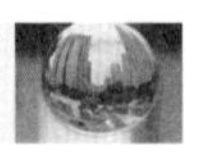

一、正常工作時間

本法第30條規定正常工作時間每日八小時，每週不得超過四十小時。每日超過八小時的時間，除依本條或本法第30條之1採變形工作時間者外，即應爲加班時間，應另給加班費。依本法第33條規定，有調整正常工作時間之必要者，須向主管機關申請，正常工作時間得調整爲每日十二小時，但每週工作總時數仍以四十八小時爲限。

二、變形工作時間

變形工作時間與彈性工作時間不同。

彈性工作時間（Flexible Time）或稱滑移工作時間，係指員工工作時數不變，而上下班時間有一彈性規定，員工可自由選擇上下班時間，與傳統同一時間上班，同一時間下班方式不同。例如每天工作時間八小時，每天上午八時上班，實施彈性工作時間後，規定可提前半小時或晚半小時上班，但每天還是要上足八小時的班。也可規定每周上班四十小時，每天上班時數可以不同，但每週合計仍須四十小時。或以月計算，每月上足規定的總時數，每天或每週工作的時數可以不同。

變形工時主要是將數週內（二週、四週、八週）正常工作時數，分配於其他日，與彈性工作時數顯然不同。

（一）二週變形（本法第30條第2項）

二週內二日之正常工作時數，分配於其他工作日，分配於其他工作日之時數，每日不得超過二小時，變形後之每週工作總時數不得超過四十八小時。當日正常工作時數達十小時者，加班時間不得超過二小時。

例如：星期一至星期四每日工作十小時，則每週上班四天，另三天放假（例假日、休息日、空班各一日）。

（二）四週變形（本法第30條之1）

四週內正常工作時數分配於其他工作日之時數，每日不得超過二小時。當日正常工作時數達十小時者，加班時間不得超過二小時。

例1：每日正常工作時數十小時，每二週排定二日例假。每四週例假連同休息日至少八日。

例2：每日正常工作時數八小時，每二週排定二日例假。每四週例假連同休息日至少八日。

（三）八週變形（本法第30條第3項）

八週內正常工作時數加以分配，每日正常工作時數不得超過八小時。每週工作總時數不得超過四十八小時。

例如：第一週至第六週每星期一至星期六各上班八小時，第一週至第八週每週星期日爲例假，則第七週及第八週共有連續休息日八日。

（四）各類變形工時差異比較

變形方式	法條	條文重點	例假日（36條）	休息日（36條）
二週變形	第30條第2項	二週內二日之正常工作時數，分配於其他工作日，其分配於其他工作日之時數，每日不得超過二小時，但每週工作總時數不得超過四十八小時。	每七日中至少應有一日之例假（七休一）。	每二週內之例假日及休息日至少應有四日（休息日每二週要有二天，不限一週一天）。
八週變形	第30條第3項	八週內之正常工作時數加以分配。但每日正常工作時數不得超過八小時，每週工作總時數不得超過四十八小時。	每七日中至少應有一日之例假（七休一）。	每八週內之例假日及休息日至少應有十六日（休息日每八週要有八天，不限一週一天）。
四週變形	第30條之1	四週內正常工作時數分配於其他工作日之時數，每日不得超過二小時，不受前條第二項至第四項規定之限制。 當日正常工作時間達十小時者，其延長之工作時間不得超過二小時。	每二週內至少應有二日例假（十四休二）。	每四週內之例假日及休息日至少應有八日（休息日每四週要有四天，不限一週一天）。

（五）照顧家庭成員彈性調整工時

依本法第30條第8項規定：第30條第1項至第3項及第30條之1之正常工作時間，雇主得視勞工照顧家庭成員需要，允許勞工於不變更每日正常工作時數下，在一小時範圍內，彈性調整工作開始及終止之時間。

三、延長工作時間（加班）

延長工作時間即通稱的加班，依本法第30條之1、第32條、第39條、第40條規定加班的類別有三種，一是每日正常工作時間以後再工作之時間，一爲休息日、放假日或特別休假日，出勤工作之時間，另一爲因天災、事變、突發事件於正常工作時間外之工作時間。

本法施行細則第20條之1：「本法所定雇主延長勞工工作之時間，係指每日工作時間超過八小時或每週工作總時數超過四十小時之部分。但依本法第三十條第二項或第三十條之一第一項第一款變更工作時間者，係指超過變更後工作時間之部分及第三十六條所定休息日工作之時間。」

（一）正常工時外之加班

每日正常工作時間外，有工作之必要，得延長工作時間，延長工作時間（加班）連同正常工作時間，一日合計不得超過十二小時。如採變形工時；將正常工作時間分配於其他工作日者；同樣每日工作時間（包括加班時間）不得超過十二小時。延長之工作時間，每三個月合計不得超過一百五十八小時，一個月不得超過五十四小時。

（二）放假日之加班

紀念日、勞動節日、特別休假日，政府規定應放假之日，如需上班工作（加班），應徵得勞工同意，並給加倍工資，如果放假日加班超過八小時，則超出部分，加班費之計算應依本法第24條規定，前二時按每小時工資額加一又三分之一，第三小時起加一又三分之二。例如某勞工國定假日上班八小時後又繼續加班四小時，則其加班費之計算是前八小時給加倍工資，第九第十小時各按每小時工資額加一又三分之一，第十一、第十二小時各按每小時工資額加一又三分之二。

事業單位每週規定工作時間少於本法規定時間，則未超出每週法定時數部分，給加倍工資，超出每週法定時數部分，則前二時加一又三分之一，第三小時起加一又三分之二。

休息日之加班則前二時每小時一又三分之一，第三小時起每小時加一又三分之二。休息日工作之時間併入每月延長工時總數。

（三）天災、事變、突發事件加班

天災，如地震、颱風、水災；事變，如火災、戰爭、重大治安事故；突發事件，如化學品外洩、機械故障，突發事件必須事前不能預知或控制的，如預訂於某日維修機器，或爲趕工生產，則非突發事件。

正常工時外的加班及假日的加班，必須經工會或勞資會議同意且有加班工時之限制，因天災、事變、突發事件的加班，則無須工會或勞資會議同意，也無加班時間的限制，但事後應給勞工適當休息，亦即該項加班如係於正常工作日，則加班後至翌日上班，應有必要的休息時間，不可連續工作，如該項加班逢假日，則給加班費之外，勞工應補假。天災、事變、突發事件的加班，其加班費應加倍發給，加班後逢假日，則不必再安排休息時間。

（四）加班時數總量控管

雇主經工會同意，如事業單位無工會者，經勞資會議同意後，延長之工作時間，一個月不得超過五十四小時，每三個月不得超過一百三十八小時。雇主僱用勞工人數在三十人以上，依前項但書規定延長勞工工作時間者，應報當地主管機關備查。

勞工加班以三個月爲區間控管，亦即每個月加班時數可多可少，但一個月加班時數最多不能超過五十四小時，三個月合計加班時數不能超出一百三十八小時。

天災、事變、突發事件之加班及國定假日照常上班（加班），不計入上述加班時數。休息日之加班則應計入上述加班時數。

四、延長工作時間（加班）換補休

雇主依第32條第1項及第2項、第32條之1規定使勞工延長工作時間，或使勞工於第36條所定休息日工作後，依勞工意願選擇補休並經雇主同意者，應依勞工工作之時數計算補休時數。

其補休期限由勞雇雙方協商；補休期限屆期或契約終止未補休之時數，應依延長工作時間或休息日工作當日之工資計算標準發給工資；未發給工資者，依違反第24條規定論處。

加班後，勞工可以選擇補休，但雇主可以同意勞工補休，也可以不同意勞工補休。勞工未選擇補休，或雇主不同意勞工補休，雇主應給勞工加班費。

五、休息、休息日、例假、休假

休息、休息日、例假日、休假、特別休假，在本法有不同定義。

（一）休　息

本法第35條規定勞工繼續工作四小時，至少應休息三十分鐘，但實行輪班制或其工作有連續性或緊急性，雇主得在工作時間內，另行調配其休息時間。休息時間非工作時間，不併計工作時間。如果將休息三十分鐘分開為二次、三次休息或不休息而提早下班則不合規定。

（二）一例一休

一例一休即勞工每七日中應有一日為例假日，一日為休息日。105年11月16日修正之本法第36條第1項規定：勞工每七日中應有二日之休息，其中一日為例假，一日為休息日。

104年6月3日修正公布勞動基準法第30條：「勞工正常工作時間，每日不得超過八小時，每週不得超過四十小時。」並自105年1月1日施行。因為只縮減每週工作時數，並未規定週休二日，因此有企業安排每週工作六天，例如星期一至星期六每天工作六小時四十分，則六天並未超過四十小時。為落實週休二日，105年12月21日修正公布之勞動基準法第36條，明定週休二日。

本法第36條所稱「每七日中應有一日為例假日，一日為休假日」，並非均是月曆上所排定，而是雇主配合業務需要，在不違背「每七日中應有一日為例假日，一日為休息日」規定下，勞工可以有不同的上班日、休息日、例假日。亦即一週七日中，上班五天，另一天為休息日，另一天為例假日，休息日上班要給加班費。

但如該事業等單位適用變形工時或因天災、或是本法第84條之1的特殊工作者，則不受依曆計算之「每七日中應有一日為例假日，一日為休假日」之限制。

雇主有下列情形之一，不受第36條第1項「每七日中應有一日為例假日，一日為休息日」規定之限制：

1. 變形工時

(1) 依第30條第2項規定變更正常工作時間者，勞工每七日中至少應有一日之例假，每二週內之例假及休息日至少應有四日（二週變形、各行業均可適用）。

(2) 依第30條第3項規定變更正常工作時間者，勞工每七日中至少應有一日之例假，每八週內之例假及休息日至少應有十六日（八週變形、須指定之行業）。

(3) 依第30條之1規定變更正常工作時間者，勞工每二週內至少應有二日之例假，每四週內之例假及休息日至少應有八日（四週變形、須指定之行業）。

雇主使勞工於休息日工作之時間，計入第32條第2項所定延長工作時間總數。

2. 天災、事變或突發事件

本法第40條規定，因天災、事變或突發事件，雇主使勞工於休息日、例假日工作之必要時，可繼續上班，但停止假期之工資，應加倍發給，並應於事後補假休息。

3. 特殊工作者

依本法第84條之1規定，經中央主管機關核定公告核定之特殊工作者（如保全人員），不適用本法第36條規定。亦即不適用「每七日中應有一日爲例假日，一日爲休假日」之限制。

（三）休　假

本法第37條規定：「內政部所定應放假之紀念日、節日、勞動節及其他由中央主管機關指定應放假之日，均應休假（第1項）。中華民國一百零五年十二月六日修正之前項規定，自一百零六年一月一日施行（第2項）。」

六、每七日例假之週期調整

本法第36條第4項規定，經中央目的事業主管機關同意，且經中央主管機關指定之行業，雇主得將第36條之第1項、第2項第1款及第2款所定之例假，於每七日之週期內調整之。例如第一週例假日排在前，第二週例假日排在後，則例假日相隔十二天。

可以適用本項規定者，必須是勞動部指定之行業，勞動部110年5月20日勞動條3字第1100130339號公告：

（一）時間特殊：如配合節日、放假日或活動或因應公眾生活便利。

（二）地點特殊：如工作地點特殊，海上、高山、偏遠地區，交通耗時等。

（三）性質特殊：如在國外、船艦、飛機或因應天候、施工工序執行職務等。

（四）狀況特殊：如辦理非經常性之活動或會議等。

勞工每工作七日有一例假日之排定，不得連續工作逾六日。但如有時間特殊、地點特殊、性質特殊、狀況特殊之情況，並經過中央目的事業主管機關同意及勞動部指定之行業，始得於每七日之週期內彈性調整，亦即會產生連續工作十二天（十四休二）之情形。

七、輪班更換連續休息時間

本法第34條規定，輪班更換班次時至少應有連續十一小時之休息時間。但因工作特性或特殊原因，經中央目的事業主管機關商請中央主管機關公告者，得變更休息時間不少於連續八小時。雇主變更休息時間者，應經工會同意，如事業單位無工會者，經勞資會議同意後，始得為之。雇主僱用勞工人數在三十人以上者，應報當地主管機關備查。

變更休息時間少於連續八小時之行業，必須經中央目的事業主管機關商請中央主管機關公告。

八、請　假

（一）勞工請假規則請假規定（見表4-1）（112年5月1日修正）

勞工請假規則

第一條（依據）

本規則依勞動基準法（以下簡稱本法）第四十三條規定訂定之。

第二條（婚假）

勞工結婚者給予婚假八日，工資照給。

第三條（喪假）

勞工喪假依下列規定：

一　父母、養父母、繼父母、配偶喪亡者，給予喪假八日，工資照給。

二　祖父母、子女、配偶之父母、配偶之養父母或繼父母喪亡者，給予喪假六日，工資照給。

三　曾祖父母、兄弟姊妹、配偶之祖父母喪亡者，給予喪假三日，工資照給。

第四條（普通傷病假）

勞工因普通傷害、疾病或生理原因必須治療或休養者，得在下列規定範圍內請普通傷病假。

一　未住院者，一年內合計不得超過三十日。

二　住院者，二年內合計不得超過一年。

三　未住院傷病假與住院傷病假二年內合計不得超過一年。

經醫師診斷，罹患癌症（含原位癌）採門診方式治療或懷孕期間需安胎休養者，其治療或休養期間，併入住院傷病假計算。

普通傷病假一年內未超過三十日部分，工資折半發給，其領有勞工保險普通傷病給付未達工資半數者，由雇主補足之。

第五條（普通傷病假逾期）

勞工普通傷病假超過前條第一項規定之期限，經以事假或特別休假抵充後仍未痊癒者，得予留職停薪。但留職停薪期間以一年爲限。

第六條（公傷病假）

勞工因職業災害而致失能、傷害或疾病者，其治療、休養期間，給予公傷病假。

第七條（事假）

勞工因有事故必須親自處理者，得請事假，一年內合計不得超過十四日。事假期間不給工資。

第八條（公假）

勞工依法令規定應給予公假者，工資照給，其假期視實際需要定之。

第九條（不得扣發全勤獎金）

雇主不得因勞工請婚假、喪假、公傷病假及公假，扣發全勤獎金；勞工因妊娠未滿三個月流產未請產假，而請普通傷病假者，亦同。

第十條（請假手續）

勞工請假時，應於事前親自以口頭或書面敘明請假理由及日數。但遇有急病或緊急事故，得委託他人代辦請假手續。辦理請假手續時，雇主得要求勞工提出有關證明文件。

第十一條（違反規定）

雇主或勞工違反本規則之規定時，主管機關得依本法有關規定辦理。

第十二條（施行日）

本規則自發布日施行。

（二）生理、安胎、產、育、家庭照顧假

1. 勞動基準法產假規定：本法第50條規定女工分娩前後，給予產假八星期；妊娠三個月以上流產者，給產假四星期。
2. 性別平等工作法請假規定：性別平等工作法請假規定有生理假、產假、安胎休養、陪產檢及陪產假、家庭照顧假。

   性別平等工作法另有規定育嬰留職停薪、哺乳、撫育子女減少工時，詳本書第五章第四節：

   (1) 生理假（第14條）

   女性受僱者因生理日致工作有困難者，每月得請生理假一日，全年請假日數未逾三日，不併入病假計算，其餘日數併入病假計算。併入及不併入病假之生理假薪資，減半發給。

   (2) 產假、安胎休養、產檢假、陪產檢及陪產假（第15條）

   產假：雇主於女性受僱者分娩前後，應使其停止工作，給予產假八星期；妊娠三個月以上流產者，應使其停止工作，給予產假四星期；妊娠二個月以上未滿三個月流產者，應使其停止工作，給予產假一星期；妊娠未滿二個月流產者，應使其停止工作，給予產假五日。

   產假期間薪資之計算，依相關法令規定（按：依勞動基準法第50條規定，上述四星期、八星期之產假，受僱工作在六個月以上者工資照給，未滿六個月者減半發給）。

   安胎休養：受僱者經醫師診斷需安胎休養者，其治療、照護或休養期間之請假及薪資計算，依相關法令之規定（按：依勞工請假規則第4條規定懷孕期間須安胎休養者，其治療或休養期間，併入住院

傷病假計算）。

產檢假：受僱者妊娠期間，雇主應給予產檢假七天，薪資照給。

陪產檢及陪產假：受僱者於其配偶產檢或分娩時，雇主應給予陪產檢及陪產假七天，薪資照給。

(3) 家庭照顧假（第20條）

受僱者於其家庭成員預防接種、發生嚴重之疾病或其他重大事故須親自照顧時，得請家庭照顧假，其請假日數併入事假計算，全年以七日爲限。

家庭照顧假薪資之計算，依各該事假規定辦理。

受僱者依性別平等工作法第14條、第15條、第16條、第17條、第18條、第19條、第20條之規定爲請求時，雇主不得拒絕（第21條）。

受僱者爲前項之請求時，雇主不得視爲缺勤而影響其全勤獎金、考績或爲其他不利之處分（第21條）。

請假尚有相關規定如下：

1. 婚假雇主得同意勞工於一年內請完。
2. 離婚後再婚，仍可請婚假。
3. 喪假可配合民間習俗，於百日內分次請完。
4. 請假規則未規定之親屬逝世，如養祖父母、養曾祖父母、伯叔父母，雇主宜給喪假弔祭。
5. 因病留職停薪一年期滿，如雇主不同意再延長，應給付資遣費，如符合退休條件，應給退休金。
6. 病假期間，年資應併計，行政院勞工委員會函釋，因病留職停薪復工後，除留職停薪期間外，前後年資應併計。惟臺灣高等法院88年度勞上字第50號民事判決，該留職停薪期間應併計年資。
7. 判斷勞工請事假是否合法，應考量勞工是否確須親自處理，所辦業務繁重與否？能否由他人代替，是否影響生產營運。
8. 公假之範圍包括兵役有關之徵召、參加義警、民防服勤、訓練、公職人員選舉投票，奉雇主或政府指派參加訓練、開會，擔任工會理監事、幹部依工會法規定處理會務。
9. 勞工請事假、婚假、喪假及三十日內之普通傷病假，遇有放假，該放假日不計入請假期內。產假、公傷病假則應併入請假期內。
10. 假期未滿，銷假提前上班，自無不可。

11. 應給之各種假期，係指在年度內，有給假之事實，中途到職者，無須依到職日期比例核減。

表4-1　各類假別一覽表

假別	請假原因	天數	是否給薪	依據	說明
公假	因公請假	視實際需要	照給	勞工請假規則	兵役召集（包括往返路程）、參加與職務有關之檢定。
婚假	本人結婚	8天	照給	勞工請假規則	雇主得同意一年內請畢。
喪假	父母、養父母、繼父母、配偶喪亡	8天	照給	勞工請假規則	可分次於百日內請完。 祖父母不分內外均可請喪假。 須提供相關證明。
	祖父母、子女、配偶之父母、配偶之養父母、或繼父母喪亡	6天	照給		
	兄弟姊妹、配偶之祖父母、曾祖父母喪亡	3天	照給		
公傷病假	因發生職業災害	視實際需要	給薪	勞動基準法 勞工請假規則	
事假	有事必須親自處理	14天	不給	勞工請假規則	
普通傷病假	未住院	30天	全年30天內給半薪，超過30天不給薪	勞工請假規則	須提供相關證明。 超過左列期限先以事假、特別休假抵充，仍未痊癒得留職停薪1年。 罹患癌症者、安胎假併入住院傷病假計算。
	住院	2年合計不得超過1年			
	未住院與住院傷病假	2年合計不得超過1年			

表4-1 各類假別一覽表（續上頁）

假別	請假原因	天數	是否給薪	依據	說明
陪產檢及陪產假	陪配偶分娩或產檢	7天	照給	性別平等工作法	2天得向勞保局申請補助。陪產檢於配偶妊娠期間、陪產於配偶分娩前後15日內。
產檢假	妊娠期間之產檢	7天	照給	性別平等工作法	2天得向勞保局申請補助。
產假	妊娠5個月以上分娩	8星期	給薪	勞動基準法、性別平等工作法	依曆連續計算。受僱6個月以上工資照給，未滿6個月給半薪。
	妊娠3個月以上分娩	4星期	給薪		
	妊娠2個月以上未滿3個月流產	1星期	未規定	性別平等工作法	依曆連續計算。
	妊娠未滿2個月流產	5天	未規定		
家庭照顧假	家庭成員預防接種、嚴重疾病或重大事故	7天	不給	性別平等工作法	併入事假計算。
生理假	女性因生理原因	每月1天	半薪	性別平等工作法	不需提供證明。 全年未逾3日不併入病假計算，逾3日併入病假計算。
安胎休養	懷孕期間須安胎休養者	視實際需要	同普通傷病假	性別平等工作法、勞工請假規則	需提供證明。併住院病假。
疫苗接種假	接種COVID-19疫苗	自接種之日起至接種次日24時止	得不給薪	勞動部函	持憑疫苗接種紀錄卡請假。

表4-1 各類假別一覽表（續上頁）

假別	請假原因	天數	是否給薪	依據	說明
防疫照顧假	中央主管機關令釋期間有照顧需求者	視實際需求	得不給薪	勞動部函	家長，包括父母、養父母、監護人或其他日常實際照顧兒童之人。
防疫隔離假	接受居家隔離、居家檢疫、集中隔離或集中檢疫者	於隔離、檢疫期間	1.得不給薪 2.可歸責於雇主時應照給工資。	總統令	1.接受隔離者、檢疫者未違反隔離或檢疫相關規定，就隔離或檢疫之日起至結束之日止期間，得申請防疫補償。但有支領薪資或依其他法令規定性質相同之補助，不得重複領取。 2.勞工受隔離者，檢疫措施如係可歸責於雇主（例如奉派出國），工資應由雇主照給發給。
1.雇主不得因勞工請婚假、喪假、公傷病假、安胎假、產假、產檢假、陪產檢及陪產假、家庭照顧假、生理假及公假而扣發全勤獎金或影響考績。 2.雇主不得因勞工提出「防疫隔離假」、「防疫照顧假」或「疫苗接種假」之申請，而視爲曠職、強迫以事假或其他假別處理，亦不得扣發全勤獎金、解僱或爲其他不利之處分。 3.勞工感染登革熱，經指定隔離治療期間，請普通病假，雇主不得扣發全勤獎金。					

九、工作時間計算

（一）本法第31條規定在坑道或隧道內工作之勞工，其工作時間自入坑口時起算至出坑口止，而非以在坑口內之實際工作時間作爲工作時間。

（二）本法施行細則第17條規定正常工作時間跨越二曆日者，其工作時間應合併計算，例如今日二十時開始工作至翌日凌晨四時，合計爲八小時，而非翌日重新起算。

（三）本法施行細則第18條規定勞工出差或至其他場所工作不易計算工作時間者，以其平時的工作時間爲實際工作時間，但可證明其實際工作時間者不在此限。

（四）本法施行細則第19條規定勞工來往於不同場所工作時，各該場所工作時間及來往時間應合併計算。

（五）本法第30條第6項規定勞工工作時間記至分鐘爲止。

十、加班之同意

本法第32條規定，勞工之加班，如事業單位有工會組織，應經工會同意，如無工會組織，應經勞資會議同意。經工會或勞資會議同意，勞工如有正當理由，仍可不加班。

本法第39條規定，例假、休假、特別休假，勞工同意工作者，工資加倍發給。

十一、加班之限制與禁止

本法第47條規定童工每日工作時間不得超過八小時，例假日不得工作，第48條規定童工不得於午後八時至翌晨六時之時間內工作；依本法第42條規定，勞工如因健康或其他正當理由，例如勞工生病或家有重要事情，或勞工在夜校讀書，有此情形，雇主不能強制其加班。

十二、特殊工作者之例外

依本法第84條之1規定，經中央主管機關核定公告之監督、管理人員、責任制專業人員、監視性、間歇性、其他特別工作之特定工作者，得由勞雇雙方另行約定工作時間、例假、休假、女性夜間工作，並報請當地主管機關核備，不受本法第30條、第32條、第36條、第37條、第49條規定之限制。

十三、加班可以選擇補休，但須雇主同意

勞工加班後，以領取加班費爲原則，如勞工願放棄領取加班費，可選擇補休，依加班時數換補休時數，選擇補休必須經雇主同意。加班補休的時數，應列入加班總時數。

勞工是否選擇補休？雇主是否同意勞工補休？勞資雙方應本相互尊重、同心協力之立場爲之。雇主方面通常有淡、旺季之分，旺季加班，淡季補休，雇主反而有利，如勞工願意加班後換補休，雇主可視業務需要彈性運用人力，並

節省加班費，同樣是雇主有利。勞工為有效運用假日，例如想出國旅遊多天，或勞工因有要事必須親自處理，雇主自宜同意勞工補休。有些勞工喜歡加班後換補休，但也有勞工喜歡加班後領取加班費，雇主宜配合勞工的意願。

勞工選擇加班換補休，如屆時未補休，雇主仍應按原加班時數及加班費計算標準發給加班費。

勞工不能強求雇主加班換補休，雇主也不能強制勞工加班換補休。

十四、特別休假

依本法第38條規定勞工在同一雇主或事業單位繼續工作滿六個月以上即享有特別休假，特別休假依年資長短計算，由滿六個月有三日至最高滿二十四年有三十日。

特別休假日期勞雇雙方得協商排定，特別休假係勞工應享之權利，如雇主要勞工特別休假日照常工作，則應給加倍工資，排定之特別休假日如逢例假及紀念日放假時，該放假日應扣除，勞工如有公傷或請其他假，仍應享有特別休假。

勞工之特別休假，因年度終結或契約終止而未休之日數，雇主應發給工資。但年度終結未休之日數，經勞雇雙方協商遞延至次一年度實施者，於次一年度終結或契約終止仍未休之日數，雇主應發給工資。但年度終結未休之日數，經勞雇雙方協商遞延至次一年度實施者，於次一年度終結或契約終止仍未休之日數，雇主應發給工資。

雇主應將勞工每年特別休假之期日及未休之日數所發給之工資數額，記載於第23條所定之勞工工資清冊，並每年定期將其內容以書面通知勞工。

勞工的特別休假自106年1月1日起有了變革，增加任職滿六個月即有特別休假三天。任職滿一年有七天，亦即任職滿一年的第一年共享有了十天的特別休假（3＋7）。

特別休假期日由勞工排定為原則，但雇主得與勞工協商調整，雇主如何與勞工協商調整？勞雇雙方仍應本相互尊重、同心協力之原則為之。

勞雇雙方因特別休假有爭議，勞工主張權利時，雇主如認為勞工之權利不存在，雇主應負舉證責任。例如勞工主張還有五天特別休假未休，雇主則認為勞工特別休假已休完，此時雇主應提出勞工已休完特別休假之證明。

本法的特別休假方式一般稱週年制（如100年5月2日到職，則101年5月1日滿一年），事業單位如有採曆年制（如99年8月10日到職，自100年1月1日起算，至100年12月31日滿一年）、會計年度制、學年制者，離職、退休時，其未修完之日數，應回歸勞動基準法規定計算。

（一）特別休假日數

106年1月1日起特別休假日數修正提高，修法前後特別休假日數如下表4-2。

表4-2　特別休假日數表

年資	修正前休假日數	修正後休假日數	年資	修正前休假日數	修正後休假日數
滿6個月	0	3	滿13年	18	19
滿1年	7	7	滿14年	19	20
滿2年	7	10	滿15年	20	21
滿3年	10	14	滿16年	21	22
滿4年	10	14	滿17年	22	23
滿5年	14	15	滿18年	23	24
滿6年	14	15	滿19年	24	25
滿7年	14	15	滿20年	25	26
滿8年	14	15	滿21年	26	27
滿9年	14	15	滿22年	27	28
滿10年	15	16	滿23年	28	29
滿11年	16	17	滿24年	29	30
滿12年	17	18	滿25年	30	30

勞工在同一雇主或事業單位繼續工作滿六個月有特別休假三日，滿一年有七日，該滿六個月之三日不必扣除。例如某勞工106年3月1日到職，至106年8月30日滿六個月即有三日特別休假。該勞工繼續工作至107年2月28日滿一年又有七日特別休假。

（二）特休未休發給工資規定

依本法第38條第4項所定，雇主應發給工資，依下列規定辦理：

1. 發給工資之基準

(1) 按勞工未休畢之特別休假日數，乘以其一日工資計發。

(2) 前目所定一日工資，為勞工之特別休假於年度終結或契約終止前一日正常工作時間所得之工資。其為計月者，為年度終結或契約終止前最近一個月正常工作時間所得之工資除以三十所得之金額。

(3) 勞雇雙方依本法第38條第4項但書規定協商遞延至次一年度實施者，按原特別休假年度終結時應發給工資之基準計發。

2. 發給工資之期限

(1) 年度終結：於契約約定之工資給付日發給或於年度終結後三十日內發給。

(2) 契約終止：依本法施行細則第9條規定，終止契約應即結清。

（三）常見特別休假疑義

1. 未滿一定時間之日數，該日數無特別休假權益：例如工作滿三年有十四日特別休假，某君工作滿三年九個月離職，則該九個月不須依比例給特別休假。
2. 勞動基準法特別休假係採週年制，如果採他制（如曆年制），離職時，應休日數不得低於依週年制計算。例如某勞工任職至111年8月10日滿兩年離職，有特別休假十日，雇主不得以採曆年制而少給。
3. 部分工時勞工也有特別休假：全職勞工（或稱正職人員）有2,088小時，即每週正常工時40小時×52週+8小時=2,088小時。假設某君該年總「正常工時」為679小時，則年資滿兩年時之特別休假等於有二十六小時。即10天×8小時×比例（679小時÷2,088小時≒26小時）。
4. 依行政院勞工委員會94年4月29日勞動4字第0940021560號令：勞工結清舊制退休金年資，並不影響特休年資。勞工特別休假之權益，仍應依勞動基準法之規定，按勞工工作年資核計，且「自受雇日起算」。
5. 依勞動部106年3月3日勞動條3字第1060047055號函：勞動基準法第38條規定，特別休假日由勞工依其意願決定之。雇主可提醒或促請勞工排定休假，但不得限制勞工僅得一次預為排定或排定於特定日期。至因年度終結或契約終止而未休之特別休假日數，不論未休原因為何，雇主均應發給工資。
6. 已退休繼續僱用或新進人員逾六十五歲，仍有特別休假權益，年資自繼續僱用或新進之日起算。

十五、出勤紀錄

雇主應置備出勤紀錄，並保存五年，出勤紀錄應逐日記載勞工出勤情形至分鐘爲止。勞工向雇主申請簽到簿出勤紀錄影印本時，雇主不得拒絕。

本法施行細則第21條規定，本法第30條第5項所定出勤紀錄，包括以出勤卡、刷卡機、門禁卡、生物特徵辨識系統、電腦出勤紀錄系統或其他可資覈實記載出勤時間工具所爲之紀錄。雇主因勞動檢查之需要或勞工向其申請時，應以書面方式提出出勤紀錄。

在事業場所外工作者，出勤紀錄方式不限於簽到簿或出勤卡，電腦資訊或電子通信設備皆可，例如行車紀錄器、GPS紀錄器、電話、手機打卡、網路回報、客戶簽單、通訊軟體或其他可供稽核出勤紀錄之工具，於接受勞動檢查時，並應提出書面紀錄。

十六、休假日遇例假日、休息日是否補休？

依本法施行細則第23條之1規定，本法第37條內政部所定應放假之紀念日、節日、勞動節，遇本法第36條所定例假及休息日者，應予補假。但依本法第37條由中央主管機關指定之日放假之日則不補假。前項補假期日，由勞雇雙方協商排定之。

本法37條內政部所定應放假之紀念日、節日如下：

1. 中華民國開國紀念日（1月1日）。
2. 農曆除夕。
3. 春節（農曆正月初一至初三日）。
4. 和平紀念日（2月28日）。
5. 婦女節、兒童節合併假日（民族掃墓節前一日）。
6. 民族掃墓節（農曆清明節）。
7. 勞動節（5月1日）。
8. 端午節（農曆5月5日）。
9. 中秋節（農曆8月15日）。
10. 國慶日（10月10日）。

另原住民有十六族，各族之歲時祭儀可擇一日放假。

本法第37條由其他中央主管機關指定應放假之日，例如縣市長、民意代表選舉日。

政府機關因實施週休二日，刪除中華民國開國紀念日之翌日（1月2日）、革命先烈紀念日（3月29日）、孔子誕辰紀念日（9月28日）、台灣光復節（10月25日）、先總統蔣公誕辰紀念日紀念日（10月31日）、國父誕辰紀念日（12月12日）、行憲紀念日（12月25日）等七日。因勞工未週休二日（每二週八十四小時），故仍維持上列七個假日，105年1月1日起勞工實施每週四十小時，上列七個假日刪除（由原有十九個假日調整爲十二個假日）。

國定假日遇例假日及休息日相關規定，勞動部106年3月24日勞動條二字第1060130619號函釋略以：

（一）依勞動基準法第37條第1項規定，內政部所定應放假之紀念日、節日、勞動節及其他主管機關指定應放假之日（俗稱國定假日），均應休假。勞資雙方原約定之工作日如適逢國定假日，應予放假且工資照給。縱使該日之正常工作時間，業依同法第30條第2項及第30條第1項規定變更，國定假日係勞工之法定假日，當日本應放假，雇主無得恣意要求勞工事後補提供分配時數之勞務或據以減薪。

（二）勞動基準法第39條所稱工資加倍發給，係指休假日出勤工作者於八小時以內者，除原本約定照給之工資外，再加發一日工資。至於當日出勤工作者逾八小時之部分，係屬延長工作時間，應依同法第24條第1項所列標準計給加班費。

復查，勞動基準法第37條所定應放假之日如適逢同法第36條例假或休息日，應另予勞工補假；如適逢採行彈性工時將工作時間分配至其他工作日所形成之空班，則無庸補假。

（三）勞動基準法第39條所定休假遇本法第第36條所定例假及休息日者，應予補假。

以107年爲例，勞工免上班日有一百一十一天，比政府機關多出一天（勞動節）。政府機關如有調整放假日，則同時也指定補行上班日，例如107年4月5日（星期四）爲清明節，把4月6日（星期五）調整放假日，如此則有四天連續假，但3月31日（星期六）須補行上班。事業單位經勞資協商後也可比照辦理。

十七、相關事項

（一）交通誤點之處理

乘坐事業單位提供之交通車誤點時，不產生遲到、曠職問題，誤點時間工資應照給。搭乘私人之交通工具或公車、火車，如果確因車輛故障或交通阻塞原因而誤點，無法準時上班時，應不視為遲到或曠職。

（二）正常工作時間外之訓練集會

教育訓練集會，如由勞工自由報名參加，雇主並無給予不利之規定，則此項教育訓練時間不列入工作時間。雇主辦理教育訓練或指派勞工赴外參加教育訓練，宜在上班時間，如係下班時間則宜給加班費或讓勞工於規定期間內補休。

（三）正常工作時間外之工作

勞動部103年10月20日勞動條3字第1030132220號函釋：雇主如於工作時間以外，以通訊軟體、電話等要求勞工工作，應屬工作時間。

（四）值日、值夜

74年內政部頒訂之勞工值日（夜）規定，勞動部108年3月11日勞動條3字第1080130222號函釋：自111年1月1日起停止適用，回歸依工時定義認定之。

（五）假日加班不併計四十六小時

休息日加班應併入每三個月不得超過一百三十八小時，每月不得超過五十四小時之加班時間內計算。本法第37條之休假日及38條之特別休假，照常工作者，不併入每三個月不得超過一百三十八小時，每月不得超過五十四小時之加班時間內計算。事業單位規定工作時間少於法定時間，則勞工加班未超出法定時間部分，不併計在四十六小時之內。

第37條之休假日及第38條之特別休假日上完八小時後，繼續工作之加班時數，應併計在每三個月不得超過一百三十八小時，每月不得超過五十四小時之加班時間內。

（六）休息時間不併計工作時間

休息時間不併計工作時間，但在廠區待命時間應併計工作時間，如電工待命負責工廠電機維修，上班後不一定有工作，則其待命時間為工作時間，而非休息時間。

（七）天然災害停止上班

行政院頒訂有「天然災害停止辦公及上課作業辦法」，以作為各級機關及公、私立學校在颱風、水災、地震發生時是否停止上班、上課之參考，事業單位可以比照辦理。惟此辦法，認定上較寬，並不全適用於事業單位。行政院勞工委員會80年7月12日台勞動二字第17564號函頒事業單位勞工於天然災害發生時（後）之出勤管理及工資給付事宜，依下列原則辦理：

1. 天然災害發生時（後），事業單位之勞工在何種狀況下得停止工作，宜由勞雇雙方事先訂於勞動契約、團體協約或工作規則之中，以求明確；訂定時可參照行政院頒「天然災害發生時停止辦公及上課作業要點」（現修正為：天然災害停止辦公及上課作業辦法）之規定。如事前並無約定，可參照前開要點及企業慣例，由勞雇雙方協商辦理。
2. 天然災害發生時（後），勞工如確因災害而未出勤，雇主不得視為曠工，或強迫以事假處理，惟亦可不發給工資；勞工如到工時，是否加給工資，可由雇主斟酌情形辦理。

（八）工作時間不包括可自由利用時間

工作時間係指勞工在雇主指揮監督下，於雇主之設施內或雇主指定之場所提供勞務或受令等待提供勞務之時間，但不包括勞工自由利用之時間。宿舍管理員依規定於宿舍過夜之時間，是否屬於工作時間，應就個案事實認定之。

（九）有正當理由可事後補辦請假

勞工請假時，應於事前親自以口頭或書面敘明請假理由及日數，但遇有疾病或緊急事故，得委託他人代理辦理請假手續。勞工有正當理由，上班後再行補辦請假手續，亦無不可。

（十）一日之加班工時應合併計算

加班係以一日內之延長工作時數為準，不論於「每日上班前」或「中午休息時段」或「下班後之時段」之加班，均屬當日延長工作時間。一日內如有三個時段分開加班，應合計加班時數計算加班費。

（十一）曠工之要件

勞工無正當理由繼續曠工三日者，雇主得不經預告終止契約。雇主得不經預告終止契約必須具備：1. 勞工無正當理由曠工；2. 繼續曠工三日之法定要件，若僅符合其中之一者，尚不構成終止契約之事由。曠工日數不包括假日。

（十二）特別休假之條件

按勞工之特別休假，依勞動基準法第38條之規定爲：「勞工在同一雇主或事業單位，繼續工作滿一定之期間者，每年應依下列規定給予特別休假。」可見勞工僅須「工作滿一定之期間」即享有特定日數之休假，自不得以該年度出勤日數比例計算特別休假之日數。

（十三）遲到早退不得認定為曠工

臺灣高等法院103年度勞上字第24號民事判決：「所謂繼續曠工，係指勞工實際應爲工作之日無故繼續不到工者而言（最高法院81年台上字第127號判例意旨參照）。又所謂『曠工』應指於工作日之全日均未依約爲雇主服勞務之情形，定義上與遲到、早退並不相同，雇主不得以勞工有遲到早退之事實逕予認定爲曠工。」

（十四）在外工作者出勤紀錄

勞動部104年5月6日勞動條三字第1040130706號函訂頒：「勞工在事業場所外工作時間指導原則」，就新聞媒體工作者、電傳勞動工作者、汽車駕駛、外勤業務員，規範其在事業場所外工作時間認定及出勤紀錄應注意事項。有關工作時間紀錄方式略以：勞工出勤紀錄方式不限於簽到簿或出勤卡，電腦資訊或電子通信設備皆可，例如行車紀錄器、GPS紀錄器、電話、手機打卡、網路回報、客戶簽單、通訊軟體或其他可供稽核出勤紀錄之工具，於接受勞動檢查時，並應提出書面紀錄。

（十五）工時過長與健康

國外專家學者們認同工時過長對於勞工身體健康有負面影響，2015年，一篇超大型的研究，根據二十四個歐洲、美洲、澳洲的研究資料，就60萬名勞工的工時統計，發現相較於每週工作三十五至四十小時的勞工，每週工作時間大於五十五小時的勞工，有額外13%的相對風險罹患冠狀動脈疾病，以及33%的相對風險罹患中風（2017年11月24日【蘋果日報】A24）。

（十六）全時工作改為部分工時

有雇主故意將全時員工改爲部分工時，工時略爲減少。當勞工由全時改爲部分工時，有雇主故意不減少勞工的工資或略爲減少，一段期間後，又減少勞工的工時，工時逐漸減少工資也逐漸減少，勞工始知上當。如勞工欲引用勞動基準法第14條終止契約時，計算資遣費之平均工資也大幅減少。

亦有雇主誤以爲勞工適用部分工時，勞工權益就不必比照全時員工，實際上部分工時勞工如果工時與全時勞工相同，則其應享之權益與全時勞工相同，例如特別休假日數、星期六上班加班工資、資遣費。如部分工時勞工之工時少於全時勞工，則亦須依全時勞工應有權益之比率享有其權益。故政府有明確規範保護部分工時勞工之必要（見附錄：僱用部分時間工作勞工應行注意事項）。

（十七）勞工出勤時間推定

勞動事件法第38條規定：「出勤紀錄內記載之勞工出勤時間，推定勞工於該時間內經雇主同意而執行職務。」

雇主如主張該時間有休息時間或勞工未經雇主同意而自行加班，不該算爲工作時間，雇主亦得提出資料作爲反對之證據，而推翻上述推定。例如勞工上午八時打卡上班，下午五時三十分打卡下班，勞工主張應給加班費一小時。雇主可提出工作規則規定中午休息一時三十分，推翻勞工的主張。

十八、週休三日與縮短工時

有民眾在公共政策網路參與平台提案週休三日，112年6月26日，行政院人事行政總處經多方徵詢並蒐集各界意見後，回應不予參採。

行政院人事行政總處指出，週休三日的實施，攸關人民生活作息、學生受教、工商運作、運輸調度、金融結匯、股市交易等權益問題，影響層面甚廣，不宜貿然實施。各行各業工作型態不同，作息時間不同，且目前人力不足，週休三日確須審慎研議。

實際上現行週休二日已是先進的立法，如能貫徹實施，勞工已感恩不盡，但有些行業性質不同，可採行週休三日。我國中小型企業占絕大多數，中小型企業有多少能實施週休二日？有多少平時不加班？有多少濫用自訂的「責任制」？有多少特別休假確能休假？

國內有一家診所，四十多位醫護人員試辦平均週休三日，員工每月薪資、福利不變。將健康檢查集中於四天週六及十四天的平日，依勞動部頒訂的「四週變形工時」規定，將四週正常工時一百六十小時加以分配。試辦情形良好獲得員工好評。

醫療機構與其他行業性質不同，可以採行減少工時的行業，只要符合勞動基準法規定，或優於勞動基準法，則採行週休三日、週休四日均無不可。

週休二日已實施多年了，許多中小型企業至今仍是週休一日，貫徹週休二日比實施週休三日重要，如果有企業適合實施週休三日，在不違反勞動基準法工時規定下，自可實施，每週能正常工作時間三十二小時更好。國外有採行週休三日之企業，每週工作時間是三十六小時。

爲縮短工時，筆者建議將遇有連續假期之調整日，不必補上班，每年暫定爲最多五日，例如星期四爲國定假日，爲使連續假有四日，將星期五調整至下星期六補行上班。本建議是調整日不必補行上班。

第三節　裁判例

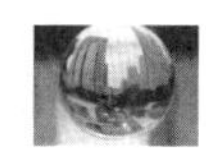

一、廚師的上班時間

【工作時間、加班、退休金】

上○公司廚師王○申請勞工保險老年給付後，訴請發給服務年資八年六個月之退休金57萬多元及補發多年來之加班費20萬多元。有關加班費部分，地方法院判決公司應給付王君星期日及國定假日加班費1萬8,163元，王君不服，上訴後，臺灣高等法院87年度勞上字第14號判決公司敗訴，公司應給王君加班費20萬多元。公司認爲王君於工作時間內買菜、做菜時間，每天僅需五、六小時，其餘時間留在公司看電視、睡覺、聊天，甚至與外勞打牌，公司從不過問，顯然無所謂加班。上訴後，最高法院89年度台上字第1823號判決發回臺灣高等法院，判決理由略以：按判決書理由項下，應記載關於攻擊或防禦方法之意見，民事訴訟法第226條第3項[1]定有明文，法院爲被告敗訴之判決，而有關於防禦方法之意見有未記載判決理由項下者，即爲同法第469條第6款所謂判決不備理由。查公司辯稱：「……公司工作規則規定，加班應經工會同意，並報請主管機關核備。……加班應填載加班申請單，經核准後按月給付加班費，王君均依規定填載加班申請單，公司亦按月發給加班費，王君未曾有異議，……王君捨近求遠買菜，確係以送子女上學爲考慮，……不得將此時間計入其工作時間」云云。參諸公司工作規則、王君加班申請單及公司地址等情，似非全然無據。原審就公司此種重要防禦方法，疏未調查審認，表示其取捨意見，遽爲上訴人不利之判斷，於法殊有未合。上訴論旨，指摘原判決關此部分不當，求予廢棄，非無理由。

二、工作滿一定之期間即享有特定日數休假

【工作時間、特別休假、退休】

裕○公司給付勞工楊○○退休金事件中，有關特別休假日數部分，臺中地方法院88年度訴字第1128號民事判決楊君敗訴，楊君上訴後，臺灣高等法院臺中分院89年度勞上易字第4號民事決楊君勝訴，判決理由略以：按勞工之特別休假，依勞動基準法第38條之規定爲「勞工在同一雇主或事業單位，繼續工作滿一定之期間者，每年應依下列規定給予特別休假……」可見勞工僅須「工作滿一定之期間」即享有特定日數之休假，自不得以該年度出勤日數比例計算特別休假之日數。

三、大法官釋字494號未解釋工時計算

【工作時間、加班費】

台○公司所屬的二次變電所値班人員，沿襲舊制二人二班制度，每人每日値班十二小時，勞工張○○等人訴請補發加班費，最高法院86年度台上字第840號民事判決張君等敗訴。張君等以該確定判決就渠等超過每日法定工時部分，請求發給加班費差額，適用勞動基準法所持見解，業經司法院大法官會議以釋字第494號[2]解釋指爲違背法令，其適用法規顯有錯誤，爰提起再審之訴。最高法院89年度台再字第86號民事判決再審之訴駁回，判決理由略以：本件原確定判決係以，台○公司所屬二次變電所之値班制度，沿襲日據時期舊有之二人二班制，每人每日値班十二小時，張君等人於勞動基準法實施前即已受僱，向依公司核發之薪資及按其所訂加班費以支領工作報酬，並依此方式工作而無異議，足證兩造間之僱傭契約，已就上開工時及工資達成合意。迨勞動基準法施行後，其約定違反勞動基準法最高工時規定部分，固應依勞動基準法規定發給加班費，惟勞動基準法關於本薪之給付標準，除於第21條第1項規定工資爲勞資雙方議定之，但不得低於基本工資外，別無其他限制。公司發給之基本薪資均逾基本工資，張君等每日工作十二小時，超時工作部分，公司已另依合意發給超時工作報酬，每月所領之工資均超過每日工作十二小時依勞動基準法規定應領之工資，自不得再請求給付加班費。

大法官上揭解釋固謂，關於延長工作時間之加給，自勞動基準法施行後，凡屬於該法適用之各行業自有該法第24條規定之適用，俾貫徹法律保護勞

工權益之意旨；惟解釋理由書復載，關於勞工工作時間或休息時間之計算，應按各行業之性質，依有關法令認定事實之問題，不在本件解釋範圍，足見原確定判決之前述見解，並未經上揭解釋認為或釋示其係違背法令。

四、待命時間是否視同工作時間

【工作時間、待命時間、退休金】

自來水公司勞工莊○○，51年9月到職，80年8月調派至加壓站工作，81年12月退休，訴請補發在加壓站工作期間每天中午一小時三十分加班費三百九十九天共10萬2,443元，並將上開金額併入退休金，應補發退休金24萬5,894元。高等法院臺南分院判決莊君敗訴，莊君上訴後，最高法院87年度台上字第867號民事判決原判決廢棄，發回高等法院臺南分院。判決理由略以：原審係以證人稱：莊君上班時間是每日八時至十二時，下午一時三十分至五時三十分，共計八小時，中午十二時至下午一時三十分休息，該時段不用請假可以外出處理私事。惟查莊君提出之80年12月輪值表，輪值時間為八時至十六時，但80年10、11月輪值表輪值時間為八至十七時三十分；另證人稱：輪值人員得在休息時休憩，遇有突發狀況，仍應隨時加以排除。原審未說明莊君此部分主張及舉證不可採取之理由，而為不利莊君之判斷，尤有判決理由不備之違法。

五、監視性、斷續性工作之工資計算

【工作時間、加班費、消滅時效】

○港務局勞工區○○訴請將其多年來擔任值日夜之時間，應依勞動基準法計算延長工時工資（值日夜一次原僅給值日夜費250元）。臺灣高等法院高雄分院88年度勞上字第19號民事判決勞工敗訴，判決理由略以：（參最高法院85年度台上字第1973號）：甲公司與乙、丙二人所約定之月薪，如未低於上揭各有關規定加計之工資總額，該二人即不得再行請求，若低於該加計之工資總額，始得請求其差額（司法業務研討會第14期司法院第一廳研究意見），86年基本工資為每月1萬5,840元，每日528元，每小時66元，依勞動基準法計算每小時延長工時工資應為110元，區○○之月薪為6萬2,460元，已高於基本工資，區○○每日工資2,082元，每小時工資為260元，已高於法定基本工資加計延時工資之總額。

另辯稱區○○之請求權已罹於五年之消滅時效云云，惟按民法第126條【3】之短期時效，係關於利息、紅利、租金、贍養費、退職金等定期給付之特別規定，依院字第1227號【4】解釋：民法第126條所載其他一年或不及一年之定期給付債權，係指與利息等同一性質之債權而言，至普通債權之訂有給付期間，或以一債權而分作數期給付者，不包括在內。故薪資、獎金及加班費用，與利息之性質完全不同，自無適用民法第126條短期時效之餘地。

六、雇主對勞工請假事由有質疑時，得要求勞工提出證明文件

【工傷病假、罰則】

○○股份有限公司違反勞動基準法事件，○○市政府派員勞動檢查，○○公司不服市政府裁罰提出訴願，公司不服勞動部訴願決定提起行政訴訟，臺北高等行政法院111年度訴字第1142號判決部分撤銷、部分違法。公傷病假部分判決略以：請假規則第6條規定，勞工因職業災害而致傷害或疾病者，其治療、休養期間，給予公傷病假，惟依同規則第10條規定，勞工辦理請假手續時，雇主得要求勞工提出有關證明文件，且依系爭管理辦法第5條第1項及第6條亦有規定，員工因公傷疾病而不能工作者，應於發生日起七日內，塡具「公傷病假申請單」並檢具相關證明文件，向所屬人事管理單位申請公傷病假，員工申請之公傷病假未經公司核給前，應先依普通傷病假之規定請假，俟審核通過後，再由其所屬人事管理單位予以更正爲公傷病假。參以「勞工請假規則第6條規定，勞工因職業災害而致殘廢（現已修正爲失能）、傷害或疾病者，其治療、休養期間，給予公傷病假。該公傷病假之期間，依實際需要而定。嗣後若勞工已能工作，僅需定期前往醫院復健，則復健時間雇主應續給公傷病假。雇主若對勞工請假事由有所質疑時，可依同規則第10條規定，要求勞工提出有關證明文件……。」改制前行政院勞工委員會87年3月31日台勞動2字第009919號函闡釋甚明，而該函釋內容符合前揭勞工請假規則之規範意旨，本院自得加以適用。準此，原告對於審核是否續給予黃員公傷病假而仍存有質疑之時，要求黃員提出其申請公傷假之證明文件，乃屬於法有據。

七、同一日分段加班仍應合併計算加班工時

【工作時間、加班、資遣】

台○公司勞工周○○等人訴請發給加班費，有關訂定固定加班費及分段

加班部分，臺灣高等法院86年度勞上字第61號民事判決周君等人勝訴，判決理由略以：周君等人曾受領公司自行訂立每小時固定40元或50元計算之加班費，並不當然放棄其餘加班費之請求。且公司亦未能舉證證明周君等同意以優惠方式資遣時，拋棄五年加班費請求權，其據以解除雙方優惠資遣契約亦無可取。次查周君等人有關加班費時數之主張，依勞動基準法第24條規定，雇主延長勞工工作時間者，其延長工作時間之工資依下列標準加給之：延長工作時間在二小時以內者，按平日每小時工資額加給三分之一以上；再延長工作時間在二小時以上者，按平日每小時工資額加給三分之二以上。可知加班係以一日內之延長工作時數爲準，不論於「每日上班前」或「中午休息時段」或「下班後之時段」之加班，均屬當日延長工作時間。公司抗辯一日內如有三個時段分開加班，應各依上開規定計算加班費，而不以一日內合計之加班時數計算加班費云云，不無違誤。

八、代人簽到科刑處分

【工作時間、曠工、科刑、工資】

中○石油公司工作規則規定，代簽到者以曠職論處，及曠職之日不給薪資，林○○爲該公司加油站長，明知勞工郭○○時常未上班，林君與郭君基於犯意之聯絡，意圖爲自己不法之所有，並基於概括犯意，郭君未依時上班之際，由林君代爲簽到，郭君所領之日薪1,300元，按未上班日數交付林君1,000元，林君、劉君共同利用職務上機會，自79年1月5日至79年12月9日，以相同方式詐騙得逞二十次，共詐得2萬6,000元。高等法院臺南分院89年度上更（一）字第12號刑事判決維持地方法院；林君、郭君共同連續依據法令從事公務之人員，利用職務上機會，詐取財務罪刑論處。林君、劉君上訴後，最高法院89年度台上字第5558號判決以：原判決撤銷，發回高等法院臺南分院。理由略以：科刑之判決書，須將認定之犯罪事實，記於事實欄，然後於理由內逐一說明其憑以認定之證據，使事實與理由兩相一致，方爲合法。原判決認定林君代郭君簽到，以此方式詐領1,300元，共得逞二十次，金額計2萬6,000元。惟依原判決附表所示，林君代簽到次數共六十次，○○調查站所函送之資料，其中疑爲林君代簽到之筆跡者，亦有六十份，原判決認定詐騙得逞二十次，並未詳細說明僅成立二十次之理由，難謂無判決不載理由之違法。

九、工作時間應按各行各業之性質認定

【工作時間、加班】

台○電力公司勞工吳○○等人訴請補發加班費案，最高法院87年度台上字第3014號判決吳君等人敗訴，吳君等以該確定判決就渠等超過每日法定工時部分，請求發給加班費差額，適用勞動基準法所持見解，業經司法院大法官會議以釋字第494號解釋指爲違背法令，其適用法規顯有錯誤，爰依民事訴訟法第496條第1項第1款之規定提起再審之訴。最高法院89年度台再字第85號判決再審之訴駁回，判決理由略以：按確定終局裁判適用法律所持之見解，須經司法院大法官會議解釋認爲違背法令之本旨時，該聲請解釋之聲請人，始得據該解釋爲再審理由而提起再審之訴，此觀司法院大法官會議釋字第185[5]、188[6]、209[7]號解釋意旨自明。查司法院大法官會議解釋固謂，關於延長工作時間之加給，自勞動基準法施行後，凡屬於該法適用之各行業自有該法第24條規定之適用，俾貫徹法律保護勞工權益之意旨；惟其解釋理由書復載，關於勞工工作時間或休息時間之計算，應按各行各業之性質，依有關法令認定事實之問題，不在本件解釋範圍云云。具見原確定判決適用勞動基準法所持公司係依雙方之合意給付吳君等人基本薪給及超時工作報酬之見解，並未經解釋認爲或釋示其係違背法令之本旨，吳君等人自不得據該解釋爲再審理由而提起本件再審之訴，難認其再審之訴爲有理由。

十、有正當理由事後請假並無不可

【工作時間、請假、曠工、勞動契約、資遣費】

正○公司勞工洪○○已服務二十一年多，公司以洪君未請假，連續曠工三日爲由，予以解僱，洪君認爲其被解僱係因公司與另一員工陳○○訴訟案，未聽從公司之指示爲虛僞陳述，以致遭公司於88年7月26日非法解僱，洪君於同日依勞動基準法第14條第1項第6款之規定向公司爲終止勞動契約之意思表示，並依勞動基準法第17條之規定請求給付資遣費118萬8,263元，屏東地方法院88年勞訴字第8號判決洪君勝訴，公司上訴後，高等法院高雄分院89年度勞上字第6號民事判決上訴駁回，判決理由略以：勞工無正當理由繼續曠工三日者，雇主得不經預告終止契約，勞動基準法第12條第1項第6款固有明文，據此規定，雇主得不經預告終止契約，必須具備：（一）勞工無正當理由曠工；

（二）繼續曠工三日之法定要件，若僅符合其中之一者，尚不構成終止契約之事由。從而，勞工繼續曠工三日，但其曠工非屬無正當理由者，雇主即不得據以終止契約。勞工請假時，應於事前親自以口頭或書面敘明請假理由及日數，但遇有疾病或緊急事故，得委託他人代理辦理請假手續，勞工請假規則第10條所明定，88年7月23日洪君因坐骨神經痛，有高雄長庚醫院醫療證明書為證，足認其未上班係有正當理由。88年7月23、24日因病已請病假，尚無不合。縱認其所託之李○○或徐○○未代辦請假手續，洪君既有正當理由，則於88年7月26日開始上班後再行補辦請假手續，亦無不可。從而，公司於該日不准其請假並以洪君連續曠職達三天為由予以解僱，即屬無據。

十一、罷工後公司不予追究之內涵

【工時、罷工、勞資爭議、休假、損害賠償】

統○公司司機（常務理事）余○○，煽惑司機罷駛、輪胎放氣、阻止發車，致五、六十輛大客車無法開出，公司訴請應賠償196萬元，臺灣高等法院83年度上字第428號維持第一審所為公司敗訴之民事判決，係以：公司代表與工會代表已達成協議，其第3條明載：公司同意對所有參與此次依法休假之全體員工、工會會員，不予追究，並信守此承諾。故所有參與此次依法休假行動之全體員工、工會會員，均在不予追究之列，當然包括余君在內，否則余君即不願簽署該協議。公司既同意不予追究，而不追究之事項未予限定，自係包括民事損害賠償之請求在內。最高法院84年度台上字第1074號民事判決：原判決廢棄，發回臺灣高等法院。判決理由略以：罷工（罷駛）係多數勞工以違反勞動契約之手段，履行其工作義務；又集體休假係勞動關係中休假權利之合法行使，而非以違反勞動契約為手段，二者性質雖異，然其係以消極的不為其約定之工作則一。前揭系爭協議書第3條所載，縱解為「所有參與此次依法休假之全體員工、工會會員，不予追究」。惟罷駛或集體休假既僅係消極的不為其約定之工作而已，至於恐嚇他人不得發車、將公司車輛輪胎放氣等積極行為，是否屬於罷駛或集體休假等消極行為之內涵？即有推敲之餘地。倘積極妨害資方營運之行為，不在罷駛、休假之範圍內，則原審將公司同意對所有參與此次依法休假之全體員工、工會會員不予追究之協議效力，認為亦及於恐嚇他人、阻止發車、洩放車輛輪胎氣體等妨害公司營運行為所生之損害，即屬可議。

十二、刑事判決於民事裁判不受拘束

【工時、工資】

台○公司女性勞工張○○任職七年，訴請補發加班費545萬元，理由為：其擔任宿舍管理員，每日工作二十四小時，公司違反勞動基準法女工於午後十時至翌晨六時之時間內工作未經主管機關核准之規定，公司法定代理人及勞務課長業經桃園地方法院檢察署偵查起訴並經法院各判處罰金5,000元確定。公司則陳述以張君擔任宿舍環境之清潔維護、寢具之分配、員工上班後門戶管理等事項，皆屬日間可以完成之工作，每日上班時間為上午八時至十二時，下午一時至五時，每天工作八小時，下班後即無工作，張君夜間留宿，乃公司對員工所提供之福利措施，可免張君每日通勤之辛勞。桃園地方法院83年度勞訴字第3號民事判決張君敗訴，上訴後，最高法院第三次發回更審，臺灣高等法院88年度勞上更字第13號民事判決上訴駁回。判決理由略以：行政院勞委會82年2月9日勞動二字第73244函號釋示：工作時間係指勞工在雇主指揮監督下，於雇主之設施內或雇主指定之場所提供勞務或受令等待提供勞務之時間，但不包括勞工自由利用之時間。宿舍管理員依規定於宿舍過夜之時間，是否屬於工作時間，應就個案事實認定之。可見宿舍管理員於夜間住在宿舍，仍應視勞工與雇主間之約定而為個別之認定，並非當然視為係工作時間，張君白天離開須請假，晚間外出則電話報告主管即可，益證晚間並非張君工作時間。況張君係公司唯一宿舍管理員，苟須每日二十四小時值勤，在無人輪班情形下，竟能經年累月工作長達七年之久？公司雖違反勞動基準法被處罰金，惟刑事判決所為事實之認定，於獨立民事訴訟之裁判時本不受其拘束（參照最高法院50年台上字第872號判例），張君夜間在宿舍睡覺期間自非工作時間，苟有特殊情事發生必須處理，亦非不得據以申報加班費，自難執該刑事判決，遽為有利於之認定。張君之工資比基本工資為高，每月復領有加班費，薪資高於一般勞工，足見公司已就張君工作性質加以考量在內，張君請求每日十六小時加班費顯非有據。

十三、再審之訴應於三十日之不變期間內提起

【工時、法定期間】

隆○公司員工甲○○請求損害賠償事件，隆○公司不服臺灣高等法院臺南分院94年度勞上更（一）字第1號判決提起再審之訴，有關程序方面，臺灣高

等法院臺南分院95年度勞再易字第5號判決略以：按再審之訴，應於三十日之不變期間內提起。前項期間，自判決確定時起算，判決於送達前確定者，自送達時起算；其再審理由發生或知悉在後者，均自知悉時起算。但自判決確定後已逾五年者，不得提起，民事訴訟法第500條第1項、第2項分別定有明文。查本件隆○公司以甲○○之89年度請假卡及89年10月11日書立之簽呈（指甲○○赴新加坡及英國參與國際金融海外學程碩士班，請准予抵大陸工作期間無休等情），皆於原確定判決94年10月4日辯論終結前已存在之證物，又前開證物，係於95年11月18日，由隆○公司乙○○於祥○公司化驗室旁小辦公室內之書櫃中發現，則其提起本案再審訴訟，係於知悉有再審理由起三十日內爲之，是於程序上，依其主張，其提起本件再審之訴，並未逾三十日之法定期間。

十四、員工自動加班未給加班費亦屬違法

【工時、工資、罰則】

華○公司因勞動基準法事件，不服行政院勞工委員會95年11月13日勞訴字第○○號訴願決定提起行政訴訟，臺北高等行政法院95年度簡字第987號判決原告之訴駁回。判決理由略以：華○公司經勞動檢查處95年5月8日派員實施勞動檢查，發現其勞工陳○○、孫○○分別於95年3、4月份延長工作時間各四小時、二十八小時，且均未依法給加班費，違反勞動基準法第24條規定。華○公司雖主張陳○○、孫○○於下班後仍留滯公司係自發性，並非公司要求。惟查，陳○○、孫○○之加班，係因公司營運虧損，爲節省成本遂未申報加班，公司因而未給加班費，是華○公司使勞工延長工作時間，卻未支付加班費之事實，堪以認定。第以勞動基準法之訂定，旨在保護勞工權益，公司爲法人，當對勞動基準法強制性規定知之甚詳，本應切實遵守實行，所稱未要求陳○○、孫○○等人加班，縱然屬實，亦無解於其違章事實之成立，故台北市政府予以處罰，自非無據。

十五、已經全體勞工同意變更工時不適用於修法後僱用之勞工

【工時、工作規則】

家○公司對於中華民國104年9月9日臺北高等行政法院103年度訴字第1820號判決，提起上訴，最高行政法院105年度判字第31號判決上訴駁回，有關勞工同意變更工時部分，判決理由略以：被上訴人台北市政府同意核備上訴人工

作規則，僅表示被上訴人依形式審查該工作規則內容後，認為與勞動基準法之規定並無違背，至於上訴人已否依核備當時已施行之91年12月25日修正勞動基準法第30條之1規定，取得工會或勞資會議同意，被上訴人並未實質審認。從而，前開工作規則及被上訴人同意核備之函文，亦無從據為對上訴人有利之證明。前揭民事判決與被上訴人核備函文內容，均無任何有關上訴人因在勞動基準法第30條之1於91年12月25日修正前，業經當時僱用之全體勞工同意變更工時，對於修法後僱用之勞工，即無須依修正後規定取得工會或勞資會議同意之記載，則上訴人自無可能據以產生對91年12月25日修法後所僱用之勞工變更工時，無須踐行新法所定程序之信賴。

十六、勞工出勤時間之記載應至分鐘為止

【工時、勞動檢查】

家○公司對於中華民國104年9月9日臺北高等行政法院103年度訴字第1820號判決，提起上訴，最高行政法院105年度判字第31號判決上訴駁回，有關出勤紀錄部分，判決理由略以：依勞動基準法第30條第5項及同法施行細則第21條規定，雇主負有備置簽到簿或出勤卡，供勞工簽到或打卡，逐日詳實記載勞工實際上下班時間至分鐘為止之行政法上義務，經查，被上訴人所屬勞動檢查處於進行勞動條件檢查時，上訴人並未置備勞工王○○之103年1月出勤紀錄。上訴人提出陳述意見書時所檢附王○○之出勤紀錄一紙應係上訴人事後製作者；況觀諸該出勤紀錄之上下班時間，均記載為整點，與勞動基準法施行細則第21條，要求雇主記載勞工出勤時間之詳盡程度，應至分鐘為止者，亦不符合，是被上訴認定上訴人未依勞動基準法第30條第5項規定，備置勞工王永明簽到簿或出勤卡，逐日記載出勤時間，亦屬有據。

十七、休假日得經勞資雙方協商同意與其他工作日對調

【工時、工資】

圓○大飯店違反勞動基準法事件，圓○大飯店對於中華民國105年8月3日臺北高等行政法院103年度訴字第1738號判決，提起上訴，最高行政法院106年度判字第300號判決：原判決廢棄，發回臺北高等行政法院。判決理由略以：「紀念日、勞動節日及其他由中央主管機關規定應放假之日，均應休假。」「雇主經徵得勞工同意於休假日工作者，工資應加倍發給。」行為時勞動基準

法第37條、第39條定有明文。上開第39條所定之休假日工作之加發工資，係雇主經徵得勞工同意於休假日工作者固應加發工資以資補償。惟因勞工之工作內容及性質，該休假日得經勞資雙方協商同意與其他工作日對調，此時原本之例休假日對該勞工而言，已改變其性質而成爲工作日，是不能以例假日及國定假日到場工作即認雇主應加倍給予工資，此觀勞委會86年7月17日（86）台勞動二字第028692號函釋：「勞動基準法第37條及同法施行細則第23條所規定應放假之日，均應放假，惟依該法第39條規定經徵得勞工同意後得於該假日工作；亦可經勞資雙方協商同意後，與其他工作日對調，前經本會77年9月6日台（77）勞動二字第20123號函釋在案。應放假之日與其他工作日對調後，原放假日即爲應工作之日，勞工於該工作日工作，應無加倍發給工資問題。」及87年2月16日（87）台勞動二字第005056號函釋：「依勞動基準法第37條暨同法施行細則第23條所定之應放假之日，雖均應休假，惟該休假日得經勞資雙方協商同意與其他工作日對調。調移後之原休假日（紀念節日之當日）已成爲工作日，勞工於該日出勤工作，不生加倍發給工資問題。惟事業單位另有優於法令之規定者，可從其規定。」自明。

十八、雇主應置備勞工出勤紀錄卡所謂「置備」

【工時、罰則】

台○精品違反勞動基準法事件，台○精品對於中華民國105年11月10日臺北高等行政法院105年度訴字第1152號判決，提起上訴，最高行政法院106年度裁字第96號裁定上訴駁回，裁定理由略以：按行爲時勞基法第30條第5項暨同法施行細則第21條等規定，乃鑑於工作時間爲勞動條件之重要因素之一，惟勞雇雙方對於工時、工資、休息及休假等問題，於認定上時有爭議，並經常損及勞雇關係和諧，爲使勞工之正常工作時間及延長工作時間記錄明確化，乃以法律強制課予雇主應詳細記錄勞工出勤情形，並將此紀錄保存一定期間之作爲義務，俾勞資雙方日後如對勞工實際工作時間發生爭執時，得作爲解決勞資爭議之佐證與依據。故課予雇主應確實記載勞工之出勤情形。復所謂「置備」，自係指所準備之勞工簽到簿或出勤卡，應處於得隨時供檢視及利用之狀態，並須保存一年（已修正須保存五年），俾保障勞工權益。上訴人於勞動檢查時所提監視錄影影像紀錄，其時間爲動態，無法明確顯示勞工實際簽到或出勤時間；再者上訴人依該影像紀錄製作之出勤表，亦未能紀錄至「分鐘」，均與前揭規定不合。上訴人違反勞基法第30條第5項規定，已堪認定，被上訴人以原處分予以裁處，核無違誤。

十九、協議書內容並無提及放棄加班之事實仍應給加班費

【工時、工資】

國○城公司違反勞動基準法事件，國○城公司對於中華民國105年12月8日高雄高等行政法院105年度訴字第309號判決提起上訴，最高行政法院106年度裁字第380號裁定上訴駁回。裁定理由略以：上訴人與○○○於105年6月4日所簽訂之協議書，係雙方於105年5月24日臺灣高雄地方法院104年勞訴字第112號給付資遣費事件民事判決確定後，所達成互相退讓之協議，且其內容並無一語提及並無實際加班之事實，或承認其自始即無加班費請求權，尚難採爲對上訴人有利之證據。至於上訴人所舉臺中高等行政法院99年度簡字第134號、臺北高等行政法院104年度簡上字第5號等判決，均肯認出勤紀錄所載即得推定員工有延長工作時間之事實，僅係補充說明此一推定亦得舉反證推翻，上訴人執以主張出勤紀錄不足作爲勞工有延長工時之依據，實有誤會。

二十、勞工加班雇主未為拒絕或反對可認定雇主有事後同意

【工時、罰則】

國○城公司違反勞動基準法事件，國○城公司對於中華民國105年12月8日高雄高等行政法院105年度訴字第309號判決提起上訴，最高行政法院106年度裁字第380號裁定上訴駁回。裁定理由略以：依勞動基準法第32條第1項規定之合目的性解釋，應係對雇主要求勞工延長工時之限制及程序要求，並課予雇主加給工資之義務，以保障處於相對弱勢地位之勞工，非謂僅限於雇主始有發動要約延長工時之權利。故只要雇主與勞工間有延長工時之意思合致，不論係明示或默示，事前同意或事後追認，均非法所不許。而雇主對勞工自動延長工時工作，固有同意或拒絕受領之權，然倘雇主容認勞工延長工時工作，而未爲拒絕或反對之意思表示，並將延長工時登載於勞工出勤紀錄簿者，依此意思實現行爲即可據以認定雇主有事後同意之事實，即應負有勞動基準法第24條加給工資之義務，行政院勞工委員會81年4月6日台81勞動二字第09906號函亦同此旨。

二十一、處於完全不受雇主指揮監督或脫離待命狀態始為休息時間

【工時、指揮監督】

台○保全公司勞動基準法事件，對於中華民國106年8月3日臺北高等行政法院106年度訴字第230號判決，提起上訴，最高行政法院106年度裁字第1879號裁定上訴駁回，裁定理由略以：在吃飯的半個小時期間，係由上訴人所屬的保全人員代理○君之工作項目，其餘在勤的十二個小時當中，雖有每五十分鐘休息十分鐘休息時間，惟彼時其仍須處於在哨待命並隨時受上訴人指揮監督之狀態，並無其他保全人員代理其所須職司之客戶及相關處所防盜、防火、防災之安全防護工作至明。另揆諸上訴人之員工工作規則第19條第1項第1款第11目規定及同條項第3款第1目規定，可知，上訴人員工如有擅自離守、睡覺或瞌睡等行爲造成公司或業主財務重大損失者則應予解僱或記大過之規定。查上訴人屬保全服務業，依其行業特性，勞工保全人員須謹守崗位，以防護工作處所之安全，縱有稍作休息時間，亦難認屬保全人員個人自由時間，如有擅離職守不在哨之行爲，仍有遭上訴人懲處之虞，故上訴人之員工皆須遵守與上訴人約定時間出勤。是以，雖○君有證稱：○○會館這個地方是彈性工時，休息很多，彈性休息時間可以離開現場等情，然所謂休息既非下班，亦難因此認○君於每休息十分鐘之彼時，其可處於完全不受雇主之指揮監督或脫離待命之狀態。

二十二、出勤紀錄係勞工出勤之憑據

【工時、相反事證】

國○城公司違反勞動基準法事件，國○城公司對於中華民國105年12月8日高雄高等行政法院105年度訴字第309號判決提起上訴，最高行政法院106年度裁字第380號裁定上訴駁回。裁定理由略以：依行爲時勞動基準法第30條第5項規定，可知出勤紀錄乃雇主對於勞工是否有於正常工作時間或延長工作時間內，前往指定工作場所出勤之憑據，且由雇主予以管理、查核並保存，屬上訴人內部之管理資料，則勞工就簽到簿、出勤卡所爲之簽到、簽退時間如有不實，依通常情形，主管人事人員自負有命相關人員更正之權責。故除雇主得提出證據證明相反事實外，即應推定勞工有於所載之簽到、簽退時間內至指定工作場所執行職務。本件上開出勤紀錄表已明確記載○○○上班、下班時間，而上訴人又未能提出任何相反事證，僅空言出勤紀錄不足作爲○○○有延長勞工時間之依據，實有違行爲時勞動基準法第30條第5項之規範意旨，洵不足採。

二十三、夜間值班不得擅離，如有休憩或睡眠仍屬工作時間

【工時、待命】

臺灣高等法院106年度勞上易字第4號判決略以：某大寺廟值夜人員，值夜時間晚間九時三十分至翌日早晨八時，負責保管香油錢，平日八時上班前即有他宮廟來進香，值夜人員須行迎接禮；而夜宿之他宮廟香客，也有天未亮就要到他地遶境，值夜人員須行送行禮。值夜人員須待命處理臨時或突發狀況。值夜人員不得擅離宮廟，負有一定注意義務及執勤事務處理，處於待命提供勞務之狀態，值班時有利用時間休憩或睡眠，仍應認該超時值夜時間，亦爲工作時間，應屬勞動基準法所定之延長工時。

二十四、分段工作時各段未實際工作之時間是否併計工作時間

【工時、指揮監督】

最高法院109年度台上字第1398號判決略以：勞動法上之工作時間，是指勞工於雇主指揮命令下，從事工作之時間。如工作是分段提供，分段工作時各段未實際工作之時間是否計入工作時間給付工資，應視勞工是否處於雇主指揮監督下等待工作。在雇主指揮監督下從事相關之工作即爲工作時間。客車駕駛之熱車時間、駕駛時間、驗票時間、待命時間、等班時間、洗車時間、保養時間、加油時間均爲工作時間。勞工得自由利用之時間，不受雇主指揮監督，則爲休息時間。

註釋

【1】第226條：「判決，應作判決書，記載下列各款事項：一、當事人姓名、住所或居所；當事人為法人或其他團體者，其名稱及事務所或營業所。二、有法定代理人、訴訟代理人者，其姓名、住所或居所。三、訴訟事件判決經言詞辯論者，其言詞辯論終結日期。四、主文。五、事實。六、理由。七、年、月、日。八、法院（第1項）。事實項下，應記載言詞辯論時當事人之聲明及其提出之攻擊或防禦方法要領（第2項）。理由項下，應記載關於攻擊或防禦方法之意見及法律上之意見（第3項）。」

【2】釋字第494號：「國家為保障勞工權益，加強勞雇關係，促進社會與經濟

發展，而制定勞動基準法，規定勞工勞動條件之最低標準，並依同法第3條規定適用於同條第1項各款所列之行業。事業單位依其事業性質以及勞動態樣，固得與勞工另訂定勞動條件，但不得低於勞動基準法所定之最低標準。關於延長工作時間之加給，自勞動基準法施行後，凡屬於該法適用之各業自有該法第24條規定之適用，俾貫徹法律保護勞工權益之意旨。至監視性、間歇性或其他性質特殊工作，不受上開法律有關工作時間、例假、休假等規定之限制，係中華民國85年12月27日該法第84條之1所增訂，對其生效日期前之事項，並無適用餘地。」

【3】第126條：「利息、紅利、租金、贍養費、退職金及其他一年或不及一年之定期給付債權，其各期給付請求權，因五年間不行使而消滅。」

【4】院字第1227號解釋：「民法第126條所載其他一年或不及一年之定期給付債權，係指與利息等同一性質之債權而言。至普通債權之定有給付期間，或以一債權而分作數期給付者，不包括在內。」

院字第1331號解釋：「民法第126條所載其他一年或不及一年之定期給付債權，係指與利息等同一性質之債權而言，故其請求權因五年間不行使而消滅。至第229條內稱給付有確定期限之債權，乃為普通債權定有期限者之一種，二者性質迥不相同（參照院字第1222號解釋）。」

【5】釋字第185號：「司法院解釋憲法，並有統一解釋法律及命令之權，為憲法第78條所明定，其所為之解釋，自有拘束全國各機關及人民之效力，各機關處理有關事項，應依解釋意旨為之，違背解釋之判例，當然失其效力。確定終局裁判所適用之法律或命令，或其適用法律、命令所表示之見解，經本院依人民聲請解釋認為與憲法意旨不符，其受不利確定終局裁判者，得以該解釋為再審或非常上訴之理由，已非法律見解歧異問題。行政法院62年判字第610號判例，與此不合部分應不予援用。」

【6】釋字第188號：「中央或地方機關就其職權上適用同一法律或命令發生見解歧異，本院依其聲請所為之統一解釋，除解釋文內另有明定者外，應自公布當日起發生效力。各機關處理引起歧見之案件及其同類案件，適用是項法令時，亦有其適用。惟引起歧見之該案件，如經確定終局裁判，而其適用法令所表示之見解，經本院解釋為違背法令之本旨時，是項解釋自得據為再審或非常上訴之理由。」

【7】釋字第209號：「確定終局裁判適用法律或命令所持見解，經本院解釋認為違背法令之本旨時，當事人如據以為民事訴訟再審之理由者，其提起

再審之訴或聲請再審之法定不變期間，參照民事訴訟法第500條第2項但書規定，應自該解釋公布當日起算，惟民事裁判確定已逾五年者，依同條第3項規定，仍不得以其適用法規再審之訴或聲請再審，本院釋字第188號解釋應予補充。」

第五章 | 童工、女工

本章規定童工之定義、童工僱用及工作時間限制、工作性質及環境無礙其身心健康之認定；女工工作時間之限制、女工妊娠、產假哺乳之保護、安全衛生設施認定等。

性別平等工作法亦有女工保護相關規定，參閱本章第四節「性別平等工作法」。

第一節 本章條文

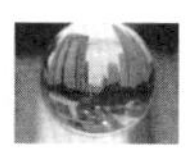

第四十四條

Ⅰ十五歲以上未滿十六歲之受僱從事工作者，爲童工。

Ⅱ童工及十六歲以上未滿十八歲之人，不得從事危險性或有害性之工作。

第四十五條

Ⅰ雇主不得僱用未滿十五歲之人從事工作。但國民中學畢業或經主管機關認定其工作性質及環境無礙其身心健康者，不在此限。

Ⅱ前項受僱之人，準用童工保護之規定。

Ⅲ第一項工作性質及環境無礙其身心健康之認定基準、審查程序及其他應遵行事項之辦法，由中央主管機關依勞工年齡、工作性質及受國民義務教育之時間等因素定之。

Ⅳ未滿十五歲之人透過他人取得工作爲第三人提供勞務，或直接爲他人提供勞務取得報酬未具勞僱關係者，準用前項及童工保護之規定。

第四十六條

未滿十八歲之人受僱從事工作者，雇主應置備其法定代理人同意書及其年齡證明文件。

第四十七條

童工每日之工作時間不得超過八小時，每週之工作時間不得超過四十小時，例假日不得工作。

第四十八條

童工不得於午後八時至翌晨六時之時間內工作。

第四十九條

Ⅰ雇主不得使女工於午後十時至翌晨六時之時間內工作。但雇主經工會同意，如事業單位無工會者，經勞資會議同意後，且符合下列各款規定者，不在此限：

一　提供必要之安全衛生設施。

二　無大眾運輸工具可資運用時，提供交通工具或安排女工宿舍。

（按：本條第1項，依據司法院大法官民國110年8月20日釋字第807號解釋，違反憲法第7條保障性別平等之意旨，應自本解釋公布之日起失其效力）

Ⅱ前項第一款所稱必要之安全衛生設施，其標準由中央主管機關定之。但雇主與勞工約定之安全衛生設施優於本法者，從其約定。

Ⅲ女工因健康或其他正當理由，不能於午後十時至翌晨六時之時間內工作者，雇主不得強制其工作。

Ⅳ第一項規定，於因天災、事變或突發事件，雇主必須使女工於午後十時至翌晨六時之時間內工作時，不適用之。

Ⅴ第一項但書及前項規定，於妊娠或哺乳期間之女工，不適用之。

（按：本條第3項、第5項仍有效）

第五十條

Ⅰ女工分娩前後，應停止工作，給予產假八星期；妊娠三個月以上流產者，應停止工作，給予產假四星期。

Ⅱ前項女工受僱工作在六個月以上者，停止工作期間工資照給；未滿六個月者減半發給。

第五十一條

女工在妊娠期間，如有較爲輕易之工作，得申請改調，雇主不得拒絕，並不得減少其工資。

第五十二條

Ⅰ子女未滿一歲須女工親自哺乳者，於第三十五條規定之休息時間外，雇主應每日另給哺乳時間二次，每次以三十分鐘爲度。

Ⅱ前項哺乳時間，視爲工作時間。

第二節　解　說

一、童工之定義

本法第44條規定十五歲以上未滿十六歲之受僱從事工作者爲童工。

二、童工僱用之限制

本法第45條規定雇主不得僱用未滿十五歲之人從事工作，但國民中學畢業或經主管機關認定其工作性質及環境無礙其身心健康者，不在此限。因國中畢業已接近十五歲，如其不願升學，應有就業的機會，又如從事電影、電視演藝人員，其工作環境當無礙其身心健康，此類人員經主管機關認定後，雖年齡未滿十五歲，亦可僱用。

未滿十八歲之人受僱從事工作者，雇主應置備其法定代理人同意書及其年齡證明文件，以備檢查。

三、童工之保護

童工年幼，尚在發育成長之中，缺乏社會經驗，知識、技能均有待學習，故必須加以保護，以免損害其身體健康、喪失發展機會。本法第44條第2項、第47條、第48條規定如下：

（一）工作及安全保護

本法施行細則第25條所定危險性或有害性之工作，依職業安全衛生法有關法令之規定。

童工不得從事繁重及危險性之工作。所稱「繁重」之工作，係指非童工智力或體力所能從事之工作。所稱「危險性之工作」依職業安全衛生有關法令之規定，海上作業亦屬繁重及危險性工作。職業安全衛生法第29條列舉未滿十八歲者不得從事之危險性或有害性工作有：

1. 坑內工作。
2. 處理爆炸性、易燃性等物質之工作。
3. 從事鉛、汞、鉻、砷、黃磷、氯氣、氰化氫、苯胺等有害物散布場所之工作。
4. 有害輻射散布場所之工作。
5. 有害粉塵散布場所之工作。
6. 運轉中機器或動力傳導裝置危險部分之掃除、上油、檢查、修理或上卸皮帶、繩索等工作。
7. 超過二百二十伏特電力線之銜接。
8. 已熔礦物或礦渣之處理。
9. 鍋爐之燒火及操作。
10. 鑿岩機及其他有顯著振動之工作。
11. 一定重量以上之重物處理工作。
12. 起重機、人字臂起重桿之運轉工作。
13. 動力捲揚機、動力運搬機及索道之運轉工作。
14. 橡膠化合物及合成樹脂之滾輾工作。
15. 其他經中央主管機關規定之危險性或有害性之工作。

前項危險性或有害性工作之認定標準，由中央主管機關定之。

未滿十八歲者從事第1項以外之工作，經第20條或第22條之醫師評估結果，不能適應原工作者，雇主應採醫師之建議、變更其作業場所，更換工作或縮短工作時間，並採取健康管理措施。

勞動部依勞動基準法第45條頒布：「無礙身心健康認定基準及審查辦法」第3條規定，未滿十五歲受僱者，不得從事下列工作：

1. 坑內及局限空間作業。
2. 吊掛、空中作業。
3. 水中作業、水面作業及無安全防護措施之岸邊作業。
4. 光線及噪音影響身心健康之作業環境。
5. 農藥之噴灑及家禽、家畜、水產養殖之投藥及消毒工作。
6. 違反公共秩序及善良風俗。
7. 經醫師評估超出生理或心理負擔能力。

8. 職業安全衛生法、兒童及少年福利與權益保障法及其他法令所禁止從事之工作。
9. 其他經主管機關認定有礙身心健康之工作。

本法施行細則第25條規定：「本法第四十四條第二項所定危險性或有害性之工作，依職業安全衛生有關法令之規定。」

（二）工時保護

童工每日工作時間不得超過八小時，每週工作時間不得超過四十小時，例假日不得工作，如採變形工時之事業單位，童工每日的工作時間同樣不得超過八小時，例假日、紀念日、勞動節日童工亦不得工作。童工之工作每日不得超過八小時之限制外，這八小時亦不得安排於午後八時至翌晨六時之時間內工作。

（三）工資保護

本法施行細則第14條原規定童工之工資，不得低於基本工資百分之七十，如此可避免童工之報酬偏低，避免童工淪爲廉價勞工。106年6月本法施行細則修正後，第14條已刪除，亦即童工的工資與其他勞工工資同樣不得低於基本工資的保障。

四、女工之定義

女工係指已滿十六歲的女性勞工，十五歲以上未滿十六歲的女工應屬童工。

五、女工之保護

女工爲母性，身體與生理不同於男性，有懷孕、分娩、哺乳、育兒的功能，顧及其特性，特立法保護母性。

（一）工作及安全保護

本法第13條規定，女性勞工產假期間雇主不得終止勞動契約，依職業安全衛生法第30條規定，雇主不得使妊娠中之女性勞工從事下列危險性或有害性工作：

1. 礦坑工作。
2. 鉛及其化合物散布場所之工作。

3. 異常氣壓之工作。
4. 處理或暴露於弓形蟲，德國麻疹等影響胎兒健康之工作。
5. 處理或暴露於二硫化碳、二氯乙烯、環氧乙烷、丙烯醯胺、次乙亞胺、砷及其化合物、汞及其無機化合物等經中央主管機關規定之危害性化學品之工作。
6. 鑿岩機及其他有顯著振動之工作。
7. 一定重量以上之重物處理工作。
8. 散布有害輻射線場所之工作。
9. 已熔礦物或礦渣之處理。
10. 起重機、人字臂起重桿之運轉工作。
11. 動力捲揚機、動力運搬機及索道之運轉工作。
12. 橡膠化合物及合成樹脂之滾輾工作。
13. 處理或暴露於經中央主管機關規定具有致病或致死之微生物感染風險之工作。
14. 其他經中央主管機關規定之危險性或有害性工作。

雇主不得使分娩後未滿一年之女性勞工從事下列危險性或有害性工作：

1. 礦坑工作。
2. 鉛及其化合物散布場所之工作。
3. 鑿岩機及其他有顯著振動之工作。
4. 一定重量以上之重物處理工作。
5. 其他經中央主管機關規定之危險性或有害性工作。

第1項第5款至第14款及第2項第3款至第5款所定之工作，雇主依第31條採取母性健康保護措施，經當事人書面同意者不在此限。

第1項及第2項危險性或有傷害性工作之認定標準，由中央主管機關定之。

雇主未經當事人告知妊娠或分娩事實而違反第1項及第2項規定者，得免予處罰。但雇主明知或可得而知者，不在此限。

本法施行細則第25條規定：「本法第四十四條第二項所定危險性或有害性之工作，依職業安全衛生有關法令之規定。」

（二）工時保護

本法第49條第1項女工深夜工作及例外，依據司法院大法官民國110年8月20日釋字第807號解釋，違反憲法第7條保障性別平等之意旨，應自本解釋公布之日起失其效力（按：本條第3項、第5項仍有效）。

（三）工資保護

依本法第50條規定女工產假期間工資照給，如受僱未滿六個月者，減半發給。依本法第51條規定，女工申請改調工作，雇主不得減少其工資。依本法第25條，雇主對工作相同、效率相同之勞工，不因性別而有差別之待遇。

（四）分娩前後保護

1. 產假、產檢假、陪產檢及陪產假

爲利母體保養並恢復體力與健康，性別平等工作法規定：雇主於女性受僱者分娩前後，應使其停止工作，給予產假八星期；妊娠三個月以上流產者，應使其停止工作，給予產假四星期；妊娠二個月以上未滿三個月流產者，應使其停止工作，給予產假一星期；妊娠未滿二個月流產者，應使其停止工作，給予產假五日。

產假期間依曆連續計算（本法施行細則第6條）。

產假期間薪資之計算，依相關法令之規定。

受僱者經醫師診斷需安胎休養者，其治療、照護或休養期間之請假及薪資計算，依相關法令之規定。

受僱者妊娠期間，雇主應給予產檢假七日。

受僱者陪伴其配偶妊娠產檢或其配偶分娩時，雇主應給予陪產檢及陪產假七日。

陪產檢於配偶妊娠期間、陪產於配偶分娩當日及其前後十五日（本法施行細則第7條）。

產檢假、陪產檢及陪產假期間，薪資照給。

雇主依前項規定給付產檢假、陪產檢及陪產假薪資後，就其中各逾五日之部分得向中央主管機關申請補助。但依其他法令規定，應給予產檢假、陪產檢及陪產假各逾五日且薪資照給者，不適用之。

前項補助業務，由中央主管機關委任勞動部勞工保險局辦理之。

2. 申請改調工作

本法第51條規定，女工在妊娠期間，如有較爲輕易之工作，得申請改調，雇主不得拒絕。此項申請改調，應配合雇主業務上需要及適當之工作。

3. 哺乳時間

本法第52條規定，每日二次給未滿一歲子女哺乳時間，每次以三十分鐘爲度。

性別平等工作法規定：子女未滿二歲須受僱者親自哺（集）乳者，除規定之休息時間外，雇主應每日另給哺（集）乳時間六十分鐘。

親自哺乳包括女性受僱者以容器貯存母乳育兒（本法施行細則第11條）。

受僱者於每日正常工作時間以外之延長工作時間達一小時以上者，雇主應給予哺（集）乳時間三十分鐘。

前二項哺（集）乳時間，視爲工作時間。

六、育嬰留職停薪復職相關規定

依性別平等工作法第3條第9款規定：「復職：指回復受僱者申請育嬰留職停薪時之原有工作。」所謂原有工作，係指受僱者之原有工作職位，且不得變更其原有勞動條件。

依性別平等工作法第17條規定：「前條受僱者於育嬰留職停薪期滿後，申請復職時，除有下列情形之一，並經主管機關同意者外，雇主不得拒絕：

一　歇業、虧損或業務緊縮者。

二　雇主依法變更組織、解散或轉讓者。

三　不可抗力暫停工作在一個月以上時者。

四　業務性質變更，有減少受僱者之必要，又無適當工作可供安置者。

雇主因前項各款原因未能使受僱者復職時，應於三十日前通知之，並應依法定標準發給資遣費或退休金。」

依性別平等工作法第21條規定，受僱者依第17條規定爲復職之請求時，雇主不得拒絕或視爲缺勤而影響全勤獎金、考績或其他不利之處分。雇主如有違反者，處新臺幣2萬元以上30萬元以下罰鍰。

七、相關事項

（一）產假以事實認定

勞工請產假、流產假以事實認定，不論是否已結婚，無論活產或死產。

（二）檳榔攤適用勞動基準法

經營販賣檳榔之檳榔攤係屬「其他農畜水產品零售業」，行政院勞工委員會87年12月31日台勞動一字第059605號公告應適用勞動基準法。

（三）產假起算時間

產假八星期，可調整以產前產後各四星期，產假之起算最遲應自生產之日起算，雙胞胎分次生產，可自第二胎生產日起算。

（四）人工流產可否給予流產假

優生保健法第4條規定：「稱人工流產者，謂經醫學上認定胎兒在母體外不能自然保持其生命之期間內，以醫學技術，使胎兒及其附屬物排除於母體外之方法。」有關因優生保健之需要施以減胎手術，可否給予流產假，應以手術時是否有胎兒及其附屬物排除於母體之事實發生作爲判斷之依據，並由手術醫師開具證明，以資認定【1】。

（五）產假期間工資計算

勞動部103年10月7日勞動條二字第1030131931號函略以：女工產假期間工資，以該女工分娩前一工作日正常工作時間所得之工資；其爲計月者，以分娩前已領或已屆期可領之最近一個月工資除以三十所得之金額，作爲計算產假停止工作期間之工資，但該金額低於平均工資者，以平均工資爲準。

第三節　裁判例

一、女工懷孕期間雇主應予體貼關懷

【女工】

臺北高等行政法院101年度簡字第25號判決略以：女工懷孕期間有所不適之際，應妥予體貼關懷、適度調整工作內容，以符保護母性之精神。

二、行政命令超出法律授權範圍應排斥不用

【女工、工時、罰則】

○影KTV負責人林○○經花蓮地方法院檢察署檢察官以違反勞動基準法第49條第1項前段，及行政院勞工委員會86年7月8日台勞動三字第28498號函起訴，該函規定「經指定爲勞動基準法第30條之1行業，該條第4款但書規定雇主應提供完善安全衛生設備，係指雇主對於擬使女工從事夜間工作之工作場所安

全衛生設備與措施應經勞動檢查機構檢查合格，故若未經檢查合格，該事業單位不得使女工於午後十時至翌晨六時之間工作。」花蓮地方法院90年度易字第177號刑事判決林君無罪。判決理由略以：人民之工作權爲憲法第15條[2]所保障之基本人權，僅得以法律限制之（憲法第23條），勞委會解釋要求雇主所提供工作場所須「經勞動檢查機構檢查合格」，始符合勞動基準法第30條之1第4款之「提供完善安全衛生設備」，是在勞動基準法第30條之1法律規定之範圍外，增加了不必要之限制，此一限制並不在法律授權之範圍內，依據大法官會議釋字第137號、第216號解釋意旨，本院認此一行政命令超出法律授權範圍，對人民工作權加以不必要之限制，應排斥不用。經查該店內有七間盥洗室、並設有安全門、緊急照明系統等，花蓮縣政府工務局就該建築物防火避難設施與設備安全亦經檢查合格，則林君僱請女性勞工在午後十時起至翌晨二時三十分止工作，於法並無不合。

三、童工不得於午夜工作

【童工、工時、罰則】

甲君等三人違反勞動基準法事件，經檢察官聲請簡易判決處刑。花蓮地方法院95簡字第66號判決：甲君等三人違反童工不得於午後八時至翌晨六時之時間內工作之規定，各處拘役二十日，如易科罰金，均以百元折算一日，均緩刑二年。判決理由略以：按十五歲以上未滿十六歲受僱從事工作者爲童工。童工不得於午後八時至翌晨六時之時間內工作，勞動基準法第44條第1項及第48條分別定有明文。丁○○等人爲十五歲以上未滿十六歲受僱從事工作者，係屬童工，而其工作自下午八時至翌日三時止之時間內工作，是被告甲君等三人違反勞動基準法第48條之規定，均依同法第77條之規定論處。被告甲君等三人就聲請簡易判決處刑之犯行間，有犯意聯絡及行爲分擔，爲共同正犯。

四、童工不得從事繁重及危險性之工作

【童工、職業災害、罰則】

童工吳君之父乙君主張略以：被告黃君（豐○廣告社負責人）明知勞動基準法第44條第2項規定「童工不得從事繁重及危險性之工作」，竟僱用當時未滿十六歲原告乙君之子吳君從事繁重及危險性工作，在高樓或電線桿等處裝設廣告招牌或布條等有危險性工作，致吳君受傷，請求損害賠償等等。雲林地方

法院97年度勞訴字第5號民事判決略以：原告乙君本於侵權行爲之法律關係，請求黃君賠償吳君之損害，因吳君已領取之保險給付，超過其得請求被告黃君賠償之金額，本件原告乙君之訴爲無理由，應予駁回。兩造其餘攻擊防禦方法及所舉證據，經審酌後，均與判決結果不生影響，爰不一一論述，併此敘明。

第四節 性別平等工作法

爲保障性別工作權之平等，消除性別歧視，促進性別地位實質平等，保障受僱者與求職者不因性別或性傾向而受到差別待遇，91年1月16日總統公布「兩性工作平等法」，同年3月8日實施，97年1月16日修正爲「性別工作平等法」，112年8月16日再修正爲「性別平等工作法」，更加強性別工作權之平等，茲將「性別平等工作法」主要內容摘錄如下：

一、本法用詞，定義（第3條）

（一）受僱者：指受雇主僱用從事工作獲致薪資者。

（二）求職者：指向雇主應徵工作之人。

（三）雇主：指僱用受僱者之人、公私立機構或機關。代表雇主行使管理權之人或代表雇主處理有關受僱者事務之人，視同雇主。要派單位使用派遣勞工時，視爲第8條、第9條、第12條、第13條、第18條、第19條及第36條規定之雇主。

（四）實習生：指公立或經立案之私立高級中等以上學校修習校外實習課程之學生。

（五）要派單位：指依據要派契約，實際指揮監督管理派遣勞工從事工作者。

（六）派遣勞工：指受派遣事業單位僱用，並向要派單位提供勞務者。

（七）派遣事業單位：指從事勞動派遣業務之事業單位。

（八）薪資：指受僱者因工作而獲得之報酬；包括薪資、薪金及按計時、計日、計月、計件以現金或實物等方式給付之獎金、津貼及其他任何名義之經常性給與。

（九）復職：指回復受僱者申請育嬰留職停薪時之原有工作。

本法第16條第1項、第18條第1項及第19條所稱子女，指婚生子女、非婚生子女及養子女（本法施行細則12條）。

二、主管機關（第4條）

「性別平等工作法」所稱主管機關：在中央為勞動部；在直轄市為直轄市政府；在縣（市）為縣（市）政府。

本法所定事項，涉及各目的事業主管機關職掌者，由各該目的事業主管機關辦理。

三、不得有差別待遇（第7條、第8條、第9條、第10條、第11條）

雇主對求職者或受僱者之招募、甄試、進用、分發、配置、考績或陞遷等，不得因性別或性傾向而有差別待遇。但工作性質僅適合特定性別者，不在此限。

雇主為受僱者舉辦或提供教育、訓練或其他類似活動，不得因性別或性傾向而有差別待遇。

雇主為受僱者舉辦或提供各項福利措施，不得因性別或性傾向而有差別待遇。

雇主對受僱者薪資之給付，不得因性別或性傾向而有差別待遇；其工作或價值相同者，應給付同等薪資。但基於年資、獎懲、績效或其他非因性別或性傾向因素之正當理由者，不在此限。

雇主不得以降低其他受僱者薪資之方式，規避前項之規定。

雇主對受僱者之退休、資遣、離職及解僱，不得因性別或性傾向而有差別待遇。

工作規則、勞動契約或團體協約，不得規定或事先約定受僱者有結婚、懷孕、分娩或育兒之情事時，應行離職或留職停薪；亦不得以其為解僱之理由。

違反前二項規定者，其規定或約定無效；勞動契約之終止不生效力。

四、性騷擾之防治（第12條、第13條、第13條之1）

本法所稱性騷擾，指下列情形之一：

（一）受僱者於執行職務時，任何人以性要求、具有性意味或性別歧視之言詞或行為，對其造成敵意性、脅迫性或冒犯性之工作環境，致侵犯或干擾其人格尊嚴、人身自由或影響其工作表現。

（二）雇主對受僱者或求職者為明示或暗示之性要求、具有性意味或性別歧視之言詞或行為，作為勞務契約成立、存續、變更或分發、配置、報酬、考績、陞遷、降調、獎懲等之交換條件。

本法所稱權勢性騷擾，指對於因僱用、求職或執行職務關係受自己指揮、監督之人，利用權勢或機會為性騷擾。

有下列情形之一者，適用本法之規定：

（一）受僱者於非工作時間，遭受所屬事業單位之同一人，為持續性性騷擾。

（二）受僱者於非工作時間，遭受不同事業單位，具共同作業或業務往來關係之同一人，為持續性性騷擾。

（三）受僱者於非工作時間，遭受最高負責人或僱用人為性騷擾。

前三項性騷擾之認定，應就個案審酌事件發生之背景、工作環境、當事人之關係、行為人之言詞、行為及相對人之認知等具體事實為之。

雇主應採取適當之措施，防治性騷擾之發生，並依下列規定辦理：

（一）僱用受僱者十人以上未達三十人者，應訂定申訴管道，並在工作場所公開揭示。

（二）僱用受僱者三十人以上者，應訂定性騷擾防治措施、申訴及懲戒規範，並在工作場所公開揭示。

雇主於知悉性騷擾之情形時，應採取下列立即有效之糾正及補救措施；被害人及行為人分屬不同事業單位，且具共同作業或業務往來關係者，該行為人之雇主，亦同。

雇主對於性騷擾事件之查證，應秉持客觀、公正、專業原則，並給予當事人充分陳述意見及答辯機會，有詢問當事人之必要時，應避免重複詢問；其內部依規定應設有申訴處理單位者，其人員應有具備性別意識之專業人士。

申訴案件經雇主或地方主管機關調查後，認定為性騷擾，且情節重大者，雇主得於知悉該調查結果之日起三十日內，不經預告終止勞動契約。

五、生理假（第14條）

女性受僱者因生理日致工作有困難者，每月得請生理假一日，全年請假日數未逾三日，不併入病假計算，其餘日數併入病假計算。

前項併入及不併入病假之生理假薪資，減半發給。

六、產假、產檢假、陪產檢及陪產假（第15條）

雇主於女性受僱者分娩前後，應使其停止工作，給予產假八星期；妊娠三個月以上流產者，應使其停止工作，給予產假四星期；妊娠二個月以上未滿三個月流產者，應使其停止工作，給予產假一星期；妊娠未滿二個月流產者，應使其停止工作，給予產假五日。

產假期間依曆連續計算（本法施行細則第6條）。

產假期間薪資之計算，依相關法令之規定。

受僱者經醫師診斷需安胎休養者，其治療、照護或休養期間之請假及薪資計算，依相關法令之規定。

受僱者妊娠期間，雇主應給予產檢假七日。

受僱者陪伴其配偶妊娠產檢或其配偶分娩時，雇主應給予陪產檢及陪產假七日。

陪產檢於配偶妊娠期間、陪產於配偶分娩當日及其前後十五日（本法施行細則第7條）。

產檢假、陪產檢及陪產假期間，薪資照給。

雇主依前項規定給付產檢假、陪產檢及陪產假薪資後，就其中各逾五日之部分得向中央主管機關申請補助。但依其他法令規定，應給予產檢假、陪產檢及陪產假各逾五日且薪資照給者，不適用之。

前項補助業務，由中央主管機關委任勞動部勞工保險局辦理之。

七、育嬰留職停薪（第16條）

受僱者任職滿六個月後，於每一子女滿三歲前，得申請育嬰留職停薪，期間至該子女滿三歲止，但不得逾二年。同時撫育子女二人以上者，其育嬰留職停薪期間應合併計算，最長以最幼子女受撫育二年爲限。

受僱者於育嬰留職停薪期間，得繼續參加原有之社會保險，原由雇主負擔之保險費，免予繳納；原由受僱者負擔之保險費，得遞延三年繳納。

依家事事件法、兒童及少年福利與權益保障法相關規定與收養兒童先行共同生活之受僱者，其共同生活期間得依第一項規定申請育嬰留職停薪。

育嬰留職停薪津貼之發放，另以法律定之。

育嬰留職停薪實施辦法，由中央主管機關定之。

八、育嬰留職停薪期滿後申請復職（第17條）

受僱者於育嬰留職停薪期滿後，申請復職時，除有下列情形之一，並經主管機關同意者外，雇主不得拒絕：

（一）歇業、虧損或業務緊縮者。

（二）雇主依法變更組織、解散或轉讓者。

（三）不可抗力暫停工作在一個月以上者。

（四）業務性質變更，有減少受僱者之必要，又無適當工作可供安置者。

雇主因前項各款原因未能使受僱者復職時，應於三十日前通知之，並應依法定標準發給資遣費或退休金。

依本法第3條第9款規定：「復職，指回復受僱者申請育嬰留職停薪時之原有工作。」「原有工作」係指受僱者之「原有工作職位」，且不得變更原有勞動條件。

九、哺（集）乳時間（第18條）

子女未滿二歲須受僱者親自哺（集）乳者，除規定之休息時間外，雇主應每日另給哺（集）乳時間六十分鐘。

親自哺乳包括女性受僱者以容器貯存母乳育兒（本法施行細則第11條）。

受僱者於每日正常工作時間以外之延長工作時間達一小時以上者，雇主應給予哺（集）乳時間三十分鐘。

前二項哺（集）乳時間，視爲工作時間。

十、工時之減少及調整（第19條）

受僱於僱用三十人以上雇主之受僱者，爲撫育未滿三歲子女，得向雇主請求爲下列二款事項之一：

（一）每天減少工作時間一小時；減少之工作時間，不得請求報酬。

（二）調整工作時間。

受僱於僱用未滿三十人雇主之受僱者，經與雇主協商，雙方合意後，得依前項規定辦理。

十一、家庭照顧假（第20條）

受僱者於其家庭成員預防接種、發生嚴重之疾病或其他重大事故須親自照顧時，得請家庭照顧假；其請假日數併入事假計算，全年以七日爲限。

家庭照顧假薪資之計算，依各該事假規定辦理。

十二、雇主不得拒絕及不利之處分（第21條、第36條）

受僱者依前七條（第14條、第15條、第16條、第17條、第18條、第19條、第20條）之規定爲請求時，雇主不得拒絕。

受僱者爲前項之請求時，雇主不得視爲缺勤而影響其全勤獎金、考績或爲其他不利之處分。

雇主不得因受僱者提出本法之申訴或協助他人申訴，而予以解僱、調職或其他不利之處分。

十三、哺（集）乳室及托兒設施（第23條）

僱用受僱者一百人以上之雇主，應提供下列設施、措施：

（一）哺（集）乳室。

（二）托兒設施或適當之托兒措施。

主管機關對於雇主設置哺（集）乳室、托兒設施或提供托兒措施，應給予經費補助。

有關哺（集）乳室、托兒設施、措施之設置標準及經費補助辦法，由中央主管機關會商有關機關定之。

十四、雇主之賠償責任（第26條、第27條、第28條、第29條、第30條）

受僱者或求職者因第7條至第11條或第21條之情事，受有損害者，雇主應負賠償責任。

受僱者或求職者因遭受性騷擾，受有財產或非財產上損害者，由雇主及行爲人連帶負損害賠償責任。但雇主證明其已遵行本法所定之各種防治性騷擾之規定，且對該事情之發生已盡力防止仍不免發生者，雇主不負損害賠償責任。

如被害人依前項但書之規定不能受損害賠償時，法院因其聲請，得斟酌雇主與被害人之經濟狀況，令雇主爲全部或一部之損害賠償。

雇主賠償損害時，對於性騷擾行爲人，有求償權。

被害人因遭受性騷擾致生法律訴訟，於受司法機關通知到庭期間，雇主應給予公假。

行爲人因權勢性騷擾，應依第1項規定負損害賠償責任者，法院得因被害人之請求，依侵害情節，酌定損害額一倍至三倍之懲罰性賠償金。

前項行爲人爲最高負責人或僱用人，被害人得請求損害額三倍至五倍之懲罰性賠償金。

受僱者或求職者因雇主違反第13條第2項之義務，受有損害者，雇主應負賠償責任。

前三條（第28條、第27條、第26條）情形，受僱者或求職者雖非財產上之損害，亦得請求賠償相當之金額。其名譽被侵害者，並得請求回復名譽之適當處分。

第26條至第28條之損害賠償請求權，自請求權人知有損害及賠償義務人時起，二年間不行使而消滅。自有性騷擾行爲或違反各該規定之行爲時起，逾十年者，亦同。

十五、差別待遇雇主應負舉證責任（第31條、第35條）

受僱者或求職者於釋明差別待遇之事實後，雇主應就差別待遇之非性別、性傾向因素，或該受僱者或求職者所從事工作之特定性別因素，負舉證責任。

法院及主管機關對差別待遇事實之認定，應審酌性別平等工作會所爲之調查報告、評議或處分。

十六、性騷擾之申訴（第32條之1、第32條之2、第32條之3、第34條）

受僱者或求職者遭受性騷擾，應向雇主提起申訴。但有下列情形之一者，得逕向地方主管機關提起申訴：

（一）被申訴人屬最高負責人或僱用人。

（二）雇主未處理或不服被申訴人之雇主所爲調查或懲戒結果。

地方主管機關爲調查性騷擾申訴案件，得請專業人士或團體協助；必要時，得請求警察機關協助。

地方主管機關依本法規定進行調查時，被申訴人、申訴人及受邀協助調查之個人或單位應配合調查，並提供相關資料，不得規避、妨礙或拒絕。

性騷擾之被申訴人為最高負責人或僱用人時，於地方主管機關調查期間，申訴人得向雇主申請調整職務或工作型態至調查結果送達雇主之日起三十日內，雇主不得拒絕。

公務人員、教育人員或軍職人員遭受性騷擾，且行為人為最高負責人者，應向上級機關（構）、所屬主管機關或監督機關申訴。

地方主管機關對於第32條之1第1項但書所定申訴案件，經依第32條之2第1項及第2項規定調查後，除情節重大或經媒體報導揭露之特殊案件外，得不經性別平等工作會審議，逕為處分。如有不服，得提起訴願及進行行政訴訟。

第一項及第二項申訴審議處理辦法，由中央主管機關定之。

十七、雇主違反生理假等規定之申訴（第33條、第 34條）

受僱者發現雇主違反第14條至第20條之規定時，得向地方主管機關申訴。

其向中央主管機關提出者，中央主管機關應於收受申訴案件，應移送地方主管機關。

地方主管機關應於接獲申訴後七日內展開調查，並得依職權對雙方當事人進行協調。

受僱者或求職者發現雇主違反第7條至第11條、第13條第2項、第21條或第36條規定時，得向地方主管機關提起申訴。

前項申訴，地方主管機關應經性別平等工作會審議。雇主、受僱者或求職者對於地方主管機關審議後所為之處分有異議時，得於十日內向中央主管機關性別平等工作會申請審議或逕行提起訴願；如有不服中央主管機關性別平等工作會之審定，得逕行提起行政訴訟。

十八、法律諮詢或扶助（第37條）

受僱者或求職者因雇主違反本法之規定，或遭受性騷擾，而向地方主管機關提起申訴，或向法院提出訴訟時，主管機關應提供必要之法律諮詢或扶助。

受僱者或求職者為第37條第1項訴訟而聲請保全處分時，法院得減少或免除供擔保之金額。

十九、罰則（第38條、第38條之1、第38條之2、第38條之3）

雇主違反第21條、第27條第4項或第36條規定者，處新臺幣2萬元以上30萬元以下罰鍰。

有前項規定行爲之一者，應公布其姓名或名稱、負責人姓名，並限期令其改善；屆期未改善者，應按次處罰。

雇主違反第7條至第10條、第11條第1項、第2項規定者，處新臺幣30萬元以上150萬元以下罰鍰。

雇主違反第13條第2項規定或地方主管機關依第32條之2第3項限期爲必要處置之命令，處新臺幣2萬元以上100萬元以下罰鍰。

雇主違反第13條第1項第2款規定，處新臺幣2萬元以上30萬元以下罰鍰。

雇主違反第13條第1項第1款規定，經限期改善，屆期未改善者，處新臺幣1萬元以上10萬元以下罰鍰。

雇主違反第32條之2第5項規定，處新臺幣1萬元以上5萬元以下罰鍰。

有第38條或前五項規定行爲之一者，應公布其名稱、負責人姓名、處分期日、違反條文及罰鍰金額，並限期令其改善；屆期未改善者，應按次處罰。

最高負責人或僱用人經地方主管機關認定有性騷擾者，處新臺幣1萬元以上100萬元以下罰鍰。

被申訴人違反第32條之2第2項規定，無正當理由而規避、妨礙、拒絕調查或提供資料者，處新臺幣1萬元以上5萬元以下罰鍰，並得按次處罰。

第1項裁處權時效，自地方主管機關收受申訴人依第32條之1第1項但書規定提起申訴之日起算。

第12條第8項第1款之最高負責人經依第32條之3第1項規定認定有性騷擾者，由地方主管機關依前條第1項規定處罰。

前項裁處權時效，自第32條之3第1項所定受理申訴機關收受申訴人依該項規定提起申訴之日起算，因三年期間之經過而消滅；自該行爲終了時起，逾十年者，亦同。

二十、性騷擾防治法之適用（第38條之4）

性騷擾防治法第10條、第25條及第26條規定，於本法所定性騷擾事件，適用之。

二十一、相關判決與大法官解釋

（一）法院判決

1. 雇主資遣四十五名員工，其中三十七名具有工會會員身分，雇主另以契約工方式僱用十多名臨時工，難認係就業歧視（高雄高等行政法院93年度訴字第864號判決）。
2. 在招募徵才之說明會上要求應徵者需繳交驗孕報告，對求職者有剝奪其受僱機會之傾向，屬差別待遇（臺中高等行政法院99年度簡字第222號判決）。
3. 性別工作平等法所稱「差別待遇」，指雇主因性別因素而對受僱者或求職者爲直接或間接不利之對待，性別工作平等法施行細則第2條有規定（臺北高等行政法院99年度簡字第127號判決）。
4. 假借理由資遣懷孕員工，構成性別歧視（臺北地方法院104年度簡字第106號行政訴訟判決）。
5. 勞工確有不能勝任工作之情形而予資遣，不成立性別歧視（臺北地方法院98年度勞訴字第6號判決）。
6. 勞工遭受性騷擾，雇主未立即採取有效之糾正或補救措施，即爲違反性別工作平等法（臺北高等行政法院96年度簡字第744號判決）。
7. 職場上之不正當行爲，使其感到不舒服及產生會失去工作的恐懼，已構成性別工作平等法第12條所定之性騷擾（高雄高等行政法院98年度簡字第124號判決）。
8. 安胎假具連續請假可能之性質，並無明文規範受僱者請安胎假期間應檢附含括該期間始日至終日之證明文件（高雄地方法院105年度勞訴字第54號民事判決）。
9. 公司與機師約定自動離職應賠償訓練費用及六個月薪資總額違約金。機師申請育嬰留職停薪期間至他公司服務，法院判決視爲自動離職，應自申請育嬰留職停薪期日起自動離職，並賠償訓練費用及六個月薪資總額違約金（高雄地方法院102年度勞訴字第21號民事判決）。
10. 工作規則、團體協約、勞動契約，不得規定受僱者有結婚、懷孕、分娩或育兒之情事時，應行離職或留職停薪；亦不得以其爲解僱之理由（臺北高等行政法院98年度簡字第243號判決）。
11. 雇主以業務性質變更爲由，拒絕育嬰留職停薪勞工復職，雇主卻招募與該勞工工作內容相同者，違反性別工作平等法第17條規定（臺灣高等法院95年度重勞上字第35號民事判決）。

12. 某大學遴選校長，遴選委員向某女性候選人詢問：「你先生在台北，你到宜蘭你的家怎麼辦？」、「女性候選人在募款方面比較吃虧。」應依性別工作平等法第26條負賠償責任（最高法院100年度台上字第1062號民事判決）。
13. 受僱者釋明因懷孕被解僱，雇主否認，雇主應就其解僱非出於性別因素負舉證責任（臺北地方法院104年度簡字方法院104年度勞訴字第75號民事判決）。
14. 雇主因受僱者申訴遭遇性騷擾，雇主不予續聘受僱者，雇主違反性別工作平等法第36條（臺中高等行政法院98年度簡字第83號判決）。
15. 勞工不適用勞動基準法亦適用性別工作平等法（臺中高等行政法院98年度簡字第83號判決）。
16. 受僱者於職場更換防塵衣，遭遇同事性騷擾，雇主未能舉證已盡防治義務，應負連帶賠償責任（板橋地方法院96年度訴字第774號民事判決）。
17. 行爲是否構成性騷擾，係以被害人是否使其心生恐懼、被冒犯及察覺他人有敵意等感受爲判斷標準。故著重於被害人個人之主觀感受及所受影響，而非行爲人有無侵犯被害人之意圖。如行爲人之行爲，既違反被害人之意願，並使被害人感受被冒犯，即構成性騷擾防治法所稱之性騷擾（臺北高等行政法院101年度簡字第471號判決）。
18. 女工懷孕期間有所不適之際，應妥予體貼關懷、適度調整工作內容（臺北高等行政法院101年度簡字第25號判決）。
19. 性騷擾包含性侵害（臺北高等法院97年度簡字第247號判決）。
20. 勞工申請育嬰留職停薪，除了書面申請、提出以外，還包括「請求」（非書面）（臺灣高等行政法院108年度訴字第1498號判決）。
21. 藉機資遣懷孕勞工，違反性別工作平等法第11條第1項規定（最高行政法院112年度上字第77號裁定）。
22. 試用期間藉機資遣懷孕勞工，違反性別工作平等法（最高行政法院110年度上字第658號判決）。

（二）大法官解釋

1. 女性毋須服兵役與憲法並無牴觸（大法官88年10月1日釋字第490號解釋）

大法官解釋略以：人民有依法律服兵役之義務，為憲法第20條所明定。惟人民如何履行兵役義務，憲法本身並無明文規定，有關人民服兵役之重要事項，應由立法者斟酌國家安全、社會發展之需要，以法律定之。立法者鑑於男女生理上之差異及因此種差異所生之社會生活功能角色之不同，於兵役法第1條規定中華民國男子依法皆有服兵役義務，與憲法第7條平等原則及第13條宗教信仰自由之保障，並無牴觸。

2. 警察入學考試限制色盲者入學資格，與憲法並無牴觸（大法官96年6月8日釋字第626號解釋）

大法官解釋略以：憲法第7條規定，人民在法律上一律平等；第159條規定，國民受教育之機會，一律平等。旨在確保人民享有接受各階段教育之公平機會。中央警察大學研究所碩士班，入學考試限制色盲者入學資格，係求教育資源之有效運用，藉以提升警政之素質，促進法治國家之發展，洵屬重要公共利益；警察工作隨時可能發生判斷顏色之需要，色盲者確有不適合擔任警察之正當理由，限制色盲者入學資格，與憲法第7條及第159條規定並無牴觸。

3. 勞動基準法第49條第1項違反憲法無效（大法官110年8月20日釋字第807號解釋）

大法官解釋理由略以：勞動基準法第49條第1項女工夜間工作規定，禁止雇主使女性勞工於夜間工作，致女性原應享有並受保障之安全夜行權變相成為限制其自由選擇夜間工作之理由，足見其手段與所欲達成之目的間顯然欠缺實質關聯。此項規定對女性勞工所形成之差別待遇，難認其所採取之手段與目的之達成間有實質關聯，違反憲法第7條保障性別平等之意旨，應自本解釋公布之日起失其效力。

二十二、性別平等工作法修法重點

（摘錄勞動部112年12月印製之文宣）

（一）訂定申訴管道

1. 10人至29人公司應訂定性騷擾申訴管道並公開揭示。

2. 30人以上公司應訂定防治規範、組成申訴處理單位並公開揭示。

（二）性騷擾發生之處理

1. 雇主知悉（如：傳聞、聽說）

(1) 就相關事實進行必要之釐清。

(2) 依被害人意願協助其提起申訴。

(3) 適度調整工作內容或工作場所。

(4) 依被害人意願提供或轉介諮詢、醫療或心理諮商處理及其他必要服務。

2. 被害人（受僱者或求職者）提出申訴

(1) 採行避免被害人再度受性騷擾之措施。

(2) 對申訴人提供或轉介諮詢、醫療或心理諮商及其他必要服務。

(3) 對性騷擾事件進行調查。

(4) 對行為人為適當懲戒處理。

(5) 雇主接獲申訴，調查成立的處理結果應通知地方政府。

(6) 雇主沒處理或不服雇主處理結果，可向地方主管機關申訴。

3. 處罰、賠償

(1) 行為人不配合調查處罰鍰1萬至5萬元。

(2) 加害人是最高負責人加重懲罰性民事賠償3倍至5倍。

(3) 加害人是利用權勢者加重懲罰性賠償1倍至3倍。

(4) 違反本法相關規定依不同之項目處罰1萬至100萬元。

4. 申訴時效

(1) 行為人非具權勢地位，知悉起兩年內，行為終了五年內。

(2) 行為人具權勢地位，知悉起三年內，行為終了七年內。

(3) 行為人為最高負責人，離職後一年內。

(4) 未成年發生，成年後三年內。

註釋

【1】 行政院勞工委員會88年1月13日台勞動三字第058996號函。

【2】 第15條：「人民之生存權、工作權及財產權，應予保障。」

第六章 ｜ 退　休

本章規定退休條件、退休金給與標準、退休準備金提撥、工作年資起算、退休金請求時效、勞工請領退休金之權利、開立退休金專戶，退休金不得讓與、抵銷、扣押或供擔保等。

有關新制「勞工退休金條例」，列於本章第四節。

第一節　本章條文

第五十三條

勞工有下列情形之一者，得自請退休：

一　工作十五年以上年滿五十五歲者。

二　工作二十五年以上者。

三　工作十年以上年滿六十歲者。

第五十四條

Ⅰ勞工非有下列情形之一，雇主不得強制其退休：

一　年滿六十五歲者。

二　身心障礙不堪勝任工作者。

Ⅱ前項第一款所規定之年齡，對於擔任具有危險、堅強體力等特殊性質之工作者，得由事業單位報請中央主管機關予以調整。但不得少於五十五歲。

第五十五條

Ⅰ勞工退休金之給與標準如下：

一　按其工作年資，每滿一年給與兩個基數。但超過十五年之工作年資，每滿一年給與一個基數，最高總數以四十五個基數爲限。未滿半年者以半年計；滿半年者以一年計。

二　依第五十四條第一項第二款規定，強制退休之勞工，其心神喪失或身心障礙係因執行職務所致者，依前款規定加給百分之二十。

Ⅱ前項第一款退休金基數之標準，係指核准退休時一個月平均工資。

Ⅲ第一項所定退休金，雇主應於勞工退休之日起三十日內給付，如無法一次發給時，得報經主管機關核定後，分期給付。本法施行前，事業單位原定退休標準優於本法者，從其規定。

第五十六條

Ⅰ雇主應依勞工每月薪資總額百分之二至百分之十五範圍內，按月提撥勞工退休準備金，專户存儲，並不得作爲讓與、扣押、抵銷或擔保之標的；其提撥之比率、程序及管理等事項之辦法，由中央主管機關擬訂，報請行政院核定之。

Ⅱ雇主應於每年年度終了前，估算前項勞工退休準備金專户餘額，該餘額不足給付次一年度內預估成就第五十三條或第五十四條第一項第一款退休條件之勞工，依前條計算之退休金數額者，雇主應於次年度三月底前一次提撥其差額，並送事業單位勞工退休準備金監督委員會審議。

Ⅲ第一項雇主按月提撥之勞工退休準備金匯集爲勞工退休基金，由中央主管機關設勞工退休基金監理委員會管理之；其組織、會議及其他相關事項，由中央主管機關定之。

Ⅳ前項基金之收支、保管及運用，由中央主管機關會同財政部委託金融機構辦理。最低收益不得低於當地銀行二年定期存款利率之收益；如有虧損，由國庫補足之。基金之收支、保管及運用辦法，由中央主管機關擬訂，報請行政院核定之。

Ⅴ雇主所提撥勞工退休準備金，應由勞工與雇主共同組織勞工退休準備金監督委員會監督之。委員會中勞工代表人數不得少於三分之二；其組織準則，由中央主管機關定之。

Ⅵ雇主按月提撥之勞工退休準備金比率之擬訂或調整，應經事業單位勞工退休準備金監督委員會審議通過，並報請當地主管機關核定。

Ⅶ金融機構辦理核貸業務，需查核該事業單位勞工退休準備金提撥狀況之必要資料時，得請當地主管機關提供。金融機構依前項取得之資料，應負保密義務，並確實辦理資料安全稽核作業。

Ⅷ前二項有關勞工退休準備金必要資料之內容、範圍、申請程序及其他應遵行事項之辦法，由中央主管機關會商金融監督管理委員會定之。

第五十七條

勞工工作年資以服務同一事業者爲限。但受同一雇主調動之工作年資，及依第二十條規定應由新雇主繼續予以承認之年資，應予併計。

第五十八條

Ⅰ勞工請領退休金之權利，自退休之次月起，因五年間不行使而消滅。

Ⅱ勞工請領退休金之權利，不得讓與、抵銷、扣押或供擔保。

Ⅲ勞工依本法規定請領勞工退休金者，得檢具證明文件，於金融機構開立專戶，專供存入勞工退休金之用。

Ⅳ前項專户內之存款，不得作爲抵銷、扣押、供擔保或強制執行之標的。

第二節　解　說

「勞動基準法」的退休金與新制「勞工退休金條例」的退休金不同，本節說明的是勞動基準法的退休金，新制勞工退休金條例的退休金於本章第四節說明。

一、退休的條件與種類

本法第53條、第54條規定退休分爲自請退休與強制退休：

（一）自請退休

勞工工作十五年以上年滿五十五歲或工作十年以上年滿六十歲者或工作二十五年以上，皆可申請退休，勞工如符合自請退休條件，提出申請退休時，雇主不得拒絕。

自請退休是勞工之權利，無須得雇主之同意（參最高法院94年度台上字第43號判決）。

（二）強制退休

勞工年滿六十五歲，或身心障礙不堪勝任工作者，雇主得強制勞工退休。亦即勞工如未滿六十五歲，或者勞工無心神喪失或身體無失能，雇主即不得強制勞工退休。但勞工如已滿六十五歲，而雇主不願強制勞工退休，則勞工除了符合自請退休條件可申請自願退休外，無法退休。至如勞工確有心神喪失或身體失能不堪勝任工作時，雇主得強制該勞工退休，並發給退休金，不得以發給資遣費代替。對於擔任具有危險、堅強體力等特殊性質之工作者，得由事業單位報請中央主管機關，將強制退休規定之六十歲予以降低，但不得少於五十五歲。

勞動基準法第54條規定，勞工年滿六十五歲或身心障礙而不堪勝任工作，雇主可以強制退休。雇主是否強制勞工退休是權利不是義務（參最高法院91年度勞上字第79號判決、最高法院100年度勞上字第170號判決）。亦即勞工已符強制退休條件，雇主也可以不強制勞工退休，但勞工已符強制退休條件，雇主強制勞工退休，不必勞工同意。如果勞工已符合自請退休條件，勞工可自請退休，亦無須雇主同意。

二、退休年資計算

本法第57條：「勞工工作年資以服務同一事業者爲限。但受同一雇主調動之工作年資及依第20條規定應由新雇主繼續予以承認之年資，應予併計。」所謂「同一事業」，如某公司設台北廠、高雄廠，則台北廠與高雄廠爲同一事業。

如甲公司與乙公司雖以同一人爲其代表人，但係不同之「法人」，如某勞工從該甲公司調到乙公司，則非本法第57條所稱的「受同一雇主調動」。

本法第20條係規定事業單位改組或轉讓時，新舊雇主商定留用之勞工，其服務於舊雇主之年資，新雇主應予採計。

本法所稱「工作年資」有二種涵義，一是指年資之起算，例如服務同一事業年滿二十五年可申請自願退休，這二十五年之計算，不管該事業何時適用本法；另一係指依本法第84條之2，年資作爲計算資遣費、退休金之依據，例如某公司係自民國85年1月實施勞動基準法，某勞工於民國70年進該公司服務，則民國95年服務滿二十五年可申請退休，退休金之計算則85年以後之年資依勞動基準法計算。84年12月以前之年資，依當時適用之法令，當時無法令可資適用者，依各該事業單位自訂之規定或勞雇雙方之協商計算。

「勞動基準法」所規定之請領退休金（舊制）工作年資採計與「勞工退休金條例」所規定之退休金（新制）工作年資採計不同。勞動基準法所規定之請領退休金工作年資採計是指服務於同一事業單位或同一雇主的繼續工作年資，如果中斷三個月以上或再任職於不同之事業單位、雇主，則年資中斷並重新起算。

而請領勞工退休金條例所規定的退休金，其工作年資採計，是以實際提繳退休金之年資爲準。年資中斷者，其前後提繳年資合併計算。

三、適用勞基法前後退休金計算

臺灣高等法院111年度勞上易字第90號民事判決略以：按勞工工作年資自受僱之日起算，適用本法前之工作年資，其資遣費及退休金給與標準，依其當時應適用之法令規定計算；當時無法令可資適用者，依各該事業單位自訂之規定或勞雇雙方之協商計算之。適用本法後之工作年資，其資遣費及退休金給與標準，依第17條及第55條規定計算。勞基法第84條之2定有明文。揆其立法意旨，乃因勞基法於73年7月30日制定公布後，有部分行業因經營型態、管理制度及工作特性等因素適用上確有窒礙難行，遂由勞委會分批公告各行業應適用勞基法之時點，而各行業於公告適用勞基法後，勞基法適用前之相關規範應如何銜接適用逐生疑慮，基於法律不溯及既往原則，勞基法並未規定溯及施行前適用，嗣勞基法於85年12月27日增訂公布第84條之2，以資規範勞工在適用勞基法前、後之工作年資及退休金之給與標準。又按本條例施行前已適用勞動基準法之勞工，於本條例施行後，仍服務於同一事業單位而選擇適用本條例之退休金制度者，其適用本條例前之工作年資，應予保留。前項保留之工作年資，於勞動契約依勞動基準法第11條、第13條但書、第14條、第20條、第53條、第54條或職業災害勞工保護法第23條、第24條規定終止時，雇主應依各法規定，以契約終止時之平均工資，計給該保留年資之資遣費或退休金，並於終止勞動契約後三十日內發給。第1項保留之工作年資，於勞動契約存續期間，勞雇雙方約定以不低於勞動基準法第55條及第84條之2規定之給與標準結清者，從其約定。勞退條例第11條第1項、第2項、第3項定有明文。

四、退休金給與標準

本法第55條規定退休金係按工作年資，每滿一年給二個基數。但超過十五年之工作年資，每滿一年給一個基數，最高總基數以四十五個基數爲限。如其年資有未滿半年者以半年計，滿半年以上未滿一年者，以一年計算。強制退休之勞工其心神喪失或身體失能係因公執行職務所致者，則依上述標準再加給20%。雇主應於勞工退休之日起三十日內給付退休金。

依本法第84條之2規定，退休金係分段計算，適用本法前之工作年資退休金給與標準，依其當時適用之法令規定計算。當時無法令可資適用者，依各該事業單位自訂之規定或勞雇雙方之協商計算之。適用本法後之工作年資，其退休金給與標準，依本法第55條規定計算。

適用本法前後年資退休金如何計算，行政院勞工委員會釋示如下：

（一）查勞動基準法第84條之2規定，適用本法前之工作年資，其退休金給與標準，依其當時應適用之法令規定計算；當時無法令可資適用者，依各該事業單位自訂之規定或勞雇雙方之協商計算之；適用本法令後之工作年資，其退休金給與標準，依第55條規定計算。即：勞工適用本法前工作年資之退休給與，優於或依照當時法令標準或比照當時法令標準者，其適用本法後工作年資，在全部工作年資十五年以內之部分，每滿一年給與二個月平均工資，超過十五年之部分，每滿一年給與一個月平均工資；勞工適用本法前之工作年資，其退休給與低於當時法令標準者，其適用本法後之工作年資退休金計算，每滿一年給與兩個基數，超過十五年之部分，每滿一年給與一個基數。未滿半年者以半年計；滿半年者以一年計。另其適用該法前後未滿一年之畸零年資，應分別依各該規定計算。

（二）適用勞動基準法前之工作年資退休金計算，依當時應依照或比照適用之法令規定或事業單位自定之內涵計算；適用該法後之退休金基數標準，應依該法第2條第4款規定計算一個月平均工資。適用前後之退休金總額以達依本法規定之計算方式四十五個基數爲限【1】。

退休金基數之標準，係指核准退休時一個月平均工資。

94年7月1日新制「勞工退休金條例」實施後，如果勞工是在94年7月1日以前服務於同一公司或在99年7月1日前選擇新制退休金，則其退休金之給與可能會產生四種，亦即一是該公司適用勞動基準法前該公司自訂之標準，一是適用勞動基準法後之計算標準，一是依新制「勞工退休金條例」辦理，另一是兼有舊制退休金及新制退休金。

有關退休金常見之爭議是有舊制退休年資長者，少數雇主藉機「逼退」，如調動工作、資遣、懲戒解僱。而新制退休金提繳，常見之爭議是提繳不足或提繳費用係扣抵勞工之工資。

雇主如經營上有困難，應未雨綢繆，改變薪資結構，不該違法解僱或資遣勞工以逃避舊制退休金，如未依規定提繳新制退休金，未提繳或提繳不足，將來均會產生爭議。

部分工時勞工有勞動基準法舊制年資者，符合上述退休條件，仍應給退休金。

五、退休準備金提撥

爲了使勞工退休金來源無慮，早日有所準備，本法第56條規定雇主應按月提撥勞工退休準備金，並自75年11月1日起提撥。退休準備金由中央主管機關會同財政部指定金融機構保管運用，並由勞工與雇主共同組織委員會監督之。退休準備金專戶存儲，並不得作爲讓與、扣押、抵銷或擔保。勞工退休準備金由各事業單位依每月薪資總額2%至15%範圍內按月提撥之。依中央主管機關發布之「勞工退休準備金提撥及管理辦法」，規定工退休準備金提撥及管理相關事項。

雇主應於每年年度終了前，估算前項勞工退休準備金專戶餘額，該餘額不足給付次一年度內預估成就第53條或第54條第1項第1款退休條件之勞工，依前條計算之退休金數額者，雇主應於次年度三月底前一次提撥其差額，並送事業單位勞工退休準備金監督委員會審議。

本法施行細則第29條之1規定：「本法第五十六條第二項規定之退休金數額，按本法第五十五條第一項之給與標準，依下列規定估算：

一　勞工人數：爲估算當年度終了時適用本法或勞工退休金條例第十一條第一項保留本法工作年資之在職勞工，且預估於次一年度內成就本法第五十三條或第五十四條第一項第一款退休條件者。

二　工作年資：自適用本法之日起算至估算當年度之次一年度終了或選擇適用勞工退休金條例前一日止。

三　平均工資：爲估算當年度終了之一個月平均工資。

前項數額以元爲單位，角以下四捨五入。」

六、分期給付

依本法施行細則第29條規定，雇主如依法提撥之退休準備金不敷支付或事業之經營或財務確有困難，致無法一次發給退休金時，得報經主管機關核定後，分期給付。

七、從優適用

本法第55條規定，本法施行前事業單位原定退休標準優於本法規定者，從其規定。

八、給付期限

本法第55條規定，雇主應給付之勞工退休金應自勞工退休之日起三十日內給付之，如無法一次給付，得報經主管機關核定後，分期給付。

九、請求時效

民法第126條規定利息、紅利、租金、贍養費、退職金及其他一年或不及一年之定期給付債權，其各期給付請求權，因五年間不行使而消滅。本法第58條規定，勞工請領退休金之權利，自退休之次月起，因五年間不行使而消滅。

十、不得讓與、扣押、抵銷或提供擔保

依新制「勞工退休金條例」第29條規定，勞工之退休金不得讓與、扣押、抵銷或提供擔保。

「勞動基準法」第56條規定，雇主按月提撥之勞工退休準備金，不得讓與、扣押、抵銷或擔保之標的。所指的是「退休準備金」，勞工請領「退休金」之權利並無規定不得讓與、扣押、抵銷或提供擔保，104年7月1日修正公布之「勞動基準法」第58條，已明定勞工請領「退休金」之權利不得讓與、扣押、抵銷或提供擔保。

十一、相關事項

（一）公傷復健期間，不得強制退休

1. 勞動基準法第59條所稱醫療期間係指「醫治」與「療養」而一般俗稱「復健」係指後續之醫治行爲。是故所謂復健期間應視爲醫療期間。
2. 勞動基準法第13條規定，勞工在第50條規定之停止工作期間或第59條規定之醫療期間，雇主不得終止契約。另同法第59條第2款規定，勞工在醫療中不能工作時，雇主應按其原領工資數額予以補償。公司勞工如因職業災害尚在復健期間，依前開規定廠方不得強制其退休，並仍應照給工資。
3. 雇主強制勞工退休，法未明定預告期間，惟雇主宜依勞動基準第16條規定之期間事前預告勞工[2]。

勞動部104年1月13日勞動福三字第1030136648號函略以：勞工職業災害不堪勝任工作者，仍應符合職業災害勞工保護法第23條第2款規定，經治療終止後，經公立醫療機構心神喪失或身體殘廢不堪工作者，雇主始得終止勞動契約，不得依勞動基準法第54條第1項規定強制勞工退休。

（二）職業災害期間，強制退休疑義

1. 勞動基準法第13條規定勞工職業災害醫療期間，雇主不得終止契約，旨在限制雇主不得單方面依該法第11條及第12條規定終止契約。
2. 定期契約，係因勞雇雙方合意之期限屆滿而失其效力，自無適用本法第13條之問題（按：經常性工作不得簽定期契約）。
3. 勞動基準法第59條職業災害補償規定，係爲特別保護職業災害勞工而課雇主應予補償之義務，故勞工受領職業災害補償之權利，依該法第61條第2項規定，不因勞工離職而受影響[3]。

（三）退休金定額免稅

退職所得就是個人領取之退休金、退職金、離職金、終身俸，非屬保險給付之養老金及因勞工退休金條例規定辦理年金保險的保險給付等所得，但不包括領取屬於歷年自薪資所得中自行繳付的儲金或依勞工退休金條例規定提繳的年金保險費，於提繳年度已列入薪資所得課稅的部分及其孳息。

所得稅法第14條規定退職所得課稅標準，111年度退職所得計算方式如下：

一、一次領取退職所得者，所得額之計算方式如下：

（一）一次領取總額在18萬8,000元乘以退職服務年資之金額以下者，課稅所得為0。

（二）超過18萬8,000元乘以退職服務年資之金額，未達37萬7,000元乘以退職服務年資之金額部分，以其半數為所得額。

（三）超過37萬7,000元乘以退職服務年資之金額部分，全數為所得額。

二、分期領取退職所得者，以全年領取總額，減除81萬4,000元後之餘額為所得額。

三、兼領一次退職所得及分期退職所得者，前兩項規定可減除之金額，應依領取一次及分期退職所得的比例分別計算。

四、退職服務年資的尾數未滿六個月者，以半年計；滿六個月者，以一年計。

（四）請求權發生後可和解

和解有使當事人所拋棄之權利消滅及使當事人取得和解所定明權利之效力，民法第737條定有明文，當事人一經和解即應受和解契約之約束，不得就和解前之法律關係再行主張。

退休金、資遣費請求權，如事先拋棄，因違反勞動基準法第二及第六章規定，固屬無效，惟勞工退休金請求權一旦發生，則為獨立之債權，依私法上「契約自由」之大原則，勞雇雙方自得就此一債權互相讓步，成立和解。

（五）退休係屬形成權

自請退休權，乃契約終止權之一，係屬形成權，於權利人行使時，即發生形成之效力，不必得相對人之同意，其權利之行使亦不以書面為必要。

（六）強制退休權屬雇主

台灣省工廠工人退休規則公布在前，勞動基準法公布在後，依後法優於前法之法理，必須適用勞動基準法之規定，是勞工不得片面主張有強制其退休之權利，惟其強制退休之發動權依勞動基準法之規定，乃為雇主之權限，不同於台灣省工廠工人退休規則之規定，如雇主未行使此項權利，勞工亦無法主動為之。

（七）特別法優於普通法之法理

勞動基準法係依據憲法第153條保護勞工之基本國策所制定保護勞工課予

雇主義務之法律，故雇主終止勞動契約時，如勞工已滿六十五歲，因已符同法第54條第1項第1款之規定，縱令另外符合同法資遣之規定，依特別法優於普通法之法理，雇主應予強制退休，不得以資遣方式辦理。符合本法第53條退休條件，同樣不得資遣，而應給退休金。

（八）民事判決可為刑事審判之參考

退休金訴訟事件，民事部分法院判決勞工勝訴，因雇主有違反勞動基準法第55條之嫌，其刑事部分，法院判決以法官依據法律獨立審判，又刑事訴訟係採實體的眞實發現主義，即以職權進行主義爲原則，並酌採當事人進行主義，與民事訴訟係以當事人進行主義爲主，例外始採職權進行主義之原則不同，是民事判決故可爲刑事審判之參考，惟並不能當然拘束刑事案件之裁判。

（九）退休金為「延期後付」工資

勞工具有退休資格終止勞動契約時，得向雇主請求給付退休金。臺灣高等法院92年台上字第2152號判決略以：雇主依勞動基準法第12條第1項第4款規定終止勞動契約時，勞工仍得向雇主請求給付退休金。退休金之性質爲「延期後付」之工資，爲勞工當然享有之既得權利，於勞工退休時支付，且不因勞工事後離職而消滅，雇主不得以懲戒解僱爲由，剝奪勞工請求退休金之權利。

（十）退休金有多種

勞工退休除了勞動基準法的舊制由雇主給付的退休金（有舊制年資者）及勞工退休金條例的新制退休金，（94年7月1日實施由雇主每月提繳6%），勞工保險也有退休金（老年給付），有些勞工混淆不清。亦即勞工有二種或三種退休金，一是由雇主給付的退休金（選擇舊制或有舊制年資者），而可向勞工保險局請領的退休金有二種，一是勞工保險的「老年給付」，一是勞退新制的6%退休金。

1. 由雇主給付的退休金：
   即勞動基準法的退休金或稱舊制退休金，請領條件是94年7月1日起五年內選擇繼續適用舊制退休金者，或94年7月1日之前已在職而選擇適用新制退休金者，其舊制年資仍適用舊制退休金規定。勞動基準法的退休金請詳閱本章第二節。
2. 向勞工保險局請領的退休金稱「老年給付」，勞工保險的老年給付規定如下：
   (1) 老年年金或一次金：

請領年齡爲滿六十歲，自107年起逐步提高到六十五歲。平均月投保薪資以最高六十個月平均計算。老年年金的年資計算沒有上限。

A. 老年年金

勞保年資滿十五年以上，計算方式，A或B擇其一。每延後一年申請，給付金額增給4%，至多增20%。

計算公式：A式或B式選擇其一
A：平均月投保薪資×勞保年資×0.775%＋3000元
B：平均月投保薪資×勞保年資×1.55%

B. 老年一次金

勞保年資未滿十五年。平均月投保薪資以退休當月起前三年月投保薪資平均計算。六十歲以前，給付月數上限爲四十五個月；六十歲以後繼續工作者，超過六十歲以後的年資最多以五年計，併計六十歲以前年資，最高給付月數爲五十個月。

計算公式：
平均月投保薪資×勞保年資×1個月

(2) 一次請領老年給付：

民國98年1月1日以前有勞保年資，且離職退保時符合以下資格之一：

A. 在同一投保單位參加勞保之年資合計滿二十五年。
B. 年滿五十歲，勞保年資合計滿二十五年。
C. 年滿五十五歲，勞保年資合計滿十五年。
D. 女性年滿五十五歲，男性年滿六十歲，勞保年資合計滿一年。
E. 年滿五十五歲，擔任危險或堅強體力等特殊工作，勞保年資合計滿五年。

計算公式：
平均月投保薪資×〔（前15年勞保年資×1個月）＋（15年後勞保年資×2個月）〕

3. 向勞工保險局請領的新制退休金（6%退休金）：

即94年7月1日實施的「勞工退休金條例」的退休金，或稱新制退休金，每月由雇主按勞工之薪資提繳6%，分別存入勞工之個別帳戶。

新制退休金與舊制退休金最大不同之處是年資之採計，舊制退休金如勞工離開原事業單位，年資即中斷，原有之年資就不採計；而新制退休金，無年資中斷問題，不管勞工更換幾個事業單位或雇主，已存入勞工個別帳戶的退休金仍為該勞工所有。新制退休金請詳閱本章第四節。

勞工如有國保年資者，國保年資與勞保年資可以合併計算，領取何種年金有利，可到勞工保險局試算。

（十一）公營事業併計軍中服役年資

行政院勞工委員會87年9月29日勞動一字第041396號函釋略以：依「軍人及其家屬優待條例」、司法院大法官會議釋字第455號解釋、行政院87年7月14日人政給字第210759號函，自87年6月5日以後，公營事業從業人員及司機、技工、工友退休者，軍中服役年資均予採計，休假年資亦同。

（十二）部分工時工作者平均工資計算

適用勞動基準法退休制度之部分工時工作者符合退休條件亦應給退休金。勞動部105年1月14日勞動條二字第1050130070號函略以：按時計酬之部分工時者，其退休平均工資計算，以勞工退休前六個月工資總額直接除以六。

（十三）已符退休條件違法被解僱可否請求退休金

勞工已符退休條件，但因勞工先被解僱，勞工可否請求退休金？林君因誹謗罪被解僱，林君請求退休金。臺灣高等法院高雄分院92年度勞上更字第5號民事判決略以：林君既因公司合法解僱，自無從申請退休。

魏君因竊取公司財物，情節重大，被公司解僱，魏君已符退休條件，魏君請求退休，最高法院92年度台上字第2152民事判決略以：雇主不得以懲戒解僱為由，剝奪勞工請求退休金之權利。

（十四）適用勞動基準法後，前十五年如何起算？

因勞動基準法第55條第1項規定，前十五年年資每年二基數，超過十五年每年一基數，相差一倍。假設甲公司之行業奉核定自87年1月1日適用勞動基準法，乙君自70年1月1日任職甲公司，乙君於100年1月1日申請退休，則乙君之前十五年是自70年起算？抑或自87年1月1日起算？法院有不同判決（參臺灣高等法院臺南分院76年度勞上字第2152號判決、臺中地方法院99年度中勞簡字第100號判決、桃園地方法院102年度勞訴第60號判決、最高法院86年度台上字第

2329號判決）。

（十五）符合法定退休條件時，請求給付退休金為既得權益

適用勞動基準法退休規定之勞工（即有舊制年資），於符合法定退休要件時，即取得自請退休及請求給付退休金之權利，爲既得權利，此爲既得之權利，自應認在勞動契約消滅時，即得請求退休金；是勞工符合法定退休要件，但未及自請退休即死亡者，其請領退休金之權利，並不因而喪失。又是項權利是金錢債權，應可繼承，於勞工死亡時，其繼承人自得向雇主請求給付退休金。

勞工符合自請退休條件，資遣勞工應給退休金，如勞工自請離職，五年內仍可請求退休金。

（十六）於實體同一性多家公司服務，服務年資應併計

王君先後受僱於億○公司、興○公司、億○行、順○公司，均在同一工作地點，所營事業項目相同，營運、人事等事項均由相同者掌控，具有實體同一性，退休年資應合併計算（參最高法院111年度台上字第2066號判決）。

（十七）未依規定投保勞健保及提繳6%退休金應賠償

雇主未依規定爲勞工投保勞保、健保，應依規定賠償勞工未投勞保、健保之損失；未依規定提繳6%退休金，應補提繳6%退休金至勞工之專戶（參最高法院111年度台上字第2460號判決）。

（十八）企業併購後退休準備金之運用

最高法院110年度台上字第46號民事判決略以：按企業併購法第15條第2項規定：「公司進行收購財產或分割而移轉全部營業或一部營業者，讓與公司或被分割提撥公司提撥之勞工退休準備金，於支付未留用或不同意留用勞工之退休金後，得支付資遣費；所餘款項，應按部隨同該營業或財產一併適用勞動基準法移轉退休金工作年資勞工之比例，移轉至受讓公司之退休準備金監督委員會專戶。」其立法意旨在保障留用勞工之權益。又同法第16條第1項規定：「併購後存續公司或受讓公司，應於併購基準日三十日前，以書面載明勞動條件通知新舊雇主商定留用之勞工，該受通知勞工，應於受通知日起十日內，以書面通知新雇主是否同意留用，屆期未爲通知者，視爲同意留用。

（十九）勞工保險不會倒

常有勞工擔心勞工保險財務會破產，因而提前領取老年年金。從勞工保

險局公布之111年勞保年金之請領人數、請領金額，可以看出勞保財務之繼續惡化。請領人數，在102年有49萬7,000多人，到111年已有159萬7,000多人；平均月領金額，在102年爲15,344元，到111年已上升至18,294元。勞工保險的改革是必然的，勞工保險影響到近千萬勞工的權益，政府、立法委員不會坐視不管。

108年11月，有立法委員提出「勞工保險永續特別條例」，基金來源包括超徵稅額、3%統籌分配款、每年新徵稅款的二分之一、指定捐款、逾期未繼承沒入國庫的遺產與就業準備金超過500億後移入的改革方案。可見政府如能有效運用、處理，勞工保險財務危機是可以解除的。

上述方案的基金來源即使有些不可行，但應有其他來源可替代。政府應該在不影響勞工權益，早日改革勞工保險，健全勞工保險財務。

全國勞工有千萬人，加上勞工的眷屬，超過了全國人民的半數，健全勞工保險財務，關心勞工，也就是照顧了全國人民的半數，何樂而不爲！

（二十）勞工退休後生活費用來源

勞動部112年「勞工退休後生活及就業狀況調查」，有關勞工退休後生活費用來源之調查結果爲（可複選）：

1. 勞保老年給付與勞退69.7%。
2. 儲蓄69.0%。
3. 投資51.1%。
4. 子女供應3.8%。
5. 其他0.2%。

第三節　裁判例

一、已發給退休金又以不當得利訴請返還

【退休金、勞動契約、不當得利】

勝○公司勞工江○○訴請給付退休金差額92萬多元，公司提起反訴以：江君至公司任職時，年僅十二歲，依工廠法第5條[4]工廠不得僱用未滿十二歲之人爲工人，江君應自滿十四歲之日起，始爲公司正式工人，故扣除習藝期間二年，江君至85年8月1日自動請求退休之日止，工作年資僅二十三年，尚不

合自請退休之資格，公司不知學徒習藝期間免予合併計算年資，並已給付江君退休金145萬多元，江君既不得請領退休金，公司誤發退休金，江君爲無法律上之原因而受有利益，致公司受有損害，爰依民法第179條【5】之規定，求爲命江君如數返還所受領之退休金。臺灣高等法院86年度勞上字第42號民事判決公司敗訴。公司上訴後，最高法院88年度台上字第68號判決發回臺灣高等法院，判決理由略以：勞工工作十五年以上年滿五十五歲者，或工作二十五年以上者，得自請退休，勞動基準法第53條固有明文，惟該條之立法精神，無非基於勞工之立場，爲防止雇主不願核准已達一定年資、年齡之勞工自請退休之弊端，而賦予勞工得自請退休之權利，使符合該條規定要件之勞工於行使自請退休之權利時，即發生終止勞動契約之效力，而無須得雇主之同意。又勞工依該法自請退休時，勞雇雙方之勞動契約即可終止，勞工自請退休之權利爲契約終止權之一種，而終止權又屬形成權之一種，形成權於權利人行使時，即發生形成之效力，不必得相對人之同意。本件原判決認爲勞工自請退休，須經雇主核准或雇主得不予准許，其所持見解即有可議。又原判決認爲雇主之核准與否，爲雇主之一種意思表示，對外發生一定之法律效力，然未說明究發生何種法律效力，亦有未洽。末查形成權人行使其權利，應有合法之權利依據，始得爲之，如無合法之權利依據而爲行使時，當不發生形成之效力。原判決既認爲江君未滿二十五年，不符勞動基準法第53條第2款自請退休之規定，不得請領退休金，則其已受領退休金，公司依不當得利之法律關係請求返還，是否不能准許，非無研究之餘地。

二、勞保養老給付與勞動基準法退休

【退休金、勞保老年給付】

上〇公司廚師王〇年滿六十歲，服務年資八年六個月，公司已代向勞工保險局申請老年給付，王君請求發給退休金57萬8,726元，公司辯稱伊並未同意王君退休，僅係爲王君申領老年給付後退保時，承辦人誤塡退保原因爲「退休」，且王君亦繼續於公司工作，嗣因王君無故連續曠工達三日以上始遭公司解僱，公司自不負給付退休金之責。地方法院及臺灣高等法院87年度勞上字第14號均判決公司敗訴，判決理由略以：王君退職原因爲「屆齡」，有勞工保險老年給付受領編審清單、申請書、收據等可稽，依勞工保險條例第58條規定，屆齡係指年資合計滿一年，並滿六十歲退職者，王君屬符合勞動基準法第54條年滿六十歲雇主得將之強制退休之條件。公司既已向勞保局為王君辦理退保，其於退保申報表中，退保原因記載為「退休」，可知公司確係於代王君申領老年給付後，行使其依勞動基準法第54條之權利，強制王君退休，蓋請領老年給付之條件即為「退職」，若公司不欲以強制退休之方式使王君退職，自無代王君申領老年給付之理。其嗣後在退保申報表載明退職原因係「退休」，而非退職，顯見其係同意王君退休無疑。公司辯稱承辦人於勞保退保申請書上退職原因記載「退休」，係指王君自勞工保險退休，非指王君自公司退休云云，顯非可採。公司上訴後，最高法院89年度台上字第1823號仍判決公司敗訴。

三、退休金未發，再僱用後解僱

【退休金、勞動契約】

上○公司勞工王○，85年5月7日屆滿六十歲，公司代其向勞保局申請老年給付。王○繼續工作，一個月後以「有病身體欠佳」申請停薪留職三十日，期滿續請停薪留職二個月，公司未同意，王○亦未上班，公司以王○連續曠工達三日以上解僱。王○則訴請發給其於85年5月7日屆滿六十歲屆齡退休之退休金，公司不給，臺灣高等法院87年度勞上字第14號民事判決公司敗訴，判決理由略以：公司於85年5月7日即向勞保局為王○辦理退保，退保申請表中退保原因欄之記載為「退休」，可知公司確係於代王○申領老年給付後，行使其依勞動基準法第54條之權利，強制王○退休。若公司不欲以強制退休之方式使王○退職，自無代王○申領老年給付之理。退休為終止勞動契約之法定原因，公司既同意王○退休，則勞動契約關係自已終止，縱嗣後有繼續工作之事實，惟此乃另一勞動契約之締結，要難對在前經退休終止之前勞動契約所生之法律關係有何影響。從而，縱王○嗣因曠工遭公司解僱，惟此係在後另一兩造勞動契約之問題，公司仍不免給付退休金之責任。

四、紅利不能代替退休金

【退休金、紅利】

高○公司勞工何○○退休，請求發給退休金71萬100元，公司則以勞動基準法所定之退休金制度應不排除企業因長期虧損，雙方為延續企業生命，而雙方合意由公司以給付紅利之方式做為退休金給付之約定，歷年來公司已給付何君紅利18萬2,818元，應不得再請求給付退休金。桃園地方法院89年度勞訴字第18號判決公司敗訴，上訴後，臺灣高等法院89年度勞上易字第43號判決上訴駁回，判決理由略以：公司雖以伊長期虧損，無力提撥退休準備金，遂與全體員工協議，以每年給付紅利之方式，代替退休金發給，員工領取紅利後，不得再請領退休金等置辯。惟查：公司主張其與何君協議以紅利代替退休金等情，爲何君所否認，公司就此有利於已之積極事實，自負有舉證責任，然公司所提出之帳冊、銀行轉存明細上，均載明每年給付全體員工年終獎金若干，並無何君同意公司以紅利代替退休金給與之記載。且無論公司前所給付者爲紅利或年終獎金，均屬與退休金不同之項目，不能認爲是退休金之預付，是公司之主張已難採信。況勞動基準法第1條第2項規定：雇主與勞工所訂勞動條件，不得低於本法所訂之最低標準，此項規定爲強制規定，而法律行爲違反強制規定者無效，民法第71條【6】定有明文，故縱使公司確與何君協議，由公司每年提撥紅利以代替退休金之給與，該約定亦因違反勞動基準法第55條第1項所定之最低退休金之給與標準而無效，是公司之主張並無理由。

五、退休辦法修正承諾保留之基數應遵守

【退休金、工作規則】

太○保險公司於82年1月1日及85年4月24日修改退休辦法，將原規定最高六十一基數修改爲四十五基數，勞工田○等人於85年6月15日退休，公司以最高四十五個基數計給退休金，田君請求依舊退休辦法發給五十九基數退休金，臺灣高等法院86年度勞上字第14號判決田君敗訴，上訴後，最高等法院88年度勞上字第1696號判決發回臺灣高等法院。判決理由略以：公司於82年1月1日以前實施之退休辦法規定，員工之退休金最高六十一基數；82年1月1日修正實施之退休辦法，以勞動基準法爲藍本，退休金最高爲四十五基數，然爲安撫資深員工，同時規定對服務已滿十五年以上員工，按修正前辦法先行結算退休基數後保留，往後按新辦法辦理，不再累加。則依82年1月1日修正實施之退休辦法，當時田君之年資爲二十九年二月，保留五十九個基數。而85年4月24日實施之退休辦法，一律以四十五個基數爲最高基數，比三年前承諾保留給田君之基數爲少，與誠信原則是否無違，且上述保留基數之承諾，嗣後得否不予遵守，均有再事斟酌之餘地。公司同意保留資深員工基數，必已衡量公司之財務狀況足以支應，依公司近五年財務分析報表觀之，並無公司所稱營運衰退情形，則公司調整退休辦法中關於退休金給與標準之必要性與合理性，即有可

疑。本件公司不服臺灣高等法院88年度勞上更字第12號更審判決、上訴後，最高法院91年度台上字第1040號判決上訴駁回。

六、工廠退休規則與勞動基準法強制退休規定不同

【退休金、勞動契約】

宏○公司調動勞工張○○，張君抗議，公司示意其離職，張君以服務已滿六十歲，請求發給退休金，經桃園縣政府勞資爭議協調無結果，張君向法院訴請發給退休金，不服地方法院之判決，上訴後，臺灣高等法院87年度勞上字第39號判決張君敗訴。有關張君已年滿六十歲，離職是否視爲退休，判決略以：按勞工非有年滿六十歲之情形者，雇主不得強制其退休，勞動基準法第54條第1項第1款定有明文，惟台灣省工廠工人退休規則第6條第1項第1款規定，工人年滿六十歲者，應命令退休，是工人合於該條款之條件，申請退休，雇主並無不准退休之餘地。然台灣省工廠工人退休規則雖於70年6月18日經台灣省政府修正發布，而勞動基準法係於73年7月30日公布施行，依後法優於前法之法理，必須適用勞動基準法之規定，是勞工不得片面主張有強制其退休之權利，惟其強制退休之發動權依上開條文之規定，乃爲雇主之權限，不同於台灣省工廠工人退休規則之規定，如雇主未行使此項權利，勞工亦無法主動爲之。經查公司在張君塡妥員工離職單之前，並無依法向張君爲強制退休之通知或意思表示。是雙方之僱傭關係並非因強制退休而終止。張君又上訴後，最高法院89年度台上字第1571號判決上訴駁回。

七、勞保填報退休不一定視為勞動基準法之退休

【退休金、勞動契約、勞工保險】

宏○公司勞工張○○遭公司調動職務，張君拒絕調動，公司示意伊離職，伊在離職書上註明「調職不堪忍受」。張君已年滿六十歲，訴請發給退休金。臺灣高等法院87年度勞上字第39號判決張君敗訴，上訴後，最高法院89年度台上字第1571號判決上訴駁回，判決理由略以：經查公司在張君塡妥員工離職單之前，並無依法向張君爲強制退休之通知或意思表示，是雙方之僱傭關係並非因強制退休而終止。雖張君主張公司明知張君已滿六十歲，依勞動基準法第54條之規定，已符合強制退休要件，公司不令其退休，反而以調職手段，令其無法適應工作，抗議無效後，憤而離職，係被公司變相強迫。然公司將其調

動是否基於企業經營所必須，是否違反雙方勞動契約，調動後之薪資及勞動條件是否已有不利之變更，調動後與原有工作性質是否確有爲其體能及技術所得勝任，以及調動後工作地點是否過遠等情，張君均無具體明確而爲指述，僅泛言無法適應，職是，公司改調張君尚無不當。復依勞工保險條例第58條規定，被保險人年滿六十歲退職者，得請領老年給付，至於退職之原因係退休、資遣或辭職均非所問。張君係自請辭職，雖公司承辦人在申請書及勞工保險退保申報表，分別書寫「符退休年齡」及「退休」等字眼，承辦人表示係打電話向勞保單位查詢，告知寫上退休等字，並非公司主管或張君有告知因退休而離職等語。是僅就公司爲張君代辦勞工保險給付及退保事宜，尚難認爲公司有同意或強制張君之退休意思表示。

八、駐外津貼是否併計工資計算退休金

【退休金、工資】

陳○○係中○航空公司派至香港分公司任副經理職，85年2月因年適五十六歲且已工作十七年，乃自請退休，85年3月12日公司將其調回台北總公司，並同意85年3月21日爲退休生效日，公司給付退休金435萬多元，陳君訴請應將駐港生活津貼每月港幣4萬5,684元併計平均工資，應補發退休金新臺幣538萬多元，地方法院判決陳君勝訴，公司上訴後，臺灣高等法院88年度勞上更字第1號判決公司勝訴，判決理由略以：查中○航空公司國外津貼之設定，係按員工需要，參考當地經濟狀況、生活指數，包括生活、房租、交通、保險、稅金考量而研定合理標準，益證公司係將國內同等級人員所領取之主管加給、車馬費、伙食費及因國內、外生活條件差異所給予之房租補助等恩惠性給與，均包括在駐港津貼一項中給付。是該項津貼顯非全然係工作之對價，其中與國內職等相同人員薪資之差額部分，應認係員工因派駐國外，公司給與之生活補貼，乃恩惠性給與，非屬勞動之對價，自不得列計爲工資之一部分。公司將派駐國外人員之退休均按國內相同等級給與計算，亦即就陳君在港任職期間之工資，除基本薪外，將主管加給、伙食費、車馬費等均加計在內計算，核定陳君退休金數額，應無不合。陳君上訴後最高法院89年度台上字第1414號判決發回臺灣高等法院，理由略以：查原審一面認陳君在港工作期間，每月僅領基本薪資10萬5,480元、駐港津貼港幣4萬5,684元，並未領有伙食費、車馬費、主管加給，一面又認公司係將國內同等級人員所領取之伙食費、車馬費、主管加

給及因國內外生活條件差異所給予之房租津貼等恩惠性給與，均包括在駐港津貼一項中給付，前後所論、顯有矛盾。原審認為該項津貼顯非全然係工作對價、乃恩惠性給與、非屬勞動之對價，自不得列計為工資之一部分云云，尤屬難昭折服。本件陳君原不服臺灣高等法院86年度勞上字第4號判決駐外之津貼非屬工資，因而提起上訴，最高法院87年度台上字第2754號判決原判決廢棄，發回臺灣高等法院。

九、經常性給與應併計工資計算退休金

【退休金、工資】

光○巴士公司勞工林○○不服退休金之工資計算內涵及基數計算方式，訴請給付差額，臺灣高等法院87年度勞上更字第22號判決勞工敗訴，上訴後最高法院89年度台上字第42號判決上訴駁回，有關工資部分判決略以：關於本薪及職務加給為工資之一部分，為公司所是認，計算平均工資自應予以列計；至林君主張之工作獎金、代班津貼、加班費、授課津貼則說明如次：一、工作獎金每月固定的隨本薪及職務加給發給1,500元，與工作內容無關，顯非基於勉勵、恩惠之目的而發給，且屬經常性之給與，自應列為工資計算。二、林君為公司之稽查，並非駕駛員，其既係分擔公司未補之人力而領取代班津貼，且由林君支領情形觀之，顯係於一般相當時間內經常可獲得，且屬勞動之對價，自應計為工資之一部分。三、加班費為工作之代價，能否視為工資，仍應視其是否為經常性之給與。林君實際查巡，查巡一次公司給500元之加班費，該巡查工作是為了提高服務品質，就其工作內容，已屬經常性，且於相當期間內，林君經常可獲致，其為工資，亦無疑義。四、授課津貼係對新進人員受訓講課之津貼，該津貼係按實際授課時數計算，如公司未招考新進人員，無須授課，則不發給，授課津貼顯非經常性給與，不得列入平均工資計算退休金。準此林君平均工資，除授課津貼外，均應予列計。

十、領取結婚退職金，年資重新起算

【退休金、退職金、工作規則】

東○公司勞工李○○，因結婚而離職，後又回東○公司任職，李君請求併計離職前年資給付退休金，臺灣高等法院臺南分院88年度勞上字第10號判決李君敗訴，李君上訴後，最高法院89年度台上字第758號裁定上訴駁回，理由略

以：李君確於69年11月17日因結婚而向公司領取2萬8,560元「嫁妝補助金」，該款係依公司人事管理規則女性從業人員嫁妝補助辦法之規定核發，上開嫁妝補助辦法實係「退職金」之給付辦法，要非單純之「嫁妝補助金」可比。且依上述補助辦法第1條至第4條之規定，並未強制女性從業人員於結婚時必須離職，而係規定因結婚而離職者，得申請「嫁妝補助金」，故李君所領取之上開「嫁妝補助金」應係結婚離職之退職金，其於結婚離職後，再重回東○公司任職，年資自當重新起算。李君據以訴請公司給付本件退休金，即非有據，泛言謂爲違法，而非具體說明該論斷究有何不適用法規或適用法規不當，並揭示該法規之條項或其內容，及合於民事訴訟法第469條所列各款之事實，難認對該判決之如何違背法令已有具體之指摘，應認其上訴爲不合法。依民事訴訟法第481條【7】、第444條【8】第1項、第95條、第78條，裁定上訴駁回。

十一、勞工退休準備金所有權屬中央信託局

【退休金、退休準備金】

國○公司協理黃○○申請退休，應給退休金300多萬元，因公司財務困難一再拖延，乃訴請公司如數給付，經臺北地方法院79年度勞訴字第93判決勝訴，乃聲請法院強制執行，扣押國○公司之勞工退休準備金。因中央信託局否認該勞工退休準備金爲國○公司所有，聲明異議，其依強制執行法第120條【9】規定起訴，求爲確認以國○公司勞工退休準備金監督委員會名義存儲於中央信託局之該勞工退休準備金爲國○公司所有之判決。臺灣高等法院81年度上字第1783號民事判決黃君敗訴，上訴後，最高法院82年度台上字第1975號（82年8月19日）民事判決上訴駁回，判決理由略以：按勞動基準法施行後，雇主應按月提撥勞工退休準備金，專戶儲存，並不得作爲讓與、扣押、抵銷或擔保。勞工退休基金，由中央主管機關會同財政部指定金融機構保管運用。最低收益不得低於當地銀行二年定期存款利率計算之收益；如有虧損由國庫補足之。勞動基準法第56條第1項、第2項定有明文。查國○公司以其勞工退休準備金監督委員會名義，將其提撥之勞工退休準備金存儲於中央信託局，則於存儲時，該準備金錢款之所有權已移轉於中央信託局，在中央信託局依法令規定返還國○公司前，該存儲之勞工退休準備金尚非屬國○公司所有。

十二、自請退休不以書面為必要

【退休金、勞工保險】

福○公司勞工李○○，訴請發給退休金，李君自66年5月受僱，至85年11月30日已滿六十九歲，工作年資十九年六月，每月薪資2萬5,200元，前十五年每年二個基數，後五年每年一個基數，合計三十五個基數，退休金88萬2,000元。經高雄市政府勞工局三次協調未成。有關李君有無申請退休部分；公司以李君並未提出書面申請退休，且未經公司核准，亦未辦理離職手續。此一部分臺灣高等法院高雄分院87年度勞上字第1號民事判決指出：自請退休權，乃契約終止權之一，係屬形成權，於權利人行使時，即發生形成之效力，不必得相對人之同意，其權利之行使亦不以書面爲必要。李君爲退休之意思表示後，公司就李君之勞工保險已於85年12月3日，以李君退休爲由，向勞工保險局申請退保，並派員監證交接，有勞工保險退保通知申報表、移交清單可憑，足證李君自請退休之意思表示已到達公司，自已發生自請退休之效力（本退休案公司提出上訴，其中有關李君在外兼職，有無影響勞動契約之履行，最高法院88年度台上字第1626號民事判決發回臺灣高等法院高雄分院，有關自請退休不以書面爲必要部分，最高法院並無指稱不當）。

十三、扣繳憑單薪資袋識別證可證明服務年資

【退休金、勞工保險、損害賠償】

宇○公司勞工施○○，主張以其自67年6月21日起受僱於公司，至88年5月4日共20年10月又14日之年資，已年滿六十四歲，合乎勞動基準法及台灣省工廠工人退休規則之規定，應給退休金77萬4,828元，惟公司認爲75年2月17日起始僱用施君，僅給退休金25萬元。另公司遲至75年2月27日始爲其辦理勞工保險，應賠償其少領之勞保老年給付22萬4,112元。彰化地方法院88年度勞訴字第11號民事判決應給付合計爲74萬8,940元。公司上訴後，高等法院臺中分院89年度勞上易字第2號民事判決應給退休金31萬2,040元，及賠償遲投勞保之損害19萬2,096元，合計50萬4,136元。判決理由略以：張君所提出之各類所得暨免扣繳憑單可知，其應自67年6月21日起即受僱於宇○公司，又施君辯稱其68年間所得之扣繳單位爲正○公司、69年間所得之扣繳單位爲大○公司，係宇○公司爲逃漏稅捐。依施君之薪資袋、年終獎金袋，可證明施君於68、69年均是

服務於宇○公司，而各類所得扣繳暨免扣繳憑單係供報稅之用，薪資袋則係公司實際發放，自應以薪資袋爲準。另施君無法提出72年之扣繳憑單，僅提出72年獎金袋（應係71年度之獎金），施君之工作年資於72年中斷一年，則依勞動基準法第10條之規定，施君前後之工作年資自不得合併計算。施君之工作年資應自73年1月1日起算至88年5月4日。又勞工保險條例施行細則及勞工保險條例分別於58年7月11日及68年2月19日修正納入雇主遲延爲勞工加保應負賠償責任之規定，惟此僅係將雇主遲延爲勞工加保應負賠償責任明文化而已，非謂無上開修正條文，雇主遲延爲勞工加保，勞工即不得依民法有關債務不履行之規定請求損害賠償。

十四、退休金提撥與退休金內涵無關

【退休金、退休準備金、工資】

台○公司勞工游○○等八人，認爲該公司所發給之「作業用品代金」係指勞工於外地調至大樓服務人員之外地津貼，應屬工資之一部分，且公司於編列提撥退休準備金時，亦將該作業用品代金列爲計算退休金內涵，故訴請應併計發給資遣費。臺北地方法院88年度重勞訴字第2號民事判決游君等敗訴，上訴後，臺灣高等法院88年度重勞上字第7號民事判決上訴駁回，判決理由略以：作業用品代金就其給付名目，依勞動基準法第2條第3款及施行細則第10條第10款規定，不屬工資之範疇。該代金以前稱爲大樓津貼，每六個月發放一次，至79年間才改爲每月五日併同薪資發放，以其名目及給付方式而言，應係公司之恩給性給付，非屬工資之一部分，而79年以後變更名稱及發放方式，自亦無從變更其性質。況公司發放員工之薪資名目既已有「地區津貼」，應無再有所謂「外地津貼」之可言，至游君等主張公司於編列預算時，亦將大樓作業用品代金列爲計算退休金計算之內涵，認此代金應屬工資，但退休金之提撥乃公司依法或其內部決定範疇，與公司應具體給付勞工若干退休金無必然關係，作業用品代金非工資之一部。

十五、退休金不得抵銷未收款

【退休金、退休準備金】

中○公司總經理兼漁市場主任劉○○退休，經董事會審查通過應給退休金158萬元，嗣公司認爲劉君在職期間疏忽職責，與積欠貨款之承銷人有勾結之嫌，致266萬元漁貨款無法追回，應由劉君負賠償之責，以上開債權抵銷劉君之退休金，劉君尚欠公司100多萬元，另公司召開之董監事聯席會議中，劉君承諾該未收取之漁貨款未清償前不領取退休金，嗣經公司之董、監事即依劉君之承諾，作成上開漁貨款未清償前，劉君應領退休金暫緩發放辦理之決議，故上開266萬元之款項未收回前，公司無給付劉君退休金之義務。本案經桃園地方法院88年度勞訴字第7號民事判決公司敗訴，上訴後，臺灣高等法院88年度勞上字第62號民事判決上訴駁回。判決理由略以：公司84年10月17日董事、監察人會議雖有決議貨款未清楚前，劉君之退休金暫緩發放，但該次會議並無劉君之簽名，該次會議紀錄江君證稱：劉君有參加該次會議，同意扣押他的退休金，參加該次會議的股東之一林○○爲相同之證述。然此爲劉君所否認，劉君表示該次會議雖有參加，惟不同意緩期給付之表示。按當事人主張有利於己之事實者，就其事實有舉證之責任，民事訴訟法第277條定有明文。緩期給付之約定係對劉君不利而對公司有利之事實，公司爲此主張，揆之前揭法律規定，當盡舉證之責，然公司所提出之證據董監事會議紀錄，係公司內部之決議，又未有劉君之簽名，前述證人爲公司之職員或股東，與公司有利害關係，證明力均嫌薄弱，尚難認兩造間就系爭退休金有緩期給付之約定。公務人員退休法第14條規定：請領退休金之權利，不得扣押、讓與或供擔保；而勞工退休時，應由雇主發給退休金，爲勞動基準法第55條所明定，勞動基準法第56條第1項另規定：雇主應按月提撥勞工退休準備金，專戶存儲，並不得作爲讓與、扣押、抵銷或擔保之標的。第61條第2項規定：受領補償之權利，不因勞工之離職而受影響，且不得讓與、抵銷、扣押或擔保。觀之前開規定，一再揭示退休金（補償金）不得扣押、抵銷或供擔保，以保障退休人員之權利。該公司人員之退休係依據農產品市場交易法第41條規定所訂定之「農產品批發市場管理辦法」，公司員工依該規定得申請退休金，該辦法雖未明定退休金不得讓與、抵銷、扣押或擔保，惟該辦法規定「本辦法未規定者，依其他法令之規定」，自應類推適用前揭規定，即不得讓與、抵銷、扣押或擔保，至爲顯然。

十六、承認給退休金的別家年資，不適於資遣費

【退休、年資併計、調解】

宏○公司因經營危機，鼓勵員工自動請辭（資遣），服務滿一年給一個基數。該公司前爲網羅人才，向他單位挖角，並承認其原有服務年資。勞工甘

○○主動請辭，要求將本公司年資三年與他家公司年資八年應合併計算，公司認為該「承認年資」僅適用於退休。經調解，公司願以本公司三年的年資加倍計算，勞工不同意，提起訴訟，臺北地方法院88年度勞訴字第18號民事判決勞工敗訴。判決理由略以：依公司訂定之職員退休、撫卹及資遣辦法第5條：承認保留年資者於本公司服務滿所承認保留年資之年數，退休時方得併計該年資。其餘條文未見諸有關承認年資之約定，公司設此相對承認年資之制度，係屬一種恩惠性給與，依契約自由原則，雖無不可，惟對符合條件者予以恩惠，不符條件者，不予恩惠，要屬公平合理之解釋，且並不違反勞動基準法規定。如依甘○○之主張（主張上開辦法第5條僅就退休年資之計算採取相對承認之限制，其他關於撫卹及資遣等服務年資則未作任何限制），則假設甲、乙勞工各有承認年資十年，甲服務十年後退休，併計承認年資，乙勞工服務一年資遣，也要求併計十年之承認年資，顯非公司之本意。又本件起訴前之調解程序中，雖公司曾表示同意本公司之三年資加倍計算，因調解不成立，民事訴訟法第422條：調解程序中，調解委員或法官所為之勸導及當事人所為之陳述或讓步，於調解不成立後之本案訴訟，不得採為裁判之基礎。是本件亦不得依調解程序中所為之讓步為甘○○勝訴之判決。

十七、退休及勞保年資爭議

【退休、勞工保險、損害賠償、消滅時效】

勞工林○○自60年8月24日起至85年8月24日服務於○田公司，因服務滿二十五年，申請自願退休，公司則以林君自62年至72年，係服務於同一建築物的另一家獨立的○佳公司，不符自請退休條件。另林君亦主張公司遲延為其辦理勞工保險，請求賠償勞保老年給付。臺灣高等法院臺中分院86年度勞上字第10號民事判決勞工勝訴。公司上訴後，最高法院89年度台上字第1858號民事判決上訴駁回。判決理由略以：○田公司之董事長李○○及其妻亦為○佳公司之董事，兩公司營業項目相同，曾設於同一棟建築物，員工於兩公司間調動係以內部作業方式，林君提出之63年度所得資料申報單，係由○田公司所製發，並以○田公司為薪津給付單位，另○田公司之人事任免通知單、員工請假卡均記載林君之到職日期為60年8月24日，兩公司間調動，係由○田公司自行決定作業，其始終受僱於○田公司，應堪採信。

另林君自60年間任職○田公司時起至62年8月18日○佳公司為林君辦理加

保時止，未爲林君辦理加保，致林君因連續投保年資僅二十三年，不足二十五年，不能依勞工保險條例第58條規定獲得老年給付。經查○田公司在60年8月24日僱用林君時，員工人數已超出十人，自應爲林君加保，從而，林君主張公司遲延爲其辦理加保，致其受有不能領取上開勞工保險老年給付之損害，應賠償林君79萬3,350元。

再者，侵權行爲所生損害賠償請求權之消滅時效，應自請求權人知有損害及賠償義務人時起算，系爭不能領取老年給付之損害，固係因公司在60至62年間未即時爲林君辦理投保所致，但林君在85年8月24日以前，尙不確定能否在公司服務滿二十五年而符合領取老年給付條件，其損害尙未確定發生，自不得開始起算其消滅時效。

十八、省營事業工廠工人退休金給付基數內涵

【退休、公務員兼具勞工身分】

最高法院75年度第四次民事庭會議決議

【決議全文】

會議日期：75年2月25日、75年度第四次民事庭會議決議（一）

院長提議：

在勞動基準法施行前，省營事業所屬工廠（下稱省營工廠）工人退休金之給付，應否適用台灣省工廠工人退休規則（下稱工人退休規則），予以核計，本院裁判有相異之見解，茲分甲、乙二說：

甲說：依行政院人事行政局72年1月18日（72）局津字第934號函（內容請看本院73年度台上字第1559號判決），省營工廠工人之退休，固應適用工人退休規則辦理，然其工人仍屬公務人員之性質，行政院基於整體衡平立場，認一切軍公教人員之退休（職）金或退伍金，均按本俸及實物代金二項計算，工友之退休，亦不例外，頗符公平原則，雖工人退休規則第10條第2項所謂工資，依工廠法施行細則第4條之規定，而該第4條所稱工資係指工人因工作而獲得之報酬，不論工資、薪金、津貼、獎金或其他名義按計時、計日、計件給與者均屬之，惟其所以如此規定，旨在防止民間工廠巧立名目，於工人退休時，減少計算退休金之基數，而行剝奪勞工利益之實，行政院爲求全體軍公教人員整體平衡計，將省營工廠工人退休金基數與一般軍公教人員立於平等地位而無核計，既無剝奪勞工之嫌，應爲法之所許（本院73年度台上字第1559號判決）。

乙說：工廠法所稱工資，係指工人因工作而獲得之報酬，不論以工資、薪金、津貼、獎金或其他任何名義按計時、計日、計月、計件給與者均屬之，工廠法施行細則第4條定有明文。查該施行細則，爲內政部基於法律授權所訂定（參看工廠法第76條【10】及其施行細則第1條【11】規定），自有法的效力。台灣省政府建設廳函及行政院函件，均屬機關發布之命令，其效力自不若工廠法施行細則之有法的效力。某甲爲唐○鐵工廠之工人，其退休金爲十五個基數，其工資應包括獎金在內，即應按其退休前三個月薪餉袋所載之工資核計（本院72年度台上字第272號判決74年度台上字第1830號裁定）。

以上二說，應以何說爲當？提請公決

決議：

台灣省營事業所屬工廠工人退休金給付之基數內涵，在勞動基準法施行前，參照行政院72年7月6日台（72）人政肆字第17894號函，應適用台灣省工廠工人退休規則第10條及工廠法施行細則第4條之規定，與公教人員退休金之計算，各別依據有關規定辦理。

十九、75年8月以前服兵役，年資是否併計退休年資

【退休、年資併計】

順○公司勞工陳○○59年3月受僱，61年12月入伍服兵役，64年12月退伍後又回順○公司服務，85年7月發現肝癌末期，85年8月9日申請退休，公司以陳君服務年資未滿二十五年而拒絕，85年10月21日陳君病逝，其遺屬以陳君服務已滿二十五年，訴請發給退休金211萬多元。地方法院以無法證明陳君於59年3月受僱，縱然59年3月受僱，扣除其入伍服兵役年資三年，亦未滿二十五年，判決陳君遺屬敗訴。上訴後，臺灣高等法院87年度勞上字第25號仍判決陳君遺屬敗訴，又上訴後，最高法院89年度台上字第1225號判決發回臺灣高等法院，判決理由略以：公司係於59年1月27日正式登記，自65年起始爲員工辦理勞工保險，是本件計算陳君年資，自不能單以勞工保險資料爲依據。多位證人證明陳君自59年間任職公司一節，似非全無依據。又根據陳君遺屬與公司會計之對話錄音譯文，會計告以不能請求退休，則陳君生前請求辦理退休遭拒，似亦非無所憑。依修正前兵役法第45條第1項【12】規定及內政部75年8月8日台內勞字第408297號【13】函並行政院勞工委員會81年6月16日台勞動一字第17430號、同年7月23日台勞動一字第21587號函釋，事業單位於上開內政部函發布

前，或經指定適用勞動基準法前，所僱用之勞工已在役或役畢者，在營服役期間仍視爲原機構服務年資，併入服務年資計算。倘陳君確曾於生前請求退休，且其自59年起即任職公司，至其85年請求退休時止，其間除服兵役外，從未間斷，併計其在營服役期間，已達二十五年以上，能否謂其未達退休年資，及公司未通知勞保局終止勞保，而不能請求給付退休金，即滋疑義。

公司不服臺灣高等法院89年度勞上更字第5號判決提起上訴，最高法院91年度台上字第2260號判決：原判決廢棄，發回臺灣高等法院。判決理由略以：按行政機關依其職掌就有關法規所爲釋示，法院於審判案件時，不受其拘束，仍應依其獨立確信之判斷，認定事實，適用法律。勞動基準法所稱勞工工作年資，係指勞工於事業單位工作之年資。修正前兵役法第45條（即現在法第44條）第1款雖規定：在營服役期間，職工保留底缺年資；唯此僅指勞工服役前後在同一事業單位從事工作之年資應予併計而言。勞工在營服役期間，即未於事業單位從事工作，除另有規定或別有約定外，自不能計入其工作年資。原審見未及此，徒依內政部及行政院勞工委員會函釋，認陳○○在營服役之期間仍應併入其工作年資計算，並有未合。陳君遺屬上訴，最高法院第二次發回更審。

臺灣高等法院91年度勞上更字第11號判決略以：陳○○在營服役之三年期間，既未在公司從事工作，且未與公司另有合意，則計算陳○○之工作年資時，該三年服役期間不能計入。準此，陳○○自59年3月間受僱於公司，扣除在營服役期間三年，迄至85年8月8日止，尚未滿二十五年，則陳○○遺屬得於85年8月9日依勞基法第53條第2款自請退休，即屬無據。

二十、船舶出租期間年資照算

【退休、年資併計、勞動契約】

台○公司經營船舶修護、港灣疏濬等工作，屬台灣省工廠工人退休規則所稱之工廠。船員楊○○自69年5月23日起受僱，從事工作船駕駛工作，84年8月11日自請退休，訴請發給退休金77萬多元，公司則以72年2月7日至72年7月9日楊君改受僱於亞○公司，72年7月10日再受僱於台○公司，至84年8月辦理退休止，尚未滿十五年，不符勞動基準法第53條自請退休之規定。臺灣高等法院高雄分院86年度勞上更字第4號民事判決公司敗訴，上訴後，最高法院88年度台上字第96號民事判決上訴駁回，判決理由略以：台○公司將其挖泥船出租與亞○公司，約定租期五個月，施工人員由台○公司指派負責操作，但薪資由亞○公司支給，勞工保險亦由亞○公司投保，楊君因而於72年2月7日至72年7月9日隨該船作業，並非因亞○公司待遇較高，而由台○公司僱用。該船租期屆滿後，楊君隨即與同船員工全部返回台○公司。顯示楊君於72年2月7日至72年7月9日在台○公司出租與亞○公司之工作船上工作，確係受台○公司之調動而短期在台○公司出租之工作船上工作，依勞動基準法第57條規定，受同一雇主調動之年資應予併計，楊君於該期間之工作年資自應併計入退休年資。

二十一、不因簽註意見即構成侵權行為

【退休金、損害賠償】

亞○信託公司經理林○○，因其經手之貸款業務造成公司損失，公司要將損失抵銷林君退休金，臺灣高等法院88年度勞上更字第7號判決公司敗訴，公司上訴後，最高法院90年度勞台上字第7號裁定上訴駁回，理由略以：給付退休金乃公司對林君所負之債務，縱林君未直接向公司之職工退休基金管理委員會申請，公司亦應逕送該委員會審查，公司故不移送，反以退休金須該委員會審查通過始得發放，而該委員會尚未審查通過，其無權轉發爲由，諉責於該委員會，並抗辯發放單位係該委員會，殊非正當。至林君經手核貸之貸款案件均係先由承辦人塡載「個人信用評分表」等表，再送請科長、副理及信託一部、二部、三部、四部、五部各負責人逐級簽蓋確認無訛，始送經理。林君爲信託部經理，僅能依上開書面資料予以審核加註意見，再會業務部最後呈副總經理、總經理核定，如總公司之放款審議小組認有疑義時，應詢問經理，自不得因陳君有簽註意見即構成侵權行爲，公司抗辯林君之侵權行爲所得請求之損害賠償，應與林君請求之系爭退休金抵銷云云，即屬無據。

二十二、和解與調解均有使拋棄之權利消滅之效力

【退休金、法律適用、和解、調解】

麻○公司勞工陳○○，訴請補發退休金及特別休假應休未休之工資案，陳君不服高等法院臺南分院88年度勞上字第6號民事判決提起上訴，最高法院89年度台上字第244號民事裁定上訴駁回，裁定理由略以：本件陳君提起上訴，雖以該判決違背法令爲由，惟核其上訴理由狀所載內容，係就原審取捨證據、認定事實之職權行使，指摘其爲不當，並就原審已論斷者，泛言未論斷，而非

具體表明合於不適用法規、適用法規不當或民事訴訟法第469條所列各款之情形，難認對該判決之如何違背法令已有具體之指摘，故其上訴爲不合法。按和解與調解均有使當事人所拋棄之權利消滅及使當事人取得和解契約所訂明權利之效力。本件曾君曾於87年3月30日向台南縣政府申請調解時，主張公司應再補發退休金不足額及特別休假應休未休之工資共計新臺幣30萬元。雙方經調解結果，公司願再給付新臺幣20萬元，經陳君同意而調解成立，有台南縣政府檢送之協調紀錄可按。高等法院臺南分院因認陳君不得就上開權利再行主張，而判決陳君敗訴，自不違背法令。本件上訴不合法，依民事訴訟法第481條、第444條第1項、第95條、第78條，裁定如主文。

二十三、適用法規錯誤不包括認定事實錯誤

【退休金、法律適用、工資】

高○公司勞工許○訴請發給退休金案，高雄地方法院87年勞訴字第34號判決及高等法院高雄分院88年勞上字第12號確定判決，以平均工資2萬400元計算出退休金72萬4,200元，公司不服該平均工資之認定，主張原確定判決顯有適用法規錯誤而提起再審，高等法院高雄分院89年勞再字第2號民事判決再審之訴駁回，判決理由略以：按所謂適用法規顯有錯誤，不包括漏未斟酌證據及認定事實錯誤之情形在內，最高法院63年台上字第880號著有判例。經查公司主張在原確定判決訴訟時並不能證明許君在87年2月16日至87年8月16日有在高○公司工作，原確定判決以許君87年2月16日起至87年8月15日止工作所得工資，計算退休平均工資爲2萬400元，顯然有勞動基準法第2條第3款、第4款、第5款及第55條第2項錯誤之情形云云，然按許君在87年2月16日至87年8月16日是否有在高○公司工作，乃事實認定問題，核與適用勞動基準法第2條第3款、第4款、第5款，第55條第2項錯誤與否無涉，高○公司遽予主張原確定判決有適用法規顯有錯誤之再審理由，提起本件再審之訴，顯無理由，爰不經言詞辯論，逕以判決駁回之。本件再審之訴顯無理由，依民事訴訟法第502條第2項、第78條，判決如主文。

二十四、刑事諭知無罪，附帶民事部分判決駁回

【退休金、法律適用、損害賠償】

豐○公司勞工翁○○訴以：伊於58年4月受僱於豐○公司，劉○○爲公司

負責人，伊於58年11月13日入伍服役，60年11月12日退伍，61年5月6日回豐○公司任職至88年4月工作已二十七年有餘，符合勞動基準法第53條第2款自請退休條件，故伊依法請求公司給付退休金163萬4,000元，公司拒不給付。該89年度易字第22號違反勞動基準法案件，經翁君提起附帶民事訴訟，請求損害賠償，臺灣高等法院89年度附民字第541號判決原告之訴及假執行之聲請均駁回，判決理由爲：按刑事訴訟論知無罪、免訴、不受理之判決者，對於附帶民事訴訟部分以判決駁回原告之訴，刑事訴訟法第503條第1項【14】前段定有明文。本件豐○公司被訴違反勞動基準法一案，業經刑事判決論知無罪在案，依照上開說明自應駁回翁君附帶提起之民事訴訟。其假執行之聲請因無所附麗，應併予駁回。據上論結，依刑事訴訟法第503條第1項前段，判決如主文。

二十五、民事裁判不當然拘束刑事裁判

【退休金、法律適用、資遣費】

○○公司勞工李○○79年11月到職，至85年1月已滿六十歲，提出退職書「……因工作時間太長，壓力太大，致造成身體不適，……現因病情日益嚴重，無法繼續工作，故因病4月12日申請退職。」公司乃發給資遣費，之後，李君請求發給退休金，新竹地方法院及臺灣高等法院民事均判決李君敗訴。新竹地方法院檢察署檢察官認爲公司應以退休的方式發給退休金而僅以資遣發給資遣費，顯然違反勞動基準法第55條規定，依同法第78條及第81條規定將公司及負責人提起公訴。新竹地方法院86年度易字第356號刑事判決公司及代表人林○○違反勞工退休金給與標準之規定，各科罰金3萬元。判決理由略以：解釋文字應探求當事人之眞意，李君之申請退職行爲，應解爲係建議雇主等行使強制退休權之意思表示。李君係申請於85年4月12日退職，何以85年4月2日下班後，公司即將李君之考勤卡收回，85年4月5日李君至公司上班，公司不准李君繼續上班，益徵李君所提出之退職書僅係建議公司行使強制退休權之意思表示自明。勞動基準法係依據憲法第153條【15】保護勞工之基本國策所制定保護勞工課予雇主義務之法律，故雇主終止勞動契約時，如勞工已滿六十歲，因已符同法第54條第1項第1款之規定，縱令另外符合同法資遣之規定，依特別法優於普通法之法理，雇主應予強制退休，不得以資遣方式辦理，此觀該法第54條之規定意旨自明。按法官依據法律獨立審判，又刑事訴訟係採實體的眞實發見主義，即以職權進行主義爲原則，並酌採當事人進行主義，與民事訴訟係以當

事人進行主義爲主，例外始採職權進行主義之原則不同，是民事判決故可爲刑事審判之參考，惟並不能當然拘束刑事案件之裁判。

二十六、和解不得以錯誤為理由撤銷

【退休金、法律適用、和解】

○○客運公司勞工劉○○爲退休金事，經市政府勞工局協調達成和解，並已填寫切結書，之後，訴請補發退休金，士林地方法院87年度勞訴字第7號民事判決勞工敗訴，判決理由略以：按和解有使當事人所拋棄之權利消滅及使當事人取得和解所訂明權利之效力，民法第737條定有明文，當事人一經和解即應受和解契約之約束，不得就和解前之之法律關係再行主張（最高法院19年上字第1964號判例參照）。又勞動基準法關於退休金之規定，固爲保護勞工而設，屬強制規定，勞雇雙方依民法第71條之規定，固不得事先拋棄退休金、資遣費請求權，如事先拋棄，因違反勞動基準法第二及第六章規定，固屬無效，惟勞工退休金請求權一旦發生，則爲獨立之債權，依私法上「契約自由」之大原則，勞雇雙方自得就此一債權互相讓步，成立和解。劉君退休後達成和解，該同意書載明「茲收到○○客運公司之退休金、特休未休工資等，雙方同意爲壹佰參拾萬元正，現由本人領訖無訛，如有短漏或溢領，今後雙方均不得以其他任何理由要求退補，因雙方已就前開金額達成和解，如有其他請求權，亦隨同拋棄。特立此據爲憑。」是以劉君既已與公司就退休金之給付成立和解，依前述法條規定，超出上開和解金額部分已因和解而消滅，自不得更行主張。又按意思表示之內容有錯誤，或表意人若知其事情即不爲意思表示者，表意人固得依民法第88條第1項【16】之規定撤銷其意思表示。劉君主張其不知簽立該文書即不可另訴請求，否則不會免除意思表示，係對其意思表示所引起之法律效果有所誤認，劉君之錯誤係屬其簽立該同意書之動機錯誤，無依民法第88條第1項規定撤銷之餘地。

二十七、選擇按舊制領取退休金有效

【退休金】

國○保險公司業務員曾○○，自53年8月1日任職公司擔任招攬保險工作，88年2月5日退休，公司發給退休金239萬元，曾君認爲其一個月工資包括加給、佣金、獎金、交通費、膳食費共計27萬1,572元，依勞基法第55條規定，應給四十五基數退休金，合計1,222萬740元，公司應再補發983萬740元，臺北地方法院89年度重勞訴字第8號判判決曾君敗訴。上訴後，臺灣高等法院90年度重勞上字第5號判決上訴駁回，判決理由略以：按勞工工作年資自受僱日起算，適用本法前之工作年資，其資遣費及退休金給與標準，依其當時應適用之法令規定計算；當時無法令可資適用者，依各該事業單位自訂之規定或勞雇雙方之協商計算之。適用本法後之工作年資，其資遣費及退休金給與標準，依第17條及第55條規定計算，勞基法第84條之2定有明文。保險業係自87年4月1日起適用勞基法，是有關退休金計算之規定係採分段給付方式。依公司81年1月1日修正公布之「國○保險公司人事管理規則規定」，曾君勞基法實施前之年資共取得四十六個基數，又適用勞基法後，依勞基法第55條規定，最高總數以四十五個基數爲限，無論依內政部75年6月12日台內勞字第411870號函或行政院勞工委員會86年10月16日台勞動三字第44881號函規定均以四十五個基數爲限。曾君因其適用勞基法前已逾45個基數，則適用勞基法後因最高總基數已超過四十五個基數而不應另列入計算。依公司舊制退休規定或依勞基法規定，佣金非工資，曾君之退休時之薪資爲4萬7,800元，如依勞基法第84條之2規定計算，得領取退休金爲47800元×46＝2198800元。然曾君依舊制領取之退休金則爲239萬元，已較依勞基法所規定應給付之金額爲高，則公司賦予退休員工選擇按舊制領取退休金，顯優於未選擇而直接適用勞基法第84條之2之分段計算退休金規定，該有選擇權之舊制既優於勞基法規定，自屬適法而有效。

二十八、雇主是否強制退休是權利非義務

【退休金】

立○航空公司駕駛員羅○○以屆齡爲由申請退休，公司給退職金，羅君訴請依勞基法退休金計算標準補發差額，第一、二審均判決羅君敗訴，羅君不服高等法院高雄分院89年度勞上字第5號判決提起上訴，最高法院91年度勞上字第79號判決上訴駁回，判決理由略以：勞工工作十五年以上年滿五十五歲者，或工作二十五年以上者，得自請退休，又勞工非有年滿六十歲，或心神喪失或身體殘廢不堪勝任工作之情形，雇主不得強制其退休。此觀勞基法第53條、第54條第1項之規定自明。羅君已滿六十歲，但服務年資爲七年三個月，並不符自請退休之要件。又勞基法第54條第1項之情形，雇主是否強制其退休，乃雇主權利，並非義務。未達勞基法第53條規定要件之勞工，請求依該法辦理退

休者，除經雇主之同意，否則縱該勞工係以年滿六十歲爲由，請求終止勞動契約，亦難謂雇主負有依勞基法之規定發給退休金之義務。羅○○以屆齡爲由申請退休，公司按退職金計算基準，按其工作年資，每滿一年給一個基數，十五年以上部分，每滿一年給一、五個基數之規定，給付退職金，公司並未同意按勞基法相關規定辦理退休，羅君請求給付退休金差額，因而高等法院維持地方法院所爲羅君敗訴之判決，經核尚無違背法令。

二十九、退休金為工資延期後付之性質

【退休金、工資、勞動契約】

新○公司勞工魏○○，61年3月20日受僱於公司，89年9月15日公司以魏君犯刑法第320條第1項竊盜罪及違反勞動契約及工作規則，情節重大予以解僱，竊盜部分經法院檢察署不起訴處分，魏君訴請給付退休金106萬8,000元，桃園地方法院89年度勞訴字第40號民事判決公司敗訴，上訴後，臺灣高等法院90年度勞上字第48號判決上訴駁回，判決理由略以：從退休金之經濟性格觀之，工資本質上係勞工提供勞動力之價值，惟勞工所獲得之工資並未充分反映勞動力之價值，此部分未付予勞工之工資持續累積，而於勞工離職時結算並支付之。亦即退休金制度係雇主將應給付勞工之足額工資撙節一部分逐漸累積，而於勞工退休時支付。準此，退休金爲「延期後付」之工資性質，爲勞工當然享有之既得權利，且不因勞工事後離職而消滅。勞工離職原因雖有不同，惟離職原因終會發生，僅發生期限尚未確定而已，故退休金請求權係附有不確定期限之債權。據此，退休金本質上係以勞工全部服務期間爲計算標準所發給之後付工資，則雇主以懲戒解僱爲由剝奪勞工請求退休金之權利，於法尚非允當。勞工如已符合自請退休之要件，而未自請退休，如遭雇主解僱，終止勞動契約，仍應有自請退休之權利，不因雇主終止勞動契約之意思表示生效在前而受影響。縱令公司之解僱終止契約合法生效，魏君仍有權請求公司給付退休金。

三十、退休金請求權發生後可和解

【退休金】

高○公司商請勞工呂○○簽署退休協議書，同意領取退休金15萬8,400元，之後，呂君以退休協議書於88年12月27日所簽立，係發生於強制退休日期89年1月3日之前，爲事先拋棄尚未發生之退休金請求權，已違反勞動基準法第

2條及第六章之規定，應屬無效，應再給付退休金43萬8,869元。板橋地方法院89年度勞訴字第35號判決呂君敗訴，上訴後，臺灣高等法院90年度勞上字第52號判決上訴駁回，判決理由略以：呂君於簽署系爭退休協議書時，已知悉爲退休事宜，且對退休金數額與公司達成協議，雖勞基法定有較雙方協議更優越之退休金規定，然勞基法關於退休金制度，固爲保護勞工而設，屬強制規定，勞雇雙方依民法第71條規定，固不得事先拋棄退休金請求權，如事先拋棄則屬無效，惟勞工之退休金請求權一旦發生，則爲獨立之債權，依私法上「契約自由」之原則，勞雇雙方得就此一債權互相讓步，成立和解，亦爲法所許。呂君主張雙方所簽立之退休協議書違反強制規定，應爲無效，其仍得依法請求退休金云云，自屬無據。從而本件呂君既已與公司達成退休金協議並領取該筆款項，則呂君請求公司給付退休金不足部分，即無理由，不應准許。

三十一、遺囑是無相對人的單獨行為必須依法定方式為之

【退休、遺囑】

簡○○與勞工保險局當事人間勞工退休金條例事件，簡○○對於中華民國105年11月3日臺北高等行政法院105年度訴字第269號判決，提起上訴，最高行政法院106年度裁字第128號裁定上訴駁回。裁定理由略以：法律行爲有所謂要式之行爲，即法律上規定其方式，凡法律行爲必須依此方式，始能發生效力，否則其法律行爲應爲無效，民法第73條前段即規定：「法律行爲，不依法定方式者，無效。」又遺囑是無相對人的單獨行爲，必須依法定方式爲之，民法第1189條規定：「遺囑應依左列方式之一爲之：一、自書遺囑。二、公證遺囑。三、密封遺囑。四、代筆遺囑。五、口授遺囑。」第1194條規定：「代筆遺囑，由遺囑人指定三人以上之見證人，由遺囑人口述遺囑意旨，使見證人中之一人筆記、宣讀、講解，經遺囑人認可後，記明年、月、日及代筆人之姓名，由見證人全體及遺囑人同行簽名，遺囑人不能簽名者，應按指印代之。」可見代筆遺囑之見證人特別規定須以簽名爲之，排除民法第3條第2項、第3項蓋章代簽名、以指印、十字或其他符號代簽名，在文件上經二人簽名證明規定之適用。且觀察系爭代筆遺囑，代筆人於完成筆記遺囑人之遺囑意旨後，同行簽名者僅遺囑人余○○及見證人三人中之黃○○、阮○○二人，而另一見證人兼代筆人之張○○律師則僅係蓋用印章，並未簽名。是以，依勞工退休金條例第26條第1項、第27條第1項、第2項、民法第73條前段、第1189條、第1194條規

定、改制前行政院勞工委員會95年2月9日勞動四字第0950006111號核釋意旨及說明，系爭代筆遺囑因未依法定方式爲之而無效。

三十二、承認勞工原有年資應給付退休金

【退休、勞動契約】

長○公司員工乙○○請求給付退休金事件，公司不服臺灣高等法院花蓮分院95年度勞上字第43號判決提起上訴，最高法院96年度台上字第1291號判決上訴駁回，判決理由略以：乙○○自69年8月11日任職正○水電行，90年10月30日至94年6月30日受僱長○公司，有正○水電行之在職證明及勞保投保資料。正○水電行與長○公司雖非同一事業單位，負責人陳○○及乙○○爲姊妹關係，屬家族企業。長○公司91年3月29日具名之在職證明書內容載明乙○○於69年8月11日進入公司從事技術員工至今，應認長○公司於90年10月30日僱用乙○○時，已與乙○○約定承認其在正○水電行之年資，該約定既優於勞動基準法第57條規定，自應依其約定，再依勞動基準法第55條第1款第1項規定，長○公司應給付乙○○退休金171萬3,720元（4萬2,843元×40）。

三十三、申請退休金分期給付應符規定

【退休、罰則】

興○公司員工甲○○請求退休金事件，公司不服臺灣高等法院94年度勞上字第11號判決提起上訴，最高法院95年度台上字第1429號裁定駁回，理由略以：興○公司抗辯已申請分期給付退休金，經查興○公司非但於93年11月30日即本件退休金發生爭議逾半年之時間始依勞動基準法第55條第3項、勞動基準法施行細則第29條第2項規定，向主管機關申請分期給付退休金，且申請給付之對象係另一勞工，則本件自不受興○公司申請分期給付退休金之拘束。

三十四、私法契約關係之權利義務爭執應循民事訴訟途徑解決

【退休、附則】

台電公司員工牛君退休事件，牛君不服98年5月7日臺北高等行政法院96年度訴字第4253號判決提起上訴，最高行政法院100年度判字第65號判決牛君敗訴，判決理由略以：原審因認，公務人員退撫新制實施後，其兼具

勞工身分人員，得有選擇適用公務人員退休法或勞動基準法者，係指原已適用公務人員退休法之人員，不包括台電公司人員在內，故而牛君與台電公司屬私法契約關係，如有權利義務之爭執，應循民事訴訟途徑解決，其駁回牛君之請求並無違誤，原判決認事用法自無不合，難謂有違論理及經驗法則、判決不備理由之違背法令情形。牛君主張其任職期間均具有公務員身分，僅是轉換工作地點，並不因此失去公務人員身分，係適用公務人員退休法之人員等，核屬歧異法律見解，要屬無據。

三十五、經濟部所屬事業於計算退休金時依行政院或經濟部規定辦理

【退休、公營事業】

中油公司違反勞動基準法事件，高雄市政府勞工局對於中華民國105年12月15日高雄高等行政法院105年度訴字第385號判決，提起上訴，最高行政法院106年度判字第585號判決上訴駁回。中油公司主張：中油公司爲經濟部獨資經營之事業，人員待遇及福利等均應優先適用國營事業管理法及相關行政法令規定。又國營事業管理法第14條規定，經濟部所屬事業有關薪資或福利事項，均應報行政院核准始生效力，是經濟部所屬事業於計算退休金時，應依行政院或經濟部相關規定辦理。行政院人事行政總處104年8月13日總處給字第1040043366號函及經濟部104年8月18日經人字第10400664150號函說明均以：「茲以前開行政院93年8月17日函與原人事局95年8月2日書函之意旨，均係爲維持公營事業機構各類人員退離給與權益之衡平，爰對於已依相關法令支領退離給與者再任公營事業機構人員，不論再任公務員兼具勞工身分人員或純勞工以及其原所適用之退休制度爲何，其重行退休時所適用退休法令規定（如適用或參照勞動基準法），已定有退休給與最高標準上限者，其重行退休之退休給與仍應併計曾支領之退休或資遣給與，受最高給與標準上限之限制」等語，被上訴人前僱用之勞工楊員於104年11月30日退休，其前於台鋁公司擔任汽車駕駛員，任職期間爲65年1月3日至76年6月30日，工作年資計十一年五個月又二十七日，已領資遣費二十三個基數，依上揭二函之內容，楊員於被上訴人重行退休之退休金基數應併計其於台鋁公司已領資遣費之二十三個基數，且受勞動基準法第55條規定最高四十五個基數之限制。故被上訴人依楊員退休前六個月平均工資8萬6,267元，以二十二個基數計算，給付楊員退休金共計189萬7,874元（計算式：8萬6,267元×22），並無不合。

三十六、結清保留年資低於標準者不生法律效果

【退休】

綜○公司與台北市政府間因勞動基準法事件，綜○公司不服行政院勞工委員會96年6月4日訴願決定提起行政訴訟，臺北高等行政法院96年度簡字第0604號判決原告之訴駁回。判決理由略以：綜○公司勞工陳○○等十一人，工作年資均未滿十五年，綜○公司按工作年資，每滿一年給一基數，未滿半年以半年計，滿半年以一年計。惟依勞工退休金條例第11條第3項規定：「第一項保留之工作年資，於勞動契約存續期間，勞雇雙方約定以不低於勞動基準法第五十五條及第八十四條之二規定之給與標準結清者，從其約定。」因此，雇主如與勞工約定低於上開標準者，不生該項保留年資之法律效果，須依同條第1項規定，勞工適用該條例前之工作年資應予保留；且雇主應依該條例第13條第1項規定，繼續提撥勞工退休準備金，此觀之行政院勞工委員會94年4月29日勞動四字第0940021560號函釋至明。綜○公司違背上揭規定，未繼續提撥勞工退休準備金，台北市政府依勞工退休金條例第13條第1項及第50條第1項規定，科處綜○公司罰鍰2萬元，並無違誤。

三十七、不能以申請離職即謂拋棄退休金

【退休、勞動契約】

永○公司員工甲○○請求退休金等事件，永○公司不服彰化地方法院96年度勞訴字第3號判決提起上訴，有關退休金部分，臺灣高等法院臺中分院96年度勞上易字第○○號判決甲○○勝訴，判決理由略以：甲○○於離開公司時，向公司申請退休金，此權利甲○○無任意拋棄之理，甲○○主張已於95年10月14日口頭向永○公司申請退休，永○公司否認，甲○亦無法證明已於95年10月14日口頭向永○公司申請自95年10月15日退休，公司並提出甲○○於95年10月16日簽署之員工離職申請書，抗辯甲○○係自請離職，而非退休，不得於離職後以其符合退休資格，於事後再請領退休金云云。惟甲○○申請離職時，僅表示甲○○要終止雙方勞動契約，不願繼續在公司服務，而甲○○申請離職時已符自請退休條件，甲○○自請退休亦係要終止雙方勞動契約，甲○○之申請退休自不排除於申請離職之範圍，是不能以甲○○申請離職，即認爲甲○○己放棄自請退休請領退休金之權利。

三十八、民法第129條第1項之請求，並無需何種之方式

【退休】

中○航空公司員工甲君、乙君請求給付退休金事件，不服臺灣高等法院98年度勞上字第3號判決提起上訴，最高法院98年度台上字第1829號民事判決以原判決廢棄，發回臺灣高等法院。判決理由略以：按時效因聲請調解而中斷者，若調解不成立時，依民法第133條規定，固視爲不中斷；惟民法第129條第1項第1款所稱之請求，並無需何種之方式，祇債權人對債務人發表請求履行債務之意思即爲已足，債權人爲實現債權，對債務人聲請調解之聲請狀，如已送達於債務人，要難謂非發表請求之意思。於此情形，自仍有民法第129條第1項第1款及第130條規定之適用。原審慮未及此，徒以民法第129條就請求及聲請調解分別規定，即謂調解不成立後，不生請求權因請求而時效中斷之問題，進而爲甲○○等二人敗訴之判決，自有可議。

甲君、乙君等二人上訴論旨，執以指摘原判決該部分爲不當，求予廢棄，非無理由。

三十九、令員工強制退休之權利為形成權，不必得員工之同意

【退休】

台○農會員工吳君等人請求給付薪資等事件，台○農會不服臺灣高等法院臺中分院99年度勞上字第16號判決提起一部上訴，就退休金部分，最高法院100年度台上字第170號民事判決上訴駁回。判決理由略以：按農會員工年滿六十五歲，則限齡退休，農會人事管理辦法第56條第1款固有明文，惟該條規定之旨趣，係基於保護員工之立場，應指員工如年滿六十五歲，農會不得故意不令其退休之意。亦即縱使員工具有強制退休之條件，而農會不爲行使強制退休之權利時，亦無不可。故農會依上開規定強制員工退休時，勞雇雙方之勞動契約即可終止，農會令其員工強制退休之權利爲契約終止權之一種，而終止權又屬形成權之一種，形成權於權利人行使時，即發生形成之效力，不必得員工之同意。查原審既認定台○農會於97年8月15日始發文命吳君退休，則吳君於97年8月15日始發生退休之效力。原判決以97年8月15日爲其退休之基準日，並無違誤。

四十、優退方案適用優退方案規定之平均工資

【退休、工資】

萬○公司員工陳君等人請求給付退職金事件，臺灣高等法院99年度重勞上字第5號民事判決陳君等人敗訴，判決理由略以：優退方案係萬○公司與萬○公司之產業工會代表於民國96年12月6日簽訂勞資協商合約時所提出之福利方案之一，僅適用於特定時期及特定員工，並未如勞動基準法及勞工退休金條例對適用資格上有年資或年齡之限制，亦未區分新、舊制年資，均至少計給每年二個月平均工資之退職金，退職金基數亦無勞基法所定四十五個基數上限，且無超過十五年之年資每年僅計給一個基數之限制，陳君等人退職時均不符合勞基法第53條所定自請退休條件，其等依系爭優退方案申請之退職金，均未低於勞基法或勞退條例所定標準，自應適用系爭優退方案規定之平均工資內容，而系爭優退方案所定平均工資內容並未包括工作獎金及不休假補償金，陳君等人主張獎金與補償金應列入優退方案計算退職金之平均工資一節，並不足採信，請求萬○公司補發退職金差額，不應准許。陳君等人不服提起上訴，最高法院99年度台上字第2202號民事裁定上訴駁回。

四十一、平等原則係指合法的平等，並不包含違法的平等

【自我拘束原則、平等原則】

中○公司提撥勞工退休準備金事件，中○公司不服96年11月15日臺北高等行政法院95年度訴字第4024號判決提起上訴，最高行政法院98年度判字第1168號判決中○公司敗訴，判決理由略以：平等原則係要求行政機關對於事物本質上相同的事件作相同的處理，乃形成行政自我拘束原則，故平等原則係指合法的平等，並不包含違法的平等。是行政先例必須是合法的，乃行政自我拘束之前提要件。就同一薪資總額准重複提撥勞工退休準備金及提列職工退休金準備，既係違反行為時所得稅法第33條規定本旨，而屬違法。故中○公司縱曾於以前年度之營利事業所得稅結算申報，有重複列報且未遭國稅局剔除之情，亦因其屬違法，而無平等原則之適用。

四十二、勞動基準法核計之退休金爭議屬私法上之勞資爭議

【管轄法院、私權爭議】

公○總局員工林君退休事件，林君不服98年4月2日臺北高等行政法院97年度訴字第2786號判決提起上訴，最高行政法院100年度判字第93號判決以：原判決廢棄。本件移送臺灣臺北地方法院。判決理由略以：有關63年2月起至83年6月30日任職工友部分，依勞動基準法核計之退休金基數、金額所生爭議，而該部分係屬私法上之勞資爭議等情。則本件應屬私權爭議之範疇，行政法院無受理權限，依修正行政訴訟法第12條之2第2項規定，應依職權移送至有受理訴訟權限之管轄法院。林君提起上訴雖未指摘及此，仍應認其上訴爲有理由，將原判決予以廢棄，並將本件移送至有受理訴訟權限之管轄法院即臺灣臺北地方法院。

四十三、企業併購法之勞工退休準備金規定

【商定留用、同意留用】

大○公司請求勞工退休準備金專戶款項移轉事件，提起上訴，最高法院110年度台上字第46號民事判決：原判決廢棄，發回臺灣高等法院臺中分院。判決理由略以：按企業併購法第15條第2項規定：「公司進行收購財產或分割而移轉全部或一部營業者，讓與公司或被分割公司提撥之勞工退休準備金，於支付未留用或不同意留用勞工之退休金後，得支付資遣費；所餘款項，應按隨同該營業或財產一併移轉適用勞動基準法退休金制度工作年資勞工之比例，移轉至受讓公司之勞工退休準備金監督委員會專戶。」其立法意旨乃在保障留用勞工之權益，是讓與公司或被分割公司已提撥並儲放於專戶中之退休準備金，應於支付未留用或不同意留用勞工之退休金、資遣費後，按比例移轉至受讓公司之退休準備金專戶中，不待讓與公司或被分割公司與受讓公司於契約中明定。又同法第16條第1項規定：「併購後存續公司、新設公司或受讓公司應於併購基準日三十日前，以書面載明勞動條件通知新舊雇主商定留用之勞工。該受通知勞工，應於受通知日起十日內，以書面通知新雇主是否同意留用，屆期未爲通知者，視爲同意留用。」其立法理由載明上開通知程序乃爲儘速確定公司進行併購時勞動契約移轉及勞工是否留用，非謂必須踐行上開程序留用者，始爲該法所稱同意留用之勞工。

四十四、勞工符合法定退休要件，未及自請退休即死亡，其請領退休金之權利並不因而喪失

【金錢債權、繼承】

邦○公司員工陳○○繼承人請求給付退休金事件，邦○公司提起上訴，最高法院110年度台上字第77號民事判決上訴駁回。判決理由略以：按勞基法上之勞工退休權利，一爲契約終止權，另一爲退休金給付請求權。我國勞基法明定雇主有支付退休金之法律義務，雇主於合於退休條件之勞工退休時，概須給與退休金，乃法定最低勞動條件之一。適用勞基法退休規定之勞工，於符合法定退休要件時，即取得自請退休及請求給付退休金之權利，此爲其既得之權利，自應認在勞動契約消滅時，即得請領退休金；是勞工符合法定退休要件，但未及自請退休即死亡者，其請領退休金之權利，並不因而喪失。又是項權利係金錢債權，應可繼承，於勞工死亡時，其繼承人自得向雇主請求給付。次按勞退條例施行後，選擇適用新制之勞工，其舊制年資，應予保留，保留之工作年資，於勞動契約依勞基法第53條規定終止時，雇主應依勞基法規定，以契約終止時之平均工資，計給該保留年資之退休金，此觀勞退條例第11條第1項、第2項規定自明。是依該規定，勞工離職時如已符合退休金請領要件，即得就保留年資請領退休金。而勞工符合自請退休之要件，於未自請退休前死亡者，依上開說明，於適用勞基法規定時，既仍有請領退休金之權利，自該當該條例第11條第2項所稱勞動契約依勞基法第53條規定終止之情形。查陳○○選擇適用勞退新制，但未與邦○公司結清舊制年資，嗣其於107年12月28日死亡，已任職逾二十七年，符合勞基法第53條第2款自請退休之要件等情，既爲原審所認定，自屬勞退條例第11條第2項所定勞動契約依勞基法第53條規定終止情形，其繼承人據以請求邦○公司給付依勞基法規定計給陳○○保留舊制年資之退休金，於法並無不合。

四十五、勞工適用勞基法前、後工作年資及退休金之給與標準

【法律不溯及既往】

中○作社員工劉○○請求給付退休金差額等事件，中○合作社不服臺北地方法院110年度勞訴字第348號判決提起上訴，臺灣高等法院111年度勞上易字第90號民事判決：上訴駁回。判決理由略以：按勞工工作年資自受僱之日起

算，適用本法前之工作年資，其資遣費及退休金給與標準，依其當時應適用之法令規定計算；當時無法令可資適用者，依各該事業單位自訂之規定或勞雇雙方之協商計算之。適用本法後之工作年資，其資遣費及退休金給與標準，依第17條及第55條規定計算。勞基法第84條之2定有明文。揆其立法意旨，乃因勞基法於73年7月30日制定公布後，有部分行業因經營型態、管理制度及工作特性等因素適用上確有窒礙難行，遂由勞委會分批公告各行業應適用勞基法之時點，而各行業於公告適用勞基法後，勞基法適用前之相關規範應如何銜接適用逐生疑慮，基於法律不溯及既往原則，勞基法並未規定溯及施行前適用，嗣勞基法於85年12月27日增訂公布第84條之2，以資規範勞工在適用勞基法前、後之工作年資及退休金之給與標準。又按本條例施行前已適用勞動基準法之勞工，於本條例施行後，仍服務於同一事業單位而選擇適用本條例之退休金制度者，其適用本條例前之工作年資，應予保留。前項保留之工作年資，於勞動契約依勞動基準法第11條、第13條但書、第14條、第20條、第53條、第54條或職業災害勞工保護法第23條、第24條規定終止時，雇主應依各法規定，以契約終止時之平均工資，計給該保留年資之資遣費或退休金，並於終止勞動契約後三十日內發給。第1項保留之工作年資，於勞動契約存續期間，勞雇雙方約定以不低於勞動基準法第55條及第84條之2規定之給與標準結清者，從其約定。勞退條例第11條第1項、第2項、第3項定有明文。準此，勞退條例施行後，勞工如選擇勞基法之退休金規定（下稱勞退舊制）者，即依勞基法規定辦理退休者，其工作年資如跨越適用勞基法前、後，則依勞基法第84條之2規定，其適用勞基法前之年資退休金之計算，依當時應適用之法令規定計算，如當時無法令可資適用者，依各該事業單位自訂之規定或勞雇雙方之協商計算之，勞工如選擇勞退新制者，則適用勞退新制前之工作年資應予保留，於雇主依勞退條例第11條第2項規定給付勞工依勞退條例第11條第1項規定保留勞退舊制年資之退休金時，則應依各法規定辦理，該各法規定即包括勞基法第84條之2規定。

倘認事業單位所定退休金給與標準優於勞動基準法規定，則應整體適用其規定，不容將之割裂，僅擇部分予以適用（最高法院97年度台上字第349號民事判決要旨參照）。

四十六、船員法應屬勞動基準法之特別法

【中央法規標準法】

中○公司船員戴○○請求給付退休金差額事件，兩造各自提起上訴，臺灣高等法院高雄分院111年度勞上字第13號民事判決略以：按「法規對其他法規所規定之同一事項而為特別之規定者，應優先適用之。其他法規修正後，仍應優先適用。」中央法規標準法第16條定有明文，此即「特別法優於普通法」原則。然依上開規定，普通法與特別法關係的成立，必須二種以上法律就同一事項均有規定，且其規定內容不同，始有比較普通法與特別法適用其一之必要，且二法律間縱存有普通法與特別法關係，但特別法規定如有不足或未規定時，仍應依普通法規定予以補充適用。次按「為規定勞動條件最低標準，保障勞工權益，加強勞雇關係，促進社會與經濟發展，特制定本法；本法未規定者，適用其他法律之規定。雇主與勞工所訂勞動條件，不得低於本法所定之最低標準。」勞基法第1條定有明文。惟為保障船員權益，維護船員身心健康，加強船員培訓及調和勞雇關係，促進航業發展等，於88年6月23日公布施行之船員法，針對船員之資格、船員僱用、勞動條件，與福利包括薪津、傷病、撫卹、退休及保險等勞動條件為規範，與勞基法係適用全體勞動關係所為之一般性規定不同，應屬勞基法之特別法。是於船員法施行後，船員法對勞基法所規定同一事項而為特別規定者，依前揭說明，基於特別法優於普通法原則，固應優先適用船員法，然勞基法對於船員法未規定且其適用並無矛盾之事項，自仍得依勞基法相關規定予以補充適用，俾維護勞工之基本權益。

四十七、勞工退休前六個月平均工資之計算

【平均工資】

最高法院109年度台上字第2714號判決略以：平均工資：指計算事由發生之當日前六個月內所得工資總額除以該期間之總日數所得之金額。退休金基數之標準，係指核准退休時一個月平均工資。勞動基準法第2條第4款、第55條第1項第1款、第2項分別定有明文。又月或年非連續計算者，每月為三十日，為民法第123條第2項所明定，勞動基準法每月之日數如何計算，既未明文規定，依勞動基準法第1條第1項規定，自應適用民法第123條第2項之規定。從而勞工退休金基數即核准退休時一個月平均工資，應為勞工退休日前六個月所得工

資總額除以該期間之總日數，再按每月以三十日計算之金額（最高法院110年度台上字第675號判決同此意旨）（按：行政院勞工委員會83年4月9日台勞動2字第25564號函釋：一個月平均工資，以勞工退休前六個月工資總額直接除以六）。

第四節　勞工退休金條例

94年7月1日實施新制「勞工退休金條例」，依本條例第1條第2項規定，勞工退休金事項，優先適用本條例，本條例未規定者，適用其他法令之規定。

勞動基準法勞工退休金（簡稱舊制）之提繳制度係屬準備金性質，屬雇主個別責任，而新制是以確定提撥爲原則的個人帳戶制，勞工年資、退休金帳戶隨著個人走。新制實施後，已適用勞動基準法之勞工，可自由選擇適用新制或舊制之權利。由於退休金須於勞工退休要件成立時，雇主才有給付之責任，本「法律不溯既往」與「信賴保護」之法理原則，故本條例未要求雇主於新制實施後，結清勞工於舊制之年資。

新制實施當時，勞工團體、工商團體、學者仍有不同之意見，但對眾多「從無而有」的勞工而言，應是有利無弊，眾多勞工確有更好的保障，不再有舊制退休，當勞工將屆退休之前，雇主爲逃避退休金，而有不利勞工之作爲。新制勞工退休，勞工不必在同一雇主或事業單位長期、連續服務亦享有退休金。

有工會團體認爲，勞工如在同一雇主或事業單位長期、連續服務數十年後退休，則現行6%退休金與舊制退休金相比較，6%退休金不利勞工。因此要政府修法提高提繳率應高於10%以上。因爲如能適用舊制退休金，則領取的金額高出6%退休金許多。

6%退休金對多數中小企業及中途改換工作的勞工是有利的，但對長期經營良好且制度健全的企業，勞工如能久任，則是舊制退休金有利。在政府未修正提高退休金6%提繳率之前，建議經營良好且制度健全的企業，應自行逐步提高退休金6%提繳率。

如果勞工還未請領新制的退休金之前即死亡，專戶裡的新制退休金可由遺屬請領，遺屬請領的請求時效爲五年。

適用勞工退休金條例的勞工，其退休之資格同樣是依勞動基準法第53條、

第54條規定辦理。

新制勞工退休金條例主要內容說明如下：

一、適用對象

本條例第7條規定：「本條例之適用對象為適用勞動基準法之下列人員，但依私立學校法之規定提撥退休準備金者，不適用之：

一　本國籍勞工。

二　與在中華民國境內設有戶籍之國民結婚，且獲准居留而在臺灣地區工作之外國人、大陸地區人民、香港或澳門居民。

三　前款之外國人、大陸地區人民、香港或澳門居民，與其配偶離婚或其配偶死亡，而依法規規定得在臺灣地區繼續居留工作者。

四　前二款以外之外國人，經依入出國及移民法相關規定許可永久居留，且在臺灣地區工作者。

本國籍人員、前項第二款及第三款規定之人員具下列身分之一，得自願依本條例規定提繳及請領退休金：

一　實際從事勞動之雇主。

二　自營作業者。

三　受委任工作者。

四　不適用勞動基準法之勞工。」

二、新舊制選擇

（一）本條例施行前已適用勞動基準法之勞工，於本條例施行後仍服務於同一事業單位者，得選擇繼續適用勞動基準法之退休金規定。但於離職後再受僱者，應適用本條例之退休金規定。

（二）公營事業於本條例施行後移轉民營，公務員兼具勞工身分繼續留用者，得選擇適用勞動基準法之退休金規定或本條例之退休金制度。

（三）本條例施行前有舊制（勞動基準法）年資者，雇主應以書面徵詢勞工，於本條例公布後至施行前一日之期間內，選擇本條例之退休金制度或勞動基準法之退休金規定；勞工屆期未選擇者，視為繼續適用勞動基準法之退休金規定。

（四）選擇適用勞動基準法之退休金規定者，於五年內仍得選擇適用本條例之退休金制度。

（五）適用本條例之退休金制度後，不得再變更選擇適用勞動基準法之退休金規定。

三、年資保留、結清

（一）本條例施行前已適用勞動基準法之勞工，於本條例施行後，仍服務同一事業單位，而選擇適用本條例之退休金制度者，其適用本條例前之工作年資，應予保留。

（二）前項保留之工作年資，於依勞動基準法第11條、第13條但書、第14條、第20條、第53條，第54條或職業災害勞工保護法第23條、第24條終止勞動契約時，雇主應依各法規定，以契約終止時之平均工資，計給該保留年資之資遣費或退休金。

（三）保留之工作年資，於勞動契約存續期間，勞雇雙方得約定以不低於勞動基準法第55條、第84條之2規定之給與標準結清。

（四）公營事業之公務員兼具勞工身分者，於民營化之日，其移轉民營前年資，依民營化前原適用之退休相關法令領取退休金，但留用人員應停止其領受月退休金及相關權利，至離職時恢復。

四、資遣費

（一）適用本條例之退休金制度者，適用本條例後之工作年資，於勞動契約依勞動基準法第11條、第13條但書、第14條、第20條或職業災害勞工保護法第23條、第24條終止勞動契約時，其資遣費由雇主按其工作年資，每滿一年發給二分之一個月之平均工資，未滿一年者：以比例計給；最高以發給六個月平均工資爲限，不適用勞動基準法第17條之規定。

（二）選擇繼續適用勞動基準法退休金規定者，其資遣費依勞動基準法第17條、第55條、第84條之2規定發給。具有新、舊制年資者，新、舊制年資分別計算，新制年資依本條例第12條計算，舊制年資依勞動基準法第17條計算。

五、請領退休金條件

（一）勞工年滿六十歲

本條例第24條規定：「勞工年滿六十歲，得依下列規定方式請領退休金：

一　工作年資滿十五年以上者，選擇得請領月退休金或一次退休金。

二　工作年資未滿十五年者，請領一次退休金。

依前項第一款規定選擇請領退休金方式，經勞保局核付後，不得變更。

第一項工作年資採計，以實際提繳退休金之年資為準。年資中斷者，其前後提繳年資合併計算。

勞工不適用勞動基準法時，於有第一項規定情形者，始得請領。」

（二）勞工未滿六十歲

本條例第24條之2第1項規定：「勞工未滿六十歲，有下列情形之一，其工作年資滿十五年以上者，得請領月退休金或一次退休金。但工作年資未滿十五年者，應請領一次退休金：

一　領取勞工保險條例所定之失能年金給付或失能等級三等以上之一次失能給付。

二　領取國民年金法所定之身心障礙年金給付或身心障礙基本保證年金給付。

三　非屬前二款之被保險人，符合得請領第一款失能年金給付或一次失能給付之失能種類、狀態及等級，或前款身心障礙年金給付或身心障礙基本保證年金給付之障礙種類、項目及狀態。

依前項請領月退休金者，由勞工決定請領之年限。」

六、年資採計

本條例第24條第1項工作年資採計，以實際提繳退休金之年資為準。年資中斷者，其前後提繳年資合併計算。

本條例所規定之退休金（新制）工作年資採計與勞動基準法所規定之請領退休金（舊制）工作年資採計不同。勞動基準法所規定之請領退休金工作年資採計是指服務於同一事業單位或同一雇主的繼續工作年資，如果中斷三個月以上或再任職於不同之事業單位、雇主，則年資中斷並重新起算。

而本條例所規定的工作年資採計，是以實際提繳退休金之年資為準。年資中斷者，其前後提繳年資合併計算。例如丙勞工於甲公司任職三年，提繳6%退休金三年，離職後到乙公司任職五年，提繳6%退休金五年，則其請領退休金工作年資合計八年。

丁勞工係85年任職甲公司，適用勞動基準法舊制退休金制度，丁勞工任職甲公司十五年後，離職到乙公司任職五年，如丁勞工想依舊制申請退休，其年資因中斷而只有五年年資可採計。

本條例第24條之1規定，勞工領取退休金後繼續工作者，其提繳年資重新計算，雇主仍應依本條例規定提繳勞工退休金；勞工領取年資重新計算之退休金及其收益次數，一年以一次爲限。

七、退休金專戶提繳

（一）雇主應負擔提繳之勞工退休金，不得低於勞工每月工資百分之六。勞工得在其每月工資百分之六範圍內，自願提繳退休金，其自願提繳部分，不計入提繳年度課稅。

實際從事勞動之雇主、自營作業者、受委任工作者，得自願提繳退休金，其自願提繳退休金，不計入執行業務收入課稅。

（二）勞工領取退休金後繼續工作者，其提繳年資重新計算，雇主仍應依本條例規定提繳勞工退休金；勞工領取年資重新計算之退休金及其收益次數，一年以一次爲限。

（三）第20條勞工留職停薪、入伍服役、因案停職或被羈押未經法院判決確定前，雇主應於發生事由之日起七日內以書面向勞保局申報停止提繳其退休金。勞工復職時，雇主應以書面向勞保局申報開始提繳退休金。因案停職或被羈押勞工復職後，應由雇主補發停職期間之工資者，雇主應於復職當月之再次月底前補提繳退休金。

（四）雇主提繳之金額，應每月以書面通知勞工。

（五）勞工領取退休金後繼續工作者，其提繳年資重新計算，雇主仍應依本條例規定提繳勞工退休金。

（六）勞工退休金自勞工到職之日起提繳至離職當日止。

（七）勞工同期間受僱於二個以上之雇主者，各該雇主應依本條例第6條規定分別提繳。

（八）勞工遭遇職業災害，醫療中不能工作之期間，雇主應依勞動基準法第59條第2款規定之原領工資，依月提繳分級表按月爲勞工提繳退休金。

（九）事業單位依勞動基準法第20條規定改組、轉讓或依企業併購法、金融機構合併法進行併購者，其留用勞工依本條例規定選擇適用之退休金制度及保留之工作年資，併購後存續、新設或受讓之事業單位應予承受。

八、退休基金來源

（一）勞工退休基金之來源如下：

1. 勞工個人專戶之退休金。
2. 基金運用之收益。
3. 收繳之滯納金。
4. 其他收入。

（二）勞工退休基金除作為給付勞工退休金及投資運用之用外，不得扣押、供擔保或作他用。

九、年金保險

（一）僱用勞工人數200人以上之事業單位經工會同意，事業單位無工會者，經二分之一以上勞工同意後，投保符合保險法規定之年金保險，得不提繳勞工退休金。

（二）事業單位採行年金保險者，應報請中央主管機關核准。

（三）雇主每月負擔年金保險費之提繳率，不得低於勞工每月工資百分之六。

（四）勞工離職後再就業，所屬年金保險契約，應由新雇主擔任要保人，繼續提繳保險費。新舊雇主年金保險提繳率不同時，其差額應由勞工自行負擔。但新雇主自願負擔者，不在此限。

前項勞工之新雇主未辦理年金保險者，應依第6條第1項規定提繳退休金。除勞雇雙方另有約定外，年金保險契約之保險費由勞工全額自行負擔；勞工無法提繳時，年金保險契約之存續，依保險法及各該保險契約辦理。

（五）勞工離職後再就業時，得選擇由雇主依第6條第1項規定提繳退休金。

（六）勞工離職後再就業，前後適用不同退休金制度時，選擇移轉年金保險之保單價值準備金至個人退休專戶，或個人退休專戶之本金及收益至年金保險者，應全額移轉，且其已繳退休金之存儲期間，不得低於四年。

十、退休基金收益情形

新制6%退休金，110年規模達3兆1,458億元，收益率9.66%，獲利2,836.8億元，可參與分配帳戶約1,125萬個。基金投資績效受到市場影響而有高有低，但長期平均仍然有利可圖。

101年至110年新制6%退休基金歷年收益情形請見表6-1（參111年2月8日「自由時報」）：

表6-1　101年度至110年度新制6%退休基金歷年收益情形

101年度	收益率5.02%	平均分配金額4,460元
102年度	收益率5.68%	平均分配金額5,834元
103年度	收益率6.38%	平均分配金額7,548元
104年度	收益率-0.09%	平均分配金額-126元
105年度	收益率3.23%	平均分配金額4,772元
106年度	收益率7.93%	平均分配金額1.26萬元
107年度	收益率-2.07%	平均分配金額-3,689元
108年度	收益率11.45%	平均分配金額2.26萬元
109年度	收益率6.94%	平均分配金額1.4萬元
110年度	收益率9.66%	平均分配金額2.31萬元

退休金基金由勞動基金運用局投資運用，每年分配盈虧，並分配到勞工個人帳戶，勞工年滿六十歲或死亡時才能領回。

依勞工退休金條例第23條及其施行細則第32條規定，勞工退休金運用收益，不得低於當地銀行（臺灣銀行等六家行庫平均利率）二年定期存款利率，由開始提繳之日起至依法領取退休金之日止期間之平均每年之年收益率，不得低於此一期間當地銀行二年定期存款之平均數。如有不足由國庫補足之。

上述十年的勞工退休金基金投資收益情形，可作爲勞工是否每月自願提繳退休金之參考。

十一、不得讓與、扣押、抵銷或提供擔保

（一）勞工之退休金及請領勞工退休金之權利不得讓與、扣押、抵銷或提供擔保。

（二）勞工退休金專戶內之存款，不得作爲扣押、抵銷、供擔保或強制執行之標的。

（三）勞工退休基金除作爲給付勞工退休金及投資運用之外，不得扣押、供擔保或移作他用。

十二、監　督

（一）主管機關、勞動檢查機構或勞保局必要時得查對事業單位勞工名冊及相關資料。

（二）勞工發現雇主違反本條例規定時，得向雇主、勞保局、勞動檢查機構或主管機關提出申訴，雇主不得因勞工提出申訴，對其做出任何不利之處分。

（三）主管機關、監理會、勞保局，受託之金融機構及其相關機關、團體所屬人員，除不得對外公布業務處理上之秘密或謀取非法利益外，並應善盡管理人忠誠義務，爲勞工及雇主謀取最大之經濟利益。

十三、罰　則

（一）受委託運用勞工退休基金之機構，將勞工退休基金非用於指定之投資項目者，處新臺幣200萬元以上1,000萬元以下罰鍰。

（二）除上述重罰規定外，本條例第45條之1、第46條、第48條、第49條、第50條、第51條、第52條、第53條，分別規定違反者之處罰鍰金額。

（三）雇主未依本條例規定繳納退休金或徵滯納金，且無財產可供執行或其財產不足清償者，由其代表人或負責人負清償責任。代表人或負責人經勞保局限期令其繳納，屆期未繳納者，依法移送行政執行。

（四）法人之代表人或其他從業人員、自然人之代理人或受僱人，因執行業務違反本條例規定，除處罰行爲人外，對該法人或自然人並應處以各該條所定之罰鍰。但法人之代表人或自然人對於違反之發生，已盡力爲防止行爲者，不在此限。法人之代表人或自然人教唆或縱容爲違反之行爲者，以行爲人論。

十四、附則

（一）事業單位因分割、合併或轉讓而消滅者，其積欠勞工之退休金，應由受讓之事業單位當然承受。

（二）勞保局對於雇主未依本條例規定繳納之退休金及滯納金，優先於普通債權受清償。

（三）勞工退休金不適用下列規定：

1. 公司法有關公司重整之債務免責規定。
2. 消費者債務清理條例有關清算之債務免責規定。
3. 破產法有關破產之債務免責規定。

十五、相關事項

（一）大法官解釋

93年5月21日司法院大法官第578號解釋指出，憲法並沒有限制國家只能以社會保險的方式保護勞工，勞保的老年給付和勞基法的退休金，都有保護勞工的功能，兼採兩種制度並不違憲；而雇主違反給付及提撥退休金的處罰規定，是國家監督的手段，以達成保障勞工退休後生存安養之目的，並未違憲。

勞工之舊制退休金是可以讓與、扣押、抵銷或提供擔保，不得讓與、扣押、抵銷或提供擔保的是「退休準備金」。

（二）領月退休金有利

依現行「勞工退休金條例」規定，勞工年滿六十歲實際提繳新制退休金之年資滿十五年，得請領月退休金。而年資未滿十五年者只能請領一次退休金，不能選擇月退休金。

勞工保險則規定98年1月1日勞保年金施行前有保險年資者，得請領老年一次金或一次老年給付。

對多數勞工而言請領月退休金（老年年金）有利，因爲：

1. 國人壽命長，領月退休金數年後，累積已領之退休金當比一次領取爲多。
2. 不愁年老生活、安養費用。
3. 不愁子女是否孝順。時時有退休金掌控在身邊，有助子孫之孝心。
4. 如有節餘亦可接濟子女。

5. 請領月退休金未屆平均餘命死亡者，結算其個人退休金專戶剩餘金額，由其遺屬或指定請領人領回。亦即壽命不長者，亦可由其遺屬或指定請領人領回剩餘金額。

如果急須金錢運用，如償還債務、購買房屋土地、幫子女創業或是理財高手自以一次領取有利。除非能保證金錢運用、投資、理財等萬無一失，否則就應愼重考量年老之生活、安養。

（三）退休？資遣？

依「勞工退休金條例」第12條規定，勞工被資遣可領資遣費，工作年資滿一年給半個月平均工資，最多六個月。但勞工如果是退休則無資遣費。例如甲勞工服務十年年滿六十歲可自請退休，因其是退休，無資遣費。乙勞工服務十年被資遣，有五個月資遣費。甲、乙勞工每月同樣依勞工退休金條例，由雇主提繳6%退休金，卻因「資遣」與「退休」之不同而有差別。

（四）自願提繳6%退休金有利

依「勞工退休金條例」規定，雇主應爲勞工提繳不低於每月工資6%之退休金，勞工也可以在每月工資6%範圍內，自願提繳退休金。勞工自願提繳的退休金，可以從當年度個人綜合所得總額中全數扣除。

勞工自願提繳退休金好處多，勞動部以勞工每月工資36,000元，提繳年資三十五年，請領年齡六十五歲，薪資成長率每年1%，投資報酬率每年3%爲例，其可領取退休金如下：

1. 只由雇主應爲勞工提繳6%退休金

月領：10,414元（六十五歲開始領，領至平均餘命八十五歲）；如果一次領有1,882,487元。

2. 由雇主應爲勞工提繳6%退休金＋勞工也提繳6%退休金

月領：20,828元（六十五歲開始領，領至平均餘命八十五歲）；如果一次領有3,764,973元。

（五）何時適用新制

新制勞工退休金條例是94年7月1日實施，94年7月1日以後到職者一律適用新制6%退休金；94年7月1日以前已到職者，於五年內可以選擇適用新制6%退休金，或仍舊適用舊制（勞動基準法）退休金。假設甲勞工選擇自94年7月16日適用新制6%退休金，則甲勞工自94年7月16日起，雇主就應每月爲甲勞工提繳6%退休金。甲勞工原有94年7月15日以前之年資，於退休時依舊制（勞動基準法）計算退休金。

乙勞工於99年1月16日才選擇適用新制6%退休金，則乙勞工99年1月15日以前之年資，於退休時依舊制（勞動基準法）計算退休金。

丙勞工未於94年7月1日至99年6月期間選擇適用新制6%退休金，則其退休時全部年資依舊制（勞動基準法）計算退休金。

以上假設是指勞工甲、乙、丙，94年7月1日以前均已到職，受僱同一雇主。

（六）其　他

1. 私立學校工友、駕駛、技工、警衛應適用本條例。
2. 公務機關之技工、工友、駕駛適用勞動基準法，臨時人員或工讀生如從事上述工作，雇主均應提繳退休金。
3. 有受雇主僱用事實之受派遣者、部分工時者、家內勞動者，工讀生，雇主應按月提繳退休金。部分工時勞工、工讀生，只要受僱一天，雇主應按其當月薪俸提撥6%。
4. 新制帳戶歸屬勞工個人，勞工可查詢帳戶內已提撥金額，雇主不得少提繳。
5. 勞動基準法退休金、勞工退休金條例的個人帳戶退休金或年金保險、勞工保險老年給付三者並存。
6. 新制6%退休金，歷年平均報酬率、平均每年分配收益，比定存優厚。
7. 新制實施後，勞資雙方可協商結清舊制年資退休金。
8. 舊制規定因心神喪失或工作導致身體失能的勞工，遭強制退休時，退休金應加給20%，新制無此規定。
9. 實際從事勞動之雇主及經雇主同意爲其提繳退休金不適用勞動基準法本國藉工作者或委任經理人，得自願提繳。
10. 年金保險有意外和醫療保險，個人帳戶則無。
11. 新制實施後，企業內部有：選擇舊制的勞工、選擇新制的勞工、自願參加的勞工（如委任經理人）、無法參加退休金制度的外籍勞工。
12. 家庭代工如不受公司監督管理，非屬僱傭關係，不適用提繳退休金。
13. 不適用勞基法的單位不適用本條例，但雇主如同意爲勞工提繳退休金，則勞工也可自己出錢相對提繳6%退休金。

14.勞動基準法第54條有關強制退休要件之規定，於勞工退休金條例施行後，仍屬有效。

15.只要是適用勞動基準法單位，不論是否已參加勞工保險，均應提繳6%退休金，即使只僱用一人，雇主也要爲勞工提繳6%退休金。

16.已領取勞工保險老年給付，若再受僱工作，雇主仍應依規定提繳6%退休金。

17.事業單位改組、轉讓或依企業併購法、金融機構合併法進行併購時，留用勞工如選擇適用舊制者仍得適用舊制。

18.臨時人員、部分工時人員如係適用勞動基準法單位，均應提繳6%退休金。

十六、兩制比較

94年7月1日新制「勞工退休金條例」實施後，新進人員適用新制「勞工退休金條例」，而新制實施前已在同一雇主之事業單位服務之在職勞工，亦即有舊制年資者，可在五年內（99年6月30日以前）選擇適用新制，有舊制年資者五年內未選擇適用新制，則繼續適用舊制。

適用勞動基準法之勞工，其勞動基準法之退休金規定，與新制勞工退休金條例大不相同。勞動基準法退休金與勞工退休金條例退休金，新舊兩制比較如下表6-2：

表6-2　新舊勞工退休制度比較

法律	現行勞動基準法	勞工退休金條例
制度	採行確定給付制，由雇主於平時提存勞工退休準備金，並以事業單位勞工退休準備金監督委員會之名義，專戶存儲。	採行確定提撥制，由雇主於平時為勞工提存退休金或保險費，以個人退休金專戶制（個人帳戶制）為主、年金保險制為輔。
年資採計	工作年資採計以同一事業單位為限，因離職或事業單位關廠、歇業而就新職，工作年資重新計算。	工作年資不以同一事業單位為限，年資不因轉換工作或因事業單位關廠、歇業而受影響。

表6-2　新舊勞工退休制度比較（續上頁）

法律	現行勞動基準法	勞工退休金條例
退休要件	勞工工作十五年以上年滿五十五歲者或工作二十五年以上或工作十年以上年滿六十歲者，得自請退休；符合勞動基準法第五十四條強制退休要件時，亦得請領退休金。	新制實施後， 1.適用舊制年資之退休金：勞工須符合勞動基準法第五十三條（自請退休）或第五十四條（強制退休）規定之退休要件時，得向雇主請領退休金 2.適用新制年資之退休金： 選擇適用勞工個人退休金專戶制之勞工於年滿六十歲，且適用新制年資十五年以上，得自請退休，向勞保局請領月退休金；適用新制年資未滿十五年時應請領一次退休金。另選擇適用年金保險制之勞工，領取保險金之要件，依保險契約之約定而定。
領取方式	一次領退休金。	領月退休金或一次退休金。
退休金計算	按工作年資，每滿一年給與兩個基數。但超過十五年之工作年資，每滿一年給與一個基數，最高總數以四十五個基數為限。未滿半年者以半年計；滿半年者以一年計。	**個人退休金專戶制：** 1.月退休金：勞工個人之退休金專戶本金及累積收益，依據年金生命表，以平均餘命及利率等基礎計算所得之金額，作為定期發給之退休金 2.一次退休金：一次領取勞工個人退休金專戶之本金及累積收益。 **年金保險制：** 領取金額，依保險契約之約定而定。
雇主負擔	採彈性費率，以勞工每月工資總額之百分之二至十五作為提撥基準，應提撥多少退休準備金，難以估算。	退休金提撥率採固定費率，雇主負擔威本明確。提撥率不得低於百分之六。
勞工負擔	勞工毋需提撥。	勞工在工資百分之六範圍內可以自願提撥，享有稅賦優惠。
優點	1.鼓勵勞工久任。 2.單一制度，較易理解。	1.年資採計不受同一事業單位之限制，讓每一個勞工都領得到退休金。 2.提撥率固定，避免企業經營之不確定感 3.促成公平的就業機會。

表6-2　新舊勞工退休制度比較（續上頁）

法律	現行勞動基準法	勞工退休金條例
缺點	1.勞工難以符合領取退休金要件。 2.退休金提撥率採彈性費率，造成雇主不確定的成本負擔。 3.僱用中高齡勞工成本相對偏高，造成中高齡勞工之就業障礙。	1.勞工必須擇優適用。 2.員工流動率可能提高。

資料來源：行政院勞工委員會

十七、勞保退休金（老年給付）與新制6%退休金

（一）勞保退休金領多少，與投保年資、投保薪資有關，亦即投保年資越長，投保薪資越高，退休時領的越多。

（二）6%退休金提繳同樣是提繳年資越長，提繳薪資越高，退休時領的越多。

（三）勞保是「確定給付制」，6%退休金是「確定提撥制」。

（四）請領勞保老年年金必須年滿六十歲，勞保年資十五年以上。

（五）98年1月1日以前有勞保年資者，才可選擇領一次老年給付。

（六）98年1月1日以後新進人員，勞保年資十五年才能月領年金，年資未滿十五年只能領一次金。

（七）請領6%退休金者，年滿六十歲，工作年資十五年以上可選擇一次退休金或月退休金。工作年資未滿十五年領一次退休金，未滿六十歲，工作年資十五年以上者，可選擇一次退休金或月退休金。工作年資未滿十五年領一次退休金。

6%退休金收益，不得低於兩年定期存款利率，不足由國庫補足。

註釋

【1】 行政院勞工委員會87年10月19日台勞動三字第043879號函。

【2】 行政院勞工委員會76年9月24日台勞動字第2301號函。

【3】 行政院勞工委員會89年4月25日台勞動三字第0015886號函。

【4】 第5條：「凡未滿十四歲之男女，工廠不得僱用為工廠工人。」（工廠法已廢止）

【5】 第179條：「無法律上之原因而受利益，致他人受損害者，應返還其利益。雖有法律上之原因，而其後已不存在者，亦同。」

【6】 第71條：「法律行為，違反強制或禁止之規定者，無效。但其規定並不以之為無效者，不在此限。」

【7】 第481條：「除本章別有規定外，前章之規定，於第三審程序準用之。」

【8】 第444條：「上訴不合程式或已逾期間或法律上不應准許者，第二審法院應以裁定駁回之。但其情形可以補正者，審判長應定期間先命補正（第1項）。上訴不合法之情形，已經原第一審法院命其補正而未補正者，得不行前項但書之程序（第2項）。」

【9】 第120條：「第三人依前條第一項規定聲明異議者，執行法院應通知債權人（第1項）。債權人對於第三人之聲明異議認為不實時，得於收受前項通知後十日內向管轄法院提起訴訟，並應向執行法院為起訴之證明及將訴訟告知債務人（第2項）。債權人未於前項規定期間內為起訴之證明者，執行法院得依第三人之聲請，撤銷所發執行命令（第3項）。」

【10】 第76條：「本法施行細則，由內政部定之。」

【11】 第1條：「本細則依工廠法（以下簡稱本法）第76條之規定訂定之。」（工廠法已廢止）

【12】 第45條：「國民為國服兵役時，享有下列權利：一、在營服役期間，學生保留學籍，職工保留底缺、年資，原無學籍與職業者，退伍、歸休、復員或解除召集後有優先就學、就業之權利。二、在營服役期間，其家屬不能維持生活時，應由政府負責扶助之。三、因服戰時勤務或執行公務受傷殘廢者，政府應負教養之責，或依其志願資送回鄉。四、戰死或因公殞命者之子女，其家庭無力教養時，政府應負責教養至其成年為止。五、戰死或因公殞命者，政府應負安葬之責，並建祠立碑，定時祭祀，列敘方志，以資表彰。六、其他勳賞、撫恤、優待等法令規定應享

之權利。」（條文已修正）

【13】內政部75年8月8日（75）內勞字第408297號函：

一　勞動基準法（以下簡稱本法）所稱勞工工作年資係指勞工於事業單位從事工作所累計之年資。

二　有關勞工在營服役期間應否併計工作年資乙節，依前項原則，勞工服兵役前後在同一事業單位之工作年資應予併計，惟勞工在營服役期間未於事業單位從事工作，該期間得不計入工作年資，事業單位如規定可併入計算工作年資，從其規定。

三　事業單位於本解釋函發布前或經指定適用本法前，其僱用之勞工已在役或已役畢者在營服役期間仍視為原機構服務年資，併入工作年資計算。行政院勞工委員會82年9月4日勞動一字第48513號函相同函釋。

【14】第503條：「刑事訴訟諭知無罪、免訴或不受理之判決者，應以判決駁回原告之訴。但經原告聲請時，應將附帶民事訴訟移送管轄法院之民事庭（第1項）。前項判決，非對於刑事訴訟之判決有上訴時，不得上訴（第2項）。第一項但書移送案件，應繳納訴訟費用（第3項）。自訴案件經裁判駁回自訴者，應以裁定駁回原告之訴，並準用前三項之規定（第4項）。」

【15】第153條：「國家為改良勞工及農民之生活，增進其生產技能，應制定保護勞工及農民之法律，實施保護勞工及農民之政策（第1項）。婦女兒童從事勞動者，應按其年齡及身體狀態，予以特別之保護（第2項）。」

【16】第88條：「意思表示之內容有錯誤，或表意人若知其事情即不為意思表示者，表意人得將其意思表示撤銷之。但以其錯誤或不知事情，非由表意人自己之過失者為限（第1項）。當事人之資格或物之性質，若交易上認為重要者，其錯誤，視為意思表示內容之錯誤（第2項）。」

第七章 ｜ 職業災害補償

爲使發生職業災害的勞工有所救濟與補償，本法有職業災害補償專章，包括了職業災害補償的種類、領受死亡補償之順序、同一事故損害賠償之抵充、受領補償時效、承攬之責任，及派遣勞工發生職業災害，要派單位應與派遣事業單位連帶負職業災害補償之責任等。

政府爲更進一步保障職業災害勞工，111年5月1日施行「勞工職業災害保險及保護法」。本法實施後，不適用原「職業災害勞工保護法」及「勞工保險條例」的部分條文，而成爲職業災害預防、補償及重建之保護專法。「勞工職業災害保險及保護法」請參本章第四節。

第一節　本章條文

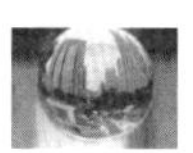

第五十九條

勞工因遭遇職業災害而致死亡、失能、傷害或疾病時，雇主應依下列規定予以補償。但如同一事故，依勞工保險條例或其他法令規定，已由雇主支付費用補償者，雇主得予以抵充之：

一　勞工受傷或罹患職業病時，雇主應補償其必需之醫療費用。職業病之種類及其醫療範圍，依勞工保險條例有關之規定。

二　勞工在醫療中不能工作時，雇主應按其原領工資數額予以補償。但醫療期間屆滿二年仍未能痊癒，經指定之醫院診斷，審定爲喪失原有工作能力，且不合第三款之失能給付標準者，雇主得一次給付四十個月之平均工資後，免除此項工資補償責任。

三　勞工經治療終止後，經指定之醫院診斷，審定其身體遺存障害者，雇主應按其平均工資及其失能程度，一次給予失能補償。失能補償標準，依勞工保險條例有關之規定。

四　勞工遭遇職業傷害或罹患職業病而死亡時，雇主除給與五個月平均工資之喪葬費外，並應一次給與其遺屬四十個月平均工資之死亡補償。其遺屬受領死亡補償之順位如下：

（一）配偶及子女。

（二）父母。

（三）祖父母。

（四）孫子女。

（五）兄弟、姐妹。

第六十條

雇主依前條規定給付之補償金額，得抵充就同一事故所生損害之賠償金額。

第六十一條

Ⅰ第五十九條之受領補償權，自得受領之日起，因二年間不行使而消滅。

Ⅱ受領補償之權利，不因勞工之離職而受影響，且不得讓與、抵銷、扣押或供擔保。

Ⅲ勞工或其遺屬依本法規定受領職業災害補償金者，得檢具證明文件，於金融機構開立專戶，專供存入職業災害補償金之用。

Ⅳ前項專戶內之存款，不得作爲抵銷、扣押、供擔保或強制執行之標的。

第六十二條

Ⅰ事業單位以其事業招人承攬，如有再承攬時，承攬人或中間承攬人，就各該承攬部分所使用之勞工，均應與最後承攬人，連帶負本章所定雇主應負職業災害補償之責任。

Ⅱ事業單位或承攬人或中間承攬人，爲前項之災害補償時，就其所補償之部分，得向最後承攬人求償。

第六十三條

Ⅰ承攬人或再承攬人工作場所，在原事業單位工作場所範圍內，或爲原事業單位提供者，原事業單位應督促承攬人或再承攬人，對其所僱用勞工之勞動條件應符合有關法令之規定。

Ⅱ事業單位違背職業安全衛生法有關對於承攬人、再承攬人應負責任之規定，致承攬人或再承攬人所僱用之勞工發生職業災害時，應與該承攬人、再承攬人員負連帶補償責任。

第六十三條之一

Ⅰ要派單位使用派遣勞工發生職業災害時，要派單位應與派遣事業單位連帶負本章所定雇主應負職業災害補償之責任。

Ⅱ前項之職業災害依勞工保險條例或其他法令規定，已由要派單位或派遣事業單位支付費用補償者，得主張抵充。

Ⅲ要派單位及派遣事業單位因違反本法或有關安全衛生規定，致派遣勞工發生職業災害時，應連帶負損害賠償之責任。

Ⅳ要派單位或派遣事業單位依本法規定給付之補償金額，得抵充就同一事故所生損害之賠償金額。

第二節 解 說

一、職業災害的定義

本法並無就職業災害下定義，本法第1條已提示「本法未規定者，適用其他法律規定」，因此職業災害自可適用「職業安全衛生法」及「勞工保險條例」、「勞工職業災害保險及保護法」等，職業安全衛生法第2條第5款規定：「職業災害：指因勞動場所之建築物、機械、設備、原料、材料、化學品、氣體、蒸氣、粉塵等或作業活動及其他職業上原因引起之工作者疾病、傷害、失能或死亡。」職業安全衛生法施行細則第6條規定：「本法第二條第五款所稱職業上原因，指隨作業活動所衍生，於勞動上一切必要行爲及其附隨行爲而具有相當因果關係者。」（參最高法院93年度台上字第593號）。

依此規定，則勞工因勞動場所存在的物質引起或作業活動引起或其他職業上引起之疾病、傷害、失能、死亡均爲職業災害。

勞工保險條例第2條第2款規定：「職業災害保險：分傷病、醫療、失能及死亡四種給付。」「勞工職業災害保險及保護法」增列「失蹤給付」。

職業災害補償係採無過失責任主義，縱然雇主沒有過失，勞工還是可以請求補償，如果職業災害的發生，雇主有過失責任，則勞工可依民法的侵權行爲向雇主提起民事賠償，請求賠償喪失或減少勞動能力、增加生活上需要、精神損害等賠償，如果勞工因職業災害死亡，則其父母、子女、配偶可請求喪葬費、扶養費、精神損害等賠償。

勞工於上下班必經途中，非出於私人行爲之意外事故，是否屬於職業災害，法院有不同判決。

勞動部修正「勞工職業災害保險職業傷病審查準則」，自111年5月1日施行。

勞工職業災害保險職業傷病審查準則

第一章　總則

第一條

本準則依勞工職業災害保險及保護法（以下簡稱本法）第二十七條第三項規定訂定之。

第二條

被保險人遭遇職業傷害或罹患職業病（以下簡稱職業傷病）之審查，依本準則辦理；本準則未規定者，依其他相關法令辦理。

第二章　職業傷害類型

第三條

Ⅰ被保險人因執行職務而致傷害者，爲職業傷害。

Ⅱ被保險人執行職務而受動物或植物傷害者，爲職業傷害。

第四條

Ⅰ被保險人上、下班，於適當時間，從日常居、住處所往返勞動場所，或因從事二份以上工作而往返於勞動場所間之應經途中發生事故而致之傷害，視爲職業傷害。

Ⅱ前項被保險人爲在學學生或建教合作班學生，於上、下班直接往返學校與勞動場所之應經途中發生事故而致之傷害，視爲職業傷害。

第五條

被保險人於作業前後，發生下列事故而致之傷害，視爲職業傷害：

一　因作業之準備行爲及收拾行爲所發生之事故。

二　在雇主之指揮監督或勞務管理上之必要下，有下列情形之一發生事故：

（一）從工作場所往返飯廳或集合地之途中。

（二）爲接受及返還作業器具，或受領工資及其他相關例行事務時，從工作場所往返事務所之途中。

第六條

被保險人有下列情形之一，因工作場所設施、設備或管理之缺陷發生事故而致之傷害，視爲職業傷害：

一　於作業開始前，在等候中。

二　於作業時間中斷或休息中。

三　於作業終了後，經雇主核准利用工作場所設施或設備。

第七條

被保險人於工作時間中基於生理需要於如廁或飲水時發生事故而致之傷害，視爲職業傷害。

第八條

被保險人於緊急情況下，臨時從事其他工作，該項工作如爲雇主期待其僱用勞工所應爲之行爲而致之傷害，視爲職業傷害。

第九條

Ⅰ被保險人因公出差或其他職務上原因於工作場所外從事作業，由日常居、住處所或工作場所出發，至公畢返回日常居、住處所或工作場所期間之職務活動及合理途徑發生事故而致之傷害，視爲職業傷害。

Ⅱ被保險人於非工作時間因雇主臨時指派出勤，於直接前往勞動場所之合理途徑發生事故而致之傷害，視爲職業傷害。

第十條

Ⅰ被保險人經雇主指派參加進修訓練、技能檢定、技能競賽、慶典活動、體育活動或其他活動，由日常居、住處所或勞動場所出發，至活動完畢返回日常居、住處所或勞動場所期間，因雇主指派之活動及合理途徑發生事故而致之傷害，視爲職業傷害。

Ⅱ本法第七條及第九條第一項第三款規定之被保險人，經所屬團體指派參加前項各類活動，由日常居、住處所或勞動場所出發，至活動完畢返回日常居、住處所或勞動場所期間，因所屬團體指派之活動及合理途徑發生事故而致之傷害，視爲職業傷害。

第十一條

被保險人由於執行職務關係，因他人之行爲發生事故而致之傷害，視爲職業傷害。

第十二條

被保險人於執行職務時，因天然災害直接發生事故導致之傷害，不得視爲職業傷害。但因天然災害間接導致之意外傷害或從事之業務遭受天然災害之危險性較高者，不在此限。

第十三條

被保險人利用雇主爲勞務管理所提供之附設設施或設備，因設施或設備之缺陷發生事故而致之傷害，視爲職業傷害。

第十四條

被保險人參加雇主舉辦之康樂活動或其他活動，因雇主管理或提供設施、設備之缺陷發生事故而致之傷害，視爲職業傷害。

第十五條

被保險人因職業傷病，於下列情形再發生事故而致傷害，視爲職業傷害：

一　經雇主同意自勞動場所直接往返醫療院所診療，或下班後自勞動場所直接前往醫療院所診療，及診療後返回日常居住處所之應經途中。

二　職業傷病醫療期間，自日常居住處所直接往返醫療院所診療之應經途中。

第十六條

被保險人於工作日之用餐時間中或爲加班、值班，如雇主未規定必須於工作場所用餐，而爲必要之外出用餐，於用餐往返應經途中發生事故而致之傷害視爲職業傷害。

第十七條

被保險人於第四條、第九條、第十條、第十五條及第十六條之規定而有下列情事之一者，不得視爲職業傷害：

一　非日常生活所必需之私人行爲。

二　未領有駕駛車種之駕駛執照駕車。

三　受吊扣期間、吊銷或註銷駕駛執照處分駕車。

四　行經有燈光號誌管制之交岔路口違規闖紅燈。

五　闖越鐵路平交道。

六　酒精濃度超過規定標準、吸食毒品、迷幻藥、麻醉藥品及其他相關類似之管制藥品駕駛車輛。

七　未依規定使用高速公路、快速公路或設站管制道路之路肩。

八　駕駛車輛在道路上競駛、競技、蛇行或以其他危險方式駕駛車輛。

九　駕駛車輛不按遵行之方向行駛或不依規定駛入來車道。

第三章　職業病種類

第十八條

被保險人因執行職務所患之疾病，符合下列情形之一者，爲職業病：

一　爲勞工職業災害保險職業病種類表所列之疾病，如附表。

二　經勞動部職業病鑑定會鑑定爲職業病或工作相關疾病。

第十九條

被保險人疾病之促發或惡化與作業有相當因果關係者，視爲職業病。

第二十條

被保險人罹患精神疾病，而該疾病與執行職務有相當因果關係者，視爲職業病。

第四章　認定基準及審查程序

第二十一條

本法第二十七條所定職業傷病之認定，保險人應於審查程序中，就下列事項判斷：

一　職業傷害：事故發生時間、地點、經過、事故與執行職務之關連、傷害與事故之因果關係及其他相關事項。

二　職業病：罹患疾病前之職業危害暴露、罹患疾病之證據、疾病與職業暴露之因果關係及其他相關事項。

第二十二條

Ⅰ被保險人、受益人、支出殯葬費之人或投保單位，應於申請保險給付時，就前條各款事項，陳述意見或提供證據。

Ⅱ未依前項規定陳述意見或提供證據者，保險人得通知限期補正；屆期不補正，且就相關事實及證據無法認定為職業傷病者，保險人不發給保險給付。

Ⅲ被保險人、受益人、支出殯葬費之人就第一項，所陳述之意見或提供之證據與投保單位不一致時，保險人應請投保單位提出反證；投保單位未提出反證者，保險人應以被保險人之意見或證據，綜合其他相關事實及證據審查。

第二十三條

保險人為審核職業傷病認有必要時，得依下列方式，進行調查：

一　實地訪查。

二　向醫事服務機構調閱被保險人病歷。

三　洽詢被保險人主治醫師或保險人特約專科醫師提供之醫理意見。

四　洽請本法第七十三條第一項認可之醫療機構職業醫學科專科醫師提供職業病評估之專業意見。

五　向機關、團體、法人或個人洽調必要之資料。

第五章　附則

第二十四條

本準則於本法第八條之被保險人，亦適用之。

第二十五條

本準則自中華民國一百十一年五月一日施行。

二、補償的種類與標準

本法職業災害補償有醫療補償、工資補償、失能補償、死亡補償。而勞工職業災害保險及保護法的給付種類則有醫療給付、傷害給付、失能給付、死亡給付、失蹤給付。

（一）醫療補償

本法第59條第1款規定勞工受傷或罹患職業病時，雇主應補償勞工必需之醫療費用。職業病之種類及其醫療範圍，依勞工保險條例有關之規定。

勞工罹患職業災害或職業病，全部醫療費用由勞保支付，職業災害發生後，憑勞工保險職業傷病就診單，赴醫院就診，可免健保的部分負擔。如果雇主未爲勞工投保勞工保險，因而使勞工增加之負擔，雇主也應負補償之責。如就診時，雇主同意勞工至非健保醫療診所就醫，則該醫療費用應由雇主負擔。

（二）工資補償

本法第59條第2款：勞工在醫療中而不能工作時，雇主應按其原領工資數額予以補償。該項補償應於發給工資日給與，所謂原領工資係指勞工遭遇職業災害前一日正常工作時間所得之工資，其爲計月者，以遭遇職業災害前最近一個月工資除以三十所得之金額爲其一日之工資，罹患職業病者依前述計算所得金額低於平均工資者，以平均工資爲準。

本法第59條第2款但書規定，勞工因職業災害醫療期間屆滿二年，仍未能痊癒，如果已達失能程度，雇主應該依本條第3款規定給予「失能補償」，如果未達失能標準，經指定之醫院審定爲喪失原有工作能力，雇主可以一次給付勞工四十個月的平均工資，免除此項工資補償責任。此項補償雇主應於決定後十五日內給與，在未給與前雇主仍應繼續爲前述規定之原領工資數額補償。因補償請求權與終止契約依法應給與資遣費或退休金不同，如雇主欲終止契約則除了四十個月的工資補償外，仍應給資遣費，符合退休條件者，有舊制年資者則應給退休金。

勞工保險失能給付與勞動基準法之工資補償，係屬不同性質之補償責任規定。勞工保險失能給付不能抵充工資補償（參臺灣高等法院102年度重勞上字第43號判決）。

（三）失能補償

本法第59條第3款規定，勞工因職業災害而傷害或疾病經治療終止後，如經指定之醫院診斷審定爲失能，雇主應按其平均工資及失能程度，一次給予失能補償。失能補償標準，依勞工保險條例有關規定辦理。依照勞工保險條例第53條、第54條規定，失能給付分爲普通傷病之失能補助費及職業傷病之失能補助費。普通傷病之失能補助費，係勞工因普通傷病或罹患普通疾病，適合「失能給付標準表」規定之項目，請領之失能補助費。職業傷病之失能補助費，係指勞工因職業傷害或罹患職業病，經治療終止後，如身體遺存障害，適合失能給付標準表規定之項目，並經醫院診斷爲永久失能者，依該「失能給付標準表」增給百分之五十，一次請領。失能補償係以勞工之平均工資計算，而非月投保薪資。

（四）死亡補償

本法第59條第4款規定：「勞工遭遇職業災害或罹患職業病而死亡時，雇主除給與五個月平均工資之喪葬費外。並應一次給與其遺屬四十個月平均工資之死亡補償。

遺屬受領死亡補償之順位如左：

一　配偶與子女。

二　父母。

三　祖父母。

四　孫子女。

五　兄弟姐妹。」

三、補償、賠償之抵充

本法第59條規定勞工因遭遇職業災害而致死亡、失能、傷害或疾病時，雇主應依規定予以補償。但如同一事故，依勞工保險條例或其他法令規定，已由雇主支付費用補償者，雇主得予抵充之。

本法第60條規定雇主依前條規定給付之補償金額，得抵充就同一事故所生損害之賠償金額。

勞動基準法施行細則第34條：本法第59條所定同一事故，依勞工保險條例或依其他法令規定，已由雇主支付費用補償者，雇主得予以抵充之。但支付之費用如由勞工與雇主共同負擔者，其補償之抵充按雇主負擔之比例計算。

補償是採無過失責任主義，不論雇主是否有過失、或勞工有過失，雇主均有依本章規定給予職業災害補償。如果雇主有過失，則勞工或其受益人尚可依民法第184條、第188條、第192條、第193條、第194條、第195條規定，向雇主請求賠償。

本法第59條所規定之「補償」與依民法侵權行爲之「賠償」，兩者之意義、性質、範圍均有所不同，「補償」以保障受害勞工之最低生活爲目的，而民法侵權行爲之損害「賠償」，則在塡補受害勞工之精神及物質之實際損害（參最高法院96年度台上字第1227號判決、最高法院96年度台上字第2905號判決）。

勞工就同一事故發生的職業災害補償，依勞工保險條例及其他法令規定，已由雇主支付費用補償者，雇主得以抵充之，如勞工保險之職業災害補償費，全部由雇主負擔，同一職業災害，勞工已依勞工保險條例之規定領取補償，則雇主可以抵充該領取之數額，惟勞工保險係以投保薪資額計算補償費，而本法係規定以平均工資計算補償費，故抵充後如有差額，雇主應補足之。雇主爲勞工保投的商業保險，同樣可以抵充。

有關賠償之抵充，係指是由於雇主之故意或過失而引起之賠償責任，勞工依民法上之規定請求雇主損害賠償，如撫慰金、生活費用、扶養費等，賠償費用也有可能高於本法第59條之補償金額，此項補償金額可以抵充賠償金額。又損害賠償之責，以有損害之發生及有責任原因之事實，並兩者之間有相當因果關係爲其成立要件。

本法施行細則第34條：「本法第五十九條所定同一事故，依勞工保險條例或其他法令規定，已由雇主支付費用補償者，雇主得予以抵充之。但支付之費用如由勞工與雇主共同負擔者，其補償之抵充按雇主負擔之比例計算。」

第34條之1：「勞工因遭遇職業災害而致死亡或失能時，雇主已依勞工保險條例規定爲其投保，並經保險人核定爲職業災害保險事故者，雇主依本法第五十九條規定給予之補償，以勞工之平均工資與平均投保薪資之差額，依本法第五十九條第三款及第四款規定標準計算之。」

四、承攬及要派單位之連帶責任

民法第490條：「稱承攬者，謂當事人約定，一方爲他方完成一定之工作，他方俟工作完成，給付報酬之契約。」事業單位以其事業招人承攬時，承攬人就承攬部分負本法所定雇主之責任，原事業單位就職業災害補償仍應與承攬人負連帶責任。如有再承攬時亦同。此項規定可避免事業單位、承攬人、中間承攬人、最後承攬人，於職業災害發生時，不致互推責任，或置之不理。本法第62條、第63條就承攬之連帶責任規定如下：

本法第62條規定：「事業單位以其事業招人承攬，如有再承攬時，承攬人或中間承攬人，就各該承攬部分所使用之勞工，均應與最後承攬人，連帶負本章所定雇主應負職業災害補償之責任。事業單位或承攬人或中間承攬人，為前項之災害補償時，就其所補償之部分，得向最後承攬人求償」。亦即，當最後承攬人就承攬部分所使用之勞工發生職業災害時，勞工可向最後承攬人、中間承攬人或原事業單位請求職災補償，但事業單位或承攬人或中間承攬人為前開之災害補償後，得就其補償之部分向最後承攬人求償。

工作場所在原事業單位之範圍內，或由原事業單位提供者，原事業單位應督促承攬人或再承攬人，對其所僱用勞工之勞動條件應符合有關法令之規定，以減少職業災害之發生，此項督促宜於工程合約中敘明。

本法第63條第2項規定：「事業單位違背職業安全衛生法有關對於承攬人、再承攬人應負責任之規定。」所稱「職業安全衛生法」，例如職業安全衛生法第18條：事業單位與承攬人、再承攬人分別僱用勞工共同作業時，應由原事業單位指定安全衛生負責人員，擔任指揮及協調工作。又如職業安全衛生法第17條：事業單位以其事業之全部或一部分交付承攬時，應於事前告知該承攬人有關其事業工作場所環境、危害因素暨依本法及有關安全衛生規定應採取之措施。依行政院勞工委員會86年6月2日台勞動三字第021012號函以：本法第63條第2項規定，事業單位違背職業安全衛生法有關對於承攬人、再承攬人應負責任之規定，致承攬人或再承攬人所僱用之勞工發生職業災害時，應與該承攬人、再承攬人負連帶補償責任。基此，事業單位若以其事業外之工作招人承攬，則承攬人或再承攬人所僱用之勞工發生職業災害時，事業單位是否應與其承攬人、再承攬人負連帶補償責任，應視其有無違背職業安全衛生法對於承攬人、再承攬人應負之責任而定。

職業災害補償係採無過失責任主義，依據立法精神，只要職業災害發生，事業單位即負連帶補償責任。最高法院87年度台上字第2281號就高速公路局再承攬人僱用之勞工楊○○於執行護欄修護時，遭車撞死，判決事業單位、承攬人、再承攬人均負連帶補償責任。

本法第63條之1規定：「要派單位使用派遣勞工發生職業災害時，要派單位應與派遣事業單位連帶負本章所定雇主應負職業災害補償責任。要派單位及派遣事業單位因違反本法或有關安全衛生規定，致派遣勞工發生職業災害時，應連帶負損害賠償責任。」使職業災害勞工的求償更有保障。

五、原領工資

本法施行細則第31條規定，本法第59條第2款所稱原領工資，係指該勞工遭遇職業災害前一日正常工作時間所得之工資。其爲計月者，以遭遇職業災害前最近一個月正常工作時間所得之工資除以三十所得之金額，爲其一日之工資。

罹患職業病者依前項規定計算所得金額低於平均工資者，以平均工資爲準。

六、補償金開立專戶

爲使職業災害勞工或其遺屬更周全的保障，106年12月27日公布勞動基準法第61條增訂勞工或其遺屬依本法規定受領職業災害補償金者，得檢具證明文件，於金融機構開立專戶，專供存入職業災害補償金之用。專戶內之存款，不得作爲抵銷、扣押、供擔保或強制執行之標的。

七、相關事項

（一）勞工因職業傷害，其勞保醫療給付不足部分應由雇主補償

1. 勞工遭受職業傷害，雇主應予補償爲勞動基準法上強行規定，但如爲同一事故，固得以勞保醫療給付抵充之。勞保醫療給付不足，而確有繼續醫療之必要者，自應由雇主負責補償。
2. 前項「有繼續醫療之必要」得由醫師認定或由勞雇雙方約定（明示或默示之意思表示合致）定之【1】。

（二）勞雇雙方如同意至非勞保指定醫院就醫，雇主應負擔醫療費用

勞工已投保勞工保險，於職業災害受傷後，自宜以至勞保指定醫院就醫爲原則。但如由勞雇雙方同意（明示或默示之意思表示合致），而至其他單位就醫，雇主應負擔醫療費用【2】。

（三）勞工職災醫療期間定期契約屆滿終止，雇主仍應補償

勞工在產假停止工作期間或職業災害之醫療期間，其定期契約因屆滿而終止，雇主可不續給產假及產假工資；至勞工遭遇職業災害而致疾病、傷害、失能或死亡時，雇主仍應依勞動基準法第59條有關規定予以補償。

勞工遭遇職業災害醫療期間，屆滿六十五歲，雇主應依勞動基準法第59條規定繼續給予醫療，經醫療屆滿二年仍未痊癒，得一次給付四十個月之平均工資後免除此項工資補償責任。雇主如欲終止契約，應另依該退休有關規定發給退休金【3】。

（四）職業災害傷病、失能給付不影響資遣費或退休金之取得

勞工因職災經治療終止，對於所擔任之工作確不能勝任時，雇主得依勞動基準法第11條第5款規定，預告勞工終止勞動契約，並依規定發給資遣費。惟勞工無法勝任工作若係失能所致，雇主終止勞動契約時，應依同法第54條第2款規定強制其退休，並依規定發給退休金。傷病給付或失能給付之請領，並不影響資遣費或退休金之取得【4】。

（五）醫療期間不得終止契約

勞動基準法第13條規定，勞工因遭遇職業災害而受傷，在醫療期間，雇主除因天災、事變或其他不可抗力致事業不能繼續，經報主管機關核定外，不得終止契約，故於勞工因遭遇職業災害所需醫療期間，雇主縱有業務緊縮而須依勞動基準法第11條第2款規定終止契約之必要，亦不得爲之。

（六）醫療期間不能工作涵義

醫療期間不能工作涵義，勞動基準法第59條第2款之規定，其立法目的乃在保障勞工之生活，使勞工在遭受到職業災害後，於醫療期間仍得繼續支領原有之薪資。所謂「醫療中不能工作」，如屬重度之傷害，無法行動，或行動極爲不便，自無爭議，如勞工職業災害後，有擔任其他工作的能力，雇主調整勞工之工作，勞工可否拒絕，有不同之見解。

（七）醫療補償與工資補償並存

勞工因遭遇職業災害而受傷，雇主應補償其必需之醫療費用，此醫療費之補償與工資補償，性質及目的均屬不同，自得併予行使，醫療補償屬雇主依規定補償醫療費用，與醫療中不能工作之工資補償無涉。

（八）順位不同仍得抵充

勞工因發生職業災害而致死亡時，由雇主投保之商業保險所支付之保險金，其受益人與勞動基準法第59條第4款所定順位不同或非順位之人時，雇主仍得依勞動基準法規定予以抵充職業災害補償費用。

（九）職業促發腦血管及心臟疾病之認定

評估長時間勞動之工作時間，係以每週四十小時，以三十日爲一個月，每月一百七十六小時外之工作時數計算「加班時數」，評估發病前一至六個月內的加班時數：

1. （極強相關性）發病前一個月之加班時數超過一百小時，可依其加班產生之工作負荷與有發病極強之相關性做出判斷。
2. （極強相關性）發病前二至六個月之前二個月、前三個月、前四個月、前五個月、前六個月之任一期間的月平均加班時數超過八十小時，可依其加班產生之工作負荷與發病有極強之相關性做出判斷。
3. 發病前一個月之加班時數，及發病前二個月、前三個月、前四個月、前五個月、前六個月之月平均加班時數皆小於四十五小時，則加班與發病相關性薄弱；若超過四十五小時，則其加班產生之工作負荷與發病之相關性，會隨著加班時數之增加而增強，應視個案進行評估。

（十）按日計酬勞工工資補償

按日計酬勞工發生職業災害，其工資補償有依職業災害發生前之平均日數計算，某勞工半年平均每月工作日數十九日，高等法院判決以每月工作日數十九日憑以計算工資補償。但最高法院102年台上字第1891號判決：按日計酬勞工之工資補償應依曆逐日計算，以勞工半年平均每月工作日數計算工資補償即有可議。

行政院勞工委員會97年9月30日勞動三字第0970079284號函略以：按日計酬勞工之工資補償應依曆逐日計算，按時或按日計酬勞工之工資，不低於基本工資者（96年7月1日爲每小時95元），該工資已含例假日工資，爰按日（時）計酬勞工之工資補償，其例假日免以計入。

（十一）勞工職業災害期間可否強制退休

勞動部104年1月13日勞動福三字第1030136648號函略以：勞工職業災害不堪勝任工作者，仍應符合職業災害勞工保護法第23條第2款規定，經治療終止後，經公立醫療機構心神喪失或身體失能不堪工作者，雇主始得終止勞動契約，不得依勞動基準法第54條第1項規定強制勞工退休。

（十二）補償採無過失責任主義

勞動基準法職業災害補償係採無「過失責任」主義，亦即災害之發生，即使勞工有過失或雇主並無過失，雇主亦應負職業災害補償責任，例如甲勞工工作中不小心壓傷手，或乙勞工工作中，另一勞工因亂丟器具打傷乙勞工，均為職業災害。又如雇主已有必要的安全措施，勞工不慎壓傷，同樣是職業災害。

最高法院107年度台上字第958號民事判決略以：職業災害補償乃對受到「與工作有關傷害」之受僱人，提供及時有效之薪資利益、醫療照顧及勞動力重建措施之制度，使受僱人及受其扶養之家屬不致陷入貧困之境，造成社會問題，其宗旨非在對違反義務、具有故意過失之雇主加以制裁或課以責任，而係維護勞工及其家屬之生存權，並保存或重建個人及社會之勞動力，是以職業災害補償制度之特質係採無過失責任主義，雇主不問主觀上有無故意或過失，勞工縱使與有過失，亦不減損其應有之權利，以確保勞工在服勞務過程中之完整權益。

（十三）侵權行為損害賠償與抵充

職業災害之發生，如雇主有過失，可依民法訴請侵權行為損害賠償。甲勞工夜間騎機車巡邏廠區，因廠區無警示標誌及安全措施，甲勞工撞上水泥塊，致身體失能，甲勞工依民法訴請侵權行為損害賠償。法院判決雇主應賠償薪資損害（百分之百喪失工作能力，解僱起至六十五歲退休日之薪資損失）、看護費（依平均餘命年數及霍夫曼計算法）、電動輪椅費、精神撫慰金，合計雇主應賠償750多萬元。因甲勞工不小心亦有過失，應負60%責任。雇主應賠償金額為300多萬元（750多萬元×40%），扣除甲勞工已領勞工保險失能給付150多萬元，雇主應賠償甲勞工140多萬元。如雇主有投保商業保險且保費全由雇主負擔，亦可抵充（參臺灣高等法院93年度上更字第22號判決、臺灣高等法院臺中分院103年度勞上字第2號判決、最高法院95年度台上字第2542號判決）。

最高法院108年度台上字第555號民事判決略以：損害賠償之法則，我國規定於民法第213條至第218條，其中第217條規定之過失相抵，係為促使被害人注意履行其應盡之義務，以避免或減少損害之發生，職業災害既為損害賠償之一種，則倘被上訴人並非依勞基法第59條第1款、第2款，而係依一般侵權行為法則為請求，則雇主於事實審一再抗辯：勞工就損害之發生或擴大，亦與有過失，應免除其賠償金額等語，是否全無足取？應詳予究明。職業災害的賠償可請求精神賠償金、扶養費，補償則無。

最高法院96年度台上字第1227號判決略以：查依勞基法第59條規定之補償與依民法侵權行為之損害賠償，兩者之意義、性質與範圍均有所不同。職災補償以保障受害勞工之最低生活爲其目的，而民法侵權行爲之損害賠償旨在塡補受害勞工所遭受之精神及物質之實際損害。

（十四）職業災害預防事項

勞工職業災害保險及保護法施行細則第82條規定：「本法第六十二條第一項第一款所定職業災害預防事項，其內容如下：

一　職業安全衛生之教育訓練、宣導及輔導。

二　職業安全衛生管理制度之推動。

三　職業災害預防技術之研發及推動。

四　職業安全衛生設施之改善及推動。

五　機械本質安全化制度之推動。

六　其他與職業災害預防相關之事項。」

（十五）職業災害復工計畫

勞工職業災害保險及保護法施行細則第84條規定：「本法第六十六條第一項所定復工計畫，其內容如下：

一　職業災害勞工醫療之相關資訊。

二　職業災害勞工工作能力評估。

三　職業災害勞工重返職場之職務內容、所需各項能力、職場合理調整事項及相關輔助措施。

四　職業災害勞工重返職場之執行期程。

五　其他與復工相關之事項。

前項計畫，經雇主、職業災害勞工、職業醫學科專科醫師及其他職能復健專業機構人員共同協商後，由職能復健專業機構協助雇主或職業災害勞工擬訂之。

前項勞資雙方未共同參與協商或未達成共識者，得由職業醫學科專科醫師及其他職能復健專業機構人員依參與之勞資一方意見及專業評估結果擬訂，並據以執行。」

第三節　裁判例

一、事業單位與承攬人連帶負職災補償責任

【職業災害、承攬】

皇○公司投資興建都○透天厝工程，委由築○公司承攬營造，築○公司將模板部分交由寶○工程行承攬後轉包予黃○○承作。黃君僱用蘇○○爲板模工，蘇君工作時因支撐角模斷裂摔落致成殘廢，蘇君訴請皇○公司、築○公司、寶○工程行、黃君等四人連帶給付醫藥費、工資補償、職業災害補償共306萬6,042元，高雄地方法院86年勞訴字第4號判決蘇君勝訴，皇○公司、築○公司、寶○工程行上訴後（黃君未上訴），高等法院高雄分院88年度勞上字第10號判決上訴駁回，判決理由略以：按勞工因遭遇職業災害而致死亡、殘廢、傷害或疾病時，雇主應依勞動基準法第59條規定予以補償；又事業單位以其事業招人承攬，如有再承攬時，承攬人或中間承攬人，就各該承攬部分所使用之勞工，均應與最後承攬人連帶負職業災害補償之責任，爲勞動基準法第59條、第62條所規定。皇○公司投資興建都○透天厝工程，委由築○公司承攬營造，築○公司將模板部分交由寶○工程行承攬後轉包予黃君，則皇○公司爲勞動基準法第62條所稱之事業單位，而築○公司、寶○工程行及黃君分別係該法條所指之承攬人或中間承攬人及最後承攬人。蘇君既因職業災害受傷，皇○公司、築○公司、寶○工程行則又分屬勞動基準法第62條所稱之事業單位、承攬人、中間承攬人，從而蘇君依據勞動基準法第59條及第62條第1項規定，請求皇○公司、築○公司、寶○工程行與黃君負連帶賠償之責，即屬可採。

二、醫療期間不能工作係指原工作

【職業災害、勞動契約】

大○公司勞工黃○○，83年3月23日在工作中，遭貨車壓傷，多處骨折，醫療期間，公司未依勞動基準法第59條第2款規定，按原領工資數額補償，黃君訴請發給工資補償，公司則以所謂「不能工作」應以勞工不能從事一般性工作的程度爲判斷標準，而非恢復受傷前原從事之工作，公司曾通知調任黃君爲警衛，黃君置之不理。彰化地方法院87年度勞訴字第1號民事判決公司必須給付時效尚未完成（84年10月至86年8月）職業災害補償143萬多元。公司上訴後，高等法院臺中分院87年度勞上字第7號民事判決公司應給付108萬多元。其中就有關「醫療中不能工作」判決以：勞動基準法第59條第2款係規定勞工在醫療中不能工作時，雇主應按勞工原領工資數額予以補償，但醫療期間屆滿二年仍未能痊癒，經指定之醫院診斷，審定為喪失原有工作能力，且不合第3款之殘廢給付標準者，雇主得一次給付四十個月之平均工資後，免除此項工資補償責任。其立法目的乃在保障勞工之生活，使勞工在遭受到職業災害後，於醫療期間仍得繼續支領原有之薪資，而勞工僅有義務從事勞動契約所約定之工作，雇主如欲使勞工從事其他非勞動契約所約定之工作，應與勞工協商，因此勞工於職業災害恢復部分工作能力能從事較輕便之工作，雇主仍不能片面指定勞工從事其他非勞動契約所定之工作，勞工既無從事其他非勞動契約所約定工作之義務，則勞工在醫療中不能工作，自係指勞工於職業災害醫療期間不能從事勞動契約所約定之工作。公司不服，再上訴後，最高法院90年度台上字第1055號民事判決發回高等法院臺中分院，判決理由略以：黃君醫療期間（84年10月至86年8月）雖曾數次至醫院住院及門診，惟多係因施行矯正手術或追蹤檢查，係在家裡所經營之養雞場幫忙工作，果爾，能否認黃君於上開期間係在醫療中，而得請求補償工資，即非無疑（按：類似案件，最高法院89年度台上字第1783號民事判決略以：勞工經調整工作性質後，仍拒絕返回公司工作，即非屬「勞工在醫療中不能工作」，則勞工拒絕返回公司工作，顯有終止與公司勞動契約之意……）。

三、醫療費用補償不同於工資補償

【職業災害、和解、資遣費】

大○公司勞工高○○因修理機械摔傷而骨折，手術後左手無法使力，無法從事原有工作，出院後即上班，公司要其簽署辭職書為領取資遣費之條件，伊為領取資遣費，乃簽署辭職書並離職。嗣高君訴以上開資遣，即違反勞動基準法第11條而無效，雙方勞動契約仍屬存在，求為依勞動基準法第59條第2款之規定給付工資補償66萬元，公司抗辯以高君已與公司和解，由公司賠償高君8萬3,334元。板橋地方法院89年度勞訴字第27號判決高君敗訴，上訴後臺灣高等法院89年度勞上易字第42號判決高君勝訴。判決理由略以：按勞工因遭遇職業災害而受傷，在醫療中不能工作時，雇主應按其原領工資數額予以補償，所稱之原領工資，係指勞工因遭遇職業災害前一日正常工作時間所得之工資，如爲計月者，以遭遇職災前最近一個月工資除以三十所得之金額，爲其一日之工資，勞動基準法第59條第2款、勞動基準法施行細則第31條第1項分別定有明文。本件高君自88年10月14日至89年11月24日屬職業災害醫療中不能工作，雙方之勞動契約，並未經公司合法資遣而終止。雖公司抗辯高君已和解不再要求賠償，惟勞動基準法第59條第1款規定，勞工因遭遇職業災害而受傷，雇主應補償其必須之醫療費用，此醫療費之補償與同條第2款之工資補償，性質及目的均屬不同，自得併予行使。和解書上所載賠償高君8萬3,334元，係高君醫療補償，屬雇主依勞動基準法第59條第1款規定補償之醫療費用，與本件高君依同法第2款請求醫療中不能工作之工資補償無涉，和解書上所載高君不得再向公司要求其他賠償，並拋棄民事訴訟法上一切追訴權等語，應係指高君拋棄醫療費用之請求權，難認含本件工資補償在內。

四、職業災害醫療期間不得資遣勞工

【職業災害、勞動契約、資遣費】

大○公司勞工高○○因修理機械摔傷而骨折，手術後左手無法使力，無法從事原有工作，出院後即上班，公司要其簽署辭職書爲領取資遣費之條件，伊爲領取資遣費，乃簽署辭職書並離職。嗣高君訴以上開資遣，即違反勞動基準法第11條而無效，雙方勞動契約仍屬存在，求爲依勞動基準法第59條第2款之規定給付工資補償66萬元，板橋地方法院89年度勞訴字第27號判決高君敗訴，上訴後臺灣高等法院89年度勞上易字第42號判決高君勝訴。有關資遣部分判決理由略以：按勞動基準法第13條規定，勞工因遭遇職業災害而受傷，在醫療期間，雇主除因天災、事變或其他不可抗力致事業不能繼續，經報主管機關核定外，不得終止契約，故於勞工因遭遇職業災害所需醫療期間，雇主縱有業務緊縮而須依勞動基準法第11條第2款規定終止契約之必要，亦不得爲之。本件公司於高君職業災害所需醫療期間，以和平港工程已完工，機械已轉賣，須爲業務緊縮，而資遣高君。公司提出之管理通告，僅公布如何變革維新，並嘉勉員工，擬予縮編及縮編後人員如何精簡及安置等語，公司既未證明其因天災、事變或其他不可抗力致事業不能繼續，且經報主管機關核定，縱其因業務緊縮有終止勞動契約之必要，惟適値高君因職業災害所需之醫療期間，自不得終止勞動契約。

五、非適用勞動基準法行業之職災連帶補償責任

【職業災害、承攬】

勞工古○○因職業災害，訴請○○酒廠與復○電機公司連帶給付職業災害補償，雙方不服臺灣高等法院88年度重勞上更第2號民事判決提起上訴，就連帶給付職業災害補償部分，最高法院90年度台上字第948號判決發回臺灣高等法院，判決理由略以：原審徒以○○啤酒廠不可自行從事電氣檢驗工作，即認電氣檢驗工作並非該廠從事製造事業之內容，進而謂啤酒廠雖將電氣檢驗工作交由復○公司承攬，非以其事業之一部或全部招人承攬，而與勞動基準法第62條第1項不合，據爲啤酒廠勝訴之判決，非無可議。次查，勞動基準法第59條職業災害補償之立法意旨，無非係因勞工若因執行業務而發生職業上的災害，而致傷病、死亡或殘廢，往往使勞工及其家屬的生活，陷於貧苦無依之絕境，故課雇主以職業災害賠償或職業災害補償的責任。故勞工因遭遇職業災害而致傷害，雇主即應依勞動基準法第59條之規定給付該條所列各款之災害補償。而勞動基準法第62條第1項規定，事業單位以其事業招人承攬，若有職業災害發生時，原事業單位即應與承攬人連帶負職業災害補償責任。古君一再主張：該條規定之承攬人，並不以有適用勞動基準法行業爲限，縱復○公司非適用勞動基準法行業，亦無礙啤酒廠與復○公司依該規定連帶負職業災害補償責任等語，不失爲一種重要之攻擊方法等情，所稱有無可採，與認定復○公司與啤酒廠是否應連帶負職業災害補償責任，亦至有關係，原審未詳予論及，遽以復○公司非係適用勞動基準法之行業，即認古君不得請求復○公司與○○啤酒廠連帶負職業災害補償責任，未免速斷。

六、職業災害補償金之外

【職業災害】

復○航空公司於84年1月30日發生空難，罹難死亡之空服員劉○○之父母，訴請公司給付職業災害補償金等，不服臺灣高等法院86年度重上字第245號判決而提起上訴，最高法院89年度台上字第2236號判決發回臺灣高等法院，判決理由略以：按扶養之程度應按受扶養權利者之需要，與負扶養義務者之經濟能力及身分定之，民法第1119條[5]定有明文。若以年度所得稅扶養親屬寬減額計算，伊每月僅得5,000餘元，與現實生活顯然不符，伊之扶養費應以行政院主計處統計每人每月1萬9,053元計算，始爲合理云云。此與判斷向公司請

求扶養費之金額究爲若干攸關，自屬重要之攻擊方法，原審恝置不論，即有判決不備理由之違法。次查劉君父母一再主張，伊女劉君在學期間品學兼優，對伊極爲孝順，生此遽變，精神打擊甚大，其母因而需長期就醫診斷等情。原審未說明劉君父母前開主張何以不足採取之理由，且未詳查究明雙方及劉君之身分、地位及經濟狀況等情狀，遽認劉君父母請求之慰撫金各以80萬元爲適當，其再請求增加慰撫金各75萬元，不應准許，殊嫌率斷。復按勞動基準法第59條雇主得以抵充之規定，自須以同一事故，已由雇主依勞工保險條例或其他法令規定支付費用補償者，雇主始得予以抵充該第59條第1款至第4款規定之補償。本件第一審雖依民法侵權行爲之規定，判命公司應賠償劉君之父母分別爲89萬多元及74萬多元，惟公司是否已依該部分判決給付？倘尚未給付，即不得依上開法條規定予以抵充。原審遽認劉君之父母已不得依該法條規定向公司請求職業災害補償金各72萬多元，亦有未合。另劉君之意外保險，原審竟誤認劉君之父母係於提起第二審上訴後，始追加依上開保險契約爲請求，其追加之訴爲不合法，逕以裁定駁回之，而疏未爲此部分之調查認定，尤屬違背法令。

七、長期彎腰搬重物致病屬職業災害

【職業災害、調解】

宜○公司勞工陳○○在公司從事搬運澱粉工作，因長期彎腰搬運重物，致於82年3月背部脊椎發生病變，至83年8月23日因病症惡化住振○醫院開刀，83年8月31日出院，嗣一個月病假屆滿，公司要陳君上班，否則須辭職，陳君向宜蘭縣政府申請勞資爭議調解成立，約定前往勞委會指定之職業病鑑定醫院鑑定，若鑑定結果係職業病，公司應依法給付職業災害補償，嗣經台大醫院及勞委會職業災害鑑定審議委員會認定係職業病。公司認爲病變並非因工作引起，且勞工保險局及中華民國骨科醫學會同樣認爲病變並非因工作引起，拒絕依上開調解內容給付。臺灣高等法院86年度勞上字第55號民事判決公司敗訴，上訴後，最高法院88年度台上字第696號（88年4月2日）民事判決上訴駁回，判決理由略以：陳君左側第四、五腰椎神經節及第一薦椎神經節根部病變，經台大醫院職業病專科醫師診斷其爲工作引起，且已由勞委會職業病鑑定委員會認定爲職業病，公司未能舉證陳君於任職前罹患上開症狀，則台大醫院及勞委會職業病鑑定委員會鑑定陳君所受上開傷害因長期工作搬運重物所致之職業病，自屬可採。從而陳君得請求公司給付之醫療費用6萬3,133元及83年9月至86年5月止之工資補償68萬7,229元，合計爲75萬362元應予准許。

八、職業災害之構成要件

【職業災害、工作時間】

越○公司司機黃○於工作當場，猝發疾病，送醫不治，心肺衰竭死亡，其家屬訴請發給職業災害補償金，臺北地方法院89年度勞訴字第108號（90年3月15日）判決黃君家屬勝訴，有關職業災害之認定，判決略以：按職業災害，謂勞工就業場所之建築物、設備、原料、材料、化學物品、氣體、蒸氣、粉塵等或作業活動及其他職業上原因引起之勞工疾病、傷害、殘廢或死亡，勞工安全衛生法第2條第4項定有明文，而所謂「職業上原因引起之勞工疾病」，應以作業與疾病間，具有一定之因果關係為要件，且職業災害補償本質不僅為損失之填補，更具有生存權保障實現之理念，故關於「作業」應從寬認定為「勞動者基於勞動契約，處於雇主支配下之狀況」，並參酌「勞工保險被保險人因執行職務而致傷病審查準則」，以執行職務與疾病間具有相當因果關係，作為認定職業病之基準，及參酌日本勞動局對於職業災害之認定標準，職業災害之構成，應由下列兩項標準而為認定：

一、職務執行性：職業災害係於勞工執行職務過程中所發生者，無論是否正在從事工作，只要在雇主指揮監督下之情形，即具職務執行性。黃君於卸貨作業後，即因身體不適，送醫後不治，即係於雇主支配下從事運送貨物之業務，而於執行職務時死亡，應認有職務執行性。

二、職務起因性：即作業與疾病間具有一定之因果關係，勞工於雇主支配下從事工作，如發生災害已可證明職務執行性，又無職務起因性之反證，亦不違反經驗法則時，應認定之。內政部74年5月4日台內勞字第310835號函釋【6】，職業汽車駕駛人工作時間包括待命時間在內。休息與待命時間不同，前者應指於工作中途，暫時離開工作，後者則實際上處於隨時被要求工作之待命狀態。

黃君之作業與其死亡之事實間，具有職務執行性與職務起因性，應認定為職業災害。

九、職業災害醫療期間不得終止契約

【職業災害、勞動契約】

勞工蘇○○服務於國○公司，85年4月15日因工廠設備漏電，致遭電擊摔傷，醫療期間，體力尚未完全恢復之際，公司催促其上班，85年7月3日又因體力不繼，再度頭暈跌下受傷，醫療期間公司以無故曠職三日且一個月內曠工達六日以上，復對於所擔任之工作不能勝任爲由予以終止契約。蘇君訴請終止契約無效。臺灣高等法院88年度勞上字第18號民事判決勞工勝訴，判決理由略以：按勞動基準法就所謂職業災害固未加以定義，惟一般均比照勞工安全衛生法第2條第4款對於職業災害定義之規定。蘇君二度受傷據以向勞保局申請公傷傷病給付，公司均在申請書上蓋章證明蘇君傷病原因及經過係在作業中所發生。足見蘇君確係於執行其業務上之工作時，因公司工廠設備漏電，致觸電而跌落受傷，其再度跌傷亦係因前次受傷後，於體力尚未完全復原時，即再從事相同工作所致，與前次之事故自有相當之因果關係，均屬勞動基準法第59條所稱之職業災害。按雇主不得於勞工因遭勞動災害之醫療期間，終止勞動契約，爲勞動基準法第13條所明定，此所謂醫療期間包括醫治及療養，復健則屬後續之醫治期間，自亦包括在內。蘇君提出合法醫院所出具之診斷證明書，公司不准蘇君請病假，自非有理。蘇君不能工作非無正當之理由，並無公司所謂之曠職情形，又蘇君仍在醫療期間，公司自亦不得以其不能勝任工作爲由予以終止契約。

十、職業災害補償是否過失相抵，法院不同判決

【職業災害、過失相抵、損害賠償、勞動契約】

鉅○公司勞工林○○84年8月24日於電焊動火時違反勞工安全衛生規定，而遭灼傷、骨折，林君訴請補償自84年10月1日起至86年6月24日（退休）之平均工資，公司則以事故的發生林君有重大過失所致，即不得依勞動基準法第59條之規定向公司請求補償。縱認可以求償，然依最高法院87年度台上字第233號判決，職業災害補償適用民法上過失相抵原則。臺灣新竹地方法院87年度重訴字第61號民事判決公司敗訴，公司上訴後，臺灣高等法院88年度上字第393號民事判決上訴駁回，判決理由略以：勞動基準法第59條第2款規定，勞工因遭受職業災害而致傷害，應給工資補償，林君既係公司之勞工，且於工作中發生職業災害而受傷，自得對公司請求醫療期間工資補償，勞動基準法第59條之規定，係爲保障勞工，加強勞雇關係，促進社會經濟發展之特別規定，此種工資補償請求權，不以勞工之無過失爲前提，縱林君於本件職業災害之發生有過失，其亦得依勞動基準法第59條第2款向公司請求補償醫療期間不能工作之工資。又依最高法院82年台上字第1472號判決之意旨，公司並非災害發生之加

害人，勞動基準法第59條並非損害賠償之規定，應無民法第217條第1項過失相抵規定之適用（最高法院87年台上字第233號判決雖有不同見解，但勞動基準法第59條是雇主的法定補償責任，與損害賠償責任之性質究有不同，故以無過失相抵原則之適用見解較爲可採）。公司主張因該次氣爆致工程等損失94萬多元，應可抵銷林君之補償一節，按勞動基準法第61條第2項規定：「受領補償之權利，不因勞工之離職而受影響，且不得讓與、抵銷、扣押或擔保。」從而公司主張以修復工程費用與職災補償金相抵銷，即於法不合。另依台北榮總及長庚醫院之診斷證明書，均未能證明林君將終身喪失工作能力，僅係不宜擔任粗重出力及長期站立之工作，是其請求至退休之平均工資即屬無據。公司雖於84年9月23日以存證信函終止兩造間之勞動契約，惟查勞工在勞動基準法第59條規定之醫療期間，雇主不得終止契約，勞動基準法第13條定有明文，是公司之該次終止勞動契約即因違反禁止規定而無效，兩造間之僱傭關係仍然存續。另公司曾於86年8月21日以存證信函請求林君銷假上班，又於86年9月4日再函林君表示願調整其職務爲室內職員，並限林君於函達五日內銷假上班，惟林君並未返回公司工作，茲林君在被公司調整工作性質後仍拒絕返回公司工作，即非屬「勞工在醫療中不能工作」，則林君拒絕返回公司工作顯有終止其與公司勞動契約之意，故林君與公司之僱傭契約應僅存續至86年9月10日止，亦即林君得請求之醫療期間工資補償應係自84年10月1日起至86年9月10日止共計七百十一日。

本案公司上訴後，最高法院89年度台上字第1783號民事判決上訴駁回（按：89年4月25日最高法院召開89年度第四次民庭會議結論：勞工職業災害有過失，雇主應無民法第217條主張過失相抵之適用）。

十一、職業災害補償不適用過失相抵

【職業災害、過失相抵、損害賠償】

有○公司勞工陳○○於下班返家途中發生車禍不治死亡，公司以陳君係自己騎機車摔倒後不治死亡，非因其他汽車肇事，屬勞工保險被保險人因執行職務而致傷病審查準則第4條規定因私人行爲或有第18條規定情形，不得視爲職業傷害，陳君疏於注意道路狀況、未配戴安全帽，應付較高之與有過失比例，因職業災害保險費由公司全額負擔，其保險給付自可抵充勞動基準法所定之職業災害補償費，陳君遺屬請求金額，應扣除已請領之老年給付。臺灣高等法院臺南分院86年勞上易字第2號民事判決公司敗訴，公司上訴後最高法院88年度上字第508號民事判決上訴駁回，判決理由略以：按勞動基準法第59條第4款規定，勞工因遭遇職業災害而致死亡時，雇主除給五個月平均工資之喪葬費外，並應一次給付其遺屬四十個月平均工資之死亡補償。所謂職業災害，係指勞動者執行職務或從事與執行職務相牽連之行爲，而發生之災害而言。申言之，應以勞動者所從事致其發生災害之行爲，是否與其執行職務具有相當因果關係爲考量重點，而勞動者爲從事其工作，往返住宅與就業場所間，乃必要行爲，自與業務執行有密切關係，參酌勞工保險被保險人因執行職務而致傷病審查準則第4條規定：被保險人上、下班，於適當時間，從日常居住處所往返就業場所之應經途中發生事故而致之傷害，視爲職業災害。陳君於下班返家途中，騎乘機車摔倒，因車禍事故死亡，非出於其私人行爲，應視其死亡係屬職業傷害之範疇。次查勞動基準法第59條規定，係爲保障勞工，加強勞雇關係，促進社會經濟發展之特別規定，非損害賠償，應無民法第217條第1項過失相抵規定之適用。又陳君生前所領取者，係勞工保險之老年給付，並非因職業傷害所領得之給付，自無依勞動基準法第59條但書予以扣除之問題。

十二、職業災害必須業務與傷害有因果關係

【職業災害、勞工安全衛生】

台○市公車處司機馮○○駕駛○○路公車，於○○路由內側車道駛出外側車道，適有張○○駕機車爲閃避公車而撞及圍籬，心生不滿，持刀殺傷馮君，馮君受傷醫療期間公車處發給工資補償，並於二年屆滿後發給四十個月免除工資補償責任，馮君以其係屬職業災害，公司雖已發給80多萬元，訴請應依勞動基準法第59條規定，補償二年醫療期間工資差額42萬多元。臺北地方法院86年度勞訴字第84號民事判決馮君敗訴，上訴後，臺灣高等法院87年度勞上字第5號判決上訴駁回，判決理由略以：勞動基準法對職業災害未設定義，至於勞工安全衛生法第2條第4項所稱職業災害，雖可作爲勞動基準法第59條職業災害判斷之參考，惟非爲唯一之標準。勞動基準法對職業災害之認定標準，學說上有相當因果關係說、保護法的因果關係說及相關的判斷說，惟通說均採相當因果關係說，依此說，「職業災害」必須勞工所擔任之業務與災害之間有密接關係存在。所謂密接關係即指災害必須被認定爲業務內在或通常伴隨的潛在危險的現實化。又勞災補償的本質亦屬損失塡補的一種型態，故職業災害，必須業

務和勞工的傷病之間有一定因果關係存在爲必要。所謂業務，即意味著勞工基於勞動契約在雇主支配下的就勞過程（學者稱之爲業務遂行性）。又所謂一定因果關係（學者稱之爲業務起因性），指以傷病所發生之一切不可欠缺的條件爲基礎，依經驗法則判斷業務和傷病之間具有相當的因果關係。亦即在判斷是否爲勞動基準法之職業災害時，首須判斷該災害是否具有業務遂行性？如是，則再判斷災害與業務之間是否具有相當因果關係，必兩者均具備，始足認定係屬職業災害。本案馮君所受傷害，係本身原因引起，與其業務並無相當因果關係，雖具備業務遂行性，惟因其傷害與其業務間並無相當因果關係存在，即難認係勞動基準法第59條之職業災害。

十三、摔下床鋪致死為職業災害

【職業災害、行政訴訟】

力○公司外勞阿○於下班後晚上睡覺時，摔下致死，省府勞工處中區檢查所認定其爲職業災害，力○公司則以本件意外事故並非職業災害，勞工安全衛生法第2條第4項規定：本法稱職業災害，謂勞工就業場所之建築物、設備、原料、材料、化學物品、氣體、蒸氣、粉塵等或作業活動及其他職業之原因引起之勞工疾病、傷害、殘廢或死亡。同法施行細則第3條規定：本法所稱就業場所，係指於勞動契約存續中，由雇主所提示，使勞工履行契約提供勞務之場所。據此，勞工之宿舍並非使勞工提供勞務之場所，則於宿舍中所發生之意外事故，並不構成職業災害。公司提起訴願、再訴願均遭駁回，提起行政訴訟後，行政法院85年度判字第2673號判決：再訴願決定及訴願決定均撤銷。省府重爲審查仍決定訴願駁回，公司提起再訴願，亦遭駁回，乃提起行政訴訟。行政法院87年度判字第920號判決原告之訴駁回，判決理由略以：公司所提供之宿舍及床鋪，係於勞動契約存續中，由雇主所提供，使勞工爲履行契約提供勞務之場所，即屬勞工安全衛生法所稱之勞工就業場所之建物及設備，且爲雇主所得監督、管理範圍，勞工於該宿舍寢室床鋪休息睡眠之生理行爲，係隨作業活動而衍生，屬就業上之附隨行爲，本件認定爲職業災害，洵無不合。力○公司不服，提起再審後，行政法院87年度判字第2576號判決再審之訴駁回。

十四、私人行為不得請求職業災害補償

【職業災害、私人行爲、勞工安全衛生】

泰○礦油行油罐車司機黃○○與油行老闆之子曾○○等三人一同於上班時間開車外出，飲酒作樂車禍死亡，黃君之父認爲其子係與曾君等三人出差至林口送發票，應屬職業災害，依勞動基準法第59條規定，應給職業災害補償，應給五個月喪葬費及四十個月死亡補償，合計189萬元，又礦油行未依規定爲黃君辦理勞工保險，故189萬元應由礦油行賠償。礦油行則以黃君等三人係上班時間蹺班去飲酒作樂並非公差，礦油行並無林口之客戶，自無送發票之必要，曾君雖係礦油行老闆之子，但係受僱於礦油行，月薪3萬，有扣繳憑單爲證，曾君對黃君之職務並無指揮監督權限，三人上班時間蹺班出去喝酒，發生車禍死亡，均非因公死亡。本案桃園地方法院88年度訴字第20號判決黃君之父敗訴，上訴後，臺灣高等法院89年度勞上字第28號民事判決上訴駁回，判決理由略以：按所謂職業災害依勞工安全衛生法第2條第4項之規定，係指勞工就業場所之建築物、設備、原料、材料、化學物品、氣體、蒸氣、粉塵等或作業活動及其他職業上原因引起之勞工疾病傷害、殘廢或死亡而言。又勞工於上下班必經途中，非出於私人行爲之意外事故，亦應屬於職業災害，此有司法院第14期司法業務研究會期法律問題研討結論及內政部75年6月23日台勞字第410301號函可資參照。礦油行並無與林口鄉往來之客戶，而須簽開統一發票送交客戶之事實，且黃君之父又無法舉證證明送交發票之客戶。黃君於上班時間外出飲酒，駕車肇事發生死亡，尚難認係因職業災害而死亡。

十五、職業災害補償於勞工有過失時，是否過失相抵

【職業災害】

最高法院89年度（89年4月25日）第四次民事庭會議

【決議全文】

討論事項：貳、臺灣高等法院暨所屬法院88年法律座談會民事類第13號提案

法律問題：勞動基準法第59條之職業災害補償，於勞工與有過失時，雇主可否主張民法第217條過失相抵？

甲說（否定說）：勞動基準法第59條之補償規定，係爲保障勞工、加強勞

雇關係、促進社會經濟發展之特別規定，非損害賠償。同法第61條尚且規定該受領補償之權利不得抵銷，應無民法第217條過失相抵之適用（80年度台上字第1472號判決參照）。

乙說（肯定說）：職業災害補償，基本上亦爲損害賠償之一種，勞動基準法第59條之規定，對於雇主雖採無過失責任主義，惟民法第213條至第218條[7]所定之損害賠償法則，其中第217條規定之過失相抵，旨在促使被害人注意履行其應盡義務，以避免或減少損害之發生或擴大。職業災害補償既爲損害賠償之一種，自仍有民法第217條之適用（87年度台上字第233號判決參照）。

決議：採甲說。

十六、損害之發生及有責任原因兩者之間須有因果關係

【職業災害、損害賠償、勞工安全衛生】

○譜公司承攬富○公司配電工程，○譜公司工程師黎○○於作業時，因富○公司提供之砂輪機軸心斷裂傷及右眼，治療後視力減退至未達0.1，黎君以○譜公司及富○公司分別違反勞工安全衛生法，訴請依侵權行爲法律關係求爲命○譜公司及富○公司連帶給付156萬6,231元，地方法院判決○譜公司應給付156萬6,231元，○譜公司上訴後，臺灣高等法院87年度重上字第200號判決駁回○譜公司上訴，並改判命富○公司與○譜公司爲連帶給付。○譜公司及富○公司上訴後，最高法院90年度台上字第432號判決發回臺灣高等法院，判決理由略以：按損害賠償之債，以有損害之發生及有責任原因之事實，並兩者之間有相當因果關係爲其成立要件。黎君使用富○公司之砂輪機時，應配帶護目鏡，該護目鏡之配帶，與一般眼鏡無異，不待訓練即能使用。準此，則砂輪機之使用情形，即與本件事故之發生，所關至切。原判決雖以○譜公司未對黎君施以安全衛生教育訓練，違反保護他人之法律，及富○公司爲共同作業人，應同負過失責任爲由，命富○公司與○譜公司爲連帶賠償黎君之損害。惟就富○公司與○譜公司對黎君施以何項安全衛生教育訓練，並該教育訓練與損害之發生間有何因果關係，則未據說明，已欠允洽。而本件砂輪機軸心斷裂究係因設備不良、使用不當、或使用人無使用常識所致，應先釐清，始能判斷責任之歸屬。

十七、違反保護他人之法律應負損害賠償責任

【職業災害、損害賠償、勞工安全衛生】

宜○公司設置之衝剪機因違反勞工安全衛生法第6條及機械器具防護標準第9條規定，未設置安全設備，致勞工張○○右手中指、小指及無名指壓斷殘廢。張君訴請依侵權行爲之法律關係及公司法第23條規定，公司與負責人廖○○應連帶負損害賠償責任。求爲給付減少勞動能力損失206萬5,634元，精神慰藉金150萬元，合計356萬5,634元，地方法院判決公司與負責人連帶給付256萬5,634元（含精神慰藉金50萬元），公司及負責人提起上訴後，臺灣高等法院88年度勞上更字第8號民事判決認爲災害之發生，張君也有過失，且其過失與公司之過失同爲損害發生之原因，自不應由公司負全部賠償責任，乃判決應賠償金額減爲200萬元。公司上訴後，最高法院90年度台上字第1014號民事判決上訴駁回，判決理由略以：公司抗辯事故發生後，與張君之父簽立協議書，補償張君20萬元，惟查該協議書內容僅係就請領勞保給付、休養期間工資、醫療費用負擔、醫療後之工作問題達成和解，張君並未表示就公司侵權行爲造成損害部分，拋棄請求，自難認雙方就公司應負侵權行爲損害賠償責任部分，已成立和解。公司就系爭機器之設置及使用，既未符合勞工安全衛生法之規定，該項規定又屬保護他人之法律，依據民法第184條【8】第2項規定，應推定公司有過失，公司應負侵權行爲損害賠償責任。張君依民法第193條第1項【9】、第195條【10】規定，請求公司賠償張君因減少勞動能力所受之損害及精神慰藉金，自屬有據。至原判決認系爭機器使用時，防護眼未開啓，應由現場廠長、組長負責，非屬公司負責人之過失，因而判決負責人毋庸與公司負連帶損害賠償責任，其理由說明並無矛盾。

十八、刑事訴訟程序附帶提起民事訴訟之條件

【職業災害、法律適用、損害賠償】

小○公司勞工黃○○因使用電銲機作業時觸電不治死亡，其妻林○○及子女等人提起刑事附帶民事訴訟，依侵權行爲法律關係，請求公司負責人賴○○及公司連帶給付1,200萬元，經刑事庭移送民事庭，高等法院高雄分院87年度重勞訴字第1號，裁定原告之訴駁回。理由略以：因犯罪而受損害之人，以對於刑事被告及依民法負賠償責任之受害人請求回復其損害者爲限，始得依刑事

訴訟程序附帶提起民事訴訟，此爲刑事訴訟法第487條第1項[11]所明定，若非犯罪之受害人提起附帶民事訴訟，則其訴爲不合法，縱經刑事庭將附帶民事訴訟移送民事庭，仍應認爲起訴不合法。經查本件被告賴○○、小○公司係經本院刑事庭分別以「法人負責人」「雇主」違反事業單位工作場所發生死亡職業災害時應於二十四小時內報告檢查機關，及未經司法機關或檢查機構之許可，不得移動現場等規定分別判處罰金新臺幣3萬元、6萬元，另賴○○被訴業務過失致死，法人負責人違反對防止電能引起之危害應有標準之必要安全衛生設備之規定，致發生死亡之職業災害部分則均經本院87年度上訴字第167號刑事判決，判處無罪在案，是被告賴○○、小○公司被判處有罪部分，所侵害之法益爲國家法益，原告林○及子女等人並非被害人，其等提起本件侵權行爲損害賠償之訴並非合法，被告等被判無罪部分，原告等並聲請移送民事庭，本院刑事庭不得將附帶民事訴訟移送民事庭。原告等提起本件之訴屬民事訴訟法第249條第1項第6款[12]所謂起訴不備其他要件，自應依該規定予以裁定駁回。

十九、對於行政命令法官仍得表示適當之不同見解

【職業災害、行政命令、勞工保險】

越○公司司機黃○○於工作場所促發疾病，倒地不起，送醫不治。勞工保險局及勞工保險監理委員會均認爲黃君非職業災害死亡，公司拒絕給付職業災害補償金，黃君家屬訴請給付，臺北地方法院89年度勞訴字第108號（90年3月15日）民事判決公司敗訴，判決理由略以：越○公司雖辯稱「依勞工保險局89保給字第6043115號函明載被保險人黃○○死亡給付案，經核不符申請職業傷害死亡給付規定，應按普通疾病死亡核發死亡給付，嗣勞工保險監理委員會亦以89年度保監審字第4947號審定書駁回申請，同樣認定本件並非職業災害事件。」惟查，法官於審判案件時，對於各機關就其職掌所作有關法規釋示之行政命令，固未可逕行排斥而不用，但仍得依據法律表示其合法適當之見解。又法官依據法律獨立審判，憲法第80條載有明文。各機關依其職掌所作有關法規釋示之行政命令，法官於審判案件時，固可予以引用，但仍得依據法律，表示適當之不同見解，並不受其拘束。司法行政機關所發司法行政上之命令，如涉及審判上之法律見解，僅供法官參考，法官於審判案件時，亦不受其拘束，司法院大法官會議釋字第137號解釋、釋字第216號解釋參照。上開勞保局函雖核定黃君給付案，不符申請職業傷害死亡給付規定，應按普通疾病死亡核發死

亡給付，仍屬行政機關依其職掌所作有關法規釋示之行政命令性質。至勞保監理會之審定書駁回黃君家屬之審議申請，其理由係以依勞委會職業病之認定基準，無法認定黃君當日之發病爲職業病，而難視爲職業病死亡。然均係就申請勞工保險死亡給付是否符合勞工保險條例第64條所定罹患職業病死亡之要件所爲，與本件係基於勞動基準法第59條規定，請求因遭遇職業災害而致死亡補償金，二者標準不同。本院自仍得依據法律表示其合法適當之見解。

二十、對於第二審判決上訴須以其違背法令為理由

【職業災害、和解】

家○公司勞工趙○○85年12月13日工作中重物壓傷，醫療中不能工作，86年1月起，公司未再給付工資，趙君訴請依勞動基準法第59條第1項第2款規定，請求給付工資補償168萬元，高等法院高雄分院認定雙方就趙君受傷後之工資補償，已於86年3月4日成立和解，公司除同意將領取之意外保險金給付趙君外，另由公司給付趙君15萬元，趙君不能再依勞動基準法第59條規定請求公司補償工資，因而以87年度勞上字第3號判決趙君敗訴，趙君上訴後，最高法院88年度台上字第2637號民事裁定上訴駁回，理由略以：按對於第二審判決上訴，非以其違背法令不得爲之。民事訴訟法第467條定有明文，依同法第468條規定，判決不適用法規或適用不當者，爲違背法令。而判決有同法第469條所列各款情形之一者，爲當然違背法令。是當事人提起上訴，如依民事訴訟法第468條規定，以第二審判決有不適用法規或適用不當爲理由時，其上訴狀或理由書應有具體之指摘，並揭示該法規之條項或其內容。若係成文法以外之法則，應揭示該法則之旨趣。倘爲司法院解釋或本院之判例，則應揭示該判解之字號或其內容。如以民事訴訟法第469條所列各款情形爲理由時，其上訴狀或理由書，應揭示合於該條款之事實。上訴狀或理由書如未依此項方法表明，或其所表明者，顯與上開法條規定之情形不合時，即難認爲已對第二審判決之違背法令有具體之指摘，其上訴自難認爲合法。本件趙君對第二審判決提起上訴，雖以該判決違背法令爲由，惟核其上訴理由狀所載內容，係就原審取捨證據、認定事實之職權行使，指摘其爲不當，並就原審已論斷者，泛言未論斷，而非具體表明合於不適用法規、適用法規不當或民事訴訟法第469條所列各款之情形，難認對該判決之如何違背法令已有具體之指摘。應認其上訴爲不合法。

二十一、職業災害補償與民法損害賠償目的不同

【職業災害、法律適用】

積○公司勞工吳○○工作中受傷，左手成殘，訴請發給醫療補償差額、工資補償差額、殘廢補償差額合計118萬6,465元，板橋地方法院89年度訴字第1632號判決吳君勝訴，公司以吳君受傷非因雇主所能控制之因素所造成，不具備「職務執行性」及「職務起因性」之要件，故非屬勞動基準法之職業災害，不得請求補償。上訴後，臺灣高等法院90年度上字第355號判決上訴駁回。判決理由略以：公司抗辯系爭職業災害之發生，吳君與有過失一節，按勞動基準法第59條係爲保障勞工不因職業災害而陷於無法維持生計之窘境，加強勞雇關係，促進社會經濟發展，以法律強制課予雇主對勞工之補償義務，與民法損害賠償制度之塡補損害爲目的者不同（最高法院89年度第四次民事庭會議參照）。是雇主所負之責任屬無過失責任，不得以勞工對職業災害之發生與有過失爲由，主張減免其責任，公司之抗辯自無審酌必要。

另統○公司勞工邵○○因職業災害訴請給付薪資事件，臺灣高等法院90年度上字第355號判決指出：公司抗辯本件應有過失相抵原則等語，按勞動基準法第59條之補償規定，係爲保障勞工、加強勞雇關係、促進社會經濟發展之特別規定，性質上非屬損害賠償。同法第61條尚且規定該受領補償之權利不得抵銷，故該項補償，應無民法第217條所定過失相抵之適用（最高法院89年度台上字第1920號判決意旨參照）（最高法院89年度台上字第1783號相同判決）。

二十二、追撞前車受傷屬職業災害

【職業災害】

統○公司大客車駕駛員邵○○開車時，因未保持行車安全距離，追撞大貨車致骨折等傷害，因在醫療中不能工作，訴請給付工資事件，公司認爲本件乃邵君未保持行車安全距離，致追撞前車肇事，不得視爲職業災害。公司不服板橋地方法院89年勞訴字第38號判決提起上訴，臺灣高等法院90年度勞上易字第9號判決公司敗訴，判決理由略以：按勞動基準法對職業災害之定義並無明文規定，而依勞工安全衛生法第2條第4項規定，職業災害係謂勞工就業場所之建築物、設備……粉塵等或作業活動及其他職業上原因引起之勞工疾病、傷害、殘廢或死亡。又依內政部75年7月22日台內勞字第421913號函釋[13]內容

「一、駕駛人行車肇事受傷，係勞工安全衛生法第2條所稱因作業活動及職業上原因引起之傷，屬職業災害，自應依勞動基準法第59條規定予以職業災害補償並……。二、駕駛人如行車故意或過失致其他人員傷亡或公司財物損失，須如何處分，應另列入工作規則。」是本件邵君駕車肇事致受傷害應係職業災害。

二十三、病理紀錄單未必採信

【職業災害】

台○公司勞工朱○○下班途中騎機車滑倒受傷，公司認爲依據亞○醫院病理紀錄單記載，朱君係喝酒所致，非屬職業災害，朱君訴請補發薪資及依勞基法第59條第1、2款規定予以補償，朱君不服板橋地方法院89年度勞訴更字第1號判決，上訴後，臺灣高等法院90年度勞上字第22號判決朱君勝訴，判決理由略以：亞○醫院病理紀錄單記載「病人係有喝酒騎機車自跌」，作該項記載之護士並未聞到朱君有酒味，而是陪朱君前來者告訴她，也未對朱君作酒精測試。而扶朱君到工廠的陳君亦作證未聞到酒味，公司復無其他舉證足證朱君係酒醉駕車。朱君既係下班途中發生事故而致之傷害，視爲職業傷害，朱君依勞基法第59條第1、2款之規定請求公司爲職業傷害之補償爲有理由，朱君得請求職業災害補償之金額，依據朱君所提之醫藥費收據，扣除伙食費、營養諮詢費、證明書費後，朱君得請求之醫療費用合計18萬4,377元。朱君於88年10月1日聲請恢復上班爲公司所拒，朱君請求自87年5月起至89年6月止每月固定薪資3萬5,200元及87、88年年終獎金各3萬5,200元，合計98萬5,600元，應予准許。

二十四、勞保認定普通疾病法院判決職業災害

【職業災害、勞工保險】

越○公司曳引車司機黃○○，因連續載運、裝卸貨物二十多小時，過度勞累，當場促發疾病，經急救不治死亡，公司以黃君89年3月28日工作時數八小時，89年3月29日工作時數七小時，並無超時工作，其死亡顯非職業災害，勞工保險監理委員會亦同此認定。黃君遺屬訴請基於勞工安全衛生法第2條第4項、勞動基準法第59條第4款，公司應給付喪葬費及補償金245萬2,299元（四十五個月平均工資之喪葬費及補償金爲359萬2,350元扣抵勞保普通疾病死亡給付），臺北地方法院89年度勞訴字第108號判決公司敗訴，公司上訴後，

臺灣高等法院90年度勞上字第20號判決上訴駁回，判決理由略以：按行政機關之行政處分及基此衍生之行政訴訟，行政法院所爲判決，應以其所判斷之行政處分爲範圍，民事法院就該判斷，並不受其拘束。黃君於89年3月28日上午開始即運送貨物，迄翌日上午九時許，仍在工作，公司陳報勞保局，將黃君工作時間割裂，並未合併計算，未將黃君病發前一日之工作情形予以考量在內，自有未妥，法院依法不受其判斷之拘束。又勞工保險監理委員會之審定書駁回之審議申請，係以行政院勞委會職業病之認定基準爲據，認黃君當日之發病非職業病，難視爲因職業病死亡，惟基上同一理由，民事法院亦不受其拘束。從而公司援引上開二行政機關所爲行政處分作爲本件事故非屬職業災害，自難採取。

二十五、法律上見解歧異非適用法規錯誤

【職業災害、罰則】

皓○公司勞工余○○發生職業災害，職災醫療期間，公司未依勞基法第59條規定按原領工資給予余君職災補償金，經台北市政府科處罰鍰6,000元，公司不服，經提起訴願、再訴願、行政訴訟，均遭駁回，公司不服最高行政法院89年度判字第369號判決，提起再審之訴，最高行政法院90年度判字第2384號判決，再審之訴駁回。判決理由略以：按行政訴訟法第273條第1項第1款「適用法規顯有錯誤者」，第14款「原判決就足以影響於判決之重要證物漏未斟酌者」，得以再審之訴對於確定終局判決聲明不服，而所謂「適用法規顯有錯誤」，係指原判決所適用之法規與該案應適用之現行法規相違背，或與解釋判例有所牴觸者而言，至於法律上見解之歧異，公司對之縱有爭執，要難謂適用法規錯誤，而據爲再審之理由，本院62年判字第610號著有判例。另原判決未經斟酌之證物，如非足以影響判決者，不得據爲行政訴訟法第273條第1項第14款之再審理由。本院前程序就本件公司有無違反勞動基準法第59條規定，係自行認定事實適用法律，作成原判決，此判決之認定，雖與臺北地方法院就相關之余君能否工作之事實爲不同之認定，惟此乃本院與臺北地方法院各自本於職權而爲，不生當然相互拘束之效力；況此項判決歧異之結果，並非屬行政訴訟法第273條第1項所得提起再審之事由，公司據此項事由，提起再審之訴，難謂有理由。

二十六、就同一性質損害不得重複請求賠償及補償

【職業災害】

沅○公司員工甲○○請求損害賠償上訴案，甲○○不服臺灣高等法院臺中分院95年度重勞上字第5號判決提起上訴，最高法院96年度台上字第1453號裁定上訴駁回，理由略以：甲○○對於原判決提起上訴，關於以民事訴訟法第469條規定爲上訴理由部分，雖謂原判決於計算應給甲○○之職業災害賠償金時，已扣除甲○○依勞保領取之傷病給付、殘廢給付，竟於計算公司依侵權行爲規定應連帶賠償伊之金額時，重複扣除上開給付，有主文與理由矛盾之違法云云。惟甲○○就其所受職業災害，依勞動基準法第59條規定請求公司補償，並依民法侵權行爲規定，請求公司連帶賠償，其中關於職業災害補償部分，原審係依同條但書規定，扣抵甲○○已領取之傷病給付、殘廢給付，算定公司應補償金額，就侵權行爲損害賠償部分，則依勞動基準法第60條規定，以甲○○已領取之上開給付抵充其賠償金額。原審係依各該訴訟標的之相關規定計算其金額，勞工就同一性質之損害重複請求賠償及補償，是原審僅命公司給付損害金，而未另給付職業災害補償金，並未違背法令。

二十七、執行職務不以積極行為為限

【職業災害】

義○公司勞工甲○○請求損害賠償事件，義○公司及乙○○不服臺灣高等法院95年度上更（二）字第48號判決提起上訴，最高法院96年度台上字第1247號判決上訴駁回，判決理由略以：按公司法（90年11月12日修正公布前）第23條所謂公司業務之執行，指公司負責人處理有關公司事務而言（本院65年台上字第3031號判例參照），又民法第28條所謂「因執行職務加害於他人之損害」，並不以因積極執行職務行爲而生之損害爲限，如依法律規定，董事負執行職務之義務，而怠於執行時所加害於他人之損害，亦包括在內（本院64年台上字第2236號判例參照），本件上訴人乙○○爲公司負責人，於其作業場所所提供勞工安全衛生法規定之安全設備，既爲其所應執行之公司職務，則其怠於執行致甲○○於工作中左手遭機器齒輪捲入，而所傷害所造成之損害，乙○○及義○公司自難解免公司法第23條、民法第28條之損害賠償責任。

二十八、補償與損害賠償意義不同

【職業災害】

峪○公司員工甲○○請求給付補償金事件，甲○○不服臺灣高等法院花蓮分院94年度勞上字第54號判決提起上訴，最高法院96年度台上字第1227號判決發回高等法院花蓮分院，判決理由略以：查依勞動基準法第59條規定之補償與依民法侵權行爲之損害賠償，兩者之意義、性質與範圍均有所不同。以目的上言之，職業災害補償以保障受害勞工之最低生活保障爲其目的，而民法侵權行爲之損害賠償旨在塡補受害勞工所遭受之精神及物資之實際損害，但兩者給付目的有部分重疊，均具有塡補受災勞工損害之目的。就此重疊部分，如其中一債務人已爲給付，他債務人就此部分之責任即歸於消滅，甲獲得192萬7,800元侵權行爲之損害賠償，惟原審未查明與依勞動基準法第59條規定之補償，其重疊部分爲何？尚有未洽。

二十九、職災期間之工資與四十個月工資補償

【職業災害】

永○公司員工甲○○請求損害賠償事件，甲○○不服臺灣高等法院高雄分院92年度勞上字第13號判決提起上訴，最高法院96年度台上字第492號判決發回臺灣高等法院高雄分院。有關職業災害醫療期間之工資與四十個月工資補償部分判決略以：按「勞工在醫療中不能工作時，雇主應按其原領工資數額予以補償。但醫療期間屆滿二年仍未能痊癒，經指定之醫院診斷，審定爲喪失原有工作能力，且不合第3款之殘廢給付標準者，雇主得一次給付四十個月之平均工資後，免除此項工資補償責任。」爲勞動基準法第59條第2款所明定。依其規定意旨觀之，二年期間係勞工之醫療期間，雇主應給付該期間之工資，至四十個月之平均工資，乃勞工醫療經過二年後，仍未能回復原有工作能力，爲免雇主負無期限之補償責任，而明定得一次給付四十個月之平均工資，以免除此後之薪資補償。是勞工如符合上述規定之條件，自得請求二年期間之薪資補償及四十個月之平均工資。又依該條款規定，須不合同條第3款殘廢給付之規定，始得請求四十個月之平均工資，究竟甲○○醫療期間爲何？是否符合第3款殘廢給付標準？該款之殘廢給付是否較第2款之薪資補償爲高？原審概未詳加調查審認。

三十、職業災害補償雇主得依規定抵充

【職業災害】

鑫○公司員工甲○○請求損害賠償事件，甲○○不服臺灣高等法院94年度勞上字第96號判決提起上訴，最高法院95年度台上字第1639號判決上訴駁回，判決理由略以：勞工遭遇職業災害或罹患職業病而致死亡、殘廢、傷害或疾病時，雇主應負補償責任。但如同一事故，依勞工保險條例或其他法令規定，已由雇主支付費用補償者，雇主得以抵充，爲勞動基準法第59條所明定。基此，勞工因職業災害而受領勞工保險給付，雇主得主張就此項勞工保險給付抵充其因勞動基準法所負擔之責任，則雇主僅就抵充後之餘額負責。

三十一、雇主之職災補償責任不以有故意過失為要件

【職業災害】

海○公司承包商嘉○工程行員工甲○○，因觸及施工中村里防盜系統之電線死亡，其子乙○○、丙○○向板橋市公所請求國家賠償，乙○○、丙○○不服臺灣高等法院94年度上國字第16號判決提起上訴，最高法院95年度台上字第2779號判決發回臺灣高等法院，判決理由略以：勞工因職業災害致死亡、殘廢、傷害或疾病時，雇主應依勞動基準法第59條規定予以補償，該雇主所負職業災害補償責任，並不以雇主有故意或過失或其他可歸責之事由存在爲必要，即非在對於違反義務，具有故意或過失之雇主加以制裁或課以責任，而係在維護勞工及其家屬之生存權，係以生活保障爲目的之照顧責任，並非損害賠償責任之性質，其賠償金額係採法定金額，即依勞動基準法第59條第1項第4款：勞工遭遇職業災害死亡時，雇主除給與五個月平均工資之喪葬費外，並應一次給與其遺屬四十個月平均工資之死亡補償。而雇主（包括承攬人或次承攬人）亦僅得在此法定補償金額內抵充就同一事故所生之損害賠償金額，此觀之勞動基準法第59條、第60條規定自明。原審未調查甲○○之平均工資若干，以計算應負之法定勞動基準法職業災害補償金額，亦未審海○公司給予乙○○、丙○○二兩人500萬元，嘉○工程行給予340萬元有無逾越勞動基準法第59條之職業災害補償金額？遽以已超過乙○○、丙○○得依國家賠償金額，同免國家賠償，尙嫌疏略。

又板橋市公所究係本於因違反勞工安全衛生法之侵權賠償責任或係本於職

業災害補償責任，與板橋市公所負國家賠償成立不眞正連帶債務，因嘉○工程行之給付而同免責任，應併予注意。

三十二、因執行職務加害他人之損害包括怠於執行

【職業災害】

蔚○公司承攬宗○公司之鋼架工程，蔚○公司再轉包給力○社，勞工甲○○請求給付職業災害補償事件，臺灣高等法院臺中分院93年度勞上字第6號判決略以：按承攬人就其承攬之全部或一部交付再承攬時，承攬人應依規定告知再承攬人，勞工安全衛生法第12條第2項定有明文，又民法第28條所謂「因執行職務加害於他人之損害」，並不以因積極執行職務行爲所生之損害爲限，如依法令規定，董監事負執行職務之義務，而怠於執行時所加於他人之損害，亦包括在內。蔚○公司負責人既負執行職務之義務，而怠於執行告知之義務，其違反勞工安全衛生法第17條第2項，自屬違反保護他人之法律，甲○○自得請求蔚○公司及其負責人負連帶損害賠償責任。是力○社、丙○○、蔚○公司、乙○○之過失行爲，均係造成甲○○受損之共同原因，力○社、丙○○、蔚○公司、乙○○等人自應就其所受損害負共同侵權行爲之損害賠償責任。蔚○公司、力○社、丙○○不服判決提起上訴，有關駁回上訴部分，最高法院95年度台上字第2106號判決略以：原審維持第一審命上訴人力○社、丙○○給付職業災害補償費，精神慰撫金部分，經核於法並無違背。

三十三、職災死亡補助須與職災有相當因果關係

【職業災害】

甲○○之子陳○○受僱余○工廠，91年10月13日工作不愼致左前臂撕裂傷，92年4月22日被人發現死於住宅。甲○○請求依職業災害勞工保護法規定發給職業災害死亡補助事件，甲○○不服臺北高等行政法院93年度訴字第1313號判決提起上訴，最高行政法院96年度判字第438號判決上訴駁回，判決理由略以：勞工保險局將高雄長庚等三家醫院病歷影本等相關資料送勞工保險局特約醫師審查，審查意見爲：「1. 依醫理，92年4月22日發生之心肺衰竭與91年10月13日發生之左前臂撕裂傷併腔室症候群無直接關係。2. 與其自己之身體狀況有關。」等情，足見陳○○於工作中受有「左前臂撕裂傷」之傷害，惟其死亡並非因此職業災害直接所造成，或於工作場所促發疾病因而死亡，亦即陳

○○之死亡與該職業傷害間並無相當因果關係，核與職業災害勞工保護法第6條、第8條、第9條之規定不符，勞工保險局予以否准，並無不合。原審綜合全辯論意旨所爲事實認定及得心證之理由與法律適用，業於判決理由詳爲論述，核無違誤。

三十四、賠償金應斟酌雙方過失之輕重

【職業災害】

宏○公司員工甲○○職業災害請求損害賠償事件不服臺灣高等法院臺南分院94年度勞上字第1號判決提起上訴，最高法院96年度台上字第90號判決發回臺灣高等法院臺南分院，有關賠償金額部分，判決理由略以：按損害之發生或擴大，被害人與有過失者，法院得減輕賠償金額，或免除之，民法第217條第1項固定有明文。惟法院得於裁量賠償金額減至何程度或爲完全免除時，應斟酌雙方原因力之強弱與過失輕重決定之。原審僅泛言比較雙方之過失情節，酌定雙方應各負50%之過失責任云云，惟雙方之過失於本件傷害事故之影響力各如何？如何斟酌比較足認雙方應各負50%之過失責任？原審悉未論述說明，遽減輕公司50%之賠償金額，亦有未合。又甲○○於原審主張公司未提供符合標準之必要安全設備、未對勞工施以從事工作及預防災變所必要之安全衛生教育訓練暨於機械修理時未設置警示標誌，護罩或護圍，爲本件傷害發生之主因云云，乃均與法院適用過失相抵法則時如何裁量減輕賠償金額有關，自屬重要之攻擊方法，原審恝置不論，遽爲甲○○敗訴之判決，亦屬判決不備理由。

三十五、勞動契約包含臨性工作

【職業災害、勞動契約】

台○公司將工程由三○公司承包，再轉由俱○工程行趙○○承包，勞工甲○○請求職業災害補償事件，甲不服臺中地方法院93年度重勞訴字第10號判決提起上訴，臺灣高等法院臺中分院96年度重勞上字第5號判決略以：勞動基準法規範之勞動契約依該法第9條第1項規定，本即包含臨時性工作。甲○○屬臨時性工作，仍有勞動基準法規定之適用。按勞工因遭遇職業災害而致死亡、殘廢、傷害或疾病時，雇主應依規定予以補償。勞動基準法第59條第1項定有明文，本件台○公司對甲○○職業災害所受之傷害及殘廢應負職業災害之補償責任。台○公司應與趙○○連帶給付甲○○146萬4,520元。

三十六、精神撫慰金之衡量因素

【職業災害】

永○工程行勞工甲○○職業災害請求損害賠償事件，永○工程行不服花蓮地方法院94年度勞訴字第5號判決提起上訴，臺灣高等法院花蓮分院95年度勞上字第54號判決上訴駁回，有關精神撫慰金部分，判決理由略以：本院斟酌甲○○爲高職畢業，現無業，育有二名幼子，名下房屋一間、土地一筆，永○工程行黃○○爲負責人，高職畢業，每月淨入約5、6萬元，有三名就學子女，房屋五間、土地四筆，甲○○因本事故，受右肘橈尺骨骨折，右踝脛骨骨折，肱骨拉傷之傷害，以致身體遺存殘障，行動起居極爲不便，精神顯受有相當之痛苦。衡諸甲○○所受痛苦及雙方身分地位與經濟能力，甲○○請求之非財產損害賠償金額以50萬元爲適當。

三十七、投保單位不同職災賠償不能抵銷

【職業災害】

惠○公司員工林○○之家屬丙○○請求損害賠償事件，惠○公司不服高雄地方法院95年度重訴字第166號判決提起上訴，臺灣高等法院高雄分院96年度上字第13號判決上訴駁回，判決理由略以：惠○公司主張林○○係受僱於張○○（承攬），依通常慣例，張○○與林○○應已約定林○○自上班日起透過職業工會投保之保費均由雇主張○○支付，保費與薪資一併給付林○○，因此丙○○所受領之82萬3,500元職業災害給付，依勞動基準法第59條規定，可抵充本件賠償金額云云。惟查林○○勞工保險之投保單位，爲「高雄市聯結車駕駛員職業工會」，足認林○○並非由惠○公司或張○○投保且給付保險費，而係由「高雄市聯結車駕駛員職業工會」所投保，則發生職業災害時，丙○○受領之職業災害給付，惠○公司自不得主張抵充。

三十八、不同項目之職災補償不得抵充

【職業災害】

大○公司員工甲○○請求職業災害補償等事件，大○公司不服高雄地方法院93年度勞訴字第41號判決提起上訴，臺灣高等法院高雄分院95年度勞上易字第18號判決上訴駁回，判決理由略以：甲○○因職業災害之傷害，自勞工保險

局受領職業災害殘廢給付14萬6,400元，甲○○受領職業災害殘廢給付，固係就「同一事故」所生之損害賠償金額，但甲○○於本件係依勞動基準法第59條第1款規定請求醫療費用補償及依勞動基準法第59條第2款前段規定請求工資補償，其請求給付之性質與甲○○主張之職業災害殘廢補償給付之性質、範圍均各異，換言之，甲○○並未對大○公司請求職業災害殘廢補償給付，是該給付彼此間並無為抵充之關係，自無從予以抵充，大○公司就此部分主張抵充，即屬無據。

三十九、勞基法第59條相關規定不受勞保傷病審查準則拘束

【職業災害】

台○市政府勞工局與王君有關勞工權益基金補助事件，王君不服台○市政府99年5月26日府訴字第09970056600號訴願決定，提起行政訴訟，臺北高等行政法院99年度簡字第719號判決王君敗訴，有關職業災害補償部分判決理由略以：王君原告自93年10月起即患有憂鬱症症狀，並於95年10月經仁愛醫院診斷為憂鬱症，此有王君提供之仁愛醫院及台大醫院之診斷證明書為證，王君固主張憂鬱症自98年11月6日起依修正後之勞保傷病審查準則應視為職業病云云，惟查勞保傷病審查準屬勞保局為依勞保條例第34條核定勞工保險等相關給付所發布之法規命令，與王君罹患之憂鬱症是否符合勞基法第59條之「職業災害」應分別判斷之，亦即王君是否符合勞基法上之職業災害受領補償權利，應依勞基法第59條相關規定審核之，不受勞保傷病審查準則拘束，王君主張台○市政府應將原告所罹患憂鬱症，依修正後之勞保傷病審查準則即視為職業病云云，核屬無據，不足為本件是否符合勞基法第59條職業災害補償請求之有利認定。

四十、申請職業傷病該請領權利人仍係被保險人本身

【職業災害】

公○公司勞工保險申請職業災害醫療給付事件，公○公司不服行政院勞工委員會99年6月9日勞訴字第0990004549號訴願決定，提起行政訴，高雄高等行政法院判決99年度訴字第431號判決公○公司敗訴，有關職業傷病請領權利人部分判決理由略以：若非中央或地方機關之行政處分相對人，或非行政處分相對人以外之利害關係第三人，而就行政處分提起行政訴訟法第4條第1項之撤銷訴訟者，即屬當事人不適格，應認其訴為無理由而以判決駁回之。又依勞工

保險條例第1條規定可知，其立法目的乃爲保障勞工生活，促進社會安全而制定。依同條例第19條第1項規定「被保險人或其受益人，於保險效力開始後，停止前發生保險事故者，得依條例規定，請領保險給付。」可知得請求保險給付之權利人乃爲被保險人或其受益人，至投保單位並非保險給付之權利人至明。亦即勞工保險條例乃保障勞工生活爲其立法目的，主要係保障勞工即被保險人爲目的；至投保單位是否因此在其他法律上須負擔何種責任，並非勞工保險條例兼具保護之規範目的。另依同條例第42條之1「被保險人罹患職業傷病時，應由投保單位塡發職業傷病門診單或住院申請書……申請診療；投保單位未依規定塡發者，被保險人得向保險人請領，經查明屬實後發給。」規定，亦可知被保險人罹患職業傷病時，固應由投保單位塡發職業傷病門診單或住院申請書申請診療，惟此乃係代被保險人向保險人即被告提出申請，該請領權利人仍係被保險人本身，至是否符合職業傷病之請領要件，仍應由被告予以查明後始給付之，因此該保險給付是否核准，被告仍須本諸職權而爲認定。

四十一、事務所或營業所業務涉訟者之管轄

【職業災害】

愛○公司員工甲君訴請職業災害賠（補）償事件，愛○公司不服臺灣高等法院臺中分院99年度勞抗字第3號裁定提起再抗告，最高法院99年度台抗字第823號民事裁定以：原裁定廢棄，應由臺灣高等法院臺中分院更爲裁定。理由略以：按對於設有事務所或營業所之人，因關於其事務所或營業所之業務涉訟者，得由該事務所或營業所所在地之法院管轄，固爲民事訴訟法第6條所明定。但所稱關於其事務所或營業所之業務涉訟者，考其立法理由，係指該事務所或營業所因契約或不法行爲等事涉訟而言。本件依相對人所爲其於上班途中，遭不明人士潑灑不明液體而受有職業災害，本於勞基法第59條規定，請求愛○公司給付職業災害補償之主張。可否認屬相對人與愛○公司之豐原市營業所間，因「契約」或「不法行爲」等事而涉訟？攸關上開法文之適用是否妥適問題。原法院未遑詳予研求，遽認依民事訴訟法第6條規定，該營業所所在之臺中地院亦有管轄之權，而爲愛○公司不利之裁定，殊嫌率斷，抑且難昭折服。再抗告指摘原裁定不當，求予廢棄，非無理由。

四十二、勞基法與勞工保險條例關係密切且互為援用

【職業災害】

邱○事務所員工甲君請求給付退休金、職業傷害補償等事件，邱○事務所不服臺灣高等法院98年度勞上字第19號判決提起上訴，有關職業傷害部分，最高法院99年度台上字第178號民事判決甲君勝訴，判決理由略以：勞基法就「職業災害」雖未加以定義，關於雇主抵充規定、職業病種類或醫療範圍及殘廢補償標準等，皆依勞工保險條例有關之規定，其中第4款亦同列與勞工保險條例相同之「職業傷害」用語；又勞工如申請職業災害勞工保護法第6條第1項、第8條第1項、第2項、第9條第1項及第20條之補助申請時，申請補助機關爲勞保局，勞工職業災害之認定及補償標準，則比照「勞工保險被保險人因執行職務而致傷病審查準則」、勞工保險職業病種類及中央主管機關核准增列之勞工保險職業病種類之規定，顯見勞基法與勞工保險條例關係密切且互爲援用。又勞基法與勞工保險條例，均係爲保障勞工而設，勞基法對於職業災害所致之傷害，並未加以定義，本於勞基法所規範之職業災害，與勞工保險條例所規範之職業傷害，具有相同之法理及規定類似，並參酌勞工傷病審查準則第4條規定：「被保險人上、下班，於適當時間，從日常居、住處所往返就業場所之應經途中發生事故而致之傷害，視爲職業傷害。」顯見所謂職業災害，不以勞工於執行業務時所生災害爲限，應包括勞工往返工作職場提出勞務之際所受災害。甲君係於下班返家途中發生車禍事故，自屬勞基法第59條規定之職業災害。

四十三、職業災害補償制度採無過失責任主義

【損害賠償、無過失責任主義】

最高法院95年度台上字第2542號判決略以：勞基法第59條之補償規定，係爲保障勞工，加強勞、雇關係、促進社會經濟發展之特別規定，性質上非屬損害賠償。且按職業災害補償乃對受到「與工作有關傷害」之受僱人，提供及時有效之薪資利益、醫療照顧及勞動力重建措施之制度，使受僱人及受其扶養之家屬不致陷入貧困之境，造成社會問題，其宗旨非在對違反義務、具有故意過失之雇主加以制裁或課以責任，而係維護勞動者及其家屬之生存權，並保存或重建個人及社會之勞動力，是以職業災害補償制度之特質係採無過失責任主

義，凡雇主對於業務上災害之發生，不問其主觀上有無故意過失，皆應負補償之責任，受僱人縱使與有過失，亦不減損其應有之權利（最高法院82年度台上字第1472號）。

四十四、事業單位與承攬人負職業災害連帶賠償責任

【職業安全衛生法】

勞動基準法第62條規定事業單位與承攬人之連帶責任；第63條規定事業單位之督促義務及連帶補償責任，最高法院110年度台上字第565號民事判決略以：依職業安全衛生法第25條第2項規定，原事業單位違反職業安全衛生法或有關安全衛生規定，致承攬人所僱勞工發生職業災害時，與承攬人負連帶賠償責任。再承攬者亦同。同法第26條規定：事業單位以其事業之全部或一部分交付承攬時，應於事前告知該承攬人有關其事業工作環境、危害因素暨本法及有關安全衛生規定應採取之措施。

四十五、職業災害勞工安置適當之工作

【職業災害】

最高法院111年度台上字第2077號民事判決略以：職災保護法第27條所謂安置適當之工作及職業安全衛生法第21條第1項後段所稱變更其作業場所、更換工作或縮短工作時間，應係指雇主在其既有之營業規模、職業條件、職能體系當中，於其管理權限所及之範圍內，對已就任但嗣後因故致不適任原職之勞工另提供適才適所之新職務，但非謂雇主因前揭規定，即負有於超出期待可能性範圍之外，仍須盡一切可能之調整措施以安置該不適任勞工之義務。

四十六、勞動契約之勞工須具備條件

【職業災害、勞工】

博○剪髮店與理髮師林○○之職業災害補償事件，博○剪髮店不服臺灣高等法院臺南分院（109年度勞上字第29號），提起上訴，最高法院111年度台上字第1054號民事判決：原判決除假執行部分外廢棄，發回臺灣高等法院臺南分院。判決理由略以：勞動契約當事人之勞工，通常具有：（一）人格上從屬性，即受僱人在僱用人企業組織內，服從僱用人權威，並有接受懲戒或制裁之

義務。（二）親自履行，不得使用代理人。（三）經濟上從屬性，即受僱人並不是爲自己之營業勞動而是從屬於他人，爲該他人之目的而勞動。（四）組織上從屬性，即納入僱用人方生產組織體系，並與同僚間居於分工合作狀態等項特徵。林○○至博○剪髮店之時間、方法得自行決定，非依博○剪髮店之指示工作，且博○剪髮店未設店舖規則供林○○遵循，對於林○○未到班，亦無扣錢等懲戒或制裁制度，亦未約定林○○需與同事分工；又林○○除與博○剪髮店簽訂系爭契約外，同時與嘉○剪髮店簽立設備承租暨合作協議書，證人李○○復證稱林○○可自由決定上班地點，則林○○既可決定在其他剪髮店兼營剪髮業務，似未專屬爲博○剪髮店之剪髮店提供勞務，則依上開情節，能否謂林○○係基於人格上、經濟上及組織上從屬性而爲博○剪髮店提供勞務，非無再予研求之餘地（按：本件係理髮師林○○至博○剪髮店工作後下班途中車禍死亡，其父母請求給博○剪髮店依職業災害，給付四十個月平均工資之補償金新臺幣159萬2,000元，及五個月平均工資之喪葬費補償金19萬9,000元，合計179萬1,000元）。

四十七、取捨證據、認定事實屬於第二審法院之職權

【侵權行爲、證據】

皇○保全公司保全林○○給付職災補償費等事件，皇○保全公司聲請再審，最高法院110年度台聲字第3294號民事裁定聲請駁回。裁定理由略以：按民事訴訟法第507條準用第496條第1項第1款所謂適用法規顯有錯誤，係指確定裁定所適用之法規，顯然不合於法律規定，或與司法院大法官解釋顯然違反，或消極的不適用法規，顯然影響裁定者而言。次按上訴第三審法院，非以原判決違背法令爲理由，不得爲之。又其上訴狀內應記載上訴理由，表明原判決所違背之法令及其具體內容，暨依訴訟資料合於該違背法令之具體事實，其依民事訴訟法第469條之1規定提起上訴者，並應具體敘述爲從事法之續造、確保裁判之一致性或其他所涉及之法律見解具有原則上重要性之理由。同法第467條、第470條第2項定有明文。另取捨證據、認定事實屬於第二審法院之職權，若其認定並不違背法令，即不許任意指摘其認定不當，以爲上訴理由。本件聲請人對於原第二審判決提起第三審上訴，雖以該判決違背法令爲由，惟核其上訴理由狀所載，實係就原第二審判決本其取捨證據、認定事實之職權行使所認定：林○○於民國106年3月22日執勤時昏倒經送醫急救，腦部電腦斷層掃描發

現腦部蜘蛛膜下腔出血、急性顱內出血（下稱系爭傷病），嗣於同年月30日死亡。林〇〇長時間勞動促發系爭傷病死亡，兩者間具相當因果關係，而為職業災害。聲請人違反勞基法等限制工時之保護他人法律，自有過失。林〇〇並無心臟病史，難認其對系爭傷病與有過失。相對人自得依勞基法第59條第1款、第4款規定，請求聲請人給付醫療費用、喪葬費及死亡補償，另依侵權行為法則請求給付扶養費及慰撫金等情，核無適用法規顯有錯誤。

第四節　勞工職業災害保險及保護法

為保障職業災害勞工之權益，加強職業災害之預防，促進就業安全及經濟發展，「勞工職業災害保險及保護法」於111年5月1日實施。本法實施後，不適用「職業災害勞工保護法」及「勞工保險條例」的部分條文，而成為職業災害預防、補償及重建之保護專法；本法未規定者，適用其他法律之規定。

本法之重點有擴大保險範圍、提高投保薪資、提升給付保障、加強職業災害預防、重建及服務等。

勞動部勞工保險司統計，至112年2月底，勞工職業災害保險及保護法投保事業單位有78萬7,000多個，比投保勞工保險的59萬4,000多個多；被保險人有1,103萬1,000多人，比投保勞工保險的1,038萬3,000多人多。

一、擴大投保範圍

勞工職業災害保險及保護法第6條、第7條、第8條、第9條、第10條規定：

（一）受僱於領有執業證照事業單位之勞工，不論僱用人數，皆強制納保。

（二）無一定雇主或自營作業勞工，仍由職業工會投保。

（三）技術生、養成工、見習生、建教生、職業訓練機構受訓練者。

（四）第9條規定自願投保單位，第10條規定特別加保對象。

二、未加入本保險而遭遇職業傷病勞工之照護

勞工職業災害保險及保護法第81條規定：未加入本保險之勞工，於本法施行後，遭遇職業傷病致失能或死亡，得向保險人申請照護補助、失能補助或死

亡補助。

三、職業災害勞工離職退保後之繼續加保

勞工職業災害保險及保護法第77條規定：參加勞工保險之職業災害勞工，於職業災害醫療期間終止勞動契約並退保者，得以勞工團體或保險人委託之有關團體爲投保單位，繼續參加勞工保險，至符合請領老年給付之日止，不受勞工保險條例第6條規定之限制。

四、職業病之津貼與補助

勞工職業災害保險及保護法第78條、第79條、第80條規定：

被保險人從事第63條第2項所定有害作業，於退保後，經第73條第1項認可醫療機構之職業醫學科專科醫師診斷係因保險有效期間執行職務致罹患職業病者，得向保險人申請醫療補助、失能或死亡津貼。

被保險人遭遇職業傷病，經醫師診斷或其他專業人員評估必須使用輔助器具，且未依其他法令規定領取相同輔助器具項目之補助者，得向勞動部職業安全衛生署申請器具補助。

被保險人因職業傷病，有下列情形之一者，得向保險人申請照護補助：

（一）符合第42條第1項規定，且住院治療中。

（二）經評估爲終身無工作能力，喪失全部或部分生活自理能力，經常需醫療護理及專人周密照護，或爲維持生命必要之日常生活活動需他人扶助。

五、復工計畫、恢復原工作

勞工職業災害保險及保護法第66條、第67條規定：

爲使職業災害勞工恢復並強化其工作能力，雇主或職業災害勞工得申請協助擬訂復工計畫，進行職業災害勞工職能復建等服務。

職業災害勞工經醫療終止後，雇主應擬訂復工計畫，協助其恢復原工作；無法恢復原工作者，應協議安置適當工作。雇主並應提供勞工從事工作必要之輔助設施。

六、雇主得預告終止職業災害勞工勞動契約之情形

勞工職業災害保險及保護法第84條規定：非有下列情形之一者，雇主不得預告終止與職業災害勞工之勞動契約：

（一）歇業或重大虧損，報經主管機關核定。

（二）職業災害勞工經醫療終止後，經中央衛生福利主管機關醫院評鑑合格醫院認定身心障礙不堪勝任工作。

（三）因天災、事變或其他不可抗力因素，致事業不能繼續經營，報經主管機關核定。

七、職業災害勞工得終止勞動契約之情形

勞工職業災害保險及保護法第85條規定：有下列情形之一者，職業災害勞工得終止勞動契約：

（一）經中央衛生福利主管機關醫院評鑑合格醫院認定身心障礙不堪勝任工作。

（二）事業單位改組或轉讓，致事業單位消滅。

（三）雇主未依第67條第1項規定協助勞工恢復原工作或安置適當之工作。

（四）對雇主依第67條第1項規定安置之工作未能達成協議。

八、終止勞動契約應發給勞工資遣費、退休金、離職金

勞工職業災害保險及保護法第86條規定：雇主或勞工依本法第84條、第85條規定終止勞動契約者，應依規定發給資遣費或退休金。不適用勞動基準法之勞工，應發給離職金。

九、醫療終止後安置適當之工作及提供必要之輔助設施

勞工職業災害保險及保護法第67條規定：職業災害勞工經醫療終止後，雇主應按其健康狀況及能力，安置適當之工作，並提供其從事工作必要之輔助設施。

十、改組或轉讓後所留用之勞工權益，對新雇主繼續存在

勞工職業災害保險及保護法第87條規定：事業單位改組或轉讓後所留用之勞工，因職業災害致身心障礙、喪失部分或全部工作能力者，其依法令或勞動契約原有之權益，對新雇主繼續存在。

十一、職業災害未認定前，應予留職停薪

勞工職業災害保險及保護法第88條規定：職業災害未認定前，勞工得依勞工請假規則第4條規定，先請普通傷病假，普通傷病假期滿，雇主應予留職停薪，如認定結果爲職業災害，再以公傷病假處理。

十二、事業單位與承攬人連帶負職業災害補償之責任

勞工職業災害保險及保護法第89條規定：事業單位以其工作交付承攬者，承攬人就承攬部分所使用之勞工，應與事業單位連帶負職業災害補償之責任。再承攬者，亦同。

前項事業單位或承攬人，就其所補償之部分，對於職業災害勞工之雇主，有求償權。

前二項職業災害補償之標準，依勞動基準法之規定。同一事故，依勞工保險條例或其他法令規定，已由僱用勞工之雇主支付費用者，得予抵充。

十三、不再適用之法、條文

勞工職業災害保險及保護法第106條規定：本法施行後職業災害勞工保護法不再適用，但有下列情形之一者，仍依職業災害勞工保護法及其相關規定辦理：

（一）已依職業災害勞工保護法第11條或第13條等規定受理職業疾病認定或鑑定，其處理程序未終結。

（二）已依職業災害勞工保護法第10條或第20條受理事業單位、職業訓練機構或相關團體之補助申請，其處理程序未終結。

勞工職業災害保險及保護法第107條規定，勞工保險條例第2條第2款、第13條第3項至第6項、第15條第1款至第4款、第19條第5項、第6項、第20條第1項、第20條之1、第34條、第36條、第39條至第52條、第54條及第64條有關職業災害保險規定，除本法另有規定外，本法施行後不再適用。

勞動部勞工保險局**111**年**3**月編印「勞工職業災害保險及保護法」文宣，摘錄如下：

一、擴大納保對象

強制納保	1.**受雇勞工**：登記有案之事業單位及雇主（如公司、行號、工廠、人民團體、領有執業執照者、設有稅籍單位、家事移工雇主等），不論僱用人數多少，皆應為所僱員工辦理加保。 ★貼心提醒：僱用四人以下的微型企業，屬職災保險的強制投保單位，雇主別忘了幫員工申報加保喔！ 2.**職業工會會員、漁會甲類會員、職訓受訓學員**：應於入會、到訓當日，由所屬職業工會、漁會或職業訓練單位申報加保。 3.**公告準用對象**：具公法救助關係者。
自願加保	1.**實際從事勞動之雇主**：應與其受僱員工，以同一投保單位參加職保。 2.**外僱船員**：應由所參加之海員總工會或船長工會投保。 3.**公告得準用對象**：本國籍及外、陸配之家庭幫傭、看護工、居家式托育服務工作者及研究計畫主持人聘僱之研究助理。
特別加保	受僱於自然人雇主勞工、實際從事勞動之人員或提供勞務之童工，可透過簡便加保管道（如7-11的ibon機台、勞保局官網或指定職業工會）參加職保。

二、提高投保薪資上下限

爲提供勞工更適足之職業災害保險保障，投保薪資下限訂爲基本工資等級，上限提至72,800元。

三、受僱登記有案之勞工到職即有保障

依災保法第13條規定，受僱登記有案雇主之勞工，其保險效力自到職當日起算。雇主如未申報勞工加保，勞工發生職災仍可向勞保局申領保險給付，而雇主將面臨相關罰則。

投保對象之保險效力如下：

雇主應於所屬勞工到職當日，塡具加保申報表送交勞保局辦理投保手續，四人以下微型企業雖屬勞保自願加保單位，惟仍應強制參加就業保險及職災保險，並提繳勞工退休金。

勞動部編印「勞工職業災害保險及保護法」文宣，摘錄如下：

一、遭遇職災勞工，生活有保護

醫療給付	醫療費用、健保特殊材料差額補助。
傷病給付	依平均月投保薪資（下同）前二個月發給100%，之後發給70%，最長二年。
失能給付	1.失能年金依失能程度按月發給70%、50%、20%。 2.未達請領年資資格，可請領失能一次金。
死亡給付	遺屬年金按月發給50%。 不符合遺屬年金請領條件，可請領遺屬一次金。
失蹤給付	於作業中遭遇意外事故致失蹤者，按月發給70%。

二、津貼及補助

退保後診斷罹患職業病者	醫療補助、失能或死亡津貼。
被保險人、退保後診斷罹患職業病者	照護補助、器具補助。
未參加勞工職業災害保險的勞工	發生職災也可申請照護、失能及死亡補助。

註釋

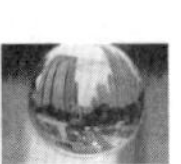

【1】 內政部75年4月18日台內勞字第393467號函。

【2】 內政部75年6月7日台內勞字第416667號函。

【3】 內政部75年10月18日台內勞字第4388324號函。

【4】 行政院勞工委員會79年3月16日台內勞動三字第05747號函。

【5】 第1119條：「扶養之程度，應按受扶養權利者之需要，與負扶養義務者之經濟能力及身分定之。」

【6】 內政部74年5月4日台（74）內勞字第310835號函：
職業汽車駕駛人工作時間，係以到達工作現場報到時間為開始，且其工作時間應包含待命時間在內。

【7】 第213條：「負損害賠償責任者，除法律另有規定或契約另有訂定外，應回復他方損害發生前之原狀（第1項）。因回復原狀而應給付金錢者，自損害發生時起，加給利息（第2項）。第一項情形，債權人得請求支付回復原狀所必要之費用，以代回復原狀（第3項）。」

第214條：「應回復原狀者，如經債權人定相當期限催告後，逾期不為回復時，債權人得請求以金錢賠償其損害。」

第215條：「不能回復原狀或回復顯有重大困難者，應以金錢賠償其損害。」

第216條：「損害賠償，除法律另有規定或契約另有訂定外，應以補償債權人所受損害及所失利益為限（第1項）。依通常情形，或依已定之計劃、設備或其他特別情事，可得預期之利益，視為所失利益（第2項）。」

第216條之1：「基於同一原因事實受有損害並受有利益者，其請求之賠償金額，應扣除所受之利益。」

第217條：「損害之發生或擴大，被害人與有過失者，法院得減輕賠償金額，或免除之（第1項）。重大之損害原因，為債務人所不及知，而被害人不預促其注意或怠於避免或減少損害者，為與有過失（第2項）。前二項之規定，於被害人之代理人或使用人與有過失者，準用之（第3項）。」

第218條：「損害非因故意或重大過失所致者，如其賠償致賠償義務人之生計有重大影響時，法院得減輕其賠償金額。」

第218條之1：「關於物或權利之喪失或損害，負賠償責任之人，得向損害賠償請求權人，請求讓與基於其物之所有權或基於其權利對於第三人之請求權（第1項）。第二百六十四條之規定，於前項情形準用之（第2項）。」

【8】 第184條：「因故意或過失，不法侵害他人之權利者，負損害賠償責任。故意以背於善良風俗之方法，加損害於他人者亦同（第1項）。違反保護他人之法律，致生損害於他人者，負賠償責任。但能證明其行為無過失者，不在此限（第2項）。」

【9】 第193條：「不法侵害他人之身體或健康者，對於被害人因此喪失或減少勞動能力或增加生活上之需要時，應負損害賠償責任（第1項）。前項損害賠償，法院得因當事人之聲請，定為支付定期金。但須命加害人提出

擔保（第2項）。」

【10】第195條：「不法侵害他人之身體、健康、名譽、自由、信用、隱私、貞操，或不法侵害其他人格法益而情節重大者，被害人雖非財產上之損害，亦得請求賠償相當之金額。其名譽被侵害者，並得請求回復名譽之適當處分（第1項）。前項請求權，不得讓與或繼承。但以金額賠償之請求權已依契約承諾，或已起訴者，不在此限（第2項）。前二項規定，於不法侵害他人基於父、母、子、女或配偶關係之身分法益而情節重大者，準用之（第3項）。」

【11】第487條：「因犯罪而受損害之人，於刑事訴訟程序得附帶提起民事訴訟，對於被告及依民法負賠償責任之人，請求回復其損害（第1項）。前項請求之範圍，依民法之規定（第2項）。」

【12】第249條：「原告之訴，有下列各款情形之一者，法院應以裁定駁回之。但其情形可以補正者，審判長應定期間先命補正：一、訴訟事件不屬普通法院之權限者。二、訴訟事件不屬受訴法院管轄而不能為第二十八條之裁定者。三、原告或被告無當事人能力者。四、原告或被告無訴訟能力，未由法定代理人合法代理者。五、由訴訟代理人起訴，而其代理權有欠缺者。六、起訴不合程式或不備其他要件者。七、起訴違背第二百五十三條、第二百六十三條第二項之規定，或其訴訟標的為確定判決之效力所及者（第1項）。原告之訴，依其所訴之事實，在法律上顯無理由者，法院得不經言詞辯論，逕以判決駁回之（第2項）。」（條文已修正）

第253條：「當事人不得就已起訴之事件，於訴訟繫屬中，更行起訴。」

第263條：「訴經撤回者，視同未起訴。但反訴不因本訴撤回而失效力（第1項）。於本案經終局判決後將訴撤回者，不得復提起同一之訴（第2項）。」

【13】內政部75年7月22日台（75）內勞字第42913號函：

一　駕駛人員行車肇事受傷，係勞工安全衛生法第2條所稱因作業活動及職業上原因引起之傷害，屬職業災害自應依勞動基準法第59條規定予以職業災害補償並依勞工請假規則第6條規定給予公傷病假。

二　駕駛人如行車故意或過失致其他人員傷亡或公司財物損失，須如何處分，應另列入工作規則。

第八章　技術生

技術生即工廠法所稱之學徒，技術生以學習爲目的，不同於一般勞工。

本章規定技術生年齡之限制、技術生之定義、訓練契約內容、禁止收取費用、期滿留用、人數限制、勞動條件等。

第一節　本章條文

第六十四條

Ⅰ雇主不得招收未滿十五歲之人爲技術生。但國民中學畢業者，不在此限。

Ⅱ稱技術生者，指依中央主管機關規定之技術生訓練職類中以學習技能爲目的，依本章之規定而接受雇主訓練之人。

Ⅲ本章規定，於事業單位之養成工、見習生、建教合作班之學生及其他與技術生性質相類之人，準用之。

第六十五條

Ⅰ雇主招收技術生時，須與技術生簽訂書面訓練契約一式三份，訂明訓練項目、訓練期限、膳宿負擔、生活津貼、相關教學、勞工保險、結業證明、契約生效與解除之條件及其他有關雙方權利、義務事項，由當事人分執，並送主管機關備案。

Ⅱ前項技術生如爲未成年人，其訓練契約，應得法定代理人之允許。

第六十六條

雇主不得向技術生收取有關訓練費用。

第六十七條

技術生訓練期滿，雇主得留用之，並應與同等工作之勞工享受同等之待遇。雇主如於技術生訓練契約內訂明留用期間，應不得超過其訓練期間。

第六十八條

技術生人數，不得超過勞工人數四分之一。勞工人數不滿四人者，以四人計。

第六十九條

Ⅰ本法第四章工作時間、休息、休假，第五章童工、女工，第七章災害補償及其他勞工保險等有關規定，於技術生準用之。

Ⅱ技術生災害補償所採薪資計算之標準，不得低於基本工資。

第二節　解　說

一、技術生之要件

本法第64條規定事業單位爲培養基層技術人力而招收之技術生，除國民中學畢業者外，應滿十五歲；技術生並非泛指一般學徒，而須依行政院勞工委員會公告之技術生訓練職類中以學習技能爲目的，而接受雇主訓練之人，如非屬技術生訓練職類中，或非以學習技能爲目的，即非本法所稱技術生。事業單位之養成工、見習生、建教合作班之學生及其他與技術生性質相類似之人準用技術生的規定。

二、限制條件

技術生雖然在接受訓練、學習，但其工作也會對雇主有所助益，故雇主如不給工資，也不得向技術生收取費用。事業單位的技術生人數，不得超過事業單位僱用勞工總數的四分之一。技術生非佣人，亦非一般勞工，爲免雇主藉僱用技術生之名，而不利技術生。本法施行細則第35條規定，雇主不得使技術生從事家事、雜役及其他非學習爲目的之工作。但從事事業場所內之清潔整頓，器具工具及機械之清理者不在此限。

三、簽約規定

本法第65條規定雇主應與技術生簽訂書面契約，並送主管機關備查，俾技術生的學習與工作權益有所保障。民法第79條：限制行爲能力人未得法定代理人之允許，所訂立之契約，須經法定代理人之承認始生效力。故技術生如爲未成年人，與雇主簽訂的契約應於事前經法定代理人的允許或事後的同意。

四、期滿留用

雇主招收技術生使其接受訓練，學得相當技藝後，雇主勢必留用，爲免留用後，影響勞工權益，因此本法第67條規定，留用後應與相同工作之勞工享受同等之待遇，如果訓練契約訂有留用期間，則所訂留用期間不得超過訓練期間。

五、權益保障

爲保障技術生權益，本法第69條規定，工作時間、休息、休假準用本法第四章的規定，技術生如屬童工、女工，則準用本法第五章童工、女工的保護規定。技術生也準用本法第七章職業災害及勞工保險等有關規定。如發生職業災害補償，則薪資之計算標準，不得低於基本工資。本法施行細則第36條規定，技術生的學科講授時間視爲工作時間。

六、相關事項

（一）年資是否採計

技術生習藝時間，除另有約定外，免予合併計算年資。事業單位委託學校代招的技工訓練班，受訓學生如與事業單位無僱傭關係，則其訓練期間除另有約定外，得免合併計算年資。

（二）養成工仍應受職類範圍限制

事業單位以養成工、見習生、建教合作班學生等名義招收具技術生工作性質者，準用技術生之規定，仍應受行政院勞工委員會公告職類範圍之限制。

第三節　裁判例

一、技術生亦得請求工資墊償基金

【技術生、工資】

京○公司技術生甲君等四十人申請積欠工資墊償基金事件，甲君等人不服行政院勞工委員會98年10月30日勞訴字第0980027750號訴願決定提起行政訴訟，臺北高等行政法院98年度訴字第2776號判決略以：原告四十人之訴願決定及原處分均撤銷。被告對原告三十五人應作成墊償（按：另五人不符墊償資格）。判決理由略以：勞動基準法第28條規範之結構觀之，工資墊償機制隱含保險之作用，故墊償基金是由全國雇主每月應納金額之匯總累積而形成。而雇主每月應納金額之計算，又是以其「當月僱用勞工投保薪資總額」為基數，再乘以固定之費率得出。則從「預先匯集各別低機率但高損失之風險，將各別機率與損失金額相乘計算出應納金額，以支付未來相對固定（即必然發生）損失金額」之保險原理觀之，若技術生勞工於「事後」雇主無法支付（最近六個月）積欠薪資時，不享有墊償基金代墊之保障者，則其等雇主在「事前」即不需將僱用此等技術生勞工所對應之勞工投保薪資（技術生勞工亦需投保勞工保險，勞動基準法第69條第1項參照），計入「當月僱用勞工投保薪資總額」之範圍內，方符合上開規範體系之設計。其等請求合法有據者，勞工保險局應依其等請求之金額作成「准予由墊償基金代墊薪資」之行政處分。

二、技術生休假年資應以到職訓練當日開始起算

【準用、建教合作】

台○公司違反勞動基準法事件，不服高雄高等行政法院108年度訴字第236號判決，提起上訴，最高行政法院109年度上字第448號判決略以：勞動基準法第69條規定：「（第1項）本法第四章工作時間、休息、休假，第五章童工、女工，第七章災害補償及其他勞工保險等有關規定，於技術生準用之。」

該法第四章工作時間、休息、休假等有關規定，於技術生準用之。而同法第64條第3項復規定勞動基準法有關規範技術生之規定，於事業單位之養成工、見習生、建教合作班之學生及其他與技術生性質相類之人，均準用之。揆諸技術生與雇主關係之基本特徵在於雇主於特定期間內，對於學習工作技能者

施予訓練（包括理論課程及實務操作），受訓者必須接受雇主管理、輔導及考勤，其與雇主間之關係相當於勞工之地位。則依勞動基準法第64條第3項及第69條之規定，於事業單位接受雇主訓練，而與技術生性質相類之人，並不以條文所例示之養成工，或見習生，或建教合作班之學生為限，均應準用同法第四章關於工作時間、休息、休假之規定。換言之，凡與技術生性質相類之人，雖不能歸類為技術生、養成工、見習生或建教合作班之學生，且因與雇主間尚未成立勞動契約，非屬於勞工，無法直接適用勞動基準法第38條關於特別休假之規定，但依同法第69條第1項規定，其在同一雇主或事業單位繼續訓練滿一定期間者，仍應準用該規定，以保障其休假權益。

三、海軍各造船廠以評價僱用技術生年資應併計

【評價聘僱】

最高行政法院95年判字第355號判決略以：國軍技術生應視為服兵役的一種形式，其內涵以新兵訓練、專長教育、派廠實習、分發派職服務四階段，始視同完成兵役義務。被上訴人於73年間招考時其招考公告已明文「均分發各考區所在地海軍各造船廠以評價雇用7等1級起用」等文字，且為上訴人所不爭，上訴人既在新制實施後始畢業分發，且招考公告已明文規定係評價聘雇，是本件並無權利義務規範不明須從寬認定之理由。原審就國軍係於60年5月29日實施聘雇新制，於新制實施前，受聘雇人員年資有關之權利義務規定不夠明確，銓敘部及國防部乃從寬認定併計其年資，至於新制實施後，於當年招生簡章未明確規範為評價聘雇身分者，始例外同意從寬認定併計其年資，而本件被上訴人於73年間招考時，其招考公告已明載「均分發各考區所在地海軍各造船廠以評價雇用7等1級起用」等語，上訴人既在新制實施後始畢業分發，且招考公告已明文規定係評價聘雇，是本件並無權利義務規範不明須從寬認定之事由。

第九章 ｜ 工作規則

本章規定應訂立工作規則之勞工人數與工作規則之內容、工作規則之核備、工作規則之揭示、工作規則之效力等。為利勞資紛爭之探討、處理，本章第四節、第五節分別探討「勞動事件法」、「勞資爭議處理實務」。

第一節　本章條文

第七十條

雇主僱用勞工人數在三十人以上者，應依其事業性質，就下列事項訂立工作規則，報請主管機關核備後並公開揭示之：

一　工作時間、休息、休假、國定紀念日、特別休假及繼續性工作之輪班方法。

二　工資之標準、計算方法及發放日期。

三　延長工作時間。

四　津貼及獎金。

五　應遵守之紀律。

六　考勤、請假、獎懲及升遷。

七　受僱、解僱、資遣、離職及退休。

八　災害傷病補償及撫卹。

九　福利措施。

十　勞雇雙方應遵守勞工安全衛生規定。

十一　勞雇雙方溝通意見加強合作之方法。

十二　其他。

第七十一條

工作規則，違反法令之強制或禁止規定或其他有關該事業適用之團體協約規定者無效。

第二節　解　說

一、工作規則的意義

工作規則就是事業單位的管理規章，事業單位為維護企業紀律、維護生產秩序與產業安全、保障勞工權益、促進勞資和諧、減少爭議，進而提升營運績效，因此對全體員工規範統一的管理規定，這些規定包括勞動條件、服務、紀律、考核、工作倫理等。

二、工作規則的訂定

依本法第70條規定，勞工人數在三十人以上者，應訂立工作規則並報請主管機關核備並公開揭示。勞工人數在三十人以下的事業單位，要訂立工作規則自無不可。工作規則如有修正，同樣須報請核備。

工作規則必須根據本業的特性訂定之，例如石化業的工作時間與一般製造業的工作時間不同。雇主認有必要時，得分別就本法第70條各款另訂單項工作規則，例如員工考績辦法、績效獎金辦法皆可另訂之。事業單位之事業場所如有分散於各地，得全部適用同一的工作規則，如各事業單位之業務性質不同時，可分別訂定適用於各該事業場所之工作規則。

本法並未規定工作規則須經勞工同意，惟為建立和諧勞資關係，自宜由勞資會議或工會提供意見。如因正當性、合理性及必要性而需修正降低勞工權益時，法院有判決指出，由雇主單方修正亦無不可。本法規定應徵得工會或勞資會議同意的有第30條的正常工作時間分配於其他工作日、第30條之1的工作時間變更、第32條的延長工作時間、第34條的變更休息時間、第36條的每七日週期調整、第49條的女工夜間工作。

應徵得勞方同意的有第34條的輪班更換，第39條的假日照常工作、第84條之1的特定工作者調整工作時間及假日。

三、工作規則的內容

本法第70條明確規定應訂定工作規則之事項，包括了工作時間、休息、休假、請假，工資、津貼、獎金、福利、紀律、考核、獎懲、升遷，受僱、解僱、資遣、離職、退休、職業災害補償及撫卹、安全衛生及其他。

勞動部111年4月27日勞動條一字第1110140364號函修正「工作規則審核要點」，以便於主管機關核備工作規則時審核之參據。主管機關審核工作規則時一般注意事項如下：

（一）工作規則文字應淺顯確定，名詞應與本法一致。

（二）依勞動條件明示原則，其內容宜照本法第70條力求完整，確無必要者得免列。

（三）本於勞資協調合作之基本精神。

（四）工作規則未敘明適用範圍，主管機關於審核時應主動向事業單位確認，並輔導其載明適用範圍。

工作規則內容之審核，本法有規定之項目，不得低於最低標準，本法未規定之項目，應以勞資合作、促進事業發展爲必要，並尊重勞工人格及一般社會規範。

爲提升經營績效，建立和諧勞資關係，工作倫理、團隊榮譽、保密、競業禁止等，於不違背法令規定下，均可納入工作規則。

勞動部修正的「工作規則審核要點」，內訂立事項八：災害傷病補償及撫卹列有（一）職業災害補償；（二）一般災害撫卹。

所謂「撫卹」是指對於死亡者家屬安慰救助。所稱「一般災害」不夠明確，宜修正爲「一般災害及病故撫卹」。依勞動基準法規定，被資遣者有資遣費，退休者有退休金，依勞工退休金條例，被資遣者有資遣費，但勞工在職中如因一般災害死亡或病故，勞動基準法及勞工退休金條例並無給撫卹金規定。假設某勞工服務十多年病故，其已接近勞動基準法之自請退休條件，既無資遣費亦無撫卹金，顯不公平。勞工在職死亡已是不幸，宜訂定一般災害死亡或病故者，依其年資長短給付相當或接近資遣費之撫卹金。

行政院勞工委員會80年12月12日（80）台勞動一字第32323號函：「一、勞動基準法第七十條第八款規定事業單位訂定工作規則應包括撫卹；所稱『撫卹』係指非職業災害之一般災害撫卹。二、事業單位如未依上開規定將撫卹事項訂入工作規則，於該工作規則送請主管機關核備時應通知補正。」

四、工作規則的核備與效力

依本法第70條規定，工作規則應報請主管機關核備後公開揭示之，勞工主管單位釋示，工作規則未報經核備無效，惟法院有一致判決，工作規則只要不違背法令規定，未經核備亦有效。法院判決指出：雇主違反勞動基準法第70條，工作規則應報請主管機關核備後公開揭示之規定，僅係雇主應受同法第79條第1款規定處罰之問題。當該工作規則未違反強制或禁止規定，仍屬有效。

本法第71條：工作規則，違反法令之強制或禁止規定或其他有關該事業適用之團體協約規定者，無效。工作規則不管是否已經報奉核備，如有違反法令之強制或禁止規定或違反該事業單位適用之團體協約者無效。所謂無效，並非全部無效，僅係違背之部分無效，其他未違背部分仍然有效。

五、工作規則的公開揭示

依行政院勞工委員會93年4月12日勞動一字第0930016301號函：「『公開揭示』為工作規則生效之法定要件之一。依勞動基準法施行細則第三十八條規定，工作規則經主管機關核備後，雇主應即於事業場所內公告並印發各勞工。有關事業單位工作規則公告於公司內部網站並說明路徑與查閱方法，供員工隨時閱覽一節，與上開規定之公開揭示並印發各勞工之精神，尚無不合。」

六、相關事項

（一）工作規則得撤銷

經核備之工作規則，主管機關認為不妥時，得撤銷之，當事人如有不服得由訴願程序請求行政救濟。

（二）適用各分支機構工作規則報核方式

事業場所分散於各地者，訂立適用於事業單位全體勞工之工作規則時，該工作規則應向事業主體所在地之主管機關報備，並說明該工作規則適用於各工作場所。

（三）未報備之業績辦法有效

法律並未規定業績辦法、考績辦法必須報請核備始生效力，且已經報准核備之工作規則，雖無業績及考績之具體評等標準，但工作規則已就解僱之標準及原則加以規定，則公司將評分標準等細節事項另以業績辦法及考績辦法加以規定，並無違工作規則之基本精神，且按工作規則縱未報請主管機關核備後公開揭示，苟未違反強制或禁止之規定，仍屬有效。

（四）工作規則未報備之情形

工作規則應報請主管機關核備後公開揭示之規定，僅係雇主應受處罰之問題，苟該工作規則未違反強制或禁止規定，仍屬有效。

（五）人事管理規則之適用

非勞動基準法所規範之勞工，無勞動基準法之適用，惟乃適用內部所制訂之人事管理規則。

（六）工作規則報備之效力

縣市政府勞工局審查工作規則，只是作書面形式審核，只要符合勞動基準法之基本精神，即以備查。工作規則如有違法之處，並不因已報准核備而有效。

（七）適用法規顯有錯誤之要件

所謂適用法規顯有錯誤，係指確定判決違背法規或現存判例解釋者而言，若學說上諸說併存尚無法規判解可據者，不得指爲適用法規錯誤（最高法院71年台再字第210號、57年台上字第1091號判例意旨參照）。如「工作規則內容具合理性」之勞工法理，法院縱未予適用，亦無適用法規顯有錯誤可言。

（八）工作規則之變更

雇主就工作規則爲不利勞工之變更時，原則上不能拘束表示反對之勞工，但雇主因維持繼續經營與競爭力之合理性、正當性，則可拘束表示反對之勞工（參臺灣高等法院100年度勞上更（一）字第3號判決、最高法院88年度台上字第1696號判決、最高法院91年度台上字第1040號判決）。

第三節　裁判例

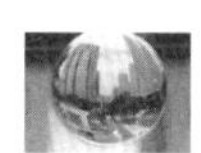

一、廠規違反法律強制或禁止規定無效

【工作規則、退休、特別休假】

實○公司勞工黃○○，已滿五十五歲，工作年資亦滿十五年，請求公司依勞動基準法給付退休金及未休特別休假工資。公司拒絕，理由爲：依民法第153條第1項規定，黃君於自由意思並完全明瞭廠規之權利義務狀況下，簽立工

廠廠規及福利規定細則，充分瞭解員工每年放特別假七天，且需全廠員工統一放假，以及員工離職要在十天前辦妥辭職書，未辦理者，視爲自動辭職，未領之工資、獎金、退休金視爲自動放棄，公司可照廠規不發放，不得異議。桃園地方法院88年度勞訴字第9號民事判決公司敗訴，上訴後臺灣高等法院89年度勞上易字第3號民事判決上訴駁回，判決理由略以：黃君曾以口頭向公司申請退休，公司於黃君申請退休後，確有將黃君申請退休給付之相關文件，包括勞工保險給付申請書、勞工保險給付收據、儲金簿影印本送交勞工保險局，以申請勞工保險給付，由黃君之上述行爲可知公司已同意黃君申請退休。況且符合勞動基準法第53條自請退休之勞工，於行使自請退休之權利時，即發生終止勞動契約之效力，無須得雇主之同意。因此公司自不得於事後復以黃君未於十天前辦妥辭職書，而依廠規視爲自動辭職。公司廠規規定：「全廠員工全年放特別假七天，但需全廠員工統一放假」等語，顯與勞動基準法第38條之規定有違，因此違反之部分爲無效。本件黃君既已依法辦理退休，並已生效，則請求給付退休金及退休前五年特別休假未休工資，自屬有據。公司雖主張未休之特別休假已以「職務加給」之方式每月給付1,820元。按雇主與勞工所訂勞動條件，不得低於勞動基準法所訂之最低標準，勞動基準法第1條第2項定有明文，且此項規定爲強制規定，違反者無效。勞動基準法第38條所訂之特別休假，工資應由雇主照給。雇主經徵得勞工同意於休假日工作者，工資應加倍發給，同法第39條定有明文，本件黃君既有五十五日之特別休假未休而工作，則公司應給付者爲「工資」而非「職務加給」。

二、公司規章員工有遵守義務

【工作規則、勞動契約】

遠〇航空公司空服員何〇〇無法勝任工作遭公司資遣，何君以伊之所以遭公司資遣係因其係工會幹部，公司打壓工會幹部。何君訴請補發薪資，臺北地方法院88年度勞訴字第109號判決何君勝訴，公司上訴後，臺灣高等法院89年度勞上訴字第27號判決公司勝訴，判決理由略以：何君主張公司之內部規章，未送核備無效，公司對伊資遣並不適法，且有違誠信原則。然查公司工作規則第24條規定：員工除遵守法令外，並應遵守公司所規定之規章……，則公司所訂任何規章，公司全體員工均有遵守義務。又公司所訂績效評估作業辦法，係爲促進主管與部屬對工作目標及成果認知之溝通，以公正客觀評估其績效，作爲擬定員工發展、改善計畫、升遷、獎勵、薪資調整等等的依據，自屬公司工作規則之一部分，全體員工均有遵守義務，該評估作業辦法自得作爲員工績效評估之依據。公司於上開評估作業辦法，具體明文規定凡被評估爲「待改進」者，得予資遣，並無不合。縱上開評估作業辦法未經主管機關核備，但並未違反強制或禁止規定，自仍屬有效。是何君所稱公司對伊資遣並不適法，且有違誠信原則云云，自不足採。另查勞動基準法或其他法律均無所謂雇主若欲以勞動基準法第11條第5款勞工對於所擔任工作確不能勝任爲由，終止勞動契約，應先提請勞資會議或報主管機關認定之規定。至於何君所提內政部74年9月10日台內勞字第34704號函僅稱「得」並非「應」，何君認爲公司刻意避開勞資會議討論或報主管機關之程序，顯係非法云云，尚非可採。雙方間之系爭僱傭關係，已因公司爲終止之意思而消滅。

三、法律並未規定業績辦法須主管機關核備

【工作規則、勞動契約】

泰○保險公司勞工李○○訴請確認僱傭關係存在事件，有關業績辦法及考績辦法是否須報請勞工主管單位核備始生效力部分，臺北地方法院89年度重勞訴字第1號判決李君敗訴，上訴後，臺灣高等法院89年度重勞上字第11號仍判決李君敗訴，判決理由略以：李君抗辯稱：公司訂定之業績辦法及考績辦法未經申報主管機關核備，依勞動基準法第70條及內政部75年6月25日台內勞字第415571號函釋，應不生效力。且業經核備之工作規則，並無員工業績及考績評等標準之具體內容云云。惟查公司係屬保險業，自87年4月1日起始適用勞動基準法，公司乃於87年12月7日擬定工作規則報請台北市政府勞工局核備，台北市政府函示：「貴公司工作規則除第3、12、29、38條條文，請再修正另函報核外，餘同意備查。」本件系爭之工作規則第12條第6款「違反勞動契約或工作規則，情節重大者，得不經預告予以解僱」、第6款之10「年度考績丁等或連續二年考績丙等」及第6款之11「依據本公司個人及團體業績獎勵辦法，營業人員業績未達規定標準者」均視爲「違反勞動契約或工作規則，情節重大者」等條款業經公司陳報台北市政府核備。次查業績辦法及考績辦法，均係公司於適用勞動基準法以前即行之有年之辦法，於適用勞動基準法後雖未併同工作規則報請勞工主管單位核備，但法律並未規定必須報請核備始生效力，且已經報准核備之工作規則，雖無業績及考績之具體評等標準，但工作規則已就解

僱之標準及原則加以規定，則公司將評分標準等細節事項另以業績辦法及考績辦法加以規定，並無違工作規則之基本精神，且按工作規則縱未報請主管機關核備後公開揭示，苟未違反強制或禁止之規定，仍屬有效（最高法院81年度台上字第2492號決參照）。

四、工作規則變更是否需經勞工同意

【工作規則、退休】

太○保險公司自87年4月1日起適用勞動基準法，勞工田○在此之前已退休，主張兩造之僱傭關係應適用勞動基準法，退休金比照勞動基準法規定計算。本案臺北地方法院85年度勞訴字第85號民事判決雙方互有勝敗，雙方上訴後，臺灣高等法院88年度勞上更字第85號民事判決雙方上訴均駁回，就有關工作規則方面判決理由略爲：雇主爲提高管理效率，節省成本有效從事市場競爭，就工作場所、內容、方式等應注意事項，及受僱人之差勤、退休、撫卹及資遣等各種工作條件，定有共同適用之規範，此規範即工作規則或稱員工服務手冊，成爲僱傭契約內容之一部，勞雇雙方均應受其拘束。

工作規則爲不利於勞工之變更，是否需經員工同意？按工作規則爲僱傭契約之內容，工作規則之修改如僅爲雇主之權限，勞工全無拒絕之權利，則完全忽視勞工之權益，但若工作規則不利益之變更，非經勞工同意，否則對勞工不生效力，將造成勞動條件不統一及雇主經營管理之困難。是爲保護勞工之利益及兼顧雇主經營管理上之必要，雇主僅在維持經營之持續與競爭力、確保其他員工權益下，始得單方將工作規則爲不利益於勞工之變更，亦即須具有合理性及正當性，而不能剝奪勞工之既得權利，否則應得原有勞工之同意。

五、工作規則未報備仍屬有效

【工作規則、勞資爭議、勞動契約】

長○公司勞工李○○被公司解僱，李君認爲公司之工作規則未報請主管機關核准無效；且於勞資爭議處理期間不得解僱，因此要求公司應發給資遣費。桃園地方法院86年度勞訴字第22號民事判決李君敗訴。李君上訴後，臺灣高等法院88年度勞上字第30號民事判決上訴駁回，判決理由略以：

按勞資爭議處理法第7條規定：勞資爭議在調解或仲裁期間，資方不得因該勞資爭議事件而歇業、停工、終止勞動契約或爲其他不利於勞工之行爲。李君曾向桃園縣政府申請召開調解會，惟縣政府所召開者係「協調會」而非「調解」，自無上開第7條規定之適用。

按雇主違反勞動基準法第70條，工作規則應報請主管機關核備後公開揭示之規定，僅係雇主應受同法第79條第1款規定處罰之問題，苟該工作規則未違反強制或禁止規定，仍屬有效（參最高法院81年台上字第2492號判決）。系爭工作規則未經縣政府核備前，係長○集團管理規則，二者均有員工一年內記大過兩次未經抵銷者，得不經預告予以免職之規定。且該規定並無違反強制或禁止規定，縱未經報請主管機關核備，依上開說明，亦難認其不生效力。

又查公司於84年7、8月間因延長工時而違反勞工法令固屬實在，惟依勞動基準法第14條第2項規定，勞工依該規定終止契約者，應自知悉其情形之日起三十日內爲之，李君於84年10月即已知悉上情，其於85年6月29日以此爲由終止契約，不僅已在公司合法終止契約之後，且已超過三十日期間，自不生終止契約效力。

六、依核備之工作規則發退休金，未必合法

【工作規則、退休金、工資】

士○公司勞工許○○等人退休時，公司未將因工作而獲得的經常性給與之預支年節獎金、工作競賽獎金、消防獎金、夜點費等列入平均工資計算退休金，經省府勞工處北區勞工檢查所移請法院檢察署偵查起訴，士林地方法院84年度易字第445號刑事判決後，士林地方法院檢察署檢察官提起上訴，臺灣高等法院84年度上易字第6165號刑事判決公司之代表人陳○○及士○公司，各科處罰金4萬元。判決理由略以：公司辯稱員工退休金之計算，係依據業經報請台北市政府同意備查的「員工工作規則」，該規則第29條規定，員工薪資項目包括：本薪、職務加給、伙食津貼、獎懲獎金、全勤獎金、運輸獎金；非經常性給與項目包括：各項年節給與之節金、競賽獎金、夜點費、年終獎金及勞動基準法施行細則第10條所規定之非經常性給與，故公司未將預支年節獎金、工作競賽獎金、消防津貼、夜點費等項目併入平均工資計算，於法並無不合。經查上開預支年節獎金等項目是否應併入平均工資計算或應認爲係非經常性給與，應視該獎金是否係因工作、勞務等與生產有關之事項所獲得之報酬，及到底爲經常性之給與或偶然之支出而定，本不能僅以各該報酬之名稱作爲判斷標準。另據台北市政府勞工局負責審核該公司工作規則之承辦人胡○○證稱：其

等審查各該公司之工作規則時，只是作書面形式審核，只要符合勞動基準法之基本精神即以備查。準此，該公司工作規則所列之非經常性給與項目，是否與實際情形相符，仍應以前開標準判斷，自不能以其公司之工作規則業經台北市政府勞工局報備，即認依此計算退休金必爲合法。

七、適用法規顯有錯誤係指判決違背法規

【工作規則、損害賠償】

立○航空公司勞工王○○訴請損害賠償事件，王君等人不服臺灣高等法院高雄分院89年上字第148號第二審確定判決及臺灣高雄地方法院87年度訴字第977號第一審判決，提起再審之訴。臺灣高等法院高雄分院90年度勞再字第4號判決再審之訴駁回。判決理由略以：按民事訴訟法第496條第1項第1款所謂適用法規顯有錯誤，係指確定判決違背法規或現存判例解釋者而言，若學說上諸說併存尚無法規判解可據者，不得指爲適用法規錯誤（最高法院71年台再字第210號、57年台上字第1091號判例意旨參照）。本件王君等人所稱「工作規則內容具合理性」之勞工法理，與上開條文規定不符，縱未予適用，亦無適用法規顯有錯誤可言，自不得據爲再審之理由。又本院原確定判決及臺灣高雄地方法院判決已就「訓練及服務合約書」之簽立是否受脅迫？有無使王君工作（飛航）超時及違反航空法規之處？合約約定訓練費用是否合理等部分，詳於理由欄逐一說明取捨之理由而爲認定，王君指爲漏未適用法規，尚無可採。次查本院原確定判決及臺灣高雄地方法院判決，對於王君聲請傳訊之證人魏○○等人，已於理由項下敘明無傳訊之必要，亦無漏未斟酌重要證物之違誤，王君據此爲再審之理由，自屬無據。本件再審之訴顯無再審理由，應予駁回，爰不經言詞辯論爲之。依民事訴訟法第502條第2項、第85條第2項判決如主文。

八、無勞動基準法之適用，仍適用管理規則

【工作規則、僱傭關係】

圓○飯店副理陳○○，飯店以陳君侵占公款、公物及利用職務徇私舞弊，謀取不當利益，圖利他人等等，於85年2月13日以陳君對於所擔任工作能力不佳，不能勝任爲由，依飯店管理規則規定資遣陳君，終止雙方僱傭關係。陳君訴請確認雙方僱傭關係存在及應給付薪津271萬多元，臺北地方法院85年度勞訴字第84號民事判決陳君勝訴，飯店上訴後，臺灣高等法院87年度重勞

上字第3號民事判決上訴駁回及飯店應再給付薪津386萬多元，合計657萬多元（85年3月1日起至88年4月30日）。判決理由略以：大飯店屬觀光旅館業，自87年3月1日適用勞動基準法。陳君擔任副理，當時固非勞動基準法所規範之勞工，無勞動基準法之適用，惟乃適用飯店內部所制訂之人事管理規則，飯店自認陳君有該人事管理規則之適用，陳君復未依相關規定辦理經理人登記，顯見雙方係以服勞務爲目的之僱傭關係，而非以委託處理一定事務爲目的之委任關係，尚難僅憑台○市政府勞工局之復函即謂雙方爲委任關係。經查飯店指控陳君侵占公款、利用職務徇私舞弊、能力不佳、不能勝任云云，均不足採。則飯店於85年2月13日依人事管理規則規定，片面資遣陳君，即屬無據，雙方之僱傭關係仍屬存在。

九、工作規則為僱傭契約內容之一部分

【工作規則、退休金、工資、勞動契約】

松○公司經理涂○○派駐大陸廈門子公司服務，於87年12月31日公司強制伊退休，並給退休金，涂君認爲公司所定「中國大陸派遣辦法」之長期派遣津貼應視爲工資之一部分，應併計退休金，訴請公司應再給付退休金331萬4,047元，板橋地方法院90年度勞訴字第12號判決涂君敗訴。涂君上訴後，臺灣高等法院90年度勞上字第25號判決上訴駁回。有關「中國大陸派遣辦法」是否爲勞動契約內容之一部？判決中指出：「中國大陸派遣辦法」是否爲勞動契約內容之一部？對雙方有無拘束力？該辦法規定系爭款項不計入退休金，是否違反勞動基準法之規定？按最高法院88年度台上字第1696號判決謂：「……在現代勞務關係中，雇主爲提高人事管理效率，節省成本有效從事市場競爭，就工作場所、內容、方式等應注意事項，及受僱人差勤、退休、撫卹及資遣等工作條件，通常定有共同適用之規範，使受僱人一體遵循，此規範即工作規則。勞工與雇主間之勞動條件依工作規則之內容而定，有拘束勞工與雇主雙方之效力，而不論勞工是否知悉工作規則之存在及其內容，或是否予以同意，除該工作規則違反法律強制規定或團體協約外，當然成爲僱傭契約內容之一部……」足見「中國大陸派遣辦法」當然成爲雙方勞動契約內容之一部分，對雙方自有拘束力。

十、所謂情節重大

【工作規則、勞動契約】

台○公司員工甲○○訴請確認僱傭關係存在事件，台○公司不服臺灣高等法院95年度勞上字第4號判決提起上訴，最高法院96年度台上字第631號判決上訴駁回，判決理由略以：按勞動基準法第12條第1項第4款規定，勞工有違反勞動契約或工作規則，情節重大者，雇主得不經預告終止契約。所謂「情節重大」，係屬不確定之法律概念，不得僅就雇主所定工作規則之名目條列是否列爲重大事項作爲決定之標準，須勞工違反勞動契約或工作規則之具體事項，客觀上已難期待雇主採用解僱以外之懲處手段而繼續其僱傭關係，且雇主所爲之懲戒性解僱與勞工之違規行爲在程度上須屬相當，方符合勞動基準法規定之「情節重大」之要件。則勞工之違規行爲態樣、初次或累次、故意或過失違規、對雇主及所營事業所生之危險或損失、勞雇間關係之緊密程度、勞工到職時間之久暫等，均爲是否達到懲戒性解僱之衡量標準。

十一、認為勞工不能勝任工作應給答辯機會

【工作規則、勞動契約】

勝○公司員工甲○○請求確認僱傭關係存在等事件，臺灣高等法院高雄分院94年度勞上字第1號判決略以：按勞動基準法第11條第5款規定所謂「不能勝任工作」，不僅指勞工在客觀上之學識、品行、能力、身心狀況，不能勝任工作者而言，即勞工在主觀上「能爲而不爲」、「可以做而無意願做」，違反勞工應忠誠履行勞務給付之義務者亦屬之，此由勞動基準法之立法本旨在於「保障勞工權益，加強勞雇關係，促進社會與經濟發展」觀之，爲當然之解釋。甲○○不服判決提起上訴，最高法院95年台上字第2710號判決發回高等法院高雄分院，判決理由略以：甲○○之行爲縱認已達不能勝任工作之情形，然公司是否依公司之工作規則踐行人事審議程序，並使甲○○有答辯機會，原審亦未調查審認，於法有未合。

十二、情節重大是不確定之法律概念

【工作規則、勞動契約】

中○公司員工甲○○等人請求確認僱傭關係存在事件，公司不服臺灣高等

法院高雄分院93年度重勞上字第2號判決提起上訴，最高法院95年度台上字第2465號判決以：原判決廢棄，發回臺灣高等法院高雄分院。判決理由略以：勞動基準法第12條第1項第4款規定，勞工有違反勞動契約或工作規則，情節重大得終止契約，所謂「情節重大」，係屬不確定之法律概念，不得僅就雇主所定工作規則之名目條例是否列爲重大事項作爲決定之標準，須勞工違反工作規則之具體事項，客觀上已難期待雇主採用解僱以外之懲處手段，而繼續其僱傭關係，且雇主所爲之懲戒性解僱與勞工之違規行爲在程度上須屬相當，方符上開勞動基準法規定「情節重大」之要件，則勞工之違規行爲態樣、初次或累次、故意或過失違規、對雇主所營事業所生之危險或損失、勞雇間之緊密程度、勞工到職時間之久暫等，均爲是否達到懲戒性解僱之衡量標準。

十三、工作規則為僱傭契約之一部分

【工作規則、勞動契約】

台○公司員工甲○○請求給付離職金事件，甲○○不服臺北地方法院95年度勞訴字第58號判決提起上訴，臺灣高等法院96年度勞上易字第13號判決上訴駁回，有關工作規則部分判決略以：按工作規則乃企業爲提高其人事行政管理之效率，節省成本有效從事市場競爭，而就工作場所、內容、方式等應注意事項，及受僱人之差勤、退休、撫恤及資遣等各種工作條件所訂定之共通適用規範，除違反法律強制規定或團體協商外，當然成爲僱傭契約之一部分（最高法院88年度台上字第1696號判決參照）。系爭工作規則既未明定員工離職後不願回任時，公司應給付離職金之相關規範，而甲○○復不能證明雙方間曾達成給付離職金之系爭協議，則甲○○請求台○公司給付離職金即屬無據。

十四、工作規則未報請核備係行政處分問題

【工作規則、罰則】

興○公司員工甲○○請求確認僱傭關係存在等事件，甲○○不服臺南地方法院92年度勞訴字第6號判決提起上訴，最高法院第一次發回更審，臺灣高等法院臺南分院95年度勞上更一字第3號判決上訴駁回，判決理由略以：勞動基準法於89年7月19日修正後，興○公司工作規則於93年間再修正報請主管機關台南市政府核備。故退萬步言，縱認該工作規則於勞動基準法修正後有未立即報主管機關核備後公開揭示之情事，然依最高法院81年度台上字第2492號判

決意旨，僅係雇主是否受行政處分之問題，該工作規則如未違反強制或禁止規定，仍屬有效。準此，公司之工作規則如未違反強制或禁止規定，自屬有效毫無疑義。且興○公司亦主張甲○○違規行為已構成勞動基準法第12條第1項第4款之規定，公司得不經預告終止契約，足見公司之工作規則有關甲○○違規處分之規定尚無違反勞動基準法強制或禁止規定。

十五、解僱勞工之衡量標準

【工作規則、勞動契約】

台○合作社員工甲君請求確認僱傭關係存在等事件，97年8月13日臺灣高等法院臺中分院97年度勞上字第5號判決台○合作社敗訴。台○合作社上訴後，最高法院97年度上字第2624號判決上訴駁回。判決理由略以：所謂「情節重大」，屬不確定之法律概念，不得僅就雇主所定工作規則之名目條列是否列為重大事項作為決定之標準，須勞工違反工作規則之具體事項，客觀上已難期待雇主採用解僱以外之懲處手段而繼續僱傭關係，且雇主所為之解僱與勞工之違規行為在程度上須屬相當，方屬勞基法規定之「情節重大」，舉凡勞工違規行為之態樣、初次或累次、故意或過失、對雇主及所營事業所生之危險或損失，勞雇間關係之緊密程度，勞工到職時間之久暫等，均為判斷勞工之行為是否達到應予解僱之程度之衡量標準。

十六、違約罰之表示若有爭執應循民事訴訟途徑解決

【工作規則、勞動契約】

杜君因與台○市政府環境保護局間懲處事件，杜君聲請訴訟救助，100年3月7日高雄高等行政法院100年度救字第3號裁定：本件移送於臺灣臺南地方法院。裁定理由略以：本件杜君與巨○資源回收場於民國95年1月2日簽訂勞工勞動契約，雙方之權利義務悉依「台○市環境保護局勞工工作規則」等各項規定，而該工作規則係依勞動基準法第70條規定訂立，足見兩造之關係為私法上之僱傭關係。嗣杜君於98年6月26日在巨○資源回收場，與訴外人林君互毆，巨○資源回收場乃依前開工作規則第51條第8款規定，予以記過二次，杜君不服該記過處分向本院提起撤銷訴訟（本院另案審理），並聲請本件訴訟救助。惟杜君與相對人之關係為私法上之僱傭關係，並適用勞動基準法之相關規定，則巨○資源回收場對於杜君因互毆予以記過二次，核屬內部管理行為，性質上

爲違約罰之表示，若有爭執，應循民事訴訟途徑解決，故本院並無受理其聲請訴訟救助之權限。爰將本件移送於管轄法院。

十七、工作規則內容成為勞動契約內容之一部分

【工作規則、休假日】

圓○大飯店違反勞動基準法事件，圓○大飯店對於中華民國105年8月3日臺北高等行政法院103年度訴字第1738號判決，提起上訴，最高行政法院106年度判字第300號判決：原判決廢棄，發回臺北高等行政法院。判決理由略以：公開揭示之工作規則，經勞工知悉後而繼續爲該雇主提供勞務，應認係默示承諾該工作規則內容，而成爲勞動契約內容之一部分（最高法院105年度台上字第193號、103年度台上字第1310號判決可資參照）。易言之，對於工作規則就休假日（含例假日及國定假日）與工作日調移之工作內容，勞工因上開默示承諾該工作規則內容，而達成勞動契約之合意，則依排班表排定於例假日及國定假日工作，自難謂構成未經勞工同意於休假日工作。

第四節　勞動事件法

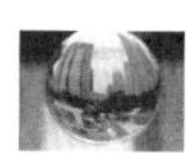

我國憲法第153條第1項：「國家爲改良勞工及農民之生活，增進其生產技能，應制定保護勞工及農民之法律，實施保護勞工及農民之政策。」

勞資爭議事件，勞工常居於劣勢，而尋求法院救濟，在提起訴訟、訴訟費用、舉證等常有困擾，爲了有效落實保障勞工，爭取勞工權益，減少勞工訴訟障礙，解決勞資紛爭，和諧勞資關係，107年12月5日總統公布「勞動事件法」，並於109年1月1日施行。

一、勞動事件法立法要點

（一）**專業審理，設立勞動專業法庭**：各級法院應設立勞動專業法庭，遴選具有勞動法相關學識、經驗法官任之。

（二）**擴大勞動事件範圍**：技術生、養成工、見習生、建教生、學徒及其他與技術生性質相類之人、求職者、招募求職者之人均適用本法。

（三）**組成調解委員會**：勞動調解，由勞動法庭之法官一人及勞動調解委

員二人組成勞動調解委員會行之。

（四）**減少勞工訴訟障礙**：特殊境遇家庭、因職業災害，可聲請訴訟救助。調解標的之金額或價額在新臺幣50萬元以下者，得以言詞爲之。以言詞爲前項之聲請、聲明或陳述，應於法院書記官前以言詞爲之。勞工與雇主間以定型化契約訂立證據契約，依其情形顯失公平者，勞工不受拘束。勞工請求之事件，雇主就其依法令應備置之文書，有提出之義務。勞工之給付請求，爲雇主敗訴之判決時，應依職權宣告假執行。

（五）**裁判費暫免徵收**：因確認僱傭關係或給付工資、退休金或資遣費涉訟，暫免徵收裁判費三分之二。因聲請強制執行時，其執行標的金額超過新臺幣20萬元者，該超過部分暫免徵收執行費，由執行所得扣還之。

（六）**迅速調解紛爭**：法院處理勞動事件，應迅速進行，依事件性質，擬定調解或審理計畫，並於適當時期行調解或言詞辯論。勞動調解程序，除有特別情事外，應於三個月內以三次期日內終結之。

（七）**工資與出勤時間推定**：工資之爭執，經證明勞工本於勞動關係自雇主所受領之給付，推定爲勞工因工作而獲得之報酬。出勤紀錄內記載之勞工出勤時間，推定勞工於該時間內經雇主同意而執行職務。

（八）**紛爭統一解決**：多數有共同利益之勞工，於在職期間依工會法無得加入之工會者，或離職、退休時爲同一工會之會員者，得選定同一工會聯合組織爲選定人起訴。相牽連之數宗勞動事件，法院得依聲請或依職權合併調解。

（九）**即時有效的權利保全**：勞工提起確認調動無效或回復原職之訴，得經勞工之聲請，爲依原工作或兩造所同意工作內容繼續僱用之定暫時狀態處分。勞工提起確認僱傭關係存在之訴，得依勞工之聲請，爲繼續僱用及給付工資之定暫時狀態處分。

二、司法院勞動事件法廣告（108年11月摘錄）

勞動事件法於109年1月1日施行，勞動事件法妥適、專業、有效、平等處理勞動事件。勞動事件法強化法院調解機制，降低勞工訴訟障礙，是民事訴訟法的特別法。

（一）聲請勞動調解或起訴時，要提出聲請書狀。但如果標的金額或價額在新臺幣50萬元以下，可以在法院書記官前以言詞提出聲請勞動調解或起訴。

（二）可選擇向被告的住居所、主營業所、主事務所所在地，或勞工的勞務提供所在地地方法院起訴。

（三）聲請調解時應繳納聲請費。因財產權事件聲請調解者，聲請費如下：

標的金額	未滿10萬元	10萬元未滿100萬元	100萬元未滿500萬元	500萬元未滿1,000萬元	1,000萬元以上
聲請費	免費	1,000元	2,000元	3,000元	5,000元

非因財產權事件聲請調解者，免聲請費。

勞動調解不成立後續行訴訟，當事人應繳之裁判費，可以其所繳勞動調解之聲請費抵扣。

（四）起訴時應依規定繳納裁判費。但勞工提起確認僱傭關係或請求給付工資、退休金、資遣費之訴時，則只要先繳三分之一，其餘三分之二暫免徵收，等到判決確定再由敗訴的一方負擔。如無資力負擔訴訟費用，准許暫免繳納聲請及裁判費（摘錄司法院108年11月勞動事件法廣告）。

三、勞動事件法規範

（一）立法宗旨

爲迅速、妥適、專業、有效、平等處理勞動事件，保障勞資雙方權益及促進勞資關係和諧，進而謀求健全社會共同生活，特制定本法（第1條）。

（二）勞動事件範圍

本法所稱勞動事件，係指下列事件：

1. 基於勞工法令、團體協約、工作規則、勞資會議決議、勞動契約、勞動習慣及其他勞動關係所生民事上權利義務之爭議。
2. 建教生與建教合作機構基於高級中等學校建教合作實施及建教生權益保障法、建教訓練契約及其他建教合作關係所生民事上權利義務之爭議。
3. 因性別平等工作之違反、就業歧視、職業災害、工會活動與爭議行爲、競業禁止及其他因勞動關係所生之侵權行爲爭議（第2條）。

（三）本法所稱勞工

1. 受僱人及其他基於從屬關係提供其勞動力而獲致報酬之人。
2. 技術生、養成工、見習生、建教生、學徒及其他與技術生性質相類之人。
3. 求職者（第3條第1項）。

（四）本法所稱雇主

1. 僱用人、代表雇主行使管理權之人，或依據要派契約，實際指揮監督管理派遣勞工從事工作之人。
2. 招收技術生、養成工、見習生、建教生、學徒及其他與技術生性質相類之人者或建教合作機構。
3. 招募求職者之人（第3條第2項）。

（五）設立勞動專業法庭

爲處理勞動事件，各級法院應設立勞動專業法庭。但法官員額較少之法院，得僅設專股以勞動法庭名義辦理之（第4條）。

（六）暫免徵收裁判費、執行費

因確認僱傭關係或給付工資、退休金或資遣費涉訟，勞工或工會起訴或上訴，暫免徵收裁判費三分之二。

因前項給付聲請強制執行時，其執行標的金額超過新臺幣20萬元者，該超過部分暫免徵收執行費，由執行所得扣還之（第12條）。

（七）工會提起訴訟裁判費之暫、免徵

工會依民事訴訟法第44條之1及本法第42條提起之訴訟，其訴訟標的金額或價額超過新臺幣100萬元者，超過部分暫免徵收裁判費。

工會依第40條規定提起之訴訟，免徵裁判費（第13條）。

（八）中、低收入戶訴訟救助

勞工符合社會救助法規定之低收入戶、中低收入戶，或符合特殊境遇家庭扶助條例第4條第1項之特殊境遇家庭，其聲請訴訟救助者，視爲無資力支出訴訟費用。

勞工或其遺屬因職業災害提起勞動訴訟，法院應依其聲請，以裁定准予訴訟救助。但顯無勝訴之望者，不在此限（第14條）。

（九）調解

勞動事件，除有下列情形之一者外，於起訴前，應經法院行勞動調解程序：

1. 有民事訴訟法第406條第1項第2款、第4款、第5款所定情形之一。
2. 因性別平等工作法第12條所生爭議。

前項事件當事人逕向法院起訴者，視爲調解之聲請。

不合於第1項規定之勞動事件，當事人亦得於起訴前，聲請勞動調解（第16條）。

（十）50萬元以下得以言詞為之

聲請勞動調解及其他期日外之聲明或陳述，應以書狀爲之。但調解標的之金額或價額在新臺幣50萬元以下者，得以言詞爲之。

以言詞爲前項之聲請、聲明或陳述，應於法院書記官前以言詞爲之；書記官應作成筆錄，並於筆錄內簽名（第18條）。

（十一）調解委員會

法院應遴聘就勞動關係或勞資事務具有專門學識、經驗者爲勞動調解委員。

法院遴聘前項勞動調解委員時，委員之任一性別比例不得少於遴聘總人數三分之一（第20條）。

勞動調解，由勞動法庭之法官一人及勞動調解委員二人組成勞動調解委員會行之（第21條）。

勞動調解程序，除有特別情事外，應於三個月內以三次期日內終結之（第24條）。

調解成立，與確定判決有同一之效力（第26條）。

調解不成立者，除調解聲請人於受告知或通知後十日之不變期間內，向法院爲反對續行訴訟程序之意思外，應續行訴訟程序，並視爲自調解聲請時，已經起訴（第29條）。

相牽連之數宗勞動事件，法院得依聲請或依職權合併調解（第19條）。

（十二）第一審應於六個月內審結

勞動事件，法院應以一次期日辯論終結爲原則，第一審並應於六個月內審結。但因案情繁雜或審理上之必要者，不在此限（第32條）。

（十三）定型化契約之效力

勞工與雇主間以定型化契約訂立證據契約，依其情形顯失公平者，勞工不受拘束（第33條）。

（十四）雇主、持有人應提出文書、資料

勞工請求之事件，雇主就其依法令應備置之文書，有提出之義務（第35條）。

文書、勘驗物或鑑定所需資料之持有人，無正當理由不從法院之命提出者，法院得以裁定處新臺幣3萬元以下罰鍰；於必要時並得以裁定命爲強制處分。

當事人無正當理由不從第1項之命者，法院得認依該證物應證之事實爲眞實（第36條）。

（十五）工資、出勤時間之推定

勞工與雇主間關於工資之爭執，經證明勞工本於勞動關係自雇主所受領之給付，推定爲勞工因工作而獲得之報酬（第37條）。

出勤紀錄內記載之勞工出勤時間，推定勞工於該時間內經雇主同意而執行職務（第38條）。

（十六）酌定補償金與強制執行

法院就勞工請求之勞動事件，判命雇主爲一定行爲或不行爲者，得依勞工之請求，同時命雇主如在判決確定後一定期限內未履行時，給付法院所酌定之補償金。

民事訴訟法第222條第2項規定，於前項法院酌定補償金時準用之。

第1項情形，逾法院所定期限後，勞工不得就行爲或不行爲請求，聲請強制執行（第39條）。

（十七）保全處分

勞工依勞資爭議處理法就民事爭議事件申請裁決者，於裁決決定前，得向法院聲請假扣押、假處分或定暫時狀態處分。

勞工於裁決決定書送達後，就裁決決定之請求，欲保全強制執行或避免損害之擴大，向法院聲請假扣押、假處分或定暫時狀態處分時，有下列情形之一者，得以裁決決定代替請求及假扣押、假處分或定暫時狀態處分原因之釋明，法院不得再命勞工供擔保後始爲保全處分：

1. 裁決決定經法院核定前。
2. 雇主就裁決決定之同一事件向法院提起民事訴訟（第46條）。

（十八）供擔保之金額

勞工就請求給付工資、職業災害補償或賠償、退休金或資遣費、勞工保險條例第72條第1項及第3項之賠償與確認僱傭關係存在事件，聲請假扣押、假處分或定暫時狀態之處分者，法院依民事訴訟法第526條第2項、第3項所命供擔保之金額，不得高於請求標的金額或價額之十分之一。

前項情形，勞工釋明提供擔保於其生計有重大困難者，法院不得命提供擔保。

依民事訴訟法第44條之1或本法第42條規定選定之工會，聲請假扣押、假處分或定暫時狀態之處分者，準用前二項之規定（第47條）。

（十九）定暫時狀態處分

勞工所提請求給付工資、職業災害補償或賠償、退休金或資遣費事件，法院發現進行訴造成其生計上之重大困難者，應闡明其得聲請命先爲一定給付之定暫時狀態處分（第48條）。

勞工提起確認僱傭關係存在之訴，法院認勞工有勝訴之望，且雇主繼續僱用非顯有重大困難者，得依勞工之聲請，爲繼續僱用及給付工資之定暫時狀態處分。

第一審法院就前項訴訟判決僱傭關係存在者，第二審法院應依勞工之聲請爲前項之處分。

前二項聲請，法院得爲免供擔保之處分（第49條）。

勞工提起確認調動無效或回復原職之訴，法院認雇主調動勞工之工作，有違反勞工法令、團體協約、工作規則、勞資會議決議、勞動契約或勞動習慣之虞，且雇主依調動前原工作繼續僱用非顯有重大困難者，得經勞工之聲請，爲依原工作或兩造所同意工作內容繼續僱用之定暫時狀態處分（第50條）。

第五節　勞資爭議處理實務

「勞資爭議處理法」所稱勞資爭議包括了罷工或勞工阻礙事業正常運作及與雇主對抗之行爲。本節所探討的是「勞資爭議處理法」的調解、仲裁、裁

決，尤其是一般常見的調解，且以實務面爲探討的對象。

全國勞資爭議申請案件，每年有2萬多件，有者一件數人或數十人。能否有效處理，將影響勞工權益至鉅。

勞資雙方有爭議，爲有效解決爭議，勞資雙方均應法、理、情兼顧，例如資方營運欠佳收入大減甚至虧損時，勞方或可讓步而不要雪上加霜。同樣地，資方營運佳收入大增，可增加勞工的待遇、福利，善待員工，更不可違法對待勞工。

有些雇主明顯違法甚至是故意的，利用調解會通常勞工會讓步，也有勞工不願上法院，雇主因而有恃無恐，明知故犯，屢屢侵害勞工權益。勞工的請求明顯是雇主違法所致，而雇主故意不認錯，則調解不成立，勞工如不放棄其權利，只有向法院提起訴訟，如勞工視法院爲畏途，將使雇主有機可乘而繼續違法，也將有其他員工繼續受害。

「勞動事件法」施行後，減少了訴訟的障礙，例如：工作時間、工資之推定；調解標的金額在新臺幣50萬元以下者，聲請、聲明或陳述，得在法院書記官前以言詞爲之；聲請調解者標的金額在10萬元以下者聲請費免費；暫免繳納裁判費三分之二等等。向法院提起訴訟，也是先行調解，法院會指派勞方的調解委員，因此法院並不是有些勞工想像中的森嚴可怕。

如果遇有雇主明知故犯，屢次惡意對待勞工，於勞工局調解不成立，在兼顧法、理、情下，勞工該提起訴訟就應提起。法院也有服務台，提起訴訟有疑義，可向服務台諮詢。

勞工局每週有律師諮詢時間，但必須親自到場諮詢，不少勞工爲了簡單的問題，親自到勞工局向律師諮詢，諸多勞資問題是可以電話向勞工局或勞動部諮詢的，可能得到更正確的答案。

一、勞資爭議處理方式

勞資爭議分爲權利事項之勞資爭議，與調整事項之勞資爭議：

權利事項之勞資爭議：指勞資雙方當事人基於法令、團體協約、勞動契約規定所爲權利義務之爭議。例如雇主未爲員工提繳6%退休金或提繳不足致勞工權利受損。

權利事項之勞資爭議，依勞資爭議處理法規定有調解、仲裁或裁決程序處理之。可循司法途徑解決。

調整事項之勞資爭議：指勞資雙方當事人對於勞動條件主張繼續維持或變更之爭議。例如公司原規定每週上班三十六小時，雇主要改爲每週上班四十小時，或勞工要求降爲每週上班三十二小時所產生之爭議。

調整事項之勞資爭議，依勞資爭議處理法規定有調解、仲裁程序處理之。不能循司法途徑解決。

（一）調　解

勞資雙方有不同的立場，且勞工居於弱勢，勞資爭議難免發生，勞資爭議案件雖然有大有小，均可藉由調解機制解決息訟止爭，調解不收費用，調解申請書填寫容易，且短期內可得到結果，是一解決紛爭的好制度。

調解的優點是可以不必繁文縟節之訴狀，調解會時勞資雙方可直接參與、對話，雙方自行尋求共識。勞資雙方可節省時間與費用。

勞資爭議經調解成立者如當事人一方不履行其義務時，他方當事人得向法院聲請裁定強制執行並免繳裁判費；於聲請強制執行時，並暫免繳執行費。

1. 調解之提出

勞資爭議發生，雇主或勞工均可向勞務提供地之直轄市或縣（市）主管機關提出調解申請書。調解申請書可到勞工局或以電腦上網、傳眞、郵寄申請，經濟部加工出口區及科技部工業園區則分別向各該出口區、園區之管理處（局）提出。因直轄市或縣（市）政府勞工行政機關有勞動局、勞工局、勞工處、發展處、勞動處、社會局、社會處、民政局之不同稱謂，還有經濟部的加工出口區管理處、科技部科學園區的管理局，以下均稱「地方勞工行政機關」或稱「勞工局」。

調解申請書「爭議要點」可簡單扼要說明當事人之訴求，詳細經過待調解會議時說明。調解申請書受理後，離開會時間約十日至二十日，選擇調解人調解，稍早開會，選擇調解委員會稍慢開會，開會時間大約一小時半至二個小時，通常大部分調解案件召開一次會議可以有結果，也有召開二次或三次。調解成功率超過五成。調解會議時可委任他人出席，也可請他人列席。

依「勞資爭議處理法」規定，當事人對調解方案不同意者，爲調解不成立。

2. 選擇調解委員會或調解人

調解委員會是由三個委員共同組成，雇主與勞工可各指定委員一人，勞工局指派委員一人。如雇主或勞工未指定委員，則由勞工局分別爲雇主或勞工指派委員。

調解人則是由調解人一人單獨負責調解，調解人分爲兩種方式，一是勞工局本身的行政機關調解人，一是民間團體的調解人。行政機關調解人及民間團體的調解人，並非勞工局職員，而是經過勞動部認證通過者。

申請調解時可選擇交由調解委員會或行政機關調解人或民間團體的調解人，三者選其一，但申請調解者不能要求指定誰當主席或當調解人。

常聽到申請調解的勞工詢問選擇調解委員會好？還是調解人好？一位法官在勞動法令研習時說：「好運的抽到時鐘，歹運的抽到龍眼（台語發音）」也就是選擇那個好？有時要看運氣，因爲調解委員或主席或調解人，法令素養不同；公正性不同；認知不同；調解技巧不同而有不同調解結果。一般而言不管是調解委員或調解人大多能遵守規定，況當事人如果不滿意調解方案，亦可以不接受。

一般會認爲選擇調解委員會較好，但也未必，調解委員會的主席有些勞工局是指派勞工局的職員擔任主席，有些勞工局則由調解委員會委員推選一人爲主席。

有擔任勞方調解委員者，參加某管理處的勞資爭議調解委員會，是調解一件資方有嚴重過失的職業災害，因基層領班隱瞞而不敢往上呈報，而勞工又是智商很低者，領班竟然逼迫該勞工自行離職。因看到這位勞工在勞工局就業站徘徊而得知此事，幫其申請調解。調解會主席是由該管理處主管擔任，會議中主席竟然未曾表示意見，而由資方的委員大談謬論。

主席是勞工局的官員時，極少數官員一意孤行，委員們不便與主席唱反調，除非不想繼續被指派擔任委員，因而失去了公正性。

如果選擇由一個人調解的調解人，因調解人有行政機關（勞工局）指派的調解人與勞工局交給民間團體指派的調解人，屢有勞工指責○○調解人偏袒資方，並說網路也有報導。所稱○○調解人究指何者，勞動部不妨於調解後向勞資雙方問卷調查、分析，當可瞭解實情。

3. 如果調解不成立

調解與法院的裁判最大不同之處，是調解不能裁判，如果勞雇雙方有一方不能接受調解方案，調解就不成立。如果勞方的請求是合法、正確的，勞方也可提出訴訟，依規定申請訴訟補助委任律師。

勞方提出訴訟後，法院也會請勞雇雙方和解了事，和解不成，由法院判決。

109年1月1日「勞動事件法」實施，勞資爭議事件，由法院處理，可減少訴訟障礙，迅速、妥適、專業、有效、平等的處理。請參本章第四節「勞動事件法」。

調解不成立亦可申請「仲裁」，請參下列（二）「仲裁」，勞資爭議案件，大多是雇主違法，調解不成立的案件，如果勞工提出訴訟，通常勞工勝訴多，有時勝訴的金額會多出勞工原來訴求的好幾倍。因為勞工如果委任律師，律師會把勞工可以請求的項目全部列出來，例如勞工原本只請求資遣費，因雇主不接受而調解不成立，勞工委任律師後，除了資遣費外，要加上算清五年內的加班費（未給或給付不足）、投保薪資不足、6%退休金提繳不足、特別休假未休等。

茲列舉幾則調解不成立，勞方提起訴訟，雇主吃大虧的法院判決：

例1：

化學工廠嚴禁勞工在廠區吸菸，每一員工並填寫同意書，如有違反，一律無條件解僱。已服務二十三年的某工程師，下班時在機車棚點菸被警衛發覺，公司將該勞工開除。勞工以機車棚機車發動也會產生火花，機車棚非禁區，且機車棚張掛「吸菸罰一萬元」之顯明佈告，勞工請求從輕處分或給予資遣費，公司堅持無條件解僱，調解不成立。

勞方委任律師提出訴訟，地方法院、高等法院、最高法院均以機車棚與廠區有距離，非廠區，判決勞工勝訴，僱傭關係存在。纏訟二年，雇主應補發二年工資，勞工也已服務滿二十五年申請退休。

此件爭議，勞方本希望拿到數十萬的資遣費，但資方堅持勞方因重大違規被開除，無資遣費。

例2：

工程行僱用一位五十多歲已在他公司退休的工程師，並寫了切結書放棄特別休假及將來之退休金。十多年後，工程師請求特別休假未休工資及退休金，工程師願接受20萬元。雇主表示工程師已簽切結書放棄特別休假及將來之退休，堅持不給。

勞方委任律師提出訴訟，律師將多年來之特別休假未休工資、加班費及退休金，合計請求雇主應給120萬元。之後在法院以80萬元和解。

例3：

保全公司甲保全員，在學校擔任保全，因夫妻不睦，甲保全員整年均住在學校。甲保全員有高血壓病史，突中風無法上班，其妻出面請求依職業災害規定補償，保全公司不同意甲保全員是職業災害。

勞方委任律師提出訴訟，地方法院判決甲保全員是職業災害，雇主並應給付特別休假未休工資、及所有國定假日加班費合計150萬元。

例 4：

餐廳雇主端熱湯不愼燙到店員，但只是輕微小燙傷，受傷店員認爲沒關係，也照常上班。一個月後店員要離職，店員之姊控訴以店員職業災害，雇主未給假，未依職業災害規定補償。經以2萬元和解，店員同意，但雇主家人反對而未給付，調解不成立。店員之姊委任律師提出訴訟，律師告知店員，先告刑法傷害罪，再依勞動基準法請求職業災害補償。

上述四個例子，可以看出調解不成立，勞方委任律師提出訴訟，資方有可能付出更多。勞方之請求如果是合法、合理、合情的，雇主應接受，以免因小失大。

（二）仲　裁

勞資爭議處理法第25條：「勞資爭議調解不成立者，雙方當事人得共同向直轄市或縣（市）主管機關申請仲裁。但調整事項之勞資爭議，當事人一方爲團體協約法第10條第2項規定之機關（構）、學校時，非經同條項所定機關之核可，不得申請仲裁。」、「勞資爭議經雙方當事人書面同意，得不經調解，逕向直轄市或縣（市）主管機關申請交付仲裁。」

同條另規定，勞資爭議當事人一方爲勞資爭議處理法第54條第2項之勞工者（即：影響大眾生命安全、國家安全或重大公共利益之事業，如水、電、燃氣、醫院）。其調整事項之勞資爭議，任一方得向直轄市或縣（市）主管機關申請交付仲裁。

所謂「調整事項之勞資爭議」，是指勞資雙方當事人對於勞動條件主張繼續維持或變更之爭議，例如勞方要求雇主調薪或取消輪班制。

亦即，申請仲裁一般而言，必須是勞資爭議調解不成立者，雙方當事人得共同向直轄市或縣（市）主管機關申請仲裁，但如果是水、電、燃氣、醫院，其調整事項之勞資爭議，任一方得向直轄市或縣（市）主管機關申請交付仲裁。如果勞資爭議經雙方當事人書面同意，得不經調解，逕向直轄市或縣（市）主管機關申請交付仲裁。

勞資爭議處理法第37條：「仲裁委員會就權利事項之勞資爭議所作成之判

斷，於當事人間，與法院之確定判決有同一效力。」「仲裁委員會就調整事項之勞資爭議所作成之判斷，視爲當事人間之契約，當事人一方爲工會時，視爲當事人間之團體協約。」

所謂「權利事項之勞資爭議」，是指勞資雙方當事人基於法令、團體協約、勞動契約之規定所爲權利義務之爭議，例如雇主少給工資、少給資遣費、未給特別休假等違法行爲。仲裁委員會就權利事項之勞資爭議所作成之仲裁判斷，與法院之確定判決有同一效力。

「調整事項之勞資爭議」與「權利事項之勞資爭議」之最大區別是前者雇主並無違法行爲，後者則雇主通常有違法行爲。

仲裁也是處理勞資爭議的好機制，同樣可以息訟止爭，但勞資爭議提出仲裁者少之又少。雖然勞動部鼓勵勞資雙方提出仲裁，但有些地方主管機關並不歡迎，因爲要選定公正獨任仲裁人或仲裁委員是一難題，仲裁判斷結果當事人如不滿意，難免當事人之一方會認爲仲裁判斷不公，只有陳情而增加地方主管機關的作業負擔。另一因素是當事人擔心仲裁者的公正性。

（三）裁 決

勞資爭議處理法第39條：「勞工因工會法第三十五條第二項規定所生爭議，得向中央主管機關申請裁決。」

工會法第35條係對工會之保護規定，第35條第1項規定：「雇主或代表雇主行使管理權之人不得有該項第二項規定規定之行爲，例如對勞工組織工會、加入工會、參加工會活動或擔任工會職務，而拒絕僱用、解僱、降調、減薪或其他不利之待遇」等。第35條第2項規定：「雇主或代表雇主行使管理權之人，爲第1項規定所爲之解僱、降調、減薪者無效。」

由上述規定可知，申請裁決限於因工會法第35條第2項規定所生爭議，且須向中央主管機關申請。

二、勞資爭議發生原因

勞資爭議之發生，絕大多數是雇主違法，少數是勞工之不該，雇主之違法有：

（一）因雇主不瞭解法令

雇主不瞭解法令之情形下發生爭議，經調解人員說明後，雇主大都可以接受。有些雇主會表示該給的會給，而多數雇主是希望能少給。有些雇主（包括政府機關、公營事業）則相信律師、法律顧問之言。

（二）雇主明知故犯

雇主明知法令規定，但不願遵守法令規定，不願依法給付。在此情形下，通常雇主希望勞工能讓步，也就是雇主希望能少給勞工。甚至有雇主知道，勞資爭議進入調解，因爲勞工不願上法院或因與雇主之情感，通常勞工會讓步，雇主可以少給付，因此少數雇主不反對勞工向主管機關申請調解。

但也有雇主，勞工如未向主管機關申請調解就不給，勞工如向主管機關申請調解就依法給付，因爲怕主管機關處罰。此時雇主也會表示並非不給而是勞工未提出要求。

勞工如向主管機關申請調解，也有雇主惱羞成怒，堅持不給，要勞工上法院，如判雇主敗訴就給付。也有雇主表示不怕被主管機關罰錢，寧願被罰也不給勞工。

更惡劣的雇主是設計陷阱，讓勞工掉入陷阱（使勞工違法）而不給工資、資遣費。

（三）雇主得到的是不實訊息

雇主對法令未深入瞭解，相信顧問或他人之言，自以爲是，例如雇主說勞工已同意放棄特別休假，或勞工同意每月由雇主給勞工1,000元，雇主不再爲勞工投保勞工保險，不提繳6%退休金。

（四）雇主缺乏照顧勞工美德

有些雇主只顧營利，不照顧勞工的情形不少，筆者常問申訴的勞工，雇主不給錢大概是雇主營收不佳吧！許多勞工答說：「不，雇主買了不少房地產。」該給勞工的不給，不惜違反法令規定，處處想節省支出。政府訂定勞動條件最低標準自有其必要。

（五）招標制度有缺失

不少勞工的工作是經過雇主得標而產生，例如保全、清潔、工程承攬，雇主爲了能得標，不惜低價搶標，得標之後只能處處節省，該給付勞工的不按規定給付。

（六）勞工的違法或敬業精神不足

勞資爭議案件約有百分之十，可歸責於勞工，例如勞工有卡債，要求雇主不要投保勞工保險，因爲勞工投保勞工保險，銀行就知道勞工已就業，銀行可向法院聲請抵扣勞工薪資。因勞工未投勞工保險，雇主也就未爲勞工提繳6%退休金，被資遣後勞工失業也不能申請失業津貼。當勞工被資遣，此時有些勞工會要求雇主補償6%退休金及失業津貼。又如勞工在他單位兼職，反而把原來的工作當副業，不正常上班卻要求雇主給資遣費。

（七）勞工局應寬嚴並濟

對於無心之過的雇主，勞工局可先予勸導，輔導其改善。但對於明知故犯的雇主，勞工局如果未能「依法行政」，則助長雇主繼續違法。同樣的行業，有者少有勞資紛爭，有者屢有勞工到勞工局申訴，原因之一是勞工局執法不嚴，造成違法的雇主有恃無恐，尤其是持續低價搶標，得標後再轉嫁所僱勞工，不斷違法者。

三、雇主違法案例

勞資爭議的發生，有些是雇主故意的違法行爲，有些是雇主不瞭解法令規定，有些是因法令規定不周延，或利用勞工之缺乏法律素養，或利用有些勞工怕上法院之心態而惡意對待勞工。下列例子，類似情形之勞資爭議常發生。

例1：

甲女性勞工在旅館擔任清潔工作，還有一年多可以申請退休，某日，雇主告知勞工：「監視器拍到了妳私自攜帶報紙、空寶特瓶外出，屬偷竊行爲，請妳填寫自行離職單，否則報警處理。」勞工填寫自行離職單後，到勞工局申請調解，雇主知道勞工到勞工局，雇主告知勞工：「請你撤回調解申請書，旅館送你一紅包，否則報警處理。」勞工接受了，撤回調解申請書，收受紅包2萬元，如果勞工申請退休，雇主應給退休金45萬元。三個月後某工廠發生同樣情形，勞工也收到紅包2萬元，應是有人教導黑心雇主。

例2：

乙女性勞工，受僱二個月，雇主要其離職，不給資遣費並扣薪一個月，勞工到勞工局申請調解，雇主告知勞工：「你與丙勞工以Line互罵雇主，有丙勞工爲證人，你要資遣費及一個月工資，我就告你誹謗。」勞工怕了。原來是雇主所設計，讓勞工掉入陷阱。

例3：

百貨公司常發生的事情，勞工要離職，雇主不願意，雇主藉口商品遺失，要勞工賠償。此時勞工自認並無偷竊商品或無重大過失，自可請求雇主向警察派出所報案，不要怕警察調查。

例4：

勞工工作十二年，二年來要洗腎，因工作繁重，近來身體每況愈下，雇主要其拿醫院診斷書，並記明可以擔任何種工作，勞工拿醫院診斷書記明不可以擔任粗重工作，因未記明擔任何種工作（如機器操作、包裝），雇主不接受，要勞工寫自行離職書，離職原因寫「因病離職」。勞工到勞工局申請調解，請求雇主給付資遣費，雇主堅持勞工已寫離職書，不給資遣費，只願給勞工慰問金1萬元。

本案勞工如提起訴訟應會勝訴，因勞工並未拋棄資遣費。勞工本非自願離職，而被雇主逼迫寫自願離職書因而無資遣費的糾紛不少。如勞工本非自願離職，而被逼迫寫自願離職書，勞工可在離職書記載「某年某月某日主管王○○告知要本人離職」、「某年某月某日主管王○○告知本人不能勝任工作」等，並照相存證，如果寫「生涯規劃」、「另有他就」，勞工要資遣費就難了。

例5：

公司表示，要減少工作時間或改爲時薪制，工資減少幅度不大，要勞工簽同意書，勞工認爲工作時間減少，工資減少幅度不大，也就同意了。但未看清同意書內容，數個月後，公司再減少工作時間，工資同樣再減少，勞工發覺雇主有詐，勞工依勞動基準法第14條終止契約，雇主應給資遣費，但資遣費之計算是資遣時前六個月平均工資，勞工虧大了。

例6：

勞工工作中，他勞工作業不慎，器具掉下將某勞工打傷脊椎骨，領班不願公司知悉而隱瞞實情，要職業災害的勞工請病假，之後要求勞工離職，勞工到勞工局就業站求職，始發覺此冤情。

勞工發生職業災害，並非雇主不依規定給假、補償，而是基層領班、主管怕負責任而隱瞞實情。

例7：

雇主假藉客戶投訴爲由，要扣勞工工資、獎金，甚至逼迫勞工離職。例如美容院列出客戶投訴名單，假稱有某客戶皮膚燙傷、某客戶頭髮被剪過短、對客戶出言不遜爲由。

例8：

雇主假藉訂單減少、工作減少，要勞工在家等候，有訂單再通知上班。通常雇主是想逃避資遣費。

勞工在家等候期間或稱無薪假，依解釋令無薪假期間雇主應給基本工資，勞工亦可依勞動基準法第14條第6款規定主張終止勞動契約，雇主應給付資遣費。

例9：

雇主說勞工的工作是責任制，因此工作時間長或無加班費。

所謂責任制是指勞動基準法第84條之1所定之工作，並由勞動部公布指定之行業，例如保全業。如非勞動基準法第84條之1所定之工作，並由勞動部公布指定之行業，則勞工的工作並非勞動基準法第84條之1所稱的責任制。

例10：

勞工舊制退休年資長，將屆符合自請退休資格，雇主故意調動勞工擔任不適合之工作，或調動至較遠地方。雇主是要勞工知難而退，省了退休金改以資遣方式甚至不給資遣費。

如雇主卻有故意之不法行爲，勞工可請求確認僱傭關係存在，或資遣費、或依年資計算退休金。

例11：

雇主以勞工業績未達標準，要勞工離職，不給資遣費。

雇主所訂業績標準，應符合常理，所訂標準，應是大多數人所能完成，否則不得資遣勞工，即使勞工業績太差，仍是勞動基準法第11條第5款所稱「不能勝任工作」，雇主應給勞工資遣費。

例12：

司機開車並非故意發生車禍，或因時間過長疲勞駕駛而發生車禍，或因車輛老舊損壞，雇主常要求司機賠償因而所造成之損失，包括車輛修理、拖吊費用、貨品損失、營業損失、罰款。

如司機並非故意發生車禍，應視司機過失之輕重減輕司機之負擔金額或免負擔。

例13：

雇主要勞工離職，爲了省預告工資、資遣費，卻要勞工填寫自願離職書，事後勞工說是雇主所逼。

並非勞工本意，寫了離職書或同意書、拋棄書、悔過書，事後說是雇主所脅迫。民法第92條、第93條規定，因被詐欺或被脅迫，一年內得撤銷，勞工很難舉證雇主有詐欺、脅迫行爲。

例 14：

雇主要勞工寫同意書、拋棄書，例如要求勞工在職中放棄加班費、假日不放假，雇主稱是勞工所願意的，雖然是勞工所願意，此項行爲仍無效。民法第71條規定：法律行爲，違反強制或禁止規定仍無效；民法第72條規定：法律行爲，有背於公共秩序或善良風俗者無效。但事後之和解、拋棄則有效，例如雇主應給勞工資遣費20萬元，經勞資雙方和解後勞工願意接受15萬元，此項事後之和解是有效的。

例 15：

是經常性工作，繼續性工作，雇主要勞工簽訂「定期契約書」，雇主以爲如此可以不給資遣費。是經常性工作，繼續性工作，即使勞工簽訂「定期契約書」，仍應給資遣費。

例 16：

雇主未經勞工同意擅自漫無標準扣減工資。

例如遲到一分鐘扣工資100元；未達績效每天扣500元；假借物品遺失，要員工共同分擔等等。雇主如因勞工之違法、過失，如責任未明，未經勞工同意，不得擅自扣減工資。如有爭議，可向勞工局申請調解或以訴訟解決。如責任明確，雇主可以抵扣勞工工資，例如勞工駕駛公司車輛闖紅燈，公司被開罰單，雇主可抵扣勞工工資。

例 17：

勞工離職，雇主不給績效獎金，例如績效獎金每三個月計算一次，勞工於四月份離職，自應給一至三月份之績效獎金。勞工於年度結束後離職，應給該年度年終獎金。例如某公司之年度爲一至十二月，某勞工於次年一月離職，應給該年度年終獎金。

例 18：

雇主以勞工的工資提繳6%退休金並由勞工負擔勞工保險投保薪資。

依「勞工退休金條例」提繳6%退休金是由雇主負擔。而勞工保險投保薪資雇主應負擔部分，不可由勞工負擔。

例 19：

雇主違反「性別平等工作法」，在面試時說「你年紀大」、「我們要男（女）性」、「你是否已結婚」、「你的宗教信仰」、「你是何政黨」等等而不僱用勞工，有可能就違反「性別平等工作法」、「就業服務法」，而會遭受勞工局處罰。「就業服務法」第5條第1項規定：「為保障國民就業機會平等，雇主對求職人或所僱用員工，不得以種族、階級、語言、思想、宗教、黨派、籍貫、出生地、性別、性傾向、年齡、婚姻、容貌、五官、身心障礙、星座、血型或以往工會會員身分為由，予以歧視。……」因此雇主徵才、面試不得有違反上述種族、階級、語言等行為。雇主除徵才廣告不得有上述之歧視行為，面試時亦同樣不得有上述之歧視行為，例如不想進用可能不稱職的面試者，雇主可以問一些工作上所需之安全、衛生、法令常識，而不能說，「你年紀大了不適合擔任此工作」或「公司要未結婚者」。

例 20：

公司每月工時均超出一百小時，但給勞工的薪資單是寫「四十六小時」，超出四十六小時，每小時給一百元稱「績效獎金」，勞工要求依規定補發加班費。如果勞工局調解不成立，勞工提出訴訟，法院可能判決「獎金」與「加班費」不同，應補發加班費。

例 21：

勞工上網填寫檢舉單，檢舉公司多項違法，傳送到勞工局後，勞工局承辦人電話詢問勞工：「監視器有無錄到？」之後就沒有再接到答覆。如果勞工填寫檢舉單之後用掛號信寄給勞工局或親自送到勞工局，並在檢舉單填寫「請貴局將處理情形，以公文答覆」，勞工應會收到勞工局的公文。

例 22：

有些行業競爭激烈、低價搶標，得標後轉嫁給勞工。能省則省，除基本工資外，樣樣不合勞動基準法規定。

四、勞工的違法或敬業精神不足案例

調解會中也常有雇主埋怨勞工敬業精神不足，勞工如有不滿意就到勞工局申訴，而雇主因缺人，也不便隨意資遣敬業精神不足的勞工。

例1：

勞工把原來的正職當副業，勞工到他單位兼職，反而把兼職當正職，不正常上班卻要求雇主給資遣費或等待被雇主資遣。問雇主何以不資遣勞工？雇主答說：「工人不好找，希望勞工繼續工作。」

例2：

勞工發生職業災害後，傷勢輕微已可上班，雇主請求勞工上班，或擔任適合的工作，勞工置之不理。或勞工輕微的傷害，故意假裝嚴重。此時雇主可向勞工局申請調解，或請勞工到有公信力的醫院診斷。

例3：

勞工到職後，頻頻未上班，雇主要其提出證件，俾辦理勞工保險，勞工置之不理。數天後，勞工之母親車禍往生，因勞工未投勞工保險，無法請領其母親往生之三個月喪葬津貼，勞工要求雇主賠償。

例4：

因有些公司缺人嚴重，頻頻登廣告求才，有勞工也頻頻應徵，面試的時候經試用尚可以，但到職後也許技術還可以，但工作慢吞吞、服從性低，別的勞工一天可以完成，他兩天還未完成，雇主發覺不對，立即解僱他。雖然這位勞工工作沒幾天，但他會到勞工局申請調解，理由是雇主未在工作第一天投勞保，加班未給加班費，他頻頻換雇主，也頻頻到勞工局申請調解，雇主及勞工局均不勝其煩。

例5：

某市有一位年長勞工，106年向勞工局申請調解或檢舉超過百件，其他縣、市，同一個勞工一年調解或檢舉合計數十件的也有。他們共同情形大概是雇主缺人，輕易進用員工，沒數天甚至第一天雇主就發覺勞工嚴重不適任，因此要解僱勞工，而雇主未在僱用勞工時即爲勞工投保勞工保險，或工資給付不足。

例6：

勞工工作中不遵守職業安全衛生規定，發生災害，要雇主依職業災害規定補償。

例7：

勞工已服務多年或十多年，因所收款項未能即時繳回，雖然金額少，雇主以勞工違反工作規則情節重大，解僱勞工，勞工如有不服，雇主威脅將向法院提告侵占。

類似勞工的行爲屢次發生，是否爲「情節重大」、解僱是否符合「最後手段性」有爭論。

服務多年的勞工薪資較高，解僱勞工省了資遣費，重新僱用新人薪資較低，不良雇主兩頭賺。勞工應遵守規定，避免違法，致雇主有機可乘。

五、公平、公正處理勞資爭議

調解人員應公平、公正，有時也要合法、合理、合情；並考量雇主的營運狀況、守法精神及違規動機等，兼顧勞資雙方利益。

（一）參酌法院的判決

有律師在勞工局上課時說：「你們是勞工局的調解人員（本書所稱調解人員包括主席、調解委員、調解人）、志工，就應遵守勞動部、勞工局的指示。」筆者不同意律師的說詞，因爲法院的判決常有合法、合理、合情而與勞動部的解釋不同，對勞工有利。

例如：勞動基準法第10條所稱「因故」終止契約未滿三個月復職員工，前後年資是否併計？勞動部解釋：「勞工辭職或被解僱，前後年資不能併計」；而法院則有判決：「除退休外，終止契約未滿三個月復職員工，前後年資應併計」。

勞工因病留職停薪，留職停薪期間年資是否併計？勞動部解釋不能併計，而法院則有判決應併計，法院的判決合乎法、理、情。以「留職停薪」爲例，「留職停薪」有多種，「留職停薪」是「職在薪不在」，因病留職停薪年資併計是正確的。

又如勞動基準法第12條所謂的「情節重大」，法院常採較嚴格的認定。一位經理因常請假照顧生病的母親，雇主要調降其職務，經理憤而辭職，並請同事辦理退保。之後反悔，提起「確認僱傭關係存在」之訴，法院判決經理勝訴，判決理由是經理已服務多年，一時氣憤提出離職，並非其本意。

一位領班因工作調派問題，拍桌並辱罵其主管，服務機關將領班解僱，領班提起「確認僱傭關係存在」之訴，法院判決領班勝訴，判決理由是領班因工作調派問題而一時氣憤與主管爭執，並無惡意。

上述兩位勞工的狀況，終止契約是合法的，但法院以有利於勞工的判決，雇主要解僱勞工，法院常強調「最後手段性」。

（二）法、理、情兼顧

有一次調解會議上，勞工由一位女朋友陪伴，會議開始，該陪伴女友一直不停滑手機，半小時了，雇主未出席，調解人問勞工，雇主經營情況如何？該陪伴女友忽放下手機，大聲向調解人說：「管他經營情況如何，該給的一元也不能少」。這位陪伴的女友，顯然不懂法、理、情要兼顧。

茲列舉法、理、情要兼顧的例子如下：

例1：

一位女性勞工上班第一天說遺失1萬元，她也向警察派出所報案，第二天雇主知道她罹病將她解僱。她向勞工局申訴，表示本在他公司擔任臨時工，辭掉工作來應徵，現在工作兩頭空，請求雇主賠償。但看她的調解申請書所寫爭議內容語無倫次，又持有公立醫院的診斷書，寫有：「嚴重憂鬱」。顯然，她所說「遺失1萬元、擔任臨時工」不知是眞是假？陪伴她來的年老母親說，女兒兩個月前開車被警察開罰單，導致舊病復發。

雇主資遣她並不違法，資遣費依年資比例只有區區不到100元。法、理、情兼顧下，雇主向其母親表示：「遺失1萬元」難查證，雇主願給1萬元，並囑女兒健康爲重，好好休息養病，俾早日痊癒。

例2：

一位勞工六十歲了工作年資十五年要自請退休，但他滿腹牢騷，表示雇主每年大賺錢，卻不讓其退休，且每月嚴重超時工作、未依規定計算加班費、提繳6%退休金不足，因此向勞工局申訴請求補發加班費，補提繳6%退休金。

雇主明顯違法，勞工不知道其可適用勞動基準法第14條終止契約，雇主還要給勞工六個月的資遣費，如果是自請退休則無資遣費。勞工局的調解人員、經辦人、志工應讓勞工知道其應有的權益。

例3：

一位勞工工作年資已二十五年，但年齡才四十五歲，適用舊制退休金，雇主知道勞工的舊制退休金免不了，要她自請退休。雇主的本意是她月薪5萬元，退休後再僱用新人，月薪只需3萬元，雇主每月可省2萬元。雇主唯利是圖，不顧勞工以往二十五年來的貢獻。勞工如果不自請退休，雇主已開始有刁難她的動作，如果自請退休，哪裡可找到月薪5萬元的工作，勞工左右爲難，問如何是好？勞工可向勞工局申請調解，勞工局調解人員應法、理、情兼顧，爲弱勢的勞工多爭取權益，雇主不能只給應有的退休金。

例4：

一位勞工五十三歲多，工作年資有十八年，貨車駕駛，未選擇退休新制。因在家摔傷，腦部受傷，療養五個月後回公司，雇主告知其尚未完全復元，開車有危險，請繼續在家療養。此時勞工如被資遣，應領資遣費，如等到滿五十五歲，則可申請退休領退休金，兩者差別大。

（三）勞工應知道保護自己的權益

當雇主惡意地違法對待勞工時，勞工要知道保護自己的權益，但有些很簡單的問題，勞工卻不知如何應付惡意的雇主。有一位勞工應徵美容工作，被收取保證金6萬元，上班後雇主就常惡言惡語、百般刁難，原來惡雇主是故意爲了沒收6萬元保證金。該勞工在傳給勞工局的「調解申請書」註記：「問三位志工，說法都不同」，她不甘心6萬元保證金將被沒收，憤而自殺住院。惡雇主的「收取保證金6萬元、惡言惡語、百般刁難」都是違法的行爲，她只要引用勞動基準法第14條規定向勞工局申訴（本書所稱申訴包括申請調解），就可拿回6萬元保證金及資遣費、開立非自願離職證明書。

一般的法令，例如加班費如何計算？資遣費如何計算？特別休假日數如何計算？容易得知；但有些問題卻各說各話，例如，兩位勞工同在倉庫工作，甲勞工默默地在抄寫資料，乙勞工則拿起木棍在玩耍，不小心木棍脫手，擊中甲勞工受傷，甲勞工是否算職業災害？就此問題筆者故意從北到南，分別以電話問了多個縣、市的勞工局及勞保局辦事處，竟然有半數的勞工局及勞保局辦事處答復不是職業災害。其實甲勞工在工作中受傷，是職業災害。

另，不少勞工遇到惡雇主，不知可以引用勞動基準法第14條規定，或未能瞭解簡單的法令常識而喪失了應享的權益。茲舉例如下：

例1：

一位勞工已任職五年，甲主管在她面前告訴她（未留證據）：「明天起妳不必來上班了」，她遵照甲主管的話未去上班並以LINE問甲主管是何原因，甲主管告訴她，請她問乙主管，其以LINE問乙主管，乙主管告訴她：「妳工作不力，妳心裡有數」，她再以LINE問甲主管究何原因？甲主管告訴她：「乙主管已告訴妳」。她均未取得甲、乙主管有說「要資遣」她的證據。她不知依勞動基準法第12條規定，連續曠工三日得解僱且無資遣費。

勞工聽甲主管的話，翌日起未上班，數天後到勞工局申訴，雇主主張並未資遣勞工，是因勞工連續曠工三日遭解僱。

此案例，甲主管告訴她（未留證據）：「明天起妳不必來上班」，勞工必須有證據，在未取得證據之前繼續上班，或問清楚或請假，並到勞工局申訴。

例2：

雇主爲了省資遣費，告訴勞工說，貨品短少，請她自行離職，否則將向警察派出所報案，依法究辦。

此案例，如果勞工確有偷竊行爲，應該自知理虧自行離職。如果勞工確無偷竊行爲，不怕警察來調查。如果雇主並未說要向警察派出所報案，勞工也可以向雇主表示請警察來處理，同時向勞工局申訴。

例3：

勞工並無犯錯或工作不力，但雇主（主管）常刁難或調動工作，有意逼迫勞工自行離職不給資遣費，此時勞工應先瞭解雇主有無勞動基準法第14條第1項第6款「雇主違反勞動契約或勞工法令，致有損害勞工權益之虞者」之情形。例如：原約定上白天班，被調爲上晚間班；原約定擔任文書作業，被調爲到現場搬物品，即是違反勞動契約。又如勞保投保薪資高薪低報、6%退休金提繳不足、加班費未依規定計算，均是違反勞工法令。

雇主如有「雇主違反勞動契約或勞工法令，致有損害勞工權益之虞者」，勞工可「先發制人」，引用勞動基準法第14條終止契約，雇主應給勞工資遣費。

例4：

勞工在餐廳上班，第三天即嚴重燙傷，雇主給勞工2,000元並告知不必來上班了，勞工受此打擊情緒崩潰。勞工的母親兩次請警察處理，雇主不承認，警察告知應到勞工局申訴。勞工的母親第三次再請警察處理，警察責備勞工的母親「沒有用的母親」，勞工的母親才到勞工局申訴。勞工局有勞動檢查權，警察沒有勞動檢查權。

（四）不義的條款——「保密」與「斷尾」

勞資爭議調解成立的案件，因調解紀錄的「保密條款」與「斷尾條款」，使不少勞工的權益受損。

依勞動部訂定的「勞資爭議調解倫理規範」第7點：「調解人對於勞資爭議事件，除已公開之事項外，應保守秘密。調解人不得揭露或利用因處理勞資爭議事件所知悉非公開之訊息，並應遵守個人資料保護法之規定。」顯然「保密條款」是針對「調解人」，但目前的調解紀錄卻常記明包括所有參加會議者（調解人員、勞資雙方、列席人員），致產生了雇主有嚴重違規、調解人員不公不義、雇主應給勞工的金額相差太懸殊時，會後沒人敢出聲而保障了惡意者。

常有勞工會議後抱怨吃虧太大，問其何以要簽署同意，有勞工說不能講，有說調解人員不公不義。

法院調解委員倫理規範第3點：「調解委員因行調解知悉他人職務上、業務上之秘密或其他涉及個人隱私之事項，應保守秘密。」顯然要保密的是他人職務上、業務上之秘密或個資才正確。如果調解人員沒有不公不義，就不怕被洩密。

所稱「斷尾條款」，即在調解紀錄記明「勞資雙方對於調解結果不得有任何異議，並拋棄民事、刑事、行政……」，致有勞工會議後抱怨吃虧太大，而求助無門。據說也有縣市的調解紀錄無「斷尾條款」。

如果調解紀錄上有「斷尾條款」，建議應先記明：「本爭議調解，會中已詳細告知勞、資雙方之權利義務，並已確實計算雇主依法應給勞方之金額」。

屢次發生的情形，例如勞工向勞工局申請調解，雇主依法本應給勞工50萬元，調解結果雇主願給勞工5萬元，本來雇主1元也不給，現願給勞工5萬元，勞工從無而有，很高興的簽署同意。回家後，親友告訴勞工，依法應給勞工50萬元，只給5萬元太少了，勞工因而憤憤不平，表示調解會議時，調解人員未詳細告知，或說調解人員故意偏袒雇主。因調解紀錄上有「保密條款」與「斷尾條款」，勞工想補救也難。

調解人員如有不公不義，或勞工局縱容雇主違法，則產生嚴重不良後果。雇主明知應該給勞工的故意不依規定給付或少給付，雇主也知道勞工會到勞工局申訴，但每次「調」的結果，雇主都占了便宜，因此雇主很樂意勞工到勞工局申訴，勞工局也「生意興隆」的惡性循環。也有雇主明知應該給勞工的故意不依規定給付或少給付，不理勞工局的調解，明確表示到法院見，有勞工則明確表示寧可少拿或不拿，也不願上法院，因爲他們認爲上法院不是好事。

六、有效處理、減少勞資爭議之道

（一）法令應適當、適合

勞動法令的訂定、修訂、解釋應適當、適合，政府訂定、修訂、解釋勞動法令應審慎評估，參考國外成例、國際趨勢，也考量國情，法院裁判，並兼顧勞資雙方利益，否則「皮之不存，毛將焉附」？認爲可行後才訂定、修訂、解釋並切實執行。是正確的就切實執行，如有雇主或勞工團體反對，可供參考。以73年8月實施勞動基準法爲例，當時也有雇主強烈反彈。勞動基準法實施後，也數度修正大都以保護勞工爲宗旨，例如每週工作時間逐步減少、退休金由可以扣押修正爲不能扣押，因雇主歇業產生勞工之債權，由勞工有最優先清償之權修正爲第一順位抵押權等等。

（二）加強勞動法令宣導、研習

勞工局、勞工保險局經常舉辦勞動法令、勞工保險法令研習，但未採取強制雇主或雇主派人參加研習，致雇主不知有規定，例如未投勞工保險之勞工也要投就業保險、要提繳6%退休金。尤其是新成立之公司行號，應接受勞動法令之宣導、研習，分地、分區舉行宣導、研習，立法規定公司行號必須派人參加，使瞭解法令規定及罰則。

因勞動部之解釋，有與法院判決不同，此項差異，有者有利勞工，有者不利勞工，例如「留職停薪」期間或離職未滿三個月又回任，是否併計年資，法院的判決常有利勞工。特別休假未休之加倍工資是否併計平均工資？或上下班途中發生車禍是否爲職業傷害，有時法院的判決不利勞工。於勞動法令宣導、研習時應一併說明，勞動業務經辦人員、調解人員、志工、雇主均應加強法令研習。

（三）投標契約明確規範

有不少勞工是人力派遣、工程承攬所僱用之勞工，事業單位應明定保護勞工之條文，明定承包商責任。因工程承攬常有次承攬而有一包、二包、三包之分，通常最下包之財力不如得標廠商之優，事業單位應於投標契約明確規範，不致得標廠商或分包逃避責任或相互推卸責任。

某國營事業工程契約中，工程保險之規定有「得標廠商應責令其分包人切實參加各種保險（勞工保險、公務人員保險、全民健康、職業災害保險），倘得標廠商及其分包人所僱勞工於本工程施工中遭遇事故，致發生任何體傷、死亡或疾病等時，應由得標廠商依相關法令負賠償及補償責任」、「得標廠商及其分包人之受僱人不論已投保或未能投保上述之保險，均應由得標廠商向合法之保險業者投保雇主意外責任保險」。

爲減少因職業災害發生而導致雇主增加了負擔，雇主除爲勞工投保勞工保險外，宜再向合法之保險業者投保雇主意外責任保險。

爲進一步保障勞工，事業單位（即公司行號）尤其是公營事業，建議於契約中規定：如得標廠商及其分包人，有積欠所僱用勞工之工資而尚在爭議中者，經事業單位向當地勞工主管機關查證屬實，事業單位得暫緩發給應給得標廠商及其分包人之工程款。

又如適用勞動基準法第84條之1的保全業，勞資爭議多。第84條之1的工作者，約定書必須報請勞工局核備，某市政府勞工局的核備標準是：每日正常工作時間至多十小時，每月最高不超出二百四十小時，每日加班不得超過兩小時，每月加班不得超過四十八小時，每月總工時不得超過二百八十八小時。每兩周至少有二日之休息作爲例假。例假日及國定假日應排定於輪值表中，特別休假日由勞方排定，並列入輪值表中，假日上班應給加倍工資。上述的審核標準列入投標契約可減少爭議。

（四）匿名申訴應受理

常聞勞工埋怨雇主長期不遵守勞動法令規定，例如加班未給加班費或少給、先打下班卡後下班、未給特別休假等等，因尚在職，不敢提出申訴、檢舉，致雇主有恃無恐。

勞工如具名申訴、檢舉雇主，勞工局當然會受理，匿名申訴、檢舉，因避免沒有事實而挾怨報復、挑撥是非，故政府機關通常不予受理。勞工的匿名申訴、檢舉則與一般的匿名申訴、檢舉不同，雇主有無違反勞動法令，容易查證，勞工局只要打電話告知被申訴、檢舉的雇主，雇主大都會改進，「預防勝於治療」，讓雇主知所警惕，可減少勞資爭議。

（五）工會團體應瞭解是惡法，是善法？

勞動法令的訂定應是保護勞工。例如：行政院勞工委員會曾討論「派遣勞工保護法」草案，本是要保障派遣勞工的「派遣勞工保護法」，卻遭工會團體強烈反對。95年10月20日行政院勞工委員會在中正大學討論「勞動派遣」，當場有工會團體強烈反對，致會議延後召開。工會團體反對「勞動派遣」的理由是「禁止勞動派遣，杜絕中間剝削」，工會團體也認爲「勞動派遣」是「販賣勞工、官商勾結」。也就是不同意「勞動派遣」存在，自不必有「派遣勞工保護法」。

102年12月26日行政院勞工委員會討論「派遣勞工保護法」，全國性的工會團體呼籲政府應立法明文禁止「勞動派遣」，認爲派遣勞工是資本家規避風險、降低成本的剝削手段。

要禁止「派遣勞工」是不可能的，外國工業國家早行之有年且立法保護派遣勞工。中國大陸也在2008年1月1日實施「勞動合同法」，「勞動合同法」內專章訂定「勞務派遣」規定。「勞動合同法」第92條更規定人力派遣公司若違反勞動合約，造成簽約勞工受到損害，則人力派遣公司與企業必須共同賠償損失。工會的主張顯然不合潮流。

108年5月、6月，勞動基準法終於有了保障「派遣勞工」的條文，派遣勞工有了進一步的保障。

（六）勿縱容「明知故犯」、「累犯」

有些違法的雇主是「明知故犯」、「累犯」，或壓榨勞工或待調解時大幅減少應給勞工之金額，或因勞工局未嚴格執行處罰，因而有恃無恐，一再違法。少數雇主或受任人，明知是違法，但還是故意要勞工提起訴訟，才願意給付。

曾有勞工局長表示何以某市勞工比本市多，但勞資爭議案件比本市少？筆者認爲是因該某市對違法之雇主處罰較嚴格所致。

（七）政府機關以身作則

政府機關如有違反勞動基準法，勞工局應依法行政，不可官官相護，可給民間企業警惕作用。政府機關的法務人員或法律顧問，更應向機關首長提供正確的資料，不可陷機關首長於不仁不義，有些違法案件並不是機關首長的主張。

某市交通局有服務員因職業災害被資遣，交通局明顯違反「勞動基準法」、「職業災害勞工保護法」、「就業服務法」，但勞工局不便對交通局處罰，何能對民間企業以敬效尤？

（八）調解人員應公正、專業、熱忱

一位法官上課時說：「調解人員應公正、專業、熱忱」。筆者認爲調解人員公正是必備的條件，有些調解人員爲了成功率，常常壓低雇主應給付勞工之金額。調解人員調解時應法、理、情兼顧，如果只追求成功率則會影響勞工權益並且助長雇主違法。例如雇主營收佳且明顯違法，如雇主應給勞工10萬元，則調解成立之金額應爲10萬元或接近10萬元。

（九）勞工局職員宜少擔任調解委員

勞資爭議的調解，有由勞工局職員擔任，如果擔任主席，會議的紀錄有由主席兼任。勞工局的職員，本身工作已繁忙，又要兼任會議主席又兼會議紀錄，不影響其本身之工作或不影響會議品質是不可能的，且調解委員如由勞工局指派時，被指派的委員亦不便對主席唱反調。應減輕勞工局職員的負擔，就勞工局常舉辦勞工法令的研習，可多點時間研究法令或參加講習。

（十）加強調解人員考核

在調解時，常聽到資方說勞工局都是偏袒勞方；而勞方則常說勞工局都是偏袒資方。其實勞動法令是保護勞工，勞工局或大多數調解人員是依據法令規定辦理，致資方會誤解勞工局或調解人員偏袒勞方。但在勞工局申訴中心也常聽到勞工說，某某調解偏袒資方，並舉出實例。勞動部、勞工局可以在調解後，向調解之勞資雙方問卷調查，不難瞭解調解人員有無不公正、偏袒之行為。

（十一）不以成功率高為績優

勞資爭議調解案件，絕大多數是雇主之違法所致，甚至有雇主利用調解時通常調解人員會要求「勞資雙方各讓一步」之常態，使雇主認為賺到了，因此樂意接受勞工向勞工局申請調解。

調解成功率在60%至70%應是正常，成功率超過此一比率，會影響勞工的權益。例如雇主應給勞工資遣費10萬元，勞工要求至少應給8萬元，但雇主堅持只願意給5萬元，此時調解人員為了成功率，會請「勞資雙方各讓一步」，雇主表示最多給6萬元。勞工為了避免訴訟且拖延時間，況提出訴訟，在法官的自由心證下，勞工也不一定勝訴，此時勞工會接受6萬元，顯然勞工吃虧了，而調解人員的調解成功率則提高。

有些調解人員認為法、理、情應兼顧，要求「勞資雙方各讓一步」，有些調解人員會認為雇主不講法也不講理，或勞工提出訴訟勝訴機會大，故意使調解不成立俾保障勞工權益，此時調解成功率則降低了。

（十二）不鼓勵撤回已申請案件

勞工撤回調解案件，勞工局可節省人力、節省經費，勞工局表歡迎。勞工提出調解申請後撤回的調解案件不少，有些勞工提出調解申請後，勞工局承辦人尚未登記前，勞工即提出撤回調解申請。曾有勞工提出調解申請後二個多小時，勞工即前來勞工局提出撤回，問勞工爲何要撤回？勞工表示雇主電話願自行與勞工和解。多數的撤回案件，是因雇主知道違法、理屈，該給的就給，勞工已拿到錢，因而撤回。但亦有雇主知道勞工已向勞工局申請調解，或「動之以情」或「脅迫」或「怒不可遏」要勞工接受並撤回案件，此時勞工可能吃虧，而金額較大的爭議，恐有人從中仲介媒合抽取不法利益，勞資雙方可能都吃了虧。雇主知道違法、理屈，該給的就給，勞工已拿到錢，因而撤回是理所當然，但有爭論或金額較大者應交由勞工局公正處理。

（十三）求償率低者應探究原因

常有勞工經過調解後埋怨應拿的錢太少或稱委員會不公正，未詳細告知。有些勞工被雇主非法解僱，拿不到錢，申請調解後，有錢（不管多或少）又有非自願離職證明（可申請失業給付），很高興。回家後親友告知少拿很多，後悔已來不及。

求償率是指雇主應給的金額與勞工實際拿到的金額之比。例如依法計算明確應給勞工10萬元，而調解結果，勞工只拿到3萬元，則求償率即爲30%。如求償率偏低勞工恐吃虧。也可瞭解，調解人員有無公平、公正處理。

（十四）調解人員可改為委員會

爲求調解之公平、公正，如果申訴者原選擇調解人，於會議未做成結論前有不滿意時，而訴求在一定金額以上者（例如10萬元），可當場要求改爲委員會另行調解，如此更能保障勞工權益。

（十五）勞、資雙方應明辯是非

有不少勞、資紛爭調解不成立，是因勞、資雙方未能明辯是非。本是簡單明確的問題，勞方或資方卻不能接受調解人員或勞工局的善意建言，提起訴訟後，吃虧更大。例如有勞工到職時，雇主要勞工簽訂放棄多項權益，該項約定因違法無效。調解時補償小金額勞工本願意接受，但雇主拒絕，致勞方委任律師提起訴訟，該給的律師均向法院提出，雇主損失增加了數倍。又如勞工不懂法令或無理要求，調解時，雇主願讓步，好聚好散，酌給慰問金，但勞工拒絕，勞工提起訴訟後，法院判決勞工敗訴。

勞工局也接受法律諮詢，有些勞工局有專設接受諮詢人員或有些調解人員、志工均能瞭解勞動法令，勞工或雇主可多方諮詢，應給付的金額勞資雙方能在調解會談成的，就不要提起訴訟。

（十六）調解紀錄應明確記載當事人訴求是否合法

許多調解人或調解委員會的會議紀錄，並未明確記載當事人（勞方或資方）的訴求是否合法？勞方或資方有無違法？法條依據爲何？有些紀錄還含混其詞、模稜兩可。如果調解紀錄能明確記載是否合法、有無違法及法條依據，可使違法者必須愼重考慮應否促使勞資雙方和解成立。許多調解會雇主是委任他人出席，不知會議中所討論是否合法、有無違法及法條依據之情形爲何，甚至被受任人所矇騙。必要時召開第二次會議，第一次會議紀錄務必明確記載，好讓受任人據實詳細回報。如此有益早日和解成立，並避免雇主受罰或勞方委任律師提起訴訟而提出更多的訴求。

（十七）調解會議委員發言重點應明確記載

調解委員會勞方或資方各有委員一人，委員理應公正發表意見，但有時委員各說各話，或誤導當事人。例如某勞工被雇主非法解僱，勞工訴求資遣費，勞方的委員明確說明雇主解僱不合法之事實及法條依據，但資方的委員卻說雇主沒有違法。

在調解委員會的會議紀錄，應明確記載「資方委員意見：」、「勞方委員意見：」，有利委員不敢濫發言，也可從會議紀錄窺知委員有無公正、是否熟悉法令。

七、調解人員甘與苦

不少勞工或雇主會說調解不公，雇主會說勞工局都是爲勞工，勞工則說勞工局都是爲雇主。調解人員遵循勞動法令公正調解，而勞動法令是保障勞工權益，難免被誤解爲調解人員「偏袒」勞工。

偶爾也會有雇主或勞工讚美調解人員，說調解人員公正、熟悉法令，甚至有雇主或勞工讚美調解人員比律師還熟悉勞動法令，因爲有關勞動法令問題，他們問過多位律師，律師也有其專業領域，不見得都熟悉勞動法令。

有雇主或勞工問：勞工局的調解是否公平？有調解人答曰：「我調解的比法院判決公平，因爲調解不得自由心證。」

但屢有勞工收到會議紀錄後，表示會議結論非其意願，是在不知情之情形下在會議紀錄簽名，或說會議紀錄的記載與主席的結論不同。避免此項爭論，調解人不該強求調解成立或偏袒當事人之一方，主席或調解人在會議結束前應詳細朗讀調解方案，並說明勞資雙方接受調解方案並簽名後，不得就調解會議結論有異議。

調解人員不但被雇主或勞工誤解，有時勞工局也誤解調解人員。有時調解人員的好意被誤解爲惡意。

例1：

自稱是勞工，申請調解，以其任職二個月就被解僱，請求資遣費並賠償30萬元及非自願離職證明書（申請勞工失業給付之用）。開會時雇主委任律師，律師提出雇主與申請人簽訂的委任書，是委任人員，不適用勞動基準法，解僱原因是申請人任職才二個月，公司各級主管受不了。經查證，申請人是高級職務，月薪10萬元，擔任的不是勞工的工作，確不適用勞動基準法，但申請人堅持要資遣費並賠償30萬元及開立非自願離職證明。

調解人好意請律師向雇主爭取酌給申請人慰問金，律師向雇主請示後，表示看調解人的面子願給15萬元慰問金，調解人請求律師再提高慰問金，律師默認（還可再提高），但申請人堅持要資遣費並賠償30萬元及非自願離職證明，否則免談。調解不成立，資遣費、慰問金、非自願離職證明都不給。

一個多月後，申請人向勞工局檢舉，理由是調解人調解不公，調解人與律師是好友，兩人相互勾結，致調解不成立。不知勞工局有無當眞？其實，調解人確實不認識該律師。

調解人打電話問雇主，何以聘用一位各級主管受不了的顧問？雇主答說是有力人士推介。調解人得罪了申請人及有力人士。

例2：

勞工離職另有他就，外籍雇主扣勞工薪資3,000元，勞工申請調解，雇主拒收開會通知，第一次會議雇主以未收到開會通知不出席，開會時勞工表示公司不可能未收到公文。勞工說他開會請假，已被扣全勤獎金2,000元，開第二次會議因已跨月，如請假又要扣全勤獎金2,000元，因此第二次會議勞工請假不來。

第二次會議雇主來了，雇主知道勞工未到，雇主堅持要離開，調解人向雇主說明勞工未到理由，雇主不接受，調解人向雇主說，請雇主說明爭議經過，調解人會公正處理。雇主不理，並向調解人說：「我也會告你不公正」，也堅持要離開。雇主毫不講理，調解人因而與雇主相互大聲爭執，引起辦公室多人前來觀看，雇主並指調解人沒修養。

例3：

客運司機請求雇主補發加班費，司機指定某委員爲勞方調解委員，調解成立，接著又連續有多位司機分別請求雇主補發加班費，司機並均指定同一人爲勞方調解委員。雇主及勞工局懷疑是該調解委員挑撥司機請求雇主補發加班費。

司機指定某委員爲勞方調解委員，司機事前並未告知，調解委員接到開會通知才知道被司機指定爲委員。該調解委員問司機，何以要選定他爲勞方調解委員？司機們說，因爲司機相互通報，認爲你當調解委員立場公正。

例4：

夫甲與妻乙任職同一餐廳，夫當廚師，妻任服務員，夫與妻一齊離職，妻申訴因被迫離職，請求雇主給付資遣費及精神慰撫金20萬元。

經過情形是因妻與經理吵架，雇主要妻乙離職，妻乙向雇主表示將向勞工局申訴，雇主表示如向勞工局申訴將向法院提告其夫甲竊盜罪，因夫甲竊盜餐廳倉庫之鱈魚，有監視器爲證。

調解會議時，雇主表示夫甲與妻乙均已塡寫自願離職書，但仍願依夫甲與妻乙任職年資給資遣費10萬元，妻乙堅持20萬元。因夫甲與妻乙均已寫自願離職書，且雇主已向法院提告夫甲竊盜，勞資雙方如能和解，對夫甲竊盜罪亦有助益。調解人苦口婆心，建請妻乙接受，妻乙堅持要20萬元，妻乙屢次表示其很懂法律，調解人不懂。調解不成立。

二個月後，妻乙向調解人懇求當見證人，因她願與雇主以10萬元和解，雇主表示須調解人當見證人。

例5：

勞工申訴因其被迫離職，諮詢過律師、志工，請求預告工資、資遣費38萬元。開會時，雇主提出勞工親寫的離職書、同意書。勞工表示因急著要到新單位報到，離職書、同意書是隨便寫寫。勞工寫了離職書、同意書，很難認定是被雇主脅迫、欺騙。

調解人告訴雇主，勞工爲雇主效勞多年，沒有功勞也有苦勞，給個慰問金吧！雇主願給勞工慰問金8萬元，勞工自知理屈，樂意接受慰問金8萬元。志工知道此事，38萬元減爲8萬元，認爲調解人不公，偏袒雇主。

八、一位職災女工的夢魘

雖然我國憲法增修條文第10條第7項明定「國家對於身心障礙者之就業輔導及生活維護與救助，應予保障」；身心障礙者權益保障法第16條第1項明定「身心障礙者之進用、就業等權益，不得有歧視之對待」；勞動基準法第59條明定「職業災害勞工之補償」；就業服務法第5條明定：「禁止歧視身心障礙者」。之後又頒訂「職業災害勞工保護法」，111年5月1日進一步再實施「職業災害勞工保險及保護法」，顯見政府重視職業災害勞工之保障。

但「徒法不足以自行」，職業災害勞工受到保障了嗎？再多的法令，也難逃官員「官官相護」、「我不理你，你能怎樣」、「循訴訟解決」的心態。

李君是某市政府交通局臨時路邊收費服務員，因績效優轉任爲正式路邊收費服務員，102年3月於值勤時遭到機車撞到，致右下肢小腿嚴重撕裂傷，長久請公傷假復職後，多次向交通局請求調整工作，交通局不理，李君只好多次向勞工局申請調解，交通局還是不理，交通局的法務人員，堅認交通局的作爲並無違法。

李君天眞以爲別人可以調內勤工作，她是職業災害當然也希望調內勤工作，因而找民意代表、向監察院陳情、向勞工局申請調解，可能因而惹惱了交通局，在交通局法務人員認爲資遣合法下，李君被資遣了。

李君因受傷不宜騎機車，也表示未能調內勤工作，爲養家活口，求其次調整至較大的停車場服務，可免來來往往，但交通局不接受。並以李君有重度視障而依勞動基準法第11條第5款無法勝任工作爲由將李君資遣。

111年3月某日，筆者在勞工局就業站遇到李君謀職，爲了測試她的視力及能否勝任工作，請她抄寫桌上的就業文宣，她迅速、字體工整秀麗的抄完文宣，也看到她不戴眼鏡也可看資料，她絕對可以勝任工作。

李君委任法律扶助基金會提起訴訟，地方法院、高等法院、最高法院（111年度台上字第2077號民事判決）均判決李君敗訴，李君的律師費有補助，但裁判費須自行繳納，而其提起的是「確認僱傭關係存在之訴」，裁判費可觀。

另方面，李君向勞工局提出申訴，指責交通局違反就業服務法第5條「歧視身心障礙者」，經該市就業歧視評議會決議：「歧視不成立」。李君提起訴願遭駁回，逐以勞工局爲被告，向○○高等行政法院提起行政訴訟，李君又敗訴。再上訴最高行政法院，最高行政法院明鏡高懸，110年度上字第502號判決：「原判決廢棄，發回○○高等行政法院」。判決指出：「……原判決未就交通局有無未經合理調整即以李君不能勝任工作為由終止勞動契約，是否構成對身心障礙之歧視……。」

雖然判決書洋洋大觀有12頁，但筆者認為這件勞師動眾，耗時多年的訴訟，重點就在「交通局有無未經合理調整即以李君不能勝任工作為由終止勞動契約」。本是簡單的爭議、童叟皆知的法律，卻浪費行政、司法資源，遶了一大圈又回到原點一「交通局有無合理調整李君工作」。誰之過？要不是最高行政法院的法官沒有「濫用自由心證」，否則李君將含恨終身。

李君又面臨了是否讓步接受和解且有「斷尾條款」（即爾後不能有任何異議），或再接受判決敗訴又要繳納可觀裁判費之困境。

交通局依勞動基準法第11條第5款將李君資遣，並認為非在李君醫療期間，資遣合法。顯然不符上述多項保障職業災害勞工之憲法及法律規定。

最高法院112年台上字第749號判決指出：「職業災害勞工保護法第23條較勞動基準法第11條規定嚴格，乃為保障職業災害勞工之勞動契約存續而設，屬勞動基準法第11條之特別規定，自應優先適用。」「勞工職業災害於醫療終止後，自不得逕依勞動基準法第11條規定終止勞動契約，應審酌有無職業災害勞工保護法第23條所定情形。」

事實上，這只是一件簡單的職業災害案件，重點在交通局是否應依法「調整李君的工作」，不同於員工一般情形請求調整工作，李君因職業災害行動不便，請求調整工作，乃人之常情。以交通局單位之大、員工之多，調整李君的工作是易如反掌，但卻勞師動眾，折磨職業災害的李君，領到100萬元資遣費的李君，卻要付出巨額裁判費，諷刺的是，交通局與勞工局每一審各委任三位律師對付李君，「朱門臭酒肉，野有餓死骨」。

李君曾多次向勞工局申請調解，交通局堅持「不調整李君的工作」、「不給李君恢復工作」時，勞工局應有作為，依法行政，行使勞動檢查，檢查交通局有無違法，如確有違法，就依就業服務法規定，開罰30萬元以上100萬元以下，不官官相護。應如何處理才合法、正確？交通局的法務人員也不該誤導交通局長。勞工局對交通局如能「一視同仁」，對民間企業也有警惕作用。

保障職業災害勞工，是政府的政策，況多種法律有明文規定，就應該落實，更不該使職業災害勞工受到一次又一次的「災害」。政府機關懂法令的法務人員、法律顧問，不該陷機關首長於不仁不義。

即使李君以往不該多次請求交通局調整工作，向勞工局申請調解，惟始作俑者是交通局，不能怪李君，因爲交通局明確違反「憲法」、「勞動基準法」、「就業服務法」、「職業災害勞工保護法」，交通局無視於法律之明確規定，而對李君置之不理、「落井下石」。

111年11月19日報載高等法院民事庭案件暴增，每月新收近千件，每位法官平均有76件未結，113年5月有地方法院法官，寫了「我累了」的遺言。訴訟案件大增，誰之過？許多政府官員，不管是勞資爭議案件或非勞資爭議案件，官員不「依法行政」，卻樂意要受害人「循司法途徑解決」，由法官「自由心證」。以李君的職業災害案件爲例，應如何處理，法律已有明確規範，本是簡單明確的小問題，卻要勞駕地方法院、高等法院、最高法院、高等行政法院、最高行政法院，勞師動眾繞了一大圈後又回到原點。

九、勞工權益基金

勞動部爲維護勞工權益，排除勞工司法救濟途徑障礙，依勞資爭議法律及生活費用扶助辦法規定，符合條件之勞工可向財團法人法律扶助基金會申請勞動事件處理及刑事偵查告訴代理扶助、勞動事件必要費用扶助、生活費用扶助；工會可申請勞動事件處理代理扶助及勞動事件必要費用扶助。

（一）申請條件

1. 勞工申請條件

申請時每月收入總計不得超過7萬元，及除了自用住宅外，其資產總額不超過300萬元。

2. 工會申請條件

工會認爲雇主侵害其多數會員權益，經主管機關調解不成立，依勞動事件法第40條第1項規定向法院起訴。

勞工有前述民事訴訟案件，依民事訴訟法第44條第1項規定，選定工會向法院起訴，且該勞工申請時每月收入總計不得超過7萬元，及除了自用住宅外，其資產總額不超過300萬元。

（二）如何申請

申請表單及詳細情形，可至勞動部網站或財團法人法律扶助基金會網站〔電話：412-8518（手機加02）〕。

十、法院判決

（一）勞資爭議調解非仲裁或審判無嚴格證據法則之適用

陳○○與科技部○部科學工業園區管理局勞資爭議事件，陳○○對於中華民國105年7月27日高雄高等行政法院105年度訴字第146號判決，提起上訴，最高行政法院106年度判字第180號判決上訴駁回。判決理由略以：調解委員會或調解人，既僅以中介者立場，協調、促使勞資爭議雙方互相讓步，合意接受調解方案解決紛爭而非仲裁或審判，其程序自無訴訟法上或仲裁程序中嚴格證據法則之適用。凡當事人認爲在調解進行中與任何主張有關的說明、文件或其他足資佐證之資料都可提出，當事人亦可毫無顧忌暢所欲言，無須做訴訟上或仲裁程序上所考慮之運用攻擊防禦技巧，因此，調解並沒有訴訟所需嚴格遵循之一定程序規定。是原判決認定勞資爭議調解僅係提供勞資雙方解決爭議之途徑之一，其並無強制行政機關或爭議之勞資雙方應予採行調解途徑之效力。然若勞資雙方以此途徑成立調解者，其調解之結果視爲爭議雙方當事人間之契約，故此調解結果內容自應明確記載，俾爲勞資雙方遵循之依據；但在調解不成立之情形下，既無解於勞資雙方爭議，亦不生確認勞資所爭議法律關係之效力，此種勞資爭議調解不成立之紀錄，無將開會內容一一無遺記載之必要，如僅記載要領，難謂違反上開勞資爭議處理法及勞資爭議調解辦法之規定，並無違經驗、論理法則。

（二）勞資爭議調解非行政處分

陳○○與科技部○部科學工業園區管理局勞資爭議事件，陳○○對於中華民國105年7月27日高雄高等行政法院105年度訴字第146號判決，提起上訴，最高行政法院106年度判字第180號判決上訴駁回。判決理由略以：依勞資爭議處理法第23條規定，調解結果如爲成立，僅生該調解成立之內容，視爲爭議雙方當事人之契約；如調解不成立，則紛爭仍然存在，應由爭議當事人續循仲裁或司法等途徑解決，亦不生有確認勞資所爭議法律關係之效果；則調解人或調解委員所進行之調解及調解之結果，尚難認係行政機關就公法上具體事件所爲之決定或其他公權力措施而對外直接發生法律效果之單方行政行爲。至勞資爭議調解辦法第25條第1項，雖課勞資爭議調解委員會及調解人以「應作成調解紀錄」之義務，然觀所列十款應記載事項，係就調解事件之人、時、地、物等事實予以文字之記述，亦難謂調解紀錄係屬上開訴願法第3條第1項及行政程序法第92條第1項規定之行政處分。

第十章 ｜ 監督與檢查

本章規定檢查機構之設置、檢查員執行職務、不得拒絕檢查、勞工申訴之保障，不得對提出申訴之勞工損害其權益，不得對提出申訴之勞工不利之處分等。

第一節　本章條文

第七十二條

Ⅰ中央主管機關，為貫徹本法及其他勞工法令之執行，設勞工檢查機構或授權直轄市主管機關專設檢查機構辦理之；直轄市、縣（市）主管機關於必要時，亦得派員實施檢查。

Ⅱ前項勞工檢查機構之組織，由中央主管機關定之。

第七十三條

Ⅰ檢查員執行職務，應出示檢查證，各事業單位不得拒絕。事業單位拒絕檢查時，檢查員得會同當地主管機關或警察機關強制檢查之。

Ⅱ檢查員執行職務，得就本法規定事項，要求事業單位提出必要之報告、紀錄、帳冊及有關文件或書面說明。如需抽取物料、樣品或資料時，應事先通知雇主或其代理人並掣給收據。

第七十四條

Ⅰ勞工發現事業單位違反本法及其他勞工法令規定時，得向雇主、主管機關或檢查機構申訴。

Ⅱ雇主不得因勞工為前項申訴，而予以解僱、降調、減薪、損害其依法令、契約或習慣上所應享有之權益，或其他不利之處分。

Ⅲ雇主為前項行為之一者，無效。

Ⅳ主管機關或檢查機構於接獲第一項申訴後，應為必要之調查，並於六十日內將處理情形，以書面通知勞工。

Ⅴ主管機關或檢查機構應對申訴人身分資料嚴守秘密，不得洩漏足以識別其身分之資訊。

Ⅵ違反前項規定者，除公務員應依法追究刑事與行政責任外，對因此受有損害之勞工，應負損害賠償責任。

Ⅶ主管機關受理檢舉案件之保密及其他應遵行事項之辦法，由中央主管機關定之。

第二節　解　說

一、監督與檢查的目的

爲瞭解事業單位與勞工是否遵行勞動基準法及其他勞工法令規定，督促事業單位改進不合規定事項，故建立監督檢查制度。勞動檢查的目的在要求實現勞動條件的最佳基準要求、改善勞工安全衛生措施、防範職業災害發生、減少勞資爭議、貫徹勞工政策【1】。

二、組織與職掌

依本法第72條規定，勞工檢查屬中央之權限，中央設勞工檢查機構，必要時授權直轄市主管機關專設檢查機構辦理之；直轄市、縣市主管機關於必要時，亦得派員實施檢查。勞動部設勞工檢查處掌理下列事項：

（一）關於勞工檢查之規劃、指揮、監督、抽查及考核事項。

（二）關於勞工職業災害之調查、審核及處理事項。

（三）關於危險機械設備代行檢查事項。

（四）關於事業單位自動檢查之推行事項。

（五）關於勞工檢查員之選訓及考核事項。

（六）關於勞工安全衛生服務機構之輔導事項。

（七）其他有關勞工檢查事項。

直轄市政府之勞工局分別設置勞動檢查處，掌理一般勞工勞動條件、工作場所安全衛生及災害之檢查、安全衛生教育之推行研究事項、營造業及特殊危險行業勞工勞動條件、工作場所安全衛生及災害之檢查事項、勞工特殊工作環境之檢查及研究事項、危險性機械設備之檢查及發證事項。

中央主管機關應每年定期發布次年度勞工檢查方針，檢查機構應依檢查方針擬定各該機構之勞工檢查計畫，並報請中央主管機關核定後，依該檢查計畫實施檢查。

三、檢查員執行職務

檢查員係依據「勞動檢查員遴用及專業訓練辦法」遴用，並依該辦法接受專業訓練，以提高專業知識，依本法第73條規定，檢查員執行職務，應出示檢查證，各事業單位不得拒絕。事業單位拒絕檢查時，檢查員得會同當地主管機關或警察機關強制檢查。

檢查員有自由進入工作場所要求事業單位提出必要之報告、紀錄、帳冊及有關文件或書面說明，並可抽取物料、樣品或資料，及糾正、警告、控訴權【2】。

本法施行細則第43條規定：「檢查員對事業單位實施檢查時，得通知事業單位之雇主、雇主代理人、勞工或有關人員提供必要文件或作必要之說明。」第44條規定：「檢查員檢查後，應將檢查結果向事業單位作必要之說明，並報告檢查機構。檢查機構認爲事業單位有違反法令規定時，應依法處理。」第45條規定：「事業單位對檢查結果有異議時，應於通知送達後十日內向檢查機構以書面提出。」

四、縣市政府依規定派員實施檢查

行政院勞工委員會87年6月4日台勞動三字第020435號函略以：查勞動基準法係規定勞動條件最低標準之特別法，屬於公法，縣市政府乃該法之地方主管機關，直接面對雇主與勞工，關係最爲密切，自應有執行該法之公權力，包括監督、檢查與處罰等權力在內，故該法第72條第1項後段規定「地方主管機關於必要時，亦得派員實施檢查」。

地方主管機關依勞動基準法第72條規定派員赴事業單位實施檢查，如仍遭事業單位拒絕，地方主管機關可依該法第80條規定予以處罰。

五、勞工申訴

本法第74條或稱吹哨者條款，事業單位如有違反勞動基準法之最低標準，或違反職業安全衛生及其他勞工法令規定時，勞工得提出申訴。本法第74條規定如下：

（一）雇主不得有不利處分

勞工得向雇主、主管機關或檢查機關任何一方提出申訴。雇主也不得因勞工提出申訴而予以解僱、降調、減薪、損害其依法令、契約或習慣上所應享有之權益，或其他不利之處分，否則無效。

（二）處理時間六十日

主管機關或檢查機關接獲申訴後，應於六十日內將處理情形，以書面通知勞工。

（三）嚴守秘密

主管機關或檢查機構應嚴守秘密，不得洩漏足以識別勞工身分之資訊。

（四）違反者負刑事、行政、民事責任

違反守密規定者，除公務員應依法追究刑事與行政責任外，對因此受有損害之勞工，應負損害賠償責任。

本法施行細則第46條規定：「本法第七十四條第一項規定之申訴得以口頭或書面爲之。」第47條規定：「雇主對前條之申訴事項，應即查明，如有違反法令規定情事應即改正，並將結果通知申訴人。」

六、檢查案件保密及處理

勞動部106年5月15日勞動條一字第1060130982號令訂定發布「勞動基準法檢舉案件保密及處理辦法」，略以：檢舉人檢舉違反本法或其他勞工法令規定之案件，得以書面或言詞敘明下列事項，向主管機關或檢查機構〔以下簡稱受理檢舉機關（構）〕提出：

一　檢舉人姓名、聯絡方式及檢舉日期。

二　被檢舉事業單位或事業主之名稱、負責人姓名及營業地址。

三　涉及違反本法或其他勞工法令規定之具體事項及相關資料。

前項所訂書面，包括電子郵件及傳眞。

第一項第一款所定聯絡方式，包括電話、地址、傳眞號碼或電子郵件位址等。

檢舉人以言詞檢舉者，應由受理檢舉機關（構）作成紀錄。

七、勞動檢查事項範圍

勞動檢查法第4條：「勞動檢查事項範圍如下：

一　依本法規定應執行檢查之事項。

二　勞動基準法令規定之事項。

三　職業安全衛生法令規定之事項。

四　其他依勞動法令應辦理之事項。」

勞動檢查法第26條：「左列危險性工作場所，非經勞動檢查機構審查或檢查合格，事業單位不得使勞工在該場所作業：

一　從事石油裂解之石化工業之工作場所。

二　農藥製造工作場所。

三　爆竹煙火工廠及火藥類製造工作場所。

四　設置高壓氣體類壓力容器或蒸汽鍋爐，其壓力或容量達中央主管機關規定者之工作場所。

五　製造、處置、使用危險物、有害物之數量達中央主管機關規定數量之工作場所。

六　中央主管機關會商目的事業主管機關指定之營造工程之工作場所。

七　其他中央主管機關指定之工作場所。

前項工作場所應審查或檢查之事項，由中央主管機關定之。」

第三節　裁判例

一、符合規定意旨不罰

【監督與檢查、工時、女工、罰則】

秀○茶坊負責人柯○○僱用女工從事夜間工作事件，南投地方法院檢察署檢察官不服南投地方法院90年度易字第200號判決提起上訴，臺灣高等法院臺中分院90年度上易字第1221號判決上訴駁回，判決理由略以：經查秀○茶坊之設施符合行政院勞工委員會台勞動三字第0046732號函示勞動基準法第30條之1女工夜間工作場所之安全衛生設施規定，柯君甫開幕不久即被查處，尚難以其未經勞動檢查機構檢查合格，即認為其違反勞動基準法第30條之1第1項第4款之規定。南投地方法院為柯君無罪之諭知有理由，上訴並無理由，應予駁回。

二、未經勞工檢查機構檢查不一定違法

【監督與檢查、工時、女工、罰則、法律適用】

蝙○○電子遊藝場負責人廖○○因違反女工夜間工作之規定，經花蓮地方法院89年度花簡字第517號刑事簡易判決依勞動基準法第77條處罰金2萬元，如易服勞役，以300元折算一日。判決理由略以：遊藝場屬娛樂業，爲勞動基準法第30條之1之行業，依規定擬使女工從事夜間工作，工作場所安全衛生設備與措施應經勞動檢查機構檢查合格，故若未經檢查合格，該事業單位應不得使女工於午後十時至翌晨六時之間工作，廖君違反勞動基準法第30條之1、第49條第1項規定，自爲法所不許。廖君上訴後，花蓮地方法院90年度簡上字第41號刑事判決原判決撤銷，判決理由略以：人民之工作權爲憲法第15條所保障之基本人權，僅得以法律限制之（憲法第23條），勞委會解釋要求雇主提供之工作場所，須「經勞動檢查機構檢查合格」，始符合勞動基準法第30條之1第1項第4款規定，是在勞動基準法第30條之1法律規定範圍外，增加了不必要的限制，而此一限制並不在法律授權之範圍內，依據大法官會議釋字第137號、第216號解釋意旨，此一行政命令超出法律授權範圍，對人民工作權加以不必要的限制，應排斥不用。該店爲警查獲前就已受檢，建築物防火避難設施與設備安全經花蓮縣消防局、花蓮縣政府工務局、建設局檢查結果合格，可見廖君經營之店內確有完善安全衛生設備，廖君僱請女性勞工在午後時十起至翌晨五時止工作，於法並無不合。

三、直轄市、縣（市）政府得派員實施勞動檢查

【監督檢查、罰則】

興○公司因勞動基準法事件不服行政院勞工委員會96年6月1日訴願決定提起行政訴訟，高雄高等行政法院96年度簡字第271號判決：原告之訴駁回。判決理由略以：勞動基準法第72條第1項及第73條規定，直轄市、縣（市）主管機關必要時，亦得派員實施檢查勞動基準法及其他勞工法令之執行，該檢查員於執行職務，得就勞動基準法規定事項，要求事業單位提出必要之報告、紀錄、帳冊及有關文件或書面說明，故○○縣政府所屬勞工局人員於94年11月14日實施勞動檢查時，責請興○公司提供勞工林○○於94年11月1日至94年9月差額金額之薪資帳務資料及銀行匯款紀綠薪資資料，自無不合。

四、雇主不得拒絕規避勞動檢查

【監督檢查、罰則】

趨○公司違反勞動檢查法事件，趨○公司不服99年12月31日臺北高等行政法院99年度簡字第781號判決提起上訴，最高行政法院100年度裁字第700號裁定趨○公司敗訴，裁定理由略以：台○市政府所屬勞工局勞動檢查處（下稱勞檢處）於民國99年1月14日派勞動檢查員至趨○公司原登記地（台北市○○區○○路89號16樓）檢查未果，台○市政府所屬勞工局旋於99年1月15日以北市勞二字第09930900200號函請趨○公司派員於99年1月22日下午15時30分攜帶相關資料至該局說明，惟趨○公司並未依函告日期派員前往說明。嗣台○市政府再於99年1月26日以府勞二字第09930899900號函請趨○公司派員於99年2月2日下午15時30分攜帶相關資料至其所屬勞工局說明，惟趨○公司仍未依函告日期派員前往說明。另台○市政府於99年3月19日函請趨○公司就本案陳述意見，惟趨○公司並未依限陳述意見，台○市政府乃以趨○公司顯有拒絕、規避勞動檢查之事實，違反勞動檢查法第15條第2項規定，爰依同法第35條第2款之規定，處趨○公司罰鍰3萬元。趨○公司不服，提起訴願，遭訴願決定駁回，趨○公司不服，提起行政訴訟，經臺北高等行政法院適用簡易程序判決駁回。

五、雇主不服訴願決定提起行政訴訟，法院判決部分撤銷、部分違法

【勞動檢查】

○○股份有限公司違反勞動基準法事件，○○市政府派員勞動檢查，○○公司不服○○市政府裁罰提起訴願，不服勞動部訴願決定提起行政訴訟，臺北高等行政法院111年度訴字第1142號判決部分撤銷、部分違法。

註釋

【1】參86年11月林豐賓著「勞動基準法論」，303頁。

【2】參86年11月林豐賓著「勞動基準法論」，318頁。

第十一章 ┃ 罰 則

本章規定違反勞動基準法應接受之處罰項目及處罰標準、限期改善、按次處罰、加重處罰、公布事業單位或事業主之名稱、負責人姓名，法人之代表人或自然人兩罰責任、罰鍰之強制執行等。

第一節　本章條文

第七十五條

違反第五條規定者，處五年以下有期徒刑、拘役或科或併科新臺幣七十五萬元以下罰金。

第七十六條

違反第六條規定者，處三年以下有期徒刑、拘役或科或併科新臺幣四十五萬元以下罰金。

第七十七條

違反第四十二條、第四十四條第二項、第四十五條第一項、第四十七條、第四十八條、第四十九條第三項或第六十四條第一項規定者，處六個月以下有期徒刑、拘役或科或併科新臺幣三十萬元以下罰金。

第七十八條

Ⅰ未依第十七條、第十七條之一第七項、第五十五條規定之標準或期限給付者，處新臺幣三十萬元以上一百五十萬元以下罰鍰，並限期令其給付，屆期未給付者，應按次處罰。

Ⅱ違反第十三條、第十七條之一第一項、第四項、第二十六條、第五十條、第五十一條或第五十六條第二項規定者，處新臺幣九萬元以上四十五萬元以下罰鍰。

第七十九條

Ⅰ有下列各款規定行爲之一者，處新臺幣二萬元以上一百萬元以下罰鍰：

一　違反第二十一條第一項、第二十二條至第二十五條、第三十條第一項至第三項、第六項、第七項、第三十二條、第三十四條至第四十一條、第四十九條第一項或第五十九條規定。

二　違反主管機關依第二十七條限期給付工資或第三十三條調整工作時間之命令。

三　違反中央主管機關依第四十三條所定假期或事假以外期間內工資給付之最低標準。

Ⅱ違反第三十條第五項或第四十九條第五項規定者，處新臺幣九萬元以上四十五萬元以下罰鍰。

Ⅲ違反第七條、第九條第一項、第十六條、第十九條、第二十八條第二項、第四十六條、第五十六條第一項、第六十五條第一項、第六十六條至第六十八條、第七十條或第七十四條第二項規定者，處新臺幣二萬元以上三十萬元以下罰鍰。

Ⅳ有前三項規定行爲之一者，主管機關得依事業規模、違反人數或違反情節，加重其罰鍰至法定罰鍰最高額二分之一。

第七十九條之一

違反第四十五條第二項、第四項、第六十四條第三項及第六十九條第一項準用規定之處罰，適用本法罰則章規定。

第八十條

拒絕、規避或阻撓勞工檢查員依法執行職務者，處新臺幣三萬元以上十五萬元以下罰鍰。

第八十條之一

Ⅰ違反本法經主管機關處以罰鍰者，主管機關應公布其事業單位或事業主之名稱、負責人姓名、處分期日、違反條文及罰鍰金額，並限期令其改善；屆期未改善者，應按次處罰。

Ⅱ主管機關裁處罰鍰，得審酌與違反行爲有關之勞工人數、累計違法次數或未依法給付之金額，爲量罰輕重之標準。

第八十一條

Ⅰ法人之代表人、法人或自然人之代理人、受僱人或其他從業人員，因執行業務違反本法規定，除依本章規定處罰行爲人外，對該法人或自然人並應處以各該條所定之罰金或罰鍰。但法人之代表人或自然人對於違反之發生，已盡力爲防止行爲者，不在此限。

Ⅱ法人之代表人或自然人教唆或縱容爲違反之行爲者，以行爲人論。

第八十二條

本法所定之罰鍰，經主管機關催繳，仍不繳納時，得移送法院強制執行。

第二節　解　說

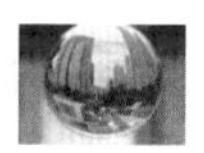

勞動基準法係屬公法，爲使雇主能遵守最低勞動條件規定，因此訂定罰則，以強制雇主遵守，嚇阻雇主違法。

一、刑事罰與行政罰

刑事罰是對於刑事犯的處罰，違反者由法院偵辦審理，如有不服，可提起上訴。行政罰則爲國家基於統治權的行使，對於違反行政法上義務之人所科的處罰，違反者由地方主管機關處罰，如有不服，可提起訴願、行政訴訟。刑事罰以有犯罪之故意爲必要，有特別規定時，亦可處罰過失者，行政罰之處罰則不分故意或過失；刑事罰的處罰以犯罪行爲人爲限，行政罰則不以行爲人爲必要。勞動基準法適用於刑事罰與行政罰之規定如下：

（一）刑事罰

勞動基準法所規定的刑事罰有徒刑、拘役、罰金。

1. 依本法第75條規定違反本法第5條「強制勞動」，處五年以下有期徒刑、拘役或科或併科75萬元以下罰金。
2. 依本法第76條規定，違反本法第6條「非法介入勞動契約」，處三年以下有期徒刑、拘役或科或併科45萬元以下罰金。

3. 依本法第77條規定，違反本法第42條「強制勞工於正常工時以外工作」；違反本法第44條第2項「童工從事繁重及危險性工作」；違反本法第45條第1項「僱用未滿十五歲之人為童工」；違反本法第47條「童工超時工作」；違反本法第48條「童工於午夜工作」；違反本法第49條第3項「女工於午夜工作」；違反本法第64條第1項「不得招收未滿十五歲之人為技術生」，處六月以下有期徒刑、拘役或科或併科30萬元以下罰金。

（二）行政罰

勞動基準法所規定的行政罰為罰鍰，行政罰的「罰鍰」與刑事罰的「罰金」不同，「罰鍰」由主管機關裁決處罰，「罰金」依刑事訴訟程序，由法院判決。勞動基準法所規定的罰鍰如下：

1. 依本法第78條規定，未依第17條「資遣勞工應發給資遣費」、第17條之1第7項「派遣事業單位違反發給退休金、資遣費」、第55條「勞工退休應給退休金」規定之標準或期限給付者，處新臺幣30萬元以上150萬元以下罰鍰，並限期令其給付，屆期未給付者，應按次處罰。
   違反本法第13條「勞工於產假期間或職業災害醫療期間，終止勞動契約」、第17條之1第1項及第4項「派遣勞工保障」、第26條「預扣工資」、第50條「未給女工產假」、第51條「女工妊娠期間，雇主拒絕改調工作」或第56條第2項「提撥退休金」規定者，處新臺幣9萬元以上45萬元以下罰鍰。
2. 依本法第79條第1項規定，有下列各款規定行為之一者，處新臺幣2萬元以上100萬元以下罰鍰：
   違反本法第21條第1項「工資低於基本工資」；
   違反本法第22條「未依規定給付工資」；
   違反本法第23條「工資未按期給付及置備清冊」；
   違反本法第24條「未按規定計給加班工資」；
   違反本法第25條「對男女有差別待遇」；
   違反本法第30條第1項至第3項「正常工時超過規定」；
   違反本法第30條第6項「出勤紀錄未詳實記載」；
   違反本法第30條第7項「因修正工時減少勞工工資」；
   違反本法第32條「加班規定」；
   違反本法第34條「晝夜輪班規定」；

違反本法第35條「未給休息時間」；
違反本法第36條「未給例假日、休息日」；
違反本法第37條「未給休假日」；
違反本法第38條「未給特別休假」；
違反本法第39條「假日工資規定」；
違反本法第40條「天災事變或突發事件加班、補休規定」；
違反本法第41條「停止特別休假未給加倍工資」；
違反本法第49條第1項「女工夜間工作法定要件」；
違反本法第59條「未依規定職業災害補償」；
違反本法第27條「限期給付工資」；
違反本法第33條「調整工作時間之命令」；
違反本法第43條「所定假期或事假以外工資給付之最低標準」；

3. 依本法第79條第2項規定，違反本法第30條第5項「出勤紀錄保存五年」或第49條第5項「女工妊娠或哺乳期間」，處新臺幣9萬元以上45萬元以下罰鍰。
4. 依本法第79條第3項規定，有下列各款規定行爲之一者，處新臺幣2萬元以上30萬元以下罰鍰：
違反本法第7條「未置備勞工名卡」；
違反本法第9條第1項「違反規定訂定定期契約」；
違反本法第16條「終止契約未給預告期間」；
違反本法第19條「未發給服務證明書」；
違反本法第28條第2項「未按規定繳納積欠工資墊償基金」；
違反本法第46條「未依規定置備法定代理人同意書及年齡證明文件」；
違反本法第56條第1項「未符提撥勞工退休準備金」；
違反本法第65條第1項「未依規定招收技術生」；
違反本法第66條「向技術生收取費用」；
違反本法第67條「不符留用技術生規定」；
違反本法第68條「技術生超過人數」；
違反本法第70條「未依規定訂立工作規則」；
違反本法第74條第2項「對申訴勞工不利處分」；
5. 依本法第79條第4項規定，有第79條第1項、第2項、第3項行爲之一者，主管機關得依事業規模、違反人數或違反情節，加重其罰鍰至法定罰鍰最高額二分之一。

6. 依本法第79條之1規定，違反第45條第2項、第4項「童工保護」、第64條第3項「與技術生同類之人」及第69條第1項「技術生準用規定」之處罰，適用本法罰則章規定。
7. 依本法第80條規定，拒絕、規避或阻撓勞工檢查員依法執行職務者，處新臺幣3萬元以上15萬元以下罰鍰。

二、兩罰主義

兩罰主義或稱兩罰責任，亦即對於同一違法事實，可處罰兩者。本法第81條第1項規定，違反本法規定者，處罰行爲人之外，並可處罰該法人或非法人雇主之自然人罰金或罰鍰，處罰法人，僅限於罰金或罰鍰，不適用徒刑或拘役。法人或自然人對於違法事件之發生，已盡力爲防止行爲者，則不受處罰。

本法第81條第2項規定，法人之代表人或自然人唆使他人違反規定，或明知爲違反規定之行爲，故意不糾正、阻止，以行爲人論，對該法人之代表人或非法人雇主之自然人，應處以被教唆勞工或被縱容勞工所爲違反該項規定的處罰。

三、處罰的執行

罰鍰爲行政罰，罰鍰不同於罰金，罰金由法院判決，罰鍰由主管機關裁決執行。勞工檢查機構於執行檢查工作，發現有違法事實，移送主管機關裁決執行。依本法第82條規定，受處分人對於主管機關的催繳，仍拒不繳納時，主管機關得以違反勞動基準法罰鍰強制執行書，檢送必要文件，移送法院強制執行。至罰鍰金額之高低，主管機關於罰鍰處分時，應審酌違反本法案件的性質、情節輕重及其後果與違反次數等情況，裁定其罰鍰金額。

四、公布名稱、姓名

本法第80條之1第1項規定，違反本法經主管機關處以罰鍰者，主管機關應公布其事業單位或事業主之名稱、負責人姓名、處分期日、違反條文及罰鍰金額，並限期令其改善；屆期未改善者，應按次處罰。

五、量罰輕重之標準

本法第80條之1第2項規定，主管機關裁處罰鍰，得審酌與違反行為有關之勞工人數、累計違法次數或未依法給付之金額，為量罰輕重之標準。

六、相關事項

（一）不得拒絕檢查

雇主如拒絕、規避或阻撓縣市政府派員檢查者，除依勞動基準法第80條規定處3萬元以上15萬元以下罰鍰外，並得依第73條規定由檢查人員會同當地主管機關或警察機關強制檢查之。

（二）處罰鍰後得委託執行

事業單位如違反勞動基準法之罰鍰規定時，事實發生地與雇主或事業單位所在地非為同一主管機關管轄時，應由事實發生地之主管機關課處行政罰鍰，處罰後，必要時，得委託事業主體所在地之主管機關執行之。

第三節　裁判例

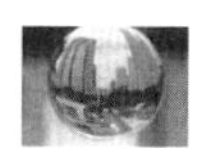

一、不能以有違反行政法上義務之行為即推論出故意或過失

【罰則、故意或過失】

燦○公司違反勞動基準法事件，燦○公司對於中華民國105年5月12日臺北高等行政法院104年度訴字第1650號判決，提起上訴，最高行政法院106年度判字第269號裁定發回臺北高等行政法院。裁定理由略以：「違反行政法上義務之行為非出於故意或過失者，不予處罰。」為行政罰法第7條第1項所明定。其立法理由並謂：「現代國家基於『有責任始有處罰』之原則，對於違反行政法上義務之處罰，應以行為人主觀上有可非難性及可歸責性為前提，如行為人主觀上並非出於故意或過失情形，應無可非難性及可歸責性，故第1項明定不予處罰。」是以，違反行政法上義務之行為，乃行政罰之客觀構成要件；故意或過失則為行政罰之主觀構成要件，兩者分別存在而個別判斷，尚不能以行為人有違反行政法上義務之行為，即推論出該行為係出於故意或過失。又依行政訴訟法第189條第1項前段、第3項、第209條第1項第7款、第3項規定，行政法院

爲裁判時，應斟酌全辯論意旨及調查證據之結果，依論理及經驗法則判斷事實之眞僞，並將得心證之理由應記明於判決；判決書應記載理由，理由項下，應記載關於攻擊或防禦方法之意見及法律上之意見。故凡當事人提出之攻擊或防禦方法，行政法院應斟酌全辯論意旨及調查證據之結果，依論理及經驗法則判斷其眞僞，將得心證之理由記明於判決。如對於當事人提出之攻擊或防禦方法未加以調查，並將其判斷之理由記明於判決者，即構成行政訴訟法第243條第2項第6款之判決不備理由；如認定事實與所憑證據內容不符者，則屬同款所謂判決理由矛盾，其判決當然違背法令。

二、未發資遣費處罰金

【資遣費、終止勞動契約】

鼎○公司因經營不善宣布停工結束營業，公司未依勞動基準法第11條規定預告勞工終止契約，並依同法第17條規定發給勞工廖○○等十六人資遣費，台中縣政府召開勞資爭議協調會，公司拒不出席。經檢察官起訴後，臺中地方法院85年度易字第5206號刑事判決公司及代表人張○○各判處罰金2萬元。公司上訴後，高等法院臺中分院86年度上易字第355號刑事判決上訴駁回。判決理由略以：雇主因歇業而終止勞動契約者，應依規定發給勞工資遣費，爲勞動基準法第17條所明定，公司爲雇主，其代表人張○○爲業務執行者，違反上開規定，應依同法第78條、第81條第1項之規定論處。原審依上開法條，刑法第11條前段[1]、第42條第2項，罰金罰鍰提高標準條例第2條，並審酌被告違反規定之情節、被害人所受損害等一切情狀，各判處罰金2萬元，其認事用法均無違誤，量刑亦稱允當。

三、違反應給資遣費規定處罰金

【罰則、勞動契約、資遣費】

明○公司解僱勞工朱○○未發給資遣費，公司於台中縣政府勞工科召開資遣爭議協調會時，公司重申終止勞動契約之原因係朱君工作中不專注，導致產品瑕疵累累，屢犯不改，曾燒毀公司設備，違反工作規則等由，故予解僱。臺中地方法院88年度易字第981號刑事判決：明○公司違反雇主依法終止勞動契約者，應發給勞工資遣費之規定，處罰金1萬元。判決理由略以：朱君縱於85年4月間曾燒毀公司設備，然一個月後，復加以僱用，且繼續僱用至87年8月

1日止。依勞動基準法第12條第1項第5款，及同條第2項，雇主終止勞動契約時，應自知悉其情形之日起，三十日內爲之等規定，公司早經失權，不得再據此主張終止勞動契約。又朱君工作懈怠敷衍，影響工作線運作，使公司受有損害等情形，顯即屬勞動基準法第11條第5款確不能勝任工作，公司辯稱基於同法第12條規定云云，核屬卸責之詞，尙非可採。公司未按勞動基準法第17條之規定給付資遣費，是公司之犯行，已事證明確，堪以認定。公司上訴後，高等法院臺中分院89年度上易字第308號刑事判決上訴駁回，判決理由略以：公司辯稱朱君任職期間確有辱罵管理人員，並與其他工作之勞工爭吵，且有連續曠工多日之紀錄，合乎勞動基準法第12條第1項第2款、第2項規定云云。此等解僱朱君之理由，均與在縣政府勞工科書面說明終止朱君勞動契約之原因，完全無涉，顯係臨訟編撰之詞，非原據以解僱朱君之理由。

四、犯罪事實應依證據認定

【勞動契約、資遣費】

全○公司負責人曾○○因未發給勞工鄧○○資遣費，鄧君提出告訴，起訴後，板橋地方法院90年易字第916號判決無罪，檢察官不服，提起上訴，臺灣高等法院90年易字第2766號判決上訴駁回，判決理由略以：按犯罪事實應依證據認定之，無證據不得推斷其犯罪事實，又不能證明被告犯罪或其行爲不罰者，應諭知無罪之判決，刑事訴訟法第154條、第301條第1項[2]分別定有明文。次按認定不利於被告之事實，須依積極證據，苟積極之證據本身有瑕疵而不足爲不利於被告事實之認定，即應爲有利於被告事實之認定，更不必有何有利之證據，而此用於證明犯罪事實之證據，猶須於通常一般人均不至於有所懷疑，堪予確信其已臻眞實者，始得據以爲有罪之認定，倘其證明尙未達到此一程度，而有合理性之懷疑存在，致使無從有罪之確信時，即應爲無罪之判決，此有最高法院82年度台上字第163號判決、76年度台上字第4986號、30年度上字第816號等判例意旨可參照。末按告訴人之告訴，係以使被告受刑事訴追爲目的，是其陳述是否與事實相符，仍應調查其他證據以資審認，亦據最高法院52年度台上字第130號判例闡釋甚明。鄧君因自動離職而與公司終止勞動契約，公司並未片面終止與鄧君勞動契約，而鄧君復未依勞動基準法第14條第1項終止勞動契約，核與勞動基準法第17條應給付資遣費之規定即屬有間，自不生應發給資遣費情事，公司未給付鄧君資遣費，未違反勞動基準法第17條規定，自難論以同法第78條、第81條第1項前段之罪。

五、未向雇主終止契約表示自無資遣費

【罰則、勞動契約、資遣費】

宏○公司勞工林○○已服務二十三年，因工作疏失，遭雇主魏○○之母親李○○指正，林君不服糾正並以「我的○○比你還大」。當晚林君打電話問雇主魏君怎麼辦，魏君答以他也不知怎麼辦，並結算工資3萬多元給林君，林君未再上班。臺南地方法院檢察署檢察官起訴以魏君違反勞動基準法第17條規定，應依勞動基準法第78條之規定論處。臺南地方法院88年度易字第2721號判決魏君無罪。檢察官上訴後，高等法院臺南分院89年度上易字第386號刑事判決上訴駁回。判決理由略以：本件林君事後仍期待魏君有一合理之解決方法，而未曾基於勞動基準法第14條規定之事由，向魏君爲終止雙方勞動契約之意思表示，因之林君亦無依同條第14條第4項之規定，準用同條第17條之規定，發放資遣費問題。基此，本件宏○公司與林君間之勞動契約關係，應尙未當然終止，是魏君與勞動基準法第78條所規定之刑責仍屬有間。本件顯係宏○公司與林君間有關勞資爭議之民事糾葛，魏君雖爲公司之實際執行人，所爲尙與勞動基準法第78條之罪責無涉，故難僅憑林君片面指訴，即遽然推定魏君有何之違反勞動基準法第78條規定之行爲。

六、經理人在執行職務範圍內亦為公司負責人

【罰則、勞動契約、資遣費、經理人】

進○公司法定代表人爲劉○○，林○○爲總經理，因財務週轉困難停止營業，未發給勞工資遣費。檢察官起訴後，高雄地方法院90年度易字第1342號判決進○公司處罰金1萬元，林○○處罰金1萬元，如易服勞役，以300元折算一日。判決理由略以：公司法規定之公司負責人，依公司法第8條第1項規定：「本法所稱公司負責人：在無限公司、兩合公司爲執行業務或代表公司之股東；在有限公司、股份有限公司爲董事。」第2項規定：「公司之經理人或清算人，股份有限公司之發起人、監察人、檢查人、重整人或重整監督人，在執行職務範圍內，亦爲公司負責人。」本件檢察官認林○○係公司實際負責人，劉○○爲名義負責人，公司法並無「實際負責人」名詞之定義，林○○係公司之總經理，應可認係公司之經理人，在執行職務範圍內，亦爲公司負責人。林○○既代表公司執行業務而違反雇主依勞動基準法第16條規定終止勞動契約

者，應發給勞工資遣費之規定，係犯同法第78條之罪。進○公司依同法第81條第1項前段之規定處以第78條所定之罰金刑。公訴意旨直接以林○○爲公司代表人，尙有未洽，惟起訴書當事人欄已列明進○公司同爲本案被告，僅係法定代表人有所誤載，本院自應予更正。爰審酌本件違反勞動基準法犯行所生對勞工權益之損害程度，及公司與林君犯罪後迄今一年餘，尙未取得告訴人之諒解、賠償損失等，量處如主文所示之罰金，及易服勞役之折算標準。

七、退休金計算標準之爭議屬民事問題

【罰則、退休金】

張○○爲正○公司負責人，因未依勞動基準法第55條規定發給勞工呂○○退休金，檢察官以張君涉犯勞動基準法第78條之罪，訴請科刑，檢察官不服高雄地方法院90年度易字第4364號刑事判決，上訴後高等法院高雄分院91年度上易字第1715號判決上訴駁回，判決理由略以：按犯罪事實應依證據認定之，無證據不得推定其犯罪事實。又不能證明被告犯罪者，應諭知無罪之判決，刑事訴訟法第154條、第301條第1項分別定有明文。又事實之認定，應憑證據，如未能發現相當證據，或證據不足以證明，自不能以推測或擬制之方法，爲裁判基礎（最高法院40年台上字第86號判例參照）。而告訴人之告訴，係以使被告受刑事訴追爲目的，是其陳述是否與事實相等符，仍應調查其他證據以資審認（最高法院52年台上字第1300號判例參照）。且認定犯罪事實所憑之證據，雖不以直接證據爲限，間接證據亦包括在內，然而無論直接證據或間接證據，其爲訴訟上之證明，須於通常一般之人均不致有所懷疑，而得確信其爲眞實之程度者，始得據爲有罪之認定，倘其證明尙未達到此一程度，而有合理之懷疑存在而無從使事實審法院得有罪之確信時，即應由法院爲諭知被告無罪之判決（最高法院76年台上字第4986號判例參照）。

再按勞動基準法第78條就違反同法第55條第1項規定科處刑罰之規定，係以行爲人即雇主有故意不按該條所定退休金給與標準支付退休金者，始得成立，苟勞資雙方就退休金給與之計算標準尙有事實或法令適用上之爭議，雇主於該爭議未釐清前，暫不給付該部分之退休金時，應屬單純民事勞資糾紛，尙難認雇主有違反勞動基準法之主觀不法犯意。

八、過失行為之處罰以有特別規定者為限

【罰則、勞動契約、資遣費】

國○交通公司代表人爲王○○，公司解僱司機許○○，檢察官以公司未依勞動基準法第17條規定發給資遣費起訴。高雄地方法院90年度易字第4128號刑事判決國○公司、王○○均無罪。判決理由略以：按刑法總則於其他法令有刑罰之規定者，除法令有特別規定外，亦適用之；過失行爲之處罰以有特別規定者爲限，刑法第11條、第12條[3]分別定有明文；又按犯罪事實之認定，應憑眞實之證據，倘證據是否眞實尚欠明顯，自難以擬制推測之方法，爲其判斷基礎，最高法院53年度台上字第656號判例亦著有明文。本件王君否認違反勞動基準法，並辯稱許○○因不當駕駛，二度遭客戶投訴，又常工作未完成即回家，無法配合公司調度，故才將之解僱。查勞動基準法第78條之違反同法第17條未依規定發給勞工資遣費罪，及同法第81條第1項對該法人應處以前述所定之罰金罪名，並無處罰過失犯之特別規定，是違反勞動基準法第17條之規定而犯同法78條之未依規定發給勞工資遣費罪，及同法第81條第1項對該法人應處以前述所定之罰金罪，應以故意犯爲限。本件王君雖未依勞動基準法第17條規定發給被害人資遣費，惟王君非全然無理由即無故解僱許君之情形下，即難執此遽論王君係無正當理由故意拒發資遣費。本件本院依職權查無積極證據足認公司及王君有檢察官所指之違反勞動基準法犯行情形下，自應爲公司及王君無罪之諭知，以期適法。

九、惡性尚非重大且坦承犯行從輕量刑

【罰則、勞動契約、資遣費】

方○公司代表人羅○○，公司因經營不善、財務週轉不靈，解僱勞工陳○○，經高雄縣政府勞工科調解後，未遵調解結論依限給付資遣費，經檢察官起訴，高雄地方法院90年度易字第3317號刑事判決方○公司處罰金5,000元。羅○○法人之代表人處罰金5,000元，如易服勞役，以300元折算一日。判決理由略以：羅君所爲係違反勞動基準法第17條之規定，而犯同法第78條之罪；方○公司代表人羅君執行業務違反勞動基準法第17條之規定，是方○公司應依勞動基準法第81條第1項前段論處，因勞動基準法第78條之規定係自然人違反勞動基準法時處罰之規定，是檢察官認爲方○公司違反勞動基準法第17條，應依

同法第78條之規定論處，容有未洽，惟起訴事實相同，爰依法變更起訴法條，併予敘明。爰審酌羅君乃因公司經營困難，致未能依規定依調解內容如期給付資遣費，其惡性尚非重大，且事後坦承犯行，態度良好，並已給付積欠工資，復就預告工資及資遣費與陳君達成和解，各量處如主文所示之刑。

檢察官雖於犯罪事實欄載明方○公司另分案偵辦，惟依起訴書綜合觀之，其顯已就羅君、方○公司二者起訴，本院自得併予審理，附予說明。

十、改組或轉讓留用勞工由新雇主承受

【罰則、勞動契約、資遣費】

富○公司代表人陳○○，公司改組爲○勝公司，代表人翁○○，因資遣勞工未發給資遣費，檢察官起訴後，屏東地方法院88年度易字第1583號判決翁君有罪。檢察官及翁君均上訴，高等法院高雄分院89年度上易字第1414號判決上訴駁回。判決理由略以：翁君上訴意旨略以伊負責○勝公司並未對勞工終止勞動契約，而僅是在尋求資金期間，對各勞工通知暫時留職停薪，俟有資金或股東接手時，再行上班。但查工資之給付爲履行勞動契約之基本事項，此觀勞動基準法第22條及其施行細則第7條規定自明，翁君負責○勝公司，既終止給付工資，自屬已終止勞動契約，不能以留職停薪辯非終止勞動契約，是其上訴無理由，應予駁回。又勞動基準法第20條規定，事業單位改組或轉讓時，其留用勞工之工作年資，應由新雇主繼續予以承認，勞工茅○○等人，雖原爲富○公司勞工，但既已由○勝公司繼續僱用，則終止勞動契約後，負有發資遣費義務者爲○勝公司，並非富○公司，原審爲富○公司無罪之判決並無不當，另檢察官對翁○○之訴，未陳明上訴理由，徒指摘原判決不當，亦無可取，是檢察官上訴均無理由，應予駁回。

十一、法人之代表人須因執行業務違法始受罰

【罰則、勞動契約、資遣費】

進○公司負責人劉○○，公司因虧損解散，未給付勞工資遣費，檢察官起訴後，高雄地方法院89年度易字第779號刑事判決劉君無罪。判決理由略以：按犯罪事實應依證據認定之，無證據不得推定其犯罪事實，刑事訴訟法第154條定有明文。次按勞動基準法第81條規定，法人之代表人、法人或自然人之代理人、受僱人或其他從業人員，因執行業務違反本法規定，始依本章規定處罰

行爲人。故法人之代表人須因執行業務而有違反本法之行爲者，始應以本罪相繩。檢察官認劉君涉有勞動基準法第78條之罪嫌，無非以劉君之自白、被害勞工之指訴、證人林君之證詞、法院支付命令等爲其論據。惟劉君堅決否認有違反勞動基準法之犯行，辯稱伊雖爲公司之負責人，惟有關公司之業務，均由女婿林君實際負責，伊僅係掛名，並未參與公司任何業務之執行等語。經查：終止勞工勞動契約之人爲被告女婿林○○，劉君爲掛名之負責人，並未參與公司業務之經營，林君始爲本件因執行業務而違反勞動基準法規定之行爲人。公司既係由林君終止勞工之勞動契約，而非由公司名義上之負責人劉君所負責，尚難遽認劉君係本件之行爲人，此與勞動基準法第81條該罪之構成要件有間。

十二、刑事諭知無罪，民事應予駁回

【罰則、職業災害、損害賠償】

加○公司品管工程師高○○，高君聲明以因工作中搬運貨物受傷，經行政院勞工委員會職業病鑑定委員會鑑定結果屬職業病，仍在治療中遭公司解僱，致未能領取原有工資，公司違反勞動基準法第59條規定，業經檢察官提起公訴，依民法第184條第2項損害賠償規定，求爲損害賠償48萬8,480元。高雄地方法院刑事附帶民事訴訟89年度附民字第693號判決原告之訴駁回。判決理由略以：按刑事訴訟諭知無罪、免訴或不受理之判決者，對於附帶民事訴訟部分應以判決駁回原告之訴，刑事訴訟法第503條第1項前段定有明文。本件加○公司被訴違反勞動基準法一案，業經刑事判決諭知無罪在案，原告之訴應予駁回。依刑事訴訟法第503條第1項前段，判決如主文。

附註：本件刑事部分高雄地方法院89年度易字第1911號刑事判決加○公司、楊○○均無罪。檢察官上訴後，高等法院高雄分院90年度上易字第271號刑事判決上訴駁回。判決理由略以：被告楊○○既無違反勞動基準法第59條第2款之情形，亦無違反同法第13條片面終止高君之勞動契約，與同法第78條之規定要屬有間。原審不能證明楊君犯罪，諭知無罪之判決，而楊君爲加○公司代表人，既無因執行業務違反勞動基準法規定，對法人加○公司自無從依勞動基準法第81條第1項之規定處罰，亦諭知加○公司無罪之判決，核無不合。

十三、無故辭退勞工拒不給資遣費無刑事責任

【罰則、資遣費】

國○公司無故解僱勞工許○○，亦拒不給付資遣費，檢察官不服高雄地方法院90年度易字第4028號刑事判決代表人王○○無罪，上訴後，高等法院高雄分院91年度上易字第275號判決上訴駁回，判決理由略以：雇主違反勞動契約或勞工法令，勞工不得經預告終止勞動契約，依同法第14條第4項之規定，準用同法第17條之結果，雇主固仍需依第17條之標準給付資遣費，惟此究屬民事責任之準用，於罪刑法定原則，尚難認於刑事責任部分亦有併同準用之效果，行政院勞工委員會亦同此見解，有該會86年5月12日台86勞資二字第019475號函可按。被害人即勞工許○○受被告無故辭退後，即不再上班，依該不上班之事實，及當事人前此已聲請勞資爭議主管機關調解過程，解釋當事人之意思表示，縱然認爲勞工許○○有終止勞動契約之眞意及表示行爲，亦僅生勞工得請求資遣費之民事責任，基於前揭罪刑法定原則之說明，尚難以勞動基準法第78條之罪責相繩。

依前揭說明，雇主依法得終止勞動契約，於終止後拒絕不給付資遣費之情形，尚應科以勞動基準法第78條所定之罪責，而無故辭退勞工後拒不給付資遣費卻無刑事責任，立法上似有權衡失當或疏漏，惟勞動基準法第14條慮及於雇主無故辭退勞工之情形，雇主之片面終止契約不生任何法律上效力，並將勞動契約之終止權歸屬勞工，使其得選擇繼續工作或終止契約，對勞工之保障甚爲周全，上開失衡或因立法疏漏所致，於罪刑法定原則下，勞動基準法就上開情形既未設刑事處罰之明文，自難課以刑事責任。此外，復查無其他積極證據足證被告有違反勞動基準法犯行，應認不能證明被告犯罪。

十四、宣布歇業未給資遣費處罰金

【罰則、勞動契約、資遣費】

耀○公司宣布歇業，終止勞工李○○等一百十六人勞動契約，未給資遣費，檢察官提起公訴後，桃園地方法院88年度易字第989號刑事判決如下。
主文：

耀○公司其代表人，因執行業務違反雇主終止勞動契約，應依勞動基準法第17條規定發給勞工資遣費之規定，處罰金3萬元。

張○○法人之代表人，因執行業務違反雇主終止勞動契約，應依勞動基準法第17條規定發給勞工資遣費之規定，處罰金3萬元，如易服勞役，以300元折算一日。

判決理由略以：查張○○爲耀○公司之董事長，負責該公司業務及有關勞工事務，爲勞動基準法所規定之雇主，其因執行業務，違反勞動基準法第17條之規定，應依同法第78條規定科處罰金。其以一行爲同時終止李○○等一百十六人勞動契約並均不依勞動基準法第17條之規定發給勞工資遣費，所侵害法益應屬單一，僅論以一罪。而耀○公司其法人之代表人張○○，因執行業務違反前開規定，應依同法第81條第1項前段之規定科以罰金。爰審酌張○○之素行良好，及其犯罪之動機、目的、手段、所生危害、犯罪後態度等一切情狀，量處如主文第2項所示之刑，並諭知易服勞役之折算標準，而耀○公司部分則諭知如主文第1項所示之罰金刑。

十五、案件曾經判決確定應為免訴之判決

【罰則、女工、工作時間】

王○○僱用女工從事夜間工作，檢察官起訴後，高雄地方法院89年度易字第5137號判決以：本件免訴。判決理由略以：按案件曾經判決確定應爲免訴之判決，此項原則關於實質上一罪或裁判上一罪，其一部分犯罪事實曾經判決確定者，其效力當然及於全部，故檢察官復將其他部分重行起訴，亦應諭知免訴之判決（最高法院49年台非字第20號判例參照）。本件王君前被訴違反勞動基準法案件，分別於89年7月19日晚上十時三十分及89年6月30日凌晨零時二十五分，爲警查獲，所涉違反勞動基準法第49條第1項前段、第77條之罪嫌，業經檢察官提起公訴，並由本院於89年9月29日判處有期徒刑五月，如易科罰金，以300元折算一日，並於89年11月2日確定在案（見本院89年度易字第3523號）。該案與本件檢察官起訴的犯罪事實（89年11月17日起訴，89年11月29日繫屬本院），時間緊接，犯罪手法相同，顯係基於概括犯意，而犯同一之罪名，自屬連續犯，爲裁判上一罪，依審判不可分原則，該案判決之效力應及於全部犯罪事實，揆諸前揭說明，爰諭知免訴之判決。據上論結，應依刑事訴訟法第302條第1款[4]，判決如主文。如不服本判決，應於判決送達後十日內，向本院提出上訴狀。

十六、雇主處分勞工降薪並無違法

【罰則、勞動契約】

中○公司勞工賴○○自訴略以：總經理羅○○以伊玩忽命令、不聽上級指揮、挑撥是非及脅迫上級等不實理由，將伊記大過一次、罰3,000元，考績減八分並調職，違反勞動基準法。高雄地方法院90年度自字第594號刑事判決羅君無罪，判決理由略以：按行爲之處罰，以行爲時之法律有明文規定者爲限，刑法第1條定有明文，此係爲防止國家刑罰權之任意發動及擅斷，確保人民之基本人權，援依「無法律、無刑罰」之精神而揭示，即犯罪之成立要件及其法律效果，均須明確訂定於法律上，凡行爲當時法律無明文者，任何行爲均不構成犯罪，對該行爲人不得科處刑罰。復按犯罪事實應依證據認定之，無證據不得推定其犯罪事實；不能證明被告犯罪或其行爲不罰者，應諭知無罪之判決，刑訴訴訟法第154條、第301條第1項定有明文，又認定不利於被告之事實，須依積極證據，苟積極證據不足爲不利於被告事實之認定時，即應爲有利於被告之認定，更不必有何有利之證據；且告訴人之指訴，係以使被告受刑事訴追爲目的，是其陳述是否相符，仍應調查其他證據以資認定，最高法院30年上字第816號及52年台上字第1300號著有判例足資參照。經查：遍查勞動基準法，雇主對於勞工之降薪、罰薪、記過及轉調單位之處分勞工行爲，並無任何處以刑罰之規定，是縱認自訴之事屬實，羅君之行爲亦無任何違反勞動基準法之規定可言。

十七、無證據不得推定其犯罪事實

【罰則、女工、工時】

高雄地方法院檢察官，起訴以梁○○爲檳榔攤雇主，於89年3月間起，未經勞工主管機關核准，僱用女工吳○○於晚上十時以後工作，89年10月5日經警查獲，梁君違反勞動基準法第77條之罪。高雄地方法院90年度易字第724號刑事判決無罪。判決理由略以：按犯罪事實應依證據認定之，無證據不得推定其犯罪事實；又不能證明被告犯罪者，應諭知無罪之判決，刑事訴訟法第154條、第301條第1項分別定有明文。又事實之認定，應憑證據，如未能發現相當證據，或證據不足以證明，自不能以推測或擬制之方法，爲裁判基礎（最高法院40年台上字第86號判例）。且認定犯罪事實所憑證據，其爲訴訟上之證明，須於通常一般之人均不致有所懷疑，而得確信其爲眞實之程度者，始得據爲有罪之認定，倘其證明尚未達到此一程度，而有懷疑存在而無從使事實審法院得有罪之確信時，即應由法院諭知無罪之判決（最高法院76年台上字第4986號判例）。其以情況證據（即間接證據）斷罪時，尤須基於該證據在直接關係上所可證明之他項情況事實，本乎推理作用足以確證被告有罪，方爲合法，不得徒憑主觀上之推想，將一般經驗上有利被告之其他合理情況逕予排除（最高法院76年台上字第4986號判例）。經查該檳榔攤已於89年9月初頂讓給吳○○，吳君爲雇主，非女性勞工，則其於89年10月5日晚上十時以後工作而爲警查獲，尚與勞動基準法第77條之要件有間，自難以該罪相繩。

十八、民事糾紛應依循民事途徑救濟

【罰則、工資、退休金】

龍○公司因發生火災致工廠部分停工，負責人謝○○發給勞工曾○○之退休金，未依行政院勞工委員會之解釋，將工廠停工期間之工資扣除，並往前推算計算平均工資，致其少領退休金180萬餘元，檢察官起訴後，高雄地方法院89年度易字第3587號判決龍○公司、謝○○均無罪。判決理由略以：行政院勞工委員會或高雄市政府勞工局之解釋或協調，均並非當然使公司知道公司所主張之「平均工資」計算方法必爲錯誤。按犯罪之成立，除應具備各罪之特別要件外，尤須具有故意或過失之一般要件。而犯罪之故意，須行爲人對犯罪事實有所認識，而仍實施爲其要件，此有最高法院27年非字第15號及30年上字第2671號判例意旨可稽。行政刑法之犯罪，亦爲刑事制裁之一環，當亦有上開原則之適用。大法官會議釋字第275號[5]解釋指明人民違反法律上之義務而應受行政罰之行爲，如法律無特別規定時，雖不以故意爲必要，但仍須以過失爲其責任條件等情，可知行政罰仍以過失爲必要始得加以處罰，更何況刑事罰，決無「不問有無故意、過失，只要行爲客觀上違背法律規定，即應科以刑罰」之問題。是本件應屬民事糾紛，自應依循民事途徑以求確認並救濟。

十九、誹謗罪須足以損害特定人之社會評價

【罰則、勞動契約】

尊○公司副理周○○自訴以：因伊被公司資遣，向桃園縣政府申請調解，公司委任人李○○在會議中主張「周君欠公司工時二十四小時，異常用

餐費2,380元，及所做僞造、貪污事件，本公司已掌握證據，將保留法律追訴權」等語，上開言詞已涉及對伊惡意誹謗，對伊名譽造成傷害及妨害伊之人身自由等語，爰提起本件自訴。桃園地方法院89年度自字第155號刑事判決李○○無罪。判決理由略以：刑法第310條第1項、第2項[6]之誹謗罪，須行爲人所指摘或傳述之事實，足以損害特定人之社會評價，亦即就一般人之合理判斷，須招至足使特定人之社會聲望價値產生低落、損傷印象之程度，始足當之，苟行爲人所指摘或傳述之具體事實，尙不足以使被害人受到他人輕視或恥笑，對其個人人格於社會評價上，尙難認有損傷或低落之情形時，則不得遽以本罪相繩，否則即不免有違憲法所保障之言論表現自由，且本條之誹謗罪，須行爲人將足以毀損他人名譽之事，散發或傳布於大眾始足當之，如僅告知特定人或向特定機關陳述，即與誹謗罪之犯罪構成要件不符。又刑法第304條之強制罪，須行爲人施加不法有形力，或以加害或以加害之旨通知他人而使人心生畏懼，而使對方不得不爲一定之作爲、不作爲或容忍之行爲，或妨害被害人在法律上所得爲之一定作爲或不作爲，始足當之，苟行爲人並無實施強暴、脅迫妨害人行使權利之積極行爲，僅係基於正當合法之原因，表示將依法訴追者，則不構成本罪。本件李君於調解會議上依公司所彙整證據資料，對爭議事項予以回覆，顯係施行攻擊防禦之方法，爲防禦公司權利之辯白，應屬自衛、自辯及保護公司合法利益發表之言論，況既起爭執，焉有善言。凡此均與構成誹謗罪、妨害行使權利有間。

二十、犯單純一罪不生想像競合犯之情形

【罰則、女工、工時】

清○傳播公司負責人戴○○未經申請主管機關核准，自89年1月起僱用女性員工三人在桃園市○○路○○號凱○○KTV等地，擔任坐檯陪待工作，每日工作時間晚上九時起至次日淩晨六時許，而使該三名女性勞工在午後十時以後工作，89年1月16日爲警查獲，桃園地方法院檢察署檢察官起訴後，桃園地方法院89年度易字第2373號刑事判決戴君違反女工不得於午後十時至翌晨六時之時間內工作之規定，科罰金1萬元，如易服勞役，以300元折算一日。判決理由略以：戴君未經申請主管機關核准即僱用女工黃○○等於午後十時工作之行爲，係違反勞動基準法第49條第1項前段之規定，依同法第77條論處，又戴君同時僱用之女工三人，然上開規定所保護之法益性質上屬社會法益，是戴君所

爲應係犯單純一罪，不生想像競合犯之情形，併此敘明。爰審酌被告犯後極力飾詞卸責，惟僱用女工三人，僱用期間未滿一個月，所犯情節尙屬輕微等一切情狀，酌情從輕量處如主文所示之刑，並諭知易服勞役之折算標準。依刑事訴訟法第299條第1項前段【7】，勞動基準法第77條，刑法第11條前段、第42條第2項，罰金罰鍰提高標準條例第2條判決如主文。

二十一、和解之事實無解於犯罪之成立

【罰則、退休金】

高○公司代表人劉○○，未依退休金給與標準規定，給勞工王○○退休金，高雄地方法院88年度易字第4132號刑事判決高○公司及法人之代表人劉○○，違反勞工退休金給與標準之規定，均處罰金2萬元，劉君所處罰金如易服勞役，以300元折算一日。判決理由略以：高○公司及劉君違反勞動基準法第55條第1項第1款規定，未按勞工王君之工作年資計算退休金，均應依同法第78條規定處罰。審酌高○公司及劉君業與王君達成和解，及劉君犯罪後之態度等一切情狀，爰量處如主文所示之刑。高○公司及劉君上訴後，高等法院高雄分院89年度上易字第781號判決上訴駁回，判決理由略以：本案經本院審理結果，認第一審判決認事用法及量刑均無不當，應予維持，並引用第一審判決書記載之事實、證據及理由。高○公司及劉君上訴以業與王君達成和解，竟仍被判罪，而指摘原判決不當，然查就高○公司及劉君和解之情，原判決於量刑時已予審酌，但和解之事實究無解於高○公司及劉君犯罪之成立，是上訴非有理由，應予駁回。依刑事訴訟法第368條、第373條判決如主文。

二十二、行政規則或函釋不能排除勞基法第2條第3款之適用

中○公司違反勞動基準法事件，中○公司對於中華民國106年7月6日高雄高等行政法院105年度訴字第539號判決，提起上訴，最高行政法院106年度裁字第1877號裁定上訴駁回。裁定理由略以：按勞基法第1條第1項後段規定本法未規定者，適用其他法律之規定。可知於勞工權益、勞動條件等事項，應優先適用勞基法，僅於勞基法未規定時，始得適用其他相關法規，是雖上訴人所僱勞工各項薪給均應依照經濟部相關法令核發，惟其性質是否屬於「工資」，仍應依勞基法第2條第3款規定認定之，要無疑義。又勞基法係國家爲實現憲法保護勞工之基本國策所制定之法律，其所定勞動條件爲最低標準，故行政院所規

定關於國營事業所屬人員之待遇及福利、經濟部所定之辦法、內部規則等自不得低於勞基法所定之勞動條件，倘與勞基法有所牴觸時，仍應依勞基法規定爲之。是以，上訴人自不得執行政院或經濟部片面自行發布之行政規則或函釋，即逕予排除勞基法第2條第3款之適用。至於行政院或經濟部是否因此而願意修正國營事業所適用之相關法令，或仍怠於修正，致其所屬之國營事業持續違反勞基法之規定而遭裁罰，乃行政機關內部政策之考量及行政效率之問題，尚不得以上訴人應遵守行政院或經濟部所制定之辦法、內部規則等，遽認其符合行政罰法第8條但書規定而予以免罰。

二十三、累犯加重其刑

【罰則、女工、工時】

界○超商負責人陳○○，店前擺設電子遊戲機，違反勞動基準法事件，高雄地方法院檢察署檢察官不服高雄地方法院89年度易字第3492號刑事判決提起上訴，高等法院高雄分院89年度上易字第1736號刑事判決以：原判決撤銷。陳○○違反女工不得於午後十時至翌晨六時之時間內工作之規定，累犯，處拘役五十日，如易科罰金，以300元折算一日。判決理由略以：陳君用女工在午後十時至翌晨六時之時間內工作，核其所爲係犯勞動基準法第77條之違反勞動基準法第49條第1項之女工不得於午後十時至翌晨六時之時間內工作規定之罪。陳君曾於82年至84年間分別因贓物罪及竊盜罪經臺北地方法院各判處有期徒刑六月、五月確定，二罪經接續執行後，84年10月27日執行完畢，茲於五年內再犯本件最重本爲有期徒刑以上之罪，爲累犯，應依刑法第47條規定加重其刑。原審認陳君罪證明確，予以論罪科刑，固非無見。惟陳君另於89年9月19日爲警查獲違反勞動基準法之事實，經檢察官移送本院併案審理，原審未及審酌，尚有未洽。檢察官提起上訴，據以指摘原判決不當，爲有理由，應由本院將原判決撤銷改判。

二十四、牽連犯應從一重論處

【罰則、女工】

模○傳播公司負責人戴○○，曾因妨害自由、違反公司法分別判處有期徒刑四月、六月，猶不知悔改，明知未經設立登記領有政府核發之公司執照，不得以公司名義經營業務，且僱用女性員工於夜間工作，分別於89年5月9日、

89年6月22日、89年7月16日爲警查獲，檢察官起訴後，桃園地方法院89年度易字第2713號刑事判決以：戴○○違反未經設立登記，不得以公司名義經營業務之規定，累犯，處有期徒刑八月。判決理由略以：戴君違反勞動基準法第49條女工不得於午後十時至翌晨六時時間內工作之規定，核戴君所爲係犯公司法第19條第2項【8】及勞動基準法第77條之罪，其先後多次所犯勞動基準法第77條之罪，時間緊接且犯罪構成要件相同，顯各係基於概括犯意反覆爲之，爲連續犯，應以一罪論，並加重其刑。戴君所犯公司法第19條第2項及勞動基準法第77條之犯行，二罪間有方法結果之牽連關係，爲牽連犯，應從一重之公司法第19條第2項規定論處。再戴君於82年間因妨害自由案件，經臺灣高等法院87年10月15日判處有期徒刑四月，並於88年6月7日以易科罰金執行完畢，五年內再犯本件違反勞動基準法及違反公司法之有期徒刑以上之罪，應依法加重其刑。爰審酌戴君經查獲不知悔改，猶再犯之，顯然毫無悔意，以其犯罪之目的、所生損害、犯罪後坦承不諱等一切情狀，量處如主文所示之刑。

二十五、須為他人處理事務始構成背信罪

【罰則、勞動契約、工資】

尊○公司董事長兼總裁爲簡○○，副理周○○自訴略以：其受僱於尊○公司，雙方言明月薪7萬2,000元，另加專業津貼1萬元，公司並未依約按月給付專業津貼，嗣又終止伊之勞動契約，伊先後至桃園縣政府勞工局、勞資爭議調解委員會申訴，公司均未置理，已違反勞動基準法第2條第3款、第21條，勞動基準法施行細則第7條第3款等規定，因認簡君所爲，涉有刑法第342條【9】之背信罪。桃園地方法院89年度自字第162號刑事裁定：自訴駁回。裁定理由略以：背信罪以行爲人爲他人處理事務，意圖爲自己或第三人不法之利益，或損害本人之利益而爲違背其任務之行爲，致生損害於本人之財產或其他利益者，始足當之，此觀刑法第342條第1項規定自明。經查本件依周君所述情節，簡君並未替周君處理事務，甚爲明顯，即此已與背信罪之構成要件有別；而周君雖稱：簡君少給伊工資1萬元，又非法終止勞動契約，將伊解僱云云，縱使屬實，亦不過單純之債務不履行，核屬民事糾紛。是簡君犯行既不能證明，而有刑事訴訟法第252條第10款【10】規定之情形，爰裁定如主文。

二十六、刑法修訂後適用有利於被告之法律

【罰則、女工、工時】

水○館負責人李○○，僱用女工從事夜間工作，違反勞動基準法第49條規定，檢察官起訴後，高雄地方法院90年度易字第1136號判決以：李○○違反女工不得於午後十時至翌晨六時之時間內工作之規定，科罰金1萬5,000元，如易服勞役以300元折算一日。判決理由略以：李君未經申請核准僱用女工於夜間八時三十分至翌晨四時三十分許工作，核其所爲，係違反勞動基準法第49條第1項前段之規定，應依同法第77條規定處罰。又李君僱請多名女工之犯行，侵害同一保障女工身體及安全之社會法益，應論以一罪。本院審酌李君所爲對社會法益之危害非屬巨大，僱傭期間非長，且犯罪後之態度尚稱良好，並已坦承犯行等一切情狀，量刑如主文。再按李君犯罪後，刑法第41條業於90年1月10日修正公布施行，並於同年1月12日生效，該法第41條第1項前段將得易科罰金之範圍由「犯最重本刑爲三年以下有期徒刑以下之刑之罪」修正擴大爲「犯最重本刑爲五年以下有期徒刑以下之刑之罪」，更有利於李君，應依刑法第2條第1項前段之規定，適用裁判時之法律即刑法第41條第1項前段。依刑訴訟訟法第299條第1項前段，勞動基準法第77條，刑法第2條第1項前段、第11條前段、第41條第1項前段、罰金罰鍰提高標準條例第2條，判決如主文（註：91年12月25日勞基法修正，違反本法第49條之1應科處刑事罰，修正爲科處行政罰）。

二十七、不得以未改善提撥退休準備金而處罰

【罰則、退休金】

優○公司因未提撥退休準備金遭台北縣政府處罰鍰6,000元，嗣台北縣政府又以優○公司未限期改善爲由，加重處分罰鍰1萬元，優○公司不服行政院勞工委員會88年4月9日台勞訴字第054394號再訴願決定，提起行政訴訟。最高行政法院90年度判字第389號判決：再訴願決定、訴願決定及原處分均撤銷。判決理由略以：按「本法施行後雇主應按月提撥勞工退休準備金，專戶儲存，並不得作爲讓與、扣押、抵銷或擔保。其提撥率，由中央主管機關擬訂，報請行政院核定之。」勞動基準法第56條第1項（已於91年6月修正）定有明文。違反前開第56條第1項規定者，處2,000元以上2萬元以下罰鍰，同法第79條第1款亦予明定。則苟雇主未按月提撥勞工退休準備金，主管機關即得對之處2,000

元以上2萬元以下罰鍰；另主管機關就違法行爲限期命改善，其逾期未改善者，除法律有得予處罰之明文外，尚不得徒以未依限改善，即科以處罰。而對違反勞動基準法第56條第1項之規定者除得依同法第79條第1款之規定科處罰鍰外，法律並無限期命改善，逾期未改善，即得科處罰鍰之規定，亦即主管機關不得徒以雇主未提撥勞工退休準備金，經限期命改善，而未於限期內提撥，再對雇主科處罰鍰。原處分及訴願、再訴願決定既有違誤，公司起訴意旨求予撤銷，雖非以此爲由，仍應認爲其訴有理由，應由本院將原處分及訴願再訴願決定（罰鍰1萬元部分）併予撤銷，由台北縣政府另爲適法之處分。

二十八、行政罰應以故意或過失為要件

【罰則、退休金】

巨○公司因未按月提撥勞工退休準備金，遭台北縣政府罰鍰1萬元。公司以因人事變動，事務交接繁忙，尚未及辦理按月提撥勞工退休準備金，且因營業所在地變更登記，致未收到台北縣政府限期辦理按月提撥勞工退休準備金通知，又公司知道被裁處罰鍰後，即遵照辦理按月提撥勞工退休準備金，公司實無觸犯法紀之故意，請體恤中小企業經營不易，判決撤銷原處分及訴願、再訴願決定。最高行政法院89年度判字第1513號判決：原告之訴駁回，判決理由略以：公司未依規定按月提撥勞工退休準備金，專戶儲存，即屬應受處罰之違法行爲，不以主管機關先行通知限期改善爲必要。次按「人民違反法律上之義務而應受行政罰之行爲，法律無特別規定時，雖不以出於故意爲必要，仍須以過失爲其責任條件。但應受行政罰之行爲，僅須違反禁止規定或作爲義務，而不以發生損害或危險爲其要件者，推定爲有過失，於行爲人不能舉證證明自己無過失時，即應受處罰。」亦爲司法院釋字第275號解釋有案。本件公司縱使雖非故意，其自承自己係一時之疏忽，未按月提撥勞工退休準備金，損害勞工之權益，其過失之責既屬難卸，自應受處罰。巨○公司之訴爲無理由，爰依行政訴訟法第26條後段，判決如主文。

二十九、責任未定不得扣發工資

【罰則、工資】

勤○公司以勞工胡○○連續曠工三日爲由予以開除，並扣發其86年3月份及同年4月1日至10日工資視同違約金，經台北市政府協調未果，被科處罰鍰2

萬元。公司提起訴願、再訴願，均遭決定駁回，乃提起行政訴訟，最高行政法院89年度判字第1813號判決：原告之訴駁回。判決理由略以：按「雇主不得預扣勞工工資作爲違約金或賠償費用。」、「雇主不按期給付工資者，主管機關得限期令其給付。」勞動基準法第26條、第27條分別定有明文。所稱『預扣』係指在違約、賠償等事實發生前或其事實已發生，但責任歸屬、範圍大小、金額多寡等在未確定前，雇主預扣勞工工資作爲違約金或賠償費用之意。前經內政部73年12月15日台內勞字第279913號函釋有案。行政院勞工委員會82年11月16日台勞動二字第62018號亦函釋「……勞動基準法第22條第2項規定『工資應全額直接給付勞工』，如勞工因違約或侵權行爲造成雇主損害，在責任歸屬、金額多寡等未確定前，其賠償非雇主單方面所能認定而有爭議時，得請求當地主管機關協調處理或循司法途徑解決，但不得逕自扣發工資。」公司違反勞動基準法第27條規定，依同法第79條第2款之規定，科處罰鍰2萬元，並無不合。

三十、勞資爭議調解期間不得解僱勞工

【罰則、勞資爭議、年終獎金】

裕○公司與工會間因年終獎金計算方式變更之勞資調整事項爭議，於勞資爭議調解期間解僱工會常務理事彭○○、吳○○，被苗栗縣政府科處罰鍰3萬元，公司提起訴願、再訴願均遭駁回後，公司不服行政院勞工委員會89年1月7日勞訴字第0021746號再訴願決定，提起行政訴訟，最高行政法院90年度判字第1674號判決原告之訴駁回。判決理由略以：按勞資爭議處理法第7條：「勞資爭議在調解或仲裁期間，資方不得因該勞資爭議事件而歇業、停工、終止勞動契約或爲其他不利於勞工之行爲。」第40條：「違反第七條規定者處二萬元以上二十萬元以下罰鍰。」又所謂調解期間，依行政院勞工委員會77年8月4日台勞資三字第15393號函釋，係指接到勞資爭議當事人雙方或一方完備申請書之日起，算至調解紀錄送達之日終止而言，據此調解時間爲87年10月23日至87年11月30日止，本件工會於87年10月23日申請調解，調解期間爲87年10月23日至87年11月30日止，在調解期間內，公司於87年11月11日以該工會常務理事彭君、吳君違反勞動契約誠信忠實義務及信賴關係、工作規則等事由解僱彭君、吳君，公司並以其解僱彭君、吳君理由非因年終獎金事件函復彭君、吳君。在調解期間內，彭君、吳君如因該爭議案件而怠工、暴力威脅等行爲時，則係彭君、吳君是否違反勞資爭議處理法第8條之問題，理應交由縣政府依勞資爭議

處理法第41條裁處罰鍰，公司竟解僱彭君、吳君，使勞資爭議處在調解期間未具冷卻，反而爭議擴大，實非勞資爭議處理法之立法目的，縱令彭君、吳君有違反勞動基準法、工作規則情事而合於解僱，公司自可於調解期間後行使，無需急於調解期間內行使，以免使爭議擴大。公司所辯其未違反勞資爭議處理法之詞，核與事實不符。

三十一、預備未出勤並不等於休假

【罰則、例假】

統○公司因勞工施○○未每七日給一日休息作爲例假，延長工作時間之工資未加給三分之一，經科處罰鍰各1萬2,000元，公司不服，循序提起訴願及再訴願之後，不服行政院勞工委員會89年3月2日台勞訴字第0024028號再訴願決定，提起行政訴訟，最高行政法院90年度判字第2119號判決原告之訴駁回。有關勞工每七日應有一日之休息作爲例假部分，判決理由略以：公司主張施君雖於87年10月17日至87年10月28日工作十二日始爲例休假，惟該員於於87年10月14日及87年10月16日休假，87年10月15日預備未出勤，即等於連續三日休假，則自87年10月13日至87年10月28日，十五日內共休假三日，以七日休假一日計算，則二週內休假三日，縱謂每七日休息一日爲例假，則其集中休假而於例假日調配工作，基於契約自由的原則，於法既無禁止之規定，於公序良俗又無違背云云。經查，勞工每七日應有一日之休息，作爲例假，爲勞動基準法第36條之強制規定，非得以契約任意變更，縱公司與施君間存有連續工作十二日始爲例休假之約定，亦因其約定違反法律強制規定而無效（民法第71條參照）。又所謂「預備未出勤」，必須待命準備隨時出勤，並不等於休假。公司主張，核無足採。原告之訴爲無理由，爰依行政訴訟法施行法第2條、行政訴訟法第98條第3項前段，判決如主文。

三十二、行政處分當否與公務員是否構成職務上之侵權行為原屬兩事

【罰則、退休、附則】

南○公司勞工退休金條例事件，南○公司不服行政院勞工委員會中華民國99年10月19日勞訴字第0990019208號訴願決定，提起行政訴，臺北高等行政法院99年度簡字第759號判決：原處分及訴願決定均撤銷。有關公務員是否構成職務上之侵權行爲部分，判決理由略以：行政處分之當否，與承辦之公務員是

否構成職務上之侵權行為，原屬兩事，行政處分縱令不當，其為此處分或執行此處分之公務員未必構成職務上之侵權行為。本件被上訴人所屬公務員係適用「不確定之法律概念」於具體之事實，難免產生「法律拘束相對性」之結果。縱令嗣後其判斷經行政法院撤銷，亦不能因此即認定該公務員有過失（最高法院92年度台上字第556號）。因之，行政處分之當否問題，與承辦之公務員是否構成職務上之侵權行為，原屬兩事，行政處分縱令不當，其為此處分或執行此處分之公務員，未必構成職務上之侵權行為。本件原告雖依裁處書繳納罰鍰10萬元，然其未具體舉證特定之公務員，於裁罰之行政處分時，有因故意或過失不法侵害其權利，僅以被告所屬公務員對於勞工退休金條例第9條、第49條解釋及如何行使與原告看法不同，即認為公務員有故意或過失不法侵害其權利，尚屬無據。

三十三、檢察官就被告犯罪事實，應負舉證責任

【罰則】

新○公司、林○○違反勞動基準法案件，○檢察署檢察官不服99年7月15日臺灣桃園地方法院99年度易字第284號判決提起上訴，臺灣高等法院99年度上易字第1892號刑事判決上訴駁回。新○公司、林○○答辯略以：刑事訴訟法上所謂認定犯罪事實之證據，係指足以認定被告確有犯罪行為之積極證據而言，該項證據自須適合於被告犯罪事實之認定，始得採為斷罪資料。如未能發現相當證據，或證據不足以證明，自不能以推測或擬制之方法，以為裁判之基礎。又刑事訴訟上證明之資料，無論其為直接或間接證據，均須達於通常一般人均不致有所懷疑，而得確信其為眞實之程度，始得據為有罪之認定，若其關於被告是否犯罪之證明未能達此程度，而有合理性懷疑之存在，致使無法形成有罪之確信，根據「罪證有疑，利於被告」之證據法則，即不得遽為不利被告之認定，此分別有最高法院29年上字第3105號、40年台上字第86號、76年台上字第4986號判例可資參照。再按最高法院於92年9月1日刑事訴訟法修正改採當事人進行主義精神之立法例後，特別依據刑事訴訟法第161條第1項規定（檢察官就被告犯罪事實，應負舉證責任，並指出證明之方法），再次強調謂：「檢察官對於起訴之犯罪事實，應負提出證據及說服之實質舉證責任。倘其所提出之證據，不足為被告有罪之積極證明，或其指出證明之方法，無從說服法院以形成被告有罪之心證，基於無罪推定之原則，自應為被告無罪判決之諭知。」

（最高法院92年台上字第128號判例意旨參見）。

三十四、企業家應負保障公司員工權益之社會責任

【罰則、工資】

訊○公司違反勞動基準法案件，經檢察官提起公訴（96年度偵字第14829號、97年度偵字第5083號），臺灣士林地方法院98年度易字第72號刑事判決有罪，有關雇主之責任部分判決理由略以：被告甲○○係被告訊○公司之董事長，不僅身負公司經營成敗之責任，亦負有保障公司員工權益之社會責任，非僅單純對公司股東負責而已，此係現今企業經營之定論，即所謂企業家之社會責任，不需論及道德問題，即勞動基準法亦明文規定雇主應按月繳納積欠工資墊償基金、勞工退休基金作爲準備（勞動基準法第28條、第56條、勞工退休準備金提撥及管理辦法參照），被告甲○○代表訊○公司處理業務，是否均有按上開規定辦理提撥準備？已不無疑問，再對照本件訊○公司員工分別僅領取32%工資遣費，無疑被告甲○○所作者，不過單純宣布訊○公司歇業，再將殘餘資產分給員工而已，是被告甲○○所辯：伊已經善盡經營者責任云云，難以信實。

三十五、雇主不得預扣工資立法目的在確保勞工及其家屬生活

【罰則、工資】

中○巴士公司副總經理甲君違反勞動基準法案件，甲君不服98年11月27日臺灣士林地方法院98年度易更（一）字第1號判決提起上訴，臺灣高等法院99年度上易字第132號刑事判決甲君敗訴。判決理由略以：勞動基準法第26條規定，雖不具有強烈之自然犯色彩，然同法第78條另設有刑罰之規定，是勞動基準法第26條乃行政刑法之規定，具有強烈之社會公益性，其所保護者，非僅限於個人法益，亦包含社會法益在內。勞動基準法第22條第2項規定：「工資應全額直接給付勞工。但法令另有規定或勞雇雙方另有約定者，不在此限。」第23條第1項：「工資之給付，除當事人有特別約定或按月預付者外，每月至少定期發給二次，按件計酬者亦同」；第26條規定：「雇主不得預扣勞工工資作爲違約金或賠償費用」，其立法目的乃在於確保勞工及其家屬生活必須之最低需求。因之如許雇主在賠償事實發生後，於責任歸屬、範圍大小、金額多寡未確定前，即得依民法抵銷之規定，就其對於勞工之違約金、損害賠償請求權行

使抵銷，而扣留一定數額之工資，則勞動基準法第26條保護勞工最低生活需求之立法目的將無由達成。

三十六、違反行政法義務之行為由行為地結果地主管機關管轄

【罰則、工資】

中○公司違反勞動基準法事件，中○公司不服97年5月2日臺中高等行政法院97年度簡字第40號判決提起上訴，最高行政法院99年度裁字第516號裁定中○公司敗訴，有關科處罰鍰部分裁定理由略以：彰化縣政府以中○公司於計算勞工延長工作時間之工資並未將全勤獎金列入，致應加給之延長工作時間工資低於勞動基準法第24條之規定，乃依同法第79條第1項第1款之規定，裁處中○公司罰鍰銀元2,000元，並無不合。依行政罰法第29條第1項規定，違反行政法義務之行爲，由行爲地、結果地……之主管機關管轄，彰化縣政府爲違規行爲事實發生地之主管機關，對中○公司之該違反行政法義務上之行爲，自有管轄權；又勞委會係分別於95年5月16日在中○公司所屬彰化營業處，查獲其對勞工黃君、在台中營運處，查獲另一勞工杜君、翌日在高雄營運處查獲另一勞工有違章行爲，雖上開數行爲均屬違反勞動基準法第24條規定，但非同一事件，分別由三地方政府科處罰鍰，自無一事不二罰之適用。

三十七、欲維護之公益顯然大於私益合乎比例原則

【罰則、勞動契約】

振○醫院原住民族工作權保障法事件，振○醫院不服97年4月23日臺北高等行政法院96年度訴字第2719號判決提起上訴，最高行政法院判決99年度判字第275號判決振○醫院敗訴，判決理由略以：主管機關設立之原住民族綜合發展基金專戶繳納就業基金之代金，與保障原住民就業之法規範目的達成具有合理之關聯性。其目的正當、手段適合且所欲維護之公益顯然大於私益，實質上合乎比例原則之內涵。振○醫院執詞主張：政府採購法第98條及原住民族工作權保障法第12條以「是否標得政府採購案」爲區別標準，將民間廠商區分「政府採購得標廠商」及「非政府採購得標廠商」，課予前者依全國員工總人數比例進用原住民義務，並命未足額進用者繳納就業代金，該區別標準與其規範目的間欠缺合理之關聯性，並有差別待遇，違反平等原則，並其就具醫療專業技能證照者納入員工總人數之計算基礎而強迫比例進用，與無補償之徵收無異，

過度侵害上訴人之財產權，反觀原住民族工作權保障法第4條規定，將公部門比例進用責任限縮於「不須具公務人員任用資格之非技術性工級職務」之計算基礎，類似規定卻未見於政府採購得標廠商，顯然厚彼薄此，亦有違比例原則云云，指摘原判決違法，自非可採。

三十八、違反資遣費發放規定科以罰金

【罰則、勞動契約】

訊○公司、甲○○違反勞動基準法案件，訊○公司、甲○○不服99年1月26日臺灣士林地方法院98年度易字第72號判決提起上訴，臺灣高等法院99年度上易字第635號刑事判決上訴駁回。判決理由略以：原審依被告甲○○之自白，證人丙○○、陳○○、乙○○等之證詞及證人丙○○、乙○○所簽署之96年1月23日協議書、96年1月29日確認單、96年2月7日補充協議書、臺北縣政府96年3月20日北府勞安字第0960183522號函各一件等，認被告甲○○所為，係違反勞動基準法第17條有關資遣費發放之規定，應依同法第78條規定處罰，被告訊○公司因被告甲○○執行業務違反上開規定，應依勞動基準法第81條第1項規定處罰，分別科被告甲○○罰金6萬元，並諭知易服勞役折算標準，科以被告訊○科技股份罰金6萬元，經核均無違誤，被告猶執前詞，否認犯行，為無理由，應予駁回。

三十九、屢違反勞動基準法，裁罰及公布受裁處人名稱、負責人姓名

【罰則、工時】

台○保全公司勞動基準法事件，對於中華民國106年8月3日臺北高等行政法院106年度訴字第230號判決，提起上訴，最高行政法院106年度裁字第1879號裁定上訴駁回，裁定理由略以：原處分以上訴人係於本件違規之日起，往前回溯五年內，第五次違反勞動基準法第32條第2項規定，而依行為時同法第79條第1項第1款及第80條之1第1項規定所為上開裁罰及公布受裁處人名稱、負責人姓名，並無違誤。

四十、投保薪資以多報少處罰鍰

【罰則、勞工保險】

強○公司違反勞工保險條例事件，強○公司對於中華民國105年12月13日臺北高等行政法院105年度訴字第209號判決，提起上訴，最高行政法院106年度裁字第198號裁定上訴駁回。裁定理由略以：

本件被上訴人依據所屬勞工保險局之審查結果，以上訴人未依規定覈實申報所屬被保險人蔡○○等六人自民國103年3月至12月投保薪資，投保薪資金額以多報少，依勞工保險條例第72條第3項規定，以裁處書，按上訴人短報之保險費金額，處以四倍罰鍰計新臺幣42萬1,792元。上訴人不服，提起訴願，遭決定駁回，遂向臺北高等行政法院提起行政訴訟，經該院105年度訴字第209號判決以：上訴人未依勞工保險條例第14條第1項前段規定，覈實申報調整被保險人蔡○○等六名投保薪資，經被上訴人依同條例第72條第3項前段規定，按上訴人短報之保險費金額處四倍罰鍰計42萬1,792元，於法並無不合。

註釋

【1】 第11條：「本法總則於其他法令有刑罰之規定者，亦適用之。但其他法令有特別規定者，不在此限。」

【2】 第301條：「不能證明被告犯罪或其行為不罰者應諭知無罪之判決（第1項）。因未滿十四歲或心神喪失而其行為不罰，認為有諭知保安處分之必要者，並應諭知其處分及期間（第2項）。」（條文已修正）

【3】 第12條：「行為非出於故意或過失者，不罰（第1項）。過失行為之處罰，以有特別規定者，為限（第2項）。」

【4】 第302條：「案件有左列情形之一者，應諭知免訴之判決：一、曾經判決確定者。二、時效已完成者。三、曾經大赦者。四、犯罪後之法律已廢止其刑罰者。」

【5】 釋字第275號：

人民違反法律上之義務而應受行政罰之行為，法律無特別規定時，雖不以出於故意為必要，仍須以過失為其責任條件。但應受行政罰之行為，僅須違反禁止規定或作為義務，而不以發生損害或危險為其要件者，推定為有過失，於行為人不能舉證證明自己無過失時，即應受處罰。行政法院62年度判字第30號判例謂：「行政罰不以故意或過失為責任條件」，及同年度判字第350號判例謂：「行政犯行為之成立，不以故意為要件，其所以導致偽報貨物品質價值之等級原因為何，應可不問」，其與上開意旨不符部分，與憲法保障人民權利之本旨牴觸，應不再援用。

【6】第310條：「意圖散布於眾，而指摘或傳述足以毀損他人名譽之事者，為誹謗罪，處一年以下有期徒刑、拘役或五百元以下罰金（第1項）。散布文字、圖畫犯前項之罪者，處二年以下有期徒刑、拘役或一千元以下罰金（第2項）。對於所誹謗之事，能證明其為真實者，不罰。但涉於私德而與公共利益無關者，不在此限（第3項）。」（條文已修正）

【7】第299條：「被告犯罪已經證明者，應諭知科刑之判決，但免除其刑者，應諭知免刑之判決（第1項）。依刑法第六十一條規定，為前項免刑判決前，並得斟酌情形經告訴人或自訴人同意，命被告為左列各款事項：一、向被害人道歉。二、立悔過書。三、向被害人支付相當數額之慰撫金（第2項）。前項情形，應附記於判決書內（第3項）。第二項第三款並得為民事強制執行名義（第4項）。」

【8】第19條：「未經設立登記，不得以公司名義經營業務或為其他法律行為（第1項）。違法前項規定者，行為人處一年以下有期徒刑、拘役或科或併科新臺幣十五萬元以下罰金，並自負民事責任；行為人有二人以上者，連帶負民事責任，並由主管機關禁止其使用公司名稱（第2項）。」

【9】第342條：「為他人處理事務，意圖為自己或第三人不法之利益，或損害本人之利益，而為違背其任務之行為，致生損害於本人之財產或其他利益者，處五年以下有期徒刑、拘役或科或併科一千元以下罰金（第1項）。前項之未遂犯罰之（第2項）。」（條文已修正）

【10】第252條：「案件有左列情形之一者，應為不起訴之處分：一、曾經判決確定者。二、時效已完成者。三、曾經大赦者。四、犯罪後之法律已廢止其刑罰者。五、告訴或請求乃論之罪，其告訴或請求已經撤回或已逾告訴期間者。六、被告死亡者。七、法院對於被告無審判權者。八、行為不罰者。九、法律應免除其刑者。十、犯罪嫌疑不足者。」

第十二章 | 附 則

本章包括勞資會議、公務員兼具勞工身分、特殊工作者、年資計算、退休金、資遣費分段計算、施行細則之擬訂、施行日期等。

第一節 本章條文

第八十三條

爲協調勞資關係，促進勞資合作，提高工作效率，事業單位應舉辦勞資會議。其辦法由中央主管機關會同經濟部訂定，並報行政院核定。

第八十四條

公務員兼具勞工身分者，其有關任（派）免、薪資、獎懲、退休、撫卹及保險（含職業災害）等事項，應適用公務員法令之規定。但其他所定勞動條件優於本法規定者，從其規定。

第八十四條之一

Ⅰ經中央主管機關核定公告下列工作者，得由勞雇雙方另行約定，工作時間、例假、休假、女性夜間工作，並報請當地主管機關核備，不受第三十條、第三十二條、第三十六條、第三十七條、第四十九條規定之限制。

一 監督、管理人員或責任制專業人員。

二 監視性或間歇性之工作。

三 其他性質特殊之工作。

Ⅱ前項約定應以書面爲之，並應參考本法所定之基準且不得損及勞工之健康及福祉。

第八十四條之二

勞工工作年資自受僱之日起算，適用本法前之工作年資，其資遣費及退休金給與標準，依其當時應適用之法令規定計算；當時無法令可資適用者，依各該事業單位自訂之規定或勞雇雙方之協商計算之。適用本法後之工作年資，其資遣費及退休金給與標準，依第十七條及第五十五條規定計算。

第八十五條

本法施行細則，由中央主管機關擬定，報請行政院核定。

第八十六條

Ⅰ本法自公布日施行。

Ⅱ本法中華民國八十九年六月二十八日修正公布之第三十條第一項及第二項，自九十年一月一日施行；一百零四年二月四日修正公布之第二十八條第一項，自公布後八個月施行；一百零四年六月三日修正公布之條文，自一百零五年一月一日施行；一百零五年十二月二十一日修正公布之第三十四條第二項施行日期，由行政院定之、第三十七條及第三十八條，自一百零六年一月一日施行。

Ⅲ本法中華民國一百零七年一月十日修正之條文，自一百零七年三月一日施行。

第二節　解　說

一、勞資會議

為加強勞工參與、實現工業民主，勞資雙方共同研商企業發展與勞工福祉等事宜，以增進勞資雙方的溝通，減少對立衝突，和諧勞資關係，促進勞資合作，提高工作效率。本法第83條規定，事業單位應舉辦勞資會議。

依據勞動部與經濟部於104年4月14日會銜修訂發布「勞資會議實施辦法」，主要內容如下：

（一）勞資會議的組成、產生

1. 勞資會議由勞資雙方同數代表組成，其代表人數視事業單位人數多寡各為二至十五人。但事業單位人數在一百人以上者，各不得少於五人。人數在三人以下者，勞雇雙方為勞資會議當然代表。

2. 勞資會議之資方代表，由雇主或雇主就事業單位熟悉業務、勞工情形者指派之。
3. 勞資會議之勞方代表，事業單位有工會組織者，由工會會員或會員代表大會選舉之；尚未組織工會者，由全體勞工直接選舉之。
4. 勞資會議得按各部門勞工人數之多寡分配，分區選舉之。
5. 事業單位單一性別勞工人數占勞工人數二分之一以上者，其當選名額不得少於勞方應選出代表總額三分之一。
6. 勞工年滿十五歲，有選舉及被選舉爲勞資會議勞方代表之權。
7. 代表雇主行使管理權之一級業務行政主管人員，不得爲勞方代表。

（二）勞資會議代表任期

勞資會議代表之任期爲四年，勞方代表連選得連任，資方代表連派得連任。

（三）勞資會議代表之權利義務

1. 勞資會議代表在會議中應克盡協調合作之精神，以加強勞雇關係，並保障勞工權益。
2. 勞資會議代表應本誠實信用原則，共同促進勞資會議之順利進行，對於會議所必要之資料，應予提供。
3. 勞資會議代表依本辦法出席勞資會議，雇主應給予公假。
4. 雇主或代表雇主行使管理權之人，不得對於勞資會議代表因行使職權而有解僱、調職、減薪或其它不利之待遇。

（四）勞資會議議事範圍

勞資會議實施辦法第13條規定勞資會議議事範圍如下：

1. 報告事項

(1)關於上次會議議事辦理情形。
(2)關於勞工人數、勞工異動情形、離職率等勞工動態。
(3)關於事業之生產計畫、業務概況及市場狀況等生產資訊。
(4)關於勞工活動、福利項目及工作環境改善等事項。
(5)其他報告事項。

2. 討論事項

(1)關於協調勞資關係、促進勞資合作事項。

(2)關於勞動條件事項。
(3)關於勞工福利事項。
(4)關於提高工作效率事項。
(5)勞資會議代表選派及解任方式等相關事項。
(6)勞資會議運作事項。
(7)其他討論事項。

3. **建議事項**。

勞資會議紀錄範例

（○○股份有限公司）第○屆第○次勞資會議紀錄

時間：民國　年　月　日上（下）午　時

開會地點：

出席人員：

勞方代表：

資方代表：

列席：

請假或缺席代表：

勞方代表：○○○（事假）　　○○○（缺席）

資方代表：○○○（出差）

主席：○○○

紀錄：○○○

一、主席致詞

二、列席人員致詞

三、報告事項（報告人：人資經理○○○）

（一）上次會議決議事項辦理情形

（二）勞工動態

（三）生產計畫及業務概況

（四）其他事項

四、討論事項：

（一）第1案：

案由：

說明：
辦法：
決議：
（二）第2案：
五、臨時動議（建議事項）
（一）第1案
案由：
說明：
辦法：
決議：
（二）第2案
六、主席結論
散會：年　月　日上（下）午　時
主席簽名：○○○　　　　紀錄簽名：○○○

（五）勞資會議決議之效力

勞資會議的決議，多數學者主張無法律效力與拘束力。但勞資雙方應本於互助合作、共存共榮之精神，對勞資雙方各自提出的善意建言，應相互尊重。勞方提出可行、善意的興革改進方案，資方應多接納。

行政院勞工委員會90年3月13日台勞資2字第9391號函：

1. 勞資會議是要協調勞資關係、促進勞資合作，並防範各類勞工問題於未然而制定的一種勞資諮商制度，其基本精神在於鼓勵勞資間自願性的諮商與合作，藉以增進企業內勞資雙方的溝通，減少對立衝突，使雙方凝聚共識，進而匯集眾人之智慧與潛能，共同執行決議而努力。其決議之效力與勞資雙方經由團體協商簽訂之團體協約，及依勞動基準法所訂勞動條件最低標準，勞資雙方必須依法執行之效力有別。
2. 如資方確有刻意拒不執行勞資會議決議之情形，已涉有勞資自治、誠實信用原則。

（六）其　他

1. 勞資會議爲本法第83條所明定，代表之產生有其一定之程序，事業機關不得以其他會議取代勞資會議。

2. 勞資會議每三月舉行一次爲原則，必要時召開臨時會，開會時應有勞資雙方各過半數之出席，其決議須有出席代表四分之三以上同意。
3. 勞資會議決議事項，應由事業單位分送工會及有關部門辦理。
4. 勞資會議的目的既在研商企業發展與勞工福祉，故召開會議時，不宜偏重勞工權益、待遇福利之爭取，勞資雙方應本「互利互惠、共存共榮」之原則，討論議題。
5. 勞資會議得議決邀請與議案有關人員列席說明或解答有關問題。
6. 勞資會議得設專案小組處理有關議案、重要問題及辦理選舉工作。
7. 勞資會議之主席，由勞資雙方代表各推派一人輪流擔任之。但必要時，得共同擔任之。
8. 勞資會議議事事務，由事業單位指定人員辦理之。
9. 勞資會議代表，出席勞資會議，雇主應給予公假。

二、公務員兼具勞工身分

公營事業之從業人員，有具公務員身分，或稱公務員兼具勞工身分，有未具公務員身分，或稱純勞工，如該公營事業爲適用本法之對象，因公務員法令之規定與本法規定有相異之處，而產生適用公務員法令亦適用本法規定。爲維持公務員法令之完整，也兼顧勞工法令，本法第84條規定公務員具勞工身分者之適用問題。公務員兼具勞工身分者，其有關任（派）免、薪資、獎懲、退休、撫卹及保險、職業災害等事項，應適用公務員法令之規定，除了上述所列者外，其他所定勞動條件，如工時、加班費等優於本法規定者，從其規定，亦即其他所定勞動條件如未優於本法規定，則應以本法爲最低標準。

所稱「公務員兼具勞工身分」，依本法施行細則第50條規定：本法第84條所稱公務員兼具勞工身分者，係指依各項公務員人事法令任用、派用、聘用、遴用而於本法第3條所定各業從事工作獲致薪資之人員。所稱其他所定勞動條件，係指工作時間、休息、休假、安全衛生、福利、加班費等而言。

行政院74年11月15日台人政壹字第36664號函釋，勞動基準法施行細則第50條所稱任用、派用、聘用、遴用之人員如下：

依下列各種公務人員人事法令進用或管理之人員

1. 任用：公務人員任用法、分類職位公務人員任用法、交通事業人員任用條例、警察人員管理條例、技術人員任用條例、主計機構人員設置管理條例、審計人員任用條例、蒙藏邊區人員任用條例、戰地公務人員管理條例、台灣省公營事業人員任用及待遇辦法。

2. 派用：派用人員派用條例、經濟部所屬事業機構人事管理準則（派用人員）、經濟部所屬事業機構人事管理準則實施要點（派用人員）、台灣新生報業股份有限公司人事管理要點。

3. 聘用：聘用人員聘用條例、經濟部所屬事業機構人事管理準則（約聘人員）、經濟部所屬事業機構人事管理準則實施要點（約聘人員）、經濟部所屬事業機構專技人員約聘要點、交通部所屬事業機構科技人員約聘要點、中央印製廠聘僱人員聘僱辦法（聘用人員）。

4. 遴用：台灣地區省（市）營事業機構分類職位人員遴用辦法。

依其他人事法令進用管理相當委任職以上人員，及依僱員管理規則進用之僱員，但不包括其他僱員或約僱人員。

以上所列之公營事業人員爲公務員兼具勞工身分，其他如86年12月31日以前非依僱員管理規則[1]僱用之僱員、約僱人員、評價職位人員、無資位技工、無資位船員、契約人員、臨時人員、雜工、工友則屬勞工身分。

三、特殊工作者

勞工之加班、假日工作、女性夜間工作，本法有諸多限制，缺乏彈性，對於較少體力及特殊工作者尤無嚴格限制之必要，故本法第84條之1規定下列人員，勞雇雙方得以書面約定工作時間、例假、休假、女性夜間工作不受本法第30條有關正常工作時間、第32條有關延長工作時間，及第36條每七日至少應有一日之休息、第37條紀念日勞動節日及中央主管機關規定應放假之日均應休假，暨第49條女工不得於午後十時至翌晨六時之時間內工作之限制。

（一）監督、管理人員，或責任制專業人員。

（二）監視性或間歇性之工作。

（三）其他性質特殊之工作。

上述特殊工作者必須符合下列條件，缺一不可：

（一）須經中央主管機關核定並公告者，而非適用於一般勞工。

（二）須由勞雇雙方以書面約定。

（三）約定後須報請當地主管機關核備。

（四）約定內容應參考本法所訂之基準且不得損及勞工之健康及福祉。

本法施行細則第50條之1規定：「本法第八十四條之一第一項第一款、第二款所稱監督、管理人員、責任制專業人員、監視性或間歇性工作，依下列規定：

一　監督、管理人員：係指受雇主僱用，負責事業之經營及管理工作，並對一般勞工之受僱、解僱或勞動條件具有決定權力之主管級人員。

二　責任制專業人員：係指以專門知識或技術完成一定任務並負責其成敗之工作者。

三　監視性工作：係指於一定場所以監視爲主之工作。

四　間歇性工作：係指工作本身以間歇性之方式進行者。」

本法施行細則第50條之2規定：「雇主依本法第八十四條之一規定將其與勞工之書面約定報請當地主管機關核備時，其內容應包括職稱、工作項目、工作權責或工作性質、工作時間、例假、休假、女性夜間工作等有關事項。」

勞動基準法第84條之1所定工作者或稱「特殊工作者」，例如保全業之保全人員、警衛人員、電腦管制中心監控人員、抽水站操作人員。

常聞科技公司勞工表示他們是「責任制人員」，每日上班時間不受限制。其實他們並不是勞動基準法第84條之1的工作者，上班時間應依勞動基準法規定。每一位勞工均有責任，避免一般所謂「責任制人員」與勞動基準法第84條之1的「責任制人員」混淆，筆者認爲84條之1的工作者宜稱爲「特殊工作者」。港務公司之港勤工作船近十種，行政院勞工委員會只核定拖船、起重船船員爲本法第84條之1之工作者，其他如交通船、挖泥船、測量船等並未核定適用。

特殊工作者不是雇主可以隨意認定，或濫用「責任制人員」之名稱，亦即適用勞動基準第84條之1之工作者，必須是先經勞動部核定公告之工作者，且雇主必須與每一位適用該條之勞工書面約定後並報請當地縣、市政府核備。

四、年資起算及資遣費、退休金分段計算

本法第84條之2，對勞工工作年資之起算及資遣費、退休金之給與標準規定如下：

（一）勞工工作年資自受僱之日起算。

（二）適用本法前之工作年資，其資遣費及退休金給與標準，依其當時適

用之法令規定計算。例如適用本法之前係適用工廠法者，則適用台灣省工廠工人退休規則；公營銀行，則適用銀行人員的退休規定辦理。

（三）當時無法令可資適用者，依各該事業單位自訂之規定或勞雇雙方之協商計算之。（有關退休相關問題請詳閱本書第六章）

（四）適用本法後之工作年資，其資遣費與退休金，依本法第17條及第55條規定計算。

有新制勞工退休金條例年資者，其資遣費與退休金依勞工退休金條例規定辦理。

五、訴訟扶助

本法施行細則第50條之3規定，勞工因終止勞動契約或發生職業災害所生爭議，提起給付工資、資遣費、退休金、職業災害補償或確認僱傭關係存在之訴訟，得向中央主管機關申請扶助。

六、施行細則之擬定

本法第85條規定本法施行細則，由中央主管機關擬定，報請行政院核定。

施行細則的訂定用以解釋或補充法律條文規定的不足，施行細則爲行政命令，不能規定關於人民權利義務的事項，不能逾越母法，或與母法之規定相牴觸，否則其規定無效。

七、施行日期

法律公布後，有者預留緩衝準備期間，例如國家賠償法於69年7月2日公布，實施日期則定爲70年7月1日，國家賠償法施行細則於70年6月10日公布。

本法第86條第1項規定本法自公布之日施行。本法於民國73年7月30日公布，依「中央法規標準法」第13條之規定，則本法施行日期爲73年8月1日。又同條第2、3項分別規定：「本法中華民國八十九年六月二十八日修正公布之第三十條第一項及第二項，自九十年一月一日施行；一百零四年二月四日修正公布之第二十八條第一項，自公布後八個月施行；一百零四年六月三日修正公布之條文，自一百零五年一月一日施行；一百零五年十二月二十一日修正公布之第三十四條第二項施行日期，由行政院定之、第三十七條及第三十八條，自一百零六年一月一日施行。」「本法中華民國一百零七年一月十日修正之條文，自一百零七年三月一日施行。」

八、相關事項

（一）勞資會議決議事項不得違反法令規定

勞資會議代表在會議中所爲之意思表示，其爲資方代表者，應向雇主負責；其由工會會員選出者應向工會負責。又勞資會議之決議須有出席代表四分之三以上之同意。故對其決議事項，勞資雙方應本協調合作精神予以尊重及遵照實施，惟該決議事項不得違反有關法令之規定【2】。

（二）工　會

勞動基準法有多項規定必須經工會同意，例如：雇主採行變形工時須經工會同意，事業單位無工會者，經勞資會議同意。依工會法第6條規定，工會組織類型有三種：

1. 企業工會：結合同一場廠、同一事業單位、依公司法所定具有控制與從屬關係之企業，或依金融控股公司法所定控股公司與子公司內之勞工，所組織之工會。企業工會即舊法的產業工會，例如○○股份有限公司企業工會。
2. 產業工會：結合相關產業內之勞工，所組織之工會。例如紡織業產業工會。
3. 職業工會：結合相關職業技能之勞工，所組織之工會。職業工會應以同一直轄市或縣（市）爲組織區域。例如○○市汽車駕駛人職業工會、○○市木工職業工會。

（三）公營事業之純勞工，應受公務員服務法之規範

查依公務員服務法第24條規定：「本法於受有俸給之文武職公務員，及其他公營事業機關服務人員，均適用之。」故其適用對象除「受有俸給之文職公務員」及「受有俸給之武職公務員」外，尙包括「其他公營事業機關服務人員」在內。以其既謂「公營事業機關服務人員」而不稱「公營事業機關公務員」，則其涵蓋範圍自不以適用勞動基準法之公營事業中兼具公務員身分者爲限。況且公務員服務法中有關「服從命令」、「保守秘密」、「不得懈怠」等規定，就現階段而言，對公營事業全體服務人員均有其適用之需要。因此，目

前凡依法令在公營事業機關服務之人員，均應屬公務員服務法之適用範圍。[3]

（四）公營事業勞工改變為公務員退休金計算

1. 公營事業單位勞工改變爲原事業單位「公務員兼具勞工身分」者之年資，有併計退休金之規定者，依其規定辦理；若無併計規定者，則於其嗣後退休時發給退休金，其標準依不同身分階段分別計算；即屬於「勞工部分」之年資，依勞動基準法規定辦理，屬於「公務員兼具勞工身分」之年資，依公務員法令規定辦理。
2. 前開有關依不同身分階段分別計算退休金部分，應依下列原則處理：先以屬於公務員兼具勞工身分之全部年資，依公務員法令核給退休金，如其採計年資不足三十年者，就其不足部分，再另就其曾任勞工之年資，依勞動基準法規定核給退休金。如其採計公務員兼具勞工身分年資已達三十年者，曾任勞工年資不再核給退休金。
   前款勞工身分年資之計算退休金，其平均工資以其改爲公務員兼具勞工身分時之等級爲準，按退休時相同或相當工稱、等級現職人員之平均工資計算。
3. 公路局及各港務局改制爲交通事業機構時，據以換敘爲士級以上人員之職工、差工年資，仍依銓敘部規定，併計公務員年資退休，至不得併計公務員退休且未經核給退休金之臨時工、工友、雜工等年資，則亦按前項原則，依勞動基準法規定核給退休金[4]。

（五）公營事業公務員退休可選擇適用勞動基準法

公務員兼具勞工身分者，其退休、撫卹建請恢復准由當事人選擇依勞動基準法規定辦理一案，經行政院人事行政局邀集銓敘部等有關機關，於85年7月3日開會研商獲致結論如次：

1. 適用勞動基準法第84條規定之公務員兼具勞工身分人員，仍應依公務員退休法令辦理退休，並報由原規定之權責機關核定。如退休時選擇依勞動基準法規定標準計算支領一次退休給與者，同意補足依公務員退休法令計給一次退休給與之差額。
2. 上述補足差額所需經費，由原服機關（構）負擔。
3. 選擇依勞動基準法規定標準支領一次退休給與，並補足差額者，該項退休給與（含補足差額部分）不得適用「退休公務人員一次退休金優惠存款辦法」辦理優惠儲存。

本案人員之撫卹，比照前項結論辦理[5]。

（六）特殊工作者仍應有例假

查依勞動基準法第84條之1規定，經中央主管機關核定公告之工作者，勞雇雙方在參考勞動基準法所定基準且不損及勞工健康及福祉下，得另行以書面約定例假，並報請當地主管機關核備後，可不受同法第36條規定之限制。此項規定係指約定之例假得不受每七日中至少應有一日休息作爲例假之限制，但非謂勞工即無例假，故爲不損及勞工健康及福祉，仍應約定例假，且應約定雇主若使勞工於約定之例假日出勤工作之工資發給標準至少加發一日工資[6]。

（七）工作年資溯及既往、年資併計

查勞動基準法第84條之2規定勞工工作年資自受僱之日起算，所稱勞工，乃適用該法之勞工，包括定期契約及不定期契約之勞工在內。所稱工作年資，係溯及適用該法之前，雇主及勞工若訂有數個勞動契約，其前後契約均未間斷，勞工連續工作，僅契約更換而已，則工作年資自最初受僱之日起算；前後契約若有間斷，則工作年資自間斷後所成立之契約開始之日起算。但勞雇雙方若有合併計算之約定者，從其約定[7]。有關年資併計，請再參本書第二章。

（八）勞工訴訟補助

行政院勞工委員會爲維護勞工權益，訂定「勞工訴訟立即扶助專案」，並委託「財團法人法律扶助基金會」進行有關勞工訴訟之扶助工作。就勞資爭議經過調解而未成立，具有實際利益有可能勝訴之案件，可申請補助。詳情可洽各縣市政府勞工局或該基金會及各地分會。

行政院勞工委員會98年5月1日勞資三字第0980125570號令頒「行政院勞工委員會補助勞工訴訟期間必要生活費用實施要點」。該要點規定勞工因終止勞動契約所生爭議提起訴訟，於訴訟期間未就業，符合申請條件者，得向勞工委員會申請訴訟期間生活費用補助。

勞動基準法施行細則第50條之3：「勞工因終止勞動契約或發生職業災害所生爭議，提起給付工資、資遣費、退休金、職業災害補償或確認僱傭關係存在之訴訟，得向中央主管機關申請扶助。

前項扶助業務，中央主管機關得委託民間團體辦理。」

（九）學校廚工年資及平均工資計算

學校廚工簽訂之契約爲不定期契約，寒、暑假未出勤未支薪，計算資遣

費、特休年資，應自受僱日起算（不扣除寒、暑假）。計算平均工資不含寒、暑假期間（參勞動部92年5月30日勞動二字第0920028218號函、88年7月7日勞資二字第0028070號函）。寒、暑假期間，廚工如有上班，雇主應給工資。

第三節　裁判例

一、公務員選擇依勞動基準法退休前後年資之計算

【公務員兼具勞工身分、退休】

林○○自48年1月14日服務公路局第三工程處，爲公務員兼具勞身分，81年1月16日退休，工作年資共三十三年，行政院以81年2月14日台人政肆字第04106號函示[8]，准許公務員兼具勞工身分者，選擇依勞動基準法規定領取退休金，林君選擇依勞動基準法規定辦理退休，主張73年8月1日勞動基準法實施後，適用勞動基準法部分，爲十五個基數，勞動基準法實施前，應適用修正前公務人員退休法部分，爲六十一個基數。公司則以林君所可領取之退休金應分段計算，其適用勞動基準法部分，固爲十五個基數，適用公務人員退休部分，僅得領取三十基數之退休金，並非六十一個基數（依勞動基準法規定最高以四十五個基數爲限）。有關基數之計算，高等法院高雄分院87年度勞上更字第2號判決林君敗訴，判決理由略以：林君本應依公務員退休法辦理退休，其既同意依行政院規定選擇依勞動基準法之規定領取退休金，自應依勞動基準法規定計算林君於勞動基準法施行前後之退休金。而關於退休金之基數及基數之標準暨平均工資，均有規定，當然應一體適用，不得予以割裂。否則，顯與雙方同意不按公務人員退休法規定計算退休金之本意不符。有關基數之計算部分，最高法院88年度台上字第1353號判決發回高等法院高雄分院，判決理由略以：查內政部於74年2月27日發布施行之勞動基準法施行細則係依勞動基準法第85條規定所訂定，依中央法規標準法第13條[9]規定，自74年2月29日起發生效力。林君既依行政院函，選擇依勞動基準法之規定領取退休金，則當時有效之勞動基準法施行細則第28條之規定，自應一體予以適用。次查當時有效之勞動基準法施行細則第28條（本條於86年6月12日刪除）之規定，勞動基準法施行前在同一事業單位工作之勞工，於勞動基準法施行後退休時，其施行後工作年資之退休金給與標準，依勞動基準法第55條規定計算。至勞動基準法施行

前工作年資之退休金給與標準，……不適用各該規則規定者，依各該事業單位自訂之退休規定計算，林君於勞動基準法施行後之81年1月16日退休，選擇依勞動基準法之規定領取退休金，自應依上開勞動基準法施行細則第28條之規定計算林君於勞動基準法施行前後之退休金，原審認本件無上開勞動基準法施行細則第28條規定之適用，林君於勞動基準法施行前工作年資之退休金給標準，仍應依勞動基準法第55條規定計算，尙有未合。

二、清潔隊技工非公務員兼具勞工身分

【公務員兼具勞工身分、勞動契約、終止勞動契約】

望○鄉公所清潔隊員伍○○因違反選罷法，經法院判處有期徒刑，宣告褫奪公權，鄉公所以伍君係僱用之僱員，具有公務員之身分，依公法關係，將伍君免職。又雙方有私法之僱傭關係，伍君有民法第489條[10]之重大情節事由，且雙方爲不定期限之契約，自得將伍君解僱。伍君訴請確認僱傭關係存在，澎湖地方法院89年訴字第7號民事判決伍君敗訴，伍君上訴後，高等法院高雄分院89年度上字第222號民事判決伍君勝訴，判決理由略以：刑法第10條第2項：「稱公務員，謂依法令從事於公務之人員。」係對於受僱人員爲刑罰之訴追。雙方爲私法之僱傭契約，鄉公所非依各項公務員人事法令任用、派用、聘用、遴用之人員，自非刑法第36條第1款所稱公務員。鄉公所技工自87年7月1日起適用勞動基準法，與勞動基準法牴觸之法令自不得適用而將伍君解僱。鄉公所辯稱伍君屬勞動基準法第84條所稱：「公務員兼具勞工身分」，可依公務員相關法令處理任免問題云云。惟查，勞動基準法第84條所稱公務員兼具勞工身分者，係指依各項公務員人事法令任用、派用、聘用、遴用之人員，此觀之勞動基準法施行細則第50條規定即明。伍君爲清潔隊技工，非上開所指之公務人員，鄉公所依公務員相關法令解僱伍君，自不生終止契約之效力。鄉公所依民法第488條第2項、第489條第1項規定，終止雙方僱傭（勞動）契約，自不合法。本件上訴爲有理由，依民事訴訟法第450條、第78條、判決如主文。

三、公務員兼具勞工身分者之法令適用

【公務員兼具勞工身分、損害賠償、特別休假】

台○報業公司係公營事業機構，勞工（具公務員身分）陳○○訴請補發

未休假工資、考績獎金、精神慰問金，合計100萬元，高雄地方法院89年勞訴字第21號判決陳君敗訴，陳君上訴後，臺灣高等法院高雄分院90年度勞上易字第3號民事判決上訴駁回，判決理由略以：按公務員兼具勞工身分者，其有關任（派）免、薪資、獎懲、退休、撫卹及保險等（含職業災害）事項，應適用公務員法令之規定，但其他所定勞動條件優於本法規定者，從其規定，勞動基準法第84條定有明文。又該條所稱公務員兼具勞工身分者，係指依各項公務員人事法令任用、派用、聘用、遴用而於本法第3條所定各業從事工作獲致薪資之人員；所稱其他所定勞動條件，係指工作時間、休息、休假、安全衛生、福利、加班費等，勞動基準法施行細則第50條亦有明文。陳君係公務員兼具勞工身分，依前開規定，其有關薪資、獎懲之事項，應適用公務員法令之規定，特別休假屬其他所定勞動條件之範圍，如公務員有關特別休假之規定，低於勞動基準法之規定者，應依勞動基準法之規定。按不法侵害他人之身體、健康、名譽、自由、信用、隱私、貞操，或不法侵害其他人格法益而情節重大者，被害人雖非財產上之損害，亦得請求賠償相當之金額，民法第195條第1項前段定有明文。陳君主張公司已對伊構成侵權行爲，造成伊多年來四處奔波、陳情、訴訟，精神上受有相當之損害，依侵權行爲之法律關係請求公司賠償72萬元。惟陳君請求之未休假工資、考績獎金，公司並無不法，非侵權行爲之可言甚明，陳君請求公司賠償精神損害，於法自有未合。

四、性質特殊工作應經核定公告

【法律強制規定、工資】

榮○醫院員工甲○○等人訴請給付加班費事件，甲○○等人不服臺灣高等法院95年度重勞上字第22號判決提起上訴，最高法院96年度台上字第1135號判決發回臺灣高等法院，判決理由略以：按雇主要求勞工延長工時者，應依勞動基準法第24條所定標準給加班工資，以及雇主經徵得勞工同意於例、休假及特別休假日工作者，應加倍發給工資，亦經同法第39條明文規定，且前開規定屬法律強制規定，又間歇性或其他性質特殊工作，其事業單位依其事業性質以及勞動態樣，固得以勞工訂定勞動條件，但不得低於勞動基準法所定之最低標準。惟就是否屬於間歇性或其他性質特殊之工作者，應依勞動基準法第84條之1規定，經中央主管機關核定公告；雇主依同條規定與勞工所訂立之勞動條件並應報請當地主管機關核備，並非雇主單方或勞雇雙方所得任意決定。

五、公務員退休曾任工友年資處理原則

【公教人員退撫新制、事務管理規則】

行政院○○檢驗局職員甲君退休事件，不服95年8月24日臺北高等行政法院95年度訴字第130號判決，提起上訴，最高行政法院97年度判字第708號判決甲君敗訴，判決理由略以：行政院88年11月25日人政給字第211328號之「工友依法改任適用事務管理規則之機關學校編制內職員後，依公務人員退休法辦理退休，其曾任工友年資之處理原則」規定略以：適用事務管理規則之機關學校工友（含技工、駕駛）依法改任適用事務管理規則之機關學校編制內職員時（包含二段年資未銜接者），其於72年4月29日事務管理規則修正前改任職員，當時未經辦理工友退職，而現仍任職員者，於公教人員退撫新制實施後依法辦理退休、撫卹時，得檢具工友之服務年資證明，另依「1. 職員退休金、撫卹金採計年資不足三十五年者，就其不足部分，另就其工友之年資，依事務管理規則規定核給退職金、撫卹金，如職員採計年資已達三十五年者，曾任工友年資不再核給；但公教人員退撫新制實施前職員任職年資與曾任工友年資合計仍依原規定最高採計三十年。2. 前述1所定退職金、撫卹金之計算，以改任時之工友餉級爲準，於辦理職員退休、撫卹時，按現職同等級工友所支工餉，由職員最後服務機關學校依事務管理規則第363條第2項之規定核給。」之原則核給退職金、撫卹金。

六、工會不得代表勞工與雇主簽訂勞基法第84條之1書面約定

【集體同意權、團體協約】

中○公司違反勞動基準法事件，中○公司不服98年6月25日臺北高等行政法院98年度訴字第154號判決提起上訴，最高行政法院100年度判字第226號判決中○公司敗訴，有關工會行使同意權部分判決理由略以：工會代表勞工與雇主訂立勞基法第84條之1之書面約定，尚非工會法第5條所列舉之工會任務，且工會以其團體名義與雇主簽訂者實屬團體協約之範疇，而現行團體協約法並未規定團體協約得約定工作時間、例假、休假及女性夜間工作等事項（團體協約法於97年1月9日修正公布全文34條，其中第12條第1項規定的約款事項雖包括工時，但其中第3條前段又規定「團體協約違反法律強制或禁止之規定者，無效。」因此在現行法制下，如無法律特別規定，即難認工會可以代表勞工行使集體同意權；而勞雇雙方依勞基法第84條之1所爲書面約定，既未明定得由工

會代表勞工行使集體同意權，自無逕由工會代表勞工與雇主簽訂勞基法第84條之1書面約定之餘地。

七、「應適用公務員法令」之涵義

【公務員兼具勞工身分、退休】

臺○自來水事業處甲君退休事件，甲君不服97年8月28日臺北高等行政法院97年度訴字第165號判決提起上訴，最高行政法院99年度判字第616號判決甲君敗訴，判決理由略以：勞動基準法第84條規定「公務員兼具勞工身分者，其有關任（派）免、薪資、獎懲、退休、撫卹及保險（含職業災害）等事項，應適用公務員法令之規定。但其他所定勞動條件優於本法規定者，從其規定。」同法施行細則第50條規定「本法第84條所稱公務員兼具勞工身分者，係指依各項公務員人事法令任用、派用、聘用、遴用而於本法第3條所定各業從事工作獲致薪資之人員。」甲君係適用「臺灣地區省（市）營事業機構人員遴用暫行辦法」遴用之人員，臺○自來水事業處又屬勞動基準法第3條所規定之事業，依前述施行細則第50條規定，爲母法第84條規定所指「公務員（廣義）兼具勞工身分者」，但因臺○自來水事業處職員之退休事項已有台北市政府訂定之前引「臺北自來水事業處職員退休撫卹及資遣辦法」，可資爲辦理依據，該辦法既爲有效之命令，即屬勞動基準法第84條所謂「應適用（之廣義）公務員法令」，尚無公務人員退休法規定之適用。

八、所謂經勞資會議同意之規定

【法規生效日、勞資會議】

家○公司違反勞動基準法事件，宜蘭縣政府不服104年12月10日臺北高等行政法院104年度訴字第779號判決，提起上訴，最高行政法院105年度判字第165號判決上訴駁回。有關勞資會議部分，判決理由略以：民國91年12月25日修正條文公布施行後，第30條第2項、第3項、第30條之1第1項、第32條及第49條，有關雇主經工會同意，如事業單位無工會者，經勞資會議同意之規定，係指（一）事業單位有個別不同廠場實施者，應個別經各該廠場工會之同意；各該廠場無工會者，應經各該廠場之勞資會議同意。（二）事業單位之分支單位實施者，其有工會之分會，且該分會業經工會之許可得單獨對外爲意思表示者，經該分會之同意即可。（三）事業單位之分支機構分別舉辦勞資會議者，分支機構勞資會議之決議優先於事業單位勞資會議之決議。」亦經勞委會92年7月16日勞動二字第0920040600號函釋在案，該令釋係勞委會基於勞動主管機關之職權就勞動基準法91年12月25日修正條文公布施行後，第30條第2項、第3項、第30條之1第1項、第32條及第49條等規定所爲之釋示，依司法院釋字第287號解釋意旨，應自法規生效日起發生效力。

九、未經勞工同意逕修原辦法違反工資應全額給付勞工規定

【業績獎金、勞資會議】

台○公司勞動基準法事件，台○公司對於中華民國105年6月2日臺北高等行政法院104年度訴字第1029號判決，提起上訴，有關工資給付部分，最高行政法院105年度裁字第932號裁定上訴駁回。

上訴人102年8月8日訂定之業績獎金辦法，經於103年1月17日與勞資會議代表溝通取得業績獎金辦法修正案共識，即於103年2月24日核准並公告周知自103年2月1日起生效，嗣於103年5月19日始舉行第一屆第四次勞資會議，追認新辦法，乃認上訴人有未經勞工同意逕修訂原辦法，調整原辦法級距，由原10%改爲1%等事項，致有未完全給付勞工工資之違反勞基法第22條第2項規定情事，復經被上訴人審認屬實，乃依行爲時勞基法第79條第1項第1款及第3項規定，以原處分處上訴人罰鍰新臺幣2萬元，並公布上訴人名稱。上訴人不服，循序提起行政訴訟，經臺北高等行政法院104年度訴字第1029號判決駁回。上訴爲不合法。

十、第84條之1特別勞動契約未報請主管機關核備仍得以處罰

【主管機關核備、特殊工作者】

嘉○保全公司違反勞動基準法事件，嘉○保全公司對於中華民國105年7月7日臺北高等行政法院104年度訴字第1452號判決，提起上訴，最高行政法院105年度裁字第1313號裁定上訴駁回。有關第84條之1部分，裁定理由略以：上訴意旨雖引用最高法院101年度台上字第258號判決意旨主張「其提供勞工之工作，具有勞動基準法第84條之1第1項各款所定行業之屬性，而得與員工簽立勞動基準法第84條之1之特別勞動契約，即使未報請主管機關核備，仍屬有效之勞動契約，而得排除勞動基準法第30條、第32條第2項與第36條規定之適用」云云，但原判決已在判決書第15頁載明，該等「未報請主管機關核備」之勞動

基準法第84條之1特別勞動契約，雖在私法上雖有效，但在公法上仍應受勞動基準法所定法定勞動條件之管制，主管機關仍得以雇主違反勞動基準法所定之法定義務爲據，對其違章行爲加以處罰，而與最高法院101年度台上字第258號判決意旨無涉。

十一、第84條之1特殊工作者約定應以書面為之

【強制規定、特殊工作者】

嘉○保全公司違反勞動基準法事件，嘉○保全公司對於中華民國105年8月24日臺北高等行政法院105年度訴字第359號判決提起上訴，最高行政法院106年度判字第93號判決上訴駁回。有關特殊工作者約定部分，判決理由略以：又依同法第84條之1第1項規定，經中央主管機關核定公告之特殊工作，得由勞雇雙方另行約定，工作時間、例假、休假、女性夜間工作，並報請當地主管機關核備，不受第30條、第32條、第36條、第37條、第49條規定之限制；惟同條第2項明定，上開約定應以書面爲之，並應參考勞動基準法所定之基準且不得損及勞工之健康及福祉。而「勞動基準法第84條之1有關勞雇雙方對於工作時間、例假、休假、女性夜間工作有另行約定時，應報請當地主管機關核備之規定，係強制規定，如未經當地主管機關核備，該約定尚不得排除同法第30條、第32條、第36條、第37條及第49條規定之限制，除可發生公法上不利於雇主之效果外，如發生民事爭議，法院自應於具體個案，就工作時間等事項另行約定而未經核備者，本於落實保護勞工權益之立法目的，依上開第30條等規定予以調整，並依同法第24條、第39條規定計付工資。」復經司法院釋字第726號解釋在案。準此，勞雇雙方依勞動基準法第84條之1規定，對於休假日工作之另行約定，倘未報經當地主管機關核備，並不生排除同法第37條規定之效力；雇主徵得勞工同意於休假日工作者，其工資應加倍發給，始與勞動基準法第39條規定無違。

十二、留職停薪期間是否計入年資

【死亡撫卹、工作年資】

行政院勞工委員會79年1月22日勞動二字第00127號函及79年5月8日勞動二字第10384號函、79年6月11日勞動二字第13172號函、85年5月21日勞動三字第116217號函分別釋示：留職停薪期間得不併計工作年資計算。但法院有不同見

解。

○○汽車客運公司勞工死亡撫卹案，臺灣高等法院88年度勞上字第50號民事判決略以：勞動基準法施行細則第5條第1項明定「勞工工作年資以服務同一事業單位爲限，並自受僱當日起算」，並未將因病留職期間，不計入工作年資，因此因病留職停薪期間應計入工作年資（按：勞動基準法第84條之2亦規定勞工工作年資自受僱之日起算。留職停薪有多種，如因病留職停薪、自費出國進修留職停薪、個人要事留職停薪）。

十三、受僱於數公司均由相同經營者掌控具有實體上同一性年資得合併計算

【退休金、實體同一性、年資併計】

興○公司員工王○○請求給付退休金事件，興○公司不服臺灣高等法院判決（109年度勞上字第164號）提起上訴，最高法院111年度台上字第2066號民事裁定：上訴駁回。裁定理由略以：王○○自民國76年2月20日起至88年7月30日止，依序接續受僱於訴外人億○公司、興○公司、億○行、順○公司（以下合稱興○公司），自88年7月31日起受僱於興○公司擔任副理，迄於107年9月13日經上訴人依勞動基準法（下稱勞基法）第11條第4款規定終止兩造間勞動契約。被上訴人雖自88年11月11日起至103年3月26日止擔任興○公司之董事，惟其並未出資，興○公司實際上係由其法定代理人周○○負責經營，王○○在公司內部始終擔任副理職務，有固定上班時間、工作地點，須受董事長周○○之管理監督，其與興○公司間具有相當之人格上、經濟上及組織上從屬性，兩造於上開期間係屬勞基法規範之勞雇關係。又興○公司等四公司行與興○公司之董事長、董事、監察人、負責人成員高度重疊、誼屬至親，所營事業項目相同，主營業所復在相同地址或相距不遠，其營運、人事管理等事項均由相同經營者掌控，具有實體上同一性，是計算王○○之退休年資，得將其受僱於興○公司等四公司行與興○公司之期間合併計算，共31年6月23日。王○○未選擇適用勞工退休金條例之退休制度，其於107年9月13日符合勞基法第53條第2款所定自請退休之情形，得依勞基法第55條第1項第1款、第2項規定，請求45個基數之退休金。興○公司所發給之全勤獎金及每月固定給付之交通津貼、餐費補助，均屬被上訴人之工資，另王○○領取之假日加班費，爲其勞務之對價，且在一般情況下經常可領取，亦爲其工資之一部，準此計算，王○○退休時之

平均工資爲新臺幣6萬2,508元，其請求上訴人給付退休金281萬2,860元本息，即屬有據。

十四、第84條之1工作者值班時間工資之議定

【勞動契約、契約自由、正常工作】

最高法院101年台上字第319號民事判決略以：按勞動契約並非完全摒除契約自由之適用（諸如勞動基準法第21條第1項之類），勞雇雙方仍得藉由私法自治以達符合共同之利益。因此，勞雇雙方對正常工作時間以外之時間，約定由勞工於該時間從事與其正常工作不同，且屬勞動基準法第84條之1第2款工作所稱監視性、間歇性，或其他非屬該條項所定而性質相類之工作時，就勞工於該段時間（值班時間）工資之議定，如已依正義公平之方法，以勞雇之利益衡平爲依歸，兼顧避免勞雇間犧牲他方利益以圖利自己，並考量該約定工資是否合乎一般社會之通念並具合理性，而與民法第148條所揭「權利濫用禁止原則」、「誠實信用原則」無悖者，即非法所不許，勞雇雙方自應同受其拘束（按：保全人員值班時間工資之計算，法院有不同判決）。

註釋

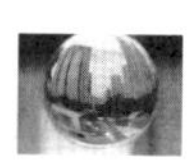

【1】 本規則已自87年1月1日起停止適用。

【2】 內政部74年10月8日台（74）內勞字第355467號函。

【3】 銓敘部80年2月2日台（80）華法一字第0518260號函。

【4】 內政部76年4月3日台（76）內勞字第488243號函。

【5】 行政院85年8月15日台（85）人政給字第27410號函。

【6】 行政院勞工委員會87年12月17日台（88）勞動二字第052295號函。

【7】 行政院勞工委員會87年6月18日台（87）勞動三字第02284號函。

【8】 行政院81年2月14日台人政肆字第04106號略以：

交通處公路局（以適用勞動基準法之各區工程處為限），公務員兼具勞工身分人員退撫事項，如當事人或其遺族選擇依勞動基準法規定領取退休金或職業災害補償金者，同意依其選擇辦理，並自民國七十九年七月一日起實施。

【9】 第13條：「法規明定自公布或發布日施行者，自公布或發布之日起算至第三日起發生效力。」

【10】 第489條：「當事人之一方，遇有重大事由，其僱傭契約，縱定有期限，仍得於期限屆滿前終止之（第1項）。前項事由，如因當事人一方之過失而生者，他方得向其請求損害賠償（第2項）。」

附　錄

附錄一　勞動基準法施行細則

附錄二　勞動事件法

附錄三　勞動事件法施行細則

附錄四　勞工職業災害保險及保護法

附錄五　勞工職業災害保險及保護法施行細則

附錄六　最低工資法

附錄七　僱用部分時間工作勞工應行注意事項

附錄八　勞動基準法增修訂日期、主要內容

附錄九　勞動基準法施行細則增修訂日期、主要內容

附錄一 | 勞動基準法施行細則

113年3月27日勞動部令修正

第一章 總則

第1條

本細則依勞動基準法（以下簡稱本法）第八十五條規定訂定之。

第2條

依本法第二條第四款計算平均工資時，下列各款期日或期間均不計入：

一、發生計算事由之當日。

二、因職業災害尚在醫療中者。

三、依本法第五十條第二項減半發給工資者。

四、雇主因天災、事變或其他不可抗力而不能繼續其事業，致勞工未能工作者。

五、依勞工請假規則請普通傷病假者。

六、依性別平等工作法請生理假、產假、家庭照顧假或安胎休養，致減少工資者。

七、留職停薪者。

第3條

本法第三條第一項第一款至第七款所列各業，適用中華民國行業標準分類之規定。

第4條

本法第三條第一項第八款所稱中央主管機關指定之事業及第三項所稱適用本法確有窒礙難行者，係指中央主管機關依中華民國行業標準分類之規定指定者，並得僅指定各行業中之一部分。

第4-1條（刪除）

第5條

勞工工作年資以服務同一事業單位爲限，並自受僱當日起算。

適用本法前已在同一事業單位工作之年資合併計算。

第二章 勞動契約

第6條

本法第九條第一項所稱臨時性、短期性、季節性及特定性工作，依左列規定認定之：

一、臨時性工作：係指無法預期之非繼續性工作，其工作期間在六個月以內者。

二、短期性工作：係指可預期於六個月內完成之非繼續性工作。

三、季節性工作：係指受季節性原料、材料來源或市場銷售影響之非繼續性工作，其工作期間在九個月以內者。

四、特定性工作：係指可在特定期間完成之非繼續性工作。其工作期間超過一年者，應報請主管機關核備。

第7條

勞動契約應依本法有關規定約定下列事項：

一、工作場所及應從事之工作。

二、工作開始與終止之時間、休息時間、休假、例假、休息日、請假及輪班制之換班。

三、工資之議定、調整、計算、結算與給付之日期及方法。

四、勞動契約之訂定、終止及退休。

五、資遣費、退休金、其他津貼及獎金。

六、勞工應負擔之膳宿費及工作用具費。

七、安全衛生。

八、勞工教育及訓練。

九、福利。

十、災害補償及一般傷病補助。

十一、應遵守之紀律。

十二、獎懲。

十三、其他勞資權利義務有關事項。

第7-1條

離職後競業禁止之約定，應以書面爲之，且應詳細記載本法第九條之一第一項第三款及第四款規定之內容，並由雇主與勞工簽章，各執一份。

第7-2條

本法第九條之一第一項第三款所爲之約定未逾合理範疇，應符合下列規定：

一、競業禁止之期間，不得逾越雇主欲保護之營業秘密或技術資訊之生命週期，且最長不得逾二年。

二、競業禁止之區域，應以原雇主實際營業活動之範圍爲限。

三、競業禁止之職業活動範圍，應具體明確，且與勞工原職業活動範圍相同或類似。

四、競業禁止之就業對象，應具體明確，並以與原雇主之營業活動相同或類似，且有競爭關係者爲限。

第7-3條

本法第九條之一第一項第四款所定之合理補償，應就下列事項綜合考量：

一、每月補償金額不低於勞工離職時一個月平均工資百分之五十。

二、補償金額足以維持勞工離職後競業禁止期間之生活所需。

三、補償金額與勞工遵守競業禁止之期間、區域、職業活動範圍及就業對象之範疇所受損失相當。

四、其他與判斷補償基準合理性有關之事項。

前項合理補償，應約定離職後一次預爲給付或按月給付。

第8條（刪除）

第9條

依本法終止勞動契約時，雇主應即結清工資給付勞工。

第三章　工資

第10條

本法第二條第三款所稱之其他任何名義之經常性給與係指左列各款以外之給與。

一、紅利。

二、獎金：指年終獎金、競賽獎金、研究發明獎金、特殊功績獎金、久任獎金、節約燃料物料獎金及其他非經常性獎金。

三、春節、端午節、中秋節給與之節金。

四、醫療補助費、勞工及其子女教育補助費。

五、勞工直接受自顧客之服務費。

六、婚喪喜慶由雇主致送之賀禮、慰問金或奠儀等。

七、職業災害補償費。

八、勞工保險及雇主以勞工爲被保險人加入商業保險支付之保險費。

九、差旅費、差旅津貼及交際費。

十、工作服、作業用品及其代金。

十一、其他經中央主管機關會同中央目的事業主管機關指定者。

第11條

本法第二十一條所稱基本工資，指勞工在正常工作時間內所得之報酬。不包括延長工作時間之工資與休息日、休假日及例假工作加給之工資。

第12條

採計件工資之勞工所得基本工資，以每日工作八小時之生產額或工作量換算之。

第13條

勞工工作時間每日少於八小時者，除工作規則、勞動契約另有約定或另有法令規定者外，其基本工資得按工作時間比例計算之。

第14條（刪除）

第14-1條

本法第二十三條所定工資各項目計算方式明細，應包括下列事項：

一、勞雇雙方議定之工資總額。

二、工資各項目之給付金額。

三、依法令規定或勞雇雙方約定，得扣除項目之金額。

四、實際發給之金額。

雇主提供之前項明細，得以紙本、電子資料傳輸方式或其他勞工可隨時取得及得列印之資料爲之。

第15條

本法第二十八條第一項第一款所定積欠之工資，以雇主於歇業、清算或宣告破產前六個月內所積欠者爲限。

第16條

勞工死亡時，雇主應即結清其工資給付其遺屬。

前項受領工資之順位準用本法第五十九條第四款之規定。

第四章 工作時間、休息、休假

第17條

本法第三十條所稱正常工作時間跨越二曆日者，其工作時間應合併計算。

第18條

勞工因出差或其他原因於事業場所外從事工作致不易計算工作時間者，以平時之工作時間爲其工作時間。但其實際工作時間經證明者，不在此限。

第19條

勞工於同一事業單位或同一雇主所屬不同事業場所工作時，應將在各該場所之工作時間合併計算，並加計往來於事業場所間所必要之交通時間。

第20條

雇主有下列情形之一者，應即公告周知：

一、依本法第三十條第二項、第三項或第三十條之一第一項第一款規定變更勞工正常工作時間。

二、依本法第三十條之一第一項第二款或第三十二條第一項、第二項、第四項規定延長勞工工作時間。

三、依本法第三十四條第二項但書規定變更勞工更換班次時之休息時間。

四、依本法第三十六條第二項或第四項規定調整勞工例假或休息日。

第20-1條

本法所定雇主延長勞工工作之時間如下：

一、每日工作時間超過八小時或每週工作總時數超過四十小時之部分。但依本法第三十條第二項、第三項或第三十條之一第一項第一款變更工作時間者，爲超過變更後工作時間之部分。

二、勞工於本法第三十六條所定休息日工作之時間。

第21條

本法第三十條第五項所定出勤紀錄，包括以簽到簿、出勤卡、刷卡機、門禁卡、生物特徵辨識系統、電腦出勤紀錄系統或其他可資覈實記載出勤時間工具所爲之紀錄。

前項出勤紀錄，雇主因勞動檢查之需要或勞工向其申請時，應以書面方式提出。

第22條

本法第三十二條第二項但書所定每三個月，以每連續三個月爲一週期，依曆計算，以勞雇雙方約定之起迄日期認定之。

本法第三十二條第五項但書所定坑內監視爲主之工作範圍如下：

一、從事排水機之監視工作。

二、從事壓風機或冷卻設備之監視工作。

三、從事安全警報裝置之監視工作。

四、從事生產或營建施工之紀錄及監視工作。

第22-1條

本法第三十二條第三項、第三十四條第三項及第三十六條第五項所定雇主僱用勞工人數，以同一雇主僱用適用本法之勞工人數計算，包括分支機構之僱用人數。

本法第三十二條第三項、第三十四條第三項及第三十六條第五項所定當地主管機關，爲雇主之主事務所、主營業所或公務所所在地之直轄市政府或縣（市）政府。

本法第三十二條第三項、第三十四條第三項及第三十六條第五項所定應報備查，雇主至遲應於開始實施延長工作時間、變更休息時間或調整例假之前一日爲之。但因天災、事變或突發事件不及報備查者，應於原因消滅後二十四小時內敘明理由爲之。

第22-2條

本法第三十二條之一所定補休，應依勞工延長工作時間或休息日工作事實發生時間先後順序補休。補休之期限逾依第二十四條第二項所約定年度之末日者，以該日爲期限之末日。

前項補休期限屆期或契約終止時，發給工資之期限如下：

一、補休期限屆期：於契約約定之工資給付日發給或於補休期限屆期後三十日內發給。

二、契約終止：依第九條規定發給。

勞工依本法第三十二條之一主張權利時，雇主如認爲其權利不存在，應負舉證責任。

第22-3條

本法第三十六條第一項、第二項第一款及第二款所定之例假，以每七日爲一週期，依曆計算。雇主除依同條第四項及第五項規定調整者外，不得使勞工連續工作逾六日。

第23條（刪除）

第23-1條

本法第三十七條所定休假遇本法第三十六條所定例假及休息日者，應予補假。但不包括本法第三十七條指定應放假之日。

前項補假期日，由勞雇雙方協商排定之。

第24條

勞工於符合本法第三十八條第一項所定之特別休假條件時，取得特別休假之權利；其計算特別休假之工作年資，應依第五條之規定。

依本法第三十八條第一項規定給予之特別休假日數，勞工得於勞雇雙方協商之下列期間內，行使特別休假權利：

一、以勞工受僱當日起算，每一週年之期間。但其工作六個月以上一年未滿者，為取得特別休假權利後六個月之期間。

二、每年一月一日至十二月三十一日之期間。

三、教育單位之學年度、事業單位之會計年度或勞雇雙方約定年度之期間。

雇主依本法第三十八條第三項規定告知勞工排定特別休假，應於勞工符合特別休假條件之日起三十日內為之。

第24-1條

本法第三十八條第四項所定年度終結，為前條第二項期間屆滿之日。

本法第三十八條第四項所定雇主應發給工資，依下列規定辦理：

一、發給工資之基準：

（一）按勞工未休畢之特別休假日數，乘以其一日工資計發。

（二）前目所定一日工資，為勞工之特別休假於年度終結或契約終止前一日之正常工作時間所得之工資。其為計月者，為年度終結或契約終止前最近一個月正常工作時間所得之工資除以三十所得之金額。

（三）勞雇雙方依本法第三十八條第四項但書規定協商遞延至次一年度實施者，按原特別休假年度終結時應發給工資之基準計發。

二、發給工資之期限：

（一）年度終結：於契約約定之工資給付日發給或於年度終結後三十日內發給。

（二）契約終止：依第九條規定發給。

勞雇雙方依本法第三十八條第四項但書規定協商遞延至次一年度實施者，其遞延之日數，於次一年度請休特別休假時，優先扣除。

第24-2條

本法第三十八條第五項所定每年定期發給之書面通知，依下列規定辦理：

一、雇主應於前條第二項第二款所定發給工資之期限前發給。

二、書面通知，得以紙本、電子資料傳輸方式或其他勞工可隨時取得及得列印之資料爲之。

第24-3條

本法第三十九條所定休假日，爲本法第三十七條所定休假及第三十八條所定特別休假。

第五章　童工、女工

第25條

本法第四十四條第二項所定危險性或有害性之工作，依職業安全衛生有關法令之規定。

第26條

雇主對依本法第五十條第一項請產假之女工，得要求其提出證明文件。

第六章　退休

第27條

本法第五十三條第一款、第五十四條第一項第一款及同條第二項但書規定之年齡，應以戶籍記載爲準。

第28條（刪除）

第29條

本法第五十五條第三項所定雇主得報經主管機關核定分期給付勞工退休金之情形如下：

一、依法提撥之退休準備金不敷支付。

二、事業之經營或財務確有困難。

第29-1條

本法第五十六條第二項規定之退休金數額，按本法第五十五條第一項之給與標準，依下列規定估算：

一、勞工人數：爲估算當年度終了時適用本法或勞工退休金條例第十一條第一項保留本法工作年資之在職勞工，且預估於次一年度內成就本法第五十三條或第五十四條第一項第一款退休條件者。

二、工作年資：自適用本法之日起算至估算當年度之次一年度終了或選擇適用勞工退休金條例前一日止。

三、平均工資：爲估算當年度終了之一個月平均工資。

前項數額以元爲單位，角以下四捨五入。

第七章　職業災害補償

第30條

雇主依本法第五十九條第二款補償勞工之工資，應於發給工資之日給與。

第31條

本法第五十九條第二款所稱原領工資，係指該勞工遭遇職業災害前一日正常工作時間所得之工資。其爲計月者，以遭遇職業災害前最近一個月正常工作時間所得之工資除以三十所得之金額，爲其一日之工資。

罹患職業病者依前項規定計算所得金額低於平均工資者，以平均工資爲準。

第32條

依本法第五十九條第二款但書規定給付之補償，雇主應於決定後十五日內給與。在未給與前雇主仍應繼續爲同款前段規定之補償。

第33條

雇主依本法第五十九條第四款給與勞工之喪葬費應於死亡後三日內，死亡補償應於死亡後十五日內給付。

第34條

本法第五十九條所定同一事故，依勞工保險條例或其他法令規定，已由雇主支付費用補償者，雇主得予以抵充之。但支付之費用如由勞工與雇主共同負擔者，其補償之抵充按雇主負擔之比例計算。

第34-1條

勞工因遭遇職業災害而致死亡或失能時，雇主已依勞工保險條例規定爲其投保，並經保險人核定爲職業災害保險事故者，雇主依本法第五十九條規定給予之補償，以勞工之平均工資與平均投保薪資之差額，依本法第五十九條第三款及第四款規定標準計算之。

第八章　技術生

第35條

雇主不得使技術生從事家事、雜役及其他非學習技能爲目的之工作。但從事事業場所內之清潔整頓，器具工具及機械之清理者不在此限。

第36條

技術生之工作時間應包括學科時間。

第九章　工作規則

第37條

雇主於僱用勞工人數滿三十人時應即訂立工作規則，並於三十日內報請當地主管機關核備。

本法第七十條所定雇主僱用勞工人數，依第二十二條之一第一項規定計算。

工作規則應依據法令、勞資協議或管理制度變更情形適時修正，修正後並依第一項程序報請核備。

主管機關認爲有必要時，得通知雇主修訂前項工作規則。

第38條

工作規則經主管機關核備後，雇主應即於事業場所內公告並印發各勞工。

第39條

雇主認有必要時，得分別就本法第七十條各款另訂單項工作規則。

第40條

事業單位之事業場所分散各地者，雇主得訂立適用於其事業單位全部勞工之工作規則或適用於該事業場所之工作規則。

第十章　監督及檢查

第41條

中央主管機關應每年定期發布次年度勞工檢查方針。

檢查機構應依前項檢查方針分別擬定各該機構之勞工檢查計畫，並於檢查方針發布之日起五十日內報請中央主管機關核定後，依該檢查計畫實施檢查。

第42條

勞工檢查機構檢查員之任用、訓練、服務，除適用公務員法令之規定外，由中央主管機關定之。

第43條

檢查員對事業單位實施檢查時，得通知事業單位之雇主、雇主代理人、勞工或有關人員提供必要文件或作必要之說明。

第44條

檢查員檢查後，應將檢查結果向事業單位作必要之說明，並報告檢查機構。

檢查機構認為事業單位有違反法令規定時，應依法處理。

第45條

事業單位對檢查結果有異議時，應於通知送達後十日內向檢查機構以書面提出。

第46條

本法第七十四條第一項規定之申訴得以口頭或書面為之。

第47條

雇主對前條之申訴事項，應即查明，如有違反法令規定情事應即改正，並將結果通知申訴人。

第48條（刪除）

第49條（刪除）

第十一章　附則

第50條

本法第八十四條所稱公務員兼具勞工身分者，係指依各項公務員人事法令任用、派用、聘用、遴用而於本法第三條所定各業從事工作獲致薪資之人員。所稱其他所定勞動條件，係指工作時間、休息、休假、安全衛生、福利、加班費等而言。

第50-1條

本法第八十四條之一第一項第一款、第二款所稱監督、管理人員、責任制專業人員、監視性或間歇性工作，依左列規定：

一、監督、管理人員：係指受雇主僱用，負責事業之經營及管理工作，並對一般勞工之受僱、解僱或勞動條件具有決定權力之主管級人員。

二、責任制專業人員：係指以專門知識或技術完成一定任務並負責其成敗之工作者。

三、監視性工作：係指於一定場所以監視爲主之工作。

四、間歇性工作：係指工作本身以間歇性之方式進行者。

第50-2條

雇主依本法第八十四條之一規定將其與勞工之書面約定報請當地主管機關核備時，其內容應包括職稱、工作項目、工作權責或工作性質、工作時間、例假、休假、女性夜間工作等有關事項。

第50-3條

勞工因終止勞動契約或發生職業災害所生爭議，提起給付工資、資遣費、退休金、職業災害補償或確認僱傭關係存在之訴訟，得向中央主管機關申請扶助。

前項扶助業務，中央主管機關得委託民間團體辦理。

第50-4條

本法第二十八條第二項中華民國一百零四年二月六日修正生效前，雇主有清算或宣告破產之情事，於修正生效後，尚未清算完結或破產終結者，勞工對於該雇主所積欠之退休金及資遣費，得於同條第二項第二款規定之數額內，依同條第五項規定申請墊償。

第51條

本細則自發布日施行。

（註：勞動基準法條文分別列於本書各章）

112年12月15日總統令修正

第一章 總則

第1條

爲迅速、妥適、專業、有效、平等處理勞動事件，保障勞資雙方權益及促進勞資關係和諧，進而謀求健全社會共同生活，特制定本法。

第2條

本法所稱勞動事件，係指下列事件：

一、基於勞工法令、團體協約、工作規則、勞資會議決議、勞動契約、勞動習慣及其他勞動關係所生民事上權利義務之爭議。

二、建教生與建教合作機構基於高級中等學校建教合作實施及建教生權益保障法、建教訓練契約及其他建教合作關係所生民事上權利義務之爭議。

三、因性別平等工作之違反、就業歧視、職業災害、工會活動與爭議行爲、競業禁止及其他因勞動關係所生之侵權行爲爭議。

與前項事件相牽連之民事事件，得與其合併起訴，或於其訴訟繫屬中爲追加或提起反訴。

第3條

本法所稱勞工，係指下列之人：

一、受僱人及其他基於從屬關係提供其勞動力而獲致報酬之人。

二、技術生、養成工、見習生、建教生、學徒及其他與技術生性質相類之人。

三、求職者。

本法所稱雇主，係指下列之人：

一、僱用人、代表雇主行使管理權之人，或依據要派契約，實際指揮監督管理派遣勞工從事工作之人。

二、招收技術生、養成工、見習生、建教生、學徒及其他與技術生性質相類之人者或建教合作機構。

三、招募求職者之人。

第4條

爲處理勞動事件，各級法院應設立勞動專業法庭（以下簡稱勞動法庭）。但法官員額較少之法院，得僅設專股以勞動法庭名義辦理之。

前項勞動法庭法官，應遴選具有勞動法相關學識、經驗者任之。

勞動法庭或專股之設置方式，與各該法院民事庭之事務分配，其法官之遴選資格、方式、任期，以及其他有關事項，由司法院定之。

第5條

以勞工爲原告之勞動事件，勞務提供地或被告之住所、居所、事務所、營業所所在地在中華民國境內者，由中華民國法院審判管轄。

勞動事件之審判管轄合意，違反前項規定者，勞工得不受拘束。

第6條

勞動事件以勞工爲原告者，由被告住所、居所、主營業所、主事務所所在地或原告之勞務提供地法院管轄；以雇主爲原告者，由被告住所、居所、現在或最後之勞務提供地法院管轄。

前項雇主爲原告者，勞工得於爲本案言詞辯論前，聲請將該訴訟事件移送於其所選定有管轄權之法院。但經勞動調解不成立而續行訴訟者，不得爲之。

關於前項聲請之裁定，得爲抗告。

第7條

勞動事件之第一審管轄合意，如當事人之一造爲勞工，按其情形顯失公平者，勞工得逕向其他有管轄權之法院起訴；勞工爲被告者，得於本案言詞辯論前，聲請移送於其所選定有管轄權之法院，但經勞動調解不成立而續行訴訟者，不得爲之。

關於前項聲請之裁定，得爲抗告。

第8條

法院處理勞動事件，應迅速進行，依事件性質，擬定調解或審理計畫，並於適當時期行調解或言詞辯論。

當事人應以誠信方式協力於前項程序之進行，並適時提出事實及證據。

第9條

勞工得於期日偕同由工會或財團法人於章程所定目的範圍內選派之人到場爲輔佐人，不適用民事訴訟法第七十六條第一項經審判長許可之規定。

前項之工會、財團法人及輔佐人，不得向勞工請求報酬。

第一項之輔佐人不適爲訴訟行爲，或其行爲違反勞工利益者，審判長得於程序進行中以裁定禁止其爲輔佐人。

前項規定，於受命法官行準備程序時準用之。

第10條

受聘僱從事就業服務法第四十六條第一項第八款至第十款所定工作之外國人，經審判長許可，委任私立就業服務機構之負責人、職員、受僱人或從業人員爲其勞動事件之訴訟代理人者，有害於委任人之權益時，審判長得以裁定撤銷其許可。

第11條

因定期給付涉訟，其訴訟標的之價額，以權利存續期間之收入總數爲準；期間未確定時，應推定其存續期間。但超過五年者，以五年計算。

第12條

因確認僱傭關係或給付工資、退休金或資遣費涉訟，勞工或工會起訴或上訴，暫免徵收裁判費三分之二。

因前項給付聲請強制執行時，其執行標的金額超過新臺幣二十萬元者，該超過部分暫免徵收執行費，由執行所得扣還之。

第13條

工會依民事訴訟法第四十四條之一及本法第四十二條提起之訴訟，其訴訟標的金額或價額超過新臺幣一百萬元者，超過部分暫免徵收裁判費。

工會依第四十條規定提起之訴訟，免徵裁判費。

第14條

勞工符合社會救助法規定之低收入戶、中低收入戶，或符合特殊境遇家庭扶助條例第四條第一項之特殊境遇家庭，其聲請訴訟救助者，視爲無資力支出訴訟費用。

勞工或其遺屬因職業災害提起勞動訴訟，法院應依其聲請，以裁定准予訴訟救助。但顯無勝訴之望者，不在此限。

第15條

有關勞動事件之處理，依本法之規定；本法未規定者，適用民事訴訟法及強制執行法之規定。

第二章　勞動調解程序

第16條

勞動事件，除有下列情形之一者外，於起訴前，應經法院行勞動調解程序：

一、有民事訴訟法第四百零六條第一項第二款、第四款、第五款所定情形之一。

二、因性別平等工作法第十二條所生爭議。

前項事件當事人逕向法院起訴者，視為調解之聲請。

不合於第一項規定之勞動事件，當事人亦得於起訴前，聲請勞動調解。

第17條

勞動調解事件，除別有規定外，由管轄勞動事件之法院管轄。

第六條第二項、第三項及第七條規定，於勞動調解程序準用之。但勞工聲請移送，應於第一次調解期日前為之。

第18條

聲請勞動調解及其他期日外之聲明或陳述，應以書狀為之。但調解標的之金額或價額在新臺幣五十萬元以下者，得以言詞為之。

以言詞為前項之聲請、聲明或陳述，應於法院書記官前以言詞為之；書記官應作成筆錄，並於筆錄內簽名。

聲請書狀或筆錄，應載明下列各款事項：

一、聲請人之姓名、住所或居所；聲請人為法人、機關或其他團體者，其名稱及公務所、事務所或營業所。

二、相對人之姓名、住所或居所；相對人為法人、機關或其他團體者，其名稱及公務所、事務所或營業所。

三、有法定代理人者，其姓名、住所或居所，及法定代理人與關係人之關係。

四、聲請之意旨及其原因事實。

五、供證明或釋明用之證據。

六、附屬文件及其件數。

七、法院。

八、年、月、日。

聲請書狀或筆錄內宜記載下列各款事項：

一、聲請人、相對人、其他利害關係人、法定代理人之性別、出生年月日、職業、身分證件號碼、營利事業統一編號、電話號碼及其他足資辨別之特徵。

二、有利害關係人者，其姓名、住所或居所。

三、定法院管轄及其適用程序所必要之事項。

四、有其他相關事件繫屬於法院者，其事件。

五、預期可能之爭點及其相關之重要事實、證據。

六、當事人間曾為之交涉或其他至調解聲請時之經過概要。

第19條

相牽連之數宗勞動事件，法院得依聲請或依職權合併調解。

兩造得合意聲請將相牽連之民事事件合併於勞動事件調解，並視為就該民事事件已有民事調解之聲請。

合併調解之民事事件，如已繫屬於法院者，原民事程序停止進行。調解成立時，程序終結；調解不成立時，程序繼續進行。

合併調解之民事事件，如原未繫屬於法院者，調解不成立時，依當事人之意願，移付民事裁判程序或其他程序；其不願移付者，程序終結。

第20條

法院應遴聘就勞動關係或勞資事務具有專門學識、經驗者為勞動調解委員。

法院遴聘前項勞動調解委員時，委員之任一性別比例不得少於遴聘總人數三分之一。

關於勞動調解委員之資格、遴聘、考核、訓練、解任及報酬等事項，由司法院定之。

民事訴訟法有關法院職員迴避之規定，於勞動調解委員準用之。

第21條

勞動調解，由勞動法庭之法官一人及勞動調解委員二人組成勞動調解委員會行之。

前項勞動調解委員，由法院斟酌調解委員之學識經驗、勞動調解委員會之妥適組成及其他情事指定之。

勞動調解委員應基於中立、公正之立場，處理勞動調解事件。

關於調解委員之指定事項，由司法院定之。

第22條

調解之聲請不合法者，勞動法庭之法官應以裁定駁回之。但其情形可以補正者，應定期間先命補正。

下列事項，亦由勞動法庭之法官為之：

一、關於審判權之裁定。

二、關於管轄權之裁定。

勞動法庭之法官不得逕以不能調解或顯無調解必要或調解顯無成立之望，或已經其他法定調解機關調解未成立為理由，裁定駁回調解之聲請。

第23條

勞動調解委員會行調解時，由該委員會之法官指揮其程序。

調解期日，由勞動調解委員會之法官，依職權儘速定之；除有前條第一項、第二項情形或其他特別事由外，並應於勞動調解聲請之日起三十日內，指定第一次調解期日。

第24條

勞動調解程序，除有特別情事外，應於三個月內以三次期日內終結之。

當事人應儘早提出事實及證據，除有不可歸責於己之事由外，應於第二次期日終結前為之。

勞動調解委員會應儘速聽取當事人之陳述、整理相關之爭點與證據，適時曉諭當事人訴訟之可能結果，並得依聲請或依職權調查事實及必要之證據。

前項調查證據之結果，應使當事人及知悉之利害關係人有到場陳述意見之機會。

第25條

勞動調解程序不公開。但勞動調解委員會認為適當時，得許就事件無妨礙之人旁聽。

因性別平等工作法第十二條所生勞動事件，勞動調解委員會審酌事件情節、勞工身心狀況與意願，認為適當者，得以利用遮蔽或視訊設備為適當隔離之方式行勞動調解。

第26條

勞動調解，經當事人合意，並記載於調解筆錄時成立。

前項調解成立，與確定判決有同一之效力。

第27條

勞動調解經兩造合意，得由勞動調解委員會酌定解決事件之調解條款。

前項調解條款之酌定，除兩造另有約定外，以調解委員會過半數之意見定之；關於數額之評議，意見各不達過半數時，以次多額之意見定之。

調解條款，應作成書面，記明年月日，或由書記官記明於調解程序筆錄。其經勞動調解委員會之法官及勞動調解委員全體簽名者，視為調解成立。

前項經法官及勞動調解委員簽名之書面，視為調解筆錄。

前二項之簽名，勞動調解委員中有因故不能簽名者，由法官附記其事由；法官因故不能簽名者，由勞動調解委員附記之。

第28條

當事人不能合意成立調解時，勞動調解委員會應依職權斟酌一切情形，並求兩造利益之平衡，於不違反兩造之主要意思範圍內，提出解決事件之適當方案。

前項方案，得確認當事人間權利義務關係、命給付金錢、交付特定標的物或為其他財產上給付，或定解決個別勞動紛爭之適當事項，並應記載方案之理由要旨，由法官及勞動調解委員全體簽名。

勞動調解委員會認為適當時，得於全體當事人均到場之調解期日，以言詞告知適當方案之內容及理由，並由書記官記載於調解筆錄。

第一項之適當方案，準用前條第二項、第五項之規定。

第29條

除依前條第三項規定告知者外，適當方案應送達於當事人及參加調解之利害關係人。

當事人或參加調解之利害關係人，對於前項方案，得於送達或受告知日後十日之不變期間內，提出異議。

於前項期間內合法提出異議者，視為調解不成立，法院並應告知或通知當事人及參加調解之利害關係人；未於前項期間內合法提出異議者，視為已依該方案成立調解。

依前項規定調解不成立者，除調解聲請人於受告知或通知後十日之不變期間內，向法院為反對續行訴訟程序之意思外，應續行訴訟程序，並視為自調解聲請時，已經起訴；其於第一項適當方案送達前起訴者，亦同。以起訴視為調解者，仍自起訴時發生訴訟繫屬之效力。

依前項情形續行訴訟程序者，由參與勞動調解委員會之法官為之。

第30條

調解程序中，勞動調解委員或法官所為之勸導，及當事人所為不利於己之陳述或讓步，於調解不成立後之本案訴訟，不得採爲裁判之基礎。

前項陳述或讓步，係就訴訟標的、事實、證據或其他得處分之事項成立書面協議者，當事人應受其拘束。但經兩造同意變更，或因不可歸責於當事人之事由或依其他情形，協議顯失公平者，不在此限。

第31條

勞動調解委員會參酌事件之性質，認爲進行勞動調解不利於紛爭之迅速與妥適解決，或不能依職權提出適當方案者，視爲調解不成立，並告知或通知當事人。

有前項及其他調解不成立之情形者，準用第二十九條第四項、第五項之規定。

第三章　訴訟程序

第32條

勞動事件，法院應以一次期日辯論終結爲原則，第一審並應於六個月內審結。但因案情繁雜或審理上之必要者，不在此限。

爲言詞辯論期日之準備，法院應儘速釐清相關爭點，並得爲下列處置：

一、命當事人就準備書狀爲補充陳述、提出書證與相關物證，必要時並得諭知期限及失權效果。

二、請求機關或公法人提供有關文件或公務資訊。

三、命當事人本人到場。

四、通知當事人一造所稱之證人及鑑定人於言詞辯論期日到場。

五、聘請勞動調解委員參與諮詢。

法院爲前項之處置時，應告知兩造。

因性別平等工作法第十二條所生勞動事件，法院審酌事件情節、勞工身心狀況與意願，認爲適當者，得不公開審判，或利用遮蔽、視訊等設備爲適當隔離。

第33條

法院審理勞動事件，爲維護當事人間實質公平，應闡明當事人提出必要之事實，並得依職權調查必要之證據。

勞工與雇主間以定型化契約訂立證據契約，依其情形顯失公平者，勞工不受拘束。

第34條

法院審理勞動事件時，得審酌就處理同一事件而由主管機關指派調解人、組成委員會或法院勞動調解委員會所調查之事實、證據資料、處分或解決事件之適當方案。

前項情形，應使當事人有辯論之機會。

第35條

勞工請求之事件，雇主就其依法令應備置之文書，有提出之義務。

第36條

文書、勘驗物或鑑定所需資料之持有人，無正當理由不從法院之命提出者，法院得以裁定處新臺幣三萬元以下罰鍰；於必要時並得以裁定命爲強制處分。

前項強制處分之執行，準用強制執行法關於物之交付請求權執行之規定。

第一項裁定，得爲抗告；處罰鍰之裁定，抗告中應停止執行。

法院爲判斷第一項文書、勘驗物或鑑定所需資料之持有人有無不提出之正當理由，於必要時仍得命其提出，並以不公開方式行之。

當事人無正當理由不從第一項之命者，法院得認依該證物應證之事實爲眞實。

第37條

勞工與雇主間關於工資之爭執，經證明勞工本於勞動關係自雇主所受領之給付，推定爲勞工因工作而獲得之報酬。

第38條

出勤紀錄內記載之勞工出勤時間，推定勞工於該時間內經雇主同意而執行職務。

第39條

法院就勞工請求之勞動事件，判命雇主爲一定行爲或不行爲者，得依勞工之請求，同時命雇主如在判決確定後一定期限內未履行時，給付法院所酌定之補償金。

民事訴訟法第二百二十二條第二項規定，於前項法院酌定補償金時準用之。

第一項情形，逾法院所定期限後，勞工不得就行爲或不行爲請求，聲請強制執行。

第40條

工會於章程所定目的範圍內，得對侵害其多數會員利益之雇主，提起不作爲之訴。

前項訴訟，應委任律師代理訴訟。

工會違反會員之利益而起訴者，法院應以裁定駁回其訴。

第一項訴訟之撤回、捨棄或和解，應經法院之許可。

第二項律師之酬金，爲訴訟費用之一部，並應限定其最高額，其支給標準，由司法院參酌法務部及中華民國律師公會全國聯合會意見定之。

前四項規定，於第一項事件之調解程序準用之。

第41條

工會依民事訴訟法第四十四條之一第一項爲選定之會員起訴，被選定人得於第一審言詞辯論終結前爲訴之追加，並求對於被告確定選定人與被告間關於請求或法律關係之共通基礎前提要件是否存在之判決。

關於前項追加之訴，法院應先爲辯論及裁判；原訴訟程序於前項追加之訴裁判確定以前，得裁定停止。

第一項追加之訴，不另徵收裁判費。

被選定人於同一事件提起第一項追加之訴，以一次爲限。

第42條

被選定人依前條第一項爲訴之追加者，法院得徵求被選定人之同意，或由被選定人聲請經法院認爲適當時，公告曉示其他本於同一原因事實有共同利益之勞工，得於一定期間內以書狀表明下列事項，併案請求：

一、併案請求人、被告及法定代理人。

二、請求併入之事件案號。

三、訴訟標的及其原因事實、證據。

四、應受判決事項之聲明。

其他有共同利益之勞工，亦得聲請法院依前項規定爲公告曉示。

依第一項規定爲併案請求之人，視爲已選定。

被選定人於前條第一項追加之訴判決確定後三十日內，應以書狀表明爲全體選定人請求之應受判決事項之聲明，並依法繳納裁判費。

前項情形，視爲併案請求之人自併案請求時，已經起訴。

關於併案請求之程序，除本法別有規定外，準用民事訴訟法第四十四條之二規定。

第一項原被選定人不同意者，法院得依職權公告曉示其他共同利益勞工起訴，由法院併案審理。

第43條

工會應將民事訴訟法第四十四條之一及前條之訴訟所得，扣除訴訟必要費用後，分別交付爲選定或視爲選定之勞工，並不得請求報酬。

第44條

法院就勞工之給付請求，爲雇主敗訴之判決時，應依職權宣告假執行。

前項情形，法院應同時宣告雇主得供擔保或將請求標的物提存而免爲假執行。

工會依民事訴訟法第四十四條之一及本法第四十二條所提訴訟，準用前二項之規定。

第45條

勞工對於民事訴訟法第四十四條之一及本法第四十二條訴訟之判決不服，於工會上訴期間屆滿前撤回選定者，得依法自行提起上訴。

工會於收受判決後，應即將其結果通知勞工，並應於七日內將是否提起上訴之意旨以書面通知勞工。

多數有共同利益之勞工，於在職期間依工會法無得加入之工會者，得選定同一工會聯合組織爲選定人起訴。但所選定之工會聯合組織，以於其章程所定目的範圍內，且勞務提供地、雇主之住所、居所、主營業所或主事務所所在地在其組織區域內者爲限。

多數有共同利益之勞工，於離職或退休時爲同一工會之會員者，於章程所定目的範圍內，得選定該工會爲選定人起訴。

民事訴訟法第四十四條之一第二項、第三項，及本法關於工會依民事訴訟法第四十四條之一第一項爲選定之會員起訴之規定，於第三項、第四項之訴訟準用之。

第四章　保全程序

第46條

勞工依勞資爭議處理法就民事爭議事件申請裁決者，於裁決決定前，得向法院聲請假扣押、假處分或定暫時狀態處分。

勞工於裁決決定書送達後，就裁決決定之請求，欲保全強制執行或避免損害之擴大，向法院聲請假扣押、假處分或定暫時狀態處分時，有下列情形之一者，得以裁決決定代替請求及假扣押、假處分或定暫時狀態處分原因之釋明，法院不得再命勞工供擔保後始為保全處分：

一、裁決決定經法院核定前。

二、雇主就裁決決定之同一事件向法院提起民事訴訟。

前二項情形，於裁決事件終結前，不適用民事訴訟法第五百二十九條第一項之規定。裁決決定未經法院核定，如勞工於受通知後三十日內就裁決決定之請求起訴者，不適用勞資爭議處理法第五十條第四項之規定。

第47條

勞工就請求給付工資、職業災害補償或賠償、退休金或資遣費、勞工保險條例第七十二條第一項及第三項之賠償與確認僱傭關係存在事件，聲請假扣押、假處分或定暫時狀態之處分者，法院依民事訴訟法第五百二十六條第二項、第三項所命供擔保之金額，不得高於請求標的金額或價額之十分之一。

前項情形，勞工釋明提供擔保於其生計有重大困難者，法院不得命提供擔保。

依民事訴訟法第四十四條之一或本法第四十二條規定選定之工會，聲請假扣押、假處分或定暫時狀態之處分者，準用前二項之規定。

第48條

勞工所提請求給付工資、職業災害補償或賠償、退休金或資遣費事件，法院發現進行訴訟造成其生計上之重大困難者，應闡明其得聲請命先為一定給付之定暫時狀態處分。

第49條

勞工提起確認僱傭關係存在之訴，法院認勞工有勝訴之望，且雇主繼續僱用非顯有重大困難者，得依勞工之聲請，為繼續僱用及給付工資之定暫時狀態處分。

第一審法院就前項訴訟判決僱傭關係存在者，第二審法院應依勞工之聲請為前項之處分。

前二項聲請，法院得為免供擔保之處分。

法院因勞工受本案敗訴判決確定而撤銷第一項、第二項處分之裁定時，得依雇主之聲請，在撤銷範圍內，同時命勞工返還其所受領之工資，並依聲請附加自受領時起之利息。但勞工已依第一項、第二項處分提供勞務者，不在此限。

前項命返還工資之裁定，得抗告，抗告中應停止執行。

第50條

勞工提起確認調動無效或回復原職之訴，法院認雇主調動勞工之工作，有違反勞工法令、團體協約、工作規則、勞資會議決議、勞動契約或勞動習慣之虞，且雇主依調動前原工作繼續僱用非顯有重大困難者，得經勞工之聲請，為依原工作或兩造所同意工作內容繼續僱用之定暫時狀態處分。

第五章　附則

第51條

除別有規定外，本法於施行前發生之勞動事件亦適用之。

本法施行前已繫屬尚未終結之勞動事件，依其進行程度，由繫屬之法院依本法所定程序終結之，不適用第十六條第二項規定；其已依法定程序進行之行為，效力不受影響。

本法施行前已繫屬尚未終結之勞動事件，依繫屬時之法律或第六條第一項規定，定法院之管轄。

本法施行前已繫屬尚未終結之保全事件，由繫屬之法院依本法所定程序終結之。

第52條

本法施行細則及勞動事件審理細則，由司法院定之。

第53條

本法施行日期，由司法院定之。

附錄三 | 勞動事件法施行細則

112年8月23日司法院令修正

第1條

本細則依勞動事件法（以下簡稱本法）第五十二條規定訂定之。

第2條

本法施行前已繫屬於法院之勞動事件尚未終結者，除第三條情形外，於本法施行後，依下列方式辦理：

一、按其進行程度，依本法所定之程序終結之，不適用本法第十六條第二項規定。

二、依繫屬時之法律或本法第六條第一項，定法院之管轄。勞工依本法第六條第二項、第七條聲請移送者，應於本案言詞辯論前爲之。

三、裁判費之徵收，依起訴、聲請、上訴或抗告時之法律定之。

前項事件，於本法施行後終結，經上訴或抗告者，適用本法之規定。

第3條

（刪除）

第4條

本法施行前已繫屬於上級審法院之勞動事件尚未終結，於本法施行後經發回或發交者，由勞動專業法庭或專股（以下簡稱勞動法庭）辦理。但應發回或發交智慧財產及商業法院者，不在此限。

第5條

本法施行前，已聲請或視爲聲請調解之勞動事件，其調解程序尚未終結者，於施行後仍依民事訴訟法所定調解程序行之。

前項調解不成立，而經當事人依民事訴訟法第四百十九條第一項聲請即爲訴訟之辯論者，應即送分案，由勞動法庭依個案情狀妥適處理；其依同條第二項、第三項視爲自聲請調解時已經起訴，或依同條第四項規定自原起訴或支付命令聲請時發生訴訟繫屬之效力者，不適用本法第十六條第一項規定。

第6條

本法施行前已繫屬之勞動事件，經依民事訴訟法規定移付調解，其調解程序尚未終結者，依民事訴訟法所定調解程序行之；於施行後移付調解者，亦同。

第7條

本細則自中華民國一百零九年一月一日施行。

本細則修正條文，自發布日施行。

附錄四 | 勞工職業災害保險及保護法

110年4月30日總統令制定

第一章 總則

第1條

爲保障遭遇職業災害勞工及其家屬之生活，加強職業災害預防及職業災害勞工重建，以促進社會安全，特制定本法。

第2條

本法所稱主管機關：在中央爲勞動部；在直轄市爲直轄市政府；在縣（市）爲縣（市）政府。

第二章 職業災害保險

第一節 保險人、基金管理、保險監理及爭議處理

第3條

勞工職業災害保險（以下簡稱本保險）以勞動部勞工保險局爲保險人，辦理保險業務。

勞工職業災害保險基金（以下簡稱本保險基金）之投資運用管理業務，由勞動部勞動基金運用局辦理。

第4條

本保險之保險業務及基金投資運用管理業務，由中央主管機關監理，並適用勞工保險條例之監理規定。

第5條

投保單位、被保險人、受益人、支出殯葬費之人及全民健康保險特約醫院或診所，對保險人依本章核定之案件有爭議時，應自行政處分達到之翌日起六十日內，向中央主管機關申請審議，對於爭議審議結果不服時，得提起訴願及行政訴訟。

前項爭議之審議，適用勞工保險爭議事項審議辦法；其勞工保險爭議審議會委

員，應有職業醫學科專科醫師及勞工團體代表，且比例合計不得低於五分之一。

第二節　投保單位、被保險人及保險效力

第6條

年滿十五歲以上之下列勞工，應以其雇主為投保單位，參加本保險為被保險人：

一、受僱於領有執業證照、依法已辦理登記、設有稅籍或經中央主管機關依法核發聘僱許可之雇主。

二、依法不得參加公教人員保險之政府機關（構）、行政法人及公、私立學校之受僱員工。

前項規定，於依勞動基準法規定未滿十五歲之受僱從事工作者，亦適用之。

下列人員準用第一項規定參加本保險：

一、勞動基準法規定之技術生、事業單位之養成工、見習生及其他與技術生性質相類之人。

二、高級中等學校建教合作實施及建教生權益保障法規定之建教生。

三、其他有提供勞務事實並受有報酬，經中央主管機關公告者。

第7條

年滿十五歲以上之下列勞工，應以其所屬團體為投保單位，參加本保險為被保險人：

一、無一定雇主或自營作業而參加職業工會之會員。

二、無一定雇主或自營作業而參加漁會之甲類會員。

第8條

年滿十五歲以上，於政府登記有案之職業訓練機構或受政府委託辦理職業訓練之單位接受訓練者，應以其所屬機構或單位為投保單位，參加本保險為被保險人。

第9條

下列人員得準用本法規定參加本保險：

一、受僱於經中央主管機關公告之第六條第一項規定以外雇主之員工。

二、實際從事勞動之雇主。

三、參加海員總工會或船長公會為會員之外僱船員。

前項人員參加本保險後，非依本法規定，不得中途退保。

第一項第二款規定之雇主，應與其受僱員工，以同一投保單位參加本保險。

僱用勞工合力從事海洋漁撈工作之漁會甲類會員，其僱用人數十人以下，且仍實

際從事海洋漁撈工作者，得依第七條第二款規定參加本保險，不受前項規定之限制。

第10條

第六條至第九條規定以外之受僱員工或實際從事勞動之人員，得由雇主或本人辦理參加本保險。

勞動基準法第四十五條第四項所定之人，得由受領勞務者辦理參加本保險。

依前二項規定參加本保險之加保資格、手續、月投保薪資等級、保險費率、保險費繳納方式及其他應遵行事項之辦法，由中央主管機關定之。

第11條

第六條至第十條所定參加本保險之人員，包括外國籍人員。

第12條

符合第六條至第八條規定之勞工，投保單位應於本法施行之當日或勞工到職、入會、到訓之當日，列表通知保險人辦理投保手續。但依第六條第三項第三款公告之人員，投保單位應於該公告指定日期為其辦理投保手續。

勞工於其雇主領有執業證照、依法辦理登記或設有稅籍前到職者，雇主應於領有執業證照、依法辦理登記或設有稅籍之當日，辦理前項投保手續。

前二項勞工離職、退會、結（退）訓者，投保單位應於離職、退會、結（退）訓之當日，列表通知保險人辦理退保手續。

第13條

符合第六條規定之勞工，其保險效力之開始自到職當日起算，至離職當日停止。但有下列情形者，其保險效力之開始，自各款所定期日起算：

一、勞工於其雇主符合第六條第一項第一款規定前到職者，自雇主領有執業證照、依法已辦理登記或設有稅籍之當日起算。

二、第六條第三項第三款公告之人員，自該公告指定日期起算。

符合第七條及第八條規定之勞工，其保險效力之開始，依下列規定辦理：

一、投保單位於其所屬勞工入會、到訓之當日通知保險人者，自通知當日起算。

二、投保單位非於其所屬勞工入會、到訓之當日通知保險人者，自通知翌日起算。

下列勞工，其保險效力之開始，自本法施行之日起算：

一、本法施行前，仍參加勞工保險職業災害保險或就業保險之被保險人。

二、受僱於符合第六條規定投保單位之勞工，於本法施行前到職，未參加勞工保險職業災害保險者。但依第六條第三項第三款公告之人員，不適用之。

第二項勞工之保險效力之停止，依下列規定辦理：

一、投保單位於其所屬勞工退會、結（退）訓之當日通知保險人者，於通知當日停止。

二、投保單位非於其所屬勞工退會、結（退）訓之當日通知保險人者，於退會、結（退）訓當日停止。

三、勞工未退會、結（退）訓，投保單位辦理退保者，於通知當日停止。

依第九條規定參加本保險者，其保險效力之開始或停止，準用第二項、第三項第一款及前項規定。

第14條

依第十條規定參加本保險者，其保險效力之開始，依下列規定辦理：

一、自雇主、受領勞務者或實際從事勞動之人員保險費繳納完成之實際時間起算。

二、前款保險費繳納完成時，另有向後指定日期者，自該日起算。

前項人員保險效力之停止，至雇主、受領勞務者或實際從事勞動之人員指定之保險訖日停止。

前二項保險效力之起訖時點，於保險費繳納完成後，不得更改。

第15條

投保單位應為其所屬勞工，辦理投保、退保手續及其他有關保險事務。

前項投保、退保手續及其他有關保險事務，第六條、第八條及第九條第一項第一款之投保單位得委託勞工團體辦理，其保險費之負擔及繳納方式，分別依第十九條第一款及第二十條第一項第一款規定辦理。

投保單位應備置所屬勞工名冊、出勤工作紀錄及薪資帳冊，並自被保險人離職、退會或結（退）訓之日起保存五年。

保險人為查核投保單位勞工人數、工作情況及薪資，必要時，得查對前項相關表冊，投保單位不得規避、妨礙或拒絕。

第三節　保險費

第16條

本保險之保險費，依被保險人當月月投保薪資及保險費率計算。

本保險費率，分爲行業別災害費率及上、下班災害單一費率二種。

前項保險費率，於本法施行時，依中央主管機關公告之最近一次勞工保險職業災害保險適用行業別及費率表辦理；其後自施行之日起，每三年調整一次，由中央主管機關視保險實際收支情形及精算結果擬訂，報請行政院核定後公告。

僱用員工達一定人數以上之投保單位，第二項行業別災害費率採實績費率，按其最近三年保險給付總額占應繳保險費總額及職業安全衛生之辦理情形，由保險人每年計算調整之。

前項實績費率計算、調整及相關事項之辦法，由中央主管機關定之。

第17條

前條第一項月投保薪資，投保單位應按被保險人之月薪資總額，依投保薪資分級表之規定，向保險人申報。

被保險人之薪資，在當年二月至七月調整時，投保單位應於當年八月底前將調整後之月投保薪資通知保險人；在當年八月至次年一月調整時，應於次年二月底前通知保險人。前開調整，均自通知之次月一日生效。

依第九條第一項第二款規定加保，其所得未達投保薪資分級表最高一級者，得自行舉證申報其投保薪資。

第一項投保薪資分級表，由中央主管機關擬訂，報請行政院核定後發布。

前項投保薪資分級表之下限與中央主管機關公告之基本工資相同；基本工資調整時，該下限亦調整之。

第18條

被保險人投保薪資申報不實者，保險人得按查核資料逕行調整投保薪資至適當等級，並通知投保單位；調整後之投保薪資與實際薪資不符時，應以實際薪資爲準。

依前項規定逕行調整之投保薪資，自調整之次月一日生效。

第19條

本保險之保險費負擔，依下列規定辦理之：

一、第六條、第八條、第九條第一項第一款、第二款及第十條規定之被保險人，除第十條第一項所定實際從事勞動之人員，保險費應自行負擔外，全部由投保單位負擔。

二、第七條第一款規定之被保險人，由被保險人負擔百分之六十，其餘百分之四十，由中央政府補助。

三、第七條第二款規定之被保險人，由被保險人負擔百分之二十，其餘百分之八十，由中央政府補助。

四、第九條第一項第三款規定之被保險人，由被保險人負擔百分之八十，其餘百分之二十，由中央政府補助。

第20條

本保險之保險費，依下列規定按月繳納：

一、第六條、第八條、第九條第一項第一款及第二款規定之被保險人，投保單位應於次月底前向保險人繳納。

二、第七條及第九條第一項第三款規定之被保險人，其自行負擔之保險費，應按月向其所屬投保單位繳納，於次月底前繳清，所屬投保單位應於再次月底前，負責彙繳保險人。

本保險之保險費一經繳納，概不退還。但因不可歸責於投保單位或被保險人之事由致溢繳或誤繳者，不在此限。

第21條

投保單位對應繳納之保險費，未依前條第一項規定限期繳納者，得寬限十五日；在寬限期間仍未向保險人繳納者，保險人自寬限期滿之翌日起至完納前一日止，每逾一日加徵其應納費額百分之零點二滯納金；加徵之滯納金額，以至應納費額百分之二十為限。

加徵前項滯納金十五日後仍未繳納者，保險人就其應繳之保險費及滯納金，得依法移送行政執行。投保單位無財產可供執行或其財產不足清償時，由其代表人或負責人負連帶清償責任。

投保單位代表人或負責人有變更者，原代表人或負責人未繳清保險費或滯納金時，新代表人或負責人應負連帶清償責任。

第22條

第七條及第九條第一項第三款規定之被保險人，其所負擔之保險費未依第二十條第一項第二款規定期限繳納者，得寬限十五日；在寬限期間仍未向其所屬投保單位繳納者，其所屬投保單位應準用前條第一項規定，代為加收滯納金彙繳保險人。

第七條規定之被保險人欠繳保險費者，所屬投保單位應於彙繳當月份保險費時，列報被保險人欠費名冊。

投保單位依第一項規定代為加收滯納金十五日後，被保險人仍未繳納者，保險人就其應繳之保險費及滯納金，得依法移送行政執行。

第23條

有下列情形之一者，保險人應暫行拒絕給付：

一、第七條及第九條第一項第三款規定之被保險人，經投保單位依前條規定代為加收滯納金十五日後，仍未繳納保險費或滯納金。

二、前款被保險人，其所屬投保單位經保險人依第二十一條第一項規定加徵滯納金十五日後，仍未繳清保險費或滯納金。但被保險人應繳部分之保險費已繳納於投保單位者，不在此限。

三、被保險人，其因投保單位欠費，本身負有繳納義務而未繳清保險費或滯納金。

四、被保險人，其擔任代表人或負責人之任一投保單位，未繳清保險費或滯納金。

前項被保險人或投保單位未繳清保險費或滯納金期間，已領取之保險給付，保險人應以書面行政處分令其限期返還。

被保險人在本法施行前，有未繳清勞工保險職業災害保險之保險費或滯納金者，準用前二項規定。

第24條

本保險之保險費及滯納金，優先於普通債權受清償。

第25條

本保險之保險費及滯納金不適用下列規定：

一、公司法有關公司重整之債務免責規定。

二、消費者債務清理條例有關清算之債務免責規定。

三、破產法有關破產之債務免責規定。

四、其他法律有關消滅時效規定。

第四節　保險給付

第一款　總則

第26條

本保險之給付種類如下：

一、醫療給付。
二、傷病給付。
三、失能給付。
四、死亡給付。
五、失蹤給付。

第27條

被保險人於保險效力開始後停止前，遭遇職業傷害或罹患職業病（以下簡稱職業傷病），而發生醫療、傷病、失能、死亡或失蹤保險事故者，被保險人、受益人或支出殯葬費之人得依本法規定，請領保險給付。

被保險人在保險有效期間遭遇職業傷病，於保險效力停止之翌日起算一年內，得請領同一傷病及其引起疾病之醫療給付、傷病給付、失能給付或死亡給付。

第一項職業傷病之職業傷害類型、職業病種類、審查認定基準、類型化調查審查程序及其他相關事項之準則，由中央主管機關定之。

第28條

以現金發給之保險給付，其金額按被保險人平均月投保薪資及給付基準計算。

前項平均月投保薪資，應按被保險人發生保險事故之當月起前六個月之實際月投保薪資，平均計算；未滿六個月者，按其實際投保期間之平均月投保薪資計算。

保險給付以日為給付單位者，按前項平均月投保薪資除以三十計算。

第六條規定之勞工，其投保單位未依第十二條規定辦理投保、退保手續，且發生保險事故者，該未依規定辦理期間之月投保薪資，由保險人按其月薪資總額對應之投保薪資分級表等級予以認定。但以不高於事故發生時保險人公告之最近年度全體被保險人平均月投保薪資對應之等級為限。

前項未依規定辦理期間之月投保薪資，投保單位或被保險人未提具相關薪資資料供保險人審核時，按投保薪資分級表第一等級計算。

第29條

同一種保險給付，不得因同一事故而重複請領。

被保險人發生同一保險事故，被保險人、受益人或支出殯葬費之人同時符合請領本保險、勞工保險、農民健康保險、農民職業災害保險、公教人員保險、軍人保險或國民年金保險（以下簡稱其他社會保險）之給付條件時，僅得擇一請領。

第30條

不符合本法所定加保資格而參加本保險者，保險人應撤銷該被保險人之資格；其有領取保險給付者，保險人應以書面行政處分令其限期返還。

不符合本法所定請領條件而溢領或誤領保險給付者，其溢領或誤領之保險給付，保險人應以書面行政處分令其限期返還。

前二項給付返還規定，於受益人、請領人及法定繼承人準用之。

第31條

無正當理由不補具應繳之證明文件，或未依第四十七條規定接受保險人指定之醫院或醫師複檢者，保險人不發給保險給付。

第32條

保險人爲辦理本保險業務或中央主管機關爲審議保險爭議事項所需之必要資料，得洽請被保險人、受益人、投保單位、醫事服務機構、醫師或其他相關機關（構）、團體、法人或個人提供之；各該受洽請者不得規避、妨礙、拒絕或爲虛僞之證明、報告及陳述。

前項所定資料如下：

一、被保險人之出勤工作紀錄、病歷、處方箋、檢查化驗紀錄、放射線診斷攝影片報告及醫療利用情形之相關資料。

二、被保險人作業情形及健康危害職業暴露相關資料。

三、投保單位辦理本保險事務之相關帳冊、簿據、名冊及書表。

四、其他與本保險業務或保險爭議事項相關之文件及電子檔案。

第一項所定提供機關（構）已建置前項資料電腦化作業者，保險人得逕洽連結提供，各該機關（構）不得拒絕。

保險人及中央主管機關依前三項規定所取得之資料，應盡善良管理人之注意義務；相關資料之保有、處理及利用等事項，應依個人資料保護法之規定爲之。

第33條

被保險人、受益人或支出殯葬費之人領取各種保險給付之權利，不得讓與、抵銷、扣押或供擔保。

被保險人或受益人依本法規定請領現金給付者，得檢附保險人出具之證明文件，於金融機構開立專戶，專供存入現金給付之用。

前項專戶內之存款，不得作爲抵銷、扣押、供擔保或強制執行之標的。

第34條

已領取之保險給付，經保險人撤銷或廢止，應繳還而未繳還者，保險人得自其本人或受益人所領取之本保險給付扣減之。

前項有關扣減保險給付之種類、方式、金額及其他相關事項之辦法，由中央主管機關定之。

第一項應繳還而未繳還之保險給付，優先於普通債權受清償，且不適用下列規定：

一、公司法有關公司重整之債務免責規定。

二、消費者債務清理條例有關清算之債務免責規定。

三、破產法有關破產之債務免責規定。

第35條

依本法以現金發給之保險給付，經保險人核定後，應在十五日內給付之；年金給付應於次月底前給付。逾期給付可歸責於保險人者，其逾期部分應加給利息。

前項利息，以各該年一月一日之郵政儲金一年期定期存款固定利率為準，按日計算，並以新臺幣元為單位，角以下四捨五入。

第36條

投保單位未依第十二條規定，為符合第六條規定之勞工辦理投保、退保手續，且勞工遭遇職業傷病請領保險給付者，保險人發給保險給付後，應於該保險給付之範圍內，確認投保單位應繳納金額，並以書面行政處分令其限期繳納。

投保單位已依前項規定繳納者，其所屬勞工請領之保險給付得抵充其依勞動基準法第五十九條規定應負擔之職業災害補償。

第一項繳納金額之範圍、計算方式、繳納方式、繳納期限及其他應遵行事項之辦法，由中央主管機關定之。

第37條

領取保險給付之請求權，自得請領之日起，因五年間不行使而消滅。

第二款　醫療給付

第38條

醫療給付分門診及住院診療。

前項醫療給付，得由保險人委託全民健康保險保險人辦理。

被保險人遭遇職業傷病時，應至全民健康保險特約醫院或診所診療；其所發生之醫療費用，由保險人支付予全民健康保險保險人，被保險人不得請領現金。

前項診療範圍、醫療費用之給付項目及支付標準，除準用全民健康保險法及其相關規定辦理外，由保險人擬訂，並會商全民健康保險保險人後，報請中央主管機關核定發布。

第39條

被保險人遭遇職業傷病時，應由投保單位填發職業傷病門診單或住院申請書（以下簡稱醫療書單）申請診療；投保單位未依規定填發或被保險人依第十條規定自行投保者，被保險人得向保險人請領，經查明屬實後發給。

被保險人未檢具前項醫療書單，經醫師診斷罹患職業病者，得由醫師開具職業病門診單。

前項醫師開具資格、門診單之申領、使用及其他應遵行事項之辦法，由保險人擬訂，報請中央主管機關核定發布。

第40條

被保險人有下列情形之一者，得向保險人申請核退醫療費用：

一、遭遇職業傷病，未持醫療書單至全民健康保險特約醫院或診所診療，於事後補具。

二、於我國境內遭遇職業傷病，因緊急傷病至非全民健康保險特約醫院或診所診療。

三、於我國境外遭遇職業傷病，須於當地醫院或診所診療。

前項申請核退醫療費用，應檢附之證明文件、核退期限、核退基準、程序及緊急傷病範圍，準用全民健康保險法及其相關規定辦理。

第41條

投保單位填具醫療書單，不符合保險給付規定、虛僞不實或交非被保險人使用者，其全部醫療費用除依全民健康保險相關法令屬全民健康保險保險人負擔者外，應由投保單位負責償付。

全民健康保險特約醫院或診所提供被保險人之醫療不屬於本保險給付範圍時，其醫療費用應由醫院、診所或被保險人自行負責。

第一項情形，保險人應以書面行政處分命投保單位限期返還保險人支付全民健康保險保險人醫療費用之相同金額。

第三款　傷病給付

第42條

被保險人遭遇職業傷病不能工作，致未能取得原有薪資，正在治療中者，自不能工作之日起算第四日起，得請領傷病給付。

前項傷病給付，前二個月按被保險人平均月投保薪資發給，第三個月起按被保險人平均月投保薪資百分之七十發給，每半個月給付一次，最長以二年爲限。

第四款　失能給付

第43條

被保險人遭遇職業傷病，經治療後，症狀固定，再行治療仍不能改善其治療效果，經全民健康保險特約醫院或診所診斷爲永久失能，符合本保險失能給付標準規定者，得按其平均月投保薪資，依規定之給付基準，請領失能一次金給付。

前項被保險人之失能程度，經評估符合下列情形之一者，得請領失能年金：

一、完全失能：按平均月投保薪資百分之七十發給。

二、嚴重失能：按平均月投保薪資百分之五十發給。

三、部分失能：按平均月投保薪資百分之二十發給。

被保險人於中華民國九十八年一月一日勞工保險年金制度施行前有勞工保險年資，經評估符合失能年金給付條件，除已領取失能年金者外，亦得選擇請領失能一次金，經保險人核付後，不得變更。

被保險人請領部分失能年金期間，不得同時領取同一傷病之傷病給付。

第一項及第二項所定失能種類、狀態、等級、給付額度、開具診斷書醫療機構層級、審核基準、失能程度之評估基準及其他應遵行事項之標準，由中央主管機關定之。

第44條

請領失能年金者，同時有符合下列各款條件之一所定眷屬，每一人加發依前條第二項規定計算後金額百分之十之眷屬補助，最多加發百分之二十：

一、配偶應年滿五十五歲且婚姻關係存續一年以上。但有下列情形之一者，不在此限：

（一）無謀生能力。

（二）扶養第三款規定之子女。

二、配偶應年滿四十五歲且婚姻關係存續一年以上，且每月工作收入未超過投保薪資分級表第一級。

三、子女應符合下列條件之一，其爲養子女者，並須有收養關係六個月以上：

（一）未成年。

（二）無謀生能力。

（三）二十五歲以下，在學，且每月工作收入未超過投保薪資分級表第一級。

前項各款眷屬有下列情形之一者，其加發眷屬補助應停止發給：

一、配偶離婚或不符合前項第一款及第二款所定請領條件。

二、子女不符合前項第三款所定請領條件。

三、入獄服刑、因案羈押或拘禁。

四、失蹤。

前項第三款所稱拘禁，指受拘留、留置、觀察勒戒、強制戒治或保安處分裁判之宣告，在特定處所執行中，其人身自由受剝奪或限制者。但執行保護管束、保外就醫或假釋中者，不包括在內。

第45條

被保險人領取失能年金後，保險人應至少每五年審核其失能程度。但經保險人認爲無須審核者，不在此限。

保險人依前項規定審核領取失能年金者，認爲其失能程度減輕，仍符合失能年金給付條件時，應改按減輕後之失能程度發給失能年金；其失能程度減輕至不符合失能年金給付條件時，應停止發給失能年金，另發給失能一次金。

第一項之審核，保險人應結合職能復健措施辦理。

第46條

被保險人之身體原已局部失能，再因職業傷病致身體之同一部位失能程度加重或不同部位發生失能者，保險人應按其加重部分之失能程度，依失能給付標準計算發給失能給付。但失能一次金合計不得超過第一等級之給付基準。

前項被保險人符合失能年金給付條件，並請領失能年金給付者，保險人應按月發給失能年金給付金額之百分之八十，至原已局部失能程度依失能給付標準所計算之失能一次金給付金額之半數扣減完畢爲止。

前二項被保險人在保險有效期間遭遇職業傷病，原已局部失能，而未請領失能給付者，保險人應按其加重後之失能程度，依第四十三條規定發給失能給付。但失能一次金合計不得超過第一等級之給付基準。

請領失能年金之被保險人，因同一職業傷病或再遭遇職業傷病，致同一部位失能程度加重或不同部位發生失能者，保險人應按其評估後之失能程度，依第四十三條第二項規定發給失能年金。但失能程度仍符合原領年金給付條件者，應繼續發給原領年金給付。

前四項給付發給之方法及其他應遵行事項之標準，由中央主管機關定之。

第47條

保險人於審核失能給付，認為被保險人有複檢必要時，得另行指定醫院或醫師複檢。

第48條

被保險人經評估為終身無工作能力，領取本保險或勞工保險失能給付者，由保險人逕予退保。

第五款　死亡給付

第49條

被保險人於保險有效期間，遭遇職業傷病致死亡時，支出殯葬費之人，得請領喪葬津貼。

前項被保險人，遺有配偶、子女、父母、祖父母、受其扶養之孫子女或受其扶養之兄弟姊妹者，得依第五十二條所定順序，請領遺屬年金，其條件如下：

一、配偶符合第四十四條第一項第一款或第二款規定者。

二、子女符合第四十四條第一項第三款規定者。

三、父母、祖父母年滿五十五歲，且每月工作收入未超過投保薪資分級表第一級者。

四、孫子女符合第四十四條第一項第三款第一目至第三目規定情形之一者。

五、兄弟姊妹符合下列條件之一：

（一）有第四十四條第一項第三款第一目或第二目規定情形。

（二）年滿五十五歲，且每月工作收入未超過投保薪資分級表第一級。

前項當序遺屬於被保險人死亡時，全部不符合遺屬年金給付條件者，得請領遺屬一次金，經保險人核付後，不得再請領遺屬年金。

保險人依前項規定核付遺屬一次金後，尚有未具名之其他當序遺屬時，不得再請領遺屬年金，應由具領之遺屬負責分與之。

被保險人於中華民國九十八年一月一日勞工保險年金制度實施前有保險年資者，其遺屬除得依第二項規定請領遺屬年金外，亦得選擇請領遺屬津貼，不受第二項各款所定條件之限制，經保險人核付後，不得變更。

第50條

依第四十三條第二項第一款或第二款規定請領失能年金者，於領取期間死亡時，其遺屬符合前條第二項規定者，得請領遺屬年金。

被保險人於中華民國九十八年一月一日勞工保險年金制度施行前有保險年資者，其遺屬除得依前項規定請領年金給付外，亦得選擇一次請領失能給付扣除已領年金給付總額之差額，不受前條第二項各款所定條件之限制，經保險人核付後，不得變更。

前項差額之請領順序及發給方法，準用第五十二條及第五十三條規定。

第51條

前二條所定喪葬津貼、遺屬年金、遺屬一次金及遺屬津貼給付之基準如下：

一、喪葬津貼：按被保險人平均月投保薪資一次發給五個月。但被保險人無遺屬者，按其平均月投保薪資一次發給十個月。

二、遺屬年金：

（一）依第四十九條第二項規定請領遺屬年金者，按被保險人之平均月投保薪資百分之五十發給。

（二）依前條第一項規定請領遺屬年金者，依失能年金給付基準計算後金額之半數發給。

三、遺屬一次金及遺屬津貼：按被保險人平均月投保薪資發給四十個月。

遺屬年金於同一順序之遺屬有二人以上時，每多一人加發依前項第二款計算後金額之百分之十，最多加計百分之二十。

第52條

請領遺屬年金、遺屬一次金及遺屬津貼之順序如下：

一、配偶及子女。

二、父母。

三、祖父母。

四、受扶養之孫子女。

五、受扶養之兄弟姊妹。

前項當序受領遺屬年金、遺屬一次金或遺屬津貼者存在時，後順序之遺屬不得請領。

第一項第一順序之遺屬全部不符合請領條件，或有下列情形之一且無同順序遺屬符合請領條件時，第二順序之遺屬得請領遺屬年金：

一、死亡。

二、提出放棄請領書。

三、於符合請領條件之日起算一年內未提出請領。

前項遺屬年金於第一順序之遺屬主張請領或再符合請領條件時，即停止發給，並由第一順序之遺屬請領。但已發放予第二順序遺屬之年金，不予補發。

第53條

本保險之喪葬津貼、遺屬年金、遺屬一次金及遺屬津貼，以一人請領爲限。符合請領條件者有二人以上時，應共同具領，未共同具領或保險人核定前另有他人提出請領，保險人應通知各申請人協議其中一人代表請領，未能協議者，按總給付金額平均發給各申請人。

同一順序遺屬有二人以上，有其中一人請領遺屬年金時，應發給遺屬年金。但經共同協議依第四十九條第五項或第五十條第二項規定請領遺屬津貼或失能給付扣除已領年金給付總額之差額者，依其協議辦理。

保險人依前二項規定發給遺屬給付後，尙有未具名之其他當序遺屬時，應由具領之遺屬負責分與之。

第54條

領取遺屬年金者，有下列情形之一時，其年金給付應停止發給：

一、配偶再婚或不符合第四十九條第二項第一款所定請領條件。

二、子女、父母、祖父母、孫子女、兄弟姊妹，不符合第四十九條第二項第二款至第五款所定請領條件。

三、有第四十四條第二項第三款或第四款規定之情形。

第六款　失蹤給付

第55條

被保險人於作業中遭遇意外事故致失蹤時，自失蹤之日起，發給失蹤給付。

前項失蹤給付，按被保險人平均月投保薪資百分之七十，於每滿三個月之期末給付一次，至生還之前一日、失蹤滿一年之前一日或受死亡宣告裁判確定死亡時之前一日止。

第一項被保險人失蹤滿一年或受死亡宣告裁判確定死亡時，其遺屬得依第四十九條規定，請領死亡給付。

第七款　年金給付之申請及核發

第56條

被保險人或其受益人符合請領年金給付條件者，應填具申請書及檢附相關文件向保險人提出申請。

前項被保險人或其受益人，經保險人審核符合請領規定者，其年金給付自申請之當月起，按月發給，至應停止發給之當月止。

遺屬年金之受益人未於符合請領條件之當月提出申請者，其提出請領之日起前五年得領取之給付，由保險人追溯補給之。但已經其他受益人請領之部分，不適用之。

第57條

被保險人或其受益人請領年金給付時，保險人得予以查證，並得於查證期間停止發給，經查證符合給付條件者，應補發查證期間之給付，並依規定繼續發給。

領取年金給付者不符合給付條件或死亡時，本人或其繼承人應自事實發生之日起三十日內，檢附相關文件資料通知保險人，保險人應自事實發生之次月起停止發給年金給付。

領取年金給付者死亡，應發給之年金給付未及撥入其帳戶時，得由繼承人檢附載有申請人死亡日期及繼承人之證明文件請領之；繼承人有二人以上時，得檢附共同委任書及切結書，由其中一人請領。

領取年金給付者或其繼承人未依第二項規定通知保險人，致溢領年金給付者，保險人應以書面通知溢領人，自得發給之年金給付扣減之，無給付金額或給付金額不足扣減時，保險人應以書面通知其於三十日內繳還。

第58條

被保險人或其受益人因不同保險事故，同時請領本保險或其他社會保險年金給付時，本保險年金給付金額應考量被保險人或其受益人得請領之年金給付數目、金額、種類及其他生活保障因素，予以減額調整。

前項本保險年金給付減額調整之比率，以百分之五十為上限。

第一項有關本保險年金給付應受減額調整情形、比率、方式及其他應遵行事項之辦法，由中央主管機關定之。

第五節　保險基金及經費

第59條

本保險基金之來源如下：

一、設立時由勞工保險職業災害保險基金一次撥入之款項。

二、設立時由職業災害勞工保護專款一次撥入之款項。

三、保險費與其孳息之收入及保險給付支出之結餘。

四、保險費滯納金、依第三十六條第一項規定繳納之金額。

五、基金運用之收益。

六、第一百零一條之罰鍰收入。

第60條

本保險基金得爲下列之運用：

一、投資國內債務證券。

二、存放國內之金融機構及投資短期票券。

三、其他經中央主管機關核准有利於本保險基金收益之投資。

勞動部勞動基金運用局應每年將本保險基金之運用情形及其積存數額，按年送保險人彙報中央主管機關公告之。

第61條

本保險基金除作爲第二章保險給付支出、第六十二條編列之經費、第四章與第六章保險給付及津貼、補助支出、審核保險給付必要費用及前條之運用外，不得移作他用或轉移處分。

第三章　職業災害預防及重建

第一節　經費及相關協助措施

第62條

中央主管機關得於職業災害保險年度應收保險費百分之二十及歷年經費執行賸餘額度之範圍內編列經費，辦理下列事項：

一、職業災害預防。

二、預防職業病健康檢查。

三、職業傷病通報、職業災害勞工轉介及個案服務。

四、職業災害勞工重建。

五、捐（補）助依第七十條規定成立之財團法人。

六、其他有關職業災害預防、職業病防治、職業災害勞工重建與協助職業災害勞工及其家屬之相關事項。

前項第一款至第四款及第六款業務，中央主管機關得委任所屬機關（構）、委託、委辦或補助其他相關機關（構）、法人或團體辦理之。

第一項第五款與前項之補助條件、基準、程序及其他應遵行事項之辦法，由中央主管機關定之。

第63條

被保險人從事中央主管機關指定有害作業者，投保單位得向保險人申請預防職業病健康檢查。

勞工曾從事經中央主管機關另行指定有害作業者，得向保險人申請健康追蹤檢查。

前二項預防職業病健康檢查費用及健康追蹤檢查費用之支付，由保險人委託全民健康保險保險人辦理。

第一項及第二項有害作業之指定、檢查之申請方式、對象、項目、頻率、費用、程序、認可之醫療機構、檢查結果之通報內容、方式、期限及其他應遵行事項之辦法，由中央主管機關定之。

第64條

主管機關應規劃整合相關資源，並得運用保險人核定本保險相關資料，依職業災害勞工之需求，提供下列適切之重建服務事項：

一、醫療復健：協助職業災害勞工恢復其生理心理功能所提供之診治及療養，回復正常生活。

二、社會復健：促進職業災害勞工與其家屬心理支持、社會適應、福利諮詢、權益維護及保障。

三、職能復健：透過職能評估、強化訓練及復工協助等，協助職業災害勞工提升工作能力恢復原工作。

四、職業重建：提供職業輔導評量、職業訓練、就業服務、職務再設計、創業輔導、促進就業措施及其他職業重建服務，協助職業災害勞工重返職場。

職業災害勞工之重建涉及社會福利或醫療保健者，主管機關應協調衛生福利主管機關，以提供整體性及持續性服務。

第65條

中央主管機關應規劃職業災害勞工個案管理服務機制，整合全國性相關職業傷病通報資訊，建立職業災害勞工個案服務資料庫。

直轄市、縣（市）主管機關應建立轄區內通報及轉介機制，以掌握職業災害勞工相關資訊，並應置專業服務人員，依職業災害勞工之需求，適時提供下列服務：

一、職業災害勞工個案管理服務。

二、職業災害勞工家庭支持。

三、勞動權益維護。

四、復工協助。

五、轉介就業服務、職業輔導評量等職業重建資源。

六、連結相關社福資源。

七、其他有關職業災害勞工及其家庭之協助。

主管機關依前二項規定所取得之資料，應盡善良管理人之注意義務；相關資料之保有、處理及利用等事項，應依個人資料保護法之規定為之。

第66條

為使職業災害勞工恢復並強化其工作能力，雇主或職業災害勞工得向中央主管機關認可之職能復健專業機構提出申請，協助其擬訂復工計畫，進行職業災害勞工工作分析、功能性能力評估及增進其生理心理功能之強化訓練等職能復健服務。

經認可之職能復健專業機構辦理前項所定職能復健服務事項，得向中央主管機關申請補助。

前二項專業機構之認可條件、管理、人員資格、服務方式、申請補助程序、補助基準、廢止及其他應遵行事項之辦法，由中央主管機關會商中央衛生福利主管機關定之。

第67條

職業災害勞工經醫療終止後，雇主應依前條第一項所定復工計畫，並協助其恢復原工作；無法恢復原工作者，經勞雇雙方協議，應按其健康狀況及能力安置適當之工作。

為使職業災害勞工恢復原工作或安置於適當之工作，雇主應提供其從事工作必要之輔助設施，包括恢復、維持或強化就業能力之器具、工作環境、設備及機具之改善等。

前項輔助設施，雇主得向直轄市、縣（市）主管機關申請補助。

第68條

被保險人因職業傷病，於下列機構進行職能復健期間，得向直轄市、縣（市）主管機關請領職能復健津貼：

一、依第七十三條認可開設職業傷病門診之醫療機構。

二、依第六十六條認可之職能復健專業機構。

前項津貼之請領日數，合計最長發給一百八十日。

第69條

僱用職業災害勞工之事業單位，於符合下列情形之一者，得向直轄市、縣（市）主管機關申請補助：

一、協助職業災害勞工恢復原工作、調整職務或安排其他工作。

二、僱用其他事業單位之職業災害勞工。

前二條及前項補助或津貼之條件、基準、申請與核發程序及其他應遵行事項之辦法，由中央主管機關定之。

第二節　職業災害預防及重建財團法人

第70條

為統籌辦理本法職業災害預防及職業災害勞工重建業務，中央主管機關應捐助成立財團法人職業災害預防及重建中心（以下簡稱職災預防及重建中心）；其捐助章程，由中央主管機關定之。

第71條

職災預防及重建中心經費來源如下：

一、依第六十二條規定編列經費之捐（補）助。

二、政府機關（構）之捐（補）助。

三、受託業務及提供服務之收入。

四、設立基金之孳息。

五、捐贈收入。

六、其他與執行業務有關之收入。

第72條

職災預防及重建中心應建立人事、會計、內部控制及稽核制度，報中央主管機關核定。

為監督並確保職災預防及重建中心之正常運作及健全發展，中央主管機關應就其董事或監察人之遴聘及比例、資格、基金與經費之運用、財產管理、年度重大措施等事項，訂定監督及管理辦法。

中央主管機關對於職災預防及重建中心之業務與財務運作狀況，應定期實施查核，查核結果應於網站公開之。

中央主管機關得邀集勞工團體代表、雇主團體代表、有關機關代表及學者專家，辦理職災預防及重建中心之績效評鑑，評鑑結果應送立法院備查。

第三節　職業傷病通報及職業病鑑定

第73條

為提供職業災害勞工職業傷病診治整合性服務及辦理職業傷病通報，中央主管機關得補助經其認可之醫療機構辦理下列事項：

一、開設職業傷病門診，設置服務窗口。

二、整合醫療機構內資源，跨專科、部門通報職業傷病，提供診斷、治療、醫療復健、職能復健等整合性服務。

三、建立區域職業傷病診治及職能復健服務網絡，適時轉介。

四、提供個案管理服務，進行必要之追蹤及轉介。

五、區域服務網絡之職業傷病通報。

六、疑似職業病之實地訪視。

七、其他職業災害勞工之醫療保健相關事項。

前項認可之醫療機構得整合第六十六條之職能復健專業機構，辦理整合性服務措施。

勞工疑有職業病就診，醫師對職業病因果關係診斷有困難時，得轉介勞工至第一項經認可之醫療機構。

雇主、醫療機構或其他人員知悉勞工遭遇職業傷病者，及遭遇職業傷病勞工本人，得向主管機關通報；主管機關於接獲通報後，應依第六十五條規定，整合職業傷病通報資訊，並適時提供該勞工必要之服務及協助措施。

第一項醫療機構之認可條件、管理、人員資格、服務方式、職業傷病通報、疑似職業病實地訪視之辦理方式、補助基準、廢止與前項通報之人員、方式、內容及其他應遵行事項之辦法，由中央主管機關會商中央衛生福利主管機關定之。

第74條

中央主管機關爲辦理職業病防治及職業災害勞工重建服務工作，得洽請下列對象提供各款所定資料，不得拒絕：

一、中央衛生福利主管機關及所屬機關（構）依法所蒐集、處理罹患特定疾病者之必要資料。

二、醫療機構所保有之病歷、醫療及健康檢查等資料。

中央主管機關依前項規定取得之資料，應盡善良管理人之注意義務；相關資料之保有、處理及利用等事項，應依個人資料保護法之規定爲之。

第75條

保險人於審核職業病給付案件認有必要時，得向中央主管機關申請職業病鑑定。

被保險人對職業病給付案件有爭議，且曾經第七十三條第一項認可醫療機構之職業醫學科專科醫師診斷罹患職業病者，於依第五條規定申請審議時，得請保險人逕向中央主管機關申請職業病鑑定。

爲辦理前二項職業病鑑定，中央主管機關應建置職業病鑑定專家名冊（以下簡稱專家名冊），並依疾病類型由專家名冊中遴聘委員組成職業病鑑定會。

前三項職業病鑑定之案件受理範圍、職業病鑑定會之組成、專家之資格、推薦、遴聘、選定、職業病鑑定程序、鑑定結果分析與揭露及其他相關事項之辦法，由中央主管機關定之。

第76條

職業病鑑定會認有必要時，得由中央主管機關會同職業病鑑定委員實施調查。

對前項之調查，雇主、雇主代理人、勞工及其他有關人員不得規避、妨礙或拒絕。

第一項之調查，必要時得通知當事人或相關人員參與。

第四章　其他勞動保障

第77條

參加勞工保險之職業災害勞工，於職業災害醫療期間終止勞動契約並退保者，得以勞工團體或保險人委託之有關團體爲投保單位，繼續參加勞工保險，至符合請領老年給付之日止，不受勞工保險條例第六條規定之限制。

前項勞工自願繼續參加勞工保險，其加保資格、投保手續、保險效力、投保薪資、保險費負擔及其補助、保險給付及其他應遵行事項之辦法，由中央主管機關定之。

第78條

被保險人從事第六十三條第二項所定有害作業，於退保後，經第七十三條第一項認可醫療機構之職業醫學科專科醫師診斷係因保險有效期間執行職務致罹患職業病者，得向保險人申請醫療補助、失能或死亡津貼。

前項補助與津貼發給之對象、認定程序、發給基準及其他應遵行事項之辦法，由中央主管機關定之。

第一項所定罹患職業病者，得依第七十九條及第八十條規定申請補助。

第79條

被保險人遭遇職業傷病，經醫師診斷或其他專業人員評估必須使用輔助器具，且未依其他法令規定領取相同輔助器具項目之補助者，得向勞動部職業安全衛生署（以下簡稱職安署）申請器具補助。

第80條

被保險人因職業傷病，有下列情形之一者，得向保險人申請照護補助：

一、符合第四十二條第一項規定，且住院治療中。

二、經評估為終身無工作能力，喪失全部或部分生活自理能力，經常需醫療護理及專人周密照護，或為維持生命必要之日常生活活動需他人扶助。

第81條

未加入本保險之勞工，於本法施行後，遭遇職業傷病致失能或死亡，得向保險人申請照護補助、失能補助或死亡補助。

前二條及前項補助之條件、基準、申請與核發程序及其他應遵行事項之辦法，由中央主管機關定之。

第82條

職業災害勞工請領第七十八條至第八十一條所定津貼或補助之請求權，自得請領之日起，因五年間不行使而消滅。

第83條

職業災害勞工經醫療終止後，主管機關發現其疑似有身心障礙情形者，應通知當地社政主管機關主動協助。

第84條

非有下列情形之一者，雇主不得預告終止與職業災害勞工之勞動契約：

一、歇業或重大虧損，報經主管機關核定。

二、職業災害勞工經醫療終止後，經中央衛生福利主管機關醫院評鑑合格醫院認定身心障礙不堪勝任工作。

三、因天災、事變或其他不可抗力因素，致事業不能繼續經營，報經主管機關核定。

雇主依前項規定預告終止勞動契約時，準用勞動基準法規定預告勞工。

第85條

有下列情形之一者，職業災害勞工得終止勞動契約：

一、經中央衛生福利主管機關醫院評鑑合格醫院認定身心障礙不堪勝任工作。

二、事業單位改組或轉讓，致事業單位消滅。

三、雇主未依第六十七條第一項規定協助勞工恢復原工作或安置適當之工作。

四、對雇主依第六十七條第一項規定安置之工作未能達成協議。

職業災害勞工依前項第一款規定終止勞動契約時，準用勞動基準法規定預告雇主。

第86條

雇主依第八十四條第一項第一款、第三款，或勞工依前條第一項第二款至第四款規定終止勞動契約者，雇主應按勞工工作年資，適用勞動基準法或勞工退休金條例規定，發給勞工資遣費。但勞工同時符合勞動基準法第五十三條規定時，雇主應依勞動基準法第五十五條及第八十四條之二規定發給勞工退休金。

雇主依第八十四條第一項第二款，或勞工依前條第一項第一款規定終止勞動契約者，雇主應按勞工工作年資，適用勞動基準法規定發給勞工退休金及適用勞工退休金條例規定發給勞工資遣費。

不適用勞動基準法之勞工依前條，或其雇主依第八十四條規定終止勞動契約者，雇主應以不低於勞工退休金條例規定之資遣費計算標準發給離職金，並應於終止勞動契約後三十日內發給。但已依其他法令發給資遣費、退休金或其他類似性質之給與者，不在此限。

第87條

事業單位改組或轉讓後所留用之勞工，因職業災害致身心障礙、喪失部分或全部工作能力者，其依法令或勞動契約原有之權益，對新雇主繼續存在。

第88條

職業災害未認定前，勞工得先請普通傷病假；普通傷病假期滿，申請留職停薪者，雇主應予留職停薪。經認定結果為職業災害者，再以公傷病假處理。

第89條

事業單位以其事業招人承攬，就承攬人於承攬部分所使用之勞工，應與承攬人連帶負職業災害補償之責任。再承攬者，亦同。

前項事業單位或承攬人，就其所補償之部分，對於職業災害勞工之雇主，有求償權。

前二項職業災害補償之標準，依勞動基準法之規定。同一事故，依本法或其他法令規定，已由僱用勞工之雇主支付費用者，得予抵充。

第90條

遭遇職業傷病之被保險人於請領本法保險給付前，雇主已依勞動基準法第五十九條規定給與職業災害補償者，於被保險人請領保險給付後，得就同條規定之抵充金額請求其返還。

遭遇職業傷病而不適用勞動基準法之被保險人於請領給付前，雇主已給與賠償或補償金額者，於被保險人請領保險給付後，得主張抵充之，並請求其返還。

被保險人遭遇職業傷病致死亡或失能時，雇主已依本法規定投保及繳納保險費，並經保險人核定為本保險事故者，雇主依勞動基準法第五十九條規定應給予之補償，以勞工之平均工資與平均投保薪資之差額，依勞動基準法第五十九條第三款及第四款規定標準計算之。

第91條

勞工因職業災害所致之損害，雇主應負賠償責任。但雇主能證明無過失者，不在此限。

第五章　罰則

第92條

以詐欺或其他不正當行為領取保險給付、津貼、補助或為虛偽之證明、報告、陳述及申報醫療費用者，按其領取之保險給付、津貼、補助或醫療費用處以二倍罰鍰。

前項行爲人，及共同實施前項行爲者，保險人或職安署得依民法規定向其請求損害賠償；其涉及刑責者，移送司法機關辦理。

第一項情形，全民健康保險特約醫院、診所因此領取之醫療費用，保險人應委由全民健康保險保險人在其申報之應領費用內扣除。

第93條

雇主有下列情形之一者，處新臺幣三十萬元以上一百五十萬元以下罰鍰，並令其限期給付；屆期未給付者，應按次處罰：

一、違反第八十六條第一項或第二項規定，未依勞動基準法或勞工退休金條例所定退休金、資遣費之標準或期限給付。

二、違反第八十六條第三項規定離職金低於勞工退休金條例規定之資遣費計算標準，或未於期限內給付離職金。

第94條

投保單位規避、妨礙或拒絕保險人依第十五條第四項規定之查對者，處新臺幣五萬元以上三十萬元以下罰鍰。

第95條

有下列情形之一者，處新臺幣五萬元以上三十萬元以下罰鍰，並令其限期改善；屆期未改善者，應按次處罰：

一、違反第六十七條第一項規定，未協助職業災害勞工恢復原工作或安置適當之工作。

二、違反第七十六條第二項規定，規避、妨礙或拒絕調查。

三、違反第八十四條第二項規定，未準用勞動基準法規定預告勞工終止勞動契約。

四、違反第八十八條規定，未予勞工普通傷病假、留職停薪或公傷病假。

第96條

投保單位或雇主未依第十二條規定，爲所屬勞工辦理投保、退保手續者，處新臺幣二萬元以上十萬元以下罰鍰，並令其限期改善；屆期未改善者，應按次處罰。

第97條

投保單位有下列情形之一者，處新臺幣二萬元以上十萬元以下罰鍰，並令其限期改善；屆期未改善者，應按次處罰：

一、違反第十五條第三項規定，未備置相關文件或保存未達規定期限。

二、違反第十九條第一款規定，未依規定負擔保險費，而由被保險人負擔。

第98條

投保單位有下列情形之一者，處新臺幣二萬元以上十萬元以下罰鍰：

一、違反第十七條第一項至第三項規定，將投保薪資金額以多報少或以少報多，或未於期限內通知月投保薪資之調整。

二、經保險人依第二十一條第一項規定加徵滯納金至應納費額百分之二十，其應繳之保險費仍未向保險人繳納，且情節重大。

第99條

依第六條第三項規定準用參加本保險之人員，其所屬投保單位或雇主有下列情形之一者，分別依各該款規定處罰：

一、違反第十二條規定，依第九十六條規定處罰。

二、違反第十五條第三項或第十九條第一款規定，依第九十七條規定處罰。

三、違反第十五條第四項規定，依第九十四條規定處罰。

四、違反第十七條第一項至第三項規定，或有前條第二款行爲，依前條規定處罰。

第100條

投保單位、雇主或全民健康保險特約醫院、診所違反本法經處以罰鍰者，主管機關應公布其名稱、負責人姓名、公告期日、處分期日、處分字號、違反條文、違反事實及處分金額。

主管機關裁處罰鍰，應審酌與違反行爲有關之勞工人數、違反情節、累計違法次數或未依法給付之金額，爲量罰輕重之標準。

第101條

本法施行前依法應爲所屬勞工辦理參加勞工保險而未辦理之雇主，其勞工發生職業災害事故致死亡或失能，經依本法施行前職業災害勞工保護法第六條規定發給補助者，處以補助金額相同額度之罰鍰。

第六章　附則

第102條

本法之免課稅捐、保險費免繳、故意造成事故不給付、故意犯罪行爲不給付、養子女請領保險給付之條件、無謀生能力之範圍、年金給付金額隨消費者物價指數調整事項、基金之管理及運用等規定，除本法另有規定外，準用勞工保險條例及其相關規定辦理。

第103條

勞工保險被保險人於本法施行前發生職業災害傷病、失能或死亡保險事故，其本人或受益人已依勞工保險條例規定申請保險給付者，同一保險事故之保險給付仍適用勞工保險條例規定；尚未提出申請，且該給付請求權時效依勞工保險條例規定尚未完成者，得選擇適用本法或勞工保險條例規定請領保險給付。

依前項後段規定選擇適用本法請領保險給付情形，勞工保險條例已進行之消滅時效期間尚未完成者，其已經過之期間與本法施行後之消滅時效期間，合併計算。

被保險人或其受益人依第一項規定選擇後，經保險人核付，不得變更。

第104條

勞工保險被保險人於本法施行前發生職業災害傷病、失能或死亡保險事故，符合下列情形之一申請補助者，應依本法施行前職業災害勞工保護法規定辦理：

一、本法施行前，已依勞工保險條例規定請領職業災害給付。

二、依前條第一項規定選擇依勞工保險條例規定請領職業災害給付。

勞工保險被保險人或受益人依前條第一項規定選擇依本法請領保險給付者，不得依本法施行前職業災害勞工保護法申請補助。

第105條

未加入勞工保險之勞工於本法施行前遭遇職業傷病，應依本法施行前職業災害勞工保護法規定申請補助。

第106條

本法施行前，有下列情形之一者，主管機關於本法施行後，仍依職業災害勞工保護法及其相關規定辦理：

一、已依職業災害勞工保護法第十一條或第十三條等規定受理職業疾病認定或鑑定，其處理程序未終結。

二、已依職業災害勞工保護法第十條或第二十條受理事業單位、職業訓練機構或相關團體之補助申請，其處理程序未終結。

除本法另有規定外，自本法施行之日起，職業災害勞工保護法不再適用。

第107條

勞工保險條例第二條第二款、第十三條第三項至第六項、第十五條第一款至第四款、第十九條第五項、第六項、第二十條第一項、第二十條之一、第三十四條、第三十六條、第三十九條至第五十二條、第五十四條及第六十四條有關職業災害保險規定，除本法另有規定外，自本法施行之日起，不再適用。

第108條

本法施行細則，由中央主管機關定之。

第109條

本法施行日期，由行政院定之。

附錄五 | 勞工職業災害保險及保護法施行細則

112年12月15日勞動部令修正

第一章　總則

第1條

本細則依勞工職業災害保險及保護法（以下簡稱本法）第一百零八條規定訂定之。

第二章　職業災害保險

第一節　通則

第2條

本法有關保險期間之計算，除本法另有規定外，依行政程序法之規定，行政程序法未規定者，依民法之規定。

本法被保險人及其眷屬或遺屬之姓名、年齡及親屬關係，以戶籍登記爲依據。

本法有關保險費、滯納金、利息、月薪資總額或保險給付金額之計算，以新臺幣元爲單位，角以下四捨五入。

第3條

依本法第四條規定勞工職業災害保險（以下簡稱本保險）之基金投資運用管理業務，由勞動基金監理會負責監理，其監理事項如下：

一、本保險基金年度運用計畫之審議。

二、本保險基金運用部分年度預算及決算之審議。

三、本保險基金運用整體績效之審議。

四、本保險基金運用業務查核之審議。

五、其他關於本保險基金運用之監理事項。

第二節　保險人、投保單位、被保險人及保險效力

第一款　保險人

第4條

保險人及勞動部勞動基金運用局，應依其業務職掌按月分別依下列事項製作書

表，報請中央主管機關備查：

一、投保單位、投保人數及投保薪資統計。

二、保險給付統計。

三、保險收支會計報表。

四、保險基金運用概況。

保險人應每年編製前項事項總報告，並於翌年三月底前報請中央主管機關備查。

第5條

保險人或中央主管機關依本法第三十二條規定派員調查有關本保險事項時，應出示其執行職務之證明文件。

保險人為審核保險給付、津貼及補助，得視業務需要委請醫事服務機構、相關科別之醫師或專業機構、團體、專家協助之。

第二款　投保單位、被保險人及保險效力

第6條

本法第六條第一項第一款所定領有執業證照、依法已辦理登記、設有稅籍或經中央主管機關依法核發聘僱許可之雇主如下：

一、經專門職業及技術人員考試及格，且依法取得執業資格或開業執照，為執行業務僱用勞工者。

二、依法成立之法人。

三、依法已向目的事業主管機關辦理商業、工廠、礦場、鹽場、農場、畜牧場、林場、茶場、漁業、公用事業、交通事業、新聞事業、文化事業、公益事業、合作事業登記，或其他已向目的事業主管機關辦理登記之廠場或事業單位。

四、依法立案、核准或報備之人民團體、短期補習班、訓練機構、宗教團體或公寓大廈管理委員會。

五、依法許可或核准營業之攤販或公有市場攤商。

六、外國公司在中華民國境內設立之分公司或辦事處。

七、中央或地方公職人員選舉之擬參選人、候選人及當選人，為選務或公職人員職務僱用勞工者。

八、依中央或地方政府社會福利服務計畫，辦理社會福利服務事務之村（里）辦公處。

九、依加值型及非加值型營業稅法規定辦理稅籍登記，或經稅捐稽徵機關編配扣繳單位稅籍編號者。

十、經中央主管機關依就業服務法規，核發聘僱外國人從事家庭看護工作或家庭幫傭工作聘僱許可之雇主。

第7條

本法第七條所稱無一定雇主之勞工，指經常於三個月內受僱於非屬本法第六條第一項各款規定之二個以上不同之雇主，其工作機會、工作時間、工作量、工作場所或工作報酬不固定者。

本法第七條所稱自營作業者，指獨立從事勞動或技藝工作，獲致報酬，且未僱用有酬人員幫同工作者。

第8條

本法第十一條所稱外國籍人員，指下列情形之一：

一、依就業服務法或其他法規，經中央主管機關或相關目的事業主管機關核准從事工作者。

二、依法規准予從事工作者。

投保單位爲前項第一款之勞工加保時，應檢附相關機關核准從事工作之證明文件影本。

第9條

本細則關於國民身分證之規定，於外國籍被保險人，得以在我國居留證明文件或外國護照替代之。

第10條

申請投保之單位辦理投保手續時，應塡具投保申請書及加保申報表各一份送交保險人。

前項加保申報表，應依戶籍資料或相關資料詳爲記載。

本法施行前已參加勞工保險、就業保險或提繳勞工退休金者，得免依第一項規定塡具投保申請書，其投保單位編號，由保險人逕行編列。

前項投保單位之所屬勞工，符合本法第六條至第九條所定加保資格，且在本法施行前一日，已參加勞工保險職業災害保險、就業保險或提繳勞工退休金，並於本法施行之日仍在職加保生效中者，投保單位得免塡具第一項加保申報表，由保險人逕行加保。

第11條

符合本法第六條至第九條規定之勞工，其所屬投保單位辦理投保手續時，除政府機關（構）、公立學校及使用政府機關（構）提供之線上申請系統者外，應檢附負責人國民身分證正背面影本及各目的事業主管機關核發之下列相關證明文件影本：

一、工廠：工廠有關登記證明文件。

二、礦場：礦場登記證、採礦、探礦執照或有關認定證明文件。

三、鹽場、農場、畜牧場、林場、茶場：登記證書或有關認定證明文件。

四、交通事業：運輸業許可證或有關認定證明文件。

五、公用事業：事業執照或有關認定證明文件。

六、公司、行號：公司登記證明文件或商業登記證明文件。

七、私立學校、新聞事業、文化事業、公益事業、合作事業、漁業、職業訓練機構及各業人民團體：立案或登記證明書。

八、中央或地方公職人員選舉之擬參選人及候選人：監察院政治獻金開戶許可函、選舉委員會受理登記為候選人之公文或相當證明文件。

九、中央或地方公職人員選舉之當選人：當選證書。

十、本法第九條第一項第一款所定雇主：僱用契約書或證明文件。

十一、其他各業：執業證照、資格證書、聘僱許可函或有關登記、核定或備查證明文件。

投保單位依規定無法取得前項各款證明文件者，應檢附稅捐稽徵機關核發之扣繳單位設立（變更）登記申請書或使用統一發票購票證，辦理投保手續。

第12條

符合本法第六條至第八條規定之勞工，其所屬投保單位依本法第十二條規定辦理投保或退保手續時，應分別填具加保申報表或退保申報表送交或郵寄保險人。

被保險人在有同一隸屬關係之投保單位調動時，應由轉出單位填具轉保申報表轉出聯，逕送轉入單位，由轉入單位填具該表轉入聯一併送交或郵寄保險人。

依前二項規定郵寄保險人之當日，以原寄郵局郵戳為準。

前三項規定，於本法第九條第一項之被保險人，準用之。

第13條

被保險人未離職，有下列情形之一，且無法繼續提供勞務者，投保單位得辦理退保：

一、應徵召服兵役。

二、留職停薪。

三、因案停職或被羈押，未經法院判決確定前。

第14條

符合本法第六條規定之勞工，其保險效力之開始，自到職之當日零時起算。但有下列情形之一者，依各該規定辦理：

一、本法施行後，於其雇主符合本法第六條第一項第一款規定前到職者：自雇主領有執業證照、依法已辦理登記或設有稅籍之當日零時起算。

二、本法施行後，依本法第六條第三項第三款公告之人員，於公告指定之日前到職或提供勞務者：自該公告指定日期之當日零時起算。

三、本法施行前到職，且於施行前一日已參加勞工保險職業災害保險或就業保險之被保險人：自本法施行之當日零時起算。

四、本法施行前到職，未參加勞工保險職業災害保險者：自本法施行之當日零時起算。但依本法第六條第三項第三款公告之人員，於本法施行前到職或提供勞務者，自該公告指定日期之當日零時起算。

前項勞工，其保險效力至離職當日二十四時停止。

第15條

符合本法第七條或第八條規定之勞工，其保險效力之開始，依下列規定辦理：

一、投保單位於其所屬勞工入會、到訓之當日列表通知保險人者：自投保單位將加保申報表送交保險人或郵寄之當日零時起算。

二、投保單位非於其所屬勞工入會、到訓之當日列表通知保險人者：自投保單位將加保申報表送交保險人或郵寄之翌日零時起算。

三、本法施行前入會、到訓，且於施行前一日已參加勞工保險職業災害保險之被保險人：自本法施行之當日零時起算。

前項勞工，其保險效力之停止，依下列規定辦理：

一、投保單位於其所屬勞工退會、結（退）訓之當日列表通知保險人者：於投保單位將退保申報表送交保險人或郵寄之當日二十四時停止。

二、投保單位非於其所屬勞工退會、結（退）訓之當日列表通知保險人者：於退會、結（退）訓當日二十四時停止。

三、勞工未退會、結（退）訓，投保單位辦理退保者：於投保單位將退保申報表送交保險人或郵寄之當日二十四時停止。

第16條

勞工於下列時間到職、到訓，其所屬投保單位至遲於次一上班日將加保申報表及到職、到訓之證明文件送交或郵寄保險人者，視為依本法第十二條規定辦理投保手續：

一、保險人依規定放假之日。

二、到職、到訓當日十七時後至二十四時前。

三、所屬投保單位所在地方政府依規定發布停止上班日。

前條及前項郵寄之當日，以原寄郵局郵戳為準。

第17條

本法第九條第一項之被保險人，其保險效力之開始及停止，準用前二條規定。

第18條

投保單位有下列情形之一者，保險人應以書面通知補正，投保單位應於接到通知之翌日起十日內補正：

一、辦理投保手續未塡具投保申請書或投保申請書漏蓋投保單位印章、負責人印章。

二、所送之加保、轉保申報表或投保薪資調整表，除姓名及國民身分證統一編號均未塡者不予受理外，漏蓋投保單位印章及負責人印章，或被保險人姓名、出生年月日、國民身分證統一編號、投保薪資疏誤。

三、申報本法第十一條之外國籍員工加保，未檢附核准從事工作之證明文件影本。

前項補正之提出日期，以送交保險人之日為準；郵寄者，以原寄郵局郵戳為準。

第一項所定負責人印章，得以負責人簽名代之。

第19條

投保單位依前條規定如期補正投保申請書或加保、轉保申報表者，以原通知保險人之日為申報日；逾期補正者，以補正之日為申報日。

本法第七條至第九條之投保單位，依前條規定如期補正投保申請書或加保、轉保申報表者，其所屬勞工之保險效力依第十五條第一項之規定；逾期補正者，自補正之翌日生效。

投保薪資調整表經投保單位依前條規定如期補正者，自申報日之次月一日生效；逾期補正者，自補正之次月一日生效。

投保單位未如期補正，勞工因此所受之損失，應由投保單位負賠償之責。

第20條

投保單位有歇業、解散、撤銷、廢止、受破產宣告等情事或經認定已無營業事實，且未僱用勞工者，保險人得逕予註銷該投保單位。

投保單位經依前項規定註銷者，其原僱用勞工未由投保單位依規定辦理退保者，由保險人逕予退保；其保險效力之停止、應繳保險費及應加徵滯納金之計算，以事實確定日爲準，未能確定者，以保險人查定之日爲準。

第21條

投保單位有下列情形之一者，應於三十日內塡具投保單位變更事項申請書，並檢附有關證明文件送交保險人：

一、名稱、地址或通訊地址之變更。

二、負責人之變更。

三、主要營業項目之變更。

投保單位未依前項規定辦理變更手續者，保險人得依相關機關登記之資料逕予變更。

投保單位辦理勞工保險、就業保險投保單位或勞工退休金提繳單位資料變更手續時，視爲一併辦理本保險投保單位資料變更手續。

第22條

投保單位因合併、分割或轉讓而消滅時，其未清繳之保險費或滯納金，應由存續、新設或受讓之投保單位承受。

第23條

被保險人之姓名、出生年月日、國民身分證統一編號等有變更或錯誤時，被保險人應即通知其所屬投保單位。

前項被保險人之相關個人資料有變更或錯誤之情形，投保單位應即塡具被保險人變更事項申請書，檢附國民身分證正背面影本或有關證明文件送交保險人憑辦。

被保險人未依第一項規定通知其所屬投保單位，或投保單位未依前項規定檢附相關文件送交保險人者，保險人得依相關機關登記之資料逕予變更。

第24條

符合本法第七條第一款規定之被保險人，有下列情形之一者，保險人於知悉後通知原投保單位轉知被保險人限期轉保：

一、所屬投保單位非本業隸屬之職業工會。

二、本業改變而未轉投本業隸屬之職業工會。

第25條

本法第十五條第三項所定勞工名冊，應分別記載下列事項：

一、姓名、出生年月日、住址及國民身分證統一編號。

二、到職、入會或到訓之年月日。

三、工作類別。

四、工作時間及薪資、津貼或報酬。

五、留職停薪事由及期間。

前項第四款及第五款規定，於職業工會、漁會、船長公會、海員總工會，不適用之。

本法第十五條第三項所定出勤工作紀錄及薪資帳冊，於下列投保單位，依各款規定辦理：

一、職業工會、漁會、船長公會、海員總工會：以入會、退會及投保薪資調整申請書件代之。

二、經中央主管機關依就業服務法規，核發聘僱外國人從事家庭看護工作或家庭幫傭工作聘僱許可之雇主：以聘僱許可函、勞動契約書及薪資明細表代之。

第三節　保險費

第26條

本法第十七條第一項所定月薪資總額，依下列各款認定：

一、受僱勞工：勞動基準法第二條第三款規定之工資；不適用勞動基準法者，為從事勞動所獲致之報酬。

二、技術生、養成工、見習生、其他與技術生性質相類之人及建教生：生活津貼。

三、職業訓練機構受訓者：訓練所得之津貼或給與。

四、實際從事勞動之雇主：從事勞動所獲致之報酬或經營事業所得。

五、自營作業者：從事勞動或技藝工作所獲致之報酬。

六、參加海員總工會或船長公會爲會員之外僱船員、中央主管機關公告其他有提供勞務事實並受有報酬者：從事勞動所獲致之報酬。

本法第六條、第九條第一項第一款、第二款及第三款參加海員總工會爲會員之被保險人，其月投保薪資，不得低於其適用勞工退休金月提繳工資或月提繳執行業務所得、勞工保險投保薪資及就業保險投保薪資。但超過本保險投保薪資最高一級者，應以本保險最高一級爲投保薪資。

本法第七條及第八條被保險人，其月投保薪資，不得低於其適用勞工保險投保薪資。

本法第九條第一項第三款參加船長公會爲會員之被保險人，應以本保險最高一級爲投保薪資。

每月收入不固定者，以最近三個月收入之平均爲準；實物給與按政府公告之價格折爲現金計算。

第27條

被保險人因傷病住院或因傷病請假之期間，或其有第十三條無法繼續提供勞務情形之期間，不得調整投保薪資。

前項被保險人之投保薪資，於投保薪資分級表第一等級有修正時，由保險人逕予調整。

第28條

本法第十六條第一項所定保險費之計算，每月以三十日計。

投保單位依第十二條第二項規定爲其所屬被保險人辦理轉保者，轉出單位之保險費計收至轉出前一日止，轉入單位之保險費自轉入當日起計收。

第29條

保險人每月按本法第六條至第九條投保單位申報之被保險人投保薪資金額，分別計算應繳之保險費，並按月繕具載有計算說明之保險費繳款單，於次月二十五日前寄發或以電子資料傳輸方式遞送投保單位繳納。

前項寄發或遞送保險費繳款單之期限，於經中央主管機關依就業服務法規，核發聘僱外國人從事家庭看護工作或家庭幫傭工作聘僱許可之雇主，得由保險人於每年二月、五月、八月及十一月之二十五日前寄發或遞送之。

前項雇主之保險費繳納期限，爲每年二月、五月、八月及十一月之末日。

第30條

本法第六條至第九條之投保單位接到保險人所寄載有計算說明之保險費繳款單後，應於繳納期限內向保險人指定之代收機構繳納，並領回收據聯作爲繳納保險費之憑證。

前項繳款單，於保險人寄送之當月底仍未收到者，投保單位應於五日內通知保險人補發或上網下載繳款單，並於寬限期間十五日內繳納；其怠爲通知者，視爲已於寄送之當月二十五日前寄達。

第31條

投保單位對於載有計算說明之保險費繳款單所載金額有異議時，應先照額繳納後，於三十日內再向保險人提出異議理由，經保險人查明錯誤後，於計算次月份保險費時一併更正結算。

第32條

投保單位或被保險人因欠繳保險費及滯納金，經保險人依本法第二十三條規定暫行拒絕給付者，暫行拒絕給付期間內之保險費仍應照計，被保險人應領之保險給付，俟欠費繳清後再補辦請領手續。

第33條

中央政府依本法第十九條規定，應補助之保險費，由保險人按月開具保險費繳款單，於次月底前送請中央政府依規定撥付。

前項中央政府應補助之保險費，經保險人查明有差額時，應於核計下次保險費時一併結算。

第34條

投保單位應適用之職業災害保險行業別及費率，由保險人依據勞工職業災害保險適用行業別及費率表，並依下列規定認定或調整後，以書面通知投保單位：

一、同一行業別適用同一職業災害保險費率。

二、同一投保單位適用同一職業災害保險費率；其營業項目包括多種行業時，適用其最主要或最具代表性事業之職業災害保險費率。

投保單位對前項行業別及費率有異議時，得於接獲通知之翌日起十五日內，檢附必要證明文件或資料，向保險人申請複核。

投保單位應適用之職業災害保險行業別及費率，經確定後不得調整。但有因改業或主要營業項目變更者，不在此限。

第35條

投保單位依本法第二十一條第一項規定應繳納滯納金者，由保險人核計應加徵之金額，通知其向指定代收機構繳納。

第36條

本法第七條及第九條第一項第三款之投保單位，得於金融機構設立專戶，並轉知被保險人，以便被保險人繳納保險費。

前項投保單位，於徵得被保險人或會員代表大會同意後，得一次預收三個月或六個月保險費，並掣發收據，按月彙繳保險人；其預收之保險費於未彙繳保險人以前，應於金融機構設立專戶儲存保管，所生孳息並以運用於本保險業務爲限。

前二項專戶，得與勞工保險專戶爲同一帳戶。

採行預收保險費之投保單位，得爲主管及承辦業務人員辦理員工誠實信用保證保險。

預收保險費之管理，應依據投保單位之財務處理相關規定辦理。

第37條

本法第七條及第九條第一項第三款之被保險人，其負擔部分保險費之免繳，準用勞工保險條例第十八條第一項規定。

前項保險費之免繳，由保險人依核發給付文件核計後，發給免繳保險費清單，於投保單位保險費總數內扣除之。

第四節　保險給付

第一款　通則

第38條

投保單位應爲所屬被保險人、受益人或支出殯葬費之人辦理請領保險給付，不得收取任何費用。

第39條

有下列情形之一者，被保險人、受益人或支出殯葬費之人，得自行向保險人申請保險給付：

一、投保單位有歇業、解散、撤銷、廢止、受破產宣告或其他情事，未能爲被保險人、受益人或支出殯葬費之人提出申請。

二、符合本法第六條規定之勞工，其雇主未依本法第十二條規定辦理投保手續。

三、依本法第二十七條第二項規定提出申請。

第40條

本法第二十八條第二項所定平均月投保薪資，按被保險人發生保險事故之當月起最近六個月之月投保薪資合計額除以六計算；參加保險未滿六個月者，按其實際投保期間之平均月投保薪資計算。

被保險人在同一月份有二個以上月投保薪資時，應以最高者爲準，再與其他各月份之月投保薪資平均計算。

第41條

本法第二十八條第四項所定最近年度全體被保險人平均月投保薪資，以保險事故發生時，保險人公告之最近一次本保險統計年報之平均月投保薪資爲準。但本保險統計年報首次公告前，應以最近一次勞工保險統計年報公告之平均月投保薪資爲準。

第42條

本法第二十九條第二項所定被保險人發生死亡保險事故時，其受益人或支出殯葬費之人同時符合請領本法第四十九條或第五十條所定死亡給付條件及下列各款其他社會保險給付條件之一者，僅得擇一請領：

一、勞工保險條例第六十二條、第六十三條或第六十三條之一所定死亡給付。

二、農民健康保險條例第四十條所定喪葬津貼。

三、農民職業災害保險試辦辦法第十九條所定喪葬津貼。

四、公教人員保險法第二十七條所定一次死亡給付或遺屬年金給付。

五、軍人保險條例第十三條所定死亡給付。

六、國民年金法第三十九條所定喪葬給付或第四十條所定遺屬年金給付。

第43條

被保險人、受益人或支出殯葬費之人申請保險給付，經保險人審查保險事故非屬職業傷病所致者，申請人得以書面同意，就同一事故依勞工保險條例規定提出申請。

第44條

本法以現金發給之保險給付，經保險人核定後，逕匯入被保險人、受益人或支出殯葬費之人指定之本人金融機構帳戶，並通知其投保單位。但有第三十九條第一款或第三款所定自行請領保險給付之情事者，保險人得不通知其投保單位。

前項之金融機構帳戶在國外者，手續費用由請領保險給付之被保險人、受益人或支出殯葬費之人負擔。

第45條

本法第三十五條第一項所定逾期部分應加給之利息，所需費用由保險人編列公務預算支應。

第46條

被保險人、受益人或支出殯葬費之人，以郵寄方式向保險人提出請領保險給付者，以原寄郵局郵戳之日期爲準。

第47條

依本法規定請領各項保險給付，所檢附之文件、資料爲我國政府機關（構）以外製作者，應經下列單位驗證：

一、於國外製作：經我國駐外館處驗證；其在國內由外國駐臺使領館或授權機構製作者，應經外交部複驗。

二、於大陸地區製作：經行政院設立或指定機構或委託之民間團體驗證。

三、於香港或澳門製作：經行政院於香港或澳門設立或指定機構或委託之民間團體驗證。

前項文件、資料爲外文者，應檢附經前項各款所列單位驗證或國內公證人認證之中文譯本。但爲英文者，除保險人認有需要外，得予免附。

第二款　醫療給付

第48條

保險人依本法第三十八條第二項規定委託全民健康保險保險人（以下簡稱健保保險人）辦理醫療給付時，其委託契約書由保險人會同健保保險人擬訂，報請中央主管機關會同中央衛生福利主管機關核定。

被保險人至全民健康保險特約醫院或診所接受診療時，其就醫程序、就醫輔導、診療提供方式及其他診療必要事項，除本法及本細則另有規定外，準用全民健康保險有關規定辦理。

第49條

被保險人申請職業傷病門診診療或住院診療時，應繳交投保單位或保險人出具之職業傷病門診單或住院申請書，並繳驗下列文件：

一、全民健康保險憑證（以下簡稱健保卡）。

二、國民身分證或其他足以證明身分之文件。但健保卡已足以辨識身分時，得免繳驗。

未提具符合前項規定文件者，全民健康保險特約醫院或診所，應拒絕其以本保險被保險人身分掛號診療。

第50條

被保險人因故未能及時繳交職業傷病門診單、住院申請書或繳驗健保卡者，應檢具身分證明文件，聲明具有本保險被保險人身分，辦理掛號就診；全民健康保險特約醫院或診所，應先行提供診療，收取保險醫療費用，並掣給符合醫療法施行細則所定之收據。

被保險人依前項規定接受診療，於該次就醫之日起十日內（不含例假日）或出院前補送文件者，全民健康保險特約醫院或診所，應退還所收取之保險醫療費用。

第51條

因不可歸責於被保險人之事由，未能依前條規定於就醫之日起十日內或出院前補送文件者，被保險人得於門診治療當日或出院之日起六個月內，向保險人申請核退醫療費用。

依本法第四十條第一項規定申請核退醫療費用者，應備具下列書件：

一、職業災害自墊醫療費用核退申請書及給付收據。

二、診斷書或證明文件。

三、醫療費用收據及收費明細。

第52條

全民健康保險特約醫院或診所接獲職業傷病門診單或住院申請書後，應詳細塡明被保險人就診資料，並將職業傷病門診單或住院申請書上聯附於被保險人病歷，至少保存七年，以備查核。

前項職業傷病門診單下聯，應於診療後交還被保險人收執；職業傷病住院申請書下聯，應於十日內逕送保險人審核。

保險人對前項住院或門診申請，經核定不符職業傷病者，應通知健保保險人、全民健康保險特約醫院或診所、投保單位及被保險人。

第三款　傷病給付

第53條

本法第四十二條所定不能工作，應由保險人依下列事項綜合判斷：

一、經醫師診斷被保險人所患傷病需要之合理治療與復健期間及工作能力。

二、合理治療及復健期間內，被保險人有無工作事實。

前項第一款事項，保險人於必要時，得委請相關專科醫師提供醫理意見，據以判斷。

第一項第一款工作能力之判斷，不以被保險人從事原有工作為限。

第54條

依本法第四十二條規定請領傷病給付者，應備具下列書件：

一、傷病給付申請書及給付收據。

二、傷病診斷書。

前項第二款所定傷病診斷書，得以就診醫院、診所開具載有傷病名稱、醫療期間及經過之證明文件代之。

第55條

被保險人請領傷病給付，得以每滿十五日為一期，於期末之翌日起請領；未滿十五日者，以傷病治療終止之翌日起請領。

第四款　失能給付

第56條

依本法第四十三條規定請領失能給付者，應備具下列書件：

一、失能給付申請書及給付收據。

二、失能診斷書。

三、經醫學檢查者，附檢查報告及相關影像圖片。

保險人審核失能給付，除得依本法第四十七條規定指定全民健康保險特約醫院或醫師複檢外，並得通知出具失能診斷書之醫院或診所檢送相關檢查紀錄或診療病歷。

第57條

依本法第四十三條規定請領失能給付者，以全民健康保險特約醫院或診所診斷為實際永久失能之當日，並為發生保險事故之日及本法第三十七條所定得請領之日。

被保險人於保險有效期間發生傷病事故，於保險效力停止後，仍符合勞工職業災害保險失能給付標準規定之治療期限，經專科醫師診斷證明為永久失能，且其失能程度與保險效力停止後屆滿一年時之失能程度相當者，為症狀固定，得依本法第二十七條第二項規定請領失能給付，並以保險效力停止後屆滿一年之當日為得請領之日。

前二項診斷永久失能之日期不明或顯有疑義時，保險人得就病歷或相關資料查明認定。

被保險人請求發給失能診斷書者，全民健康保險特約醫院或診所，應於出具失能診斷書後五日內逕寄保險人。

第58條

本法第四十四條第一項第一款及第二款所定婚姻關係存續一年以上，由申請之當日，往前連續推算之。

第59條

本法第四十四條第一項第三款所稱在學，指具有正式學籍，並就讀於公立學校、各級主管教育行政機關核准立案之私立學校或符合教育部採認規定之國外學校。

第60條

依本法第四十四條第一項規定請領加發眷屬補助者，應備具下列書件：

一、失能年金加發眷屬補助申請書及給付收據。

二、被保險人全戶戶籍謄本；眷屬與被保險人非同一戶籍者，應同時提出各該戶籍謄本，並載明下列事項：

（一）眷屬為配偶時，應載有結婚日期。

（二）眷屬為養子女時，應載有收養及登記日期。

三、子女在學，另應檢附學費收據影本或在學證明，並應於每年九月底前，重新檢具相關證明送保險人查核，經查核符合條件者，應繼續發給至次年八月底止。

四、配偶、子女為無謀生能力，另應檢附身心障礙手冊或證明，或受監護宣告之證明文件。

第61條

保險人於核定被保險人之失能年金給付後，應將核定文件、資料提供主管機關運用，協助職業災害勞工適切之醫療復健、社會復健、職能復健及職業重建等重建服務事項。

保險人依本法第四十五條第一項規定審核被保險人失能程度，應將前項職能復健納入評估。

第62條

本法第四十六條第一項及第四項所稱同一部位，指與勞工保險失能給付標準所定失能種類部位同一者。

第63條

被保險人經保險人依本法第四十八條規定逕予退保者，其退保日期，以全民健康保險特約醫院或診所診斷爲實際永久失能之當日爲準。

第五款　死亡給付

第64條

依本法第四十九條第二項第一款規定請領遺屬年金者，其婚姻關係存續一年以上之計算，由被保險人死亡之當日，往前連續推算之。

依本法第四十九條第二項第二款及第四款規定請領遺屬年金者，其在學之認定，準用第五十九條規定。

第65條

依本法第四十九條第一項規定請領喪葬津貼者，應備具下列書件：

一、死亡給付申請書及給付收據。

二、死亡證明書、檢察官相驗屍體證明書或死亡宣告裁定書。

三、載有死亡日期之全戶戶籍謄本。

四、支出殯葬費之證明文件。但支出殯葬費之人爲當序受領遺屬年金、遺屬一次金或遺屬津貼者，得以切結書代替。

第66條

依本法第四十九條第二項或第五十條第一項規定請領遺屬年金者，應備具下列書件：

一、死亡給付申請書及給付收據。

二、死亡證明書、檢察官相驗屍體證明書或死亡宣告裁定書。

三、載有死亡日期之全戶戶籍謄本。受益人爲配偶時，應載有結婚日期；受益人爲養子女時，應載有收養及登記日期。受益人與死者非同一戶籍者，應同時提出各該戶籍謄本。

四、子女、孫子女在學，另應檢附學費收據影本或在學證明，並應於每年九月底前，重新檢具相關證明送保險人查核，經查核符合條件者，應繼續發給至次年八月底止。

五、配偶、子女、孫子女、兄弟姊妹爲無謀生能力，另應檢附身心障礙手冊或證明，或受監護宣告之證明文件。

六、受益人爲孫子女或兄弟姊妹，另應檢附受被保險人扶養之相關證明文件。

第67條

依本法第四十九條第三項規定請領遺屬一次金者，應備具下列書件：

一、死亡給付申請書及給付收據。

二、死亡證明書、檢察官相驗屍體證明書或死亡宣告裁定書。

三、載有死亡日期之全戶戶籍謄本，受益人爲養子女時，應載有收養及登記日期；受益人與死者非同一戶籍者，應同時提出各該戶籍謄本。

四、受益人爲孫子女或兄弟姊妹者，應檢附受被保險人扶養之相關證明文件。

五、當序遺屬於被保險人死亡時，全部不符合遺屬年金給付條件之相關證明文件。

第68條

依本法第四十九條第五項規定請領遺屬津貼者，應備具下列書件：

一、死亡給付申請書及給付收據。

二、死亡證明書、檢察官相驗屍體證明書或死亡宣告裁定書。

三、載有死亡日期之全戶戶籍謄本，受益人爲養子女時，應載有收養及登記日期；受益人與死者非同一戶籍者，應同時提出各該戶籍謄本。

四、受益人爲孫子女或兄弟姊妹者，應檢附受被保險人扶養之相關證明文件。

第69條

被保險人死亡前，依本法第四十三條第一項或第三項規定請領失能一次金給付，經保險人核定應給付而未發給者，其遺屬得承領之。

前項承領失能一次金給付之對象、請領順序及發給方法，準用本法第四十九條第二項、第五十二條第一項、第二項及第五十三條規定。

第70條

被保險人退保，於領取完全失能或嚴重失能年金期間死亡，其遺屬依本法第五十條第一項規定選擇請領遺屬年金給付者，自被保險人死亡之次月起發給遺屬年金。

前項遺屬依本法第五十條第二項規定選擇一次請領失能給付扣除已領年金給付者，應按被保險人診斷失能時，其符合失能一次金給付基準，扣除已領年金給付總額後之差額發給。

第71條

依本法第五十條第二項規定，選擇一次請領失能給付扣除已領年金給付總額之差額者，應備具下列書件：

一、失能給付差額申請書及給付收據。

二、第六十八條第二款至第四款所定之文件。

第72條

本法第五十三條第一項所定未能協議，爲各申請人未依保險人書面通知所載三十日內完成協議，並提出協議證明書者。

第73條

同一順序遺屬有二人以上，並依本法第五十三條第二項但書規定協議時，保險人得以書面通知請領人於三十日內完成協議，並由代表請領人提出協議證明書；請領人屆期未能提出者，保險人得逕依本法第五十三條第二項規定發給遺屬年金，遺屬不得要求變更。

第74條

同一順序遺屬有二人以上，依本法第四十九條第三項規定請領遺屬一次金，且無法共同具領時，保險人得以戶籍地址書面通知未具名之其他當序遺屬，應於三十日內協議共同具領；屆期未能提出者，除年齡條件外，視爲其不符合遺屬年金給付條件，保險人得逕按遺屬一次金發給請領人，遺屬不得要求變更。

第75條

被保險人死亡，其未成年之受益人無法請領遺屬年金、遺屬一次金或遺屬津貼者，其所屬投保單位應即通知保險人予以計息存儲，俟其能請領時發給之。

第76條

受益人或支出殯葬費之人請領死亡給付時，被保險人所屬投保單位未辦理退保手續者，由保險人逕予退保。

第六款　**失蹤給付**

第77條

依本法第五十五條第一項規定請領失蹤給付者，應備具下列書件：

一、失蹤給付申請書及給付收據。

二、被保險人全戶戶籍謄本；受益人與被保險人非同一戶籍者，應同時提出各該戶籍謄本。

三、災難報告書或失蹤人口緊急報案紀錄等相關事故證明。

四、執行職務發生意外事故證明。

失蹤給付之受益人、請領順序及發給方法，準用本法第四十九條第二項、第五十二條第一項、第二項及第五十三條第一項、第三項規定。

失蹤給付之受益人爲被保險人之孫子女或兄弟姊妹者，於請領時應檢附受被保險人扶養之相關證明文件。

第七款　年金給付之申請及核發

第78條

本法第五十六條第二項所定申請之當月，以原寄郵局郵戳或送交保險人之日期爲準。

第79條

依本法規定請領年金給付，未於國內設有戶籍者，應檢附經第四十七條第一項所列單位驗證之身分或居住相關證明文件，並每年再檢送保險人查核。

第80條

依本法第四十四條第二項第一款、第二款及第五十四條第一款、第二款規定停止發給年金給付者，於停止發給原因消滅後，請領人得重新向保險人提出申請，並由保險人依本法第五十六條第二項規定發給；遺屬年金依本法第五十六條第三項規定發給。但有本法第五十四條第一款所定配偶再婚之情形者，不適用之。

依本法第四十四條第二項第三款、第四款及第五十四條第三款規定停止發給年金給付者，自政府機關媒體異動資料送保險人之當月起停止發給。

前項所定停止發給原因消滅後，請領人得檢具證明其停止發給原因消滅之文件向保險人申請，並由保險人依本法第五十六條第二項規定發給；遺屬年金依本法第五十六條第三項規定發給。

未依前項規定檢附證明文件向保險人申請者，自政府機關媒體異動資料送保險人之當月起恢復發給。

第81條

依本法第五十七條第三項規定應檢附之證明文件如下：

一、載有領取年金給付者死亡日期之戶籍謄本。

二、法定繼承人戶籍謄本。

前項戶籍謄本，得以戶口名簿影本代之。

第三章　職業災害預防及重建

第一節　經費及相關協助措施

第82條

本法第六十二條第一項第一款所定職業災害預防事項，其內容如下：

一、職業安全衛生之教育訓練、宣導及輔導。

二、職業安全衛生管理制度之推動。

三、職業災害預防技術之研發及推動。

四、職業安全衛生設施之改善及推動。

五、機械本質安全化制度之推動。

六、其他與職業災害預防相關之事項。

第82-1條

中央主管機關辦理本法第六十二條第一項規定事項之經費，爲當年度應收保險費百分之二十範圍及歷年應收保險費百分之二十之執行賸餘額度，其額度以審定決算數爲計算基礎，並由保險人撥付之；執行結果若有賸餘，應於年度結算後辦理繳還。

第83條

本法第六十三條第一項所稱預防職業病健康檢查，指被保險人於從事經中央主管機關指定之有害作業期間，爲發現其健康有無異常，以促使投保單位採取危害控制及相關健康管理措施所實施之健康檢查。

本法第六十三條第二項所稱健康追蹤檢查，指勞工曾從事經中央主管機關另行指定之有害作業，其於變更工作、離職或退保後，爲及早發現其與職業相關之異常或疾病徵兆，以提供其相關健康保護及權益保障措施所實施之健康檢查。

第84條

本法第六十六條第一項所定復工計畫，其內容如下：

一、職業災害勞工醫療之相關資訊。

二、職業災害勞工工作能力評估。

三、職業災害勞工重返職場之職務內容、所需各項能力、職場合理調整事項及相關輔助措施。

四、職業災害勞工重返職場之執行期程。

五、其他與復工相關之事項。

前項計畫，經雇主、職業災害勞工、職業醫學科專科醫師及其他職能復健專業機構人員共同協商後，由職能復健專業機構協助雇主或職業災害勞工擬訂之。

前項勞資雙方未共同參與協商或未達成共識者，得由職業醫學科專科醫師及其他職能復健專業機構人員依參與之勞資一方意見及專業評估結果擬訂，並據以執行。

第二節　職業災害預防及重建財團法人

第85條

本法第七十一條第三款所定受託業務及提供服務之收入如下：

一、接受各級政府機關（構）工作委託之經費。

二、接受民間單位業務委託及提供服務之收入。

第三節　職業傷病通報及職業病鑑定

第86條

中央主管機關依本法第七十六條第一項規定會同職業病鑑定委員實施調查時，得將調查目的告知勞工、雇主及相關人員。

第87條

職業病鑑定委員依本法第七十六條規定實施調查時，對於調查結果、受調查事業單位與人員有關生產技術、設備、經營財務及個人隱私等事項，應保守秘密；其聘期屆滿後，亦同。

第四章　附則

第88條

已領取本法各項補助或津貼，經保險人撤銷或廢止，應繳還而未繳還者，得由保險人自其本人或受益人所領取之本保險給付或其他補助、津貼扣減之。

前項保險給付或其他補助、津貼之扣減方式及金額，準用勞工職業災害保險未繳還之保險給付扣減辦法第四條規定。

第89條

本細則所定本保險相關書表格式，由保險人定之；投保單位、醫院、診所、領有執業執照之醫師、被保險人、受益人或支出殯葬費之人，應依式填送。

請領各項保險給付之診斷書及證明書，除第五十六條及第五十七條另有規定者外，應由醫院、診所或領有執業執照之醫師出具。

第90條

本細則自中華民國一百十一年五月一日施行。

本細則修正條文自發布日施行。

附錄六 ｜ 最低工資法

112年12月27日總統令制定

第1條

爲確保勞工合理之最低工資，提高勞工及其家庭之生活水準，促進勞資和諧，特制定本法。

最低工資事項，依本法之規定；本法未規定者，適用勞動基準法及其他相關法律之規定。

第2條

本法之主管機關：在中央爲勞動部；在直轄市爲直轄市政府；在縣（市）爲縣（市）政府。

第3條

本法之適用對象爲適用勞動基準法之勞工。

本法所稱勞工、雇主、工資及事業單位之定義，依勞動基準法第二條規定。

第4條

最低工資分爲每月最低工資及每小時最低工資。

第5條

勞工與雇主雙方議定之工資，不得低於最低工資；其議定之工資低於最低工資者，以本法所定之最低工資爲其工資數額。

第6條

中央主管機關應設最低工資審議會（以下簡稱審議會），審議最低工資。

第7條

審議會置委員二十一人，由勞動部部長擔任召集人，並爲當然委員；其餘委員之組成如下：

一、經濟部代表一人。

二、國家發展委員會代表一人。

三、勞方代表七人。

四、資方代表七人。

五、學者專家四人。

前項勞方代表及資方代表，分別由全國性勞工及工商之相關團體推薦後，由中央主管機關遴聘之。

第一項第五款學者專家，由中央主管機關遴聘之。

審議會委員，任一性別比例不得少於三分之一。

第8條

審議會委員任期為二年，期滿得續聘。

前條第一項第一款至第四款所定委員辭職或出缺者，由原推薦機關或團體重行推薦，經中央主管機關遴聘，任期至原任期屆滿之日為止。

前條第一項第五款所定委員辭職或出缺者，由中央主管機關另行遴聘，任期至原任期屆滿之日為止。

審議會委員均為無給職。

第9條

最低工資之審議，應參採消費者物價指數年增率擬訂調整幅度。

前項審議，並得參採下列資料：

一、勞動生產力指數年增率。

二、勞工平均薪資年增率。

三、國家經濟發展狀況。

四、國民所得及平均每人所得。

五、國內生產毛額及成本構成之分配比率。

六、民生物價及生產者物價變動狀況。

七、各業產業發展情形及就業狀況。

八、各業勞工工資。

九、家庭收支狀況。

十、最低生活費。

第10條

審議會應於每年第三季召開會議。但依第十三條第二項規定召開者，不在此限。

最低工資之審議，應有委員二分之一以上出席，始得開會；審議未能達成共識者，得經出席委員過半數同意議決之。

審議會委員應親自出席，不得委任他人代理。

第11條

中央主管機關應於審議會會議結束後三十日內，於該機關網站公開會議資料及紀錄。

第12條

中央主管機關應組成研究小組，研究最低工資審議事宜。

前項研究小組之組成，應包括下列人員：

一、學者專家六人，其中四人由第七條第一項第五款所定學者專家擔任，其餘由中央主管機關遴聘之。

二、中央主管機關、國家發展委員會、經濟部、財政部及行政院主計總處各指派一人。

第一項研究小組應於每年四月向審議會提出最低工資實施對經濟及就業狀況之影響報告，並於審議會召開會議三十日前，就第九條所定審議參採資料提出研究報告及調整建議。

第13條

中央主管機關應於最低工資審議通過之次日起十日內，報請行政院核定後公告實施。

行政院不予核定者，中央主管機關應於收到不予核定函之日起三十日內，再召開審議會進行審議，並將審議結果依前項規定報請行政院予以核定。

第14條

經行政院核定之最低工資，除審議會認有另定實施日期必要，並經行政院核定者外，自次年一月一日實施。

第15條

中央主管機關依第十三條第一項規定公告實施最低工資前，原依勞動基準法公告之基本工資繼續有效。

本法施行後第一次公告之最低工資數額，不得低於本法施行前最後一次依勞動基準法公告之基本工資數額。

第16條

最低工資之監督及檢查，適用勞動基準法監督與檢查及其他相關事項之規定。

第17條

勞工與雇主雙方議定之工資低於最低工資者，由直轄市、縣（市）主管機關處雇主或事業單位新臺幣二萬元以上一百萬元以下罰鍰，並得依事業單位規模、違反人數或違反情節，加重其罰鍰至法定罰鍰最高額二分之一。

經依前項規定處以罰鍰者，直轄市、縣（市）主管機關應公布該事業單位或事業主之名稱、負責人姓名、處分日期及罰鍰金額，並限期令其改善；屆期未改善者，應按次處罰。

直轄市、縣（市）主管機關裁處罰鍰，得審酌與違反行為有關之勞工人數、累計違法次數或未依法給付之金額，為量罰輕重之基準。

第18條

本法施行後，其他法規關於基本工資之規定，適用本法最低工資之規定。

第19條

本法施行日期，由行政院定之。

（按：行政院已定113年1月1日施行）

附錄七 | 僱用部分時間工作勞工應行注意事項

111年3月14日勞動部修正

壹、前言

從事部分時間工作勞工（下稱「部分工時勞工」）在歐美國家占有相當大的比率，近年臺灣隨著產業型態變遷，勞務給付型態日趨多元化。為保障部分工時勞工之勞動權益，特訂定本注意事項。

貳、適用

事業單位僱用部分工時勞工，除依其應適用之勞工法令外，並參照本注意事項辦理；僱用中高齡及高齡之部分工時勞工，亦同。

本注意事項所引用或涉及之法令如有變更，應以修正後之法令為準。

參、定義

部分工時勞工：謂其所定工作時間，較該事業單位內之全部時間工作勞工（下稱「全時勞工」）工作時間（通常為法定工作時間或事業單位所定之工作時間），有相當程度縮短之勞工，其縮短之時數，由勞雇雙方協商議定之。

肆、常見之部分時間工作型態

事業單位內之工作型態有下列情形之一，且從事該工作之勞工所定工作時間較全時勞工有相當程度之縮短者，即為本注意事項所稱之部分時間工作：

一、在正常的工作時間內，每日工作有固定的開始及終止之時間，但其每日工作時數較全時勞工為少；或企業為因應全時勞工正常工作時間外之營運需求，所安排之班別；或企業為因應營運尖峰需求所安排之班別，在1日或1週之工作量尖峰時段中，工作某一固定時間。

二、結合部分時間工作與彈性工作時間制度，亦即約定每週（每月、或特定期間內）總工作時數，但每週（每月、或特定期間）內每日工作時段及時數不固定者。

三、分攤工作的安排，如兩人一職制。

伍、僱用

一、僱用部分工時勞工，勞動契約宜以書面訂定，其勞動條件及勞動契約形式，應與全時勞工相同，並應明確告知部分工時勞工其權益。

二、雇主於招募全時勞工時，對於原受僱從事相同職種工作之部分工時勞工，宜優先給予僱用之機會。

陸、勞動條件基準

一、工作年資

部分工時勞工其工作年資應自受僱日起算。部分工時勞工轉換爲全時勞工，或全時勞工轉換爲部分工時勞工，其工作年資之計算亦同。

二、工資

（一）工資由勞雇雙方議定之。但按月計酬者，不得低於按工作時間比例計算之每月基本工資；按時計酬者，不得低於每小時基本工資，且其工資不宜約定一部以實物給付；按日計酬者，於法定正常工作時間內，不得低於每小時基本工資乘以工作時數後之金額。

（二）勞工每日工作時間超過約定之工作時間而未達勞動基準法所定正常工作時間部分之工資，由勞雇雙方議定之；超過該法所定正常工作時間部分及於休息日出勤工作者，應依該法第24條規定給付工資。但依勞工意願選擇補休並經雇主同意者，應依勞工工作之時數計算補休時數。

（三）前目補休期限由勞雇雙方協商；補休期限屆期或契約終止未補休之時數，應依延長工作時間或休息日工作當日之工資計算標準發給工資；未發給工資者，依違反勞動基準法第24條規定論處。

三、例假、休息日、休假、請假等相關權益

（一）勞工每7日中應有2日之休息，其中1日爲例假，1日爲休息日，工資照給；按時計酬者，勞雇雙方議定以不低於基本工資每小時工資額，除另有約定外，得不另行加給例假日及休息日照給之工資。

（二）內政部所定應放假之紀念日、節日、勞動節及其他中央主管機關指定應放假之日，均應休假，工資應由雇主照給。

雇主經徵得勞工同意於休假日工作者，工資應加倍發給。但得由勞雇雙方協商將休假日與其他工作日對調實施放假。

（三）特別休假依勞動基準法第38條規定辦理。其休假期日由勞工排定

之，如於年度終結或契約終止而未休之日數，雇主應發給工資。但年度終結未休之日數，經勞雇雙方協商遞延至次一年度實施者，於次一年度終結或契約終止仍未休之日數，雇主應發給工資。年度可休特別休假時數，得參考下列方式比例計給之：部分工時勞工工作年資滿6個月以上未滿1年者，自受僱當日起算，6個月正常工作時間占全時勞工6個月正常工作時間之比例；部分工時勞工工作年資滿1年以上者，以部分工時勞工全年正常工作時間占全時勞工全年正常工作時間之比例，乘以勞動基準法第38條所定特別休假日數計給。不足1日部分由勞雇雙方協商議定，惟不得損害勞工權益。但部分工時勞工每週工作日數與該事業單位之全時勞工相同，僅每日工作時數較短者，仍應依勞動基準法第38條規定給予休假日數。

（四）婚、喪、事、病假依勞工請假規則辦理，其請假之時數，得參考下列方式計給：按勞工平均每週工作時數除以40小時乘以應給予請假日數乘以8小時。

（五）產假依勞動基準法第50條及性別工作平等法第15條規定辦理：

1. 產假旨在保護母性身體之健康，部分時間工作之女性勞工亦應享有此權利，因此仍應依勞動基準法第50條及性別工作平等法第15條規定，給予產假，依曆連續計算，以利母體調養恢復體力。
2. 適用勞動基準法之女性勞工，受僱工作6個月以上者，產假停止工作期間工資照給；未滿6個月者減半發給。

（六）性別工作平等法所規定之其他假別及相關權益：

1. 安胎休養及育嬰留職停薪：
   基於母性保護之精神，部分工時勞工懷孕期間經醫師診斷需安胎休養者，雇主應按所需期間，依曆給假。至於有親自照顧養育幼兒需求而申請育嬰留職停薪者，其期間依曆計算，不因部分時間工作而依比例計給。
2. 產檢假、陪產檢及陪產假及家庭照顧假：
   部分工時勞工於請求產檢假、陪產檢及陪產假及家庭照顧假時，依均等待遇原則，按勞工平均每週工作時數依比例計給（平均每週工作時數除以40小時，再乘以應給予請假日數並乘以8小時）。

3. 生理假：

(1) 部分工時勞工依性別工作平等法第14條規定，每月得請生理假1日，該假別係基於女性生理特殊性而定，爰每次以一曆日計給爲原則。

(2) 生理假全年請假日數未逾3日者，不併入病假計算，薪資減半發給；逾3日部分，按規定應併入病假計算，其有薪病假之給假時數，按勞工平均每週工作時數除以40小時之比例計給，薪資減半發給。

(3) 部分工時勞工年度內所請應併入未住院普通傷病假之生理假，連同病假如已屆上開按比例計給時數上限，仍有請生理假需求者，雇主仍應給假，但得不給薪資。

4. 哺（集）乳時間：

部分工時勞工若有哺（集）乳之需求，雇主應依性別工作平等法第18條規定給予哺(集)乳時間。

四、資遣與退休

（一）資遣預告期間，依勞動基準法第16條規定辦理：

1. 勞工接到資遣預告後，爲另謀工作得請假外出（謀職假），請假期間之工資照給。其請假時數，每星期不得超過2日之工作時間。

2. 謀職假之每日時數，得參考下列方式計給：

按勞工平均每週工作時數除以40小時乘以應給予請假日數並乘以8小時。

（二）部分工時勞工如有工作年資未滿3個月需自行離職之情形，雇主不得要求其預告期間長於勞動基準法之最低標準。

（三）資遣費與退休金，依勞動基準法及勞工退休金條例計給：

1. 部分工時勞工適用勞動基準法退休制度工作年資之退休金、資遣費計算，依據該法第2條、第17條、第55條及第84條之2規定計給，其計算方式與全時勞工並無不同。

2. 部分工時勞工適用勞工退休金條例之工作年資退休金，雇主應依該條例第6條及第14條規定，按月爲勞工提繳退休金。資遣費計算應依該條例第12條規定計給。

3. 部分工時勞工轉換爲全時勞工或全時勞工轉換爲部分工時勞工，

勞動基準法之退休金、資遣費及勞工退休金條例之資遣費計給，應按工作時間比例分別計算。

五、職業災害補償

部分工時勞工發生職業災害時，雇主應依勞動基準法第59條規定予以補償，不因其為部分工時勞工而有不同。

六、工作規則

勞動基準法第70條規定，凡僱用勞工人數30人以上者，應依其事業性質，訂立工作規則；如有僱用部分工時勞工，工作規則中應依相關法令訂定適用於部分工時勞工之條款。

柒、職工福利

凡受僱於公、民營工廠、礦廠或平時僱用職工在50人以上金融機構、公司、行號、農、漁、牧場等之部分工時勞工，應依職工福利金條例規定每月自薪津扣0.5%職工福利金，並享有由職工福利委員會辦理之福利事項。

捌、勞工保險、就業保險及勞工職業災害保險

一、年滿15歲以上，65歲以下，受僱於僱用勞工5人以上工廠、公司及行號等之部分工時勞工，應依勞工保險條例第6條規定由雇主辦理加保。至於僱用勞工未滿5人及第6條第1項各款規定各業以外事業單位之部分工時勞工，依勞工保險條例第8條規定，得自願加保。惟雇主如已為所屬勞工申報加保者，其僱用之部分工時勞工，亦應辦理加保。

二、年滿15歲以上，65歲以下受僱之部分工時勞工，具中華民國國籍者，或與在中華民國境內設有戶籍之國民結婚，且獲准居留依法在臺灣地區工作之外國人、大陸地區人民、香港居民或澳門居民，應依就業保險法第5條規定，由雇主辦理加保。

三、年滿15歲以上，受僱於下列單位之部分工時勞工，應依勞工職業災害保險及保護法（111年5月1日施行）第6條規定，由雇主辦理加保：

（一）領有執業證照、依法已辦理登記、設有稅籍或經中央主管機關依法核發聘僱許可之雇主。

（二）依法不得參加公教人員保險之政府機關（構）、行政法人及公、私立學校之受僱員工。

四、部分工時勞工之勞工保險、就業保險及勞工職業災害保險之月投保薪資，分別依勞工保險條例第14條、就業保險法第40條及勞工職業災害保險及保護法第17條規定應由雇主依其月薪資總額，依各該保險適用之投保薪資分級表規定覈實申報。

玖、安全衛生

一、事業單位僱用部分工時勞工，其工作場所之安全衛生設施標準，應與全時勞工相同，並提供其必要之職業安全衛生教育訓練及勞工健康保護等措施，不應有所差異。

二、事業單位僱用部分工時勞工時，應事前考量其健康及安全，予以適當分配工作，並針對其工作環境、作業危害，採取必要之預防設備及措拖，及提供其個人安全衛生防護器具。

附錄八 ｜ 勞動基準法增修訂日期、主要內容

修正日期	修正條文	主要增修訂內容
85年12月27日	§3	擴大適用勞動基準法範圍。
	§30-1	四週變形工時規定及取消女工夜間工作限制。
	§84-1	經核定爲特殊工作者，得由勞雇雙方約定工作時間、例假、休假、女性夜間工作。
	§84-2	重新規定資遣費、退休金年資及給與標準之計算。
87年5月13日	§30-1	於本條第1項第4款增列「……除妊娠或哺乳期間者外，於……。」
89年6月28日	§30	自90年1月1日起，每二週工作總時數不得超過84小時。
89年7月19日	§4	配合精省，修正主管機關。
	§72	配合精省，修正主管機關。
91年6月12日	§3	增列「因經營型態、管理制度及工作特性等因素，並經中央主管機關指定者，可不適用本法……。」
	§21	增列第2項及第3項。
	§30-1	第2項增列「依民國八十五年十二月二十七日修正施行前第3條規定適用本法之行業……。」
	§56	修正原訂提撥勞工退休準備金之部分用語。
91年12月25日	§30	1.增列八週變形工時。 2.經中央主管機關指定之行業，無工會組織之勞工，二週內二日及八週之變形工時可經勞資會議同意，但每週工作總時數不得超過48小時。
	§30-1	經中央主管機關指定之行業，無工會組織之勞工，可經勞資會議同意採四週變形工時。
	§32	1.放寬原規定加班條件。 2.無工會組織之勞工，可經勞資會議同意後加班。 3.刪除原規定加班應報當機主管機關核備。 4.男、女加班時間連同正常工時，一日不得超過12小時，加班時間一個月不得超過46小時。

修正日期	修正條文	主要增修訂內容
91年12月25日	§49	放寬女工夜間工作條件。
	§77	配合本法第49條修正，增列第49條第3項。
	§79	增列違反第49條第1項及第5項罰鍰規定。（原規定違反第49條係刑事罰，修正爲行政罰）
	§86	增列「但中華民國八十九年六月二十八日修正公布之第三十條第一項及第二項，自中華民國九十年一月一日施行。」
97年5月14日	§54	年滿60歲者修正爲年滿65歲者。
98年4月22日	§53	增列工作10年以上年滿60歲者。
100年6月29日	§75	修正罰金加重並按次處罰。
	§76	修正罰金加重並視情節加至二分之一。
	§77	修正罰金加重。
	§78	修正罰鍰加重、刑事罰改行政罰。
	§79	修正罰鍰加重、增列得公布名稱、姓名。
	§79-1	增列童工、技術生、職災處罰準用。
	§80	修正罰鍰加重。
102年12月11日	§45	增列童工無礙身心健康之認定。
	§47	增列童工每週工時上限。
	§79-1	修正童工處罰規定。
104年2月4日	§17	增列資遣費30日內發給。
	§28	增列、修正積欠工資、資遣費、退休金之債權保障。
	§55	增列退休金30日內發給。
	§56	修正退休準備金規定。
	§78	修正處罰加重。
	§79	處罰公布名稱、姓名移至80條之1。
	§86	增列新增條文實施日期。
	§80-1	增列處罰公布名稱、姓名，量罰輕重標準。

修正日期	修正條文	主要增修訂內容
104年6月3日	§4	修正中央主管機關爲勞動部。
	§30	修正每週工作時數40小時、出勤卡保存5年。
	§79	增列處罰規定。
	§86	增列新增條文實施日期。
104年7月1日	§58	增列退休金不得扣押等。
104年12月16日	§44	增列未滿18歲保護規定。
	§46	修正未滿18歲保護規定。
	§9-1	增訂競業禁止與約定。
	§10-1	增訂調動五原則。
	§15-1	增訂最低服務年限約定。
105年11月16日	§14	修正除斥期間規定。
105年12月21日	§23	增列提供工資明細。
	§24	增列休息日加班費計算。
	§30-1	修正變形工時。
	§34	增列連續休息時間。
	§36	增列變形工時。
	§37	增列休假施行日期。
	§38	修正特別休假日。
	§39	增列休息日工作之加班。
	§74	增列勞工申訴保障。
	§79	修正處罰加重。
106年12月27日	§61	職業災害補償金得於金融機構開立專户。
107年1月31日	§24	修正休息日加班費計算。
	§32	增列每3個月加班總時數。
	§32-1	增列加班補休規定。
	§34	修正輪班換班規定。

修正日期	修正條文	主要增修訂內容
107年1月31日	§36	修正例假於每7日之週期調整。
	§37	文字刪除。
	§38	修正特別休假未休規定。
	§86	修正施行日期。
107年11月21日	§54	心身喪失、身體殘廢修正爲身心障礙
	§55	心身喪失、身體殘廢修正爲身心障礙
	§59	殘廢修正爲失能
108年5月15日	§2	增列勞動派遣相關規定
	§9	增列勞動派遣相關規定
	§22-1	增列派遣勞工求償權
108年6月19日	§63	勞工安全衛生法修正爲職業安全衛生法
	§78	增列違法條文
	§17-1	增列勞動派遣相關規定
	§63-1	增列勞動派遣相關規定
109年6月10日	§80-1	增列公布之範圍及裁處標準

附錄九 ｜ 勞動基準法施行細則增修訂日期、主要內容

修正日期	增修條文	主要增修訂內容
86年6月	§4-1	配合本法第3條修正，增訂本條文，規定適用本法有無窒礙難行之處理。
	§5	原條文第2項「本法公布施行前」修正爲「適用本法前」。
	§6	用詞修正。 廢止「試用」規定。
	§8	配合本法第84條之2，刪除原有資遣費計算規定。
	§20	配合本法第30條之1修正。
	§20-1	說明延長工作時間之含義。
	§23	增修訂應放假之日：和平紀念日、開國紀念日翌日、婦女節兒童節合併假日。
	§28	刪除。
	§37	工作規則應適時修正並報備。
	§50-1	配合本法第84條之1，規定監督、管理人員等定義。
	§50-2	配合本法第84條之1，規定核定之特定工作者報備時，書面應包括之內容。
91年1月	§3	本法第三條原未分項，85年12月修正分爲三項，本法施行細則配合修正。
	§4	配合本法第3條修正，於原條文增列「適用本法確有窒礙難行者」。
	§20-1	配合本法第30條等修正，於原條文增列「或每二週工作總時數超過八十四小時」。
	§31	修正部分標點符號及用字。
91年12月	§4-1	刪除。
92年7月	§20	增列本法第30條第3項等。
	§20-1	增列本法第30條第3項等。

修正日期	增修條文	主要增修訂內容
93年9月	§21	本法第30條第3項修正爲第5項。
94年6月	§10	刪除夜點費及誤餐費。
97年12月	§34-1	增列職災勞工已投勞保，差額補償標準。
98年2月	§50-3	增列勞資爭議訴訟得申請扶助。
104年10月	§15	修正「最優先清償」。
	§29	文字修正（退休金給付期限已明定於本法）
	§29-1	增訂退休金估算。
	§50-4	增訂工資墊償期間。
	§8	刪除第8條，明定於本法。
104年12月	§14	刪除第14條童工工資下限。
	§20-1	修正延長工作時間定義。
	§21	修正增列出勤紀錄方式。
	§23	修正不明列紀念日。
	§25	文字修正。
	§51	修正條文之施行日期。
	§23-1	增訂休息日補假規定。
	§24-1	增訂雇主應發給工資之情形。
105年10月	§7-1	增訂競業禁止約定。
	§7-2	增訂競業禁止約定範疇。
	§7-3	增訂競業禁止約定合理補償。
	§25	文字修正。
106年6月	§2	修正不列入平均工資項目。
	§7	文字修正。
	§11	文字修正。
	§20	增列應公告周知項目。
	§20-1	勞工於休息日工作爲延長工時。

修正日期	增修條文	主要增修訂內容
106年6月	§21	出勤紀錄之方式。
	§24	勞工行使特別休假之權利。
	§14-1	增訂工資明細內容。
	§23-1	休假日逢例假日、休息日應予補假。
	§24-1	特別休假未休應給工資。
	§24-2	特休未休應給通知。
	§24-3	休假日之定義。
	§14	刪除。
	§23	刪除。
	§48	刪除。
	§49	刪除。
107年2月	§20	應公告周知之事項。
	§22	連續3個月爲一週期以曆計算。
	§22-1	僱用人數包括分支與附屬。
	§22-2	加班補休期限，補休未休發給工資期限。
	§22-3	例假以每7日爲一週期，依曆計算。
	§37	工作規則報請核備。
108年2月	§34-1	殘廢修正爲失能。
113年3月	§2	性別工作平等法修正爲性別平等工作法。

國家圖書館出版品預行編目資料

例解勞動基準法／ 張清滄 主編，張祐誠，張皓雲 協編. ——六版. ——臺北市：五南圖書出版股份有限公司，2024.07
面； 公分
ISBN 978-626-393-287-6 (平裝)

1.CST: 勞動基準法 2.CST: 判例解釋例

556.84 113005383

1U53

例解勞動基準法

主　　編 — 張清滄（213.2）
協　　編 — 張祐誠、張皓雲
發 行 人 — 楊榮川
總 經 理 — 楊士清
總 編 輯 — 楊秀麗
副總編輯 — 劉靜芬
責任編輯 — 呂伊真
封面設計 — 斐類設計工作室、封怡彤
出 版 者 — 五南圖書出版股份有限公司
地　　址：106台北市大安區和平東路二段339號4樓
電　　話：(02)2705-5066　　傳　　真：(02)2706-6100
網　　址：https://www.wunan.com.tw
電子郵件：wunan@wunan.com.tw
劃撥帳號：01068953
戶　　名：五南圖書出版股份有限公司

法律顧問　林勝安律師

出版日期　2002年10月初版一刷
2004年4月二版一刷
2004年9月三版一刷
2011年10月四版一刷（共二刷）
2018年5月五版一刷
2024年7月六版一刷

定　　價　新臺幣680元